世界粮食与农业

动物遗传资源状况

联合国粮食与农业组织
罗马，2007

中国农业出版社

摘自: FAO.2007.世界粮食与农业动物遗传资源状况,编辑：Dafydd Pilling 和 Barbara Rischkowsky 罗马。

序　言

对世界农业生物多样性实施有效管理已成为国际社会的重大挑战。尤其是畜牧业，正面临着巨大转变。为满足快速增长的肉、蛋、奶的需求，规模化生产不断扩张，丰富的动物遗传资源对于农业生产系统的发展，十分关键。在应对大气变化和新出现的恶性动物疾病突发事件等方面，也需要强调保持牲畜的这种适应能力。对于千百万农村地区的贫穷人口来说，牲畜仍然是他们最重要的财产，并能够满足他们的多种需求；在世界上一些环境极端恶劣地区，牲畜还能确保那里人们的生计。畜牧生产为实现食物安全和生活保障，为实现联合国千年发展目标做出了巨大贡献。在今后十几年里，这种贡献作用还将显著增强。

然而，遗传多样性面临威胁。品种灭绝的报告率之高，引人关注。但更令人担心的是，一些还未被记录的遗传资源正在丢失，这些资源的特性还未被研究，潜力未被评估。加强对世界粮食与农业动物遗传资源的保护、认识并制定优先重点，需要发奋努力。同时，必须建立资源可持续利用模式。传统的牲畜饲养者，通常是生活在边缘环境中的贫困人口，他们保存了大量的动物遗传多样性。我们不应忽视他们的作用，不应忽视他们的需求。利益分享需要一个公正的方案，以确保动物遗传资源可在广泛范围内获取。建立公认的动物遗传资源管理的国际框架是十分必要的。

本报告是第一份对全球性动物遗传资源状况和趋势的评估，以及对管理这些资源的制度和技术能力状况的评估。世界粮食峰会行动计划宣告了改善遗传资源管理的承诺，本报告为呼吁各方加强努力，确保实现承诺，提供了基础。本报告的发布是粮食与农业遗传资源委员会工作的一个里程碑。我们由衷感激世界各国政府对本报告的支持，特别是有169个国家向FAO提交了国别报告。本报告在准备和编写过程中，在提高公众意识方面做了大量工作，促成了国家和区域层面上的一些活动，这些贡献也给了我巨大的激励。当然，还有许多工作有待开展。在瑞士因特拉肯召开的动物遗传资源国际技术会议上发布世界粮食与农业动物遗传资源状况必将成为行动的契机。我希望借此机会呼吁国际社会认识到动物遗传资源是我们共同遗产的组成部分，具有重要价值，不应被忽视。承诺保护、发展、可持续利用这些资源，并加强合作，迫在眉睫。

Jacques Diouf
FAO 总干事

目　录

第二部分 畜牧业发展趋势

第三部分 动物遗传资源管理能力状况

第四部分 动物遗传资源管理的新进展

第五部分 动物遗传资源管理的需求和挑战

插　文

表

图

致　谢

世界粮食与农业动物遗传资源状况报告在各方的协助下顺利完成了。许多专家为此付出了大量的时间、精力，并将他们长期积累的宝贵经验贡献给了本报告。联合国粮食与农业组织（FAO）借此机会向专家们表示衷心的感谢。

世界粮食与农业动物遗传资源状况报告中的核心内容取材于由169个国家（地区）政府所提交的《国别报告》。因此，我们要将第一份，也是最重要的一份感谢献给上述国家（地区）的政府以及所有为《国别报告》的撰写做出贡献的人士。尤其要感谢各国动物遗传资源管理国家协调员及各国国家咨询委员会。培训材料的制作准备、培训研讨会的管理、《国别报告》的准备和分析，以及后续的研讨会和各种国际性、区域性及国家内部磋商是由下列工作组成员负责准备和执行：Daniel Benitez-Ojemali，Harvey D. Blackburn，Arthur da Silva Mariante，Mamadou Diop，M'Naouer Djemali，Anton Ellenbroek，Erling Fimland，Salah Galal，Andreas Georgoudis，Peter Gulliver，Sipke-Joost Hiemstra，Yusup Ibragimov，Jarmo Juga，Ali Kamali，Sergeij Kharitonov，Richard Laing，Birgitta Malmfors，Moketal Joel Mamabolo，Peter Manueli，Elzbieta Martyniuk，Carlos Mezzadra，Rafael Morales，Ruben Mosi，Siboniso Moyo，David R. Notter，Rafael Nũñez-Domínguez，Dominique Planchenault，Geoffrey Pollott，Adrien Raymond，Peter Saville，Hermann Schulte-Coerne，Louise Setshwaelo，Paul Souvenir Zafindrajaona，David Steane，Arunas Svitojus，Lutfi Tahtacioglu，Vijay Taneja，Frank Vigh-Larsen，Hans-Gerhard Wagner，Mateusz Wieczorek，杨红杰以及 Milan Zjalic。由 Jean Boyazoglu 负责实施的一个 FAO-WAAP（世界动物生产协会）项目为一大批发展中国家《国别报告》的准备提供了帮助。

世界粮食与农业动物遗传资源状况报告的准备和整理由 Barbara Rischkowsky 负责，Dafydd Pilling 协助。报告的准备工作得到了以下人员的协助和支持：FAO 动物生产处处长 Irene Hoffmann，FAO 动物遗传资源组的现任和前任官员，包括Badi Besbes，Ricardo Cardellino，Mitsuhiro Inamura，Pal Hajas，Keith Hammond，Manuel Luque Cuesta，Beate Scherf，Kim-Anh Tempelman 和 Olaf Thieme。行政助理由 Carmen Hopmans 和

Kafia Fassi-Fihri 承担。最终版本的排版和印刷工作由 Beate Scherf 承担。

状况报告的每部分都经过专家或专家组的复核，我们将在正文相应部分提及他们的名字。这样安排的目的，一是感谢作者，感谢他们在报告的撰写、复审和编辑中贡献出宝贵的时间、经验和精力；二是让感兴趣的读者知晓某个章节的信息是由哪位专家提供的。

状况报告中的实例研究部分由以下专家完成：Camillus O. Ahuya，Tony Bennett，Ismaïl Boujenane，Achilles Costales，Erling Fimland，Cary Fowler，John Gibson，Alexander Kahi，John M. King，Saverio Krätli，Maria Rosa Lanari，Ute Lemke，Thomas Loquang，Paolo Ajmone Marsan，André Markemann，Okeyo Mwai，Manuel Luque Cuesta，Kor Oldenbroek，Vincente Rodríguez-Estévez，Hans Schiere，Marianna Siegmund-Schulze，Henner Simianer，David Steane，Angelika Stemmer，Kim-Ahn Tempelman，杨红杰和 Anne Valle Zárate。

正文中的插文由 Brian Donahoe、Morgan Keay、Juhani Mäki-Hokkonen，Kirk Olson and Dan Plumley 提供附加材料。

全球数据库的数据录入由 Ellen Geerlings 和 Lucy Wigboldus 完成，全球数据库的分析由Mateusz Wieczorek，Alberto Montironi，Justyna Dybowska，Kerstin Zander and Beate Scherf 完成。报告中的所有地图（除另有声明部分）由 Thierry Lassueur 负责完成，Tim Robinson 和 Pius Chilonda 协助。

专题研究由 Beate Scherf 和 Irene Hoffmann 组织协调，由以下人员具体协助完成：Erika Alandia Robles，Simon Anderson，Kassahun Awgichew，Roswitha Baumung，P.N. Bhat，Stephen Bishop，Kwame Boa- Amponsem，Ricardo Cardellino，Arthur da Silva Mariante，Mart de Jong，Adam G. Drucker，Christian Gall，Michael Goe，Elisha Gootwine，Douglas Gray，Claire Heffernan，Sipke- Joost Hiemstra，Sabine Homann，Christian G. Hülsebusch，Le Thi Thanh Huyen，Antonella Ingrassia，Ute Lemke，Nils Louwaars，Daniele Manzella，Jacobus Hendrik Maritz，Elzbieta Martyniuk，Marcus Mergenthaler，Klaus Meyn，Giulietta. Minozzi，H. Momm，Katinka Musavaya，David R. Notter，Kor Oldenbroek，Marta Pardo Leal，Roswitha Roessler，Cornelia Schäfer，Kim-Anh Tempelman，Morton W. Tvedt 和 Anne Valle Zárate。

将所有参与者的名字全部列出不是一件轻松容易的工作，而且还存在将某些参与者的名字漏掉的可能性。在这里，我们要向那些在编写过程中曾经给予我们帮助，但是其姓名却被我们遗漏的人士表示诚恳的歉意。本报中出现的所有错误和遗漏均由编辑人员承担，其他撰写、编写、复审者对此没有任何责任。为此，FAO 真诚地欢迎对本报告错误之处批评指正。

部分／章节	作者	审阅者
第一部分：畜牧业中农业生态多样性的状况		
畜禽多样性的起源和历史	Olivier Hanotte	
动物遗传资源状况	Barbara Rischkowsky, Dafydd Pilling, Beate Scherf	Mateusz Wieczorek
动物遗传资源漂流	Evelyn Mathias, Ilse Koehler-Rollefson, Paul Mundy	Beate Scherf, Annette von Lossau
动物遗传资源的利用和价值	Dafydd Pilling, Barbara Rischkowsky with Manuel Luque Cuesta	
动物遗传资源和抗病性	Dafydd Pilling, Barbara Rischkowsky	Steve Bishop, Jan Slingenbergh
畜禽遗传多样性面临的威胁	Dafydd Pilling, Claire Heffernan, Michael Goe	Anni McLeod, Simon Mack, Jan Slingenbergh
第二部分：畜牧业趋势		
	Pierre Gerber, Dafydd Pilling, Barbara Rischkowsky	Hans Schiere
第三部分：动物遗传资源管理能力建设状况		
机构和利益相关方	Maria Brockhaus	Irene Hoffmann, Beate Scherf, Ricardo Cardellino, Jean Boyazoglu, Annette von Lossau, Ilse Koehler-Rollefson
有组织的育种计划	Olaf Thieme	Juhani Mäki-Hokkonen
保存计划	Kor Oldenbroek with Milan Zjalic	
繁殖和分子生物学技术	Dafydd Pilling with Milan Zjalic	Salah Galal
立法和规章		
国际法律框架－主要措施	Dafydd Pilling drawing on FAO legislative study No 89	Clive Stannard, Niels Louwaars
专利——一个日益突出的法律问题	Dafydd Pilling with Claudio Chiarolla	Niels Louwaars, Morten Walløe Tvedt
区域层次的规章框架	Dafydd Pilling 引自 FAO 立法研究第 89 号	Olivier Diana, Sipke Joost Hiemstra, Danielle Manzella, Hermann Schulte-Coerne, Kai-Uwe Sprenger
国家立法和政策	Susette Biber-Klemm, Cari Rincker	

部分／章节	作者	审阅者
第四部分：动物遗传资源管理的最新状况		
基本概念	Barbara Rischkowsky，Dafydd Pilling	Beate Scherf，Ricardo Cardellino
品种鉴定方法	Workneh Ayalew，Beate Scherf，Barbara Rischkowsky	Ed Rege
分子标记——深入研究遗传多样性的工具	Paolo Ajmone Marsan with Kor Oldenbroek	Han Jianlin Paul Boettcher
支持可持续利用的遗传改进方法	Badi Besbes，Victor Olori，Jim Sanders	Beate Scherf，Ricardo Cardellino，Keith Hammond
经济价值评估方法	Adam Drucker	Gianni Cicia
保存方法	Jean-Pierre Brillard，Gustavo Gandini John Gibson David Notter Dafydd Pilling Barbara Rischkowsky Henner Simianer	Workneh Ayalew，Harvey Blackburn，Jean Boyazoglu，Ricardo Cardellino，Coralie Danchin，Sipke Joost Hiemstra，Elzbieta Martyniuk，Roger Pullin，Beate Scherf，Michele Tixier-Boichard
研究的优先顺序	所有作者	所有审阅者
第五部分：动物遗传资源管理的需求和挑战		
	Barbara Rischkowsky Irene Hoffmann	动物遗传资源组和粮农遗资委（CGRFA）秘书处

本书由以下人员翻译完成：张娜（前言），贺纯佩、张莉（第一部分第一章，第二至五部分），刘丑生、张桂香、关龙、杨君、陆会宁、白昌明、韩旭、孟飞（第一部分第二至六章）。

以下人员参与了校对工作：杨红杰（前言，第一部分第一章，第二至五部分），Andreas Joshua WILKES、刘丑生、张桂香、张娜、杨君（第一部分第二—六章）。

杨红杰负责全书文字部分的译审，张娜负责全书目录和图表部分的译审。

前　言

农业生物多样性是千百年来人类不断在全球不同的气候和经济环境下为满足各自需求所进行的一系列活动的产物。经驯化的家畜已经成为农业生产体系中的一个重要要素，尤其对那些土地荒芜，作物很难或无法生长的地方来说更是如此。

维持农业生态系统的能力，以及提高生产力、适应环境变化的能力，对于人类实现粮食安全来说至关重要。对于畜禽饲养者来说，动物遗传资源多样性是他们选育优良种群、培育新品种不可或缺的资源。长远来看，畜禽种群的遗传多样性能够为人类社会带来更多的战略选择，以应对未来可能遇到的种种挑战。

联合国粮食与农业组织（FAO）早在20世纪60年代初就开始向各国提供相关的援助，帮助他们进行动物遗传资源（AnGR）的特性鉴定，并帮助他们制定和实施资源保护管理战略。1990年，FAO理事会提议制定一个全面的、在全球范围内开展的动物遗传资源保护行动计划。1992年召开了一次专家组会议，随后，FAO组织机构又召开了一系列会议。这些会议进一步推动了动物遗传资源保护与管理全球战略的形成。1993年，全球战略开始正式实行。FAO动物生产和卫生局被指定为动物遗传资源管理全球联络点，负责起草、制定和发展全球战略。1995年，第28届FAO会议决定拓宽植物遗传资源委员会的职能，将其负责范围扩大到所有与粮食和农业安全相关的农业生物多样性的保护管理（植物遗传资源委员会于1983年成立，是第一个永久性政府间论坛，主要负责处理农业遗传资源的有关问题）。动物遗传资源方面的工作是这次职能拓展中的首项职能。委员会重新命名为粮食与农业遗传资源委员会（CGRFA）。

国际议程

FAO对于保持农业生物多样性的承诺与国际社会日益强调保护生物多样性的潮流是一致的。这是人类社会发展进程中一个积极举措，而促成这一举措的原因就是越来越多的人开始认识到生物多样性目前所面临的威胁、越来越多的物种濒临灭绝、生态系统遭到破坏、农业生产中可以利用的物种遗传资源正在衰减。1992年在里约热内卢召开的联合国环境和发展会议（全球峰会）是国际社会重视生物多样性的一个重要的里程碑。在这次会议上，150个国家（地区）签署了《生物多样性公约》(CBD)，承诺保护生物多样性，确保多样性生物资源能够可持续利用，并承诺与其他各国公平分享利用生物资源。到2005年为止，已经有188个国家（地区）成为《生物多样性公约》的签署国。《生物多样性公约》签署国联合会（COP）（公约主管机构）特别强调农业生物多样性的保护具有一定的特殊性，需要根据其特点研究制定特殊的解决方案（如在2000年《生物多样性公约》签署国联合会第五次会议中所作的V/5决议中就有所体现）。

在1992年里约全球峰会上，有179个国家（地区）签署了“二十一世纪议程”。它是一个在全球范围、国家范围和地区范围内由各国政府、联合国系统有关组织及其他利益相关团体牵头执行的，旨在将全球每一个角落的环境都收纳到人类的保护之下的行动计划。在该议程的第14章指出，促进可持续农业和农村发展，将粮食生产增收和增强食品安全问题定位在可持续发展的方向上。这其中包括动物遗传资源保护和改善方面。

1996年在罗马举行的世界粮食峰会通过了“行动计划”，该行动计划强调了由生物多样性的衰减引起的粮食安全威胁。在这次“罗马宣言”的目标3.2（f）中，各国政府声明他们将“推动动物遗传资源的保护和可持续利用”。

实现2000年联合国制定的千年发展目标，已成为国际社会另一个巨大挑战。而要实现这些目标所面临的生物多样性衰减方面的众多不利影响是我们尤其要担忧的问题（UNDP，2002）[1]。生物多样性不仅是粮食安全的支撑基柱，也是众多经济活动的基础，对生态系统正常机能运转尤为重要。而生物多样性的不断衰减往往与生态系统的大变动有关，贫穷地区应对生态系统变动影响的反应力尤其薄弱。对很多穷人来说，自然资源是他们赖以生存的基础，他们通常与这些动植物“朝夕相处”，因而熟知关于这些地方品种的知识。曾有人建议，如果将他们所掌握的地方品种知识用于特色产品的开发并开拓市场，那么这些知识就有可能成为他们增加收入的一种资源。但是，实际上真正依靠地方品种开发而受益的穷人还是少数，这说明不仅需要保持多样性，还需要公平的体系框架以促进遗传资源的利用。

在国际生物多样性管理和保存体系框架中，粮食与农业遗传资源委员会的工作主要侧重于农业生物多样性管理中所特有的性质和问题，以及这一领域中需要的各种针对不同特性问题的解决方法。

[1] UNDP.2002 Building on hidden opportunities to achieve the Millenium Development Goals. Poverty reduction through sustainable biodiversity use. by I Koziell & C. I. McNeill. New York.

报告撰写的准备过程

1999年，粮食与农业遗传资源委员会在第八次例会上，就FAO应该组织准备由国家驱动的第一份世界粮食与农业动物遗传资源状况报告(SoW-AnGR Report)[2]达成一致意见。2004年，粮农遗传资源委员会组建了政府间动物遗传资源技术工作组(ITWG-AnGR)。工作组作为一个辅助性机构，主要从事动物遗传资源的保存和可持续利用，报告准备过程中的审核以及优先战略行动报告等报告草案大纲的认可通过。在其后召开的委员会第十次例会中通过了报告提纲，委员会还就报告准备时间作了要求，要求报告的初稿要在委员会2007年第十一次例会举办前准备好，并在第一次国际动物遗传资源技术会议上最终定稿。

世界动物遗传资源报告编写过程

世界粮食与农业动物遗传资源状况报告的编写过程包括一系列的准备步骤。在每个步骤中，收集整理和分析所需要的信息。

国别报告

为了确保报告编写的“国家驱动”性质，FAO于2001年3月向188个国家发出了递交国别报告、对其动物遗传资源状况进行评定的邀请。FAO制定了准备国别报告的指南，其中包括建议的报告结构。区域培训以及后续的研讨会在2001年7月至2004年11月期间进行。国别报告的目的之一是根据资源本身的状况和发展趋势，以及对粮食、农业和农村发展产生的影响来分析和汇报动物遗传资源状况；目的之二是评估国家管理动物遗传资源的能力，确定能力建设的重点；目的之三是确定动物遗传资源保存和利用领域，以及相关的国际合作国家行动重点。第一份国别报告于2002年下半年收到，剩下的绝大部分国别报告是于2003年和2004年间递交的。最后一份国别报告是在2005年10月收到，也就是最终的第169份国别报告（见表1和2）。

由于递交国别报告的程序持续了几年，因此在世界粮食与农业动物遗传资源状况报告的准备过程中，手头可以利用的资料也是一点一点地不断积累增多的。所以在本状况报告中仅仅包含和分析了最后递交的国别报告中的部分内容。

---

[2] 应用于报告通篇的“AnGR”一词是动物遗传资源的简写。

各国际组织撰写的报告

根据政府间技术工作组（ITWG）的要求，2004年8月，FAO邀请了77个国际组织对他们各自所涉及到的畜禽遗传资源领域的工作进

表1

各区域国别报告数量统计

区域[3]	国别报告		
	最终稿	草稿	合计
非洲	44	3	47
亚洲	18	3	21
欧洲和高加索	38	3	41
拉丁美洲和加勒比海	20	10	30
近东	11	5	16
北美	2	0	2
西南太平洋	9	3	12
合计	142	27	169

统计数据为2005年12月31日以前收到的报告。

表2

收到的国别报告

区域	国别
非洲（47）	阿尔及利亚，安哥拉，贝宁，博茨瓦纳，布基纳法索，布隆迪，喀麦隆，佛得角，中非共和国，乍得，科摩罗群岛，刚果，科特迪瓦 刚果民主共和国，赤道几内亚，厄立特里亚，埃塞俄比亚，加蓬，冈比亚，加纳，几内亚，几内亚比绍，肯尼亚，莱索托，马达加斯加，马拉维，马里 毛里塔尼亚，毛里求斯，摩洛哥，莫桑比克，纳米比亚，尼日尔，尼日利亚，卢旺达，圣多美和普林西比，塞内加尔，塞舌尔，塞拉利昂，南非，斯威士兰 多哥，突尼斯，乌干达，坦桑尼亚，赞比亚，津巴布韦
亚洲（21）	孟加拉，不丹，柬埔寨，中国，印度，印尼，日本，哈萨克斯坦，老挝人民民主共和国，马来西亚，马尔代夫，蒙古，缅甸，尼泊尔，巴基斯坦 巴布亚新几内亚，菲律宾，韩国，斯里兰卡，乌兹别克斯坦，越南
欧洲和高加索(41)	阿尔巴尼亚，亚美尼亚，奥地利，阿塞拜疆，白俄罗斯，比利时，波斯尼亚和黑塞哥维那，保加利亚，克罗地亚，塞浦路斯，捷克共和国，丹麦，爱沙尼亚，芬兰，法国，格鲁吉亚 德国，希腊，匈牙利，冰岛，爱尔兰，意大利，拉脱维亚，立陶宛，摩尔多瓦，荷兰，挪威，波兰，葡萄牙，罗马尼亚，俄罗斯联邦，塞尔维亚和黑山[4]，斯洛伐克，斯洛文尼亚，西班牙，瑞典，瑞士，前南斯拉夫马其顿共和国，土耳其，乌克兰，英国

[3] 请注意，这些区域与通常所指的FAO区域并不完全一致，对此，请看后面的详细注解。

表2（续）

收到的国别报告

区域	国别
拉丁美洲和加勒比海（30）	安提瓜和巴布达，阿根廷，巴巴多斯，玻利维亚，巴西，智利，哥伦比亚，哥斯达黎加，古巴，多米尼加，多米尼加共和国，厄瓜多尔，萨尔瓦多，格林纳达，危地马拉，圭亚那，海地，洪都拉斯，牙买加，墨西哥，尼加拉瓜，巴拿马，巴拉圭，秘鲁，圣基茨和尼维斯，圣卢西亚和苏里南 特里尼达和多巴哥，乌拉圭，委内瑞拉（玻利瓦尔共和国）
近东（16）	阿富汗，吉布提，埃及，伊朗（伊斯兰共和国），伊拉克，约旦，吉尔吉斯斯坦，黎巴嫩，利比亚，阿曼，索马里，苏丹 阿拉伯叙利亚共和国，塔吉克，土库曼，也门
北美（2）	加拿大，美国
西南太平洋 （12）	澳大利亚，库克群岛，斐济，基里巴斯，纽埃北马里亚纳群岛，帛琉，萨摩亚，所罗门群岛，汤加，图瓦卢

到2005年12月31日为止所接收到的报告。

行总结报告，作为第一份世界粮食与农业动物遗传资源状况报告的重要内容之一。这些报告涵盖了畜禽遗传资源方面的工作进展，如畜禽遗传资源领域方面的研究、拓展、教育、培训、公众意识、信息交流以及给予支持的相关组织的信息。

专题研究

除了国别报告和各国际组织的报告，FAO还组织了一部分专题研究。主要是针对国别报告中可能遗漏、但世界粮食与农业动物遗传资源状况报告中需要的特殊专题进行研究。在2002-2006年期间，总共进行了12个专题的研究：

- 动物疾病管理中的遗传因素：有关政策问题。这是一份关于遗传因素在管理动物疾病、技术机遇以及利益分享等方面的综述性报告[5]（2002）；
- 家养动物多样性测量（MoDAD）——这是一份最新研究纵览。对畜禽品种进行分子水平遗传性研究情况的调查评估，尤其侧重动物遗传资源的特性鉴定[6]（2004）；
- 农场动物遗传资源保护和持续利用的经济学：其重要性何在？我们到底学到了什么？一份关于动物遗传资源评估的研究报告，并对研究方法和知识差距进行了概述[7]（2004）；
- 动物遗传资源保护战略。一份关于机遇、挑战、生物学特点、制度基础以及影响动植物遗传资源管理影响因素的研究报

[4] 自从2006年6月开始，塞尔维亚和黑山已经分成两个独立的国家。但是，因为在向FAO提交国别报告时他们是以一个国家的名义，因此，在世界粮食与农业动物遗传资源状况报告中仍以一个国家对待。

[5] 背景研究论文第18号。

[6] CGRFA/WG-AnGR-3/04 inf. 3。

[7] 背景研究论文第21号。

表 3

由各国际组织递交的报告

组织	报告名称	递交日期
CGIAR Centres	国际农业研究咨询中心 向FAO递交准备录入世界家畜遗传资源状况的报告以及农场动物遗传资源（FAnGR）战略优先行动第一部分草稿：CGIAR及其方案描述。	2004年5月
SAVE 基金会	SAVE基金会（欧洲农业多样性安全保护）概况2004年4月	2004年5月
D8国家	D-8国家畜禽遗传资源报告－优先战略行动；及报告	2004年6月
	D8农场动物遗传资源研讨会，埃及·开罗2004年1月11-13日 D8农场动物遗传资源研讨会，巴基斯坦·伊斯兰堡2003年8月1-3日 D8国家食品安全研讨会报告，伊朗伊斯兰共和国·Babolsar 2000年10月16-20日 D8国家食品安全研讨会报告，巴基斯坦·伊斯兰堡1999年11月24-26日	2004年9月
农牧民联盟（LPP）	农牧民联盟（LPP）关于农牧民联盟行动报告	2004年11月
世界动物健康组织（OIE）	世界动物健康组织对粮食与农业遗传资源委员会第十次会议的口头陈述（to be used thereafter as the OIE input in reply to the FAO AN21/47 request）	2004年11月
阿拉伯干旱地带及旱地研究中心（ACSAD）	阿拉伯干旱地带及旱地研究中心关于畜禽遗传资源的行动	2004年12月
地中海萨拉戈萨农艺学会（IAMZ）	地中海萨拉戈萨农艺学会培训活动报告	2005年1月
欧洲动物产品协会（EAAP）	欧洲动物产品协会动物遗传资源工作组报告	2005年2月
国际动物遗传学会（ISAG）	国际动物遗传学会ISAG/FAO顾问组关于动物遗传多样性的报告	2005年3月

告[8]（2004）；

- 动物遗传资源管理法律框架。一份介绍性研究报告，对政策和法律框架进行了介绍，并包括了对不同区域的国家进行的调查

[8] 背景研究论文第22号。

报告[9]（2004，印后修订版2005）；

- 环境因素对动物遗传资源的影响。对环境因子提供的相关数据信息以及这些因素可能对动物个体以及育种群体水平上的动物遗传资源产生的影响进行评估分析[10]（2006）；
- 人与动物。传统的畜禽饲养者：家养动物多样性的守护者。一份包含有来自世界各地的13份案例的研究报告，介绍了世界各国如何管理他们所拥有的地方动物遗传资源，说明了地方传统知识在维持饲养者、动物及环境间的平衡方面的重要性[11]（2006）；
- 生物技术在发展中国家动物遗传资源管理及应用方面的潜能和发展状况。关于生物技术应用以及发展中国家生物技术使用的情况介绍，其中部分信息来源于国别报告（2006）；
- 动物遗传资源中的基因漂流。关于动物遗传资源的状况、影响和趋势的研究。对牛、猪、山羊、绵羊四个主要畜种遗传物质的数量及其移动方向进行了分析研究。在这份研究中对影响动物遗传资源基因漂流的决定因素进行了分析鉴别，并对影响经济发展的事例、扶贫情况以及发展中国家的生物多样性都进行了陈述（2006）；
- 动物遗传资源的交换－当前的进展情况及其对畜牧业投资经营者的影响。对影响各种畜牧业投资经营者的动物遗传资源交换进行了分析（2006）；
- 家养动物遗传资源的保护和利用的概念方法。对动物遗传资源利用方面的变化模式，及其对保种的影响进行了概述。内容包括当前经验、可选择的保护方法。该研究还考虑到了以畜牧生产为生计的牲畜饲养者的需求[12]（2006）；
- 灾难及紧急事件对动物遗传资源的影响。报告对潜在的灾难及其可能对动物遗传资源产生的影响进行了总结。另外，报告还对应对紧急事件可能产生的后继影响进行了分析，并对灾难发生应对方针提出了相应建议（2006）。

报告的准备

信息来源

世界粮食与农业动物遗传资源状况报告的不同章节的信息来源各不相同。部分章节内容以2005年6月前收到的148份国别报告的内容为基础，另一些章节建立在大量的文献资料或者是专家知识的基础上，而不仅仅限于专门为准备世界粮食与农业动物遗传资源状况报告而搜

[9] 背景研究论文第24号。

[10] 背景研究论文第28号。

[11] FAO粮食与农业生物多样性政府间工作组。

[12] CGRFA/WG-AnGR-4/06/Inf.6。

集的信息资料。此外，还大量利用了FAO的家养动物多样性信息系统（DAD-IS）[13]以及FAOSTAT[14]统计数据库获取的数据信息。2005年末，FAO为了复审战略优先行动草案而组织的区域性电子邮件磋商也为世界粮食与农业动物遗传资源状况报告的撰写提供了信息来源，尤其是机构能力方面的信息。

第一部分描述了畜牧业中的农业多样性状况。这一部分信息内容来源广泛。动物遗传资源目录和遗传丢失程度的信息来源于DAD-IS。这一信息系统于1996年开始创建，各国国家协调员能够便捷地通过互联网来更新各国品种数据库。国别报告编写指南中指出，提倡各国将与品种相关的各种数据和信息直接报给DAD-IS，而不要在国别报告中添加品种方面的内容。虽然如此，国别报告仍包括了大量没有上报DAD-IS的品种信息。因此，为了确保世界粮食与农业动物遗传资源状况报告的分析能够及时跟上最新更新的信息，FAO还规定要将这些信息从国别报告中提取出并收录入DAD-IS。之后，要求各国家协调员进一步核实和完善其国家的品种数据库。另外，还有人认为，应将世界粮食与农业动物遗传资源状况报告的分析建立在品种的基础上，而不是各国种群数量的基础上。也就是。在不同国家的同一品种的数量不应当作不同的独立的品种计算。为了能达到统一计算的目的，不同国家的种群数量信息按名称、起源、发展、品种引进情况及地理位置等信息链接到全球数据库中。所有的国家种群数量信息列表以及相关链接已经送到国家协调员手中进行核实。为准备世界粮食与农业动物遗传资源状况报告进行的数据分析于2006年1月开始着手准备，来自169个国家的国别报告的有关数据信息都已经全部输入到这一系统之中。

第一部分中关于动物遗传资源的利用及其价值等方面的信息来源于FAOSTAT，它是用于种群数量和生产分析的FAO数据库，其家畜功用方面的品质信息来源于国别报告。这一部分关于动物疾病的遗传抵抗力方面的信息来源于DAD-IS和其他科学文献。另外，还利用了大量其他信息资源对动物遗传资源的起源和驯化、共享和交换，及其所面临的威胁等进行了叙述。

第二部分主要叙述了畜牧业的发展趋势及其对动物遗传资源的影响，其信息来源于大量的文献资料和统计分析。

第三部分主要叙述了人力资源能力、育种和保护战略、立法及生物技术应用等方面的现状。这一部分报告的信息来源大部分基于国别报告。而这一部分中关于区域及国际性立法及目前浮现出的各种法律和政策问题等信息不仅仅限于国别报告，来源更广。

第四部分是关于动物遗传资源管理的最新状况，其内容主要来源

13 http://www.fao.org/dad-is/。

14 http://faostat.fao.org/。

于大量的科学文献资料。为了更好地准备该部分动物遗传资源保护状况的内容，2005年7月FAO专门在罗马召开了一个专家会议。与会者讨论了该部分的准备方法并分配了撰写任务。2005年10月，撰写组的所有成员对这一部分的初稿进行了复审。2005年11月，关于“动物遗传资源保护战略对策”的研讨会在法国蒙彼利埃举行。会上，到会者再次审核了修改后的动物遗传资源保护部分的内容。

第五部分分析了动物遗传资源目前的急需及面临的挑战，其内容基于报告中其他章节中所提供的有关根据。其分析内容涉及到了当前动物遗传资源及动物遗传资源管理能力的衰减及风险，可采取的方法及方法的应用等状况分析。

各国家的区域划分

世界粮食与农业动物遗传资源状况报告中所涉及到的各区域和次区域的国家划分是根据影响生物多样性的各因素来进行的，这些因素包括生产环境、文化特性及所共享的动物遗传资源分布情况等。此外，区域和次区域的划分还考虑了将来在区域联络点建设方面可能开展的协作，以及2003和2004年举行的世界粮食与农业动物遗传资源状况亚区后续研讨会召开的过程中所积累的经验等因素。因此，世界粮食与农业动物遗传资源状况报告中区域的划分与FAO通常的统计分析中的划分或标准FAO区域划分方式不完全相同（虽然，大部分国家和地区的划分与标准区域划分相同）。调整后的划分方式在2005年8月举行的关于“区域磋商战略”的区域协调员会议中进行了复审。最终讨论后决定划分为七个区域，且将其中的三个区域又进行了再次划分：非洲（东非，西北非，南非）；亚洲（亚洲中部，东亚，东南亚，南亚）；欧洲和高加索；拉丁美洲和加勒比海（加勒比海，美洲中部，南美）；近中东；北美和西南太平洋。

图1

本报告中区域的划分

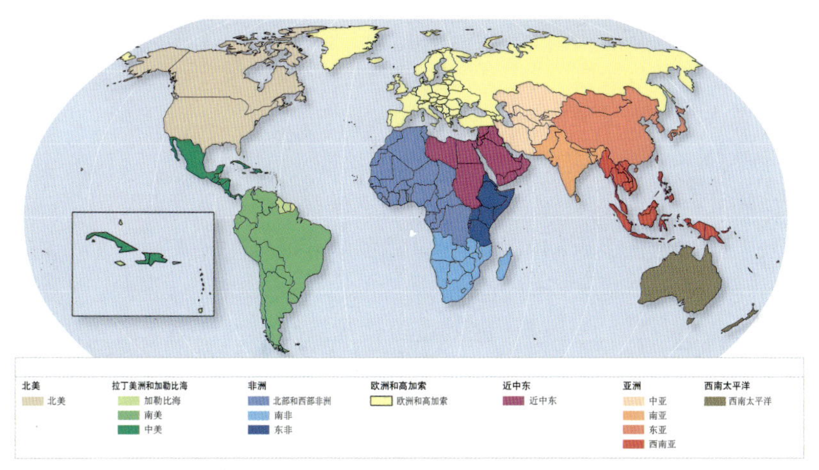

执行摘要

世界粮食与农业动物遗传资源状况（SoW-AnGR）是第一份国际性畜禽多样性评估报告。世界粮食与农业动物遗传资源状况取材于169份国别报告，并得益于众多国际性组织和12项特设的专题研究的帮助，分析了畜牧业的农业多样性状况，包括起源与发展、利用与价值、分布与交换、风险情况和面临的威胁；分析了资源管理能力，包括制度、政策和法律框架、有组织的育种和保存规划。在畜牧业变革的动力一章中，对畜牧生产体系的需求和面临的挑战进行了评估。在品质鉴定、遗传改良、经济价值评估和畜禽保护的方法一章中对加强动物遗传资源的利用和发展所需的手段和方法进行了阐述。

千百年来，在人类对动物进行的管理和育种控制与自然选择的双重影响下，最终形成了世界畜禽群体丰富的遗传多样性。既包括高产动物品种，指那些在统一管理控制的集约化饲养方式下提供单一产品的品种；也包括与之并存的多用途品种，由小规模农场主或牧民饲养，大部分为低外部投入畜牧生产体系。

有效的动物遗传多样性管理对国际食品安全、可持续发展和成千上万牲畜饲养者的生计来说是至关重要的。畜牧业和国际社会目前正面临着许多挑战。发展中国家的很多地方快速增长的畜产品需求、不断出现的动物疫情、气候变化及千年发展目标等国际目标都迫切需要解决与实施。许多品种拥有的某一特性或多种特性，如高抗病性、对恶劣气候的高耐受力或能够提供某种特殊产品等，在应对这些挑战方面将可能有较好表现。然而，大量证据显示，目前这些基础遗传资源正在衰减，且衰减速度很可能正在加速。

FAO的粮食与农业动物遗传国际数据库总共包含有7616种畜禽品种的数据信息，大约有20%记录在案的品种被确认为濒临灭绝。更令人关注的是在过去的6年中有62个品种灭绝——几乎相当于每个月灭绝一个品种。而这些数字仅仅显示了遗传侵蚀的部分现象。因为世界上很多地方的品种目录，尤其是群体数量和品种水平上的结构调查还很不完整充分，所有品种中还有36%的群体数据没有调查清楚。不仅如此，对于许多大范围使用的高产奶牛品种来说，因为仅使用少数具有高生产性能的种畜进行育种，其种内遗传多样性也正在被破坏。

威胁遗传多样性的许多因素都是可以被鉴别出来的。其中最主要的威胁就是传统生产体系以及相关的地方品种受到排斥，在集约化畜禽生产快速扩张的驱使下，经常出现使用少数高产品种进行大规模生产的情况。全球肉、蛋、奶生产越来越依赖少数几个高产品种，在工业化生产体系中，这些高产品种按照利润最大化方式被使用。集约化程度受畜产品需求的增长而加剧，现在的遗传物质、生产技术和资本投入可以在世界范围内便捷地运转也加速了这一发展趋势。集约化和工业化在增加畜产品产量和满足人口增长带来的食物需求等方面做出了一定贡献。然而，有必要制定相关政策措施以减小动物遗传资源多样性这一全球公共物品的潜在损失。

重大流行病及各种重大灾害（干旱、洪水、军事冲突等）对动物遗传资源的巨大威胁也应引起关注，尤其对那些种群数量较小，地理分布较集中的品种。这类威胁很难消除，但是他们所产生的不利影响是可以减小的。在这种情况下，前期准备是非常重要的，因为在这种突发情况中所采取的其他随机行动远远不及前期准备有效。这种前期准备，或者更广义上说，遗传资源的可持续管理，要依靠大量改进后的知识，如品种特性，保护的优先顺序，以及品种在地理上的分布、在生产体系中的分布，等等。

在有些情况下，畜牧业相关政策和法律框架并不能有效地促进动物遗传资源的可持续利用。显性的或隐性的政府补助在促进大规模生产发展的同时，通常是以牺牲小饲养者生产体系为代价的，而这些小饲养者生产体系恰恰是利用地方遗传资源进行生产的。发展方向及灾后重建计划的不科学倾向也会给遗传多样性带来威胁。涉及畜禽的各种发展计划及灾后重建计划也应先评估其所要采取的措施可能对遗传多样性产生的影响，并确保在项目实施过程中所使用的品种与当地生产环境相适宜，能够满足受益人的需求。应对灾情所采取的捕杀计划要考虑到相关措施，保护稀有品种。在有些情况下，有必要修改相关的不科学立法。

当家畜生产体系的发展威胁到那些具有潜在价值的遗传资源的利用时，以及在弥补突然惨重损失时，应考虑制定品种保护措施。活体保存的方法包括建立专门的保种场或保护区，对那些在稀有品种特定生产环境中饲养珍贵品种的饲养者给予补贴或支持措施。液氮中遗传物质的活体保存也提供了一种有效的补充途径。在可行的情况下，加快新型可持续利用模式的建立应作为目标之一。尤其是在发达国家，为特定市场提供特殊产品、以自然或风景管理为目的放牧动物，为品种保护提供了宝贵的机遇。如果要将本地品种留给当地饲养者用以维持他们的生计，则应制定详细完善的遗传改良计划。

对发展中国家来说，其外部低投入体系适用战略的实施是一个巨大的挑战。牧民和小农是世界上大部分畜禽多样性的守护者。他们能够继续扮演守护者角色的能力需要外部政策措施来支持和加强，如确保其能够不受限制地使用牧场等。与此同时，另一重要的问题是确保各种保存措施的实施不会限制生产体系的发展或限制饲养者谋生的机会。部分以社区为基础的保存和育种计划已经开始准备解决这些问题。其方法还有待于进一步探寻。

动物遗传多样性的有效管理需要一定的资源条件，其中包括受过良好培训的职员和充足的技术设施。计划及决策中的合理的组织机构(如用于动物记录和遗传评估的)以及多方面的利益相关者(尤其是育种者和牲畜饲养者）也都很重要。然而，大部分发展中国家的这些先决条件都较缺乏。世界上48%的国家没有报道国家水平上的活体保存计划，63%的国家称他们没有活体计划。同样，在许多国家不存在组织育种计划，或仅仅是个摆设。

在这种快速变革及普遍私有化的时期，应制定相关的国家计划来确保公共产品的长期供应。畜牧业发展方针应鼓励为农村人口建立平等的目标，从而他们能够以可持续的方式提高其生活所需的生产能力，增加社会所需的产品供应量和服务。动物遗传资源的管理也要与其他农村和农业发展框架中的目标相平衡。应关注地方品种所扮演的角色、作用和价值，以及这些品种如何能为发展目标发挥作用。

世界各国和各区域在利用动物遗传资源方面是相互依赖的。从历史基因漂流的有关证据以及当前畜禽分布模式中可以清楚地看到这一点。将来，来源于世界任何地方的遗传资源将被证明对其他地方的育种者和牲畜饲养者也是至关重要的。国际社会目前需要承担管理这些共享资源的责任，需要支持发展中国家以及经济转型期国家来鉴定、保存和利用他们国内的畜禽品种，使农场主、牧民、育种者和研究人员广泛获取动物遗传资源，这对可持续利用和发展来说是至关重要的。需要在国家和国际两个层次上制定有关广泛接触动物遗传资源、平等分享利用动物遗传资源的规则框架。在制定这些规则框架时，考虑农业生物多样性的显著特性是非常重要的。因为，农业生物多样性的特点在于，它在很大程度上因人类干预而形成，并需要人类继续有效地管理。加强国际合作，促进动物遗传资源管理与畜牧业发展其他方面的一体化，将有助于确保世界畜禽多样性宝库在粮食和农业方面的合理利用和发展，并能持续保留下去为后代所用。

第一部分

畜牧业生物多样性状况

导　言

世界生物，包括植物、动物和微生物以及由这些物种组成的生态系统，其多样性的重要性正日益受到承认。农业生物多样性包括人类用以生产食品以及其他商品和服务的种植植物和畜禽的多样性。从广义上来说，它包括这种生产所依赖的农业生态系统的多样性。农业生态系统维持和提高生产力以及适应变化的环境的能力对于世界人口的粮食安全是至关重要的。

为今天的农业和食品生产做出贡献的40多个畜禽物种是通过长时间的驯化和发展才形成的。由环境应激因子和人类强加的控制育种和饲养而形成的选择压力导致了许多遗传独特的品种的产生。上千年时间培育出的这种多样性是今天畜禽饲养者的宝贵资源。未来的环境变化、突发疾病威胁、人类营养需要的新知识、波动的市场条件和变化的社会需求将对畜禽物种提出新的挑战,而遗传多样性的畜禽群体为解决未来的挑战提供了更广泛的选择。

该报告的第一部分叙述了当今粮食和农业动物遗传资源（AnGR）多样性的起源,即畜禽物种的驯化和历史沿革。然后描述了全球范围的动物遗传资源多样性的现状,以及多样性受到遗传侵蚀威胁的程度。下一章描述了动物遗传资源的国际交换形式，并概要地叙述了动物遗传资源的作用、价值及其在全球各个地区对生计和经济产出的直接和间接贡献。同时也介绍了其作为动物卫生领域潜在抗病遗传资源的重要性。第一部分的最后一章讨论了世界动物遗传资源多样性受到的威胁。

第一部分

第一章
家畜多样性的起源和历史沿革

1 导言

动物遗传资源的历史始于大约12000—14000年以前，当时正值新石器时代早期的农业革命，主要作物和家畜物种得到了驯化。早期农民对粮食生产的控制导致了主要人口、技术、政治和军事的变化。动物和植物的驯化被认为是历史最重要的发展之一，也是人类文明兴起的先决条件之一（Diamond，2002）。在原始驯化完成之后，紧接着是将耕作传播至整个大陆的所有栖息地（Diamond and Bellwood，2003；图2）。几千年的自然和人为选择，遗传漂移、近亲育种和杂交育种就形成了今天动物遗传资源的多样性，并在各种环境（农业生态地区）和生产系统中持续发展畜牧生产。

图2

世界农业地区考古图和新石器时代/形成文化的传播，及放射性碳的估测日期

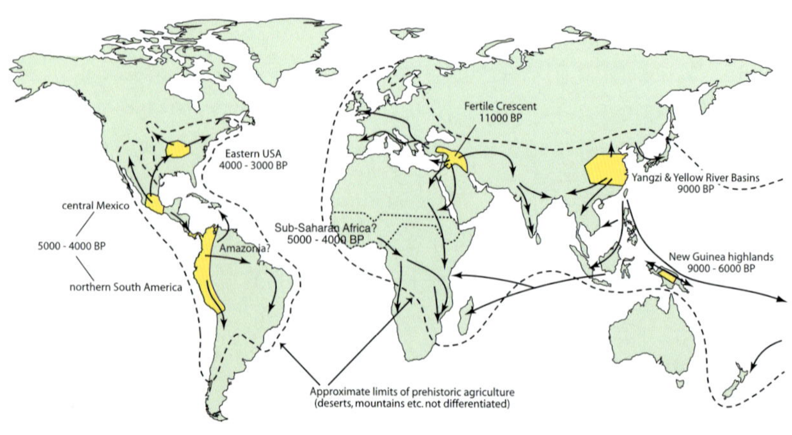

资料来源：Diamond and Bellwood（2003）。

动物遗传资源多样性对于所有生产系统来说都是至关重要的[1]。它可以提供品种改良和适应变化环境的原始材料。正如近期的分子学研究所揭示的那样，今天的地方畜禽群体和品种中所发现的多样性大大超过它们的商业品种。揭示家畜多样性的起源和分布对当前的利用及其长期保护都是至关重要的（Hanotte 等，in press）。

2　家畜的驯化过程

只有很少的动物物种被成功驯化。驯化是一个复杂和渐进的过程，这个过程改变了祖先动物的行为和形态学特点（插文1）。激发动物驯化的条件和压力仍然未知，可能因地理区域和物种的不同而异。

动物驯化的起源可能与狩猎者聚集区试图驯服和管理野生动物的普遍趋势（可能由早期人类共享）相关（Diamond，2002）。但是，在更新世末期动物驯化的过程实际上就开始了。那时气候的变化更加不可预料，一些地区气候变暖和/或季节性更加明显，导致了人口的地方化扩展。这些发展促进了作物耕作，并影响了狩猎野生动物作为食品的分布和密度。在这种情况下，动物驯化的主要动力可能是满足“喜爱食品”的需求，其中一些被驯化的物种具有作为役畜进行田间耕作的潜力（例如，用水牛或牛耕地），或后来发展成为驮载动物和骑乘动物（驼羊、单峰驼、双峰驼、马、驴、甚至牛）。

在世界148种体重在45千克以上的非食肉类动物物种中，只有15个物种被成功驯化。其中13个物种来自欧洲和亚洲，2个物种起源于南美洲。且只有6个物种广泛分布于所有大陆（牛、绵羊、山羊、猪、马和驴），而其他9种（单峰驼、双峰驼、驼羊、羊驼、驯鹿、水牛、牦牛、巴厘牛和大额牛（mithun））则在全球的某些地区十分重要（Diamond，1999）。对于鸟类，

插文1
驯化过程

此处所指的驯化动物是指圈养繁育的物种，通过遗传修饰其野生祖先的特性，使其对人类更加有用，人类控制它们的繁殖（育种）、饲养管理（畜舍和保护它们不受食肉动物伤害的措施）和饲料供应（Diamond，2002；Mignon-Grasteau，2005）。驯化包括以下步骤：开始与自由育种有关；封闭饲养；封闭饲养下的封闭育种；以及选择性育种和品种改良（摘自Zeuner 1963）。考古学家和动物遗传学家使用各种手段揭示驯化的历史沿革，包括牙齿、头盖骨和骨骼的形态变化研究，以及畜群年龄和性别曲线的建立，这些都可用于了解和鉴别驯化的方式（Zeder，等，2006）。

[1] 家畜多样性描述的核心是品种的概念（参见第四部分第一章1段关于“品种”这个术语的定义的讨论）。

第一部分

表 4
家畜的起源和驯化

家养物种	野生祖先	线粒体 DNA 分化体	驯化事件	距今时间	位置
牛	欧洲野牛的 3 个亚属（灭绝）				
Bos taurus taurus	*B. primigenious primigenious*	4	1	~8000	近东和中东（西亚）
	B. p. opisthonomous	2	1	~9500	非洲东北部
Bos taurus indicus	*B. p. nomadicus*	2	1	~7000	印度次大陆北部
牦牛	野生牦牛				
Poephagus grunniens	*P. mutus*	3	1	~4500	青藏高原
山羊	野山羊（Bezoar）				
Capra ferus	*Capra aegragus*（3subspecies）	5	2	~10000	近东和中东，印度次大陆北部
绵羊	亚洲摩弗伦绵羊				
Ovis aries	*Ovis orientalis*	4	2	~8500	近东和中东/土耳其（安纳托利亚中部）
水牛	亚洲野生水牛				
Riverine B.bubalus bubalus		ND	1	~5000	伊朗/伊拉克伊斯兰共和国，印度次大陆
Swamp B.bubalus carabensis		ND	1	~4000	东南亚，中国
猪	野猪				
Sus scrofa domesticus	*Sus scrofa*（16 个亚属）	6	6	~9000	欧洲，近东和中东，中国印度次大陆，东南亚
马	未知（灭绝）				
Equus caballus		17	若干	~6500	欧亚大草原
驴	非洲野驴				
Equus asinus	*Equus africanus*			~6000	非洲东北部
	Nubian wild ass *E. a.africanus*	1	1		
	Somali wild ass *E. a. somali*	1	1		
驼羊					
Lama glama	2 个亚属 *L. guanicoe guanicoe* *L. guanicoe cacsiliensis*	ND	1	~6500	安第斯山脉
羊驼					
Vicugna pacos	2 个亚属 *V. vicugna vicugna* *V. vicugna mensalis*	ND	1	~6500	安第斯山脉

表 4（续）

家畜的起源和驯化

家养物种	野生祖先	线粒体 DNA 分化体	驯化事件	距今时间	位置
双峰驼 *Camelus bactrianus* *C.b.ferus*	未知（灭绝）	ND	1	~4500	中亚（伊朗共和国东部）
单峰驼 *Camelus dromedaries*	未知（灭绝）	ND	1	~5000	阿拉伯半岛南部
家鸡 *Gallus domesticus*	红色丛林鸡 *Gallus gallus*（4 个亚属） *G. g. spadiceus*, *G. g. jabouillei* *G.g. murghi*, *G. g. gallus*	5	2	~5000 ~7500	印度次大陆 中国 东南亚

资料来源：摘自 Bruford et al.（2003）；Hanotte and Jianlin（2005）。
注释：ND = 未确定。

驯化的比率更低，目前在大约10000个鸟类物种中只有10个物种（鸡、家鸭、番鸭、家鹅、珠鸡、鸵鸟、鸽子、鹌鹑和火鸡）被驯化（此名单不包括许多用于观赏和娱乐目的的驯化鸟类）。

除野猪（*Sus scrofa*）外，主要家畜物种的祖先和野生近亲要么已经灭绝，要么由于狩猎和栖息地的改变而处于濒危状态，例如野生红色丛林鸡，人们利用它与家养鸡进行集约化杂交育种。对于这些物种，家畜是仅有的正大量消失野生祖先的多样性的图书馆（表4）。这是与作物物种的主要不同之处，许多作物的野生祖先还能够在原产地找到，可为未来育种计划提供变异和适应特性的重要遗传资源。

只有少数动物物种被成功地驯化，这可大体解释为驯化所需特性（或有利的特性）所致，驯化所需的特性很少完全体现在单一物种上，所有的主要家畜物种均在几千年以前就被驯化。对更大型的哺乳动物物种进行驯化未必可能，至少在不久的将来不可能，这已被20世纪试图驯化新物种（如羚羊、斑马、非洲野牛以及鹿的不同亚属）的失败或至多只是部分的成功所证明。但是，今后可以看到供人类消费的小型的和“非常规”物种（有时也称为小家畜）的封闭育种的发展，这样的发展至少在当地或某些地区范围内可能变得很重要（BOSTID, 1991; Hanotte and Mensah, 2002）。

成功驯化的重要或基本特点包括行为特性，例如对人缺乏攻击性；一种强烈的群居天性，包括“遵循领头动物”统治秩序，

第一部分

这样就有可能由人作为领头者；在受到干扰时并不慌张；在驯养条件下有育种的能力；能够由人类便利地提供食物的生理特性（驯化草食动物而不是食肉类动物）；快速的增重率；产仔之间比较短的分娩间隔；以及较高的产仔率（Diamond，2002）。

除南美洲小型驼(Old World Camelidae)以外，已经鉴别出大多数家畜物种的野生祖先物种（表4）。此外，了解到许多当前的家畜群体和品种起源于多个野生祖先群体，且在一些情况下，那些在野生条件下通常不杂交的物种之间发生遗传混合或基因渗入。这些遗传混合和杂交事件可能发生在开始驯化之后。这些事件常常与人类迁移、贸易或仅仅与农业社会对新家畜表现型的要求相关联。这样的例子包括黄牛与瘤牛的混合，在牦牛和巴厘牛中出现黄牛的遗传背景，用欧洲猪品种与亚洲猪杂交，单峰驼和双峰驼之间进行杂交育种，以及（正如近期遗传研究所揭示的）两个南美洲小型的驼羊和羊驼之间的混合杂交（Kadwell 等，2001）。

插文2

分子学特性——了解家畜起源和多样化的工具

分子遗传学近期的主要进展已经为评价家畜物种的起源和多样性的地理分布提供了强大的新工具，称为分子标记。蛋白质多态性是用于家畜的第一个分子标记。大量研究尤其20世纪70年代的研究记录了血型和等位基因酶系统（allozyme systems）的特征。但是，在蛋白质中观察到的多态性水平常常较低，减少了多样性研究中蛋白质分型的可利用性。

现在基于DNA的多态性是基于分子的遗传多样性普查的选择标记。重要的是显示不同形式孟德尔遗传的多态DNA标记可以在几乎所有主要家畜物种中进行研究。典型地说，它们包括D-环和细胞色素B线粒体DNA（mtDNA）序列（母系遗传）、Y染色体特异性单一核苷酸多态性（SNPs）和微卫星标记（父系遗传），以及常染色体微卫星标记（双亲遗传）。已经从大多数家畜物种中分离出大量的常染色体微卫星标记。FAO/ISAG（国际动物遗传学会）推荐的用于遗传多样性研究的常染色体微卫星标记名单现在可以从网上索取（http://dad.fao.org）。

不同的遗传标记提供不同水平的遗传多样性信息。常染色体微卫星位点通常用于群体多样性估计、群体鉴别、遗传距离的计算、遗传关系的估计和群体遗传混合的估计。线粒体DNA（mtDNA）序列对于驯化研究来说是选择的标记。因为在一个家畜群体中要分离出线粒体DNA谱系只有通过一个野生母畜的驯化，或将一个野生母畜融合到家畜中才可能实现。更特殊的情况是，使用线粒体DNA（mtDNA）序列来鉴别公认的野生祖先、母系的数量和它们的地理起源。最后，诊断性Y染色体多态性的研究是一种简单而快速的检测和定量分析雄性参与（male-mediated）混合的方法。

资料来源：复制和摘自Hanotte and Jianlin（2005）。

3 家畜的祖先和地理起源

考古学与遗传学交叉的最令人兴奋的领域之一是记载家畜驯化的地理位置(Zeder et al.，2006)，考古学可引导遗传研究，而遗传学可为一些争论性的考古学理论提供依据，或揭示家畜物种和它们多样性的可能的新地理起源。特别是众所周知，几乎所有的家畜物种是在独特地理区域（表4和图3）多重驯化的结果；在驯化开始之后，常常发生野生亲属和它们的家养亲属之间的基因种质渗入。

值得注意的是，明显独立的家畜驯化事件在文化上却并不一定是孤立的。一些孤立的家畜驯化事件可能代表少数驯化的个体迁移到一个新的地区，而引入的基础家畜的遗传信号逐渐被本地野生动物所淹没(Zeder et al.，2006)。或者本地驯化事件的古代遗传信号现在可能被更近期来自其他原产地的家畜所隐蔽。来自考古现场的主要测量信息和对古代家畜DNA的研究是了解上述问题的重要工具。

现在，人们认为家畜驯化至少在世界12个区域发生（图3)。令人感兴趣的是，并非所有的驯化中心都与我们的作物原产地密切相关(参见图2)。在一些情况下(例如新月沃土（Fertile Crescent），亦称肥腴月湾，为一历史地名，指中东两河流域及其附近一连串肥沃的土地。包括当今的以色列、西岸、黎巴嫩、约旦部分地区、

图3

家畜驯化的主要中心——以考古学和分子遗传学信息为基础

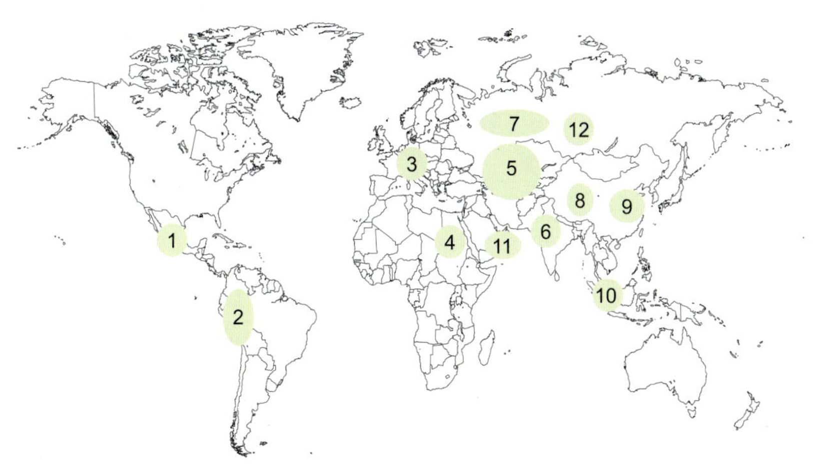

（1）火鸡；（2）豚鼠，驼羊，羊驼；（3）猪，兔；（4）牛，驴；（5）牛，猪，山羊，绵羊，双峰驼；（6）牛，山羊，鸡，河流水牛；（7）马；（8）牦牛；（9）猪，沼泽水牛，鸡；（10）鸡，猪，巴厘牛；（11）单峰驼；（12）驯鹿

叙利亚，以及伊拉克和土耳其的东南部），作物和家畜的驯化中心是相互混杂的，而在另一些情况下（例如非洲大陆）作物和家畜的驯化大多独立发生。在一些物种的一些驯化中心尚不确定的情况下，以下地理区域是重要的首要原产地中心，因此也是家畜物种的多样性中心：南美洲安第斯山脉链（羊驼，驼羊，豚鼠）；中美洲（火鸡，番鸭）；非洲东北部（牛，驴）；西南亚包括新月沃土（Fertile Crescent）（牛，绵羊，山羊，猪）；印度河流域地区（牛、山羊、鸡、河流水牛）；东南亚（鸡、巴厘牛）；中国东部（猪、鸡、沼泽水牛）；喜马拉雅高原（牦牛）；和北亚（驯鹿）。此外，阿拉伯半岛南部地区是单峰驼的原产地，而双峰驼的原产地可能是伊朗伊斯兰共和国地区，马的原产地可能是欧亚干旱草原。

驯化在几个地区发生时，也会在不同时期发生。但是，要证明驯化事件发生的确切日期特别有挑战性。驯化开始的动物在形态学上尚与它们的野生祖先没有明显差别，所以根据形态学标记得出的驯化事件发生的日期必将低估其实际时间（Dobney and Larson，2006）。独立于形态学变化的分子日期过程有典型的特点，即误差率大且常常依赖于不确切的碳化点。用于鉴别人类管理家畜的起初尝试的畜群轮廓技术和使用古代DNA信息的分子钟校正方法，为确定驯化日期提供了新的途径（Zeder 等，2006）。

新的考古学和遗传学信息一直在增加我们对家畜物种的原产地的了解。第一个被驯化的动物是狗。这可能发生在至少14000年以前，狗被用于狩猎和看门护院。起初驯化狗的地区尚不清楚，但是，在现代狗中发现了许多母系谱系，表明它们与野生祖先旧世界灰狼（*Canis lupus*）有多重基因渗入。家狗显然不是在新世界独立驯化的，在美洲所鉴别的线粒体谱系表明其原产地为欧洲（Wayne 等，2006）。

早在10000年前，山羊就在新月沃土（Fertile Crescent）的 Zagros 山脉被驯化（Zeder and Hesse，2000）。野生山羊（*Capra aegragus*）可能是家养山羊的祖先之一，但是，其他物种，例如 C. *falconer* 也有可能在家养山羊的遗传库中做出了贡献。今天，在家养山羊中鉴别出了5个独特的母系线粒体主要谱系（Luikart 等，2001；Sultana 等，2003；Joshi 等，2004）。这些谱系中的一个在数量上占主要优势，并在世界范围出现，而第二个谱系看来是当代的产物。它们可能反映了在新月沃土（Fertile Crescent）的原始公山羊的驯化过程，考古学信息表明在新月沃土（Fertile Crescent）有2～3个驯化地区（Zagros 山脉，Taurus 山脉，Jordan 河谷）。其他谱系的地理分布更加有限，可能与其他地区包括印度河谷的另外的驯化相关（Fern á ndez 等，2006）。

大约8000～9000年前，绵羊可能也在新月沃土（Fertile Crescent）首次被驯化。考古学信息表明在土耳其有2个独立的绵羊驯化地区——土耳其东北的幼发拉底河上游和安纳托利亚中部（Peters 等，1999）。野生绵羊的 3 个物种［东方盘羊（*Ovis vignei*）、盘羊（*O.ammon*）和欧亚盘羊（*O. musinom/orientalis*）］被认为是家养绵羊的祖先（Ryder，1984），或至少杂交渗入一些本地品种中。但是，近期的遗传研究未发现东方盘羊和盘羊的遗传贡献（Hiendleder 等，1998）。这支持了欧亚盘羊（*O. orientalis*）是家养绵羊的唯一祖先的观点，欧亚盘羊分布于从土耳其延伸到伊朗伊斯兰共和国的广阔地区。欧亚盘羊（*O. musinom*）现在还被认为是未驯服绵羊的后代。在家养绵羊中已经记录了 4 个主要母系线粒体 DNA 谱系（Hiendleder 等，1998；Pedrosa 等，2005；Tapio 等，2006），其中 1～2 个母系线粒体 DNA 谱系与独特的驯化事件相关，而其他母系线粒体 DNA 谱系则与后来野生绵羊的基因渗入相关。至今，线粒体 DNA 谱系与绵羊表现型品种（例如肥尾绵羊、小尾绵羊和肥臀绵羊）之间的关系尚不清楚。

家养猪的祖先是野猪（*Sus scrofa*）。大量的动物考古学发现表明，家养猪是在 9000年以前在远东地区被驯化的。安纳托利亚东部的几个地区记录了几千年来猪在形态学和群体轮廓上的逐渐改变，表明了驯化过程及其形态学结果。考古学和遗传学证据表明东亚（中国）是第二个独立的主要驯化中心（Guiffra 等，2000）。欧亚和北非至少有16个不同的野猪亚属，并不令人吃惊的是，最近对欧亚家养猪和野生猪的线粒体 DNA 多样性的调查揭示了猪的驯化是一个复杂的过程，在横跨野生物种的地理范围内至少有 5～6 个独特的驯化中心（Larson 等，2005）。

牛的驯化过程被很好地记录了下来，明显的证据表明 3 个独特的野牛（*Bos primigenius*）亚属有3个独特的开始驯化事件。*B. primigenius primigenius* 是大约 8000年前在新月沃土（Fertile Crescent）被驯化，而B. p. opisthonomous 可能9000年前在非洲大陆东北部被驯化（Wendorf and Schild，1994），它们分别是近东和非洲无肩峰黄牛（*B. taurus*）的祖先。有人认为肩峰瘤牛（*Bos indicus*）是在较晚时间即 7000～8000 年前在今天的巴基斯坦的印度河流域被驯化的（Loftus等，1994；Bradley 等，1996；Bradley and Magee，2006）。最近，有人提出东亚是第四个驯化中心（Mannen 等，2004），但是，它是独立发生的还是代表本地野牛基因渗入到近东产地牛中尚不清楚。

家养水牛（*Bubalus bubalus*）的祖先无疑是亚洲的野生水牛。根据它们的表现型和染色体组型以及近期线粒体 DNA 工作（Tanaka 等，1996）确认了两种主要类型：一种是印度次大陆、近东、中东和东欧的河流型水牛；另一种是在中国和东南亚国家发现的沼泽型水牛。这两种类型在印度次大陆的东北部进行过杂交。它们可能是分别驯化的，河流型水牛的驯化中心可能是5000年前的印度河流域和/或幼发拉底河和底格里斯河流域；而沼泽型水牛的驯化至少是在4000年前的中国，与该地区水稻种植的兴起有关。

有关马（*Equus caballus*）驯化事件的日期和地点一直有争论。家养马的祖先已经灭绝。有两个物种被公认为是其野生祖先——塔盘马（*E. ferus*）和Przewalski马（*E. przewalskii*）。尽管与野生祖先非常近似，Przewalski马（*E. przewalskii*）恐怕还不是家养马的直接先祖（Olsen等，2006；Vilà等，2006）。要评估留存的马的考古学遗迹是否是野生的或驯化的十分困难。哈萨克斯坦北部（Botai culture）的大量证据表明马是大约公元前3700年～公元前3100年的铜器时代在这个区域被驯化的（Olsen，2006）。最近的分子学研究表明母系马的多样性可能来自不同地理区域的几个群体。但是，现有证据还不足以得出结论，马的驯化是一个单一的驯化事件和其后的基因渗入，还是多个单独的驯化事件（Vil à等，2001；Jansen等，2002）。

与此相反的是，驴（*Equus asinus*）的驯化过程看来简单的多。线粒体DNA研究已经证实家驴的一个非洲原产地，并排除了亚洲野驴是家驴的先祖（Beja-Pereira等，2004）。两个线粒体谱系证明了2个驯化事件。一个谱系与Nubian野驴（*E. asinus africanus*）密切相关，现在还能在苏丹东北部靠近红海的地区发现野生的Nubian野驴；另一个线粒体谱系表现出与索马里野驴（*E. asinus somaliensis*）有一些亲和性。因此，尽管还不能排除在一个邻近区域（阿拉伯半岛或新月沃土（Fertile Crescent）被驯化，但非洲可能也是其原产地。埃及的考古学证据也支持非洲是驴的驯化中心，并表明驯化日期大约在6000～6500年以前（Clutton-Brock，1999）。

家养牦牛（*Poephagus grunniens*）分布于中亚地区，对寒冷和高海拔环境已经适应。牦牛放牧业广泛分布于中亚高原，其对于喜马拉雅高原高海拔地区的全年可持续性发展是至关重要的。可能与西藏—缅甸人口在这个地区的居住相关。今天，在青藏高原还可以发现一些野生牦牛（P. mutus），但是，它们可能已经渗入了很多野化家养牦牛的基因。已经鉴别出3种线粒体DNA谱系。但是，线粒体DNA多样性的类似地理分布表明了在青藏高原东部的单一驯化事件，而不是多个驯化事件（Qi等， in press；Guo等，in press）。分子学结果也表明，家养牦牛从驯化中心的扩散有2条独立的迁移路线：一条路线是通过喜马拉雅山脉和昆仑山脉向西到达"Pamir Knot"路线；另一条路线是通过蒙古南部戈壁和戈壁阿勒泰山脉的北行路线到达蒙古和现在的俄罗斯联邦（Qi等，in press）。

与牦牛一样，驯鹿（*Rangifer tarandus*）的驯化使放牧畜群利用了极不适宜养畜业的栖息地。对驯鹿的驯化还知之甚少，野生驯鹿可能是驯化最晚的大型哺乳动物物种。在西伯利亚的阿勒泰山脉发现了驯鹿驯化的最古老的考古学权威证据，日期可以追溯到约2500年以前，它表明当时盛行乘骑驯鹿（Skjenneberg，1984）。没有有关驯鹿驯化是怎样到达欧洲的可靠信息，有可能是在斯堪地那维亚地区独立驯化的，也有可能是与其他北部欧亚草原社区接触的Saami人实施的驯化。人们相信驯鹿养殖是在公元前1600年以后由Saami人开始的。众所周知，野生驯鹿就是北美驯鹿（Caribou），而北美驯鹿从未在这个大陆被驯化（Clutton-Brock，1999）。

双峰驼（*Camelus bactrianus*）的驯化可能发生在现在的伊朗伊斯兰共和国和土库曼斯坦等地，或向东的哈萨克斯坦南部、蒙古西北部和中国北部地区（Bulliet，1975；Peters and von den Driesch，1997）。最早的有关家养双峰驼的证据来自伊朗伊斯兰共和国中部的Sahr-i Sokta地区，在这个地区发现的双峰驼的骨骼、粪便和毛纤维可追溯到大约公元前2600年（Compagnoni and Tosi，1978）。

近期的遗传学研究表明，戈壁沙漠中与家养物种成功杂交的野生骆驼（*C. ferus*）群体并不是家养骆驼或未驯化骆驼的直接母系祖先（Han Jianlin，personal communication）。单峰驼（*C. dromedaries*）的野生祖先现在已经灭绝。人们相信，这个物种的驯化开始于大约5000年以前的阿拉伯半岛的东南部。

南美洲小型驼的起源之谜现在已经解开，大羊驼（guanaco（*Lama guanicoe*））和小羊驼（vicuna（*Vicugna vicugna*））分别是家养驼羊（llama（*Lama glama*））和羊驼（alpaca（*Vicugna pacos*））的祖先物种（Kadwell等，2001）。考古动物学的证据指出，秘鲁安第斯山脉中部在距今6000～7000年以前是羊驼的原产地中心。驼羊可能在同一时期在Titicaca湖附近的安第斯山脉被人类驯化。研究发现这2个家养物种之间有大量的基因渗入发生（Wheeler等，2006）——随着西班牙征服开始的继续杂交的过程破坏了传统的育种结构和对这2个物种的管理。

巴厘牛的祖先是爪哇牛（*Bos javanicus*），已经发现了其3个濒危的亚属物种。巴厘牛的驯化实际上并不发生在巴厘岛上，岛上没有野生祖先存在的证据。这个物种可能在爪哇和/或印度支那半岛被驯化。在巴厘牛中发现了黄牛（*B. taurus*）和瘤牛（*B. indicus*）的基因渗入，在几个东南亚黄牛品种中还推断出了巴厘牛的遗传背景，表明家养巴厘牛曾经有比今天更为广泛的分布（Felius，1995）。

大额牛（mithun（*B. frontalis*））的祖先是大黄牛（gaur（*B. gaurus*））。与巴厘牛一样，目前尚不知道该物种的驯化中心。在泰国东北部（Non Nok Tha）的考古学挖掘说明，这2个物种可能早在7000年前就被驯化（Higham，(1975) in Felius，1995）。

家养鸡（*Gallus domesticus*）是野生红色丛林鸡（*Gallus gallus*）的后代，可能拥有5个祖先亚属。以前的分子学研究表明东南亚（泰国）是唯一的驯化起源地（Fumihito等，1994；1996），而如今已鉴别出至少6个独特的母系遗传谱系（Liu等，2006），与至少3个独特的地理驯化中心相对应（Bjornstad 等， forthcoming）。与考古学信息一致的遗传学数据表明，在印度河流域的鸡驯化中心大约发生在5000年以前，而在中国东部的鸡驯化中心大约发生在7500～8000年以前（West and Zhou，1988）。进而，该物种可能在东南亚现在的印度尼西亚岛屿被独立地驯化（Bjornstad 等，in preparation）。

4 驯化动物的扩散

如果驯化过程是当今家畜多样性发展的主要起源事件的话，其后发生的驯化物种扩散和迁移到所有五大洲也同样重要。这个过程对于当今家畜多样性的地理分布的出现具有主要作用。促使早期家畜物种扩散的主要因素是农业、贸易和军事征服的扩展。

促使农业扩展的确切机制尚存争论。农业扩展的过程在不同地区间可能存在很大差异（Diamond and Bellwood，2003）。它肯定涉及了人类人口的迁移和人群之间文化的交流，正如许多狩猎聚居社会都进行耕作所说明的。重要的农业扩展案例包括人们在新石器时代（Neolithic），将牛、绵羊和山羊引入欧洲，可能也诱发了野猪的就地驯化。驯化的家畜通过2条主要的独特路线进入欧洲，即多瑙河路线（Danubian）和地中海路线（Mediterranean）（Bogucki，1996；Cymbron等，2005）。

大约在公元前2000年的班图人的扩展是非洲历史上的一个主要事件，可能是南非地区 Khoisian 民族在大约2000年前实施草原畜牧业（牛、绵羊和山羊）的原因（Hanotte 等，2002）（插文3）。大约在1500～2000年前，东南亚移民到达马达加斯加，将家养鸡引入了马达加斯加，甚至非洲大陆南部地区（Bjornstad 等，in preparation）。与此相反的是，马达加斯加和南部非洲牛的原产地是非洲（Hanotte 等，2000；2002）。非洲大陆的本地猪的原产地仍然没有文字记载。

在亚洲，家畜抵达日本列岛可能是在公元前400年朝鲜籍农民建立之后发生的，但是，来自其他地理区域的影响也是显而易见的。在太平洋地区，猪和鸡在公元前900～700年传到波利尼西亚西部，然后随着波利尼西亚的扩展在公元900年又传到Rapa Nui（复活节岛（Easter Island））。

除了人类迁移，古代陆路贸易网络对家养物种的扩散也具有重要的作用。家畜的驯化允许文明人之间大量的陆路贸易，家畜本身常常是贸易的产品。在旧世界作为驮用动物的主要家畜物种是驴、马、单峰驼和双峰驼，在南美洲作为驮用动物的主要是驼羊。人们相信，马的驯化导致了欧亚干旱草原的骑马游牧民族的军事扩张和其后马物种在整个旧世界的扩散。双峰驼也在战争中有限地使用（Clutton-Brock，1999），而单峰驼则在阿拉伯文明的扩张上起到重要的作用。

插文3

非洲草原畜牧业的沿革

直至最近，对非洲草原畜牧业沿革的了解是有争论的且理解不深。但是，对全世界所有大陆的本地牛群体的遗传标记分析已经揭示出了非洲草原畜牧业的主要沿革事件（图4）。最早的非洲牛可能在大约公元前8000年原产于非洲大陆。确切的驯化中心仍然不详，但是，考古学信息表明可能位于非洲大陆的东北部（Wendorf and Schild，1994）。最早的非洲牛为无肩峰黄牛（*Bos taurus*）。它们开始分散在非洲北部以及热带雨林边界的南部地区。今天，这些本土非洲黄牛的仅存后裔是抗锥虫的西非黄牛（例如达摩牛（N'Dama）和Baoul é 牛）和来自埃塞俄比亚的Kuri牛和Sheko牛。如今所有这些群体都与瘤牛（*Bos indicus*）进行了集约化杂交，而它们独特的遗传构成通过不平衡的遗传混合正在消失。

瘤牛到达非洲较晚。肩峰牛出现在非洲的最早证据可追溯到源自公元前2000年的埃及第十二王朝的古墓图画。这些动物可能作为战利品以有限的数量被带到埃及，因此，它们与后来非洲瘤牛的出现并无联系。但是，有人提出，少量数量的瘤牛可能早在2000年以前就出现在非洲大陆的东部地区，是早期阿拉伯交往或长距离海上贸易的结果，这些最初抵达非洲的牛导致了瘤牛对非洲黄牛的第一次基因渗入。瘤牛抵达非洲的主要时期可能始于大约公元前第七世纪阿拉伯人在非洲东海岸的定居。瘤牛的主要内陆扩散可能在草原畜牧业迁移（例如萨赫尔风地区（Sahel）的富拉尼（Fulani））之后发生，并且在19世纪末期的牛瘟暴发时得到了加速。

南部非洲是非洲大陆最后开始牛畜牧业的地区。目前，遗传数据排除了来自非洲大陆西部的牛群迁移。目前看来牛群是从大湖地区向南扩散，大湖地区2000多年以前就是东班图人的核心区域。这些农民最终与San狩猎聚居社会接触，San狩猎者从他们那里获得了家畜。牛驯化近东中心的影响在当今非洲大陆的东北部、西北部和南部地区均有发现。后者可能是欧洲农民在非洲大陆的这个地区定居的结果。

摘自：Hanotte等（2002）。

越来越多的证据显示了古代海上贸易路线在家畜扩散中所起的重要作用。例如，近期的牛分子遗传学研究揭示了，瘤牛是通过印度洋走廊引入非洲的，而不是通过苏伊士海峡（Isthmus of Suez）或西奈半岛（Sinai Peninsula）的内陆运输到达非洲的（Hanotte等，2002；Freeman等，2006）。同样，考古学和遗传学信息都表明，草原畜牧业在地中海盆地的传播不仅经过了大陆海岸路线而且也经过了海上路线（Zilhão，2001；Beja-Pereira等，2006）。

家畜群体从它们的原产地中心扩散和迁移之后会有多样性的损失。但是，分子标记已经揭示了更为复杂的局面，在来自不同驯化中心的群体混合之后，一些迁移会导致家畜多样性的增加。此外，详细的分子学研究表明，不仅家畜群体之间的杂交十分常见，而且在最初的驯化事件之后野生群体的遗传基因又会渗入。当遗传基因渗入发生在物种的原产地以外和开始的

图 4

非洲家养牛的来源和迁移路线

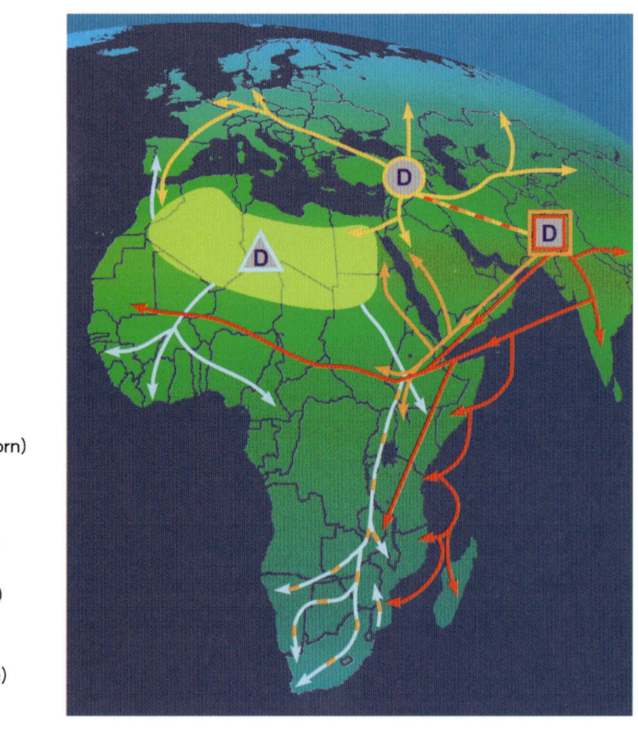

资源来源：Graphics unit，ILRI（2006）。

扩散之后，这些野生基因渗入可以形成带有独特遗传背景的地方性家畜遗传群体。这些例子包括欧洲本地野牛的基因渗入（Götherström 等，2005；Beja-Pereira 等，2006），很可能还包括亚洲牛的基因渗入（Mannen 等，2004）。

了解家畜扩散的地理模式和沿革对鉴别高水平多样性的地理区域是至关重要的，这些区域是保护资源的潜在的优先地域。这需要广泛的遗传多样性制图。至今，在这个领域只开展了为数不多的研究。但是，最近的一项涉及欧洲、非洲和西亚牛的研究表明，来自不同驯化中心的牛群体之间混合的交叉地区可以找到最高程度的多样性（Freeman 等，2006）。一项涉及欧洲、近东和中东的山羊多样性的广泛调查清楚地揭示了一个山羊多样性的地理分界线，使用地理原产地可以解释众多品种的大部分遗传多样性（Cañón等，2006）。

今天，由于高生产力品种的发展和销售、新的育种技术以及对畜产品需求的日益增长，家畜基因型的本地和地区以及跨国迁移正在加速。这种现代化扩散主要局限在少数品种，且几乎只涉及从发达国家向发展中国家扩散，这种扩散方式对本土动物遗传资源的保护和利用构成了主要威胁（关于当前基因流动的进一步讨论请参阅第三章）。

5 驯化后家畜的变化

突变、选择性育种和适应性形成了家畜群体的多样性。驯化过程导致了许多变化，有些变化可能仍然进行。特别重要的就是形态学变化。在一般情况下，家畜比野生祖先动物体型要小一些（显著的例外是鸡）。较小体型的动物易于管理和处置，它们可以更快地成熟，这样较大的羊群和畜群管理起来也更容易一些（Hall，2004）。小型西非牛、绵羊和矮化山羊就是体型变小的极端例子，可能是适应热带潮湿环境及其寄生虫病挑战后遗传瓶颈的结果。在一些情况下，人类故意选择也导致极端体型的差异——表现在雪特兰小型马的小体型和夏尔重挽马的大体型（Clutton-Brock，1999）。

家畜的体型结构也可以与野生祖先不同。例如，为了满足人类对肉类产品的需求（例如欧洲肉牛品种），或适应新的环境压力（例如撒哈拉山羊）。与野生祖先相比，对肌肉组织的选择常常造成后腿肌肉比肩部肌肉更为发达（Hall，2004）。肌肉组织选择的极端例子是在一些欧洲肉牛品种和一些绵羊和猪品种中所观察到的双肌肉特性。在牛方面，这种特性是单个基因——肌肉生成抑制素基因（myostatin gene）突变的结果（Grobet等，1998）。在绵羊方面，它涉及了callipyge基因（Cockett等，2005）。

脂肪形式的积存也可以在驯化之后发生变化。例如，减少捕食就增加了家养禽类的脂肪积存。在驯化后的哺乳动物中，瘤牛的肩峰和肥尾绵羊的尾巴就是脂肪积存选择的典型例子。这种被夸大的脂肪积存可能十分古老，早在公元前3000年肥尾绵羊就已经遍及整个西亚，而源自公元前2500年至公元前1500年印度河流域的摩亨佐—达罗（Mohenjo-daro）和哈拉帕（Harappa）文明的筒状海豹皮上就描述了有肩峰的牛（Clutton- Brock 1999）。

可以在大多数家畜物种的羊毛和被毛中发现巨大的差异。例如，高山地区的绵羊品种拥有特别厚的毛被，而非洲撒哈拉地区的绵羊品种却缺乏羊毛。这些变化可能是人工选择后突变的结果，或许早在公元前6000年就已经发生，正如在伊朗伊斯兰共和国发现的一个木质绵羊小雕像所展示的（Clutton-Brock，1999）。

被毛和羽毛颜色也由环境进行选择，颜色较浅的动物更适应较热的环境，而颜色较深的动物更适应较寒冷的环境（Hall 2004）。被毛颜色也受文化选择的影响。发达国家的家畜育种者常常喜爱统一的被毛颜色，但是在热带地区，被毛颜色的多样化可能更受青睐，这是由于礼节仪式的原因，或仅根据被毛颜色就能够鉴别个体动物。后一种情况的例子是祖鲁民族的Nguni牛被毛颜色和样式的丰富的多样化（Poland等，2003）。

重要的是，要意识到本地适应性、人类和/或自然选择并不总是减少家畜群体的遗传变异性或功能性多样化。例如，自然选择可能对变化的环境中生存的畜群的适应性多样性有利（例如，在气候变异之后）。最近对牛的6种最重要的牛奶蛋白质的遗传多样性研究表明，在北欧一个相对局限的地理区域显示出较高水平的多样性，对此结果最合理的解释是早期（喝牛奶的）草原养畜者所强加的选择压力所致（Beja-Pereira，2003）。

6 结论

了解动物遗传资源多样性的起源、随后的沿革和演变对制定可持续保护和利用策略是至关重要的。家畜多样性来源于野生祖先，后来通过突变、遗传漂移和自然和人工选择的过程而定型。只有存活下来的祖先物种多样性的一个子集表现在家养物种身上。但是，家畜多样性不断地在演变。每代基因的改组、突变和杂交或不同基因库的混合为自然选择和人工选择提供了新的机遇。这是商业品种实现生产力巨大增益的基础，也是本地家畜适应高度多样化和挑战性的环境的基础。

但是，世界的家畜多样性正在萎缩，一些独特的常常未定性的动物遗传资源迅速地和无控制地损失。如果一个品种或群体灭绝，这意味着独特的适应性属性的损失，这常常在许多互作基因的控制下，是基因型和环境之间互作的结果。

参考文献

Beja-Pereira, A., Caramelli, D., Lalueza-Fox, C., Vernesi, C., Ferrand, N., Casoli, A., Goyache, F., Royo, L.J., Conti, S., Lari, M., Martini, A., Ouragh, L., Magid, A., Atash, A., Zsolnai, A., Boscato, P., Triantaphylidis, C., Ploumi, K., Sineo, L., Mallegni, F., Taberlet, P., Erhardt, G., Sampietro, L., Bertranpetit, J., Barbujani, G., Luikart, G. & Bertorelle, G. 2006. The origin of European cattle: evidence from modern and ancient DNA. *Proceedings of the National Academy of Sciences USA*, 103(21): 8113–8118

Beja-Pereira, A., England, P.R., Ferrand, N., Jordan, S., Bakhiet, A.O., Abdalla, M.A., Maskour, M., Jordana, J., Taberlet, P. & Luikart, G. 2004. African origin of the domestic donkey. *Science*, 304(5678): 1781

Beja-Pereira, A., Luikart, G., England, P.R., Bradley, D.G., Jann, O.C., Bertorelle, G., Chamberlain, A.T., Nunes, T.P., Metodiev, S., Ferrand, N. & Erhardt, G. 2003. Gene-culture coevolution between cattle milk protein genes and human lactase genes. *Nature Genetics*, 35(4): 311–313

Bogucki, P. 1996. The spread of early farming in Europe. *American Science*, 84: 242–253

BOSTID. 1991. *Microlivestock: little-known small animals with a promising economic future.* Washington DC. National Academic Press

Bradley, D.G., MacHugh, D.E., Cunningham, P. & Loftus, R.T. 1996. Mitochondrial DNA diversity and the origins of African and European cattle. *Proceedings of the National Academy of Sciences USA*, 93(10): 5131–5135

Bradley, D.G. & Magee, D. 2006. Genetics and the origins of domestic cattle. *In* M.A. Zeder, E. Emshwiller, B.D. Smith & D.G. Bradley, eds. *Documenting domestication: new genetics and archaeological paradigm*, pp. 317–328. California, USA. University of California Press

Bruford, M.W., Bradley, D.G. & Luikart, G. 2003. DNA markers reveal the complexity of livestock domestication. *Nature Reviews Genetics*, 4(11): 900–909

Bulliet, R.W. 1975. *The Camel and the wheel.* Massachusetts, USA. Harvard University Press

Cañón, J., Garcia, D., Garcia-Atance, M.A., Obexer-Ruff, G., Lenstra, J. A., Ajmone-Marsan, P., Dunner, S. & the ECONOGENE Consortium. 2006. Geographical partitioning of goat diversity in Europe and the Middle East. *Animal Genetics*, 37(4), 327–334

Clutton-Brock, J. 1999. *A natural history of domesticated mammals.* 2nd Edition. Cambridge, UK. Cambridge University Press

Cockett, N.E., Smit, M.A., Bidwell, C.A., Segers, K., Hadfield, T.L., Snowder, G.D., Georges, M. & Charlier, C. 2005. The callipyge mutation and other genes that affect muscle hypertrophy in sheep. *Genetic Selection and Evolution*, 37(Suppl 1): 65–81

Compagnoni, B. & Tosi, M. 1978. The camel: its distribution and state of domestication in the Middle East during the third millennium B.C. in light of finds from Shahr-i Sokhta. *In* R.H. Meadow, & M.A Zeder, eds. *Approaches to faunal analysis in the Middle East.* Peabody Museum Bulletin 2, pp. 91–103. Cambridge MA, USA. Peabody Museum

Cymbron, T., Freeman, A.R., Malheiro, M.I, Vigne, J.-D. & Bradley, D.G. 2005. Microsatellite diversity suggests different histories for Mediterranean and Northern European cattle populations. *Proceedings of the Royal Society of London B,* 272: 1837–1843

Diamond, J. 1999. *Guns, germs and steel: the fates of human societies.* New York, USA. Norton

Diamond, J. 2002. Evolution, consequences and future of plant and animal domestication. *Nature,* 418: 700–707

Diamond, J. & Bellwood, P. 2003. Farmers and their languages: the first expansions. *Science,* 300: 597–603

Dobney, K. & Larson, G. 2006. Genetics and animal domestication: new windows on an elusive process. *Journal of Zoology,* 269: 261–271

FAO. 2005. Genetic characterization of livestock populations and its use in conservation decision making, by O. Hannotte & H. Jianlin. *In* J. Ruane & A. Sonnino, eds. *The role of biotechnology in exploring and protecting agricultural genetic resources,* pp. 89~96. Rome. (also available at www.fao.org/docrep/009/a0399e/a0399e00.htm)

Felius, M. 1995. *Cattle breeds – an encyclopedia.* Doetinchem, the Netherlands. Misset

Fernández, H., Hughes, S., Vigne, J.-D., Helmer, D., Hodgins, G., Miquel, C., Hänni, C., Luikart, G. & Taberlet, P. 2006. Divergent mtDNA lineages of goats in an early Neolithic site, far from the initial domestication areas. *Proceedings of the National Academy of Sciences USA,* 103(42): 15375~15379

Freeman, A.R., Bradley, D.G., Nagda, S., Gibson, J.P. & Hanotte, O. 2006. Combination of multiple microsatellite datasets to investigate genetic diversity and admixture of domestic cattle. *Animal Genetics,* 37(1): 1~9

Fumihito, A., Miyake, T., Sumi, S., Takada, M., Ohno, S. & Kondo, N. 1994. One subspecies of the red junglefowl *(Gallus gallus gallus)* suffices as the matriarchic ancestor of all domestic breeds. *Proceedings of the National Academy of Sciences USA,* 91(26): 12505~12509

Fumihito, A., Miyake, T., Takada, M., Shingu, R., Endo, T., Gojobori, T., Kondo, N. & Ohno, S. 1996. Monophyletic origin and unique dispersal patterns of domestic fowls. *Proceedings of the National Academy of Sciences USA,* 93(13): 6792~6795

Götherström, A., Anderung, C., Hellborg, C., Elburg, R., Smith, C., Bradley, D.G. & Ellegren, H. 2005. Cattle hybridization in the Near East was followed by hybridization with auroch bulls in Europe. *Proceedings of the Royal Society of London B,* 272: 2345~2350

Grobet, L., Poncelet, D., Royo, L.J., Brouwers, B., Pirottin, D., Michaux, C., Menissier, F., Zanotti, M., Dunner, S. & Georges, M. 1998. Molecular definition of an allelic series of mutations disrupting the myostatin function and causing double-muscling in cattle. *Mammalian Genome,* 9(3): 210~213

Guiffra, E., Kijas, J.M.H., Amarger, V., Calborg, Ö., Jeon, J.T. & Andersson, L. 2000. The origin of the domestic pigs : independent domestication and subsequent introgression. *Genetics,* 154(4): 1785~1791

Guo, S., Savolainen, P., Su, J., Zhang, Q., Qi, D., Zhou, J., Zhong, Y., Zhao, X. & Liu, J. 2006. Origin of mitochondrial DNA diversity in domestic yak. *BMC Evolutionary Biology,* 6: 73

Hall, S.J.G. 2004. *Livestock biodiversity: genetic resources for the farming of the future.* Oxford, UK. Blackwell Science Ltd

Hanotte, O., Bradley, D.G., Ochieng, J., Verjee, Y., Hill, E.W. & Rege, J.E.O. 2002. African pastoralism: genetic imprints of origins and migrations. *Science,* 296(5566): 336~339

Hanotte, O. & Mensah, G.A. 2002. Biodiversity and domestication of 'non-conventional' species: a worldwide perspective. *Seventh World Congress on Genetics Applied to Livestock Production,* 19~23 August 2002, Montpellier, France. 30: 543~546

Hanotte, O., Toll J., Iniguez L. & Rege, J.E.O. 2006. Farm animal genetic resources: why and what do we need to conserve. *Proceeding of the IPGRI–ILRI–FAO–CIRAD workshop: Option for in situ and ex situ conservation of AnGR,* 8~11 November 2005, Montpellier, France

Hiendleder, S., Mainz, K., Plante, Y. & Lewalski, H. 1998. Analysis of mitochondrial DNA indicates that the domestic sheep are derived from two different ancestral maternal sources: no evidences for the contribution from urial and argali sheep. *Journal of Heredity,* 89: 113~120

Higham, C. 1975. *Non Nok Tha, the funeral remains from the 1966 and 1968 excavations at Non Nok Tha Northeastern Thailand.* Studies in Prehistoric Anthropology Volume 6. Otago, New Zealand. University of Otago

Jansen, T., Foster, P., Levine, M.A., Oelke, H., Hurles, M., Renfrew, C., Weber, J. & Olek, K. 2002. Mitochondrial DNA and the origins of the domestic horse. *Proceedings of the National Academy of Science USA,* 99(16): 10905~10910

Jianlin H., Quau J., Men Z., Zhang Y. & Wang W. 1999. Three unique restriction fragment length polymorphisms of *EcoR* I, *Pvu* II and *Sca* I digested mitochondrial DNA of wild Bactrian camel *(Camelus bactrianus ferus)* in China. *Journal of Animal Science*, 77: 2315~2316

Joshi, M.B., Rout, P.K., Mandal, A.K., Tyler-Smith, C., Singh, L. & Thangaray, K. 2004. Phylogeography and origins of Indian domestic goats. *Molecular Biology and Evolution*, 21(3): 454~462

Kadwell, M., Fernández, M., Stanley, H.F., Baldi, R., Wheeler, J.C., Rosadio, R. & Bruford, M.W. 2001. Genetic analysis reveals the wild ancestors of the llama and alpaca. *Proceedings of the Royal Society of London B*, 268: 2675~2584

Larson, G., Dobney, K., Albarella, U., Fang, M., Matisoo-Smith, E., Robins, J., Lowden, S., Finlayson, H., Brand, T., Willerslev, E., Rowley-Conwy, P., Andersson, L. & Cooper, A. 2005. Worldwide phylogeography of wild boar reveals multiple centers of pig domestication. *Science*, 307(5715): 1618~1621

Liron, J.P., Bravi, C.M., Mirol, P.M., Peral-Garcia, P. & Giovambattista, G. 2006. African matrilineages in American Creole cattle: evidence of two independent continental sources. *Animals Genetics*, 37(4): 379~382

Liu, Y.P., Wu, G.-S., Yao, Y.G., Miao, Y.W., Luikart, G., Baig, M., Beja-Pereira, A., Ding, Z.L., Palanichamy, M.G. & Zhang, Y.-P. 2006. Multiple maternal origins of chickens: out of the Asian jungles. *Molecular Phylogenetics and Evolution*, 38(1): 12~19

Loftus, R.T., MacHugh, D.E., Bradley, D.G., Sharp, P.M. & Cunningham, P. 1994. Evidence for two independent domestication of cattle. *Proceedings of the National Academy of Sciences USA*, 91(7): 2757~2761

Luikart, G.L., Gielly, L., Excoffier, L., Vigne, J-D., Bouvet, J. & Taberlet, P. 2001. Multiple maternal origins and weak phylogeographic structure in domestic goats. *Proceedings of the National Academy of Sciences USA*, 98(10): 5927~5930

Mannen, H., Kohno, M., Nagata, Y., Tsuji, S., Bradley, D.G., Yeao, J.S., Nyamsamba, D., Zagdsuren, Y., Yokohama, M., Nomura, K. & Amano, T. 2004. Independent mitochondrial DNA origin and historetical genetic differentiation in North Eastern Asian cattle. *Molecular Phylogenetic and Evolution*, 32(2): 539~544

Mignon-Grasteau, S., Boissy, A., Bouix, J., Faure, J.-M., Fisher, A.D., Hinch, G.N., Jensen, P., Le Neindre, P., Mormède, P., Prunet, P., Vandeputte, M. & Beaumont, C. 2005. Genetics of adaptation and domestication in livestock. *Livestock Production Science*, 93(1): 3~14

Olsen, S.L. 2006. Early horse domestication on the Eurasian steppe. *In* M.A. Zeder, E. Emshwiller, B.D. Smith & D.G. Bradley, eds. *Documenting domestication: new genetics and archaeological paradigms*, pp. 245~269. California, USA. University of California Press

Pedrosa, S., Uzun, M., Arranz, J.J., Guttiérrez-Gil, B., San Primitivo, F. & Bayon, Y. 2005. Evidence of three maternal lineages in Near Eastern sheep supporting multiple domestication events. *Proceedings of the Royal Society of London B*, 272(1577): 2211~2217

Peters, J., Helmer, D., von den Driesch, A. & Segui, S. 1999. Animal husbandry in the northern Levant. *Paléorient*, 25: 27~48

Peters, J. & von den Driesch, A. 1997. The two-humped camel *(Camelus bactrianus)*: new light on its distribution management and medical treatment in the in the past. *Journal of Zoology*, 242: 651~679

Poland, M., Hammond-Tooke, D. & Leigh, V. 2003. *The abundant herds: a celebration of the cattle of the Zulu people*. Vlaeberg, South Africa. Fernwood Press

Qi, X. 2004. *Genetic diversity, differentiation and relationship of domestic yak populations: a microsatellite and mitochondrial DNA study*. Lanzhou University, China. (PhD Thesis)

Ryder, M.L. 1984. Sheep. *In* I.L. Mason, ed. *Evolution of domesticated animals*, pp. 63~65. London. Longman

Skjenneberg, S. 1984. Reindeer. *In* I.L. Mason, ed. *Evolution of domesticated animals*, pp. 128~138. London. Longman

Sultana, S., Mannen, H. & Tsuji, S. 2003. Mitochondrial DNA diversity of Pakistani goats. *Animal Genetics,* 34(6): 417~421

Tanaka, K., Solis, C.D., Masangkay, J.S., Maeda, K., Kawamoto, Y. & Namikawa, T. 1996. Phylogenetic relation among all living species of the genus *Bubalus* based on DNA sequences of the cytochrome B gene. *Biochemical Genetics,* 34(11~12): 443~452

Tapio, M., Marzanov, N., Ozerov, M., Ćinkulov, M., Gonzarenko, G., Kiselyova, T., Murawski, M., Viinalass, H. & Kantanen, J. 2006. Sheep mitochondrial DNA in European Caucasian and Central Asian areas. *Molecular Biology and Evolution,* 23(9): 1776~1783

Vilà, C., Leonard, J.A., Götherström, S., Marklund, S., Sanberg, K., Lindén, K., Wayne, R.K. & Ellegren, H. 2001. Widespread origins of domestic horse lineages. *Science,* 291(5503): 474~477

Vilà, C., Leonard, J.A. & Beja-Pereira, A. 2006. Genetic documentation of horse and donkey domestication. *In* M.A. Zeder, E. Emshwiller, B.D. Smith & D.G. Bradley, eds. *Documenting domestication: new genetics and archaeological paradigms,* pp. 342~353. California, USA. University of California Press

Wayne, R.K., Leonard, J.A. & Vilà, C. 2006. Genetic analysis of dog domestication. *In* M.A. Zeder, E. Emshwiller, B.D. Smith & D.G. Bradley, eds. *Documenting domestication: new genetics and archaeological paradigms,* pp. 279~293. California, USA. University of California

Wendorf, F. & Schild, R. 1994. Are the early Holecene cattle in the Eastern Sahara domestic or wild? *Evolutionary Anthropology,* 3: 118~128

West, B. & Zhou, B-X. 1988. Did chickens go north? New evidence for domestication. *Journal of Archaeological Science,* 15: 515~533

Wheeler, J.C., Chikni, L. & Bruford, M.W. 2006. Genetic analysis of the origins of domestic South American Camelids. *In* M.A. Zeder, E. Emshwiller, B.D. Smith & D.G. Bradley, eds. *Documenting domestication: new genetics and archaeological paradigms,* pp. 279~293. California, USA. University of California Press

Zeder, M.A., Emshwiller, E., Smith, B.D. & Bradley, D.G. 2006. Documenting domestication: the intersection of genetics and archaeology. *Trends in Genetics,* 22(3): 139~155

Zeder, M.A. & Hesse, B. 2000. The initial domestication of goats *(Capra hircus)* in the Zagros mountains 10,000 years ago. *Science,* 287(5461): 2254~2257

Zeuner, F.E. 1963. *A history of domesticated animals.* London. Hutchinson

Zilhão, J. 2001. Radiocarbon evidences for maritime pioneer colonization at the orign of farming in West Mediterranean Europe. *Proceedings of the National Academy of Sciences USA,* 98(24): 14180~14185

第二章 动物遗传资源状况

1 导言

本部分主要讲述全球视野下动物遗传资源（animal genetic resources，简称AnGR）多样性及其状况。文中所进行的分析基于FAO粮食与农业动物遗传资源全球数据库，该数据库是唯一覆盖面涵盖了整个世界范围的信息来源。因此，可以把本部分当作是世界观察清单——家养动物多样性[2]（WWL-DAD）的升级版（但浓缩了）。世界观察清单——家养动物多样性早前的一个版本（第三版）出版于2000年。插文4对世界粮食与农业动物遗传资源状况（SoW-AnGR）编制过程中的撰写和数据分析方法的诸多变化进行了概述。本部分讲述了动物遗传资源报告的概况、1999年12月至2006年1月间所取得的进展情况、家畜畜种和品种的区域性分布现状、世界家畜品种的濒危状况，并评估了这6年里濒危状况的变化趋势。

[2] FAO/UNEP2000，《世界观察清单——家养动物多样性》，第三版，B.D.Scherf编辑，罗马（另见http://dad.fao.org/en/）。

表5

动物遗传资源全球数据库的信息记录情况

分析年份	哺乳类		禽类		涵盖国家
	各国品种数	有种群数据的品种比例（%）	各国品种数	有种群数据的品种比例（%）	
1993	2 719	53	-	-	131
1995	3 019	73	863	85	172
1999	5 330	63	1 049	77	172
2006	10 512	43	3 505	39	182*

* 无安道尔、文莱、梵蒂冈、列支敦士登、马绍尔群岛、密克罗尼西亚联邦、摩纳哥、瑙鲁、巴勒斯坦、卡塔尔、圣马力诺、新加坡、东帝汶、阿联酋、西撒哈拉的数据。

2 报告概况

自世界观察清单——家养动物多样性第三版出版以来，全球数据库记录的品种数大大增加，录入总数从1999年12月的6379个增加至2006年1月的14017个。这种增长趋势在禽类品种数上表现得尤为明显，其记录数从1049个增加到了3505个；而哺乳动物则从5330个增加到10512个。报告中几乎所有品种（94%）都是已驯化的家畜，只有1%是野化品种，未驯化的则不到1%（另有4%的尚未获知归类情况）。

插文4

与世界观察清单——家养动物多样性相比本部分的新看点

1991年，FAO启动了全球品种调查，用以报道七种主要家养哺乳类动物（驴、水牛、牛、山羊、马、猪和绵羊）的情况；1993年又对牦牛、6种骆驼科动物、14种主要禽类进行了追加调查；之后，FAO还收集了鹿科动物和兔子的数据，并将这些畜种涵盖进了世界观察清单——家养动物多样性第三版（WWL-DAD: 3）中，于2000年出版。为了制作一份更完整的目录，2005年，FAO从169份国家报告中提取出与品种有关的数据，并将它们录入到动物遗传资源全球数据库中。之后，各国国家协调员又对这些数据进行了再次确证，并将他们本国的品种数据库进一步完善。

有人指出，世界观察清单——家养动物多样性第三版（2000）高估了“处于濒危中”的品种数目。之所以会这样，是因为濒危状况的判定基于每个国家各自种群的群体数量大小。因此，对于一个品种在多个国家都有分布的情况来说，就会有各国的分类情况不能真实反映其濒危状况的问题。这个问题之前就已经被认识到了，但当时报告的重点是地方品种。在世界粮食与农业动物遗传资源状况准备过程中，各国将本国所有的动物遗传资源，包括本地的和引进的品种都考虑在报告内，所以，被错误归类为处于危险中的品种数目就会大大增加。本文中进行的重新分析将把同属于一个总基因库的各国品种种群合并起来，以更正上述偏差。这个步骤是通过专业的知识来完成合并的，再由各国国家协调员对其进行修正。但现在仍然缺乏明确的定义，来界定总基因库的组成。这些被合并的品种称为跨境品种（插文5），对这些品种濒危状况的估计将以该品种的所有个体总数为基础。

我们对在区域性和全球性层面上估测品种多样性的方法也进行了调整：在区域性层面，对于隶属于多个国家，但仅存在于世界粮食与农业动物遗传资源状况所论及的某一区域的品种，将只进行一次全区域性的统计，而不再考虑在国家层面上种群的数量有多少。对于在许多区域都存在的国际性跨境品种，将只在全球层面上进行一次统计。

与世界观察清单——家养动物多样性第三版相比，本报告提供的图片中区域的划分有所变动。世界观察清单——家养动物多样性第三版中把亚太列为一个区域，而在这里它被分成了西南太平洋和亚洲两个独立的区域。而且，本报告对区域的划分也不同于标准的FAO区域划分。

插文 5

词汇表：种群——品种——区域

未驯化种群：指的是已驯化家畜的近缘野生种群，它们被用于粮食及农业生产，或者是正处于驯化中。

野化种群：是指动物本身或其祖先曾经被驯化，但现在它们独立生存于人类之外的动物。比如澳大利亚的单峰驼。

地方品种：只存在于一个国家的品种。

跨境品种：存在于一个以上国家的品种。它进一步分为：

——区域性跨境品种：只在世界粮食与农业动物遗传资源状况七个区域中的一个区域存在的跨境品种。

——国际性跨境品种：在一个以上区域存在的跨境品种。

世界粮食与农业动物遗传资源状况区域：世界粮食与农业动物遗传资源状况报告划分了七个区域：非洲、亚洲、欧洲及高加索地区、拉丁美洲及加勒比地区、中近东地区、北美以及西南太平洋。

在登记品种数增加的同时，已知其种群数据的品种占全部品种的比例却有所下降。已知种群数量的家禽品种由77个百分点降到39个百分点，哺乳类动物由63个百分点降到43个百分点（表5和图5）。并且，已经报告其国内种群数量数据的国家近期也没有对这些数据进行更新。之所以录入的全部品种数和已知种群数据的品种数之间会有这么大的差距，部分原因是因为最近向全球数据库中录入的许多数据，实际上是节录自国家报告的，这些报告往往只提到了某一品种的存在，而没有包括其种群大小等细节。

图 5

已经报告种群数据的国家品种数百分比

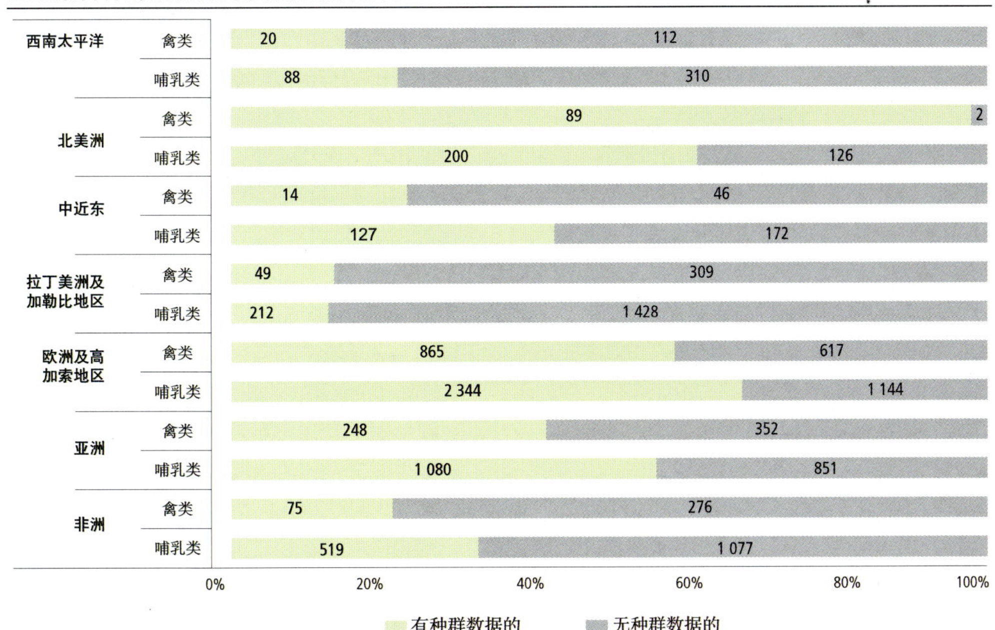

第一部分

在对全球品种多样性情况和濒危状况进行有效分析之前，需要对品种种群数量的原始数据进行修正。我们将其中480个条目归为品系或家系，排除在分析之外（对于禽类来说，需要区域性或国家性的专家将各家系和品系与其相关品种关联起来，以进行进一步的确认）。此外，有209个品种被同一国家报告了两次，但其实明显是属于同一品种。经过这些调整，在这项关于多样性和濒危状况的分析中，最终剩下了总共13 328个品种。

在所有报告上来的国家品种数目中，有超过半数的品种（6 792个条目）存在于一个以上的国家。这些品种被定义为“跨境”品种（框5），其群体数量将被合并在一块。跨境品种濒危状况的确定，将考虑该品种所有报告上来的群体数量。我们将只存在于一个国家的品种定义为“本地”品种。跨境品种根据其分布范围，再被细分为区域性跨境品种和国际性跨境品种（框5）。

表6

按区域的哺乳类畜种分布

哺乳类	非洲	亚洲	欧洲及高加索	拉美及加勒比	中近东	北美洲	西南太平洋
	报告有该畜种品种相关信息的国家在其所在区域所占百分比（%）						
水牛	8	57	25	27	25	0	8
牛	98	96	100	94	75	100	77
牦牛	0	32	2	0	0	0	0
山羊	96	96	93	94	83	100	69
绵羊	92	86	100	91	100	100	31
猪	70	82	91	91	8	100	92
驴	38	46	36	39	50	50	8
马	46	93	91	64	58	100	23
双峰驼	0	25	5	0	0	0	0
单峰驼	32	25	2	0	58	0	8
羊驼	2	0	0	12	0	0	8
美洲驼（大羊驼）	0	0	0	15	0	0	0
原驼	0	0	0	9	0	0	0
骆马（小羊驼）	0	0	0	12	0	0	0
鹿*	2	25	14	9	0	50	15
兔	38	39	39	48	8	0	0
豚鼠	8	0	0	15	0	0	0
狗	2	7	5	0	0	0	0

注：底色：深灰：≥ 50% 的国家；中灰：<50% 而>10% 的国家；浅灰：≤ 10% 的国家；白色：没有国家

* 家养鹿科动物主要包括马鹿（*Cervus elaphus elaphus*）、梅花鹿（*C.nipon nipon*）、加拿大马鹿（*C.elaphus Canadensis*）、水鹿（*C.unicolor unicolor*）、豚鹿（*Axis porcinus*）、黇鹿（扁角鹿或欧洲淡黄色鹿）（*Dama dama*）、鬣鹿（黑鹿或爪哇鹿）（*C.timorensis russa*）、花鹿（斑鹿）（*Axis axis*）、驯鹿（北美驯鹿）（*Rangifer tarandus*）、麝鹿（*Moschus moschiferus*）、麋鹿（*Elaphurus davidianus*）和驼鹿（*Alces alces*）。

表 7

不同区域的禽类分布

禽类	非洲	亚洲	欧洲及高加索	拉美及加勒比	中近东	北美洲	西南太平洋
	报告有该物种品种相关信息的国家在其所在区域所占百分比（%）						
鸡	78	93	86	70	50	100	85
家鸭	32	61	50	33	17	0	46
火鸡	24	43	57	30	17	100	8
家鹅	16	39	61	21	17	50	8
番鸭	16	39	20	18	17	0	62
珍珠鸡	28	18	11	9	8	0	0
鹧鸪	4	7	7	0	0	0	0
雉鸡	0	7	9	6	0	0	0
鹌鹑	2	39	14	6	0	50	0
孔雀	0	0	0	3	0	0	0
鸽子	10	21	9	6	17	0	15
燕子	0	4	0	0	0	0	0
鹤鸵	0	4	2	0	0	0	0
鸸鹋	2	4	2	3	0	0	8
美洲鸵	0	0	2	6	0	0	0
鸵鸟	12	11	7	0	0	0	8

注：底色：深灰：>49% 的国家；中灰：<50% 而>9% 的国家；浅灰：<10% 的国家；白色：没有国家

3 畜种多样性

在人类已知的 50000 种禽类和哺乳类物种中，只有大约 40 种已经被驯化。现在 DAD-IS（数据库）记录了 18 种哺乳类畜种（表 6）、16 种禽类（表 7）和两种能繁殖的跨物种杂交组合（双峰驼 × 单峰驼，家鸭 × 番鸭）的品种相关信息。在全球范围内，牛、绵羊、鸡、山羊和猪这五个畜种分布广泛，并有特别巨大的数量。前三者在全球分布最为广泛，而后两者则分布不那么均匀（图 6、表 6 和表 7）。山羊在美洲、欧洲及高加索地区的数量比在其他区域要少得多；而由于宗教原因，猪在穆斯林国家明显要少。

第一部分

图 6

2005 年主要家畜的区域性分布

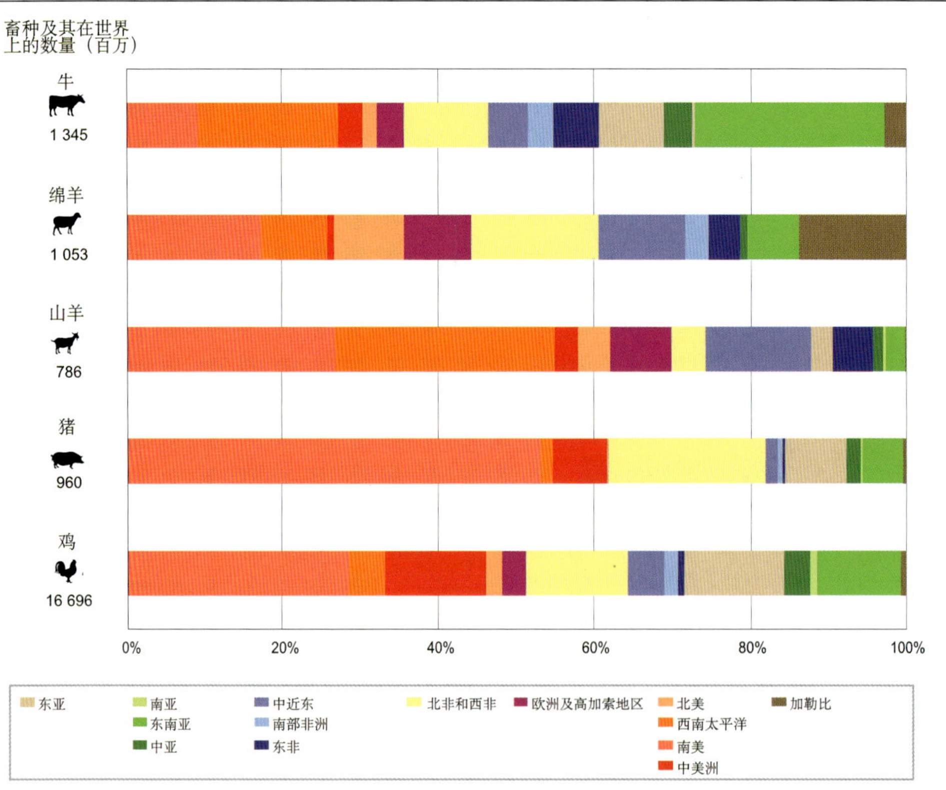

图 7

世界哺乳类畜种分布情况

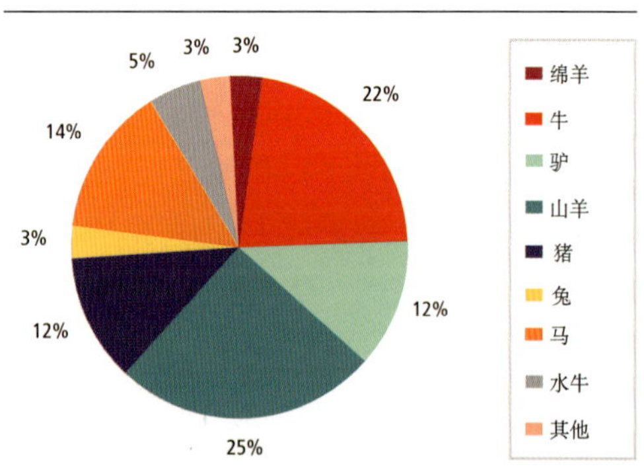

注：品种记录数量超过 100 个的哺乳类畜种单独显示；其余哺乳类畜种归为“其他”。

3.1 数量最多的五种畜禽

世界上牛的总数超过 13 亿——也就是说这个星球上大约每五个人拥有一头。在所有七个区域里牛都很重要。亚洲（印度和中国尤其明显）拥有的牛的数量占世界的32%，拉丁美洲占28%（巴西拥有的牛的数量排世界首位），这两个地区是这一畜种最主要的分布区域（图6）。在非洲（苏丹和埃塞俄比亚的数目最多）和欧洲及高加索（俄联邦和法国的数目最多）也

图 8
世界禽类品种分布情况

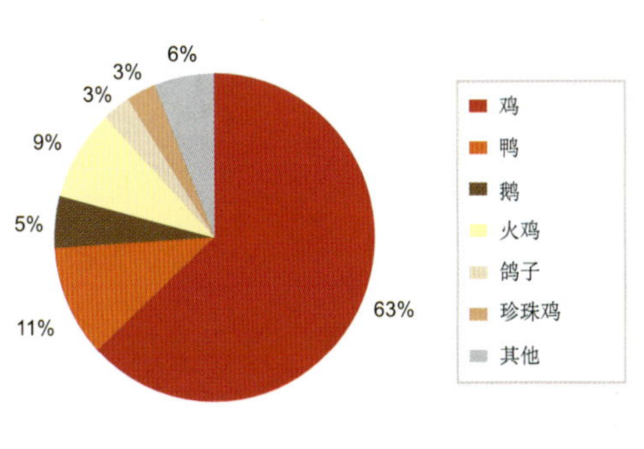

注：品种记录数量超过 50 个的禽类畜种单独显示；其余禽类归为“其他”。

有很多数量的牛。此外，美国和澳大利亚有大型的国家牧群。牛的品种数占了所报告的全世界哺乳类家畜品种总数的 22%（图 7）。

全世界绵羊的数量有十亿多只——大约每六个人一只。近一半分布在亚洲和中东、近东地区（中国、印度和伊朗数量最多）；非洲、欧洲及高加索、西南太平洋各占大约15%；拉美及加勒比地区占8%。与山羊主要分布在发展中地区不同，一些发达国家，尤其是澳大利亚，还有新西兰和英国则都拥有很大的绵羊群体。绵羊是记录品种数最多的哺乳类畜种，占全球哺乳类的 25%。

全世界有大约十亿头猪——每七个人一头。大约三分之二的猪分布在亚洲，其中绝大多数是在中国，还有相当数量的猪分布在越南、印度和菲律宾。欧洲及高加索拥有世界上五分之一的猪，美洲拥有另外15%。猪的品种数量占所记录世界哺乳类品种数的 12%。

山羊是这五个主要畜种中数量最少的畜种。全世界大约有八亿只山羊——每八个人一只。全世界大约70%的山羊分布在亚洲和中近东，数量最多的是中国、印度和巴基斯坦。其余的非洲占了很大部分，而只有约 5% 的山羊分布在拉美及加勒比、欧洲及高加索。山羊的品种数量占所报告全世界哺乳类品种数的 12%。

全世界鸡的数量比人类还多 1.5 倍，共有将近 170 亿只鸡，其中约一半分布在亚洲，拉美及加勒比占有四分之一，欧洲及高加索占全世界的13%，而非洲占7%。鸡的品种数量占了禽类品种总数的绝大部分（图 8）。

3.2　其他广泛分布的畜种

虽然马、驴和鸭在所有区域都有分布，但它们的数量比上面提到的五个主要畜种要少，而且分布不如牛、绵羊和鸡那样均匀。

世界上广泛分布着 5 400 万匹马。数量最多的国家是中国，然后是墨西哥、巴西和美国。其他拥有马的数量超过 100 万匹的国家还有阿根廷、哥伦比亚、蒙古、俄联邦、埃塞俄比亚和哈萨克斯坦。马的品种数量占哺乳类家畜品种总数的比例（14%）远大于其群体数量占家畜数量的比例。

驴是贫困人口和缺少发达运输工具地区的运输动物，因此它们主要分布在世界上的发展中地区。驴的数量最多的是亚洲、非洲和拉美及加勒比，它们也广泛分布于中近东。中国是世界上驴最多的国家，20世纪五六十年代，中国通过推广使用驴来减少农民的劳作。驴的品种多样性程度要小于其他畜种，其品种数量只占记录的哺乳类家畜品种总数的3%，但是驴以及关于它们的研究经常被轻视，所以可能有很多驴品种没有被统计报道。

家鸭的分布格局更不均匀。家鸭的驯化历史很长，它在古埃及、美索不达米亚、中国和罗马帝国都有饲养。但现在家鸭的饲养主要集中在中国，那里有全世界家鸭总数的70%。其他主要的饲养国家是越南、印度尼西亚、印度、泰国和东南亚的其他国家。在欧洲，法国和乌克兰拥有较大数量的家鸭。鸭子的品种（不包括番鸭）数量占记录的禽类品种总数的11%。

3.3　分布较窄的畜种

一些哺乳类家畜，如水牛、牦牛、骆驼科畜种和兔子，还有一些禽类，如家鹅和火鸡等畜种的分布较窄，但其在某一两个区域中或某个特定的农业生态带中具有特殊的重要性。

家养水牛原本是亚洲特有动物——全世界1.7亿头水牛中98%都在这个地区，主要是印度、巴基斯坦、中国和东南亚。后来它被引入到南欧和东南欧，以及埃及、巴西、巴布亚新几内亚和澳大利亚。按目前的报道，水牛分布在全世界41个国家。水牛主要有两种类型：河流型（来源于南亚），一种重要的产奶动物，尤其在南亚；沼泽型（来源于东亚），在“铁水牛”——手扶拖拉机引进以前，它作为役用动物，在东南亚潮湿的稻田耕作中扮演了一个重要角色。水牛品种数量占所记录的世界哺乳类家畜品种总数的3%。

牦牛是青藏高原的地区性畜种。中国和蒙古的牦牛数量最多，俄联邦、尼泊尔、不丹、阿富汗、巴基斯坦、吉尔吉斯斯坦和印度也有少量的牦牛。在喜马拉雅的一些地方，牦牛与牛的杂交极为重要。牦牛也被引入高加索、北美（3000头）和欧洲的一些国家。所记录的牦牛品种数量很少，这也反映了牦牛很窄的地理和农业生态分布特性。

单峰骆驼，尤其双峰骆驼的地理分布同样很窄，并且局限于较干旱的农业生态带中，因此，它们在品种多样性中的比重相对要小。在中近东、非洲和亚洲，单峰骆驼，或者说是一个峰的骆驼，起着很重要的作用。尽管在非洲的数量很稳定，但在亚洲，骆驼的数量目前正急剧减少。在非洲，索马里、苏丹、毛里塔尼亚和肯尼亚的骆驼数量最多，而亚洲的骆驼主要分布在印度和巴基斯坦。有两个峰的双峰骆驼分布仅限于亚洲的中部和东部，以蒙古和中国的数量最多。

有四个骆驼科的畜种起源于南美洲：家养的美洲驼和羊驼，野生的原驼和骆马。绝大部分美洲驼分布在秘鲁和玻利维亚，小部分分布在动物园和其他国家的一些爱好者手中。原驼和骆马主要用来生产纤维、皮和肉。与其他许多畜种相比，记录的骆驼品种总数同样很少。南美洲的畜种主要局限在一个区域和高海拔地区。

世界上大部分家养兔子都分布在亚洲，数量最多的是中国。中亚的一些国家和朝鲜民主主义人民共和国也大量饲养。在欧洲及高加索，意大利的兔子数量最多，兔的品种数占了世界哺乳类家畜品种总数的5%。

绝大多数豚鼠仅分布在拉美及加勒比地区，主要是秘鲁和玻利维亚。

家鹅和火鸡的分布也相对较窄。其分布特点与传统因素和消费者喜好有关，而与农业生态条件无关。世界上近90%的家鹅分布在中国，其余家鹅有一半分布在埃及、罗马尼亚、波兰和马达加斯加。火鸡起源于中美洲，在殖民者发现火鸡后不久，它们就被引入到了欧洲，而且在欧洲开发出了很多独特的品种。欧洲及高加索是家养火鸡数量最多（43%）的区域，北美则拥有超过三分之一的数量。鹅和火鸡的品种数量分别占全球禽类品种总数的9%和5%。

4 品种多样性

4.1　概述

全世界经报道的品种共有7616个，其中，地方品种6536个，跨境品种1080个。跨境品种中，523个是仅在一个区域分布的地区性跨境品种（1413个国家级条目），557个是广泛分布的国际性跨境品种（5379个国家级条目）。一共有690个品种被定为已灭绝品种，其中有9个是跨境品种。下面对品种多样性的分析不包括这些已灭绝品种。

图9展示的是全世界哺乳类和禽类品种中（已灭绝品种除外），地方品种、地区性跨境品种和国际性跨境品种的各自比例。所记录品种有超过三分之二属于哺乳类。哺乳类中地区性跨境品种和国际性跨境品种的数目差不多，而禽类中国际性跨境品种的数量是地区性跨境品种的两倍。

在全世界所有区域中，哺乳类的品种数量都比禽类的多。除了欧洲及高加索地区，在其他所有区域，哺乳类品种的数量都占了所记录品种总数的近四分之三。但在不同区域，三个品种类别所占的比重还是有很大的区别的（图10）。在欧洲及高加索、亚洲和中近东，地方品种占了总品种数的约四分之三。在非洲、拉美及加勒比，地方品种的比例要小，但仍然超过了总品种数的三分之二。相反，在西南太平洋和北美，哺乳类和禽类的国际性跨境品种占了主要地位。在欧洲及高加索、非洲，乃至亚洲，哺乳类畜种的地区性跨境品种相对要多；而只有在欧洲及高加索才有较多的禽类地区性跨境品种。

评估区域内的品种多样性时，没有将国际性跨境品种考虑在内，因为不能把它们分配到任一特定区域。欧洲、高加索和亚洲地区拥有全世界大部分主要畜种的品种数量最多（表8）；骆驼除外，其品种数量最多的地区是非洲。除了骆驼（非洲）、

第一部分

火鸡（欧洲及高加索）和马（44%分布在拉美及加勒比），在群体大小方面，大部分畜种的主要分布区域是亚洲。

从表8中我们可以看到，欧洲及高加索大部分畜种的品种数量在世界上的比例要远高于其群体大小所占比例，但火鸡是一个例外。尽管该区域保有的火鸡品种数量占了全球最大的份额，但其群体大小所占份额与品种相比几乎持平。欧洲及高加索之所以有很大的火鸡品种数量，部分原因是因为实际上遗传相关很接近的许多品种，被划分为了独立的品种个体。这一现象也反映了该区域在对品种的记录以及特

图 9

全世界地方品种和跨境品种的数量

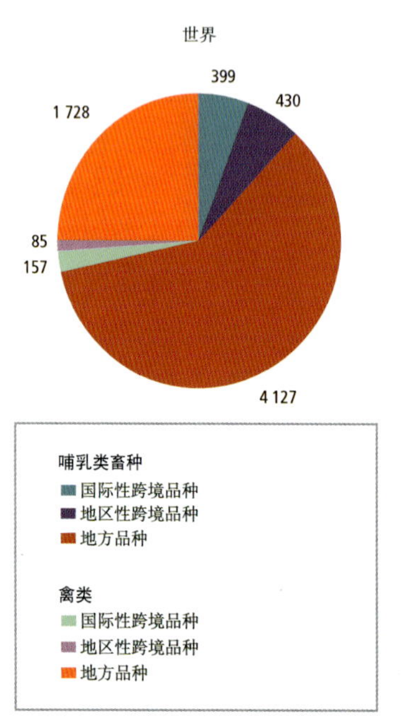

图 10

各地区地方品种和跨境品种的比例

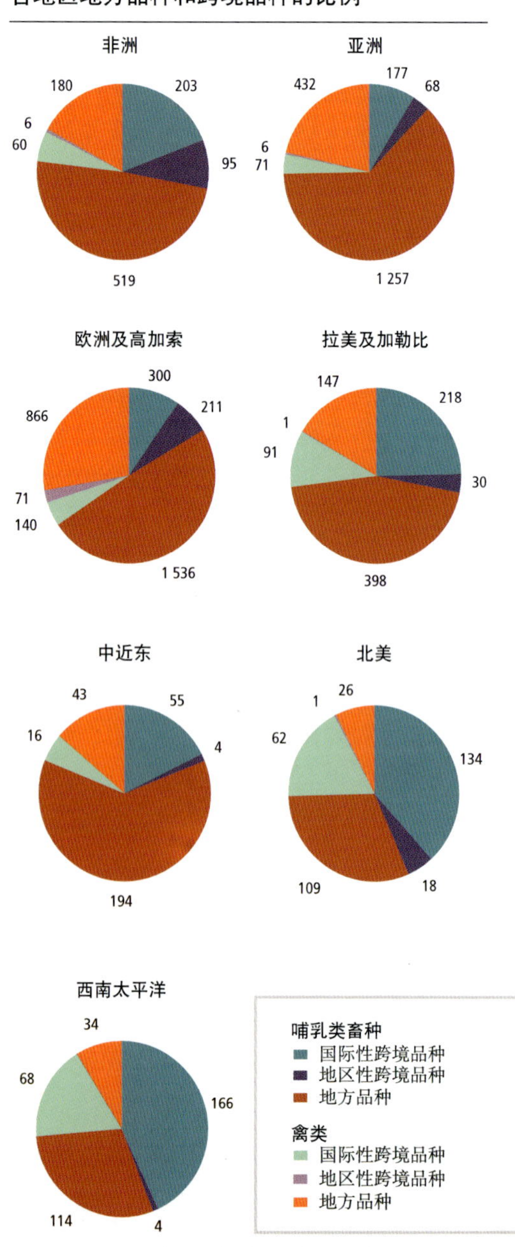

注：图中数值表示的是所在区域中每一类别的品种数量。

表 8

各区域主要畜种地方品种与区域性跨境品种群体大小（2005 年）和品种数量（2006 年 1 月）的世界分布比例

畜种	非洲		亚洲		欧洲及高加索		拉美及加勒比	
	群体（%）	品种（%）	群体（%）	品种（%）	群体（%）	品种（%）	群体（%）	品种（%）
水牛	0	2	97	73	0	9	1	9
牛	14	19	32	26	11	31	28	14
山羊	22	18	62	35	4	33	4	5
绵羊	16	12	36	25	18	48	7	4
猪	2	9	62	41	20	32	8	12
驴	27	14	38	28	4	28	20	15
马	6	7	25	24	13	48	44	11
双峰驼和单峰驼	40	47	20	24	2	3	0	0
南美骆驼科家畜	0	0	0	0	0	0	100	100
兔	0	7	74	8	24	76	1	7
鸡	6	8	48	22	14	58	15	8
鸭和番鸭	1	9	90	38	7	36	2	11
火鸡	3	13	1	13	43	42	18	13
鹅	1	6	90	24	6	65	0	3
畜种	中近东		北美		西南太平洋		世界	
	群体（%）	品种（%）	群体（%）	品种（%）	群体（%）	品种（%）	群体大小（百万）	品种数量
水牛	2	6	0	0	0	2	174	132
牛	3	4	8	3	3	3	1 355	990
山羊	8	6	0	1	0	2	808	559
绵羊	9	5	1	3	14	3	1 081	1 129
猪	0	0	8	3	0	2	960	566
驴	12	11	0	3	0	2	41	150
马	0	2	11	4	1	4	55	633
双峰驼和单峰驼	38	24	0	0	0	2	19	97
南美骆驼科家畜	0	0	0	0	0	0	6	13
兔	2	2	0	0	0	0	537	207
鸡	3	2	13	1	1	2	16 740	1 132
鸭和番鸭	1	2	1	0	0	4	1 046	234
火鸡	1	4	33	13	1	2	280	85
鹅	3	1	0	0	0	1	302	166

征描述上，处于领先地位。相比之下，如撒哈拉以南非洲国家的技术和人力资源较有限。亚洲的很多畜种在全球品种数中所占比重同样很高；而在大多数情况下，该区域占全球群体总数的份额甚至还要高（火鸡、双峰驼和单峰驼除外）。

4.2　地方品种

表9和表10分别列出了全球各区域哺乳类畜种和禽类的地方品种数量。对于大部分家畜来说，欧洲及高加索或者亚洲是该畜种地方品种数最多的区域。单峰驼例外，它的大部分品种都位于非洲和中近东。

表 9

哺乳类畜种——所记录地方品种数

畜种	非洲	亚洲	欧洲及高加索	拉美及加勒比	中近东	北美	西南太平洋	世界
水牛	2	88	11	11	8	0	2	122
牛	154	239	277	129	43	29	26	897
牦牛	0	26	1	0	0	0	0	27
山羊	86	182	170	26	34	3	11	512
绵羊	109	265	458	47	50	31	35	995
猪	49	229	165	67	1	18	12	541
驴	17	39	40	21	16	4	3	140
马	36	141	269	65	14	23	22	570
单峰驼	44	13	1	0	23	0	2	83
兔	11	16	125	14	5	0	0	171
总计	508	1 246	1 519	380	194	108	113	4 068

注：已灭绝品种除外。羊驼、鹿、狗、双峰驼×单峰驼、原驼、豚鼠、美洲驼和骆马未列出。

表 10

禽类——所记录地方品种数

畜种	非洲	亚洲	欧洲及高加索	拉美及加勒比	中近东	北美	西南太平洋	世界
鸡	89	243	608	84	24	12	17	1 077
鸭	14	76	62	22	4	1	7	186
火鸡	11	11	29	11	3	11	2	78
鹅	10	39	100	5	2	0	2	158
番鸭	7	10	10	3	1	0	3	34
鹧鸪	2	8	3	0	0	0	0	13
雉鸡	0	7	5	6	0	0	0	18
鸽子	7	12	30	7	8	1	2	67
鸵鸟	6	2	4	0	0	0	1	13
总计	146	408	851	138	42	25	34	1 644

注：已灭绝品种除外。鹤鸵、家鸭×番鸭、鸸鹋、珍珠鸡、美洲鸵、孔雀、鹌鹑和燕未列出。

4.3　区域性跨境品种

对于某些畜种，如绵羊、马、猪以及所有禽类，欧洲及高加索拥有的区域性跨境品种数量都是最多的。但正如表11所示，非洲占有的这类品种的比例相对较大，其牛、山羊和驴的区域性跨境品种数最多。到目前为止，欧洲及高加索拥有最大数量的禽类区域性跨境品种(表12)。该地区存在巨大数量的区域性跨境品种，这就凸现出急需对该区域动物遗传资源的管理和保护，以及在区域或次区域水平进行合作。

表11

哺乳类畜种——所记录区域性跨境品种数

物种	非洲	亚洲	欧洲及高加索	拉美及加勒比	中近东	北美	西南太平洋	世界
水牛	0	8	1	1	0	0	0	10
牛	35	19	28	8	0	3	0	93
山羊	15	11	13	2	0	5	1	47
绵羊	27	13	79	2	4	6	3	134
猪	2	2	17	3	0	1	0	25
驴	4	3	2	1	0	0	0	10
马	7	10	38	5	0	3	0	63
单峰驼	2	1	0	0	0	0	0	3
南美骆驼科家畜				6				6
鹿		1	1					2
兔	3	0	32	1	0	0	0	36
豚鼠				1				1
总计	95	68	211	30	4	18	4	430

注：已灭绝品种除外。

表12

禽类——所记录区域性跨境品种数

畜种	非洲	亚洲	欧洲及高加索	拉美及加勒比	北美	世界
鸡	6	2	45	1	1	55
鸭	0	2	12	0	0	14
火鸡	0	0	7	0	0	7
鹅	0	1	7	0	0	8
鹌鹑	0	1	0	0	0	1
总计	6	6	71	1	1	85

注：已灭绝品种除外。

4.4　国际性跨境品种

牛、绵羊、马和鸡是拥有国际性跨境品种数最多的畜种（表13和14）。

表 13

哺乳类畜种——所记录国际性跨境品种数

畜种	品种数
水牛	5
牛	112
山羊	40
绵羊	100
猪	33
驴	6
马	66
双峰驼	2
单峰驼	2
鹿	10
兔	23
总计	399

注：已灭绝品种除外。

表 14

禽类——所记录国际性跨境品种数

畜种	品种数
鸡	101
鸭	12
火鸡	16
鹅	15
番鸭	1
珍珠鸡	5
鸽子	1
鹤鸵	1
鸸鹋、美洲鸵、鸵鸟	5
总计	157

注：已灭绝品种除外。

5 动物遗传资源濒危状况

总计有1491个品种（总数的20%）被确定为“处于濒危状态”（插文6）。由图11可以看到，被确定为濒危的哺乳类畜种的品种比例（16%）总的来说要低于禽类的（30%）。但是从绝对数量上来说，哺乳类畜种濒危的品种数量（881个品种）多于禽类（610个）品种。

图12给出了哺乳类畜种濒危状况的数据。可以看出，牛是濒危品种数量最多的哺乳类畜种；而马是濒危品种比例最高的畜种（23%），其次是兔（20%）和猪（18%）。图12也显示出有大量品种的濒危状况数据未知。这一问题在一些畜种中尤为严重——在兔中占72%、鹿66%、驴59%、骆驼58%。这些数据的缺失，严重制约了保护优先顺序的确定工作，以及品种保护措施计划的编制。牛是灭绝品种数最多的畜种（209个），猪、绵羊和马也有大量品种报道为灭绝。但是毫无疑问，会有一些品种在它们被报道之前就已经灭绝，因此不能包括在分析之中。

在禽类中，到目前为止，鸡在全球范围内处于濒危中的品种数最高(图13)。这一方面是因为鸡在世界上有很大的品种数量，但另一方面其濒危品种的比例同样很高(33%)。火鸡和鹅的濒危品种数量和比例也相对较高。与哺乳类畜种的情况相似，有大量品种没有可用的种群数据。灭绝品种主要集中于鸡中，鸭、珍珠鸡和火鸡中也有少量品种。

图14和15分别展示了哺乳类畜种和禽类的濒危品种在不同区域的分布。欧洲及高加索哺乳类品种的28%和禽类品种的49%处于濒危，北美地区哺乳类品种的

插文6

词汇表：濒危状况等级

灭绝：一个品种如果没有繁殖公畜或繁殖母畜的存在，即被归类为灭绝。不过，其遗传物质有可能已被冷冻保存，从而可以重新建立起种群，恢复该品种。实际上，远在最后一个个体或者遗传物质消失之前，就已经能够察觉出该物种即将灭绝。

濒临灭绝：如果该品种繁殖母畜的总数量低于或等于100；或繁殖公畜总数量低于或等于5；或者该品种的种群总数低于或等于120且持续减少，与同品种公畜交配的母畜（纯种母畜）比例低于80%，并且该品种未被定为灭绝，这时，就将此品种归为濒临灭绝。

濒临灭绝—维持：指该品种种群虽然处于濒临灭绝状态，但正在开展积极的保护计划，或者其种群正由商业公司或研究机构维持。

危险：某一品种出现下列情况之一并且没有被归入上面所列等级，即可判定为危险：(1)该品种繁殖母畜的总数量大于100小于或等于1000，或繁殖公畜总数量大于5小于或等于20；(2)该品种的种群总数量大于80小于100，且呈现出增加的趋势，同时，与同品种公畜交配的母畜（纯种母畜）比例高于80%；(3)该品种种群总数大于1000小于或等于1200并持续减少，且与同品种公畜交配的母畜（纯种母畜）低于80%。

危险—维持：指该品种种群虽处于危险状态，但正在开展积极的保护计划，或者其种群正由商业公司或研究机构维持。

濒危中的品种：被归入濒临灭绝、濒临灭绝—维持、危险和危险—维持各等级的任一品种。

20%和禽类品种的79%属于濒危品种，这两个地区是濒危品种比例最高的区域。欧洲及高加索和北美的畜牧业高度专业化，在那里，畜产品的生产由少数几个品种所统治。在绝对数量方面，到目前为止，欧洲及高加索的濒危品种数目最多。尽管这两个区域的濒危情况最为突出，但是其他区域也可能存在较大问题，因为还有较大数量的品种濒危状况目前并不清楚。例如在拉美及加勒比，有68%的哺乳类品种和81%的禽类品种的濒危状况等级被界定为“不详”；在非洲则有59%的哺乳类品种和60%的禽类品种濒危状况不祥。

表15和16列出了不同区域内不同哺乳类和禽类畜种的灭绝品种数目。到目前为止，欧洲及高加索灭绝的哺乳类和禽类品种数是最多的——其记录品种总数的16%都已灭绝。但是灭绝品种在记录品种中比例最高的区域却是北美（25%）。北美、欧洲及高加索的灭绝品种数字较为显著，这与这两个区域曾做过较高水准的品种登记有关。

灭绝品种中只有27%（188个）记载有所灭绝的年份。1900年以前有15个品种灭绝，1900—1999年是111个，而在其后的6年间，又有62个品种灭绝（表17）。

第一部分

6 品种状况的趋势

6.1 不同品种类别的品种数目变化

接下来要说的是，1999年12月到2006年1月这6年间[3]，被归类属于地方、区域性跨境和国际性跨境这三个品种类别的品种数目的变化情况。在这段时期，国际性跨境品种所占比例从4%增加到了7%，品种数从197增加到557。相应地，区域性跨境品种和地方品种的比例则稍有下降。但前者的绝对量从369增长到529，后者从4013增长到6536（图16）。

如果将1999年的品种按现有分类体系分类，那么这个时期应当有369个区域性跨境品种和197个国际性跨境品种。2006年国际性跨境品种的比例更高，其部分原因是有86个品种在1999年被划分为区域性跨境品种，而在2006年被重新划归为国际性跨境品种（另283个仍为区域性跨境品种）（表18）。其他导致国际性跨境品种比例增加的因素还有，新记录的国际性跨境品种数目（274）要多于区域性跨境品种数目（240）（表18）。这些变化很大程度上归因于更完善的记录工作，但也可能反映了品种正不断扩散到新的区域。

6.2 遗传衰减的趋势

由于2006年引入了“国际性跨境品种”这一新的类别，所以不能直接比较1999年和2006年的各濒危状况级别的品

图11

世界不同濒危程度品种的比例

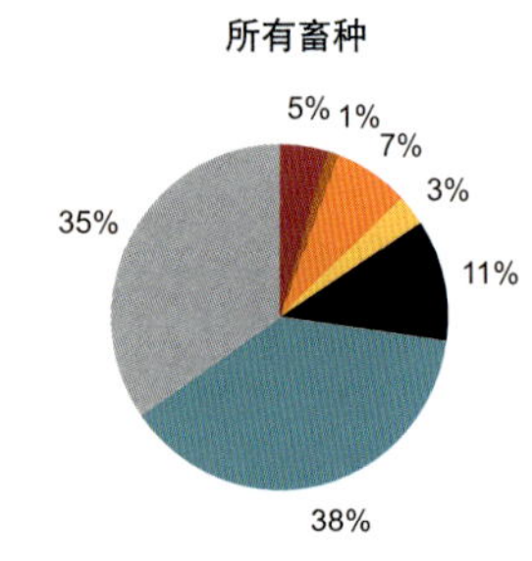

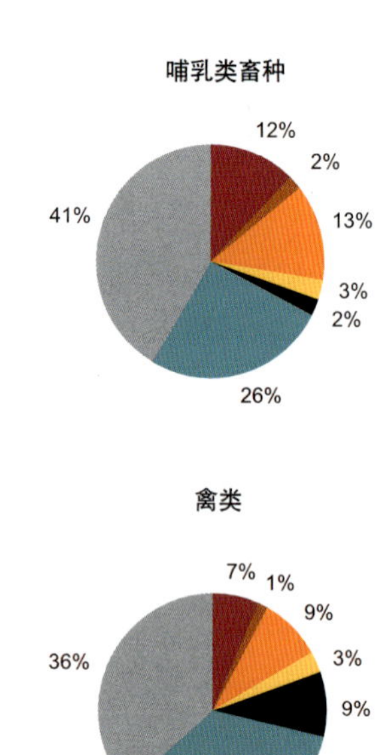

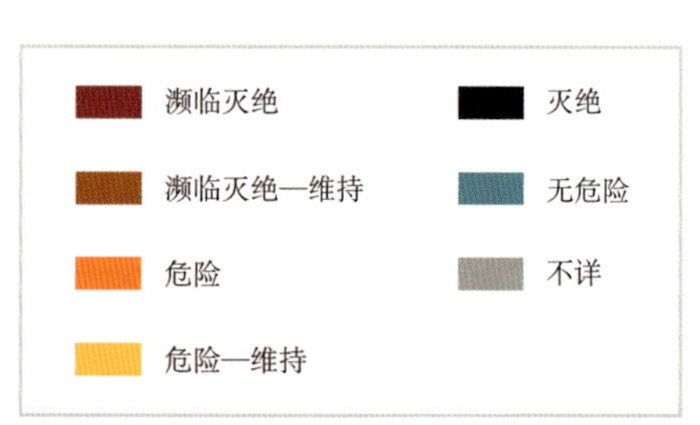

图 12

2006 年 1 月世界哺乳类家畜品种的濒危状况：不同畜种的绝对数量（表）和百分比（图）

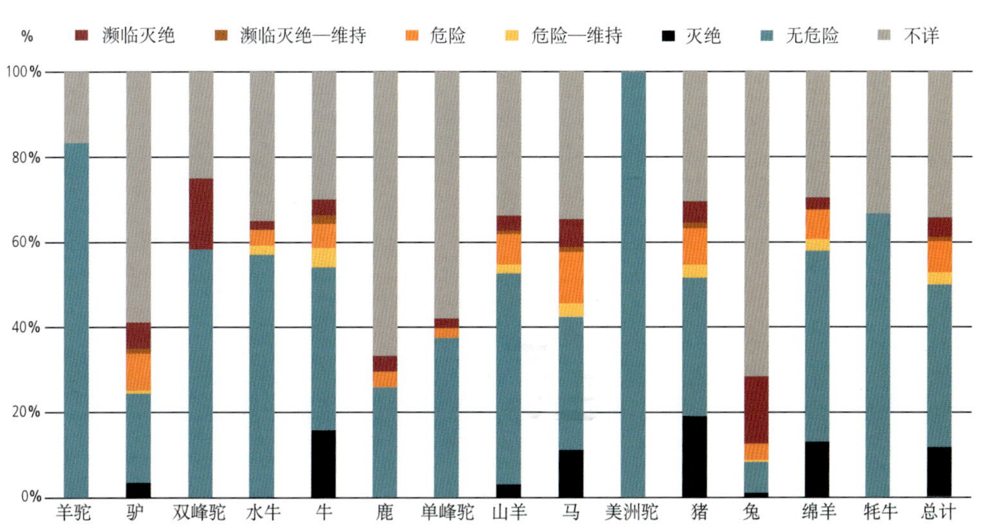

濒危状况

濒临灭绝	0	10	2	3	49	1	2	22	52	0	37	37	40	0	255
濒临灭绝—维持	0	2	0	0	26	0	0	5	10	0	11	0	5	0	59
危险	0	14	0	5	75	1	2	44	95	0	63	9	98	0	406
危险—维持	0	1	0	3	60	0	0	13	24	0	22	1	36	0	160
灭绝	0	6	0	0	209	0	0	19	87	0	140	2	180	0	643
无危险	5	34	7	78	499	7	33	306	246	5	241	17	633	18	2129
不详	1	95	3	48	393	18	51	209	272	0	225	166	417	9	1907
总计	6	162	12	137	1311	27	88	618	786	5	739	232	1409	27	5559*

*品种总数实际上要高于所列数字，因为双峰驼 × 单峰驼杂交种、原驼、骆马、豚鼠和狗没有包括进去，而它们总共记录有 40 个品种。

第一部分

图 13

2006 年 1 月世界禽类品种的濒危状况：不同禽类的绝对数量（表）和百分比（图）

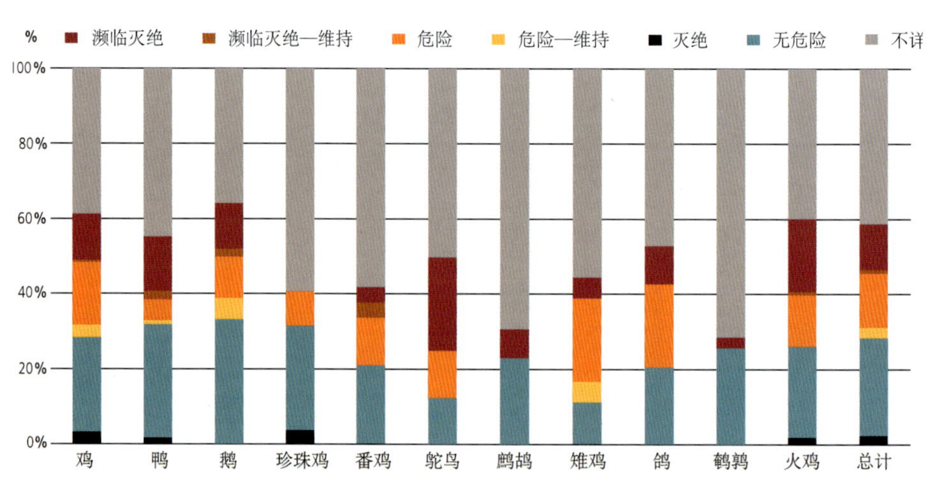

濒危状况

濒临灭绝	156	32	22	0	1	4	1	1	7	1	20	245
濒临灭绝—维持	9	5	4	0	1	0	0	0	0	0	1	20
危险	212	12	20	5	3	2	0	4	15	0	14	287
危险—维持	42	2	10	0	0	0	0	1	0	0	0	55
灭绝	40	3	0	2	0	0	0	0	0	0	2	47
无危险	321	65	60	15	5	2	3	2	14	9	25	524
不详	493	96	65	32	14	8	9	10	32	25	41	833
总计	1273	215	181	54	24	16	13	18	68	35	103	2000*

* 品种总数实际上要高于所列数字，因为家鸭×番鸭杂交种、鹤鸵、鸸鹋、美洲鸵、孔雀和燕没有包括进去，而它们总共记录有 17 个品种。

图 14
2006 年 1 月世界哺乳类家畜品种的濒危状况：不同区域的绝对数量（表）和百分比（图）

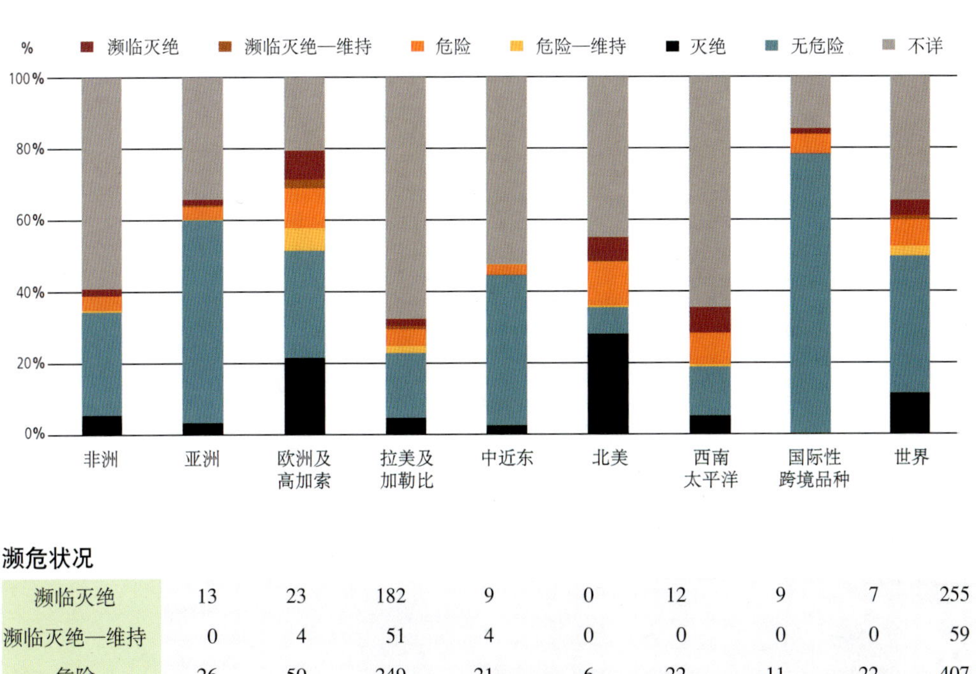

濒危状况

濒危状况	非洲	亚洲	欧洲及高加索	拉美及加勒比	中近东	北美	西南太平洋	国际性跨境品种	世界
濒临灭绝	13	23	182	9	0	12	9	7	255
濒临灭绝—维持	0	4	51	4	0	0	0	0	59
危险	26	50	249	21	6	22	11	22	407
危险—维持	4	3	142	9	0	1	1	0	160
灭绝	35	45	481	21	5	49	6	1*	643
无危险	187	776	664	81	85	13	17	312	2135
不详	384	469	459	304	107	79	80	58	1940
总计	649	1370	2228	449	203	176	124	400	5599

* 非洲野牛，曾生活在非洲和中近东地区。

图 15

2006 年 1 月世界禽类品种的濒危状况：不同区域的绝对数量（表）和百分比（图）

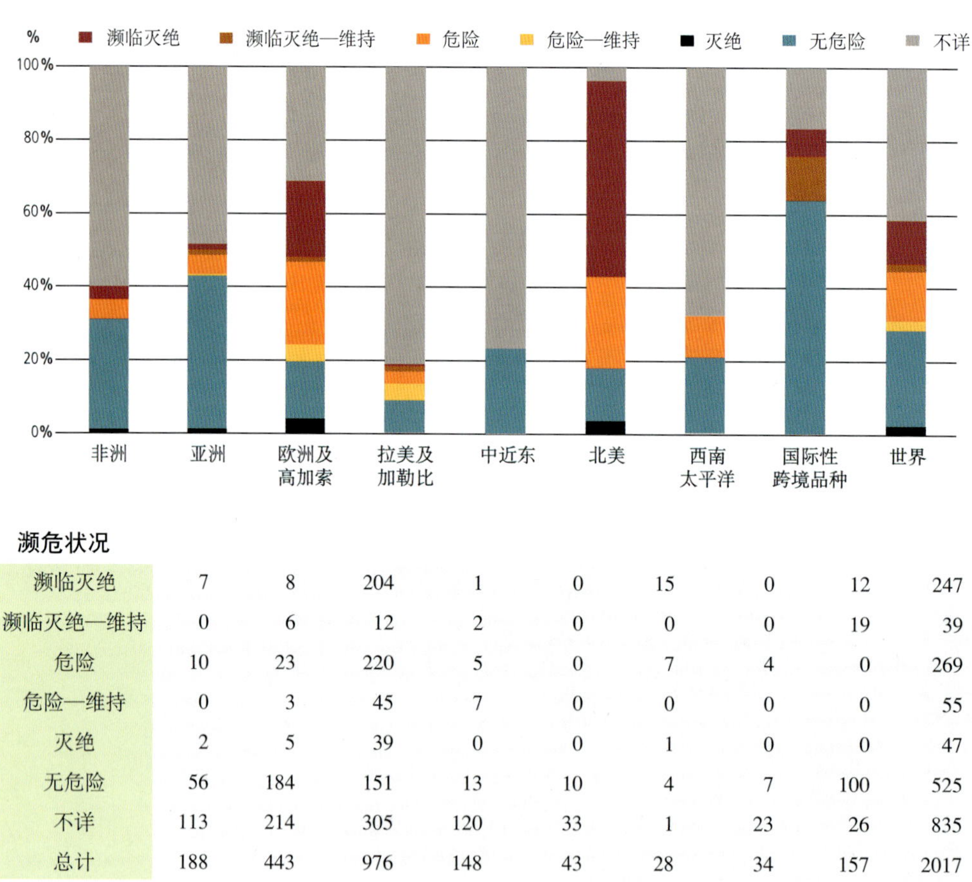

濒危状况	非洲	亚洲	欧洲及高加索	拉美及加勒比	中近东	北美	西南太平洋	国际性跨境品种	世界
濒临灭绝	7	8	204	1	0	15	0	12	247
濒临灭绝—维持	0	6	12	2	0	0	0	19	39
危险	10	23	220	5	0	7	4	0	269
危险—维持	0	3	45	7	0	0	0	0	55
灭绝	2	5	39	0	0	1	0	0	47
无危险	56	184	151	13	10	4	7	100	525
不详	113	214	305	120	33	1	23	26	835
总计	188	443	976	148	43	28	34	157	2017

表 15
哺乳类的灭绝品种数

畜种	非洲	亚洲	欧洲及高加索	拉美及加勒比	中近东	北美	西南太平洋	世界
牛	23	18	141	19	1	4	2	209
山羊	0	2	16	0	0	1	0	19
绵羊	5	11	148	0	1	13	2	180
猪	0	13	101	2	0	23	1	140
驴	1	0	4	0	1	0	0	6
马	6	1	71	0	0	8	1	87
兔	0	0	0	0	2	0	0	2
总计	35	45	481	21	5	49	6	643

表 16
禽类的灭绝品种数

畜种	非洲	亚洲	欧洲及高加索	北美	世界
鸡	0	5	34	1	40
鸭	0	0	3	0	3
火鸡	0	0	2	0	2
珍珠鸡	2	0	0	0	2
总计	2	5	39	1	47

表 17
灭绝年份

年份	品种数	%
1900 年以前	15	2
1900—1999 年	111	16
1999 年以后	62	9
未指明*	502	73
总计	690	100

* 未指明是指灭绝年份没有显示。

种总数。因此，下面将分三个部分进行比较。首先是跨境品种的趋势，其次是那些在 1999 年应当归为地方品种、而在 2006 年被归为跨境品种的一类，最后则提供了那些在 1999 年和 2006 年皆归为地方品种一类的品种数据。

（1）跨境品种

比较 1999 年与 2006 年的数据，会发现归为“不详”濒危等级的品种所占比例稍有下降。此前被定为不详濒危等级的 68 个品种中，约有 20% 在 2006 年被重新分类到其他等级。这意味着数据质量已

图 16
1999 年和 2006 年的地方品种、区域性和国际性跨境品种

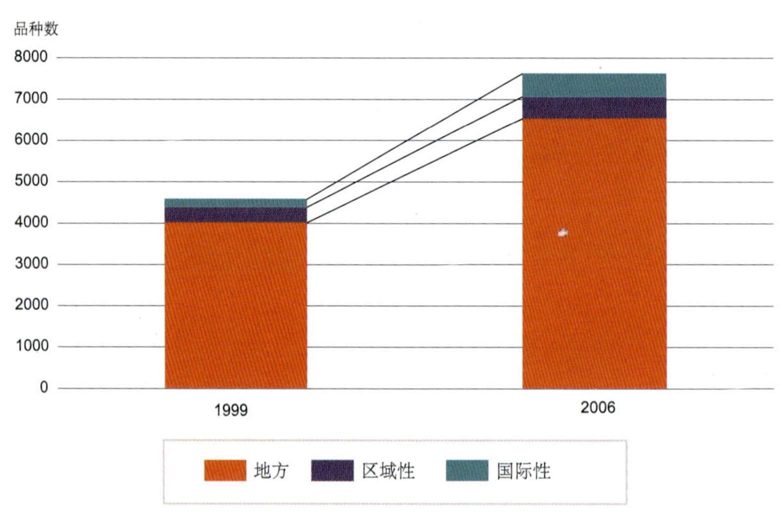

[3] 注意：1999 年的时候品种分类体系（跨境：本地）尚未建立，因此，这里所进行的分析是通过应用新的规则对 1999 年的数据进行重新处理来实现的，这样才能进行比较。

经有所改善（图 17，表 19）。表 19 也表明，由濒危等级转变为无危险等级的品种（80 个中的 25 个，即 31%），要多于由无危险转变为濒危的品种（411个中的10个，即3%）。这一现象主要是因为6年来某些跨境品种在更多的国家中报道存在，这就使那些品种转为无危险等级。新记录的跨境品种数量及其濒危状况等级详见表 20。

（2）重新归类为跨境品种（2006 年）的地方品种（1999 年）

如果将 1999 年的品种按现有分类体系分类，那么有276个应当在1999年归为地方品种的品种，到了2006年被重新划归为跨境品种。1999 年这类品种中有 87 个处于濒危状态，到了2006年，这其中的39个（占45%）被重新确定属于无危险等级的跨境品种（表 21）。这很大程度上可以解释为有更多的国家报道了这类品种的存在。表21也表明，这一类别品种的数据质量已经有所改善。在1999年属于不详濒危等级的品种中有61%（56个中的24个）到了 2006 年确定了濒危等级。

（3）地方品种

1999 — 2006 年这段时期，先前被列为不详等级的品种中，有20%被归入了已知濒危状况等级中（表 22，图 18），这反映了记录情况的改善。表22还显示出，由

表 18
1999 年区域性和国际性跨境品种在 2006 年的重新归类情况

年份	分类	2006	
		区域性	国际性
1999	区域性	283	86
	国际性	0	197
新记录品种		240	274

濒危等级转变为无危险等级的品种比例（7.4%），要稍大于相反转变的品种比例（4.6%）。然而，这种趋势并没有在绝对数值中反映出来。60 个品种从无危险转变为濒危，相反转变的则有 59 个。在 1999 年处于濒危中的地方品种，到了 2006 年有 1.6% 已经灭绝；而在 1999 年无危险的地方品种中，有0.2%的品种已经灭绝。

新记录地方品种的数目以及它们的濒危状况在表23中列出。被归为不详等级的品种相对较多，这是因为所涵盖的品种数据来源于国别报告，而其中大部分都没有群体数据。

7 结论

在 1996—2006 年的这段时间里，全球数据库所涵盖的品种多样性内容有了很大改善，但是，品种相关信息的收集还远未完成。由于没有种群数据，导致在所有记录的品种中，有超过三分之一的不能判断其濒危状况。例如在非洲和西南太平洋，有超过三分之二的品种还没有报道其

图 17
1999—2006 年跨境品种的濒危状况变化情况

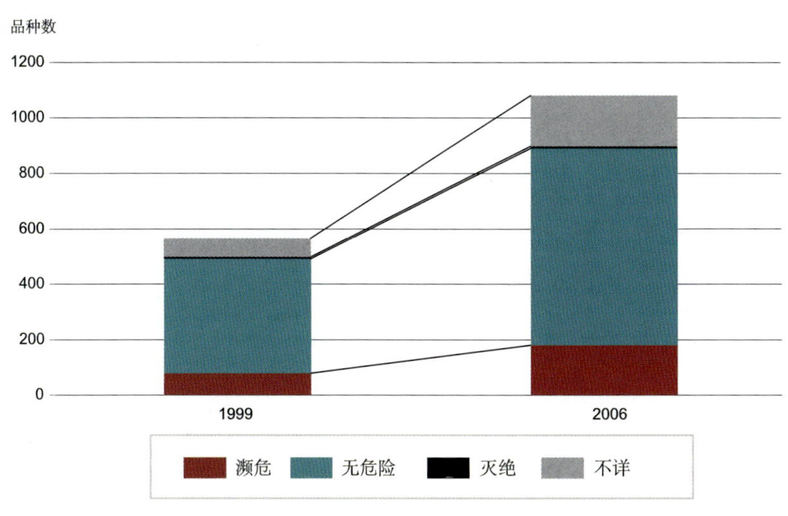

第一部分

表 19

1999—2006 年跨境品种的濒危状况变化情况

1999 年的濒危状况	1999 年的品种数	2006 年的濒危状况			
		濒危	无危险	灭绝	不详
濒危	80	68%	31%	0%	1%
无危险	411	3%	97%	0%	0%
灭绝	7	0%	0%	100%	0%
不详	68	6%	15%	0%	79%

表 20

1999 年后记录的跨境品种的濒危状况

	2006 年的濒危状况				总计
	濒危	无危险	灭绝	不详	
品种数	112	274	2	126	514

表 21

重新划归为跨境品种（2006 年）的地方品种（1999 年）濒危状况变化

1999 年的濒危状况	1999 年的品种数	2006 年的濒危状况			
		濒危	无危险	灭绝	不详
濒危	87	51%	45%	0%	5%
无危险	124	3%	97%	0%	0%
灭绝	9	44%	11%	22%	22%
不详	56	21%	39%	0%	39%

种群大小。

之前对品种濒危状况的估计，是基于单独某个国家层面上的种群数据来进行的，这就使得对它们濒危状况的确定不能符合实际情况。现在我们提出“跨境品种”这一分类组别，用总基因库将各国品种种群合并起来，就能避免这种情况的发生。这些品种的合并是基于专业知识完成的，而在未来，还需将判断总基因库构成元素的有关客观标准进一步发展，并加以应用。根据相应的品种是出现在一个还是多个世界粮食与农业动物遗传资源状况区域，跨境品种将被统一划分为区域性或是国际性跨境品种。然而被划分为国际性的一些品种（如分布在非洲和中近东交界线两侧的那些），其分布范围其实很窄，因此最好是将它们归入到区域性跨境品种中。此外，在这首次按照分布区域对它们进行分类的尝试中，并没有考虑相应国家里跨境品种的种群大小。也就是说，在一

图 18
1999—2006 年地方品种的濒危状况变化情况

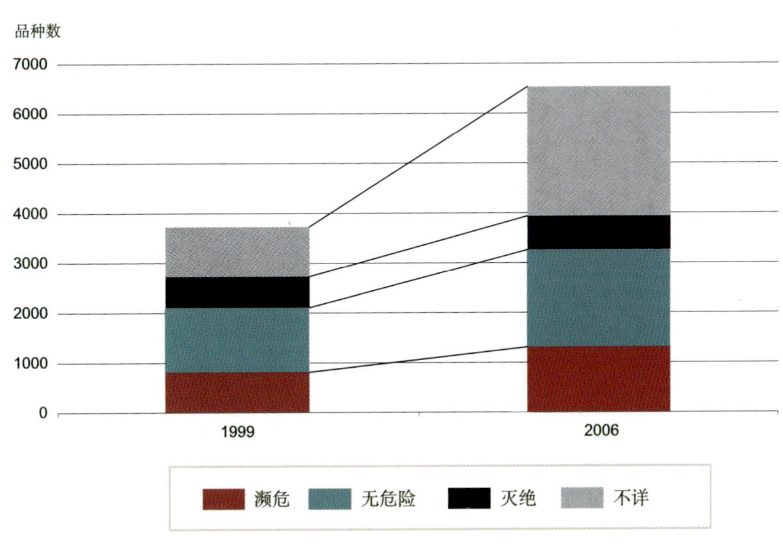

表 22
1999—2006 年地方品种的濒危状况变化情况

1999 年的濒危状况	1999 年的品种数	2006 年的濒危状况			
		濒危	无危险	灭绝	不详
濒危	815	91%	7%	2%	0%
无危险	1295	5%	93%	0%	2%
灭绝	623	2%	0%	97%	0%
不详	999	8%	10%	1%	81%

表 23
1999 年后记录的地方品种的濒危状况

	2006 年的濒危状况				总计
	濒危	无危险	灭绝	不详	
品种数	414	575	54	1 758	2 801

些国家报告上来的品种中，会将临时过境的一些种群给重复登记了。最后，我们还需要发展一个更细化的区分方法，因为事实证明，细化后的分类在动物遗传资源交换的识别模式中非常有用；在需要对品种管理进行区域性协作的品种鉴定案例中，它同样很有用。

两个跨境品种类别（区域性的和国际性的）的濒危状况有所不同。真正在国际范围内分布和交换的品种，其种群大小是不会受到威胁的。但对于荷斯坦——黑白花牛等品种来说，在高效选择计划下，其品种内多样性会有所减少，这也会成为一个问题。另外，尽管区域性跨境品种分布于多个国家，但其中一些是被该国边缘民族或族群所饲养的，因此这些品种会随着饲养者生计方式的改变而陷入危险境地。

在欧洲及高加索，通过品种数量来衡量多样性，可能会过高估计遗传多样性。因为在那里，饲养者协会长久以来的传统决定了品种的划分，而有时候那些品种的亲缘关系其实是很近的。因此，一些品种对遗传多样性的贡献是很小的。但值得注意的是，在发达国家对观赏品种进行的大部分研究揭示出，这些观赏品种增加了总体多样性，并会有较高的保存价值。由于一些区域的报告水准更为先进，品种多样性的情形变得更加混乱，比如欧洲及高加索和北美，其报告中几乎完全涵盖其现有品种。

对地方品种衰减趋势的判别，比跨境品种更加清楚明了。因为，对于跨境品种来说，很多品种的界定类别在2006年的报告中有所变动，且其国家品种群体数量较大，这都使得判断衰减趋势的情形较为混乱。在1999年就已报道的那些地方品种，其濒危状况等级的变动相当小，且这种变动没有增长的迹象。品种濒危状况变化的原因大部分还未知。对于保护计划是否有助于增加群体数量这个问题，我们只能按不同情况逐个分析回答。因为，目前有关保护计划所涵盖受威胁品种的信息还不完全。值得警惕的是，在新记录的并且群体信息已知的地方品种中，有45%处于濒危状态或者是已经灭绝。

除了种群数据缺失这一缺陷外，现有的对品种衰减进行监测的体系还有一大问题，即该系统很难获取到那些不受控制的杂交育种对地方品种造成的遗传稀释相关信息。而这个问题被许多专家认为是对动物遗传资源多样性的一大威胁。因此说，将种群大小和种群结构作为评判濒危状况的唯一指标，是会产生误导的。为了得到更加全面的资源状况信息，就需要更多有关地方品种地理分布位置的细节，以及相应国家有关引进的活畜和遗传物质分布情况的信息。

第三章
动物遗传资源漂流

1 导言

家畜的"基因漂流"在史前时期就已经发生，其中包括动物品种和种质资源的流动和互换。它受到一系列因素的驱动。在全球范围内，最明显的基因漂流发生在"五大"家畜中：牛、绵羊、山羊、猪和鸡。本节将重点主要放在这五大畜种上，从FAO的DAD-IS全球数据库以及选取的文献中提取信息，讲述世界主要品种的起源和分布。

这里所说的"南方"和"北方"分别用于指代发展中国家和发达国家。要指出的是，澳大利亚和新西兰虽然在地理位置上属于南方，但这里将它归入"北方"。我们所获得的信息通常是粗略而不完整的，统计数据很少有指明所饲养动物的来源国和目的国，并且通常是以畜种来划分数据，而不是品种。其他不足包括：

- 品种种群大小没有一个系统的记录——某个品种分布于很多国家并不意味着它的全球种群数就大；
- 来自温带的品种一般比来自热带和两极的品种有更为详细的说明和记录资料；
- 国土面积较大国家国内的基因漂流没有在国际统计数据中显现出来；而小国家之间的基因漂流都有记录。在很多小国家存在的某个品种的真实的全球重要性可能会被夸大；
- 与植物遗传资源相比，由于高水平的品种内遗传变异，因此还不能对家畜品种的基因渗入情况进行定量分析。

这些不足，意味着我们无法对南北方之间的全球性交换进行一个全面的定量分析。尽管有这些不足，然而凭借现有的数据，能够对活畜、精液、胚胎流动和互换的趋势及其大致数量进行评估。

2 基因漂流的驱动力和历史阶段

基因漂流是由一系列广泛的因素所影响和决定的，其中包括文化的、军事的、组织的、制度的、政治的、市场的、科技的、研究的、疫病的和管理的等因素。这些因素的相对重要性在历史进程中会发生改变。一般来说，在全球基因漂流模式上有三个明显的历史时期：

史前到18世纪：这个阶段横跨了大约10000年，从家畜驯化史早期一直到18世纪晚期。在这段时期里，通过逐渐扩展、迁徙、战争、探险、殖民和贸易，驯养动物扩散开来，基因也因此得到散播。

19世纪到20世纪中叶：在这个从19世纪开始一直到20世纪中叶结束的时期里，北方建立起了育种组织。这些组织规范了众多品种的存在，记录了它们的系谱和生产性能，并且促进了其产量的迅猛提高。基因漂流主要发生在北方国家之间（北—北流动），以及北方到南方的流动。这些移动背后的驱动力，是科技的进步、对高产动物的需求，以及家畜育种商业化在北方的兴起。

20世纪中叶到现在：在这一时期，基因漂流的推动力有，北方的商业育种公司、南北方的生产差异，以及迅猛的全球化。科技的发展，使得靠运输精液和胚胎来取代活畜的运输变为了可能。近来，通过在世界其他地方创建一个受控的生产环境的方式，使整个生产体系的转移也成为现实。甚至是识别和分离基因也已变得可行。研究焦点已经转移到了单个的基因，而不是性状或者整个基因型。用来管理遗传物质交易机制的国际法律框架正催生出来，而知识产权（IPRs）问题也开始显露。

这些趋势不断发展，并对世界上不同地区发挥着不同程度的影响。比如在世界上很多地区，种畜的贸易并不经由育种组织，更不用说专门的育种公司。但是，现代育种方法在南方已显得日益重要，并促进着专门化品种和生产体系的推广。

2.1　第一阶段：史前到18世纪

在畜牧业早期，驯养动物从它们的驯化中心逐步往外扩展，从而散播开来（参见第一章）。西亚和地中海东部是一个主要的驯化中心。在我们现在所说的“新石器时代革命”，四种主要的哺乳类畜种——绵羊、山羊、牛和猪——都是在这一地区首次被驯化的。其他驯化中心包括，东南亚（猪、沼泽型水牛，还可能包括鸡）、印度河流域（鸡和河流型水牛）、北非（牛和驴）和南美的安第斯山脉（美洲驼、羊驼和豚鼠）。从这些中心区域，驯养动物逐渐扩散开来，从一个地区到相邻地区，或者是随着它们的饲养者迁移到新的地方。畜牧业在整个旧大陆的扩展都相当迅速，除了撒哈拉以南的非洲外。在那里，流动非常缓慢，这可能是由于当地的地方性疫病（Clutton-Brock，1999）导致的。

驯化和扩散增加了每个畜种的变异性。当家畜适应了新的环境，并经受住不同的选择压之后，拥有新性状的群体就会壮大起来。即使是在早期，选择也不仅仅是只靠自然的演变，它同样受到人文文化因素的影响。这些过程带来了许多地方品种的发展（Valle Zárate 等，2006）。对于像用来运输和骑乘的马和骆驼这样的动物，战争和贸易是它们扩散的重要源动力。衡量军事实力的一个至关重要的元素就是优良马匹的供应，而这个畜种还曾统治了遗传资源贸易长达数个世纪。

对新地区的殖民运动是基因漂流的另一个重要媒介。罗马曾致力于畜牧业，并有考古学证据证明其培育改良过的大型品种便散播到了罗马所占领的各个国家。但是随着罗马帝国的日渐衰落，这些改良品种也便逐渐走向了衰亡。在之后的时期，殖民也扮演了重要的角色：当欧洲人在新大陆殖民的时候，他们总是带着他们的家畜（框7）。可以注意到，欧洲人只有在那些欧洲家畜也能兴旺繁盛的温带地区（如北美、南美南部、澳大利亚、新西兰和南非），才能够建立起长久的掌控和文化的统治。尽管500年前这些地区中的大部分还没有牛、绵羊、猪或者山羊的存在，但现在，它们已经在活畜和畜产品的出口上占据了统治地位（Crosby，1986）。

插文7

殖民导致的基因漂流

只有在欧洲探险者和殖民者到来后，主要的驯化畜种才抵达新大陆和澳大利亚。1493年，哥伦布将8头猪从加那利群岛带到了西印度群岛，在那里，它们迅速地繁殖起来。之后，猪又伴随着皮萨罗的脚步来到了印加帝国。在遥远的群岛上，探险者和其他人放养猪群，以保证下一代欧洲过客的食物供应。而在岛屿被命名和载入文献之前，这些种群就已经稳定了下来。

哥伦布同样带去了牛，它们的后代作为繁殖群生活在西印度群岛（1512）、墨西哥（1520年代）、印加地区（1530年代）和佛罗里达（1565）。在潮湿地带，它们经过许多世代才能够适应；而在更好些的环境里，它们的种群大约每15年翻一番。从16—19世纪，美洲的大多数牛有可能野化了。伊比利亚血统的牛有长长的角，并且与后来引入北美的英国和法国品种相比，显得更加敏捷。

来源：Crosby（1986）。

2.2　第二阶段：19世纪到20世纪中叶

直到18世纪末，欧洲的农民一般对家畜育种还没有足够的重视。阿拉伯马引入英国后，刺激了家畜饲养者开始模仿阿拉伯人的育种行为，仔细地选择，并保持纯种品系。在罗伯特·贝克韦尔（Robert Bakewell，1725—1795）的开创性工作之后，英国的育种者开始将相同的原理应用到他们的牛和绵羊上，并最终导致了育种协会和种畜登记簿在19世纪早期的建立。自1850年代往后，以有系谱登记的动物为形式的基因漂流，变得更加商业化（Valle Zárate等，2006）。育种协会最初致力于为外部特征制定标准，而生产性能测试只是到了20世纪初才开始。

农业的集约化和饲料的改进，是对高生产性能进行选择的重要先决条件。蒸汽船的发明便利了遗传资源的互换交流。而到了19世纪末，欧洲国家逐渐拥有了专门的法律来支持和规范动物育种工作。许多基因漂流是在欧洲国家与其各自的殖民地之间发生的；但在欧洲内部，以及南方和南方之间同样发生着交换。由于欧洲牛品种不太适应湿润地区，所以印度的翁戈牛（Ongole）和吉尔牛（Gir）便被带到了巴西，而印度和巴基斯坦产的沙希华牛（Sahiwal）则被引进到了肯尼亚。

2.3　第三阶段：20世纪中叶到现在

从20世纪中叶开始，一系列科技的进步便利了基因漂流。精液的商业化应用始于1960年代，胚胎是1980年代，性控胚胎则是1990年代中期（Valle Zárate等，2006）。在发展中国家和偏远地区，人工授精（AI）覆盖面较小，也就意味着基因漂流会比较慢。

将近20世纪末的时候，即使是在一个没有牛奶消费习惯的国家，喜爱肉、奶、奶酪和蛋而又能支付得起的消费者不断增长，这开始刺激起了往南方的基因漂流。由此引起的发展中国家集约型畜牧生产体系的扩张，被称为“家畜革命”。单胃动物（猪和家禽）数量的重要性不断提升，因为它们能高效地将饲料转化为肉和蛋。由于放牧资源的消逝和羊毛需求的下降，小型反刍动物，特别是绵羊，正在逐渐地失去其地位（FAO，1999）。

现在有多种因素作用着家畜跨越国境线的基因漂流，包括以下这些：

对最佳生产性能的需求。生产者和育种者希望获得那些在给定环境中生产性能表现最佳的基因型，这一需求驱动着基因的流动（Peters and Meyn，2005）。这包括了推和拉两方面的因素。出口带来了利润，就可以去支付育种所需费用，也可以为新的育种计划进行再投资。而对于接收一方，进口的动机可以是各种各样的。像中国和巴西这样的国家，正处于创建它们自己的集约型生产体系和育种计划的进程中。东欧国家需要提高它们奶业部门的效能，而地中海、中近东和非洲的国家，是传统上的进口国，这是因为发展它们自己的育种计划需要较高的成本。

育种的组织工作。畜禽遗传资源市场存在很强的竞争，只有被证明其生产性能较高的遗传资源才有需求市场——只有当其后代较为优秀时，销售商才能找到该公牛精液的买家。这就意味着育种企业的有效组织工作将起决定作用。高生产性状的品系和杂交品种的培育需要很长时间来完成，所以只有小部分的公司和国家才有能力建立起领先地位，而其他参与者却很难跟上。目前，在全球范围内，猪和鸡的基因漂流主要由20世纪60年代兴起的几家大公司所统治。在牛的育种中，集约化程度也在增加。对绵羊来说，多元杂交方式尚不普遍。例如澳大利亚的阿瓦希合资公司（Awassi Joint Venture），它致力于向中东地区提供用于屠宰的活绵羊（Mathias and Mundy 2005）。在南方的很多地方，这种大规模商业化育种计划的模式还没有形成。

消费取向的变化。消费取向的改变和新兴的市场需求对基因漂流产生了很大的影响。比如，对自然环境下生产的肉牛需求的增长，促使德国进口英国和法国的肉牛品种。据预测，来自动物福利者的压力将促使猪必须在更宽敞的环境中饲养，包括室外生产系统。这将需要培育新的、更适应这些条件的品系（Willis，1998）。羊毛需求的减少将促使粗毛羊分布的扩大。

动物健康和卫生标准。对卫生和无疾病状况进行高标准要求，将使一个国家更容易参与遗传物质市场。例如，澳大利亚被认为是无疫病国家，因此其遗传物质的出口不会遇到限制。与此同时，澳大利亚强行推行严格的检疫标准来维持这种状况，而只进口精液和胚胎，而不进口活畜。这对发展中国家来说是不利的，因为他们通常无法达到高标准的要求。比如，即便印度离菲律宾更近、成本更低，但菲律宾从保加利亚进口乳用水牛胚胎，而不是印度，因为后者无法达到国际卫生标准。

政府的政策。政府往往会对本国遗传物质的出口进行补贴，来帮助本国农民；或者他们会通过支持外来遗传资源的引进，来建立起国家生产体系。后者通常是由双方和国际援助提供经费。另外有时政府会限制本国遗传资源的出口，以试图垄断这些资源。例如，南美国家禁止出口骆驼科动物。但历史证明，对遗传资源扩散进行限制的企图是很难维持的。西班牙人的垄断垮台后，美利奴羊传遍了世界；土耳其人无法阻止他们的安哥拉山羊分布到全球各地；而南非人也不能阻止他们的鸵鸟遗传资源流散到其他国家。现在，历史正在商业部门重演，因为公司会发现，要想避免基因从主要客户“泄漏”到整个行业去是不可能的，尽管有条约规定禁止用外源动物进行纯繁（Schäfer and Valle Zárate，2006；Alandia Robles 等，2006；Musavaya 等，2006）。

生态的服务。使用家畜来进行地貌景观的保护和生物多样性的保持，会带来一种新的需求，在欧洲尤其如此。即需要有气候耐受的、低摄入量的品种，这样才能在户外，甚至是在严冬里饲养。

对特殊性状的搜寻。科学家对特殊的遗传性状感兴趣，包括与抗病性、繁殖力和产品品质相关的性状。这也会对基因漂流有影响，尽管只是在一个相对较小的程度上。例如，埃及Fayoumi鸡由于对病毒性疾病有抵抗力，在1940年代被带到美国；而1996年，哥廷根大学进口了杜泊绵羊（Dorper）的冷冻胚胎，来研究它是否适合在德国产肉（Mathias and Mundy，2005）；同样，在德国的吉森大学也引进了波尔山羊。

3 五大畜种

在过去的两个世纪，世界家畜数量以及品种和动物遗传物质的交流已经有了很大提高，以北—北交流为主，而北—南交

第一部分

流和南—南交流的频率有限，南—北交流程度最低。奶牛、猪和鸡的交流和传播非常集中（Mathias and Mundy，2005；Valle Zárate 等，2006）。

通常，品种在它们的源产地以外的区域得到发展和进一步改良，然后再向第三个国家出口。如我们所熟悉的荷斯坦—弗里斯兰黑白花奶牛、美国婆罗门牛（Brahman）和巴西内罗门牛（Nelore）。

现在，所有畜种中大约有1080个品种被归为“跨境品种”，亦即它们分布于一个以上的国家（DAD-IS，2006）。这些品种中约有70%属于五大畜种，其中205个牛品种、234个绵羊品种、87个山羊品种、59个猪品种、156个鸡品种。这五大畜种的品种交流将在下面详细讲解。它们目前的世界分布情况在第二章有描述。

其他的家畜畜种（水牛、牦牛、马、驴、骆驼、美洲驼、羊驼、驯鹿、鸭、鹅和火鸡）的群体数量较小，然而，它们对发展中国家成百万贫穷饲养者的生计和边缘地区的开发利用来说，有非同寻常的意义。

图19指出了五大畜种中每个家畜品种分布的国家数量情况。值得注意的是，

图 19
跨境动物的分布

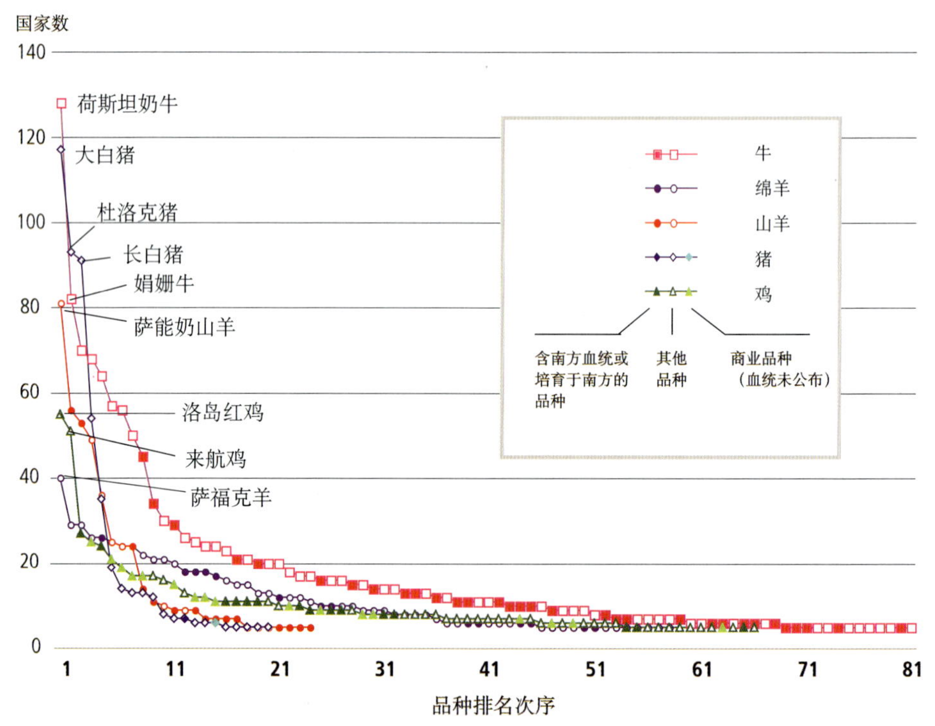

数据显示的是一个品种所分布的国家数量而不是群体大小。有可能在某一些国家，有的跨境品种已经记录在案，但是群体数量很小。图表指出了在五个以上国家有报道的所有品种。在表中每个点代表一个品种，国家数量分布最多的几个品种都给出了名字。例如，分布最广泛的奶牛品种——荷斯坦奶牛，在128个国家都有分布。

3.1　牛

牛的遗传资源通常以活体育种动物（小母牛、怀孕母牛和公牛）、精液和胚胎的形式交流。每年都有大量的活体动物交易，但是主要用来育肥和屠宰，而不是用来育种。运输的高成本意味着育种动物的市场分成了三个区域性市场：欧洲、北美和西南太平洋。1993—2003年，当时欧盟的15个国家，每年出口150000头种小母牛，其中约有一半为15个欧盟国家内部所消化，而其他的运往北非、西亚和东欧。同时欧盟15国每年引进15000头种小母牛，其中大部分来自东欧和瑞士，小部分来自加拿大和其他地方。基于对疾病的考虑，限制了从美国的进口（Mergenthaler等，2006）。

精液的交易规模要大于活畜——精液容易运输并且不受健康和隔离限制的影响。根据Thibier和Wangner的报道（2002），1998年有2千万支精液交易。这大概是全世界总冷冻精液的8%。北美和欧洲是主要的出口国，而南美是主要的进口地区。北美生产全世界出口冻精的70%，欧洲26%，其余冻精来自欧洲的其他国家、澳大利亚、新西兰和南非。2003年欧盟生产了3百万支冻精，主要是销往欧洲、拉美、北非和北美。亚洲（不包括独联体和土耳其）和撒哈拉以南非洲地区

图20
荷斯坦奶牛的分布

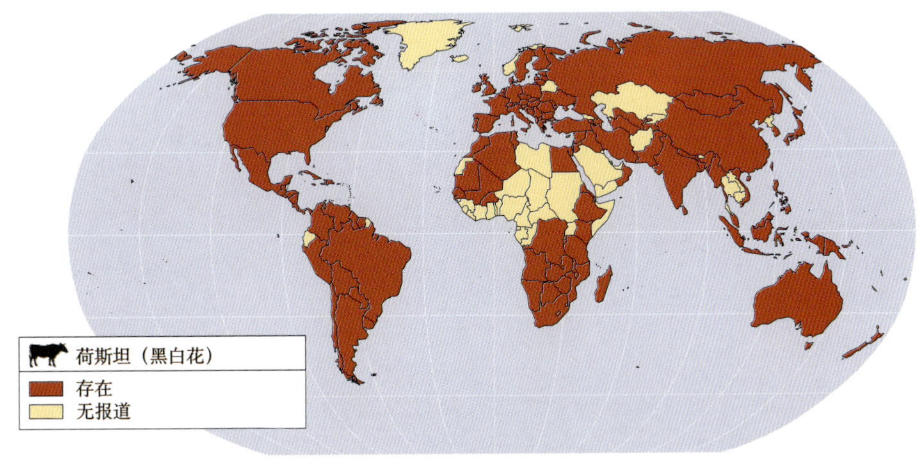

仅接收了总数的5%（Eurostat，引自Mergenthaler等，2006）。2003年，欧盟国家进口了680万支，大部分来自欧盟其他国家，其他则来自美国和加拿大。

1991年，全世界出口的3/4的精液都是一个品种——荷斯坦奶牛。其他奶牛占13%，肉牛占10%，热带品种主要是婆罗门牛，而辛地红牛（Red Sindhi）和沙希华牛共占2%（Chupin和Thibier，1995引自Mergenthaler等，2006）。

胚胎的贸易还没达到精液的这种规模。但有时候小规模的胚胎也能够建立一个大的群体。例如法国的黑白花牛改良成荷斯坦黑白花奶牛，其改良所需仅为从美国引进的不到1000个胚胎（Meyn2005——一个体信息引自Mergenthaler等，2006）。

欧洲血统品种

带有欧洲血统的品种在世界前10大品种中有8个，前82个品种中有42个（分处于5个或更多国家的品种，参见图19）。毫无疑问，分布最广泛的品种是荷斯坦奶牛，它至少在128个国家都有报道，并且所有区域都有分布（图20）。其次就是娟姗牛（Jersey，也是一种奶牛，82个国家）、西门塔尔牛（Simmental，兼用型，70个国家）、瑞士褐牛（Brown Swiss，兼用型，68个国家）和夏洛来牛（Charolais，肉牛，64个国家，参见图21）。

图21
夏洛来牛的分布

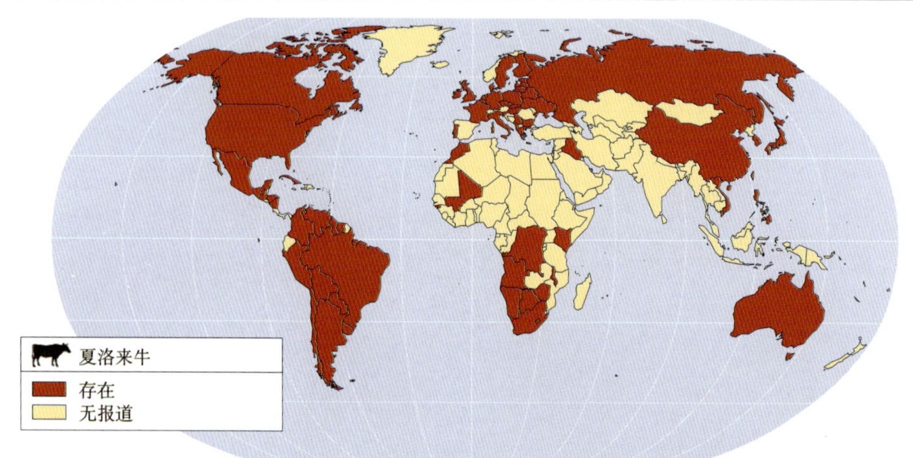

最成功的欧洲牛种几乎都起源于欧洲西北部：主要是英国（前47个中的11个品种）、法国（6个品种）、瑞士和荷兰。较少数是来自欧洲大陆的南部和东部。这些品种许多都是以传统品种为基础的，这些传统品种在中世纪或更早时候就已出现，通常是由贵族、富人或修道院资助进行培育。伴随着种畜登记簿和育种协会的形成，这些品种在19世纪被进一步规范。这种情形首先在英国出现，然后是欧洲大陆、美洲和其他说英语的国家（Valle Z á rate 等，2006）。

有几个重要的品种是在小岛上（娟姗牛、更赛牛 Guernsey）或者偏远的山脉地区（西门塔尔牛、瑞士褐牛、安格斯牛 Aberdeen-Angus、皮埃蒙特牛 Piedmont、加洛韦牛 Galloway、高地牛 Highland）培育的，这些地方可以使此品种与其他品种隔离，也可以借助于（山区的）环境压力来选择这些品种所应具有的耐受力。

18 世纪，传播更为迅速。到 1950 年，大多数欧洲品种出口到北方的其他国家。这种交流到现在为止还在继续。例如，法国的蔓安菇牛（Maine-Anjou）1969 年首次引入北美；布朗德—安奎坦牛（Blonde d’Aquitaine）、塞莱尔牛（Salers）和塔朗泰兹牛（Tarentaise）则于1972年抵达；美国的Parthenais牛育种协会在1995年才成立。

欧洲品种尤其是在美国和澳大利亚得到了进一步的发展，其肉产量和奶产量通常超过了它们源产地的生产水平。它们也是培育能够适应温带地区的新品种的基础。例如美国的无角海福特（Polled Hereford）、红安格斯（Red Angus）和乳用德温牛（Milking Devon）。实际上，北美已经是欧洲家畜生产者遗传物质的重要来源。

欧洲品种在干旱的热带地区较为成功，在南美和南非的温带地区也很成功。曾多次尝试把它们引入潮湿热带地区，但几乎都失败了（除了在一些丘陵地区和城市周边地区）。因为这些品种很难适应炎热和低质量的草料，而且难以忍受寄生虫和传染病的折磨。然而，前五大欧洲品种（荷斯坦、娟姗、西门塔尔、瑞士褐牛和夏洛来）在 11 个以上的非洲国家、16 个拉美和加勒比国家和5个以上的亚洲国家都有报道。在拉美及加勒比，欧洲牛种被殖民者培育成多个不同品种，其中占主导地位的是克里奥尔牛（Creole）。欧洲品种已经和多种热带品种杂交产生新的杂交品种，以能够更加适应热带环境（参见下面阐述南亚和非洲品种部分）。

南亚血统品种

世界分布范围第二大的群体具有南亚血统。包括婆罗门牛（总的来说排第九，分布于45个国家）、沙希华牛（29个国家）、吉尔牛、辛地红牛、印度—巴西牛（Indo-Brazilian）、格什拉特牛（Guzerat）和内罗门牛。这些品种都是有肩峰的瘤牛（*Bos indicus*），而不是无肩峰的普通牛（*Bos taurus*）（图 22）。

在源产地以外，南亚品种在同属热带的拉美和非洲是最成功的。沙希华牛，最好的南部乳用品种，起源于巴基斯坦和印度，它已经被引入到12个非洲国家。实际

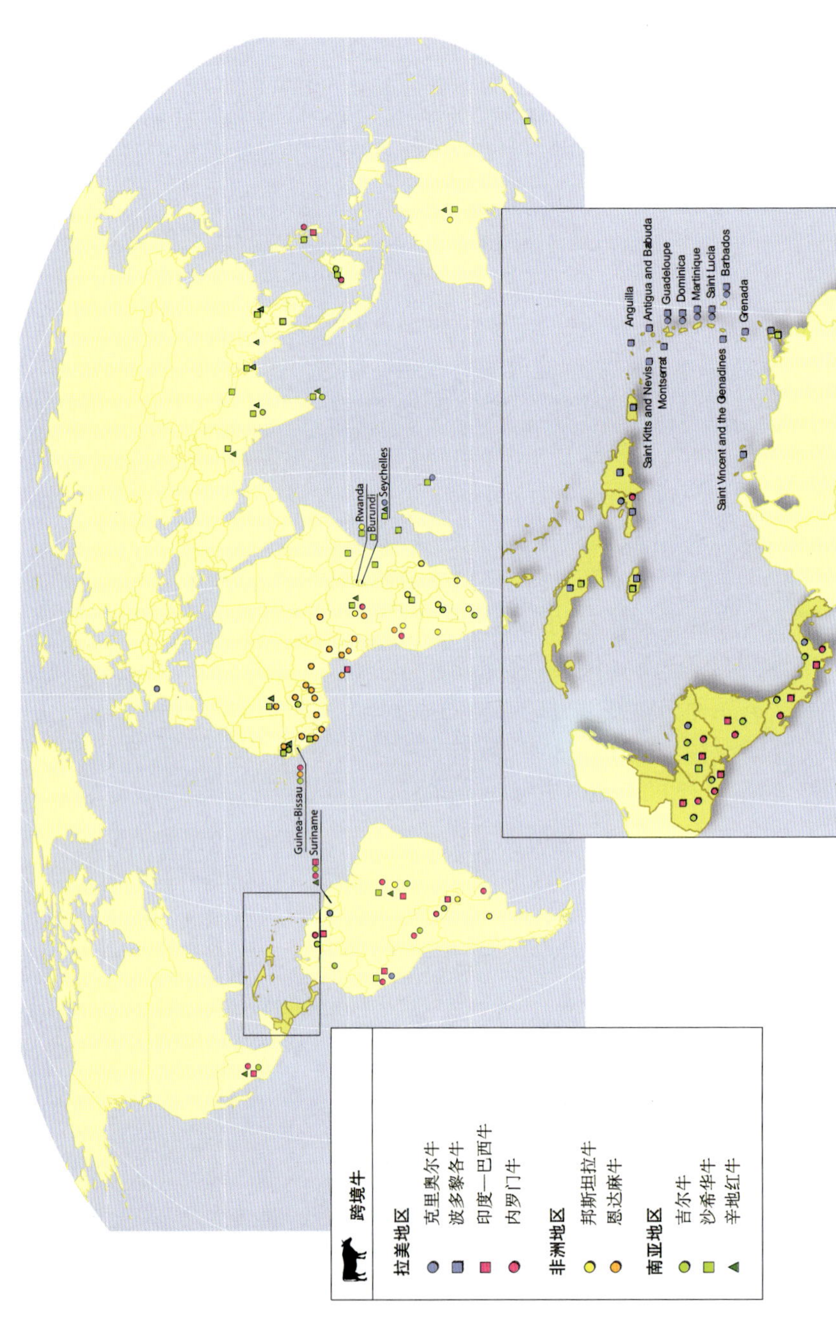

图 22
拉美、非洲和南亚地区牛跨境品种的分布

上，几个南亚品种在国外比在国内更为成功（插文8，图22），这可能是由于在国外它们的肉质受到了重视（不像印度的大部分地区，牛只被用来产奶和劳役，并且由于文化的原因不能被卖掉屠宰）。

在一些发达国家，纯种南亚品种的影响很小。然而，基于南亚血统的品种对于美国热带地区和澳大利亚北部地区有重要影响，这些地区主要用其生产牛肉。这些品种从那里向许多热带国家出口。例如婆罗门牛（起源于印度，在美国得到改良），共分布于拉美18个国家和非洲15个国家；这些数据与西门塔尔牛很相似，它是这些地区分布最广泛的欧洲兼用型品种。

对于在热带其他地区使用的杂交品种的形成，南亚动物同样起到了主要的作用。这包括圣格鲁迪牛（Santa Gertrudis，由短角牛×婆罗门牛杂交而来，分布于全世界的34个国家）；婆郎格斯牛（Brangus，或译布兰格斯牛，安格斯×婆罗门，16个国家）；肉牛王（Beefmaster，短角牛和海福特×婆罗门）；西门婆罗牛（Simbrah，西门塔尔×婆罗门）；婆罗福特牛（Braford，婆罗门×海福特）；干旱王（Droughtmaster，短角牛×婆罗门）；夏白雷（Charbray，夏洛来×婆罗门）；以及澳洲弗里斯兰沙希华牛（Australian Friesian Sahiwal，荷斯坦×沙希华）。实际上，这些育种工作于20世纪在美国南部和澳大利亚已经开始。这些品种有很多重新又向其他国家出口，尤其是热带国家，因为在这些国家，这些品种的性能一般要比欧洲纯种的性能好。

> 插文8
> **内罗门牛（Nelore）**
>
> 内罗门牛来源于印度瘤牛品种翁戈牛（Ongole），翁戈牛由巴西1900年代早期开始从印度购入。在巴西这一品种被称作内罗门牛，是得名于现今印度安得拉邦的内洛尔区（Nellore）。这个品种在南美繁盛开来；而在20世纪50年代，阿根廷开始启动其自己的育种计划，以培育内罗门阿根廷牛（Nelore Argentino）。内罗门牛随后被输出到了美国，并在那里成为婆罗门牛的一个祖先。1995年，这一品种占据了巴西1.6亿牛中超过60%的比例；而在2005年，巴西1.9亿牛中，有大约85%含有内罗门牛的血液。具有讽刺意味的是，当翁戈牛成功地在北美、南美、加勒比、东南亚和澳大利亚等许多国家中立足的时候，在它的原产地安得拉邦沿海地区，其种群反而逐渐衰减，并且品质要次于在巴西的种群。
>
> 来源：Mathias and Mundy（2005）。

其他南亚牛种从没有离开他们的出生地，其中分布于南亚两个以上的国家的品种包括：哈里亚纳牛（Hariana）、斯里牛（Siri）、孟加拉牛（Bengali）、伯哈格那瑞牛（Bhagnari）、堪噶亚姆牛（Kangayam）和康科雷其牛（Khillari），另外还有许多地方品种。

具有非洲血统的品种

非洲由源产区域往外扩散的品种相对较少。恩达麻牛（N'dama）是一种抗锥虫杆菌素肉牛品种，在20个非洲西部和中部地区国家中有报道，被认为是起源于几内亚富塔贾隆高原（Fouta-Djallon）（图22）。报道有该品种的国家数量在所有品种中排第20位。博兰牛（Boran），是由埃塞俄比亚博拉纳（Borana）部族的牧民培育，并由肯尼亚农场主改进的品种（Homann等，2006），在11个国家中都有报道（9个在非洲的东部、中部和南部，其余在澳大利亚和墨西哥）。南非牛（Africander）是在南非最受欢迎的地方品种，它在非洲另外8个国家也有报道，还有澳大利亚。津巴布韦产的图利牛（Tuli）在8个国家都有分布（4个在非洲南部，其余在阿根廷、墨西哥、澳大利亚和美国）。

非洲品种已经和欧洲品种杂交培育出一些新品种，比如邦斯玛拉牛（Bonsmara，在南非通过南非牛×海福特和短角牛而培育的品种，参见图22）、先尼博尔牛（Senepol，恩达麻牛×无角红牛杂交，在美属维尔京群岛培育后引入美国），以及贝尔蒙特红牛（Belmont Red，南非牛×海福特和短角牛杂交，在澳大利亚培育）。以上例子说明，这些品种的杂交育种在非洲（主要是南非）以及其他地方都在进行。

来自其他地区的品种

来自世界其他地区的极少数品种的分布范围能大大超过它们的源产地范围。来自于亚洲中部、东南和东部地区的牛品种，对世界畜群的影响不大。

3.2　绵羊

绵羊是分布最广的家养品种之一。它们具有多用途和强适应性，并且羊肉的食用没有宗教上的限制（至少在主要的世界宗教信仰中）。

绵羊育种主要是以活畜交换为主。绵羊人工授精的应用没有牛的成功。人工授精需要资本密集型生产体系，并且只有在使用新鲜精液的地方才比较重要，比如，法国、意大利和西班牙乳用绵羊的育种计划（Schafer和Zarate，2006）。

据报道，约有59个品种分布于五个以上的国家。分布最广的是萨福克羊（Suffolk）、美利奴羊（Merino）和特克塞尔羊（Texel），其次是考力代羊（Corriedale）和巴巴多斯黑贝利羊（Barbados Black Belly）。

带有欧洲血统的品种

欧洲绵羊品种是世界上分布最广的，但是没有像欧洲牛品种那样占主导地位。它们占全世界前10位羊品种中的五个，在10个以上国家报道存在的59个品种中占35个（图19）。前3大品种都是起源于欧洲血统：萨福克（产自英国东部的肉毛兼用品种，分布于40个国家）、特克塞尔（产自荷兰的肉用品种，29个国家），美利奴（西班牙的毛用品种）（图23）。如果考虑上美利奴所有的派生品种，则美利奴的分布可以位居第一，因为它广泛用于品种的杂交和选择，以培育新的品种。

欧洲血统的8个品种来自英格兰南部

和东部地区，3个起源于法国，其他则是来自芬兰、德国、荷兰、俄联邦和西班牙。和牛一样，这些品种都是传统的地方品种，在19世纪育成。欧洲的绵羊品种已经遍布其他许多国家，在北美和西南太平洋气候温和地区最为成功。从第一批欧洲殖民者抵达这些地区起迁移便开始了，并一直持续到现在。在欧洲品种被引入美国之前，加拿大往往会成为它们的中转站，大概是因为美国有规定以防止疾病的传播。

欧盟15国是纯种绵羊的纯输出国，其中西班牙发挥了主导作用。葡萄牙、法国和德国同样也出口少数的培育品种（Schafer and Valle Zarate，2006）。绵羊的交换主要在欧盟内进行，同时东欧也是一个重要的目的国。

北美、澳大利亚和新西兰都具有具体的绵羊育种计划。这些地区培育的三个品种散播得很广，包括：全世界分布第四位的考力代、卡塔丁绵羊（Katahdin，以非洲品种和欧洲品种的杂交为基础）和无角多塞特（Poll Dorset）。这些品种或多或少都带有欧洲血统。

欧洲品种只出口到了南方的少数几个国家，主要是美利奴（纯种美利奴出口到了非洲11个国家、亚洲6个、拉美和加勒比5个）和萨福克（非洲国家5个、亚洲4个、拉美和加勒比12个）。和其他的发展中地区比起来，拉美和加勒比地区是欧洲品种出口最主要的目的地。克里奥罗绵羊（Criollo）便起源于早期欧洲人的引进，如今它几乎已经遍布于拉美及加勒比的各个国家（图23）。

在过去的三到四个世纪，全世界培育出了440多个混血品种，欧洲品种参与了其中许多品种的培育（Shrestha，2005，引自 Schafer and Zarate，2006）。欧洲—非欧洲混血品种中，分布范围非常广泛的有巴巴多斯黑贝利和杜泊。

非洲品种

非洲品种相对比较成功。在10个以上国家报道存在的29个品种中，非洲品种（或它们的后代）占了11个。西非矮小羊（West African Dwarf）已经分布于24个国家：17个在非洲、3个在欧洲、4个在加勒比（图23）；索马里产的黑头波斯羊（Black Headed Persian）散播到了18个国家，其中包括13个非洲国家，而且还从南非出口到了加勒比。

非洲品种同样参与了世界上其他地区新品种的育成。最成功的就是巴巴多斯黑贝利，一个1600年代中期在加勒比海巴巴多斯岛出现的毛用品种。现在它已经分布到了加勒比的26个国家和美洲热带地区，并且也出口到了欧洲、马来西亚和菲律宾。南非杜泊是南非的第二大常见品种，它扩散到了25个国家，主要是在非洲和拉美。杜泊绵羊的历史表明了基因流向的复杂本质（框9）。卡塔丁绵羊是西非毛绵羊（West African Hair）和威尔特有角羊（Wiltshire Horn）的杂交品种，培育于美国，它被广泛出口到了拉美。圣克鲁斯羊（St Croix）起源于西非毛绵羊（或者可能是威尔特有角羊×克里奥罗羊的杂交品种），它在美属维尔京群岛育成，之后出口到了美洲其他国家以及别的地方。

其他非洲品种的分布或多或少只局限

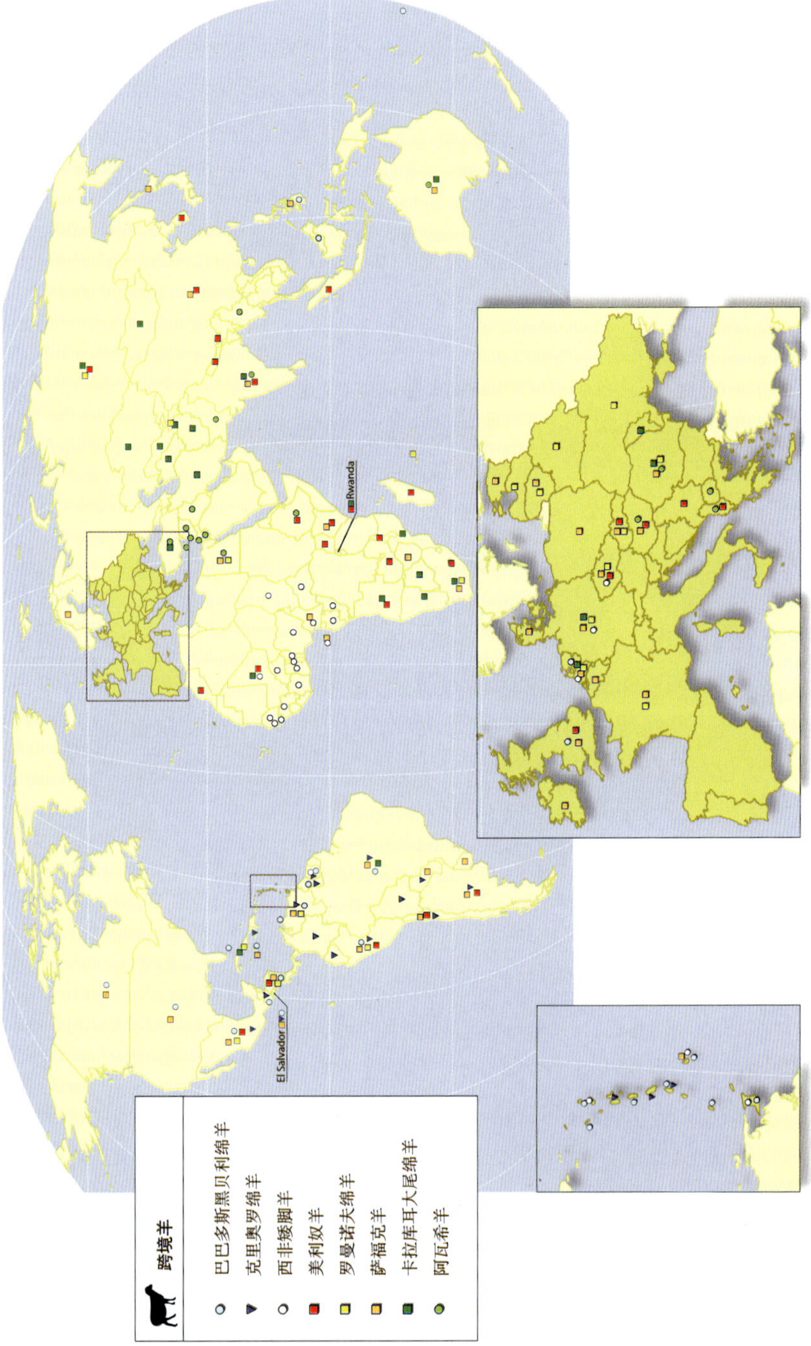

图 23
绵羊跨境品种的分布

跨境羊
巴巴多斯黑贝利绵羊
克里奥罗绵羊
西非矮脚羊
美利奴羊
罗曼诺夫绵羊
萨福克羊
卡拉库耳大尾绵羊
阿瓦希羊

Rwanda
El Salvador

于非洲大陆，比如西非的富拉尼羊（Fulani，10个国家）、乍得湖周边的乌达羊（Uda，9个国家）和毛里塔尼亚的黑毛尔羊（Black Maure，6个国家）。这些品种都由从事长途迁徙和家畜贸易的牧民所饲养，因此这些品种在周边国家的分布很广。

亚洲和中近东品种

和亚洲牛相比，尽管事实上亚洲绵羊的存栏量占全世界的40%左右，然而只有极少数产自这个区域的品种扩散到了源产地之外，包括卡拉库耳大尾绵羊（Karakul）和阿瓦希羊（Awassi）。卡拉库耳大尾绵羊是来自土库曼斯坦和乌兹别克斯坦的古老品种，如今它在非洲南部有稳定数量的存在，并且也扩散到了印度、澳大利亚、巴西、欧洲和美国（图23）。阿瓦希羊起源于伊拉克，于19世纪60年代在以色列得到改良，随后散布到了欧洲南部和东部、中亚、澳大利亚和中近东的15个国家（图23和24）。但这一品种向非洲和亚洲热带国家的迁移只取得了有限的成功（Rummel等，2006）。

3.3 山羊

山羊对于南方尤其是生态边远地区（如旱地和山脉）的小型饲养者来说，有重大的经济价值，因为在这些区域其他家养动物很难饲养。但在北方的农业中，山羊只具有有限的作用，尽管在中欧用瑞士地区的乳用品种来改良当地山羊品种，培育出了一些高产乳用山羊。在中近东地区，生活标准的提高和爱吃羊肉的人的迁徙，增加了对肉用山羊的需求，并且在过去数十年促进了波尔山羊的传播（Alandia Robles等，2006）。

除了少数几个分布较广的品种，山羊品种的散布范围远远小于牛和绵羊。前8大品种（萨能奶山羊Saanen、英国奴比亚山羊Anglo-Nubian、波尔山羊Boer、吐根堡山羊Toggenburg、阿尔卑山羊Alpine、西非矮山羊West African Dwarf、安哥拉山羊Angora和克里奥尔山羊Creole）都分布在24个以上的国家和几个区域（图19）。然而，排在之后的品种分布范围就大为缩减：排第9的萨赫勒羊（Sahelian）仅分布于14个国家，并且这些国家中有13个都在西非。总之，扩散到产地之外的山羊品种比较少。另外，只有三个品种（萨能奶山羊、英国奴比亚山羊和吐根堡山羊）在世界七个区域都有报道。而由于牛的重要性不断增长，发达国家的山羊持有量在20世纪急剧下降。

含欧洲血统的品种

纯种欧洲品种仅占前25大品种（分布于5个以上的国家）中的6个。它们大多数起源于阿尔卑斯山脉，或者是由这个地区的品种培育而成，包括萨能奶山羊、吐根堡山羊，以及其他各种阿尔卑品种。安哥拉山羊也是位居前列的品种（排第七），它是来自现代土耳其安哥拉周边的马海毛品种。当美利奴羊越发适应羊毛生产的时候，这种古老的品种退出了潮流；但到了19世纪70年代，随着人们对马海毛兴趣

第一部分

框 9

杜泊绵羊——基因的持续重组

杜泊绵羊的故事表明了基因漂流的复杂本质，以及育种者为适应市场情况变化而对性状进行的持续的重构调整。杜泊绵羊是1930年代在南非由黑头波斯羊和有角多塞特绵羊(Dorset Horns)杂交而培育成的。

黑头波斯羊实际上和波斯没有什么关系，它是来自索马里的4只个体的产物。一艘发自波斯的船在索马里运载上了这4只绵羊，并于1868年抵达南非。这四只绵羊中有一只死了，但其余三只构成了黑头波斯羊群体的核心。这个黑头波斯羊群体于1906年在南非种畜登记簿中注册。

有角多塞特绵羊是16世纪西班牙绵羊和南非当地英国血统绵羊杂交而来。它的独特之处在于，它可以在一年中的任何时候产羔。这些绵羊最初被称为波特兰绵羊(Portland)，后来通过与南丘羊(Southdown)配种得到了改良。

1995年杜泊绵羊被运往德国，并在那里很受欢迎，因为它们在羊毛市场持续萎缩的情况下不需要劳动力密集型的剪毛作业。澳洲杜泊品种如今已经出口到了越南和印度。并且，将一种南非地区的肥尾品种达玛拉羊(Damara)与杜泊绵羊杂交，培育出了达泊羊(Damper)品种。达泊羊的公羊和美利奴的母羊杂交生产出肉用后代，由澳大利亚水运到中东用来屠宰。

来源：家养动物遗传资源信息系统（Domestic Animal Genetic Resources Information System, DAGRIS）http://dagris.ilri.cgiar.org/（2006）。

图 24

阿瓦希绵羊和阿萨夫绵羊（Assaf）自以色列的基因漂流

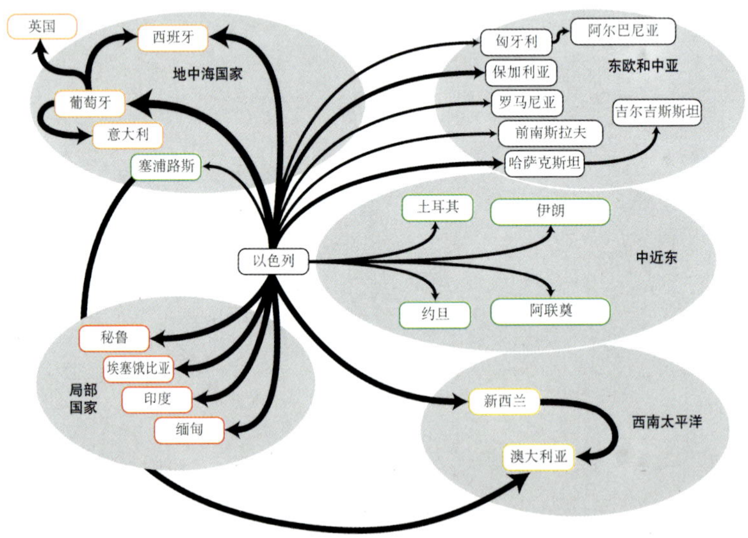

来源：Rummel 等（2006）。

的复苏，几个国家又开始扩大其安哥拉山羊的群体（Alandia Robles 等，2006）。

排名前六位的欧洲品种在欧洲以外都有分布。其中，萨能奶山羊是分布最广泛的品种，它在81个国家和世界上所有七个区域都有分布（图25）。欧洲山羊同样为派生品种的培育提供了育种材料，比如英国奴比亚山羊、波尔山羊（图26）、克里奥尔山羊和克里奥罗山羊。

非洲品种

非洲品种占了分布最广泛的25大山羊品种中的7个。它们分成两大群体：混血品种和主要分布在非洲的品种。混血品种通常是用欧洲品种进行杂交培育的，普遍分布于非洲之外，包括英国奴比亚山羊（通过不列颠、非洲、印度的山羊杂交在英国育成，现报道在全世界56个国家有分布）、波尔山羊（用南非土著羊、欧洲羊和印度羊在南非育成，现在分布于53个国家）、克里奥罗山羊（用非洲和欧洲羊育成的一种加勒比品种）。分布主要限于非洲的品种包括：西非矮山羊（25个国家）、萨赫勒、东非小山羊（Small East African）和柏柏尔山羊（Tuareg）。它们也被出口到其他国家，作为实验群体或由业余饲养爱好者进行小规模饲养。

产自亚洲和中东的品种

亚洲中部和西南部的山区是山羊的起源地，野生的野山羊（bezoar）和捻角山羊（markhor）在这些地方现在仍有发现。其他来自这一区域的品种还包括安哥拉山羊（在上面被列入欧洲品种中）、克什米尔绒山羊（Cashmere）、大马士革山羊（Damascus）、叙利亚山脉羊（Syrian Mountain）、俄罗斯中亚粗毛羊及其派生出的苏联马海毛羊（Soviet Mohair）。大马士革山羊是最近在塞浦路斯培育成的，它是国际公认的热带和亚热带地区的优良品种。虽然它的数量还很少，但它已经扩展到了地中海周边地区（Alandia Roble 等，2006）。

南亚有两亿只山羊，占世界总数的四分之一。但是南亚品种主要分布在亚洲，其中只有亚姆拉巴里奶山羊(Jamnapari)、比陶奶山羊（Beetal）和巴巴里山羊（Barbari）进入了世界前25位。东亚的山羊群体也占全球的四分之一，但没有一个品种是世界前25的（除非算上克什米尔绒山羊，它的分布范围包括了此亚区域的一部分）。

其他品种

有三种美洲培育的品种进入了世界前25之列：克里奥尔山羊、克里奥罗山羊和拉美查奶山羊（La Mancha）。所有这些品种都是欧洲殖民者带来的动物培育出来的。

3.4 猪

在18世纪，中国和东南亚的小型轻骨猪被带到欧洲。欧洲和亚洲遗传物质的组合催生了欧洲的现代猪品种。

第一部分

图 25
萨能奶山羊的分布

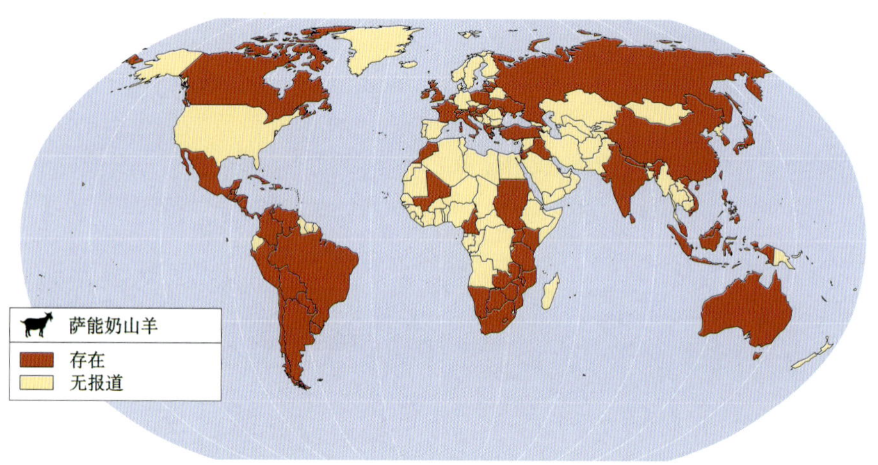

图 26
波尔山羊的分布

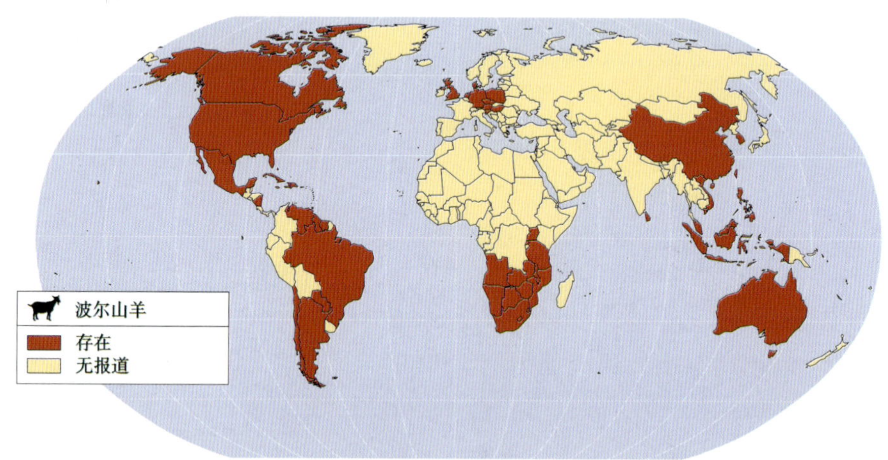

1945年以后，在欧洲和北美开始推行国家级、地区级和商业化的猪育种计划。育种最初着眼于国内市场，但纯种也被出口用于杂交育种，这包括：来自美国的汉普夏猪（Hampshire）、杜洛克猪（Duroc）和约克夏猪（Yorkshire）引进到了拉美和

东南亚；大白猪（Large White）（图27）和瑞典长白猪（Swedish Landrace）从英国到了澳大利亚、新西兰、南非、肯尼亚和津巴布韦（Musavaya 等，2006）。

20世纪70年代末，商业化运作开始利用杂种优势生产育肥猪（框10）。

杂交猪的出口尚无公开数据，但在已报道的出口数据上，它们有可能要超过纯繁动物的贸易。活畜的交易占据着主导地位，虽然精液、胚胎和其他生物技术的应用逐渐增加，但仍然只扮演了一个小角色。猪品种的主要资源国包括英国、荷兰、丹麦、瑞典、比利时、匈牙利和美国。在南方也存在强大的育种公司，例如在泰国、菲律宾和中国（Alandia Robles 等，2006）。

欧洲品种

世界分布的猪种仅由五大品种所占据，它们都来自欧洲和美国，包括：大白猪（117个国家）、杜洛克（93个国家）、长白猪（91个国家）、汉普夏（54个国家）和皮特兰（35个国家）。在五个以上国家报道存在的品种中，来自欧洲和美国的品种有15个，占有压倒性的优势。这15个品种都来自欧洲西北部和中部，其中六种来自英国，三种产自荷兰，比利时和丹麦各有两种，一种来自德国，还有一个来自前奥匈帝国的区域。此外有四个品种来自美国，一种是PIC（英国一家大的猪育种者）提供的商业品系（参见框10）。

北美品种

分布最广的美国猪品种是杜洛克（93个国家，世界第二）。这个微红色品种的起源并不清楚，但有可能包含西非几内亚、西班牙、葡萄牙和英国猪的血统。世界分布前21的品种中，来自美国的还包括：汉普夏（由英国品种于18世纪在新罕

插文10

杂交猪

杂交育种计划，先通过对品种进行高度的家系内选择，培育出专门化的父本品系和母本品系，再将父本和母本杂交进行生产。所用的品种包括德国长白猪、皮特兰猪（Piétrain）、德国的大白猪和Leicoma（Mathias 和 Mundy 2005）。包括公猪和母猪的整个群体作为祖父代和曾祖父代被输出，应用在其他国家和区域的育种计划中，这个过程在出口公司的监督下进行，而且出口公司往往拥有相应的产权。除非有禁止或控制纯繁的合同，否则公司一般不会出售纯种猪。此外，生产者必须允许育种公司检查他们的记录系统，并且每当从扩繁群生产出一头新育种个体转移到育种群中，生产者就要交一次“遗传税”（Alandia Robles 等，2006）。

猪育种最大的商业供应商是主导了美国市场的英国PIC公司（现名Genus）、JSR（也建立在英国）以及荷兰的Topigs和Hyporc。

出于生物安全考虑，有些公司将核心育种群放在加拿大饲养。例如PIC就有这样一个群体在萨斯喀彻温省（Saskatchewan），世界性的猪种交易许多都来源于这个群体，它含有来自世界各地的品种或品系（Alandia Robles 等，2006）。

图 27
大白猪的分布

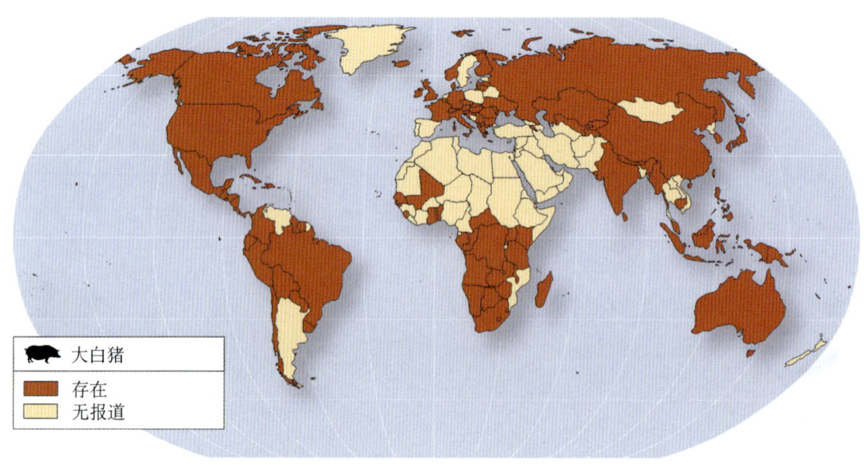

布什尔州育成，54 个国家）、波中猪（Poland China，有多个来源，13 个国家）和切斯特白猪（Chester White，源自英国，6 个国家）。

其他品种

前 21 大品种中还有一种是 Pelon 猪，它是一种分布于 7 个国家的中美洲品种。在东亚，虽然猪的数量非常庞大（超过世界总数的一半以上），但没有一个品种排在前21位中。不过亚洲猪种对世界的贡献是巨大的，因为许多欧洲猪品种都含有中国猪的血统。

3.5　鸡

鸡是最古老的家禽，但是最重要的那些品种直到19世纪下半叶才育成。例如白来航鸡（White Leghorn）、新汉夏鸡（New Hampshire）和洛克鸡（Plymouth Rock）。白来航来源于意大利地方鸡种，它于18世纪20年代抵达美国，并在那里对产蛋量进行了选择。白来航在第一次世界大战后出口到了欧洲。

鸡品种划分为蛋鸡（主要用于产蛋）、肉鸡（用于产肉），兼用型鸡（肉和蛋）、斗鸡和观赏鸡。在北方，商业品系主导了肉和蛋的生产，而地方品种只是由爱好者养殖。但在南方，地方品种还扮演着很重要的角色。在有些国家，地方品种的数量占总数的70%～80%（Guèye，2005；FAO，2006）。爱好者饲养的每一个地方品种看起来都是千差万别，但不代表它们的遗传基础也是多样的（Hoffmann等，2004）。这对发展中国家的土著品种来说也是一样的（FAO，2006）。

北美品种

在15世纪，鸡先后被西班牙人和其他欧洲人引入到了北美。这些引进的群体被培育为不同的品种。现在，北美的鸡品种中有三种位于世界上分布最广泛的前五种之列，并在已报道存在于五个以上国家的67个鸡品种中占了七个。前三位是洛岛红（Rhode Island Red）、洛克和新汉夏。这三个品种都是在美国东北部培育成的肉蛋兼用型品种。

欧洲品种

在已报道存在于五个以上国家的67个鸡品种中，有26种肯定来源于欧洲。其中来航鸡（Leghorn）是分布最广的，它在51个国家分布，排在第二位。来航鸡在商业品系育成中也有重要贡献。欧洲第二大品种是英国苏塞斯鸡（Sussex），它在17个国家有分布，排名第十。

商业品系

商业品系在世界鸡种分布上占据绝对地位，在67种中有19个是商业品系。由于相关公司对信息的保密，所以没有关于这些品种来源的信息。但估计这些品系大多来自白来航、洛克、新汉夏和白科尼什（White Cornish）（Campbell and Lasley，1985）。这些品系被西北欧和美国的少数跨国公司所垄断，并且近几年这个行业的集中度进一步加强。目前，仅仅是两家主要的育种公司（德国的Erich Wesjohann和荷兰的Hendrix Genetics）占据着国际蛋鸡市场；三家主要的育种公司（Erich Wesjohann、Hendrix Genetics和来自美国的Tyson公司）占据着国际肉鸡市场。这些公司都维持着多个独立的育种家系（插文11），且同一公司内的不同生产单元之间也会有竞争，以获取市场份额（Flock and Preisinger，2002；相关公司网页）。

其他地方的品种

以上没有提到的分布最广泛的品种是来自印度的阿希尔鸡（Aseel）。它在11个国家有报道，仅排名世界第17。其次是一些中国品种：大种鸡（Brahma）和交趾鸡（Cochin，也译为九斤鸡；在美国得到了进一步培育）以及丝羽鸡（一种有丝状羽毛的品种）。其他亚洲品种在西方被当作观赏鸡：苏门答腊鸡（Sumatra，产自印尼，8个国家）、马来斗鸡（Malay Game）和日本长尾鸡（Onagadori，日本的长尾品种）。其他还值得一提的是东南亚的原鸡（Jungle Fowl，五个国家），它是现代鸡的祖先。

澳大利亚只有澳洲黑鸡（Australorp）一种进入世界前67名。它培育自英国黑奥品顿鸡（Black Orpington），分布于16个国家，世界分布排名第12。澳洲黑鸡保持着产蛋量的世界记录，其一只母鸡曾在365天内产蛋364个。

3.6 其他畜种

第一部分

在其他畜种上，基因漂流也很明显。例如在马中，阿拉伯品种在全世界是最成功的。阿拉伯马对全欧洲的马品种都有与众不同的影响，并且扩散到了52个国家。北京鸭（Pekin Duck）是19世纪70年代在美国育成的，它来源于中国的一个创始群。现在北京鸭是分布最广的鸭品种，遍及35个国家。在19世纪，单峰驼被引入澳大利亚、北美、南非、巴西，甚至爪哇。在爪哇，它们由于疾病而立即死亡；但澳大利亚的沙漠对它们来说则非常舒适，这些单峰驼自己形成了大型的野化群体。牦牛从它们的亚洲源产地被引入高加索、北美（3000头）和欧洲的许多国家。在欧洲，它的引入是人们的好奇心所致；但后来，牦牛在山地畜牧养殖体系中体现出了它的优势所在，因为它几乎不需要什么投入。牦牛的肉可以销售，而且它具有旅游价值。牦牛还从美国进一步扩散到了阿根廷。驯养的驯鹿于1891年从西伯利亚传到阿拉斯加，之后从那里引入加拿大。驯鹿在1771—1787年间被引入冰岛，但随后野化了。它还在1952年从挪威传到了格陵兰（Benecke，1994）。

4 基因漂流对生物多样性的影响

基因漂流对生物多样性既有增加的作用也有减少的作用，这取决于一系列因素，包括引入国环境的舒适度，以及引入国和提供国的组织架构（Mathias 和 Mundy，2005）。重要的是，遗传物质迁移的量并不代表它的影响力。在一些例子中，只引入少数个体就能对品种的育成产生巨大的影响；而在另一些例子中，进口了大量的家畜却能没起到什么作用。

在上面说到的头两个时期，即由开始饲养动物的史前时期一直到20世纪中期这段时间里，基因漂流主要是增加了多样性。但是，在最近的四五十年，集约化畜牧生产的发展和扩散以及整体生产系统的出口，却导致了少量世界性优良品种大规模替代了地方品种，这就使多样性下降了。

这一过程在北美和欧洲已经发生，这些地区50%的品种被列为已灭绝、濒临灭绝或危险等级；而那些发展中国家正在

插文11

鸡的育种产业

育种公司培育了一系列家系，每个家系都具有一组优良特征，比如产蛋率或高生长速度。这些家系相互杂交，再与更多家系杂交，来生产出杂交蛋鸡或供消费者在餐桌享用的杂交肉鸡。育种公司严密地保管着纯系育种群。这个产业的结构在图48（第四部分第四章）中列出。要想培育出含有期望性状的纯种是昂贵而耗时的，一个新进入育种行业的企业将会需要投资大量的资金去开拓市场，因此依靠现有育种群的供应更为低廉。大的育种公司对销售市场的当地情况缺乏了解，因此它们往往授权当地公司作为经销商，将它们的种畜提供给外包者。

来源：Mathias and Mundy（2005）。

重复着这个过程，例如中国，它要优先发展集约化生产系统，并且拥有建立这些系统所需的资源。

4.1　增加多样性的基因漂流

在历史长河中，基因漂流对于多样性的发展起到了至关重要的作用，它使家畜饲养者始终能对新的情况和需要作出调整。

基因漂流在以下情况中增加了多样性：

- **进口的品种或家畜个体适应了当地环境，进口品种的本地化品种培育出来**。西班牙和葡萄牙品种引入南美就是一个例子，它促成了强壮的克里奥罗品种的诞生。另一个例子是，美利奴羊在欧洲大部以及别的许多国家的扩散。
- **进口的品种或家畜个体与当地品种杂交，具有双亲性状的合成品种培育出来**。例如：在19世纪80年代通过用中国或东南亚猪种与欧洲猪的杂交，培育出高生长速度的早熟型猪种。在南美，翁戈牛和吉尔牛引入并与当地克里奥罗品种杂交后，当地的肉牛业才发展起来。如果有计划的杂交计划使本来逐渐减少的本地纯种种群得以恢复，那么这些计划也能够减少多样性的损失。
- **在种畜登记簿品种中有选择地使用“新鲜血液”**。为了保持近交群体的生活力，饲养者往往采用区别运用不同品种的公畜来注入“新鲜血液”这一明智的做法。例如，德国偶尔会把英国和阿拉伯的良种公畜引入到本地群体中。
- **特殊性状基因的定向转移**。由于统计学与生物技术的发展，特殊性状基因的定向转移已成为可能。例如，以色列把编码多胎的布鲁拉（Booroola）基因导入到改良后的阿瓦希羊，从而创造出Afec阿瓦希羊（Afec Awassi）。该多胎基因可以追踪到18世纪后期引入澳大利亚的印度孟加拉羊品种。1993年，该基因的一个遗传标记被发现，从而可以识别出携带该基因的个体。之后，多胎基因和它的遗传标记都被申请了专利（Mathias and Mundy，2005；Rummel等，2006）。

以下引自Cemal和Karaca（2005）的内容列举了几个“主效基因”的例子：“在绵羊中，Inverdale基因能影响排卵率（Piper and Bindon，1982；Davis等，1988），callipyge基因能影响产肉性能（Cockett等，1993）；在牛上，双肌基因影响产肉性能（Hanset和Michaux，1985a，b）；在猪上，氟烷应激性和RN基因影响肉的质量（Archibald和Imlah，1985），雌激素受体基因座影响产仔量（Rothschild等，1996）；在家禽上，裸颈基因影响耐热性，矮小基因影响个体大小（Merat，1990）。”

目标性状的遗传标记使得有可能选择出携带该目标性状的个体，然后将这些个体用于标记辅助基因导入计划中进行育种。现有少数项目的经验表明，这种方法会给发展中国家带来经济效益。但是，是否采用这些技术应慎重考虑，并且要想施行这些技术就得先保证有一个健全的育种计划和完善的记录系统（FAO，2007）。

4.2　减少多样性的基因漂流

取代了当地品种。当高性能品种和集约化生产体系替代了地方品种和生产系统的时候，基因漂流就会减少多样性。在20世纪中期，一些高性能品种扩散到了世界各地，并且往往排挤开了传统品种。这些品种通常有欧洲血统，它们包括：荷斯坦奶牛、娟姗牛、大白猪、杜洛克猪、长白猪、萨能奶山羊、洛岛红鸡和来航鸡。这一过程在欧洲和北美已经基本结束，但在许多具有大量本土品种的发展中国家，同样的情形正在重复。这种作用很难量化，不仅因为可用数据还没有整理出来，还因为在这同时还存在其他导致多样性衰减的因素。在21世纪，南方极有可能成为品种多样性流失的热点地区（Mathias和Mundy，2005）。

- 在越南，本地母猪在全国母猪中的比例从1994年的72%下降到2002年的26%。该国的14个地方品种中，有5个处于比较脆弱的状态，2个濒临灭绝，还有3个正面临灭绝（Huyen等，2006）。
- 在肯尼亚，杜泊羊的引入已造成纯种红色马赛绵羊（Red Maasai）几乎完全消失（参见第四章F部分的框95）。

地方品种的稀释和瓦解。地方品种常常在与引入品种进行不加选择的杂交中被稀释，却往往不能获得生产水平的提高或得到其他期望的性状。例如，在印度，政府为荷斯坦、丹麦红牛（Danish Red）、娟姗和瑞士褐牛的杂交育种提供了数十年的支持，这导致了地方品种被稀释，但对生产水平却没有多大的影响。在印度，产奶量的增加主要得益于水牛的更广泛应用，以及奶业的结构调整（Mathias and Mundy，2005）。不加选择的推行与外来品种的杂交育种还会导致地方品种整个瓦解。用来自北方的*Bos taurus*普通牛品种改良*Bos indicus*瘤牛品种，往往会降低其繁殖力。

4.3　不影响多样性的基因漂流

品种和基因的流动常常不会对接收国的生物多样性产生持久的影响。往一个新的国家的引种活动大都失败了，将欧洲品种引入到潮湿地区的例子就是明证。虽然在家畜海运到全球的过程中花费了大量资金，但这些动物在新的环境中却没能建立起稳定的群体。

4.4　未来

在未来，基因漂流对多样性的影响主要取决于正在创建过程中的政策和法律框架。在目前正在进行的“家畜革命”里，南方发展较快的国家中的猪和牛育种系统的迁移可能会继续，甚至是逐步增长。因此，只有通过给家畜饲养者提供恰当的支持，为地方品种的就地保护制定专门的措施，发展中国家许多地方品种的消失趋势才不会加快。

一些国家已经逐渐意识到了不加选择的引入外来品种会对地方品种产生影响。例如，日本发布的地理认证就是为了保护纯种和牛（Wagyu）。在近几十年里，许多发展中国家的政府对外来品种给予了优惠，但现在的趋势则相反，甚至在部分国家已经出现了阻止农民养殖外来品种的呼吁(尽管利用外来品种可能对他们的生计有利)。

遗传资源的免费交换有一个潜在限制因素，即获取与惠益分享（ABS）原则在世界范围的推行。因为这一原则要求每次跨境种畜交易的时候，要进行政府间的双边洽谈，来确定可能的惠益分享协议的细节。可以预料，这会增加官僚主义式的繁琐程序，使得遗传资源的交换变得更加困难，甚至难以实现。在植物遗传资源上的有限经验表明，获取与惠益分享原则的主要受益者是各国政府而不是农民。

这个获取与惠益分享原则的实施将意味着各国政府必须许可所有遗传资源的跨境流动，并且制定出所需的相关条件。这将不利于新品种的培育，并且有损家畜育种者的经营，还会伤害到农村经济。由于害怕出现生物掠夺行为，一些国家还会犹豫是否要正式批准允许他国获取其遗传资源。

知识产权条例的更广泛应用是动物遗传资源交换的另一潜在限制因素。商业机密和专利使用权转让协定已经成为家禽和猪商业化育种的规则，这使基因控制在一个集中的私营行业内。用专利权体系来控制育种过程可能会使畜禽育种进一步掌握在少数人手中。

参考文献

Alandia Robles, E., Gall, C. & Valle Zárate, A. 2006. Global gene flow in goats. *In* A.Valle Zárate, K. Musavaya & C. Schäfer, eds. *Gene flow in animal genetic resources: a study on status, impact and trends*, pp. 229–240. GTZ, BMZ.

Archibald, A.L. & Imlah, P. 1985. The halothane sensitivity locus and its linkage relationships. *Animal Blood Groups and Biochemical Genetics*, 16: 253–263.

Benecke, N. 1994. *Der Mensch und seine Haustiere*. Stuttgart. Theiss Verlag.

Campbell, J.R. & Lasley, J.F. 1985. *The science of animals that serve humanity.* New York, USA. McGraw-Hill.

Cemal, İ. & Karaca, O. 2005. Power of some statistical tests for the detection of major genes in quantitative traits: I. Tests of variance homogeneity. *Hayvansal Üretim*, 46(2): 4046. (available from http://web.adu.edu.tr/akademik/icemal/Papers/34_HayvansalUretim-MajorGen-I.pdf (accessed 22 May 2006)).

Chupin, D. & Thibier, M. 1995. Survey of the present status of the use of artificial insemination in developed countries. *World Animal Review*, 82: 58–68.

Clutton-Brock, J. 1999. *A natural history of domesticated mammals*. 2nd edition. Cambridge, UK. Cambridge University Press.

Cockett, N.E., Jackson, S.P., Green, R.D., Shay, T.L. & George, M. 1993. Identification of genetic markers for and the location of a gene (callipyge) causing muscle hypertrophy in sheep. *Proc. Texas Tech. Univ. Agric. Rep.*, No. T-5-327: 4–6.

Crosby, A. 1986. *Ecological imperialism*. Cambridge, UK. Cambridge University Press.

DAD-IS. 2006. *Domestic Animal Diversity Information System (DAD-IS)*. FAO (available at www.fao.org/dad-is/).

DAGRIS. 2006. *Domestic Animal Genetic Resources Information System*. International Livestock Research Institute. (available at www.dagris.ilri.cgiar.org).

Davis, G.H., Shackell, G.H., Kyle, S.E., Farquhar, P.A., McEwan, J.C. & Fennessy, P.F. 1988. High prolificacy in screened Romney family line. *Proceedings of the Australian Association for Anmal Breeding and Genetics*, 7: 406–409.

FAO. 1999. *Asian livestock to the year 2000 and beyond*, by D. Hoffman. Bangkok.

FAO. 2006. *Poultry gene flow study: the relative contribution of indigenous chicken breeds to poultry meat and egg production and consumption in the developing countries of Africa and Asia*, by R.A.E. Pym. Draft report for FAO. Rome.

FAO. 2007. Marker assisted selection in sheep and goats, by J.H.J. van der Werf. *In* E.P. Guimaraes, J. Ruane, B.D. Scherf, A.R. Sonnino & J.D. Dargie, eds. *Marker-assisted selection: current status and future perspectives in crops, livestock, forestry and fish.* Rome.

Flock, D.K. & Preisinger, R. 2002. Breeding plans for poultry with emphasis on sustainability. In *Proceedings of the 7th World Gongress on Genetics Applied to Livestock Production*, held 19–23 August 2002, Montpellier, France.

Guèye, E.F. 2005. Editorial: Family poultry must no longer be a 'hidden harvest'. *INFPD Newsletter*, 15(1):1.

Hanset, R. & Michaux, C. 1985a. On the genetic determinism of muscular hypertrophy in the Belgian White and Blue cattle breed. I – Experimental data. *Genetics Selection Evolution*, 17:359–368.

Hanset, R. & Michaux, C. 1985b. On the genetic determinism of muscular hypertrophy in the Belgian White and Blue cattle breed. II - Population data. *Genetics Selection Evolution*, 17: 369–386.

Hoffmann, I., Siewerdt, F. & Manzella, D. 2004. *Research and investment: challenges and options for sustainable use of poultry genetic resources.* Paper presented at the XXII World Poultry Congress, Istanbul, 8–13 August 2004.

Homann, S., Maritz, J.H., Hülsebusch, C.G., Meyn, K. & Valle Zárate, A. 2006. Boran and Tuli cattle breeds – origin, worldwide transfer, utilisation and the issue of access and benefit sharing. *In* A.Valle Zárate, K. Musavaya & C. Schäfer, eds. *Gene flow in animal genetic resources: a study on status, impact and trends*, pp. 395–458. GTZ, BMZ.

Huyen, L.T.T., Roessler, R. Lemke, U. & Valle Zárate, A. 2006. Impact of the use of exotic compared to local pig breeds on socio-economic development and biodiversity in Vietnam. *In* A.Valle Zárate, K. Musavaya & C. Schäfer, eds. *Gene flow in animal genetic resources: a study on status, impact and trends*, pp. 459–508. GTZ, BMZ.

Mathias, E. & Mundy, P. 2005. *Herd movements*. Ober-Ramstadt, Germany. League for Pastoral Peoples and Endogenous Livestock Development.

Merat. P. 1990 Genes majeurs chez la poule (*Gallus gallus*): autres genes que ceux affectant la taille. *Productions Animales*, 3(5): 355–368.

Mergenthaler, M., Momm, H. & Valle Zárate, A. 2006. Global gene flow in cattle. *In* A.Valle Zárate, K. Musavaya & C. Schäfer, eds. *Gene flow in animal genetic resources: a study on status, impact and trends*, pp. 241–280. GTZ, BMZ.

Musavaya, K., Mergenthaler, M. & Valle Zárate, A. 2006. Global gene flow of pigs. *In* A.Valle Zárate, K. Musavaya & C. Schäfer, eds. *Gene flow in animal genetic resources: a study on status, impact and trends*, pp. 281–304. FAO, GTZ, BMZ.

Peters, K.J. & Meyn, K. 2005. Herausforderungen des internationalen Marktes für Tiergenetik. *Züchtungskunde*, 77(6): 436–356.

Piper, L.R. & Bindon, B.M. 1982. Genetic segregation for fecundity in Booroola Merino sheep. *In* R.A. Barton & D.W. Robinson, eds. *Proceedings of the World Congress on Sheep and Beef Cattle Breeding*, Volume 1, pp. 395–400. Palmerston North, New Zealand. The Dunmore Press Ltd.

Rothschild, M., Jacobson, C., Vaske, D., Tuggle, C., Wang, L., Short, T., Eckardt, G., Sasaki, S., Vincent, A., McLaren, D., Southwood, O., van der Steen, H., Mileham, A. & Plastow, G. 1996. The estrogen receptor locus is associated with a major gene influencing litter size in pigs. *Proceedings of the National Academy of Science USA*, 93: 201–205.

Rummel, T., Valle Zárate, A. & Gootwine, E. 2006. The worldwide gene flow of the improved Awassi and Assaf sheep breeds from Israel. *In* A. Valle Zárate, K. Musavaya & C. Schäfer, eds. *Gene flow in animal genetic resources: a study on status, impact and trends*, pp. 305–358. GTZ, BMZ.

Schäfer, C. & Valle Zárate, A. 2006. Gene flow of sheep. *In* A.Valle Zárate, K. Musavaya & C. Schäfer, eds. *Gene flow in animal genetic resources: a study on status, impact and trends*, pp. 189–228. GTZ, BMZ.

Shrestha, J.N.B. 2005. Conserving domestic animal diversity among composite populations. *Small Ruminant Research*, 56: 3–20.

Thibier, M. & Wagner, H.G. 2002. World statistics for artificial insemination in cattle. *Livestock Production Science*, 74: 203–212.

Valle Zárate, A., Musavaya, K. & Schäfer, C. 2006. *Gene flow in animal genetic resources: a study on status, impact and trends*. GTZ, BMZ.

Willis, M. 1998. *Dalton's introduction to practical animal breeding*. 4th edition. Oxford, UK. Blackwell Science.

第四章
动物遗传资源的作用和价值

1　引言

本章主要综述了动物遗传资源保护对全球农业发展的重要性，对农牧民的生计的贡献以及动物遗传资源的社会和文化价值。第一节讲述了畜禽生产在世界各个领域如经济价值、土地利用以及就业等方面的意义。通过对某一区域的畜禽品种在各个地区分布数量以及密度数据的比较，指出了不同畜禽（总数量以及不同品种）的重要性各不相同。接着又对食品、毛、皮等产品的现状进行了讨论，并阐述了畜禽的其他作用，如畜禽产品在农业生产、交通工具、社会和文化方面的作用，以及畜禽所提供的环境服务等。这里引用的数据大部分来自国别报告。本部分最后论述了畜禽在贫困人口生计中的重要作用。

2　对国民经济的贡献

无论在世界的哪个地区，畜牧都对食品生产和经济产出有着贡献。在发展中国家，其相关农业产值占总GDP相当大的比例，其中以非洲占国家GDP的比重最高（图29）。而仅就畜牧业在农业中所占的比重来说，随地区不同而变化，但总体而言发达国家的这一比重比较高（还有西南太平洋地区的澳大利亚和新西兰也是如此）。然而，研究畜牧业在农业中所占的比重的历史趋势会发现一个很有趣的现象（图28），发达国家的这一比例在过去的30年当中总体处于下降的趋势。相反，在大部分发展中地区里（亚洲、拉丁美洲、加勒比地区以及中东地区）畜牧业显得越来越重要。非洲地区例外，在20世纪80年代达到最高峰后畜牧业的比重开始缓慢下降。

这些能够表明畜禽生产对经济发展作用的原始数据还不能很好地展示养殖业的总体社会经济价值。在世界很多地区，畜禽养殖所提供的产品数量远远大于相关的经济统计数据，而且还在维持众多人口的生计中有着突出贡献。目前对全球或地区层次的牲畜饲养者的数量还没有准确的统计数字。社区、地区或国家层次上的有关数据往往存在，但将这些数据归总为更大层次上的数据时，往往存在一些数据盲点，使得大范围的准确数据难以估计（参见 Thornton 等，2002）。尽管如此，从表 24 中由不同国家从事农业生产的人口数量比例不同，可以看出农业对不同国家和地区人民生计的重要性是不同的。在非洲和亚洲，大部分人口仍然是靠从事农业生产谋生，而他们当中大部分人的生活都或多或少地依赖于畜牧业。例如：在印度大约有 70% 的农业人口养有自己的畜禽（Arya 等，2002），而在阿萨姆邦（印度东北部的邦）则达到 90%（Sarkar，2001）。

农业生产方式以及所养殖的畜禽品种的类型将不可避免地受到耕地资源与劳动力多少的影响，而后者又会受到工业化程度和经济发展水平的影响。从表 24 中我们可以看到不同地区的人均耕地数量不同，其中以亚洲的土地资源最为稀缺。而与亚洲形成鲜明对比的是澳大利亚，在这个工业化的国家里，由于气候的原因使得农业人口的密集度很低，新西兰次之，这使得西南太平洋地区成为全球人均耕地最多的地区。其次就要数北美地区了，由于近几十年里这些地区的农业发展趋向集约化，从而使农业从业人口锐减。

图 28
各区域农业和畜牧业在总 GDP 中的比重

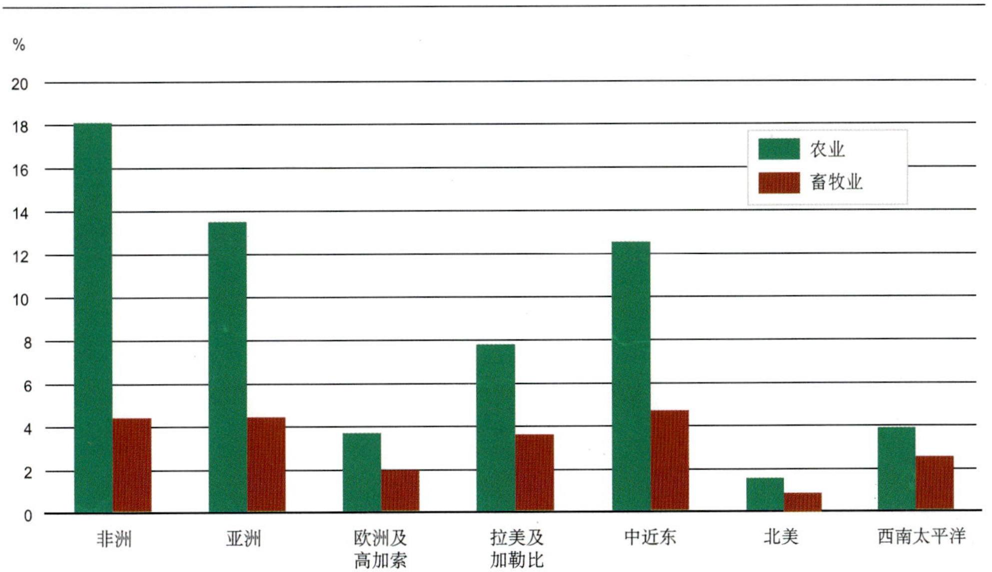

来源：世界银行，2001 年数据。
基于国际美元（Int.$）[7] 的当前农业和畜牧贡献比例。

[7] 国际美元（In.$）用以区别不同国家经济购买力。

第一部分

图 29

畜牧业占农业 GDP 比重

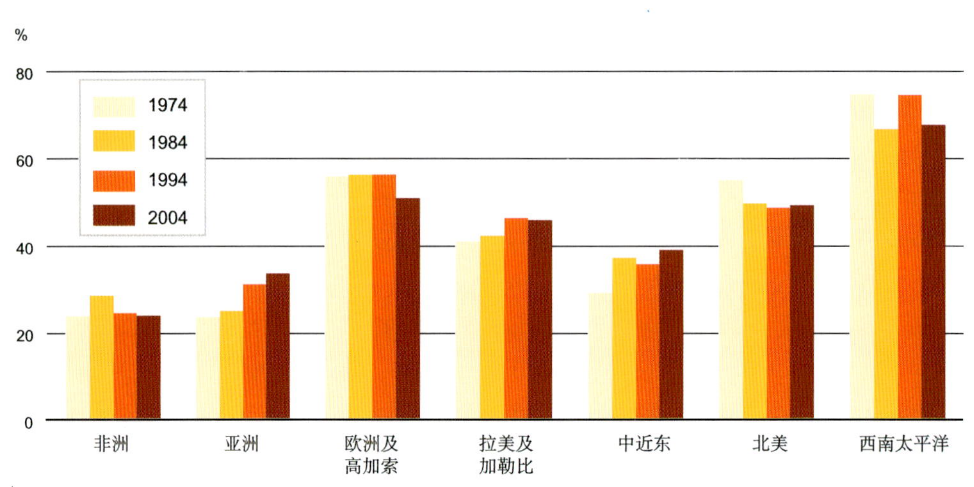

来源：FAOSTAT。

表 24

农业雇佣劳动力和平均每个农业从事者占有的农用土地数量

	农业雇佣劳动力比例（%）	平均每个农业从事者占有的农用土地数量（公顷）
非洲	59	5.1
亚洲	56	1.4
欧洲及高加索	11	11.8
拉美及加勒比	19	18.0
中近东	30	16.2
北美	2	143.4
西南太平洋	8	456.2
—除了澳大利亚和新西兰的西南太平洋	44	2.6
—澳大利亚和新西兰	5	761.0
世界	42	3.8

来源：FAOSTAT，2002 年数据。

图 30
永久牧场占总农业用地的比例

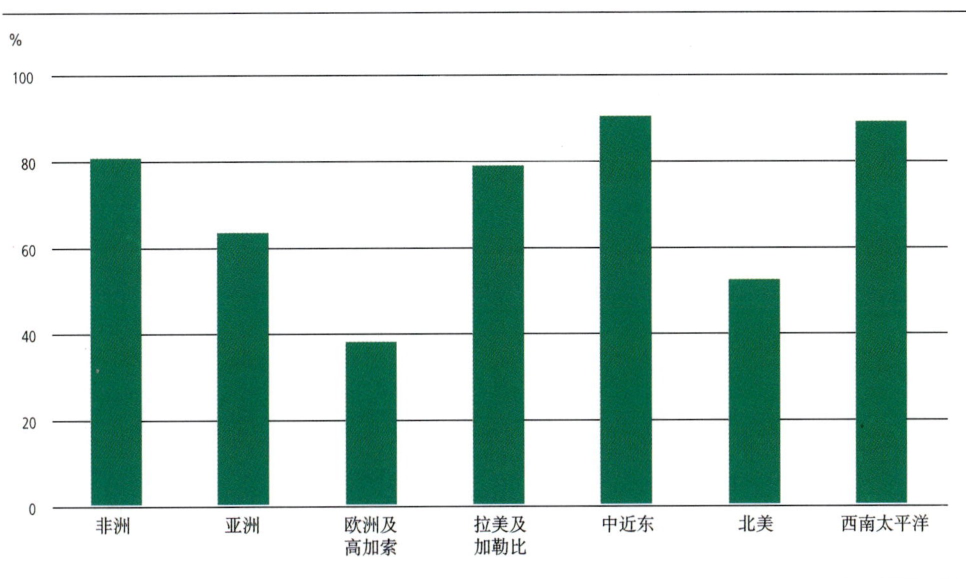

来源：FAOSTAT 2002 年数据。

下列国家因为缺乏永久牧场的数据未统计在上述数据中：美属萨摩亚群岛，阿鲁巴，百慕大，中国台湾省，库克群岛，埃及，法罗群岛，基里巴斯，马耳他，荷属安的列斯，圣皮埃尔岛和密克隆，圣马力诺，塞舌尔，新加坡，特克斯和凯科斯群岛，瓦利斯和富图纳群岛。

畜牧业除了具有重要的社会经济意义外，对土地资源的充分利用也很重要。因为在全球各地都存在大面积的由于气候因素而不能进行种植业生产的地区，而这些地区却可以用来放牧发展养殖业。除了欧洲及高加索地区之外，其他各地的情况都可以很好地说明这一点，因为在这些地区里 50% 的农业用地是永久牧场（图 30）。

3　畜禽分布模式

本节主要讨论了畜禽在全球范围内的分布情况，以及不同畜禽品种与人口和土地资源之间的关系。初步探讨了畜牧业在不同地区对社会经济发展的作用，以及畜牧业自然资源带来的潜在影响。如果能获得畜禽品种资源分布情况的全部数据以及不同的畜禽品种对不同的社会阶层生计的贡献数据，那么可以更加全面清楚地了解畜牧业在社会经济价值方面的重要性。

由图31可见，总体看来，美洲以及西南太平洋地区人均占有畜禽个数较多。相反，中东地区则较小。其他地区的人均畜禽数也因地而异，其中欧洲及高加索地区国家自东向西人均畜禽占有量逐渐变大。

第一部分

非洲和亚洲国家的人均畜禽占有量的变化比较大，其中，中非、乍得、马里、毛里塔尼亚、苏丹和蒙古共和国的人均占有畜禽量较高。

每公顷动物保有量在很大程度上反映了土地资源的利用模式和牧场生产力的优劣，但从国家层次的角度来讲，这一数字还受到动物集约化饲养规模和饲料资源进口量的影响。大部分地区的不同国家每公顷保有的动物数量差异也很大。例如亚洲地区的日本、大部分南亚地区以及东南亚国家要比中亚和中国的每公顷动物保有量要多。非洲和中东地区国家的动物分布密度比较低，但是埃及例外。高加索地区和欧洲西部国家的动物分布比较密集，而东欧尤其是俄罗斯的动物分布比较稀疏。拉丁美洲和加勒比地区动物分布密度在不同国家间的变化也比较大。当然从图中不能反映出各个国家内部不同地域之间的畜禽分布密度的差异。畜禽分布密度因农业生态区域而已，且在大多数国家，越靠近城镇周边地区动物分布密度越大。如果某一地区畜禽密度比较大的话，往往对该地区生态环境和自然资源基础带来很大挑战（参见第二部分中的讨论）。

畜禽品种在不同地区的重要性也受到了农业生态、社会经济和宗教文化等众多因素的影响。有些品种仅仅在小范围分布，而有些品种的分布则可能很广泛（参见第二章3中关于品种多样性的讨论）。

绵羊和牛是在全球范围内分布比较广泛的两个畜种，其在西南太平洋地区的人均占有数量显著高于其他地区（表25）。其

图31
基于人口数量的畜禽分布密度情况

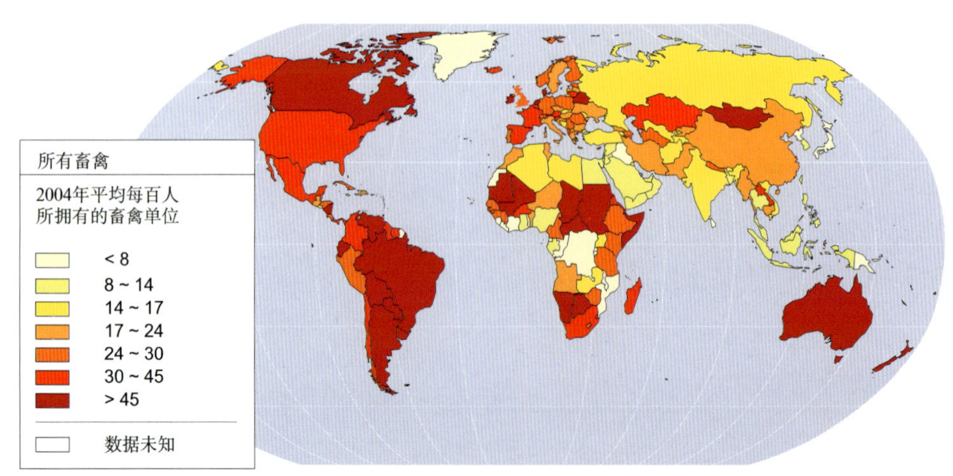

来源：FAOSTAT，2004年数据。

图 32
每平方千米农业用地畜禽分布密度情况

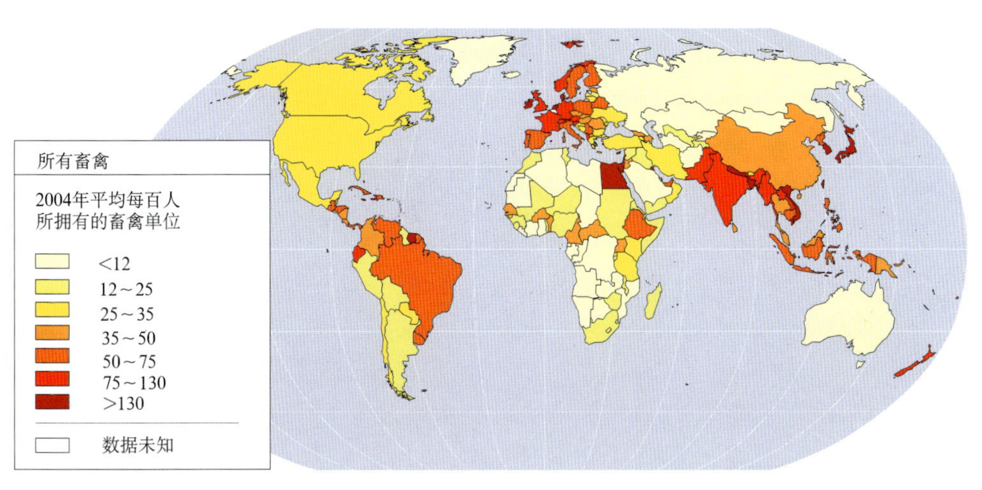

来源：FAOSTAT，2004 年数据。

原因主要是由于澳大利亚和新西兰这两个国家拥有大面积的牧场，且其人口密度相对较少。该表还反映了山羊在中东地区的重要性。由表中可以看出山羊对发展中国家更为重要，而北美国家人均山羊数量相对较少。驴是另一个对欠发达地区居民比较重要的畜种，同山羊一样，驴在中东地区的分布最多，另外就是非洲、拉丁美洲及加勒比地区分布相对也较高。但是马的分布却有所不同，北美、欧洲及高加索地区比欠发达地区的人均保有数量高，而这些地区主要是将马用于休闲娱乐业。另外，北美、欧洲及高加索地区猪的分布密度也较高，这主要是因为这些地区多采用集约化饲养模式，而欠发达地区仅亚洲饲养密度较大。其他哺乳动物如水牛和骆驼等的分布多集中于某些狭小的区域。鸡的人均占有量以北美最高，其次是拉丁美洲及加勒比地区以及西南太平洋地区。

从每公顷农业用地的畜禽数量来看(表26)，不同物种的分布模式呈现出其他的特点。例如：牛的分布以在西南太平洋地区最少，但是这一地区的人均牛占有量却最大。干旱和半干旱地区在澳大利亚境内分布极为广泛，但是这些地区的畜禽数量却相对较少。欧洲及高加索地区的绵羊分布密度是全球最大的，但是猪、山羊和鸡的分布密度在亚洲最大。另外单胃动物的集约化饲养在亚洲的许多地区变得越来越重要。拉丁美洲及加勒比地区的牛和马的分布密度居全球之最。

第一部分

表 25

物种数量 /1000 人

物种	非洲	亚洲	欧洲及高加索	拉美及加勒比	中近东	北美	西南太平洋
驴	14	4	2	14	23	0	0
水牛	0	46	1	2	18	0	0
骆驼	7	1	0	0	22	0	0
牛	251	116	181	693	228	330	1 409
鸡	1 597	2 115	2 591	4 653	2 425	6 430	4 488
鸭	9	260	82	29	46	24	32
鹅	4	72	23	1	46	1	3
山羊	231	128	32	60	308	4	32
马	5	4	8	44	1	17	14
骡	1	1	0	12	0	0	0
其他骆驼科	0	0	0	12	0	0	0
其他啮齿动物	0	0	0	30	0	0	0
猪	28	159	235	140	0	226	143
兔	4	105	148	9	47	0	0
羊	250	98	210	145	456	21	5 195
火鸡	9	1	144	92	11	282	59

资料来源：FAOSTAT，2004 数据。

表 26

物种数量 /1000 公顷农业用地

物种	非洲	亚洲	欧洲及高加索	拉美及加勒比	中近东	北美	西南太平洋
驴	11	11	2	10	13	0	0
水牛	0	121	1	2	10	0	0
骆驼	5	2	0	0	12	0	0
牛	205	307	276	483	126	229	78
鸡	1 301	5 597	3 954	3 242	1 342	4 464	250
鸭	7	688	126	20	26	17	2
鹅	3	191	35	0	25	1	0
山羊	188	339	49	42	170	3	2
马	4	10	13	31	0	12	1
骡	1	3	1	8	0	0	0
其他骆驼科	0	0	0	8	0	0	0
其他啮齿动物	0	0	0	21	0	0	0
猪	23	420	359	98	0	157	8
兔	3	277	226	6	26	0	0
羊	204	260	320	101	252	15	289
火鸡	7	3	221	64	6	196	3

资料来源：FAOSTAT，2004 生产数据，2002 土地使用数据。

4 食品生产

从动物性食品生产的总经济价值方面来看，亚洲的动物性食品在当地经济发展中所起的作用最大，这反映了该地区庞大的畜禽量。然而在考虑畜禽对经济以及食品供应的重要性时，应将占有畜禽量水平与当地人口数量和生产力状况相联系（表27）。人均肉、奶产量以西南太平洋地区为最多。由于澳大利亚和新西兰两国表现突出，这一地区牛羊肉和牛奶的生产水平也很高。除了这一地区之外，人均奶产量较高的地区是北美、欧洲及高加索等经济发达地区，而在发展中地区，拉美及加勒比地区的人均奶产量较高。在亚洲，水牛奶的奶制品有着重要的地位，其在近中东地区也较重要。另外，近中东地区也拥有最高的人均山羊和绵羊奶产量。骆驼奶产品更是仅仅限于在近中东地区才较为重要。北美是仅次于西南太平洋地区的主要产肉地区，其猪和鸡肉的产量居全球第一。拉丁美洲和加勒比地区也是主要的产肉基地，该地区的人均肉品产量高于欧洲及高加索地区，但是其人均小反刍动物肉产量小于欧洲及高加索地区。北美、欧洲及高加索地区的人均占有蛋产量也居全球第一，接下来是亚洲、拉丁美洲及加勒比地区。

在很多国家，畜禽产品不仅要供给本国人民的生活需要，而且还是主要的出口商品。畜产品贸易正在日益增长，但由于动物健康等问题，也面临一些限制。根据

表27

动物性食品产量（千克／人／年）

动物性食品	非洲	亚洲	欧洲及高加索	拉美及加勒比	中近东	北美	西南太平洋
肉总量	13	28	67	69	21	131	203
牛肉和水牛肉	5	4	15	28	5	38	107
羊肉	2	2	2	1	4	0	42
猪肉	1	16	31	11	0	34	18
禽肉	3	7	17	29	9	58	34
骆驼肉	0	0	0	0	1	0	0
奶总量	23	49	279	114	75	258	974
牛奶	21	27	271	113	45	258	974
水牛奶	0	20	0	0	13	0	0
山羊奶	1	2	3	1	8	0	0
绵羊奶	1	0	5	0	7	0	0
骆驼奶	0	0	0	0	1	0	0
蛋	2	10	13	10	4	17	8

资料来源：FAOSTAT，2004年数据。

图 33
净出口——肉类

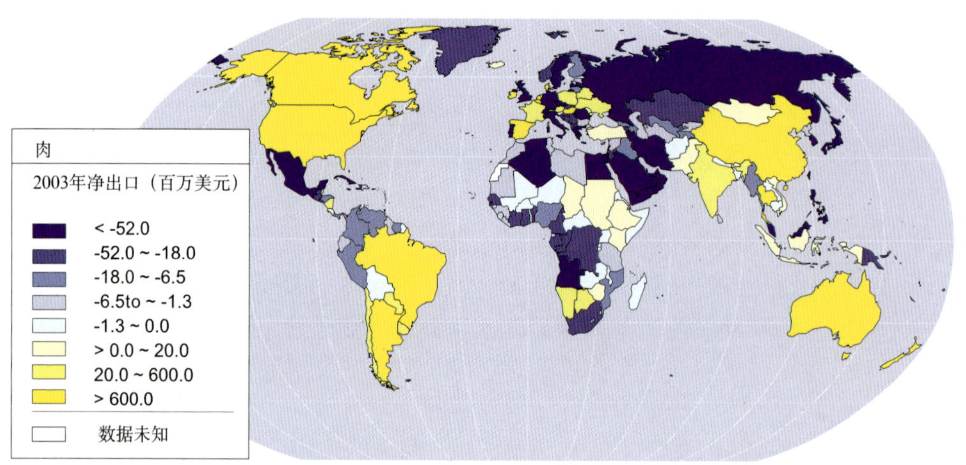

来源：FAOSTAT。

图 34
净出口——牛奶

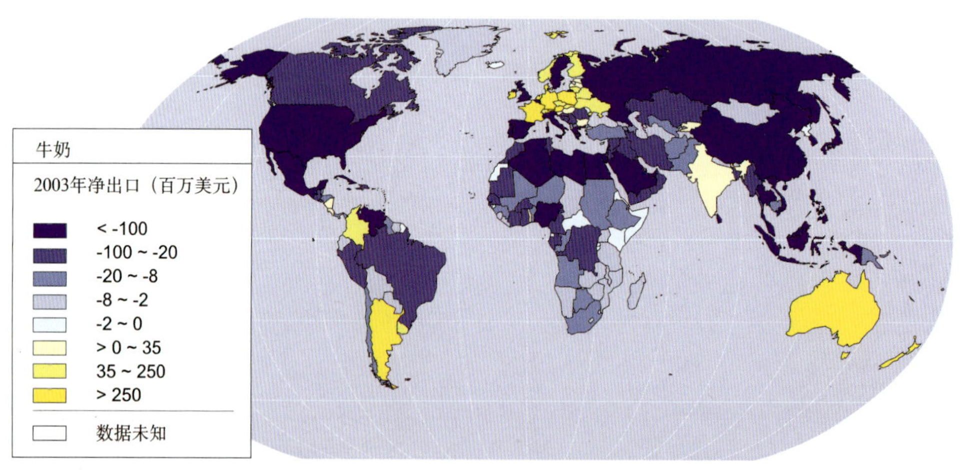

资料来源：FAOSTAT。

图 35
净出口——蛋

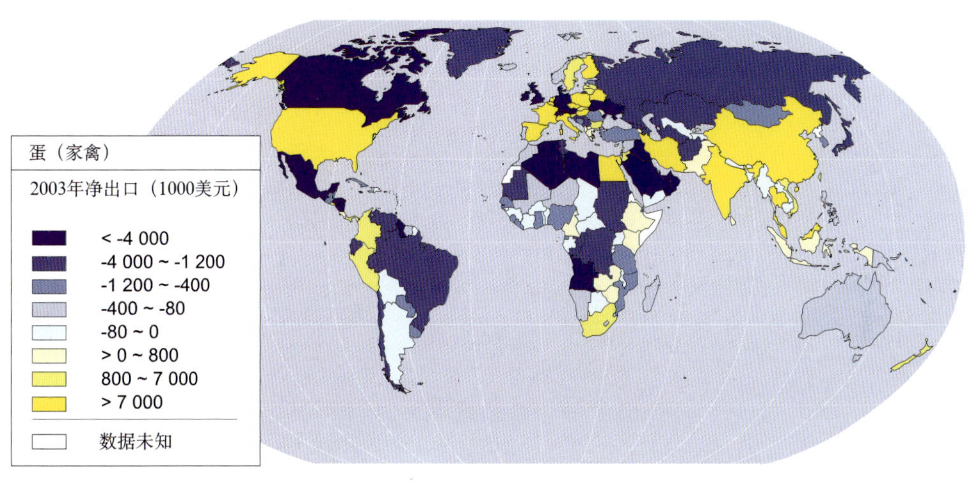

资料来源：FAOSTAT。

对动物性产品的供需状况，可以把全球各国分为净进口国和净出口国两种。图33、34、35分别显示了各国在肉、蛋、奶这三种主要动物性产品的供需情况。巴西、南美的南方国家和北美、澳大利亚、新西兰、一部分非洲国家（尤其是博茨瓦纳和纳米比亚）、中国、印度以及其他几个亚洲国家连同大部分欧洲国家都是畜禽肉制品的净出口国家。在奶制品方面，除了澳大利亚、新西兰和阿根廷等国一直为净出口国以外，现在又有哥伦比亚、印度、吉尔吉斯斯坦等国成为净出口国。蛋的净出口国几乎遍布全球，亚洲主要有中国、印度、伊朗和马来西亚。非洲最大的出口蛋制品的国家是南非共和国，除此之外还有埃塞俄比亚、赞比亚、津巴布韦等。拉丁美洲的哥伦比亚、秘鲁和中东地区的埃及也是新生的蛋净出口国。

5　毛、皮、革等的生产

畜禽动物的毛、皮、革同样是重要的商品。尽管近年来全球绵羊产业的发展趋势开始由羊毛生产转向肉制品生产，但羊毛产业在很多国家依然有着重要的地位。西南太平洋地区是全球最大的羊毛生产基地（表28）。此外绵羊养殖量较大的中国、伊朗、英国也是主要的羊毛出产国，但是在这几个国家里面，绵羊产业主要以肉、奶产品为主、羊毛产业居次。中国的羊毛的需求量一直很大，而且中国是全球最大

表 28

毛、皮、革的产量（1000 万吨／年）

产品	非洲	亚洲	欧洲及高加索	拉美及加勒比	中近东	北美	西南太平洋
生牛皮，鲜	515.5	2576.7	1377.8	1809.0	119.7	1157.7	304.1
山羊板皮，鲜	112.2	727.9	30.6	23.2	64.9	0.01	5.4
绵羊板皮，鲜	0.05	0.03	0.06	0.03	0.01	<0.01	<0.01
生水牛皮，鲜		796.7	0.7		23.3		
羊毛，原毛	137.5	663.7	325.8	151.9	118.6	18.6	726.5
粗山羊毛	0	21.6	2.7	0	0		
细山羊毛[1]	0	56.9	0.3	0	0		
各种动物细毛[2]	5.3	25.0	1.6	3.7	0.1		
马毛					0		0.1

资料来源：FAOSTAT，2004 数据。

注：[1] 细毛由克什米尔绒山羊、安哥拉山羊（马海毛）和类似其他山羊；

[2] 主要来自羊驼、美洲驼、原驼、骆驼和安哥拉兔。

的毛产品进口国家(大部分进口羊毛主要用于绸缎和服装加工出口)。在一些国家里，如莱索托、乌拉圭等，羊毛产业一直处于绵羊养殖业的主导地位。在乌拉圭，羊毛产业是其主要的就业岗位提供产业，它所提供的就业岗位占手工业就业岗位总数的14%。许多绵羊品种的产毛性能都得到了培育提高。西班牙的细毛美利奴羊（Merino）已经遍及全球，而其他国家也有各自的地方细毛羊品种能够生产品质独特的羊毛。例如：印度的 Chokla 和 Pattanwadi 绵羊，其羊毛适于做羊毛地毯的原料，Magra 绵羊的羊毛以富有光泽而闻名，Chanthangi 绵羊更是以其优良的毛质而誉满全球。

山羊毛同样是重要的工业原料。克什米尔和安哥拉山羊都是优良的毛山羊品种。粗羊毛是山羊养殖的一种重要副产品。亚洲是主要出产山羊毛的地区，欧洲及高加索地区也有大量山羊毛制品。由于南美生产的骆驼科动物毛的品质独特，除了国内手工业对这种原料有需求外，近来国际市场对它的需求量大增。安哥拉兔是另外一个重要的产毛家畜品种，中国安哥拉兔毛产量居全球各国之首。骆驼毛是骆驼养殖的一个副产品，但是那些品质较好的毛料，尤其是大夏骆驼的内层绒毛，毛质特别出众，这种绒毛在中国也有相当的产量。牦牛内层绒毛的质量较高，其主要为牧民自用，但也有少量出售。牦牛绒毛已经逐步开始为中国的纺织业所利用（参见 FAO，2003a）。牦牛的外层毛质较粗，但也被开发用来加工各种产品如捻成绳索等。禽类的羽毛也是重要的副产品，主要用来做床上用品和小的手工艺品。

世界各地几乎都出产牛、绵羊、山羊皮，但是仅有局部地区出产水牛皮。亚洲是全球生牛皮、山羊板皮产量最大的地

表 29

畜力使用的趋势

区域	年份	使用不同形式动力耕作的农田面积比重（%）		
		役畜	人工	拖拉机
所有发展中国家	1997/99	30	35	35
	2003	20	25	55
撒哈拉沙漠以南非洲	1997/99	25	65	10
	2003	30	45	25
东/北非	1997/99	20	20	60
	2003	15	10	75
拉美及加勒比	1997/99	25	25	50
	2003	15	15	70
南亚	1997/99	35	30	35
	2003	15	15	70
东亚	1997/99	40	40	20
	2003	25	25	50

资料来源：FAO（2003b）。

注意：在此表中使用的区域划分方式并不与本报告中其他地方使用的区域完全相符。

区，而欧洲及高加索地区是绵羊皮的主产区（表28）。生皮和板皮为本国制革作坊提供了许多原材料，在很多国家它还是重要的出口产品。皮革也是牧民自制衣物、地毯及其他家用物品的原料。一般来讲家畜皮革只是畜牧业的副产品，但是对于卡拉库耳大尾绵羊养殖户来说，羔羊毛皮是这种动物主要的有价值产品。该品种主要分布在亚洲，但世界其他地区也有零星分布，如澳大利亚、博茨瓦纳、美国等。其他毛皮质量较好的动物有中国济宁青山羊，它以其羔羊皮毛独特的颜色和条纹而著名。还有尼日尔的Chevre Rousse de Maradi山羊、乌干达的Mubende山羊、孟加拉的黑孟加拉山羊等。

另外，家畜的角、骨、蹄子等也是有用的副产品，他们少量用于各种装饰品、工具、家居用品以及制胶工业中。并且，在疯牛病发现以前，畜禽的肉和骨粉还是畜禽蛋白性饲料的主要来源。

6 农业投入、运输和燃料

役用型家畜为欠发达地区的农作物生产做出了巨大的贡献。在亚洲，畜力一直都在起着重要的作用。但是因为受当地土壤性质和锥虫病等因素限制，在撒哈拉以南非洲地区役用型的家畜并不多见。尽管如此，在非洲的其他地区，役用型家畜仍起着极其重要的作用。例如在冈比亚，73.4%的农田要靠家畜来耕种（冈比亚国别报告，2003）。在拉丁美洲及加勒比地区以及中东，对于小农户的生计来说，役用型家畜依然有着重要意义。

在世界很多地区，机械化程度的不断提高使对役用型家畜的需求越来越小，这一趋势在亚洲最为明显（表29）。在马来西亚，主要的农业生产都已经实现机械化，役用型家畜的作用已经微乎其微。但是这种现象并不普遍，在某些地区，由于汽油价格昂贵，许多农民仍然趋向于使用家畜来耕种，其使用数量甚至还有增长的势头。表29就显示了撒哈拉以南地区役用型家畜的重要性有逐渐回升的趋势。

役畜在许多农业经营过程中都有使用。例如埃塞俄比亚国别报告（2004）指出，役用型牛、马和驴的用途包括除杂、犁地、打谷子及播种前后平整土地等。对那些拥有役畜的畜主来说，还常常通过出租役畜来获得一定的经济收入。相反，那些没有役用型家畜（或其他机械动力）的农户的土地利用效率往往较低。

除了农田耕作以外，家畜还可用于运送货物。尽管有很过国家使用家畜运送货物和乘客的传统已经逐渐消失，但是在世界上很多基础设施比较薄弱或地形恶劣的地区，家畜仍然被广泛用于运输业。例如埃塞俄比亚有较大数量的马匹，据统计该国约有75%的农场位于距离主干道一千米以上的地方，因此，马匹成为运送农产品到市场上去的必不可少的交通工具。

用作役畜的畜种种类较多。例如前面提到的冈比亚，马是最主要的役用家畜，有大约36%的耕地需要马来耕种，其他物种分别承担的比例为：牛（33%）、驴（30%）、骡子（1%）。与冈比亚相反，坦桑尼亚国别报告（2004）中的统计表明：该国主要有牛和驴两种役用家畜，分别占畜力的70%和30%。有些家畜品种的特性非常适合于役用，例如乍得的Arabe牛，性情温顺，很容易驯化用于耕作。对冈比亚农户的调查结果表明：97%的农户更愿意使用本地的N’Dama牛作为役用，而非其他外来品种。另外有报道显示，在非洲各国，驴子的役用价值受到越来越多的重视。津巴布韦国别报告（2004）中的统计表明：其国内小农户开始趋向于使用家畜来耕作农田，尤其是在该国较干旱的地区，这种趋势更加明显。

水牛也是比较重要的役用畜，尤其在亚洲，它更加擅长于湿地耕作。而在非洲、亚洲和中近东地区的半干旱地区主要靠骆驼进行犁地、抽水和驮运等。牦牛则是高原地区的主要运输工具之一，且高原地区的农民有时甚至还使用绵羊和山羊作为役用。如尼泊尔国别报告（2004）显示有多个绵羊品种被驯化用于运送货物，如高寒羚羊和Sinhal山羊以及Baruwal绵羊，其中后者可以在其背部驮上多达13千克的物品。中国有几个有名的马品种如玉塔、Merak Saktenta和Boeta马擅长在山路崎岖的地方行走。但是据中国国别报告（2003）介绍，由于骡子的大量繁殖已经导致许多优良的马品种资源丢失，同时和外来品种如Haflinger马的过度杂交也同样威胁着纯系土著品种的保护。

在拉丁美洲及加勒比地区同样有很多的马、驴、骡子和牛被用于农田耕作和农产品驮运。这一地区的许多国家也用水牛作为役畜（巴西国别报告，2003；哥斯达黎加国别报告，2004；古巴国别报告，2003）。厄瓜多尔国别报告（2003）和秘鲁国别报告（2004）中报道其高原地区有很多美洲驼用于运输业。委内瑞拉国家报告（2004）则指出，克里奥罗马在高原地区的役用和运输过程中表现出很多优点。秘鲁也发现克里奥罗牛中不同的品种由于生理特性的差异，可以分别用于不同的用途，其中Ancash型更适宜于役用。而委内瑞拉（2004）和巴西（2003）的国别报告则先后报道，马在粗放式肉牛生产系统中的作用也非常重要。

在欧洲及高加索地区的东部，一些小农户依然在使用马耕作。实际上由于近些年土地资源被分割成越来越小的地块进行耕种，越来越多的马被用于役用（罗马尼亚国别报告，2003）。然而拉脱维亚国别报告（2003）显示马正在从役用型逐步向肉用型品种转变。在这样的大环境下，已经没有更多的推动力去保存具有役用型基因特征的品种。阿尔巴尼亚国别报告（2002）指出，由于越来越多的沼泽地资源因人为的改造而消失，当地的水牛品种正在面临着灭绝的危险。马和驴在欧洲及高加索的部分地区仍然被用于役用。例如波黑现在仍然在使用波斯尼亚马在山区运送柴火（波黑国别报告，2003）。

畜禽的粪便可以作为农作物肥源，这是畜禽的另一重要作用。但由于无机肥的大量使用，世界许多地方的粪肥重要性已经下降。目前在部分地区，使农作物提供肥源的用途已经减退。尽管如此，斯里兰卡国别报告（2003）中显示，该国利用家畜粪便作为有机肥的势头现在有所增长，并且还有些畜主开始把有机肥转卖到那些自己没有饲养牲畜的菜农手里。而在非洲的部分地区，由于人口压力和伴随而来的土壤贫瘠等问题的出现，使更加有必要采取相关措施将作物生产和畜牧生产结合起来，其措施之一即是粪肥的大面积使用，尤其是在无机肥料难以购买的情况下更是如此（卢旺达国别报告2004，布隆迪国别报告，2003）。种养业的另外一个结合方式就是，人们可以在收割庄稼后的耕地上放牧，在放养的过程中，畜禽排泄物成为优良的肥源，而收割后剩下的庄稼茬为畜禽提供了食物（喀麦隆国别报告，2003）。在一些市区外围地带，集约化养殖产生大量的动物粪便促进了市场园艺农业的发展（科特迪瓦国别报告，2003；刚果国别报告，2005）。马来西亚国别报告（2003）中提到，可以把水产业与牛、水牛和鸭子的养殖相结合，从而取得更好的经济效益。即使在工业化国家里，例如欧洲及高加索地区的部分国家，粪肥仍然是一种重要的肥料来源（白俄罗斯国别报告，2003；匈牙利国别报告，2003；罗马尼亚国别报告，2003；塞尔尼亚国别报告，2003；斯洛文尼亚国别报告，2003）。粪肥作为一个重要的有机肥源，正越来越受到发达国家的重视。

在世界的发展中区域，干粪还经常被用来作为燃料使用，对于那些薪材比较缺乏的地区更是如此（埃塞俄比亚国别报告，2004）。另外，还可以用动物粪便作原料制沼气（巴贝多国别报告，2005；牙买加国别报告，2005）。这些排泄物的其他用途包括：燃烧后用来驱赶昆虫（苏丹国别报告，2005），以及用作建筑材料（埃塞俄比亚国别报告，2004）等。

7 其他用途和价值

现在还很难全面定量研究畜禽养殖作

为农业投入方面的意义大小。当然也更加难确定畜禽动物在作为农户的资产、生活保障，以及社会文化功能和环境服务等方面的价值。因此下面从国别报告中摘取部分实例来说明畜禽在这方面的价值。

7.1　资本储蓄和风险应对

尽管畜禽能为畜主提供多种消费或出售产品，但是对于很多畜主来说畜禽养殖在资本储蓄、生活保障和应对危机方面的作用也非常重要。在欠发达地区，尤其是对于那里的穷人们来说，国家和社会还不能给他们提供良好的社会保障体系。相反，在北美、欧洲及高加索西部等发达地区，畜禽的这一功能已基本消失了。

在许多国别报告中都有提到畜禽在资本储蓄和生活保障方面的作用。雇佣劳动和农作物生产是农民的两种主要经济收入来源，但这部分收入常常受各种因素影响而不稳定，如农户身体欠佳无法劳作或无法找到雇主以及自然灾害如干旱、洪水、病虫害等问题造成农作物产量下降等，畜禽养殖则提供了另外一种经济收入来源，使农户能够应对上述经济收入上的变动。对于很多小农户和牧民来说，其生产主要是用来满足最基本的生活需求。但是，日常生活有时会需要现金开支，而出售畜禽往往是满足诸如柴米油盐、婚丧嫁娶、修房造屋以及各种社会文化风俗所需开销的一个重要手段（马达加斯加国别报告，2003；莫桑比克国别报告，2004；尼日尔国别报告，2003；塞内加尔国别报告，2003；多哥国别报告，2003）。地方品种作为资本储蓄的这一功用得到了较好的应用，因为这些品种能更好地适应当地气候环境，从而能减少因疾病和饲料缺乏等原因造成的动物死亡，降低损失。

从另外一个角度来讲，养殖业也可以看作是积累财富的一种途径。马里国别报告（2002）中指出，扩大畜群规模所用的资金通常来源于种植业富裕出来的部分资金。而且畜禽养殖作为储蓄或抵抗经济风险的方法也并不限于农民或农村人口。刚果国别报告（2003）提到，许多商人以及许多在私营企业和国家单位工作的人更趋向于把他们的钱以牲畜的形式储存，并雇用其他人或者请亲属来代他们放养。

7.2　社会文化功能

家畜动物，除了其重要经济意义外，很多国别报告中还提到了它们的社会文化功能。而这方面产生的驱动力对于畜禽遗传资源的利用也很重要，并且许多社会部落与其养殖的地方品种之间存在着密切的联系，因此家畜的社会文化功能积极促进了世界各地的畜禽遗传资源的培育和保存。在部分地区，畜禽的屠宰或出售更受社会风俗或者信仰等因素的影响，而不是纯粹为了商业目的。例如，在西南太平洋地区很多国别报告中都提到猪作为庆典以及过节时的消耗品是非常重要的（帕劳国别报告，2003，西萨摩亚国别报告，2003年，汤加国别报告，2005年；图瓦卢国别报告，2004）。库克岛国别报告（2005）中指出，在该国因为社会风俗、文化习惯以

插文12

各国的语言中“牛”与“财”的联系

畜禽作为一种财富象征的重要意义还在于在很多种不相关的语言中，“牛”、“财富”、“金钱”或“储蓄”等词语在词源上都有一定的联系。

在日语中“存款”这个词语是由两部分组成，其中一部分表示“存储”的意思，而另一部分词义则经常被用于代表家畜。中文的“储蓄”也有相同的联系。

印尼爪哇语中有一个单词意思是“富裕的国王”，但它同时还有牛和财富的含义。

Ente在Lunyomkole（乌干达的一种土著语）语中有“牛”的意思，而“sente”在该语种中的意思是“金钱”。

希伯来语中的mikne表示“牛”、“羊”、“骆驼”等意思，而其词根“kne”或“kana”表示“购买”的意思。

波兰语中的“byoto”表示“牛”的单词是由来自Slav语表示“生存、地位、房屋、财产”等概念的词根组成。此基本含义仍然在捷克和斯洛伐克语中存在，但在波兰语中已基本消失。

威尔士语中，da表示“物品”或“财富”以及“好”，同时da byw可用于表示“牛”或“家畜”。威尔士语中，cyfalaf表示“资本”，而与其相关的词alaf则表示“牛群”的意思。

荷兰语中的vee和德语中的vieh都有“家畜”的意思并且与英语中的fee相关，因为这些词汇同样来自于老Saksish语的fehu，其同时表示了“家畜”和“富裕”的意思。老Frisian中的fia，Gothic中的faihu，挪威语中的fe和瑞典语中的fä都与其相关。

英语中的capital（“资本”）也与拉丁文中的caput（头数、牲口数量）有关，而chattel（“财产”）也是从同样的词根延伸而来的。

在西班牙中，ganado表示了“家畜”且与代表“挣，赢，获利”的ganar相关。

在拉丁语中pecunia（“财富”和“金钱”之意）与西班牙语的pecu（“牲口”）和pecuaria（“畜牧业”）有关。

及传统信仰等原因屠宰的畜禽的数量比用于商业屠宰的畜禽还要多。

畜禽在各个国家宗教、文化中的作用是不同的，这里仅仅列举几个国家报告中提到的案例。例如几内亚比绍国别报告(2002)的报告指出，该国的一个风俗就是在婚丧嫁娶等重大节日时用山羊等小型反刍动物来招待客人。与此相似，布隆迪的风俗是要用绵羊来祭奠双胞胎的降生。在尼日利亚，人们通常用Muturu牛和公羊来庆祝酋长、首领等的任职仪式，而在该国的北部地区，当地的人们一般要用骆驼驮着鼓以及其他象征着王权的标志来庆祝Sallah节（尼日利亚国别报告，2004）。具有某种颜色或其他特征的牲畜往往具有特别的文化功能。例如在乍得，纯白色或纯黑色的鸡被用于宗教仪式(乍得国别报告，2004)，而在津巴布韦，黑色的Mashona牛，红色和白色的Nguni牛是庆典仪式上使用的牲畜（津巴布韦国别报告，2004）。

孟加拉国在庆祝开斋节时则要屠宰大量的牛和山羊。而斯里兰卡有一个风俗，为了让亲人的病早日痊愈，会屠宰牛和水牛以示报恩。在不丹，每年生下的第一头牦牛牛犊会被宰杀，而牦牛头骨上往往会刻上具有宗教意义的字样；有时为了请求地方神的恩赐，不丹的牧民也会将一头牦牛释放到野外去。在印尼的部分地区的传统中，修房子开工前会宰杀一头水牛，且特殊的品种，如Kalang或花水牛在传统的仪式中有特殊的作用。而在印度，宗教机构如Gaushalas等正在参与地方畜禽品种的保护工作（印度国别报告，2005）。

在秘鲁的农村地区，牛、马和驴都曾经被用在祭祀、庆典和节日等庆典中（秘鲁国别报告，2004）。瓦努阿图国别报告（2004）中指出，该国的部分地区喜欢养雌雄同体的猪，这个风俗在某些地区曾经很流行，直到今天还有一小部分地区保留着这样的风俗。

畜禽的副产品在当地人们的风俗文化生活中同样也扮演着重要的角色。山羊、绵羊和牛的皮毛、角以及禽类的羽毛等在一些宗教和节日庆典等活动中都有着各自不同的用途，也被人们当作礼品相互赠送（多哥国别报告，2003）。在喀麦隆，人们利用几内亚禽类的羽毛制作出很多艺术品和祭祀品以及节日庆典时用的东西（喀麦隆国别报告，2003）。

在许多国家中，人们还通过相互交换或赠送畜禽来增进彼此的感情。刚果国别报告（2003）中介绍，用畜禽作为将要结婚的青年男女双方互赠的聘礼是当地的一种风俗，同时赠送、交换和继承畜禽也是一个大家庭甚至一个宗族维系其成员之间相互依赖和支持等亲密关系的一种方式，从中还能看出一个家庭的经济能力和所处的社会地位。喀麦隆国别报告（2003）中指出，其国内的几种家禽品种是其社会纽带维持的重要作用因素，且文化功能是其品种选育的重要的考虑因素。乌干达国别报告（2004）中提到，Ankole牛和瘤牛在当地居民婚礼中起重要作用。在马来西亚的部分地区，人们会直接用水牛作嫁妆（马来西亚国别报告，2003）。同时，菲律宾也有这样的风俗（菲律宾国别报告，2003）。

人们在防治疾病的过程中也经常用到畜禽动物以及相关产品。在乌干达，部分人相信用羊奶可以治疗麻疹（乌干达国别报告，2003）。在津巴布韦，一些社会部落用驴奶来喂养婴儿，因为他们相信这样可以使他们生长得更健康（津巴布韦国别报告，2004）。这些传统仪式和疾病治疗方法也在一定程度上影响着畜种的选育及其遗传资源多样性。例如，莫桑比克国别报告（2004）中指出，地方传统行医者经常使用一种有卷毛的鸡来治疗疾病，所以在当地这种鸡比一般品种的鸡要贵很多。

在乌干达，黑山羊和白山羊因为传统行医者的原因价格尤其要高（乌干达国别报告，2004）。在秘鲁，豚鼠尤其黑色豚鼠，经常在传统医治方式中使用（秘鲁国别报告，2004）。韩国国别报告（2004）中报道，当地山羊和Yeonsan Ogol鸡与其他许多畜种如鹿等一起经常提供相关产品供传统医治方法使用。在越南（Ac和Tre鸡）和中国（丝羽鸡）一些特殊品种的小鸡也常常被用作药材（中国国别报告，2003；越南国别报告，2005）。斯里兰卡国别报告（2003）中提到，一些动物产品如酥油、凝乳、乳清甚至粪便和尿液也在传统医疗中有使用。

在一些发达地区，畜禽在社会文化活动中也有着重要的地位。日本的很多传统宗教活动都离不开它们（日本国别报告，2005），但是有所不同的是，在日本人们并不是趋向于使用当地土著品种，而是使用外来品种。在拉脱维亚，复活节中需要白色的蛋来举行染彩蛋活动，烤鹅和烤鸡分别是圣马丁节和圣诞节必吃的传统食品（拉脱维亚国别报告，2003）。在罗马尼亚，很多乡下人喜欢把猪养到很肥留到圣诞节时食用（罗马尼亚国别报告，2003）。

然而，在更多的情况下，乡间风俗和传统手艺都已经失去了其原有的在日常生活中的作用，而仅仅被当作“遗传”下来的产品用来吸引游客。在很多农村地区常常急需增加创收的门路以满足当地居民经济发展的需要，传统畜禽品种的这种吸引观光者的潜能开始被广泛关注。一方面，有一些农场和田园博物馆里可以保存这些稀有或传统的品种，而另一方面它们可被视为某一个人文景观的一部分，并吸引大量的旅客到那里参观旅游。日本国别报告（2005）指出位于Maesawa的牛历史博物馆使得人们更清晰地认识到畜禽养殖业的发展历史。

塞尔维亚和黑山 国别报告（2002）中提到，在一些温泉疗养院和修道院附近重新引入当地的畜禽品种，这可以使旅客更能感受到异域风情的美妙，从而也能吸引更多的旅客。这些措施不仅仅在工业化国家中有所使用，尼泊尔国家报告（2004）中也提到了生态旅游和农家游的发展潜力，而中国国别报告（2003）提到了马在旅游业中的特殊作用。同样，在南美，人们也利用骆驼科动物来招徕游客（秘鲁国别报告，2004）。

在众多国家里，畜禽动物所蕴含的文化意义不仅仅在限于通过旅游业等来赚取经济利益，它们还被视为该国的“文化遗产”的一部分。例如在韩国，人们把Jeju马和Yeonsan Ogol鸡（一种皮肤、爪、喙以及内脏都是黑色的鸡）定为本国的国家代表物之一（韩国国别报告，2004）。在日本也有几种鸡、Mishima牛和Misaki马一起被列为国宝，并采取了相应的保护措施（日本国别报告，2003）。同样的情况在欧洲及高加索地区也存在。例如匈牙利国别报告（2003）中写道：畜禽遗传资源的保护是与那些继承祖国传统文化的各个方面紧密相连的，如建筑文化、服饰、民谣、烹饪等。

世界各地都用畜禽来进行各种体育和娱乐活动。例如中近东地区，马的文化价值很高，当地居民非常热衷于养马和赛马活动（伊朗国别报告，2004；约旦国别报告，2003；吉尔吉斯斯坦国别报告，2004）。同时在许多节日、展览、马戏团表演等活动中，马也扮演着重要角色（伊朗国别报告，2004；突尼斯国别报告，2003）。欧洲及高加索地区也有利用马来参与体育运动等社会活动的传统。例如爱尔兰（爱尔兰国别报告，2003）具有赛马、马术和马友会等活动，而欧洲其他一些地方热衷于马车比赛（挪威国别报告，2003；斯洛文尼亚，2003）。在一些地方，体育竞技被作为使受保护动物得到持续利用的一种措施。例如，韩国国别报告（2004）就报道，该国为了保护Jeju马专门为该品种马修了一个赛马道。

许多其他的畜禽品种也被用于体育和娱乐活动。例如在印尼的马杜赖岛，人们会组织用当地的牛赛跑，甚至用来表演舞蹈（印尼国别报告，2003）。菲律宾国别报告（2003）和马来西亚国别报告（2003）中还提到用水牛进行赛跑的民俗。斯里兰卡国别报告（2003）也有用牛进行赛跑的相关报道，而且当地群众认为地方品种的赛跑能力特别优越。鸭子是另外一个经常被用来进行赛跑比赛的禽类（印尼国别报告，2003）。不丹的牦牛舞在当地的风俗文化中也极其重要（不丹国别报告，2002）。Ho和Choi两种斗鸡则经常被越南人用于宗教节日的娱乐活动（越南国别报告，2005）。印尼国别报告（2003）也提及了当地有斗鸡和斗羊（尤其是Garut羊）的风俗。另外，斗牛在其他很多国家也很流行（秘鲁国别报告，2004）。

对于欧洲及高加索地区等发达地区来说，畜禽饲养被视为一种休闲活动。据丹麦国别报告（2003年）报道，“肉牛、马、绵羊、山羊、兔子、鸭子、鹅、火鸡、鸵鸟和马鹿的饲养者主要是业余爱好者”。由于这些畜主的目的主要不在于商业利益，因此他们对经济效益较低的家畜品种的保护起到了很大作用。英国对于马和矮马的品种保护工作就是主要依靠这些动物爱好者的个人行为来完成的（英国国别报告，2002）。对于那些形体比较小的品种，例如兔子和禽类来说，更加受到动物爱好者们的宠爱。如土耳其国别报告（2004）中提到该国的Denizli和Gerze鸡非常受动物爱好者的喜爱。在世界的其他地方，如斯里兰卡，饲养鸭子、火鸡和几内亚鸡这几种禽类的人主要是为了娱乐，而在巴基斯坦国别报告（2003）中提到，孔雀和鹌鹑等常被人们当作宠物饲养。

而在一些地区，长期传承下来的对某一种品种的偏爱会在很大程度上影响传统小农的养殖行为。例如，由于罗马尼亚农民比较偏好于Tsurcana、Blackhead Ruda和Corkscrew Walachian等几个绵羊品种，这几个品种的遗传资源保护工作进展良好（罗马尼亚国别报告，2003）。

人们的饮食习惯也对品种资源的保护有一定影响。这方面的例子有：也门人比较喜欢达马利绵羊的肉、Taez红山羊的奶制成的奶酪等（也门国别报告，2002）。而马来西亚人认为Kampong鸡的肉要比集约化饲养品种的鸡肉鲜美（马来西亚国别报告，2003）。菲律宾国别报告（2003）中提到，当地人喜爱用地方品种的猪肉作原料烤肉，因此这种猪肉的价格也就相对比较高。来自欧洲及高加索地区的例子包括，阿尔巴尼亚人比较喜爱采用传统方式将当地土著品种Dukati绵羊和山羊的肉和奶进行加工制成肉和奶制品；由于塞浦路斯人比较喜爱halloumi乳酪，因此在该国的丘陵地带的土著品种和杂交品种的数量有所回升；同样由于当地居民比较喜欢红椒香肠和火腿等传统菜肴，Black Slavonian和Turopolje两个濒危猪被杂交，用来生产高品质的肉用于香肠和火腿制作（阿尔巴尼亚国别报告，2002；克罗爱西亚国别报告，2003；塞浦路斯国别报告，2003）。

富裕人们追求的高食品质量和食品花样也促使了一些利基市场产品的形成。旅客们对特色食品的需求也是畜禽资源的保护的一个促进因素，而且土著品种在这些方面的优点正在被人们逐步认识，这一点在欧洲及高加索地区显得尤为明显。然而在很多国家，这些优良的地方品种还是面临着种群数量逐步缩减的威胁。尼泊尔的Bampudke猪以其鲜美的肉质而著名，但是现在这种猪正面临着灭绝的危险（尼泊尔国别报告，2004）。同样在尼泊尔，牦牛乳酪很受欢迎，但是该国牦牛的数量仍在减少。

7.3　生态环境服务

畜禽养殖业在生态环境和景观管理方面也起到了良好的促进作用。在相对较发达的欧洲及高加索地区，畜禽的这方面功能尤其显著。牧养的牛、羊、马和一些小型的反刍动物对于当地草原、灌丛草地和沼泽草地的维持和再生有重要作用。塞尔维亚国别报告（2003）称在那些被人们遗弃了高原地带的草地生物多样性受到了威胁。斯洛文尼亚国别报告（2003）则指出小型的反刍动物对于清除那些生长过度的灌木丛很有效果，这些灌木丛在过度生长后很容易引起火灾。在克罗地亚，驴子则很好地起到了上面所述的防火和景观管理功能（克罗地亚国别报告，2003）。英国国别报告（中）也提到其New Forest pony马在清理灌木方面的作用。

无论在世界的哪个地方，当草地植被比较贫瘠或者生长不太稳定时，游牧生产系统则是一个效率高、可持续的生产方式（马里国别报告，2002年）。科特迪瓦国别报告中指出，在农业生产中，家畜的作用之一是减少了农民对除草剂的需求，更为重要的是由于粪肥的使用，土壤中良性微生物体系的繁殖生存状态良好，增加了土壤肥力（同上）。在以农林间作的农区里，尤其是在亚洲，畜禽同样可以帮助农户消灭林间的杂草，牛还可以用来帮助人们收获椰子。马里西亚的Kedah-Kelantin牛就以擅长在林间工作而著称。尽管这个品种的生长很慢，但是适应当地恶劣的气候条件。而且现在对该品种的市场需求远远大于市场供给，只有从澳大利亚进口婆罗门牛等外来品种来补充其供给的不足（马来西亚国别报告，2003）。

从保护那些濒危以及商业价值较小的品种的角度来讲，这些品种在生态环境管理方面所起的良性作用有效地促进了它们的品种保护工作。一方面，保护环境的需求可以与传统畜禽等田园文化与历史元素的保护相结合；另一方面，土著品种都是经过长期进化而来的品种，也更适应当地环境和牧场的粗糙植被。例如德国的绵羊品种Heidschnucken、Skudden和Bergschaf以及牛品种Hinterwälder和Rotvieh Zuchtrichtung Höhenvieh都属于上面所述的品种（德国国别报告，2004）。然而并不是所有时候地方品种都能同时实现上面所提到的两个方面的目的。最有利于生态环境管理的品种并不一定是土著品种。例如在荷兰用于景观管理的畜禽品种一般是Heck或苏格兰高原牛，以及冰岛或Konik矮马，而不是本地的土著品种（荷兰国别报告，2004）。

消费者对畜禽饲养环境的关注，是畜牧生产系统不断变化的主要动力。在瑞士政府的督促下，有机畜产品已经得到强有力的发展，而且其他国家也正在认识到低外部投入养殖的重要性。有机畜牧业的发展将会促进人们更加青睐环境适应性较强的地方品种，尤其是猪和禽改为舍外饲养后，地方品种将更加占优势。

畜禽的另一个特点是他们能够将废弃物（农工业副产品、剩饭剩菜等）变成有用的产品。在这一特点的作用下，这些废弃物将不再需要费钱或破坏环境的废弃物处理方法（如燃烧或填埋），而服务于动物产品（奶、肉等）的生产。畜禽作为废弃物转换器的这一功能可以在每家每户进行，对邻里间的厨房垃圾和农作物残渣等加以处理利用，如，小型养猪户可以从市场或其他经营点收集剩菜，或者进行大规模的、有组织地利用食品加工工业中的副产品。畜禽的这种可以利用一系列的“双重身份”来源饲料的潜能在许多国别报告中都有提及（老挝国别报告，2005；马来西亚国别报告，2003；毛里求斯国别报告，2004）。这些饲料的性质各异，需要度量其在畜禽群体中有效利用的各种差异。毛里求斯国别报告（2004）指出，地方动物遗传资源与外来品种相比，能够更好地利用本国的副产品。

当副产品具有双重用途（如生物燃料）时，将这些产品用作动物饲料当然会遇到障碍。比如，超出生存所需水平之外，废弃物的循环使用被各种卫生要求所限制。除此之外，还存在一些其他问题，如运送大体积原料困难，加工花费以及某些供应的季节性等（马来西亚国别报告，2003）。虽然如此，在提高了加工方法、对这些饲料的营养价值有了更好的了解后，畜禽对这些在其他生产过程中产生的副产品的利用将更加有效。

8　家畜在穷人生计中的作用

正如前面所描述的那样，畜禽的用途和功能很多，能够以众多方式提高畜主的生活水平。在这些服务和功能获取方面，富人们通常具有穷人们利用不了的其他途径（如金融服务、方便的机动交通工具等），而这些工具或服务是穷人买不起或利用不了的。因此，作为具有多种功能的资产，畜

插文 13

匈牙利灰牛用途的变革历史

对于匈牙利灰牛的起源问题一直没有确定的说法，可能来自于亚洲或者地中海地区，而且基因组中还包括一些欧洲野牛的基因成分。该品种由住居在喀尔巴阡山脉盆地的匈牙利族饲养者培育。14—17 世纪该牛被大量出口到千公里外的纽伦堡、斯特拉斯堡和威尼斯。人们对高质量匈牙利牛肉的需求还促使了确保其品质达到一定水平的“商标”的出现，于是那些角长、体形匀称和肉质好的牛的身价当时很高。

进入 18 世纪后，匈牙利灰牛进入了一个新的发展阶段。由于城镇人口的扩张，人们对食品的需求越来越多，但这时主要需求还只是谷物之类的农作物，因此这使得粗放式养殖业有所消减。这期间匈牙利灰牛主要用于役用，而捷克的糖加工厂特别喜欢这种牛，因为它比较敏捷、好饲养，并且寿命比较长。一战后，由于拖拉机的普遍使用，种植业逐渐淘汰了这种牛。

1931年成立了匈牙利国家灰牛养殖协会，开始系统地对该种牛进行研究。但是二战的爆发使得保护工作中断，并且很多种群在二战中消失殆尽。二战期间，由于这种牛产奶量不高，数量更是锐减，这时政府鼓励用该种牛和苏联科斯特罗马牛杂交改良。到了 20 世纪 60 年代，仅仅有 3 个国营农场中还有这种牛，其中公牛 6 头，母牛 160 头。万幸的是，这时政府已经大力提倡对畜禽遗传资源的保护工作，因此由该国国营农场管理署批准建立了两个新的匈牙利灰牛种群实施保护。得益于国民在畜禽品种上体现出的强烈民族意识以及政府的小量但不间断的补助，匈牙利灰牛的数量开始逐步回升。到 2002 年母牛群的数量已经达到 4263 头。

现在，这种牛的主要作用是为了环境保护的目的在国家公园内放牧、业余养殖以及在旅游景点招徕游人。至于其肉用价值，现在匈牙利灰牛养殖协会正在致力于开发高质量的以匈牙利灰牛肉为原料的菜肴和食品，如特色香肠。

禽在穷人的谋生策略的许多方面有重要作用。而且畜禽往往能使穷人利用难以充分利用的资源，如农作物秸秆、食物残渣以及公共放牧地等。处于贫困状态的畜禽饲养者的具体数字现在很难确定（人们对“贫困”和“畜主”定义的理解也各不相同）。最新的数字估计是在 5 亿～6 亿之间 (Thornton 等，2002；IFAD，2004)。

畜禽产的奶、蛋和肉之类的高营养食品为养殖户提供了营养丰富（维生素、微量元素等）的食品。役用畜禽还有畜禽的排泄物都是种植业不可或缺的要素，否则农户就需要很大花费寻找其替代品。前面提到的畜禽为农户提供的生活保障等功能对小农户来说也是非常重要的。当种植业受到不可抗拒的自然灾害侵害而导致收入的大幅波动时，平时饲养的畜禽就能起到“零存”的功能。对于那些已经解决了温饱问题的农户来说，扩大养殖规模并专门用于供应市场出售而进行的畜禽养殖是提高收入并改善生活质量的一个重要途径，而且可以利用饲养畜禽积攒下来的积蓄从事其他经营。这三个生计策略可用三个术语来表达："维持基本生活"（"hanging in"）、"改善生活"（"stepping up"）和"脱贫致富"（"stepping out"）（参见表30）（Dorward等，2004）。

养殖畜禽，除了可以给贫困人口提供他们赖以生存的物质产品之外，畜禽还有重要的社会功能。拥有畜禽可能是参加社区的社会文化活动的一个"准入"条件，并且以赠礼或借贷的方式交换牲口有助于加强社会连络，以备不时之需（FAO，2002；IFAD 2004；Riethmuller，2003）。

很多国别报告中都提到了畜禽在扶贫中的作用，某些家畜类型与贫困人口的关系尤其密切。例如博茨瓦纳国别报告（2003）中指出山羊在该国不同收入阶层之间的分布较牛更平衡。在另外一些国家，牛和水牛对穷人非常重要，孟加拉有62.5%的大型畜禽都由小农和没有土地的老百姓饲养（孟加拉国国别报告，2004）。很多国别报告中提到地方品种畜禽饲养在改变贫困畜主生活状况方面的潜力。例如老挝（2005）和印尼（2003）国别报告中提到了土著禽类品种的饲养对贫困人口的重要性并提议加强支持和研究。埃塞俄比亚国别报告（2003）引用了一项研究报告提到，放养条件下寻找食物能力较强的Fayoumi鸡在扶贫中的潜力很大。加纳国别报告（2003）也报告了放养鸡的类似情况。

与此相反，有些国家则描述了有计划的杂交育种在扶贫中的积极作用。孟加拉国国别报告（2004）中赞扬了由民间组织和家畜服务部门提供资助的禽类养殖项目，它们为很多农村妇女和青少年提供了经济来源。项目中的外地品种和杂交后代是通过补饲、良好管理和健康护理等方式来养殖的。坦桑尼亚国别报告（2004）也指出，引进的山羊品种为当地低收入群体提供了大量的饮用奶。

表30

不同生计策略中畜禽的作用

生计策略	畜禽的基本角色
"维持基本生活"	生存辅助产品（辅助耕作） 经济收入缓冲剂（避免收入起伏不定）
"改善生活"	资产积累辅助产品（耕作资产投入） 市场产品/收入
"脱贫致富"	资产积累

资料来源：Dorward等（2004）。

除了改善了养殖户的经济条件之外，畜禽还给养殖户提供了很多营养价值很高的动物性食品，这些食品对于孕妇、儿童和哺乳期妇女来说尤其重要（斯里兰卡国别报告，2003）。在乌干达，穷人的孩子生病时经常会给他们喂Kigezi山羊的奶（乌干达，2004）。

据统计，女性约占世界贫穷人口的70%（UNDP，1995），因此改善妇女的生产生活策略对于整个人类的脱贫工作很重要。很多国别报告中都发现了与女性特别相关的畜禽类型、产品或生产活动，并提到妇女在社会分工、资源利用或决策中的特殊作用。女性往往与某些特殊畜禽类型有着更加紧密地联系，例如禽类、山羊和绵羊（博茨瓦纳国别报告，2003；中非国别报告，2003；科摩罗国别报告，2005；几内亚国别报告，2003；加纳国别报告，2003；肯亚国别报告，2004；尼日利亚国别报告，2004；坦桑尼亚国别报告，2004）。莫桑比克国别报告（2004）指出，女性一般承担着禽类和猪的饲养，而男性承担着牛和小型反刍动物的饲养。马里国别报告（2002）中还指出牛犊往往由女性来照看照顾。针对不同的品种，尼日尔国别报告（2003）中提到，Chèvre Rousse山羊大部分由女性养殖。在另外一些国家中，畜禽的奶制品更多是由女性来加工或出售的（几内亚国别报告，2003；加纳国别报告，2003；马里国别报告，2002；尼日利亚国别报告，2004）。毛里塔尼亚国别报告（2005）中提到，出卖畜禽的皮革是其社会最底层妇女的一个主要的经济来源。但是这种由于性别差异而产生的社会分工有时会发生变化。在莱索托，猪一直由女性负责饲养，但是随着人们对猪肉需求量的增加，现在男性也开始从事养猪业了。

尽管女性为养殖业做出了不少的贡献，但是正如尼日尔国别报告(2003)指出一样，科技培训和技术推广活动的目标人群往往是男性。能够促进女性在养殖业中的作用的政策包括：设计更加节省体力的畜产品加工设备（尼日利亚国别报告，2004）、培训、组织以及提供信贷（几内亚国别报告，2003；马里国别报告，2002）。文化水平相对较低仍然是妨碍女性进一步参与养殖业的主要障碍之一（几内亚国别报告，2003）。

9 结论

各国的国别报告中的信息表明，畜禽遗传资源的作用众多，在发展中国家的小农生产系统中尤其如此。对于许多农民来说，畜禽提供了农业生产需要的各种投入，而且在现代金融服务缺乏的情况下，其生活保障和资产功能特别重要。在城市化程度较高的社会里，畜禽的功能较少，主要集中在食品、纤维和皮革等产品的市场化生产上。然而，某些文化功能依然重要，例如体育运动（尤其是马）以及过节用的特殊食品。畜禽品种，尤其是土著品种，也开始展现出许多新的功能，例如在文化遗产、旅游业以及在环境服务等方面的作用。然而，关于不同品种的具体角色和作用，以及不同品种的特征如何使他们能够适应不同的功能或生产条件等方面，目前还缺乏许多信息。因此需要收集并通过现有的信息系统将更多更全面的信息进行共享。

畜禽的多功能以及不同功能的相互交叉意味着畜禽资源中需要高度的多样化，即需要专业化品种也需要具有多用途的品种。然而畜禽品种遗传资源管理工作中的决策往往忽略了畜禽多用途这一因素，尤其是那些难以量化的非市场化产品和服务。这种情况下，具有多种用途的土著品种的价值很有可能被低估了，从而仅仅展现了畜禽资源对人类生活水平提高所做出的贡献。

参考文献

Arya, H.P.S., Yadav, M.P. & Tiwari, R. 2002. Livestock technologies for small farm systems. *In* P.S. Birthal & P.P. Rao eds. *Technology options for sustainable livestock production in India.* Proceedings of the Workshop on Documentation, Adoption, and Impact of Livestock Technologies in India, 18–19 Jan 2001, ICRISAT-Patancheru, India, pp. 8–89. New Delhi/ Patancheru, India. National Centre for Agricultural Economics and Policy Research/ International Crops Research Institute for the Semi-Arid Tropics.

Bodó, I. 2005. *From a bottle neck up to the commercial option.* Paper presented at the 4th World Italian Beef Cattle Congress, Gubbio, Italy, 29 April 29 – 1 May 1, 2005. (available at www.anabic.it/congresso2005/ atti/lavori/023%20def_Bod%C3%B2_st.pdf).

CR (Country name). Year. *Country report on the state of animal genetic resources.* (available in DAD-IS library at www.fao.org/dad-is/).

Dorward, A.R., Anderson, S., Paz, R., Pattison, J., Sanchez Vera, E., Nava, Y. & Rushton, J. 2004. *A guide to indicators and methods for assessing the contribution of livestock keeping to the livelihoods of the poor.* London. DFID. (also available at www. ilri.cgiar.org/html/Guide16Dec.pdf).

FAO. 2002. *Improved animal health and poverty reduction for rural livelihoods.* Animal Production and Health Paper, No. 153. Rome.

FAO. 2003a. *The yak.* Second edition revised and enlarged by G. Wiener, H. Jianlin, & L. Ruijun. Bangkok. FAO Regional Office for Asia and the Pacific.

FAO. 2003b. *World agriculture towards 2015/2030. An FAO perspective.* Edited by J. Bruinsma. London. Earthscan.

FAOSTAT. (available at http://faostat.fao.org/).

Hungarian Grey Workshop. 2000. *The origins of the Hungarian Grey cattle.* Proceedings of a workshop held in Bugacpuszta, Hungary, 23–24 November 2000.

IFAD. 2004. *Livestock services and the poor. A global initiative. Collecting, coordinating and sharing information.* Rome. International Fund for Agricultural Development.

Riethmuller, P. 2003. The social impact of livestock: a developing country perspective. *Animal Science Journal,* 74(4): 245–253.

Sarkar, A.B. 2001. Strategies for development of animal husbandry in Assam. *In* B.C. Barah, ed. *Prioritisation of strategies for agricultural development in Northeastern India.* Proceedings 9, pp. 29–33. New Delhi. National Center for Agricultural Economics and Policy Research (ICAR).

Schiere, J.B. 1995. *Cattle, straw and system control.* Amsterdam. Koninklijk Institute voor de Tropen.

Thornton, P.K., Kruska, R.L., Henninger, N., Kristjanson, P.M., Reid, R.S., Atieno, F., Odero, A.N. & Ndegwa, T. 2002. *Mapping poverty and livestock in the developing world.* Nairobi. International Livestock Research Institute. (also available at www.ilri.cgiar.org/InfoServ/Webpub/fulldocs/ mappingPLDW/index.htm).

UNDP. 1995. *The human development report 1995: gender and human development.* New York, USA. United Nations Development Programme.

第五章 动物遗传资源与疾病防治

1 引言

疫病给世界各地的畜牧业带来了负面的影响。养殖户以及其他从事畜禽健康工作的人员通过利用化学药物治疗、疫苗接种、控制病原菌传播和改善管理等措施来减小疫病危害。但是这些措施的持续性还存在一定的局限性。主要表现在使用化学药物治疗时，会给环境和畜产品安全带来影响；经济条件差的养殖户难以支付高昂的治疗费用；以及随着药物应用产生的耐药性等问题。各种病原菌都能产生抗药性，例如线虫对驱虫剂产生的抗性、细菌对抗生素产生的抗性、原虫对抗原生动物药产生的抗性以及病毒对疫苗反应性的下降和蜱、螨对各种杀螨剂产生的抗性等。使用抗生素还会导致抗生素在畜产品和食物链中的药物残留，并随之产生众多抗药性更强的病原菌，从而给人类的健康带来很大的威胁（BOA，1999）。

对于许多疾病来说，已发现了畜禽遗传多样性与动物易感染程度之间的相关性。在疾病的遗传管理方面，需要准确区分两个不同的概念。一个为"抗病性"，它是指动物抵抗细菌、病毒并免受其感染的能力。另一个为"耐受性"，它是指动物感染某一病原菌后，机体生长受病原菌影响的大小。区分这两个概念很重要，比如我们要防止某种疾病传播，"抗病性"就会比"耐受性"显得更重要。

遗传选育为我们提供了另一个提高畜禽的"抗病性"和"耐受性"的方法，这也是控制流行病传播的有效方式。利用这种方法防治疫病有很多优点（FAO，1999），包括：

- 遗传变化一旦产生，将会永久保持；
- 所产生的效果比较稳定；
- 不需要再持续用药就能达到抗病的目的；
- 使其他方法效力的持续时间更长，因为病原体和病菌媒介将不易产生抗药性；
- 广谱性（对多种病原菌具有抗病性）；
- 与化学药物治疗或疫苗注射相比，对动物体内蠕虫等大寄生虫演变的影响小；

第一部分

表 31

不同品种对某一特定疾病的抗病／耐受性的对比研究

疫病／寄生虫病	抗病性较高的品种	抗病性较低品种	试验条件	结　果	参考资料
Trypanosoma congolense	Djallonke sheep	Djallonke × Sahelian cross-breeds	Artificial Infection	Lower parasitaemia level, a longer prepatent period and a higher antibody response than the cross-breeds, but the cross-breeds were still heavier and grew faster	Goosens 等 (1999)
Ticks (*Amblyomma variegatum; Hyalomma spp.*)	N'Dama cattle	N'Dama × Zebu	Field conditions in the Gambia	Fewer ticks	Mattioli 等 (1993)
Ticks (various species)	N'Dama cattle	Zebu	Village herds in the Gambia	Fewer ticks	Claxton 和 Leperre (1991)
Theileria annulata	Sahiwal cattle	Holstein-Friesian	Artificial infection	Less severe clinical symptoms	Glass 等 (2005)
Anaplasma marginale; ticks (various species)	N'Dama cattle	Gobra Zebu	Field conditions in the Gambia	Lower serological prevalence of *A. marginale*; fewer ticks.	Mattioli 等 (1995)
Haemonchus contortus	N'Dama cattle	Zebu	Village herds in the Gambia	Fewer abomasal worms, lower FEC*.	Claxton 和 Leperre (1991)
Haemonchus contortus	Red Masaai sheep	Dorper	Lambs kept under field conditions in subhumid coastal Kenya	Lambs showed lower faecal egg count for *H. contortus*, higher PCV**, lower mortality then Dorper lambs. Estimated to be 2 to 3 times as productive as Dorper flocks under these conditions.	Baker (1998)
Haemonchus contortus	Small East African goats	Galla		Kids showed lower faecal egg count for *H. contortus*, higher PCV, lower mortality then Galla kids. Estimated to be 2 to 3 times as productive as Galla flocks under these conditions.	Baker (1998)
Haemonchus contortus	Santa Ines sheep	Ile de France, Suffolk	Lambs grazed on pastures in São Paulo State SE Brazil	Lower FEC, higher PCV, lower worm counts	Amarante 等 (2004)
Fasciola gigantica	Indonesian Thin Tailed sheep	Merino	Artificial Infection	Lower number of flukes recovered from liver; differences in immune response	Hansen 等 (1999)
Fasciola gigantica	Indonesian Thin Tailed sheep	St Croix	Artificial infection	Fewer parasites recovered from liver	Roberts 等 (1997)
Sarcocystis miescheriana	Meishan pigs	Piétrain	Artificial Infection	Less severely affected in terms of clinical, serological, haematological and parasitological indicators.	Reiner 等 (2002)
Ascaridia galli	Lohman Brown chickens	Danish Landrace	Artificial Infection	Lower worm burdens and egg excretion	Permin 和 Ranvig (2001)
Foot rot	East Friesian × Awassi cross-bred sheep	Pure-bred Awassi	Natural outbreak in Israel	Lower prevalence.	Shimshony (1989)
Foot rot	Romney Marsh, Dorset Horn, Border Leicester sheep	Peppin Merino, Saxon Merino	Natural transmission on irrigated pasture in Australia	Less serious lesions, faster recovery	Emery 等 (1984)
Newcastle Disease virus, Infectious Bursal Disease	Mandarah chickens	Gimmazah, Sinah, Dandrawi (native Egyptian breeds)	Artificial Infection	Lower mortality rate than the other breeds	Hassan 等 (2004)

注：FEC= 粪便虫卵计数；**PCV = 血细胞压积。

- 为疫病病控制提供了一个管理策略。

根据问题的性质和手头可利用的资源，可以有多种方法提高遗传抗病力。这些方法包括根据生产环境选择合适的品种；通过与已经适应当地环境条件物种杂交，提高其他品种的抗病力；以及选出那些抗病性和耐受性较强的个体进行繁育等。通过性状的分子遗传标记，选育抗病性和耐受性强的个体的方法将会更加有效。但是所有上面提到的方法都必须建立在一个前提之上，那就是畜群遗传多样性的存在。如果某一物种的遗传资源多样性已遭到破坏，那么通过杂交等方法来增加抗病性的可能性就很小了。而且，模拟试验显示，如果某一个畜群中具有抗病性的基因型较多，那么其抵抗灾难性传染病的能力也会较强（Springbett等，2003）。对于每个物种来说，维持足够的遗传多样性对它们抵抗不断变异的病原体的威胁来说是很重要的。

2　有抗病性或耐受性的畜禽品种

众多证据说明，土著品种由于长期适应当地自然环境中存在的各种病原菌带来的威胁，因此拥有更强的抗病能力。各国在将其土著品种信息输入世界粮农组织DAD-IS系统的时候，也可以对其本国土著品种是否具有特殊或有价值的特征等信息加以说明，其中包括抗病力。但是多数情况下这些特征没有经过科学验证。尽管如此，目前已经证明了很多家畜品种在抗病力方面表现有众多优良特性（见表31）。下面的论述集中在DAD-IS系统记录的与不同品种的抗病性和耐受性相关的信息上，尤其是科学证据已证明了抗病性与基因多样性相关的病原菌。表32综述了DAD-IS中具有抗病性的哺乳动物的记录，而表33～39列出了所有被称对某些疾病或疾病类型具有抗病性能力的品种。

表32

登记到DAD-IS中的对某种疫病／寄生虫病具有抗病性／耐受性的哺乳动物

疫病	水牛	牛	山羊	绵羊	猪	马	鹿
锥虫病		17	4	4			
蜱寄生病	1	17		1			1
蜱的传播疾病（未指明）		4					
无形体病		2					
焦虫病／巴贝西虫病		4				1	
心水病		1		1			
体内寄生虫／蠕虫	1	2	1	9	1	2	1
肝片吸虫病	2			1			
牛白血病		9					
腐蹄病		1		14			
合计*	4	59	6	33	3	5	2

*有关疫病抗病性的所有条目的总数（一些品种被报道对多种疾病有抗病性）。

2.1　锥虫病

靠蚊蝇传播的锥虫病是非洲的比较严重的动物疾病之一，其主要发生在非洲的中西部以及东部的部分地区。而其他类型的锥虫病不仅在非洲，在世界的其他地区也比较严重。防治的主要方法是使用抗锥虫病药，但抗药性的出现，以及如何持续性控制蚊蝇活动等方面的问题，使人们加强了对综合控制措施的研究，其中包括选育抗病性强的品种（FAO，2005）。其中N' Dama和西非短角牛（West African Shorthorn）以及Djallonke绵羊和山羊在抗锥虫病方面的表现最佳。虽然这些品种的个体较小，但是现有研究结果表明，生活在受锥虫病威胁中等和较高的地区的上述几个品种的生产性能明显优于其他品种（Agyemang等，1997）。表33列举了DAD-IS收录的具有抗锥虫病能力的品种。

表33
登记到DAD–IS中的有锥虫病抗病性／耐受性的品种

畜种／分布次区域	品种数量	大部分常见品种名
牛		
北非和西非	15	N' dama（20），Baoulé（4），Lagune（Lagoon）（6），Bourgou（2），Muturu（2），Dahomey（Daomé）（2），Somba，Namchi，Kapsiki. Kuri，Toupouri，Ghana Shorthorn，Keteku，Somba
东非	2	Sheko，Jiddu
绵羊		
北非和西非	4	Vogan（2），West African Dwarf（4），Djallonké（10），Kirdimi
山羊		
北非和西非	4	West African Dwarf（16），Djallonké（2），Kirdimi，Diougry

注：可能还有没有录入DAD-IS的其他品种有这种抗病性/耐受性。插入数字＝当超过一个国家报告时的报告国家数。

2.2　蜱以及蜱传播疾病

蜱是困扰广大养殖户的一个共同问题，尤其是对于热带养殖户来说更是如此。蜱可以通过吸食动物血液危害家畜健康，在吸食过程中还通过唾液分泌毒素造成蜱性麻痹，另外蜱吸食后留下的疤痕不仅会影响皮革的质量，还会使家畜更加容易感染其他病原菌。而且，他们会传播多种危害性更大的病原菌，其中主要的是边虫病、巴贝西虫病、泰勒虫病和心水病。不同地区分布的蜱品种也随该地区地理生态环境的不同而异。在不同家畜品种对蜱以及蜱传播疾病抵抗力的差异方面有着详细的资料记录。例如很多研究表明N' Dama牛对蜱的抗性比瘤牛好（Claxton和Leperre 1991；Mattioli等，1993；Mattioli等，1995）。澳大利亚的研究表明瘤牛×普通牛的杂交牛比纯系的瘤牛更易感染巴贝西虫病（Bock等，1999）。印度的土著牛品种沙希华牛（Sahiwal）对以泰勒虫属为传播媒介的泰勒虫病的耐受性比荷斯坦黑白花奶牛对该病的耐受性要好很多（Glass等，2005）。表34和35分别列举了由DAD-IS收录的不同品种的家畜对蜱以及蜱传播疾病的抗病性和耐受性差异。

表 34

登记到 DAD-IS 中的对 tick-burden 疾病有抗病性／耐受性的品种

畜种／分布次区域	品种数量	大部分常见品种
牛		
南非	8	Nguni（2），Angoni，Sul Do Save，Pedi，Bonsmara，Shangaan，Kashibi，Tswana
东南亚	4	Pesisir，Limousin，Javanese Zebu，Thai
欧洲及高加索	1	Zebu of Azerbaijan
南美	1	Romosinuano
西南太平洋	3	Australian Friesian Sahiwal，Australian Milking Zebu，Australian Sahiwal
绵羊		
南非	2	Nguni （3），Landim
水牛		
东南亚	1	Thai
鹿		
东南亚	1	Sambar

注：可能还有没有录入 DAD-IS 的其他品种有这种抗病性/耐受性。插入数字＝当超过一个国家报告时的报告国家数。

表 35

登记到 DAD-IS 中的对蜱传播病有抗病性／耐受性的品种

畜种／分布次区域	疾病名称	品种数量	大部分常见品种
牛			
北非和西非	蜱传播疾病（未指明）	2	Baoulè，Ghana Shorthorn
南非	蜱传播疾病（未指明）	1	Angoni（2）
欧洲及高加索	无形体病	2	Cinisara，Modicana，
北非和西非	焦虫病	2	N’dama，Noire Pie de Meknès
欧洲及高加索	焦虫病	1	Modicana
欧洲及高加索*	心水病	1	Creole（also dermatophilosis）
绵羊			
南非	心水病	1	Damara（2）
马			
欧洲及高加索	焦虫病	1	Pottok

注：可能还有没有录入 DAD-IS 的其他品种有这种抗病性/耐受性。插入数字＝当超过一个国家报告时的报告国家数。

** 瓜德罗普岛，马提尼克。*

表 36

登记到 DAD–IS 中的对体内寄生虫／蠕虫病有抗病性／耐受性的品种

畜种／分布次区域	品种数量	大部分常见品种
牛		
南非	1	Madagascar Zebu
南非	1	Javanese Zebu
山羊		
中近东	1	Yei goat
绵羊		
南非	2	Madgascar，Kumumawa
东南亚	3	Garut，Malin，Priangan
欧洲及高加索	1*	Churra Lebrijana（fascioliasis）
拉美及加勒比	3	Criollo（8），Criollo Mora，Morada Nova
中近东	1	Rahmani
水牛		
东南亚	3*	Papua New Guinea Buffalo，Kerbau-Kalang（fascioliasis），Kerbau Indonesia （fascioliasis）
猪		
东南亚	1	South China
鹿		
东南亚	1	Sambar
马		
东南亚	2	Kuda Padi，Bajau

注：可能还有没有录入 DAD-IS 的其他品种有这种抗病性/耐受性。插入数字＝当超过一个国家报告时的报告国家数。

＊数据中包括对肝片吸虫病有抗病性的品种。

2.3 体内寄生虫

蠕虫病是公认的严重影响家畜健康的一种疾病，尤其是对经济条件比较差的养殖户来说，其对家畜健康的影响更大(Perry 等，2002)。捻转血矛线虫是一种分布范围很广的寄生虫，主要侵害对象是反刍动物，因此人们对它的研究也比较详细（见表 31）。因对胃肠道寄生蠕虫的抵抗性较强，Red Maasai绵羊成为世界著名品种，在肯亚沿海地区的半湿润地区，对其进行的研究表明Red Maasai 绵羊的捻转血矛线虫感染率以及感染捻转血矛线虫病后的致死率都比杜泊羊（另外一种在该国普遍饲养的绵羊品种）低。也正是由于Red Maasai绵羊对这些寄生虫病良好的抵抗力，使得Red Maasai 绵羊比杜泊羊的生产力高 3 倍之多(Baker，1998)。同样Small East African山羊与Galla山羊相比，前者在寄生虫抗性方面也表现出明显的优势（同上）。与捻转血矛线虫一样，肝血片吸虫也是一种分布广泛的蠕虫，不同家畜品种在抵抗肝血片吸虫上表现出来的差异也很大，如Indonesian Thin Tailed绵羊比St. Croix和 Merino 绵羊的抗病性强（Roberts 等，

1997)。DAD-IS 里详细记录了一个绵羊品种和两个水牛品种在抗肝血片吸虫方面的优势（表 36）。

2.4 腐蹄病

腐蹄病是一种接触性传染的细菌性疾病，几乎所有有蹄类动物都可能感染此病，患病后会造成动物的跛行，给养殖户带来严重的经济损失，尤其是绵羊饲养户。该病在温带的发病率较高。但也有些品种对该病有较好的抵抗力，澳大利亚的研究表明英国的 Romney Marsh，Dorset Horn 和 Border Leicester 绵羊比 Peppin 和 Saxon Merino绵羊对腐蹄病的抗病性和耐受性好（其主要表现为伤痕相对轻且愈合时间更短）（Emery 等，1984）。

表 37

登记到DAD–IS 中的对腐蹄病有抗病性/耐受性的品种

畜种／分布次区域	品种数量	大部分常见品种
牛		
欧洲及高加索	1	Sayaguesa
绵羊		
北非和西非	1	Beni Ahsen
东南亚	2	Large Tailed Han, Small Tailed Han
欧洲及高加索	10	Kamieniecka, Leine, Swiniarka, Polskie Owce Dlugowelniste, Churra Lebrijana, Lacha, Bündner Oberländerschaf, Engadiner Fuchsschaf, Rauhwolliges Pommersches Landschaf, Soay
西南太平洋	1	Broomfield Corriedale

注：可能还有没有录入 DAD-IS 的其他品种有这种抗病性/耐受性。

表 38

登记到DAD–IS 中的对牛白血病有抗病性/耐受性的牛品种

分布次区域	品种数量	大部分常见品种
中亚	1	Bestuzhevskaya
欧洲及高加索	7	Krasnaya gorbatovskaya, Istobenskaya, Kholmogorskaya, Suksunskaya skot, Yakutskii Skot, Yaroslavskaya, Yurinskaya, Sura de stepa

注：可能还有没有录入 DAD-IS 的其他品种有这种抗病性/耐受性。

同样，Shimshony（1989）报道，在以色列的一次腐蹄病暴发期间，东佛里生羊（East Friesian） ×阿华西绵羊（Awassi）的杂交绵羊品种比纯种的阿华西绵羊的发病率要低。从这些研究结果中我们似乎可以推断出这样的结论，生活在腐蹄病易发的潮湿地区的家畜品种似乎对该病的抵抗力更强一些。DAD-IS 收录的有关家畜腐蹄病抗性的数据列在表 37 中。

2.5 牛白血病

牛白血病是一种由牛白细胞组织增生病毒引起的血液传播疾病。患病后，由于贸易限制、死亡、产出下降以及将畜体运送到指定的屠宰场进行宰杀等都会导致相当大的经济损失。另据研究表明，该病的易感性似乎是受遗传控制的。Petukhov 等（2002）报告了西伯利亚地区来源于不同父系和母系的牛对牛白血病抗性方面所表现出来的差异。表38为DAD-IS收录的几

表 39

登记到 DAD–IS 中的对禽类疾病有抗病性／耐受性的品种

畜种／次区域	疾病	品种数量	大部分常见品种
鸡			
北非和西非	鸡新城疫	1	Poule De Benna
南非	鸡新城疫	1	Nkhuku
东南亚	鸡新城疫	1	Red Jungle Fowl
中美	鸡新城疫	1	Gallina criolla o de rancho
东南亚	鸡马立克病	1	Ayam Kampong
欧洲及高加索	鸡马立克病	4	Borky 117，Scots Dumpy，Hrvatica，Bohemian Fowl
鸭（家养）			
北非和西非	新城疫	2	Local Duck of Moulkou and Bongor，Local Duck of Gredaya and Massakory
几内亚家禽			
北非和西非	新城疫	2	Numida Meleagris Galeata Pallas，Djaoulés (peulh)
俄国鸭			
北非和西非	新城疫	1	Local Muscovy Duck of Karal and Massakory
火鸡			
北非和西非	新城疫	1	Moroccoan Beldi

注：可能还有没有录入 DAD-IS 的其他品种有这种抗病性 / 耐受性。

个家畜品种在牛白血病抗性方面所表现出来的差异。

2.6　禽类疾病

鸡新城疫和传染性法氏囊病的危害非常之大，往往可以摧毁整个养殖区、村庄内的所有禽类。而且这两种疾病都具全球流行性。一个世纪以前就有有关新城疫暴发的记载。20世纪大规模的新城疫暴发就有4次。传染性法氏囊病于1962年首见报道，70年代开始就呈现流行性发作。来源于埃及的4个不同禽类品种对新城疫和传染性法氏囊病病毒的抗性表现不同，研究表明 Mandarah 鸡（一个杂交双重功能品种）比其他品种的鸡表现出更好的抗性，主要表现在人工攻毒后 Mandarah 鸡的致死率较低（Hassan 等，2004）。其他研究还表明这种鸡对马里克病病毒的抗性也比较强。Lakshmanan 等 1996 年对 Fayoumi 和白来航这两种鸡对比研究后，发现前者对肿瘤的抗性比较强（见下文对马里克病病毒抗性品种培育的详细描述）。表39列出了DAD-IS收录的不同禽类品种对禽类

插文14

非洲猪瘟的遗传抗性

非洲猪瘟的遗传抗性

非洲猪瘟（ASF）给全球生猪生产带来了严重威胁。非洲猪瘟是一种高传染性疾病，能够引起家猪出血性猝死。目前还没有有效的疫苗来预防这一疾病，唯一有效的控制措施是严格控制动物及其产品的运输移动，迅速鉴定患病猪并立即屠宰和处理掉受感染的病猪。目前急需其他非洲猪瘟的防疫控制措施。

相对于家猪的其他较严重的疾病来说，传染非洲猪瘟病毒（ASFV）的非洲本地野猪不会产生临床症状，如非洲常见的疣猪（非洲野猪属）和南非野猪（Potamochoerus spp.）等种类。这种自然状态下产生的种特异性遗传抗性对于非洲猪瘟发病机理的分子整合机制的研究具有十分重要的意义。

针对非洲猪瘟遗传抗性的育种，正在试图通过家猪与含有该病抗性的野猪品种进行杂交育种来获得对该疾病的抗性。尽管有大量的证据显示这种方法可能有效，然而种间杂交取得的效果有限。另外，利用那些已经感染过非洲猪瘟病毒并最终抵抗住病毒攻击生存下来的家猪进行育种可能会有效提高该病毒的遗传抗性。大约有5%～10%的家猪在非洲猪瘟病毒来袭时幸存下来。然而不幸的是，这些幸存下来的猪却通常不能适应疾病暴发后采取的疾病清除措施而死亡。利用幸存猪进行杂交的这一方法可以进行遗传抗性特性研究，并能够依此建立基础猪群资源家系。这些资源家系可能在确定和量化非洲猪瘟病毒遇到抵抗和耐受时发生的遗传变异以及鉴别相关　遗传标记或数量性状基因座等的相关研究中起到一定作用。

分子和基因组学研究已经鉴别出非洲猪瘟病毒蛋白的关键细胞靶点，该靶点在病毒复制或病毒逃逸免疫防卫机制中作用显著。比较分析具有不同易感性的猪品种间的相关基因DNA序列可以揭示与抗病性的遗传变异相关联的基因变异情况（单核苷酸多态性）。利用微阵列技术进行的非洲猪瘟病毒——感染巨噬细胞的转录组序列分析将发现其他可能在受病毒感染后以不同方式起调节作用的基因。这些基因在用于挑选非洲猪瘟病毒低易感性动物的DNA标记测试的研制开发中将有重要的利用价值。

保护有抗病性动物这一工作对于提高非洲猪瘟病毒遗传抗性来说至关重要。相关的动物、组织和DNA对研究者来说都是十分重要的研究素材。

虽然培育高非洲猪瘟病毒抗病性这一目标可能达到，但是，在开始着手这项工程前，仍有几个重要因素需要考虑。考虑因素之一就是那些不易被感染的具有抗病性的猪很难找到。大多数情况下，猪会表现出对非洲猪瘟病毒的临床影响“耐受”。然而这些耐受猪可能在不表现临床症状的情况下，受感染并将病毒传播到周围环境中去。因此，这些猪会给该区域的其他易感猪带来威胁或破坏疫病控制战略。

由Marnie Mellencamp博士提供。

疾病的抵抗力和耐受性情况。

3 品种内选择抗病性较强个体的可行性

通过对品种内抗病性强的个体进行选育是控制很多种传染性疾病的重要措施。地方性传染病在一些饲养生产系统中一直存在（乳腺炎、蠕虫病），而通过同一个品种内不同个体对这些疾病反应的表型差异来选育抗病性好的个体的方法是可行的。例如，在乳腺炎的诊断过程中进行乳品内体细胞计数（一个反映细菌污染情况的指标），以及临床诊断过程中用到的其他指标都可以用来选育抗病性较强个体的标准。而且这些数据在养殖场的饲养日志上都有详细记载，且相关研究表明这些参数的变异与个体的基因相关性较强（Rupp和Boichard，2003）。有时家畜的生产性能指标和抗病性指标会在同一个个体上发生冲突，这使人们往往会优先考虑抗病性指标的优劣。因此，现在很多奶牛选育工作都把抗乳房炎作为一个重要的选育目标。

寄生虫能对驱虫药产生抗性，这对世界上很多地区的养殖户来说都是一个严重的问题，尤其是对于那些饲养小型反刍动物的养殖户更是如此。人们解决这个问题的办法往往是频繁地使用各种驱虫药，但是研究人员现在怀疑滥用驱虫药可能会导致对多种驱虫药都产生抗性的寄生虫的出现（Kaplan，2004）。至今已有25年无新型的驱虫药产品面市，并且现在也没有看到任何有关新型驱虫药开发方面的计划，这深切地表明了目前养殖户对抗寄生虫新方法的迫切需要（同上）。目前开始对寄生虫综合管理规划（IPM）重视起来，其中培育遗传性抵抗力是规划中的一个内容。基于粪便虫卵计数（FEC）的选择性绵羊培育已被证明能够有效减少其培育后代的驱虫剂使用以及有效减少线虫寄生虫卵对牧场的污染（Woolaston，1992；Morris等，2000；Woolaston和Windon，2001；Bishop等，2004）。

对传染病的防治也需要寻找和采取其他措施。通过找到与抗病性大小相关的等位基因并进行标记，再进行选育抗病性好的个体是必要的措施（Bishop和Woolliams，2004）。对于马立克氏病（一种禽类的病毒病），由于不断使用疫苗已经导致该种病毒的毒力增强。这样在选育优良的禽类品种的过程中，对该病的抵抗力指标显得越来越重要。而对该病毒抵抗力的大小主要由编码组织相容性抗原（MHC）的等位基因B来决定（Bacon，1987）。近年来，一直在利用该等位基因研究马立克氏病的防治问题。最近，研究人员还发现了其他一些数量性状遗传位点与个体对该病的抵抗力有关（Vallejo等，1998；Yonash等，1999；Cheng，2005）。同时也发现了与抵抗其他几种传染病相关的等位基因分布，这些传染病包括：牛的嗜皮菌病（Maillard等，2003），猪的大肠杆菌性痢疾（Edfors和Wallgren，2000）和绵羊疯痒病（Hunter 等，1996）.

4 结论

从以上讨论和例证中我们可以看出从遗传学的角度来研究动物的抗病性是一个有效并且可行的措施，尤其是当其他方法不能持续地发挥作用时，从基因和遗传学的角度来考虑这个问题更显得有必要。品种内个体之间以及不同品种之间对不同疾病抵抗力存在的差异已经被人们所熟知，并且在很多育种过程中也考虑并应用了这种差异。但是目前对很多物种、品种以及疾病的认识还很不足，所以与遗传抗病性的认识也很有限。很多濒临灭绝品种的基因组内应该也有一些在抗病性方面表现突出的基因型，如果在我们发现这些相关基因以前这些品种灭绝的话，那么这些有可能提高动物抗病能力的相关基因将会被我们永远地丢失掉。

参考文献

Agyemang, K., Dwinger, R.H., Little, D.A. & Rowlands, G.J. 1997. *Village N'Dama cattle production in West Africa: six years of research in the Gambia*. Nairobi. International Livestock Research Institute and Banjul, International Trypanotolerance Centre.

Amarante, A.F.T., Bricarello, P.A., Rocha, R.A. & Gennari, S.M. 2004. Resistance of Santa Ines, Suffolk and Ile de France sheep to naturally acquired gastrointestinal nematode infections. *Veterinary Parasitology,* 120(1–2): 91–106.

Bacon, L.D. 1987. Influence of the major histocompatability complex on disease resistance and productivity. *Poultry Science,* 66(5): 802–811.

Baker, R.L. 1998. Genetic resistance to endoparasites in sheep and goats. A review of genetic resistance to gastrointestinal nematode parasites in sheep and goats in the tropics and evidence for resistance in some sheep and goat breeds in sub-humid coastal Kenya. *Animal Genetic Resources Information,* 24: 13–30.

Bishop, S.C., Jackson, F., Coop, R.L. & Stear, M.J. 2004. Genetic parameters for resistance to nematode infections in Texel lambs. *Animal Science,* 78(2): 185–194.

Bishop, S.C. & Woolliams, J.A. 2004. Genetic approaches and technologies for improving the sustainability of livestock production. *Journal of the Science of Food and Agriculture,* 84(9): 911–919.

BOA. 1999. *The use of drugs in food animals: benefits and risks.* Washington DC. Board on Agriculture, National Academies Press.

Bock, R.E., Kingston, T.G. & de Vos, A.J. 1999. Effect of breed of cattle on transmission rate and innate resistance to infection with *Babesia bovis* and *B. bigemina* transmitted by *Boophilus microplus. Australian Veterinary Journal,* 77(7): 461–464.

Cheng, H.H. 2005 Integrated genomic approaches to understanding resistance to Marek's Disease. *In* S.J. Lamont, M.F. Rothschild & D.L. Harris, eds. *Proceedings of the third International Symposium on Genetics of Animal Health,* Iowa State University, Ames, Iowa, USA. July 13–15, 2005.

Claxton, J. & Leperre, P. 1991. Parasite burdens and host susceptibility of Zebu and N'Dama cattle in village herds in the Gambia. *Veterinary Parasitology,* 40(3–4): 293–304.

Edfors, L.I. & Wallgren, P. 2000. *Escherichia coli* and *Salmonella diarrhoea* in pigs. *In* R.F.E. Axford, S.C. Bishop, J.B. Owen & F.W. Nicholas, eds. *Breeding for resistance in Farm Animals,* pp. 253–267. Wallingford, UK. CABI Publishing.

Emery, D.L., Stewart, D.J. & Clark, B.L. 1984. The susceptibility of five breeds of sheep to foot rot. *Australian Veterinary Journal,* 61(3): 85–88.

FAO. 1999. *Opportunities for incorporating genetic elements into the management of farm animal diseases: policy issues,* by S. Bishop, M. de Jong & D. Gray. Background Study Paper Number 18. Commission on Genetic Resources for Food and Agriculture. Rome.

FAO. 2005. *Trypanotolerant livestock in the context of trypanosomiasis intervention strategies,* by K. Agyemang. PAAT Technical and Scientific Series No. 7. Rome.

FAOSTAT. (available at http://faostat.fao.org).

Glass, E.J., Preston, P.M., Springbett, A., Craigmile, S., Kirvar, E., Wilkie, G. & Brown, C.G.D. 2005. *Bos taurus* and *Bos indicus* (Sahiwal) calves respond differently to infection with *Theileria annulata* and produce markedly different levels of acute phase proteins. *International Journal for Parasitology,* 35(3): 337–347.

Goosens, B., Osaer, S., Ndao, M., Van Winghem, J. & Geerts, S. 1999. The susceptibility of Djallonké and Djallonké-Sahelian crossbred sheep to *Trypanosoma congolense* and helminth infection under different diet levels. *Veterinary Parasitology,* 85(1): 25–41.

Hansen, D.S., Clery, D.G., Estuningsih, S.E., Widjajanti, S., Partoutomo, S. & Spithill, T.W. 1999. Immune responses in Indonesian thin tailed sheep during primary infection with *Fasciola gigantica*: lack of a species IgG_2 antibody response is associated with increased resistance to infection in Indonesian sheep. *International Journal for Parasitology,* 29(7): 1027–1035.

Hassan, M.K., Afify, M.A. & Aly, M.M. 2004. Genetic resistance of Egyptian chickens to infectious bursal disease and Newcastle disease. *Tropical Animal Health and Production,* 36(1): 1–9.

Hunter, N., Foster, J.D., Goldmann, W., Stear, M.J., Hope, J. & Bostock, C. 1996. Natural scrapie in closed flock of Cheviot sheep occurs only in specific PrP genotypes. *Archives of Virology*, 141(5): 809–824.

Kaplan, R.M. 2004. Drug resistance in nematodes of veterinary importance: a status report. *Trends in Parasitology*, 20(10): 477–481.

Lakshmanan, N., Kaiser, M.G. & Lamont, S.J. 1996. Marek's disease resistance in MHC-congenic lines from Leghorn and Fayoumi breeds. In *Current research on Marek' s disease. Proceedings of the 5th International Symposium*, East Lansing, Michigan, 7–11 September 1996, pp. 57–62. Kennet Sque, Pennsylvania, USA. American Association of Avian Pathologists.

Maillard, J.C., Berthier, D., Chantal, I., Thevenon, S., Sidibe, I., Stachurski, F., Belemsaga, D., Razafindraibe, H. & Elsen, J.M. 2003. Selection assisted by a BoLA-DR/DQ haplotype against susceptibility to bovine dermatophilosis. *Genetics Selection Evolution*, 35(Suppl. 1): S193–S200.

Mattioli, R.C., Bah, M., Faye, J., Kora, S. & Cassama, M. 1993. A comparison of field tick infestation on N'Dama, Zebu and N'Dama × Zebu crossbred cattle. *Veterinary Parasitology*, 47(1–2): 139–148.

Mattioli, R.C., Bah, M., Kora, S., Cassama, M. & Clifford, D.J. 1995. Susceptibility to different tick genera in Gambian N'Dama and Gobra zebu cattle exposed to naturally occurring tick infection. *Tropical Animal Health and Production*, 27(2): 995–1005.

Morris, C.A., Vlassoff, A., Bisset, S.A., Baker, R.L., Watson, T.G., West, C.J. & Wheeler, M. 2000. Continued selection of Romney sheep for resistance or susceptibility to nematode infection: estimates of direct and correlated responses. *Animal Science*, 70(1): 17–27.

Permin, A. & Ranvig, H. 2001. Genetic resistance to *Ascaridia galli* infections in chickens. *Veterinary Parasitology*, 102(2): 101–111.

Perry, B.D., McDermott, J.J., Randolph, T.F., Sones, K.R. & Thornton, P.K. 2002. *Investing in animal health research to alleviate poverty*. Nairobi. International Livestock Research Institute.

Petukhov, V.L, Kochnev, N.N., Karyagin, A.D., Korotkevich, O.S., Petukhov, I.V., Marenkov, V.G., Nezavitin, A.G. & Korotkova, G.N. 2002. Genetic resistance to BLV. In *Proceedings of the 7th World Congress on Genetics Applied to Livestock Production*, Montpellier, France, August, 2002, Session 13, pp 1–4. Montpellier, France. Institut National de la Recherche Agronomique (INRA).

Reiner, G., Eckert, J., Peischl, T., Bochert, S., Jäkel, T., Mackenstedt, U., Joachim, A., Daugschie, A. & Geldermann, H. 2002. Variation in clinical and parasitological traits in Pietran and Meishan pigs infected with *Sarcocystis miescheriana*. *Veterinary Parasitology*, 106(2): 99–113 .

Roberts, J.A., Estuningsih, E., Widjayanti, S., Wiedosari, E., Partoutomo, S. & Spithill, T.W. 1997. Resistance of Indonesian thin tail sheep against *Fasciola gigantica* and *F. hepatica*. *Veterinary Parasitology*, 68(1–2): 69–78.

Rupp, R. & Boichard, D. 2003. Genetics of resistance to mastitis in dairy cattle. *Veterinary Research*, 34(5): 671–688.

Shimshony, A. 1989. Footrot in Awassis and the crosses with East Friesian sheep. *New Zealand Veterinary Journal*, 37(1): 44.

Springbett, A.J., MacKenzie, K., Woolliams, J.A. & Bishop, S.C. 2003. The contribution of genetic diversity to the spread of infectious diseases in livestock populations. *Genetics*, 165(3): 1465–1474.

Vallejo, R.L., Bacon, L.D., Liu, H.C., Witter, R.L., Groenen, M.A.M., Hillel, J. & Cheng, H.H. 1998. Genetic mapping of quantitative trait loci affecting susceptibility to Marek's disease induced tumours in F2 intercross chickens. *Genetics*, 148(1): 349–360.

Woolaston, R.R. 1992. Selection of Merino sheep for increased and decreased resistance to *Haemonchus contortus*: peri-parturient effects on faecal egg counts. International *Journal for Parasitology*, 22(7): 947–953.

Woolaston, R.R. & Windon, R.G. 2001. Selection of sheep for response to *Trichostrongylus colubriformis* larvae: genetic parameters. *Animal Science*, 73(1): 41–48.

Yonash, N., Bacon, L.D., Witter, R.L. & Cheng, H.H. 1999. High resolution mapping and identification of new quantitative trait loci (QTL) affecting susceptibility to Marek's disease. *Animal Genetics*, 30(2):126–135.

第一部分

第六章 对畜禽遗传多样性的威胁

1 导言

遗传多样性受到多种潜在因素的影响，而这些影响又会引起其他的效应，例如导致包含有动物遗传资源的生产系统的崩溃、畜群的灭绝，以及引起具有负面影响的反应。导致遗传多样性衰减的因素也是不同的，其中部分因素可以通过采用一些政策或其他措施来减少其对动物遗传资源多样性的影响。对于动物遗传资源多样性所受威胁的大体变化趋势和主要影响因素，在发表的文献中都有一个共识。例如，Rege和Gibson（2003）把以下几个因素归为导致遗传侵蚀发生的主要原因：外来种质的引进、生产系统的变化、由社会经济因素引起的生产者的偏好变化，以及各种灾难，如干旱、饥饿、传染病大面积暴发、内乱和战争；Tisdell（2003）提到的因素包括：发展项目、专门化（过于强调单一的生产性状）、遗传渗入作用、科学技术和生物技术的发展、政治的不稳定和自然灾害。但是，针对某一个品种面临的具体威胁因素的分析较为少见。对于非洲的濒危牛品种，Rege（1999）列举了以下几个威胁因素：其他品种的取代、与外来品种或其他土著品种的杂交、战争、栖息地的丧失、疾病、轻视以及缺乏应对威胁的持久的育种计划。Iniguez（2005）也认为，被其他品种所替代以及不加选择的杂交，是西亚和北非小型反刍动物品种的主要威胁。以上这些例子说明，对于各种威胁因素存在着多种分类的方法，但为了便于以下的讨论，这里将威胁因素归为三大类：畜牧业的发展趋势，灾害和紧急事件，以及动物的流行性疾病及其控制方法。

由于受到社会、经济、政治和种群规模等因素的影响，畜牧业发生着许多变化。这种变化趋势包括：人们对畜产品和服务的数量和质量要求上的变化、自然资源利用率的变化、各种外部投入和劳动力的变化、在国内和国际上影响畜产品贸易的因素，以及政策环境的不断变化。这些变化趋势都会直接或间接地影响家畜的生产体系（参见第二部分中关于畜禽生产系统的讨论）。除了以上影响整个畜牧业领域的因素之外，动物遗传资源管理领域中不恰当的政策和管理方法，也会严重影响遗传多样性。

灾害和紧急事件与由多种因素引起的更“逐渐”的变化趋势相比是有区别的。第一，灾害和紧急事件来源于某个单独的或一系列的突发事件，而这些事件的发生相对来说是不可预知的，或者说至少是在影响的程度和发生的具体地点方面无法预知。因此，预测灾害和紧急事件对动物遗传资源的具体影响，比分析其他变化趋势的影响要更困难一些。第二，灾害和紧急事件都是会对人类社会造成危害的事件，因此它们会激起人们作出反应，以消除其人道主义、经济或社会的影响。而这些反应往往是准备较为仓促、只具有短期目的的，并且很少会特意去关注动物遗传资源的情况。第三，灾害和紧急事件中，有价值的动物遗传资源有可能在很短的时间内被完全消灭。影响动物遗传资源的灾害和紧急事件既包括自然灾害（如飓风、海啸），也包括人为灾害（如战争）（Goe和Stranzinger，2002）。

流行性疫病同灾害一样，也是相对不可预料的。它们也有可能在很短时间内毁灭家畜种群，并且也会引起紧急事件式的反应，只是所引致的具体应急措施与其他形式的灾害不同。而流行性疫病的防疫活动则受到了其他多种因素的影响，例如科技发展、市场和贸易问题、人类健康问题等。另外，消除疫病的严厉行动有时也会成为动物遗传资源多样性的一个潜在威胁。

以上这种分类框架不可避免地将一个复杂的情况进行了简单化处理。因为不同的驱动因素之间也会有相互作用。比如，只有当一个品种因为饲养的生产体系逐渐发生了变化而导致该品种数量减少和分布范围缩小，这个品种在突发灾害面前才会容易受到伤害。虽然在“正常”的情况下也会有不恰当的政策和管理方法出现，但是在突发灾害发生的时候，不恰当的措施可能会出现得更多，其影响也会更严重。同时，灾害和紧急事件还可能会破坏实施或发展恰当管理方法所需要的基础设施，以及人力或技术资源。此外，也很难区分开持久的紧急事件与正在发生并不断蔓延的变化趋势所造成的不利影响。同时，具体的影响因素背后还可能会有更高层面的因素在起作用。比如，全球气候的变化，可能会增加与天气有关的灾害发生的频率，也可能对不同生产系统的分布和特征产生影响（FAO，2006a）。

要确定出威胁家畜遗传资源的因素的不可预知性和复杂性，评估出这些因素之间的相对重要性，并因此判定出对这些因素采取对策的优先顺序，这是一项极富挑战性的事情。威胁所造成的冲击取决于以下几个因素：威胁所作用的空间范围，威胁发生的速度，周期性威胁的发生频率，威胁对受影响群体的危害程度，将来威胁的幅度是增加还是减小，以及受影响家畜生产性状的重要性。应该更加重视那些对世界遗传资源多样性具有巨大价值的受影响群体，以及特别适应当地生产条件的群体，还有那些稀有或者是具有独特生产性状的品种。最后，威胁所造成的危害程度也取决于现有的应对能力，这既包括消除或减轻该威胁，也包括采取恰当措施保护受威胁的遗传资源。

2 畜牧业的趋势：经济、社会和政策因素

一个品种的发展前景很大程度上取决于该品种在当今和将来的畜牧业体系中所扮演的角色。由于替代品的出现而导致家畜的某些价值逐渐失去，这往往也是一个实实在在的威胁。最明显的一个例子就是，农业机械化在全世界大部分地区的推广，使役用型品种受到了严重的威胁（FAO，1996；另参见印度国别报告，2004；马来西亚国别报告，2003）。同样，替代品的出现使得一些专门用来生产毛料和纤维的品种受到了威胁。肥料的替代来源或者金融服务也会改变畜主的饲养目标，从而影响他们对品种的选择。

发展中国家对畜产品的需求逐渐增加，这使得人们努力去增加肉、蛋、奶的市场供应量（Delgado等，1999）。为了增加畜产品的生产，用少量高产品种去替代当地的一些品种就成了一件普遍的事情。另外，许多跨国品种的种内多样性也在减少。对于东亚这样拥有非常丰富的土著品种的区域来说，鸡和猪的工业化生产迅速推广，是一个值得关注的问题。为了提高生产力而将本土品种与外来品种进行杂交育种，也是一个经常采取的策略；但如果是无计划地推行杂交，它就会成为地方品种的一大威胁。现在对产品一致性和食品卫生提出了更严格的要求，这将会限制适销畜产品的市场范围，约束家畜养殖的生产条件（FAO，2006b）。例如，津巴布韦的国别报告提到，该国现行的胴体分级标准排斥了小体型家畜，使当地一些牛品种的生产减少。消费者喜好的变化，也会使不具备受欢迎生产性状的品种受到威胁。比如消费者喜欢瘦肉型猪，这就导致了高脂肪猪品种数量的减少（Tisdell，2003）。

生产体系不仅受到当地市场需求的影响，也受到国际层面的变化趋势的影响（FAO，2005a）。更大规模的经济全球化从多个方面导致了遗传侵蚀的发生：经济全球化鼓励进行区域分工，因此会使得在某个区域内，不符合相应生产需要的专门化品种类型逐渐减少；经济全球化加快了农场向单一产品生产发展，因此会使一些具有多种功能的家畜品种受到威胁；经济全球化还增强了人们对生产环境的控制，因此提高了人们利用单一品种的能力；经济全球化也促进了跨国界的遗传资源交换（Tisdell，2003）。国际层面的因素还推动了所谓的“Swanson优势效应”的发生，即最先发展起来的国家做出的决策，将深深地影响其他地区后来的发展模式。面对迅速增长的畜产品生产需求，虽然从长远来看，对地方品种进行选育可能会培育出更适应的个体，但对于发展中国家的家畜饲养者和政策决策者来说，跨境品种已经经

过了多年的高强度遗传选育，并且很方便获取其遗传物质，因此，它的吸引力可能更大些（Tisdell，2003）。实际上，高产的跨境品种内也发生着同样变化，其种内多样性在逐渐减少。例如在欧洲荷斯坦奶牛中，北美血统被非常广泛地使用。

在国际贸易增加的形势下，进口国家的市场变化趋势、进口产品所增加的竞争、进口投入的价格波动，以及卫生检疫措施造成的贸易限制，都会影响家畜生产的性质和对品种的选择。小型畜牧饲养者在畜牧业发展所带来的挑战和机遇面前往往不太适应，难以做出调整，因此在与工业化生产者竞争时会遭到失败（FAO，2006）。影响家畜和畜产品国际贸易的法律框架，将在第三部分第五章中进行更详细的讨论。

市场需求驱动对畜禽遗传多样性造成的威胁，其显著性在不同地区是不同的，它在市场进入更容易的地方最为严重。在那些地方，增长的需求和竞争是导致传统生产系统发生变革、边缘化和衰退的非常重要的原因。偏远而难以到达的地方受市场需求的影响会小一些，但是在这些地方，其生产系统中往往有携带着独特适应性生产性状的本地品种，而这些系统会面临其他的威胁：随着种群规模的增加，如果缺少适当的方法和策略来管理牧草或土壤的肥力，那么自然环境的退化将对整个生产系统的可持续利用造成威胁（FAO，1996）。难以获得放牧地和水资源的问题，正越来越影响着牧民的家畜饲养策略（Köhler–Rollefson，2005）。全球气候变化也是一个潜在威胁。专家认为，将来非洲半干旱带的降雨量将会减少，因此对当地牧民的生计将会产生不利影响（Heimstra等，2006）。除了与自然资源相关的问题外，影响偏远地区生产系统经济竞争力的因素还包括：与生产有关的因素（如地方性疾病）、市场因素、外部投入的供给，以及育种工作所需基础设施和服务体系的缺乏。乡村人口向城市迁移以寻找就业机会，将会导致劳动力流失，以及与家畜养殖有关的传统知识的丢失（Daniel 2000；Farooquee等，2004）。以上这些限制因素对动物遗传资源的影响具有两面性：一方面它们妨碍了偏远地区品种的经济可维持性；而另一方面，这些因素又促进土著品种的保留，因为只有土著品种才能在恶劣的环境中生存和发展。

同样值得注意的是，生产实践中一些看似不重要的细小改变，也会造成适应特定系统的品种或品系的退化。Dyrmundsson（2002）报道：在20世纪中叶的冰岛，干草和青贮饲料的增产，导致在冬天放牧中占有重要地位的“领头羊”品系数量的减少。

以上讨论证明，随着全球化的扩展和需求的增加，工业化生产体系，以及在这些体系中能取得高产出的小范围的遗传资源，越来越受到人们的欢迎。虽然这会威胁到动物遗传资源的多样性，但随着对畜产品需求的增加，这种变化趋势毕竟为动物性食品的供应做出了巨大贡献。因此也

插文 15

面临威胁的蒙古驯鹿

千百年来，驯鹿都是生活在欧亚大陆寒温带游牧部落的主要家畜品种，也是当地人们文化生活的主要组成部分。例如，Tsataan和Dukha这些蒙古部落的人民，他们依靠这些驯鹿进行运输和提供食物，即用来骑乘和驼运，并食用其鹿奶。当有驯鹿被淘汰下来时，它的肉、皮等各个部分都可以被人们利用。和其他游牧群体一样，Dukha部落的传统生活也受到了极大的影响，包括驯鹿数量在这几十年间锐减。

对驯鹿造成威胁的因素被确定为以下几个方面。首先是商业性的猎捕行为。开始人们只是猎杀野生驯鹿；随着野生种群被猎杀殆尽，牧民们不得不开始屠杀自己饲养的驯鹿来满足市场的需求，直至驯鹿锐减至不能再维持自己种群数量的平衡。开矿是对驯鹿生存构成严重威胁的另一个因素。因为矿山的开发破坏了驯鹿原有的草场资源，进而打破了它们的迁徙习性。此外，由于牧民们希望享用城镇的教育和方便的生活设施，所以他们的栖息地距离城镇越来越近，流动性也越来越小。这样的生活方式不利于驯鹿找到营养丰富的草场，以便得到足够的养分。随着集约化养殖的发展，养殖和繁育驯鹿的传统方法已经丢失，这就意味着现在的牧民已经不再像他们的先辈们那样精通驯鹿的管理。同时，由于政府工作的不到位，使兽医服务滞后，更加加剧了驯鹿的消亡。

也有观点认为，驯鹿近交频繁，使得它们对布鲁氏杆菌病等疫病的抵抗力下降，这也是驯鹿锐减的一个因素。有鉴于此，蒙古政府曾经于1962年和20世纪80年代末，两次从西伯利亚引进驯鹿，以补充当地的驯鹿种群数量。苏联时代结束之后，就再也没有这样的引进工作了。有人提议重新从西伯利亚或者更远的地区，如斯堪的纳维亚地区或者加拿大引进驯鹿或驯鹿的冻精，这却激起了争论。一种观点认为杂交育种可以恢复之前已日益衰减的优良性状，包括抵抗力、高产奶量、大体型和鹿角大小；相反的观点则认为，引进外来遗传物质可能并不合适。因为对本地驯鹿的选择是针对当地需求而进行的，尤其是针对骑乘和驼运食物的用途。分子学研究已经表明，Dhuka的驯鹿与其他地区的品种相比，近交程度相对较小。其他更深入的研究也在各种国际科研机构以及蒙古政府的组织下积极进行，以期找到保护当地驯鹿的更好措施。同时政府也正在努力提高兽医服务质量，以保证驯鹿的健康。

注：在本插文的制备过程中，Brian Donahoe、Morgan Keay、Kirk Olson和Dan Plumley提供了建议。更多信息请参阅：Donahoe and Plumley（2001 and 2003）；Haag（2004）；Owen（2004）；Matalon（2004）。

会有人认为，动物遗传资源多样性的减少并不是一个问题。但是，这个说法显然没有太多考虑到维持动物遗传资源多样性在将来的潜在价值。即使只考虑短期效应，有些因素有利于外来高产品种，而不利于地方品种，如：信息不足（缺乏对引进品种和本地品种生产性能的详细了解，会导致不恰当的品种选育），市场缺位（某些品种的饲养或某些生产方式还会有外在成本或外在效应，例如工业化生产对环境的破坏），还有导致畜牧业内资源配置不合理的政策误导（FAO，2002）。

政府的各种直接和间接补贴往往促进了工业化生产的发展，却不利于小型养殖户。在某些国家，畜牧业政策的确定受到了希望提高畜产品出口的愿望的强烈影响（见插文16）。补贴的形式多种多样，包括支持资本投资的赠款或贷款、生产投入（如进口饲料）的补贴、免费提供畜牧生产服务（如人工授精服务），以及畜产品的价格补贴（Drucker 等，2006）。

在政策层面上对动物遗传资源进行保

插文 16

政策失误导致越南猪遗传资源的流失

越南大约有25个猪品种，其中地方品种15个，外来品种10个。引进外来品种的目的，是为了与地方品种杂交以提高它们的生产性能。越南共有2 100万头猪，其中地方猪种占28%，外来品种占16%，其余 56% 都是各种杂交后代。在地方品种中，有3个品种被定为技术上已灭绝，4个属于濒临灭绝的衰退品种，2个是危险中的衰退品种，4个属于脆弱的衰退品种（越南国别报告，2003）。1994年的统计数据表明，地方品种猪约占越南南部猪存栏量的72%；到1997年，这一数据减少至45%。这一现象的出现既有市场导向的原因，也有政府政策失误的因素，因为政府的政策偏向于经济效益更大的杂交品种。

随后，政府意识到了地方种质资源在保持遗传多样性，以及为将来杂交育种提供优良性状素材方面的潜在价值，并开始给保有地方品种的育种部门、组织和个人提供扶持和贷款资助（ACI/ASPS，2002）。但是与那些经济性品种的出口创汇相比，对遗传资源保护的重视给政府带来的刺激还是很小的。

越南农业与农村发展部（MARD）还设立了专门的育种项目，其目的主要是为国内畜牧业发展提供优良的地方品种或外来品种。该项目下设两个国有种畜禽场，可以为商业化养殖场提供外来畜禽或者是杂交品种（Drucker等，2006）。同时，越南农业与农村部还颁布了很多措施来促进出口型养殖业的发展。其中包括由“出口扶持基金”为其提供优先的资金资助，由“开发援助基金”的贷款支付包括出口型猪产业发展在内的项目的高达90%的资金投入，每出口1美元乳猪提供280越南盾（0.02 美元）的补贴，每出口 1 美元猪肉提供900越南盾（0.06美元）的补贴（ACI，ASPS，2002a，b）。

最近的一项调查可以充分说明政府的支持对这些“高档”猪品种的重要性。这项调查的对象主要是山罗省在国家和地方政府中任职的消息灵通人士。国家为这些出口型猪品种的投资大约在31美元/猪/年（46万越南盾/猪/年）。这些资金主要来自 11 个项目，其中一半以上（54%）补贴资金来自于与品种维持繁育有关的项目。其他主要的补贴资金包括筹建种畜场购买的种畜的补贴（17%）、筹建养殖场和购买猪苗时发放的优惠贷款补贴（13%）、人工授精补贴（9%）等。

注：由 Achilles Costales，AGAL（PPLPI）FAO 提供；更多信息请参阅：ACI/ASPS.（2002）；Drucker 等（2006）。

护与可持续利用的意识往往比较薄弱(参阅第三部分第一章)。这个缺陷导致现在对许多地方品种的特性了解不够,以及在许多政策中缺乏对动物遗传资源的考虑。除此之外，公共财政在动物遗传资源开发利用方面的投资在逐渐减少。对生物技术的重视不断增长，而对整体育种改良活动的关注却不断减少。整体的育种改良包括育种计划的拟定，畜禽记录方案的建立和改进，动物遗传资源的生产测定，以及传统品种和当地农户的参与(FAO，2004c)。以上形势造成的结果就是，动物遗传资源的开发利用主要由商业公司承担，而商业公司把焦点主要放在了花费巨大的生物技术上，这就使得要在更广阔方面研究动物遗传资源的管理，将缺乏所需的资源。

与种植业相比，在国际上，关于动物遗传资源的交换以及获取与惠益分享的法律框架出现得较为缓慢(参见第三部分第五章第一节,它讨论的是影响动物遗传资源的主要国际法律框架)。关于政策选项的讨论在不断增加(Hiemstra等，2006)。很明显,在这些方面潜在的发展会影响特殊遗传资源的使用,或是影响特殊家畜生产系统的持续发展。但是仍然没有多少具体证据能说明,国际法律框架应当怎样调整,来增加或减少对动物遗传资源多样性的威胁。

上面说到的由不可控制的杂交所带来的威胁，可能会因政策措施而不断加剧。在发展中国家,食品安全问题是畜牧业发展政策制定的一个重要考虑因素。为了达到快速的发展,就要加大引进的高产遗传资源的使用;而且从政策上鼓励人工授精的应用，也会提高外来种质资源的推广率。发达国家的育种公司是外来种质资源推广的另一个推动因素；而在某些情况下，为了提高本国产品的推广，发展援助机构也会提供支持（Rege 和 Gibson，2003)。但是由于缺乏措施来保证外来遗传资源的合理规划和利用,它们对当地品种的影响有时会非常严重。而且，利用不适应当地环境的品种进行不加选择的杂交，有可能不仅不会实现预期的产量提高,反而会使小型养殖户的生计更容易受到影响（例如动物健康问题的出现)。这个问题在博茨瓦纳的国别报告中进行了详细的描述：

“动物健康与生产部门（DAHP）中的动物育种局，为使用人工授精的农牧民承担了牛的精液进口工作。为了使农牧民能够获取改良的遗传物质，该局还为精液提供补贴。但是改良过的后代到了集体牧场的生产系统以后,其表现(如成活率、生长速度等）并没有被监测过。精液和活牛的进口导致了肉牛的无序杂交，并使土著的 Tsawna 牛品种受到威胁。”

上面已经提到,半干旱地区牧民的生计受到了不断的影响,这会进一步威胁到传统畜牧业所利用的品种。而这种情况还往往会因为政策法规的原因而加剧。牧草资源的获取和利用是一个关键性的问题。

插文 17

哪个奶牛品种更适合热带地区的小型饲养者

最近的一项研究表明，肯尼亚小型饲养者的奶牛饲养促进了对外来奶牛遗传资源的充分利用。研究还表明，这些品种在热带气候以及当地恶劣的饲养条件下，仍能保持不错的产奶量。

肯尼亚瘤牛和荷斯坦奶牛杂交品种的“营养与能量平衡模型”表明，在零放牧生产单元中，这些牛群所摄取饲料的能量密度，不足以支撑它们获得超过18升的日产奶量。尽管有时可以通过增加饲喂的方式将日产奶量提高到22升，但是，产奶量提高所产生的多余热量却不能排散出去，这就可能导致奶牛食欲下降。同时，为了保证产奶量，奶牛还可能会动用体内的储备能量。在沿海地区，当地恶劣的自然条件使得奶牛的营养状况很差。因此到了炎热的夏季，奶牛日产奶量即使降到11升，它也仍然会处于持续的中度应激状态中。为了避免危及奶牛健康，一般建议丘陵地区奶牛的产奶量不能超过20升/天，沿海地区不能超过14升/天，这样年最高产奶量分别为4500升和3000升。

在泌乳量超过上面所说上限的初期，对奶牛产生的副作用还不是很明显。并且如果不考虑奶牛的健康因素，35升/天的产奶量是最经济的模式：不仅产奶量得到了提高、畜主的经济收益增加，而且这时每产一单位奶量的能量消耗也是最小的。但是慢慢地会发现，这种透支奶牛能量储备的后果，首先是奶牛因能量失衡而导致产奶量急剧下降，而后还可能伴随着不育症的发生，这种病态会持续很久，可长达460多天。在这期间，患病奶牛不能生育和喂食其他哺乳期的牛犊，而这些奶牛因过劳和能量失衡导致的后遗症，至少需要4年才能完全恢复。这样算来，靠透支奶牛能量来盲目提高产奶量的方式所带来的能量消耗是最大的。并且由于加速淘汰奶牛，还会导致产奶群奶牛数量的失衡。

与Boran、Nandi和Jiddu牛相比，荷斯坦奶牛无论是在产奶量、繁殖力，还是使用寿命上都不如前面的几个品种。研究还表明，荷斯坦奶牛与瘤牛杂交的品种在各方面的表现都很优异，尽管它们的年产奶量也只有1570升，并且能量消耗也比较大，但是317天就能产两头小牛的效率，还是部分地抵消了产奶量不足的缺点。这些例子表明，对奶牛产能的评价还应该加入诸如它们的能量消耗大小、寿命以及产仔间隔等因素。

注：由John Michael King提供；更多信息请参阅King等（2006）。

农作物的生产、野生动物公园的创建和矿产的开采，在土地的使用上往往具有优先权（FAO，2001a）；而这通常会干扰传统的、能有效利用牧地植被的放牧方式。水资源的不恰当开发也会有不良作用。在传统的游牧养殖方式下，牧民与国家之间的关系往往不够理想，因为牧民在政策层面上通常缺乏代表自己的声音，并且国家制定的发展措施往往强调的是对牧民的定居安置。

政策能对动物遗传资源产生重大影响的另一个领域，是应对灾害和紧急事件时施行的缓解和恢复措施。有关这方面的政策将在下一章节中讨论。

3 灾害和紧急事件[5]

灾害，比如干旱、洪涝、飓风、海啸、地震、战争和全民骚乱等，都会对全世界人民的生命和生活产生破坏性的作用。而且，许多类型灾害的发生频率还在不断增加。在1994—2003年这十年间，由于水文气象和地质因素造成的灾害发生的频率分别增加了68%和62%（IFRCS 2004）。这个时期受灾人口数也在不断地上升。在前一个五年，受灾人口平均每年有2.13亿；在后一个五年，每年受灾人口的数量平均为3.03亿。在这十年间，干旱和饥荒是最致命的灾害，它们导致了至少27.5万人死亡。其次是2004年年底的印度洋海啸，它夺走了超过10万人的生命，可见地质灾害的巨大破坏力。图36描述了近30年各种灾害发生的频率。

关于灾害和紧急事件以及救灾和灾后恢复的文献很多，但并没有多少人关注这些事件对畜牧业造成的影响。对于认识灾害的影响趋势和采取防范风险的措施来说，精确的数据是必不可少的（IFRCS，2005）。与灾害有关的数据在不断增加，但是涉及的家畜部门的数据却非常有限。公开的数据资源包括位于比利时的预防灾害研究中心（CRED）所管理的紧急灾害数据库（Emergency Disasters Data Base，EMDAT，http://www.em-dat.net/index.htm）和覆盖拉美及加勒比地区16个国家的DesInventar数据库（http://206.191.28.107/DesInventar/ index.jsp）。后者包括了一些关于灾害中死亡家畜的数据，但是只涉及很少的几个国家，而且是依靠媒体报道获得的数据，可靠性很低。不同品种家畜死亡的数据就更难以获得。因此，还难以详细分析、评价各种灾害对动物遗传资源造成的影响，而且在全世界水平上，评估灾害和紧急事件对动物遗传资源多样性的影响更是非常困难。

关于灾害和紧急事件类型的术语数量众多，例如:自然灾害、地质灾害、气候灾害、复杂紧急事件和复杂政治紧急事件，等等（Oxfam，1995；PAHO，2000；von Braun 等，2002；Shaluf 等，2003）。但是灾害与它们所引发的紧急事件是有差异的。

一般来说，灾害可分为两类：自然的和人为的（ADB 2005，Duffield 1994）。而历史上这两种灾害形式都被认为是具体的、一次性的事件。但在最近的几年，这种分类方法被认为太过僵硬。因为自然和人为的事件都能带来具有内在联系的后果。比如，牧区发生干旱会导致社会动荡。自然灾害也会加剧人类造成的紧急事件的恶化程度，例如战争以及疾病控制活动的崩溃，会使家畜流行病蔓延开来。并且，最初的事件会激发二次事件，如火灾和污染。另一个值得关注的问题是，灾害与其

[5] 关于灾害和紧急事件对动物遗传资源的影响的更详细讨论请参阅FAO（2006c）。

图 36
不同年份不同类型灾害的数量

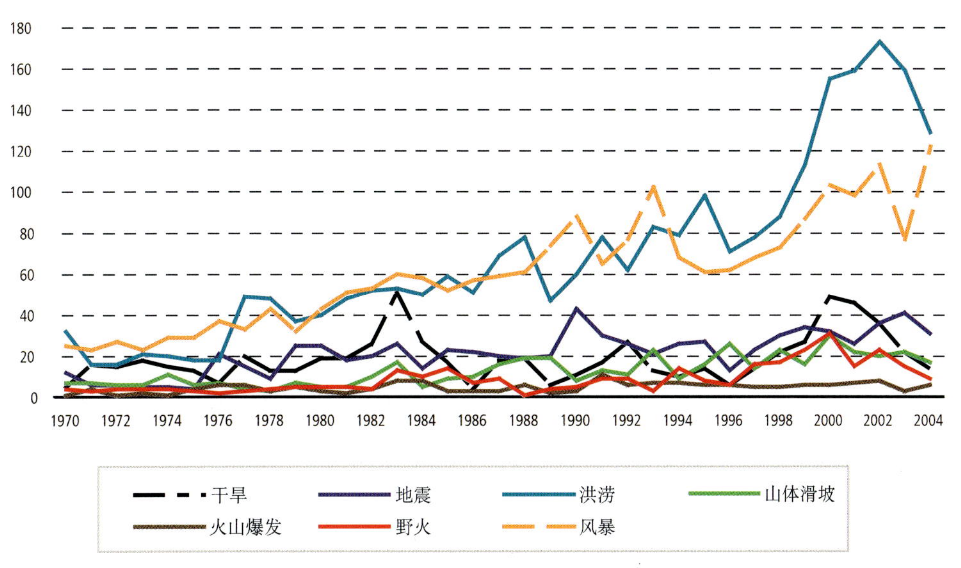

来源：EM-DAT，OFDA/CRED的一个国际灾害数据库，http://www.em-dat.net，比利时布鲁塞尔鲁汶大学。EM-DAT 数据中收录灾害的标准是：有 10 个以上人员死亡，100 个以上人员受灾，请求了国际援助，或是正式宣告进入紧急状态。

发生的情景是分不开的。比如，当一个社会比较贫困，或者环境已发生退化，或者管理机构较弱，在这种情况下灾害的影响将更为严重。

“突发事件”与“灾难”的意思不完全同，它不仅仅指那些不良的社会影响，而且还隐含有需要政策干预的意思。因此我们在考虑突发事件对畜禽影响的时候，不仅要考虑它们给动物资源保护工作带来的随后的表面的影响，也要考虑到由于这些突发事件引起的社会变化而给畜牧生产带来的更深远影响，更要考虑到应对突发事件所采取的政策可能对畜牧生产带来的影响。尤其要对那些涉及到每家每户或社区畜产品供应方案的应对措施，即那些关系到“再引种”（Heffernan 等，2004）的措施特别加以分析判断。在这里我们还有必要将急性和慢性事件加以区别。在下面的论述中，将分析这两种事件所带来的不同的影响程度。在急性事件发生后，伴随而来的畜禽群体重建的特点是涉及面较广和短时间内引入大量的个体。例如，20世纪90年代巴尔干半岛战争结束后，仅用了短短3年的时间完成了大部分当地畜禽种群重建的过程。与此相似，1999年飓风袭击印度奥里萨邦海岸后，当地政府也是在随后的几年内完成了引进新畜禽的过程。因此，急性事件给动物遗传资源保护所带来的短期影响是巨大的，而长期影响的效果优劣则主要是看引进来的品种对当地环境的适应情况，以及当地居民的饲养习惯（他们是不是喜欢饲养这些新引进而来的物种）。

相比较而言，慢性事件（HIV/AIDS和轻微干旱等）所带来的危害往往是零星的，小规模的，且持续时间较长。比如，自给农民之间的再引种活动常常被称为“传递礼物”，即把自己的新生幼畜赠送给别人（Heffernan等，2004）。这种恢复工程有时会长达数十年或者更长。因为所牵涉到的动物数量较少，所以在慢性事件发生的初期对品种资源的保护工作影响不大。但是慢性事件给当地品种资源所带来的长期影响却不容忽视。因为从长期来看，引进来的新品种会给当地物种的遗传组成带来巨大的影响，尤其是当当地养殖户比较趋向于饲养这些新引进的外来品种时。另外慢性事件间接引起的社会效应，像给畜牧业劳动力带来的改变等也会给动物遗传资源保护工作带来影响。如艾滋病就会导致家庭劳动力减少。目前，尚不清楚这些疾病高发地区中，疾病对畜牧管理和育种影响的性质和程度（Goe，2005；Goe和Mack，2005）。

在考虑相关因素对动物遗传资源造成的影响时，第一个考虑问题是受各种灾难和突发事件影响的畜禽群体范围。广义农业中有一观点认为地质性自然灾害对农业造成的影响要小于气候突变带来的影响（ECLAC 2000）。然而，对畜牧业来说，我们不能忽略急剧的地质环境变化如地震、火山暴发以及海啸等给当地畜禽品种带来的毁灭性的打击。

另外一个问题就是我们所掌握的有限有关畜禽死亡情况的数据能否真正充分显示灾害给动物遗传资源多样性所带来的影响。我们也缺乏评估不同物种和品种受灾害影响程度的数据。要量化灾害对各个品种的影响显然是很难做到的。但是我们可以推测采取哪种措施能够使动物受灾害影响的程度最小（Anderson，2006；RamaKumar，2000），以及采取何种措施可以最大限度地使引进品种更好地适应当地的生活环境，只是我们还很难确定这些措施的不同重要性。除了要考虑不同品种对某一灾害的反应强弱之外，我们还应该考虑品种的种群数量和分布区域大小。一些数量较少的品种，尤其是那些分布比较集中的品种更容易遭到毁灭性的打击。如果某种品种恰好分布在易受灾害地区的话，它们面临的威胁就更大。Anderson（2006）的研究表明由于尤卡坦半岛、墨西哥经常受到飓风的袭击，生活在当地的Box Keken猪在遭受了2001年Isodara飓风袭击后已经灭绝。而传染病给小型动物带来的负面影响比其他任何灾害都要大。鉴于目前对世界大部分地区的畜禽品种资源的分布情况还不清楚，因此还很难评估这些危害对畜禽品种所带来的影响，以及采取何种措施来减轻这种危害。

考虑如何应对这些灾害事件的时候，首先应该考虑的问题是动物遗传资源的保护。即使如此，还应从畜禽饲养者的角度考虑制定相关决策，更大程度避免对动物遗传资源的不利影响。因此，这些措施所产生的效果很大程度上取决于当地的具体畜禽分布情况。

一般的灾难预警和应对措施都包括以下几个部分：首先，在灾害发生前各种应对法案和物资准备已经就绪。在灾难发生时以及其后不久，工作的重点主要是如何控制灾难的危害以及评估灾难所带来的损失。最后则是重建被破坏的建筑物以及经济。以前，预警和应对措施总是把农业作为一个整体来考虑，而很少考虑到畜牧业的特殊性。近年来，许多国际机构都在为改变这一不合理的局面做工作（Oxfam，2005；FAO，2004b）。然而，这些工作还未能有效影响相关政策的制定。在发展中国家，灾害发生后政府的主要精力放在如何救助受灾民众上，而发达国家中的动物救治行动也受到一定的限制。相反，在后续的重建工作中一般都涉及了家畜的恢复生产——以“再引种”为主。因此，从历史的角度来看，这将成为重要的影响动物遗传资源的阶段。

如果没有外界的介入，畜牧业的恢复将会是非常漫长的过程，可能会持续很多年。而在政府、捐助者或非政府组织等外界力量的帮助下开展的再引种将大大加快畜牧经济的复苏。当受灾区的农户没有能力从外地引入畜禽的时候，有资助能力的外界力量介入进来，向他们提供了帮助，当地被摧毁的畜牧经济从而能够迅速一跃而起。然而这些行动的覆盖面可能很广，并可能在无意识中给当地畜禽品种的遗传特性发生不可逆性的改变。

没有文献研究再引种对动物遗传资源造成哪些影响。然而，通常认为其对地方畜禽群体数量的影响较小，因为引入的畜禽一般也是从本地购买（Kelly，1993；Oxby，1994；Toulmin，1994）。如果所引入的畜禽仍然是来自灾区的地方品种，那么给受灾地区畜禽的遗传性状所带来的影响应该不大，但是实际情况往往是，我们不能保证引入的畜禽大部分来自灾区以及附近。因为灾后要恢复畜牧生产往往需要的畜禽数量较大，而仅靠灾后从灾区搜寻来的动物的数量显然很少。例如，Hogg（1985）的研究就曾经指出在肯尼亚南部受灾以后，当地灾后存活的动物很少，很难达到重建畜牧业的要求。所以很多情况，所需要的畜禽可能来自于邻国或者是更远的大陆。前南斯拉夫在20世纪90年代结束战乱后，其重建畜牧生产所需要的畜禽大部分是从欧洲进口过来的外来品种（插文18）。Hanks（1998）也指出莫桑比克的重建工程也主要是靠从津巴布韦引入新的牛品种。

第二个需要我们考虑的问题是新引进的畜禽对当地动物遗传性状的影响程度。对样本群体模型的遗传分析表明，即使很小数量的引进品种也能对当地品种固有的遗传性状产生深远的影响，因为引入新品种后可以发现短时间内当地纯种畜禽在畜禽总数中的比例迅速减小（Heffernan and Goe，2006）。影响的大小主要取决于灾后当地农户的饲养习惯，新引进的品种越受养殖户的欢迎，那么其影响也就越大（Heffernan and Goe，2006）。

不提倡引入外来品种进行畜牧业重建时，除了要保护当地品种资源的原因之外，还有其他方面的原因考虑。例如，上面提到的莫桑比克，在灾后曾经想在短时间内完成畜禽的引进工作，但是由于引入外来品种的死亡率太高，引种工程却被严重拖后（Hanks，1998）。另外，考虑到社会经济环境的影响，大批量引进外来物种这一方法也是不可取的，正如Köhler-Rollefson（2000）所描述的：

> “在许多情况下，大量的引入外来品种或者使过量的与外来品种杂交将会导致该地区的畜牧生产强烈依赖外来品种供应，而且这些新的品种很容易受到生态环境变化的影响。一旦社会经济环境变得恶劣，外界不再提供种群以及相应的服务，那么畜牧生产将会遭受巨大损失。”

当新引进的品种不能适应当地的自然环境或者当地养殖户不太喜欢新引进的品种时，引种对当地动物的遗传特性的影响会小一些。但是更多的情况下，我们很难鉴别这两种情况是否存在，从而导致那些适应当地自然人文环境的品种丢失。因此，不切实际的畜牧生产重建政策不仅会影响到遗传资源多样性的保护工作，而且还会影响当地居民的生活。

从以上的分析中我们可以看出贴切的管理策略对动物遗传资源的保护工作来说非常重要。它应该包括以下几个方面：准备（事件发生之前）；补救措施（事件发生过程中）；恢复（畜牧生产的重建过程）。

准备工作可以从以下几个方面着手。首先以法律的形式规定受灾后应该及时挽救濒危的动物品种资源。这一点对于那些发生速度较迟缓，并且在其发生期间就可以采取保护措施的灾害尤为重要，例如传染病和干旱等发生时的补救措施就很重要。其次采取各种措施建立灾害预防机制，例如在易受干旱和严冬雪灾影响的地区建立饲料储备库——见蒙古国别报告(2004)的实例。另一个重要工作就是应充分认识当地各个品种的特点以及重要性。许多国家由于在这方面的工作力度不够，结果导致灾害发生后不清楚应该优先保护哪些品种。最后一个准备工作要点是可以在远离品种原产地的地方建立保种场，这样可以保证灾害发生时品种资源的绝对安全。

灾害发生时，对稀有动物遗传资源开展的遗传救助行动是十分必要的，而且，对那些在始发灾难中幸免于难的动物来说，生存威胁仍在持续。对许多国家来说，很难在此时开展动物遗传资源的救助行动。此时，最有效的措施恐怕就是收集遗传物质冷冻保存。且只有认清受灾物种的遗传特点以及所面临威胁的大小，才能有

插文 18

战后波黑的引种计划

1992—1995年的波黑战争期间，其国内畜牧业生产受到了巨大的影响。牛、羊、猪、禽类和马分别损失了60%、75%、90%、68%和65%。萨拉热窝附近的Busa牛核心群连同有关该品种的相关记录都毁于战争。波斯尼亚山马的育种保种工程也中断了。而大量的Sjenicka纯种绵羊也遭到灭绝。

1996年，一个为期三年的重建计划出炉了。根据该计划需要进口60 000头高质量的奶牛、100 000头绵羊和20 000头山羊。按照计划第一年共进口了10 000头小母牛，其中6500头的资金来源于国际农业发展基金（IFAD），并且计划实施过程中还得到了联邦农业部项目执行单位的帮助。其他的动物来源于各国政府以及相关人道主义机构的捐助。进口母牛来源也很广泛，其中包括匈牙利、澳大利亚、德国和荷兰等国家。其中有75%是西门塔尔牛、10%的荷斯坦黑白花牛、10%的Montafona（高山褐色）牛和5%的Oberinntal（灰色提洛尔）牛。同时还进口了不少冷冻精液。而那些在战争中失去了大部分生产资料并拥有大面积土地的农户则可以从银行得到长期贷款用于恢复生产。政府原本计划每个农户至少可以养得起一头奶牛，但是后来商业资本的注入使每户平均达3～5头奶牛。尽管新引进来的奶牛的产奶量和产肉率都有很大的提高，但是由于饲料不足、缺乏饲养管理经验和兽医服务，以及没有相应处理奶制品的设施等原因，使引种计划并不很成功。

很多机构都参加了两国后来的畜牧业重建工作，而且私人公司也参与了畜禽进口工作。尽管没有有关这次引种工作所涉及的动物品种详细的记录，但是有一点可以确定的是战争和随后的引种工作使该地区的品种资源变化极大。例如，1991年该地区的Busa牛的数量高达80000头，而到2003年仅剩下100头。

更多相关信息见：波黑国别报告（2003）；FAO（2006c）；SVABH.(2003)。

效提高收集保存的效果。如果这些信息缺失，也可以进行遗传物质的收集保存，但带有一定的盲目性，可能成为动物遗传资源保护措施最后的备选方案。

由于相关部门筹备畜禽种群资源的引入需要一定的时间，所以灾后重建工作可能持续较长时间。对决策者来说，首要任务是确定引入畜禽的品种，引种原则一般以不改变当地原来的饲养体系和习惯为准。比如，如果在一个灾前不饲养奶牛的地方大量引入奶牛品种可能会导致引种失败。对于急性灾难暴发地区来说，其引种目的是恢复当地的畜牧生产，而不是大量改变以前的生产系统或改变受灾农户的谋生手段。因此引入的品种应该符合该地区原来的饲养管理习惯以及自然条件。否则错误的引种将会导致发生很多问题（Etienne，2004）。

相反，在应付慢性事件时，我们有更多的时间和机会做出正确的决定。此前，有很多向灾区引进奶牛品种并取得较好效果的例子（Etienne，2004）。但是灾区劳动力相对匮乏以及资金不足等因素也是需要考虑的问题。因此在制定引种计划时必须考虑到这些限制因素与当地的饲养条件。此外还要考虑到当地农户对引进品种的反应。这一点尤其重要，它不仅关系到畜牧生产重建工作是否能够成功，也关系到遗传资源保护工作能否顺利完成，因为后者将在很大程度上受制于农户的饲养习惯（Heffernan 和 Goe，2006）。

急性灾情暴发后存在的另外一个重要问题是很难准确评估损失的畜禽数量，而且所评估得出数据的可靠性也不高。只有获得准确的损失数据，才能更好地开展引种工作。在有些情况中甚至要根据这些数据来决定所引进畜禽的来源，是应在灾区收集有关动物，还是应由其他省市，甚至是国家引进外来品种。因此灾后应该详细确认各个品种动物的损失情况，然后再综合各个方面的因素，如欲引进品种的可获得性、时间的紧迫性等，确定最终适宜的引种方案。

4　疫病控制措施

世界各地的畜牧业生产无不受到动物疫病的制约，它们不仅导致动物生产能力的下降，动物死亡，而且还影响养殖户的经济收益，甚至危害人类的健康。因此有必要对疫病进行控制和预防。动物疫病给养殖业以及遗传资源保护工作带来了很多危害。某些严重流行性疾病会引起疫区患病畜禽的大量死亡。也正是由于流行性疾病给畜牧业生产带来的巨大危害，人们已经研发了各种措施对疫病进行综合性防治，其中包括疫苗接种、限制动物流通，甚至屠杀某一区域内的所有易感动物等。但是问题是很多疫病都是流行性的，会在动物贸易过程中传播到其他国家。由于人畜共患病的存在，也迫使人们采取更加严厉的措施来控制这些烈性传染性疾病。近几年在世界很多地区都发生了破坏力较强的传染性疾病，尤其是高致病性禽流感（HPAI）的暴发使各国政府以及相关国际机构更加关注传播性疾病的防治工作（FAO/OIE，2004）。

这些传染性疾病威胁动物遗传资源的主要原因是，其致死性和相关的捕杀动物的政策会给受保护畜群带来的毁灭性的灾难。当然，有些时候，疫病的影响可能会较为隐蔽。畜禽通常在某一特定的，它们比较适应的环境中进行产品生产或提供服务。如果环境发生变化，如出现新的动物疾病或采取相关的控制疾病措施使经济负担加重等，现有的畜禽饲养模式则可能需要修改、取代或废弃，而与之有关的畜禽品种则会面临被淘汰。除了疫病对畜牧生产造成的直接影响外，由于贸易和食品卫生等相关要求的原因，疾病控制的有关限制和花费也会增加。虽然这里讨论的焦点是遗传侵蚀面临的动物疫病威胁，我们还应认识到，在许多情况中，正是由于疾病的存在限制了其他易感外来动物的引入，从而迫使人们继续使用地方品种。

近些年暴发的新型流行性疾病已经导致很多动物死亡或者被捕杀。2003—2004

年泰国暴发的HPAI导致3 000万只禽类死亡（农业与合作部，2005）。仅仅在2004年1月到6月期间为了控制疾病的继续蔓延就有1 800万只禽类被捕杀，占当时该国存栏量的29%（农业与合作部，2005）。而同一时期，越南和印度尼西亚也分别损失了约4 300万和1 600万只禽类，分别占两国存栏量的17%和6%（Rushton等，2005）。

1997年典型性猪霍乱（CSF）在荷兰的暴发，促使该国屠杀了将近700万头生猪（OIE，2005）。2001年英国暴发的口蹄疫（FMD）也使英国屠杀了将近700万头绵羊、猪和牛（Anderson，2002）。1997年在贝宁暴发的非洲猪瘟（AFS）导致该地区37.6万头猪直接死亡，而为了控制该疾病的发展，政府又被迫屠杀了1.9万头生猪，使当时该国的生猪存栏量仅仅剩下47万头（OIE，2005）。近些年暴发的其他烈性传染病还有：1997年安哥拉暴发的牛

表40

近年来重大疾病造成的相关动物死亡数量与比例

疫病	年份	国别	动物数量（千头）		占总数量的比例（%）	
			淘汰	死亡	淘汰	死亡
非洲猪瘟	1997	贝宁湾	18.9	375.9	4	80
非洲猪瘟	1998	马达加斯加	0	107.3	0	7
非洲猪瘟	2001	多哥	2.2	15	1	5
非洲猪瘟	2000	多哥	10	0	3	0
禽流感	2003	荷兰	30569	76.2	30	0
禽流感	2003/4	越南	43000*	–	17	–
禽流感	2003/4	泰国		29000**	15**	
禽流感	2003/4	印尼	16000*	–	6	–
禽流感	2000	意大利	11000	0	9	0
禽流感	2004	加拿大	13700	0	8	0
牛传染胸膜炎（普通牛）	1997	安哥拉	435.2	0.2	12	0
猪瘟	2002	卢森堡	16.2	0.04	20	0
猪瘟	1997	荷兰	681.8	0	4	0
猪瘟	2002	古巴	65.5	0.7	4	0
猪瘟	2001	古巴	45.8	1.5	4	0
猪瘟	1998	多米加	8.7	13.7	1	1
口蹄疫（普通牛）	2001	英国	758***	0	7	0
口蹄疫（猪）	2001	英国	449***	0	8	0
口蹄疫（绵羊）	2001	英国	5249***	0	14	0
口蹄疫（绵羊）	2001	荷兰	32.6	0	3	0
口蹄疫（普通牛）	2002	韩国	158.7	0	8	0

资料来源：死亡率数据来自OIE（2005）；动物数量数据来自FAOSTAT。

*Rushton等（2005），只有淘汰的数据，没有因病死亡数据；**FAO（2005b），数字包含淘汰和因病死亡两部分；***Anderson（2002），数字包括和母畜一起被屠宰的新生小羊羔和小牛崽，而无法得到这部分的确切数据，因此，实际被淘汰的数据可能要更高。

触染性胸膜肺炎；1998年多米尼加和2001/2002年古巴暴发的典型性猪霍乱；非洲多个国家相继暴发的非洲猪瘟；2001年爱尔兰和荷兰，以及2002年韩国暴发的口蹄疫（OIE，2005）。详细情况见表40。但是疫病对遗传资源的影响常常很难评估，因为很难获得针对各个品种的相关信息。在其他条件都相同的情况下，当死亡动物数量比例较大的时候，其影响较大。为了指出不同疫病造成的影响不同，除了原始死亡数据外，表40中列出了各物种中死亡或淘汰动物占全国总量的比例和年份，近来暴发的重大疾病所造成的相关动物死亡数量比例也在表中列出。

然而仅仅凭借某种动物的死亡数量并不能准确的评估动物遗传资源受到的影响，因为当某一品种仅仅在某一疫区有分布的的话，这种品种的遗传资源就将会受到很大的影响。而且如上所述，动物遗传资源所受的影响大小还受到灾后重建工作好坏的影响。

由于没有特定品种的分布情况以及受影响程度的相关数据，评估动物遗传资源所受到的影响很困难。例如在博茨瓦纳的Ngamiland暴发的一次牛传染性胸膜肺炎的控制过程中，就发生过在没有弄清疫区品种分布相关数据的情况下，屠杀了34万头牛（博茨瓦纳国别报告，2003）。但是，已经有充分的数据表明各种疫病和灾情，甚至是之后的重建过程都曾经给动物遗传资源带来很消极的影响。

2003年的日本国别报告表明，2000年生活在Kuchinoshima岛上的Kuchinoshima牛大约有三分之二死于流行性疾病。赞比亚的报告表明，在过去10年里生活在该国的牛，尤其是本土品种深受科立多病的危害，该国南方某些省份的牛存栏量下降达30%（Lungu，2003）。而英国因为建立了良好的珍稀物种保护机制，能较好地对各种疾病和灾害给动物遗传资源带来的影响进行了细致分析。在英国，为了控制2001年暴发的口蹄疫而实行的屠宰措施也威胁到了很多濒危品种的生存，但是受到影响的各个品种的情况以及受威胁程度都有详细的记录。表41所列就是在该次口蹄疫事件中受影响的品种名单。

同样，口蹄疫在荷兰暴发时，政府也淘汰了一些濒临灭绝的动物，如生活在Veluwe 国家公园的Schoonebeker绵羊

表41

2001年英国暴发口蹄疫时的受影响品种

品种	2002繁殖母畜总量	估计2001年损失的繁殖母畜（%）
牛		
Belted Galloway	1 400	approx.30
Galloway	3 500	25
Whitebred Shorthorn	120	21
绵羊		
British Milksheep	1 232	<40
Cheviot（South Country）	43 000	39
Herdwick	45 000	35
Hill Radnor	1 893	23
Rough Fell	12 000	31
Swaledale	750 000	30
Whitefaced Woodland	656	23

资料来源：Roper，2005。

(Netherlands，2002)。另外较特别的例子是海地克里奥尔猪，20世纪70年代典型性猪霍乱席卷了加勒比地区的众多国家(FAO，2001b)，其中海地分别于1979年和1982年两次运用屠杀的方式来抑制疫病的传播，但是这样却也导致克里奥尔猪在该国灭绝。而后该国重新从美国引进约克猪、汉普夏猪和杜洛克猪来重建养猪业，但是后来发现这些引进品种并不能很好地适应当地散户饲养的管理模式。最后又引进了Gascon × Chinese × Guadeloupe Creole猪的杂交品种，该杂交品种猪基本上能适应当地环境（海地国别报告，2004)。

而发生在东南亚的高致病性禽流感则更清楚地说明了烈性传染病是如何改变了一个地区的养殖体系。与集约化养殖厂里主要饲养的杂交品种不同，乡下农户饲养的一般都是各种本土品种。而为了预防集约化养殖厂暴发烈性传染病，一般会在养殖厂周围建立"无禽区"(FAO，2004a)，这样就会影响到周边农户的饲养结构。另外为了减少禽流感的发生，政府甚至会对一些涉及到禽类使用的社会文化活动加以干涉，这也无疑会限制农户饲养禽类。例如，有些国家已经颁布法令禁止饲养禽流感的易感动物以防止暴发禽流感，同样也禁止诸如斗鸡等涉及禽类的社会文化活动。不再提倡在稻田里面放养鸭子等传统养殖方式，因为在这种养殖方式下，鸭子会到很远的地方觅食。总之由于高致病性禽流感的发生，今后在东南亚地区很可能再也看不到散养的禽类，看不到漫步的、成群结队的鸭子（FAO，2005b)。而那些小型的养殖户由于在应对禽流感时面临困难重重，他们的命运也很不明了。

马达加斯加国别报告中也指出，为了控制非洲猪瘟，该国不再鼓励以本土品种为主的散养模式，而鼓励集约化养殖。斯里兰卡开始意识到散养方式可能会造成日本乙脑传染给人类。然而英国在这方面是个例外，为了保持品种资源的多样性，该国在2001年暴发口蹄疫后，个人饲养的家畜数量反而增加了（英国国别报告，2002)。

另外，由于某些品种对某种传染病比较易感，这可能会很不利于这些品种的保护。例如，由于一个即将灭绝的羊品种个体内经常缺乏对绵羊疯痒病的抗病基因，欧盟认为限制该品种羊的饲养也许会有效控制此病。但是作为一个已经在欧洲存在250年的流行病，它在近几年的暴发绝对不会仅仅和该品种羊有关。但是考虑到人类的健康问题，仍然有很多人在鼓动尽快采取严厉措施限制该品种羊的饲养。也许利用基因工程的方法可以改进这些有缺陷的基因型（Townsend等，2005)。

尽管目前还没有充分的证据说明这一点，但有些情况下似乎不是疾病本身而是采取的措施最终导致遗传资源的保护工作受阻。通过最近发生的一些事件，可以越来越清楚地认识到疫病防治措施和遗传资源保护方面之间的矛盾。例如，2003年欧盟颁布的法令指出，饲养在实验室、动物园和野生动物公园等圈养起来的动物，如果确认没有被感染可以免予屠杀，因为有证据表明这些圈养的动物不会对外界构成威胁（EU，2003b）。

2001年的疫情发生后，英国政府颁布法案指出饲养在疫区3千米以内的珍稀品种家畜，其畜主可以为这些家畜申请免予屠杀（MAFF，2001）。为了保护深受禽流感之害的亚洲珍稀家禽，人们一般采取提前接种各种防治疫苗的办法。为了避免绵羊疯痒病危害珍稀动物品种，还在继续相关研究（townsend 等，2005）。

为了尽可能降低疫病造成遗传资源损失，目前已经采取了很多措施。例如，对受严重威胁的畜禽可以采取冷冻保存其遗传物质的方法加以保护。其他的保护措施还包括在不同的地点饲养那些濒危畜禽品种，且地点选择最好为那些畜禽饲养密度比较低的地方；在各种品种混养的养殖厂内，把需要保护的品种分离出来单独饲养；不断更新品种资源数据等（德国国别报告，2003）。

但是以上所有措施都是建立在一个共同的基础之上的，那就是必须有各个品种的详细统计资料，这些资料应该包括品种的特性、受威胁程度，还有它们的地理分布，以及所涉及国家和地区的养殖水平和养殖习惯。这样又回到了动物遗传资源这个老话题上。另外还要做到的一点就是，应该在危机到来之前做充分的物质和思想准备来保护遗传资源不受危害。

5 结论

还有很多影响到动物遗传资源的因素是我们不能轻易改变的。例如，那些不可预见的，整个养殖业生产格局的变化和一些突发性事件等。另外，也不能期望将动物遗传资源放在食品安全、人道主义灾难救援或重大动物疫情控制能凌驾于食品供应安全、人类健康和疫病防治等工作之上，但是还是可以采取措施尽量减少它们之间的冲突。不幸的是，很多情况下遗传资源保护给未来畜牧业发展所带来的好处以及 AnGR 动物遗传资源所面临的困境都被人们忽视了。这导致很多政策的制定没有考虑保护那些已经受到威胁的品种而是仅仅考虑怎样提高经济效益。

出现这些现象的基本原因很多时候是人们对遗传资源本身的特点和价值认识不够。他们不了解这些品种资源的基本分布区域、所处的养殖环境，以及饲养管理水平和政策变化等可能对这些品种造成的影响。这就意味着我们不能及时察觉即将到来的威胁和危害。

因为缺乏品种层次上的危害程度大小方面的数据，我们很难统计出疫病对动物遗传资源的影响，但是我们知道有很多动物在疫病流行期间死亡，而更为严重的是疫病暴发后要淘汰更多数量的动物，这比疫病本身造成的损失还要大。最近几年，在各方面的努力下人们在控制疫病的时候开始考虑动物遗传资源这一因素，但是这还是远远不够的。2001年欧洲各国发生口蹄疫期间，保护动物遗传资源的工作仍然很难开展，即使在有着保护遗传资源良好传统的欧洲，也有几个品种因为淘汰政策受到严重影响。要在控制疫病过程中对动物遗传资源实行保护，还需要有法律保障才能实现。现在欧洲在这方面已经有所进展，但是可以推测，今后的控制疫病和动物遗传资源保护这两种措施还会发生不小的冲突。要想保护动物遗传资源还有很多工作要做，要改善品种特点等相关信息缺乏的状况，制定更加详细有效的方案。

疫病和其他灾害对动物遗传资源的影响还没有详细的记录。然而之前的经验表明，灾后畜牧业重建工作对动物遗传资源的影响很大，因此制定相关措施时应该特别慎重，避免给动物遗传资源带来负面影响。

总结以上所述，我们可以看出要想做好动物遗传资源保护工作，必须从几个方面同时着手干预。这些措施主要包括以下几个方面：

- 首先弄清AnGR的特性以及其分布情况。
- 在采取各种干预措施以及灾后重建措施之前，要先预估它们可能给动物遗传资源带来的影响。
- 继续改善疾病防治与灾后重建过程中所采取的各种措施，减少其对动物遗传资源产生的负面影响。

上面所提到的各种措施在很多情况下不仅能减少遗传资源继续流失，而且还能促进对动物遗传资源的充分利用，从而更加促进家畜产业的健康发展。

参考文献

ACI/ASPS. 2002. *Commercialization of livestock production in Viet Nam.* Policy Brief for Viet Nam. Agriculture Sector Programme Support (ASPS); Hanoi. Agrifood Consulting International (ACI).

ADB. 2005. *Country Environmental Analysis: Mongolia.* Mandaluyong City, the Philippines. Asian Development Bank.

Anderson, I. 2002. *Foot and mouth disease 2001: lessons to be learned inquiry report.* Presented to the Prime Minister and the Secretary of State for Environment, Food and Rural Affairs, and the devolved administrations in Scotland and Wales. London. The Stationery Office.

CR (Country name). Year. *Country report on the state of animal genetic resources.* (available in DAD-IS library at www.fao.org/dad-is/).

Daniel, V.A.S. 2000. *Strategies for effective community based biodiversity programs interlocking development and biodiversity mandates.* Paper presented at the Global Biodiversity Forum, held 12–14 May 2000, Nairobi, Kenya. (available at www.gbf.ch/Session_Administration/upload/paper_daniel.pdf#search=%22loss%20migration%20urban%20livestock%20%22loss%20of%20traditional%20knowledge%22%22).

DEFRA. 2005. *NSP Update*, Issue 7. National Scrapie Plan, Worcester, UK. Department for Environment Food and Rural Affairs.

Delgado, C., Rosegrant, M., Steinfeld, H., Ehui S. & Courbois, C. 1999. *Livestock to 2020: the next food revolution*. Food Agriculture and the Environment Discussion Paper 28. IFPRI/FAO/ILRI.

Donahoe, B. & Plumley, D. 2001 Requiem or recovery: the 21st-century fate of the reindeer-herding peoples of Inner Asia. *Cultural Survival Quarterly*, 25(2): 75–77. (also available at http://209.200.101.189/publications/csq/csq-article.cfm?id=570).

Donahoe, B. & Plumley, D. (eds.). 2003. The troubled taiga: survival on the move for the last nomadic reindeer herders of South Siberia, Mongolia, and China. Special Issue of *Cultural Survival Quarterly*, 27(1).

Drucker, A., Bergeron, E., Lemke, U., Thuy, L.T. & Valle Zárate, A. 2006. Identification and quantification of subsidies relevant to the production of local and imported pig breeds in Vietnam. *Tropical Animal Health and Production*, 38(4): 305–322.

Duffield, M. 1994. Complex emergencies and the crisis of developmentalism. In *Linking Relief and Development, IDS Bulletin*. Vol. 25(4): 37–45.

Dýrmundsson, Ó.R. 2002. Leadersheep. the unique strain of Iceland sheep. *Animal Genetic Resources Information*, 32: 45–48.

ECLAC. 2000. *Handbook for estimating the socio-economic and environmental effects of disasters*. Santiago, Chile, Economic Commission for Latin American and the Caribbean.

Etienne, C. 2004. From a chaotic emergency aid-to a sustainable self-help programme. *BeraterInnen News*, 2: 25–28.

EU. 2003a. Council Directive 2003/85/EC of 29 September 2003 on Community measures for the control of foot-and-mouth disease repealing Directive 85/511/ EEC and Decisions 89/531/EEC and 91/665/EEC and amending Directive 92/46/EEC. *Official Journal of the European Union*, 22.11.2003.

EU. 2003b. Commission Decision of 13 February 2003 laying down minimum requirements for the establishment of breeding programmes for resistance to transmissible spongiform encephalopathies in sheep. *Official Journal of the European Union*, 14.02.2003.

FAO. 1996. *Livestock - environment interactions. Issues and options*, by H. Steinfeld, C. de Haan & H. Blackburn, Rome.

FAO. 2001a. *Pastoralism in the new millennium*. Animal Production and Health Paper 150. Rome.

FAO. 2001b. *Manual on the preparation of African swine fever contingency plans*. Animal Production and Health Paper 11. Rome.

FAO. 2002. *Valuing animal genetic resources: some basic issues*, by H. Steinfeld. Unpublished Report. Rome.

FAO. 2004a. *FAO recommendations on the prevention, control and eradication of highly pathogenic avian influenza (HPAI) in Asia, September 2004*. Rome.

FAO. 2004b. A step forward in the preparation of the first report. *Animal Genetic Resources Information*, 34: 1.

FAO. 2004c. *Conservation strategies for animal genetic resources*, by D.R. Notter. Background Study Paper No. 22. Commission on Genetic Resources for Food and Agriculture. Rome.

FAO. 2005a. *The globalizing livestock sector: impact of changing markets*. Committee on Agriculture, Nineteenth Session, Provisional Agenda Item 6. Rome.

FAO. 2005b. *Livestock production and HIV/AIDS in East and Southern Africa*, by M. Goe. Working Paper. Animal Production and Health. Rome.

FAO. 2005c. *Linkages between HIV/AIDS and the livestock sector in East and Southern Africa*, by M. Goe & S. Mack. Technical Workshop, Addis Ababa, Ethiopia, 8-10 March 2005. Animal Production and Health Proceedings No. 8. Rome.

FAO. 2005d. *Economic and social impacts of avian influenza*, by A. McLeod, N. Morgan, A. Prakash & J. Hinrichs. FAO Emergency Centre for Transboundary Animal Disease Operations (ECTAD). Rome.

FAO. 2006a. *A review of environmental effects on animal genetic resources*, by S. Anderson. Rome.

FAO. 2006b. Underneath the livestock revolution, by A. Costales, P. Gerber & H. Steinfeld. In *Livestock report 2006*, pp. 15–27. Rome.

FAO. 2006c. *The impact of disasters and emergencies on animal genetic resources: a scoping document*, by C. Heffernan & M. Goe. Rome.

FAO/OIE. 2004. *The global framework for the progressive control of transboundary animal diseases.* FAO/OIE. Paris/Rome.

FAOSTAT. (available at http://faostat.fao.org).

Farooquee, N.A., Majila, B.S. & Kala, C.P. 2004. Indigenous knowledge systems and sustainable management of natural resources in a high altitude society in Kamaun Himalaya, India. *Journal of Human Ecology*, 16(1): 33–42.

Goe, M.R. & Stranzinger, G. 2002. *Developing appropriate strategies for the prevention and mitigation of natural and human-induced disasters on livestock production*. Internal Working Document. Breeding Biology Group, Institute of Animal Sciences, Swiss Federal Institute of Technology, Zurich.

Haag, A.L. 2004. *Future of ancient culture rides on herd's little hoofbeats*, New York Times, December 21, 2004 (also available at http://query.nytimes.com/gst/abstract.html?res=F10B11FE38540C728EDDAB0994DC404482).

Hanks, J. 1998. *The development of a decision support system for restocking in Mozambique*. Field Report. Reading, UK. Veterinary Epidemiology and Economics Research Unit, University of Reading.

Heffernan, C., Nielsen, L. & Misturelli, F. 2004. *Restocking pastoralists: a manual of best practice and decision-support tools*. Rugby, UK. ITDG.

Heffernan, C. & Rushton, J. 1998. Restocking: a critical evaluation. *Nomadic Peoples* 4(1).

Hiemstra, S.J., Drucker, A.G., Tvedt, M.W., Louwaars, N., Oldenbroek, J.K., Awgichew, K., Bhat, P.N. & da Silva Mariante, A. 2006. *Exchange, use and conservation of farm animal genetic resources. identification of policy and regulatory options.* Wageningen, the Netherlands. Centre for Genetic Resources, the Netherlands (CGN), Wageningen University and Research Centre.

Hogg, R. 1985. *Restocking pastoralists in Kenya: a strategy for relief and rehabilitation*. ODI Pastoral Development Network Paper 19c. London. Overseas Development Institute.

HPI. 2002. *Project Profiles: Helping people around the world fight hunger and become self-reliant.* Little Rock, Arkansas, USA. Heifer Project International.

IFRCS. 2004. *World disasters report 2004*. Geneva. International Federation of Red Cross and Red Crescent Societies.

IFRCS. 2005. *World disasters report 2005.* Geneva. International Federation of Red Cross and Red Crescent Societies.

Iñiguez, L. 2005. Sheep and goats in West Asia and North Africa: an Overview, *In* L. Iñiguez, ed. *Characterization of small ruminant breeds in West Asia and North Africa*, Aleppo, Syria. International Center for Agricultural Research in Dry Areas (ICARDA).

Kelly, K. 1993. *Taking stock: Oxfam's experience of restocking in Kenya*. Report for Oxfam. Nairobi.

King, J.M., Parsons, D.J., Turnpenny, J.R., Nyangaga, J., Bakari, P. & Wathes, C.M. 2006. Modelling energy metabolism of Friesians in Kenya smallholdings shows how heat stress and energy deficit constrain milk yield and cow replacement rate. *Animal Science*, 82(5): 705–716.

Köhler-Rollefson, I. 2000. *Management of animal genetic diversity at community level*. Eschborn, Germany. GTZ.

Köhler-Rollefson, I. 2005. *Building an international legal framework on animal genetic resources: can it help the drylands and food insecure countries.* Bonn, Germany. League for Pastoral Peoples, German NGO Forum on Environment and Development.

Lungu, J.C.N. 2003. *Animal Genetic Resources Policy Issues in Zambia*. Paper presented at a Workshop Meeting to Strengthen Capacity for Developing Policies Affecting Genetic Resources, 5–7 September, 2003, Rome, Italy.

MAFF. 2001. *Exemptions for rare breeds and hefted sheep from contiguous cull.* MAFF News Release, 4 May 2001. London. United Kingdom Ministry of Agriculture Fisheries and Food.

Matalon, L. 2004. Reindeer decline threatens Mongolian nomads, *National Geographic News*, October 12, 2004. (also available at http://news.nationalgeographic.com/news/2004/10/1012_041012_mongolia_reindeer.html).

Ministry of Agriculture and Cooperatives. 2005. *Socio-economic impact assessment for the avian influenza crisis: gaps and links between poultry and poverty in smallholders.* Department of Livestock Development, Ministry of Agriculture and Cooperatives, The Kingdom of Thailand. (FAO/TCP/RAS/3010e).

OIE. 2005. *Handistatus II.* (available at www.oie.int).

Owen, J. 2004. "Reindeer people" resort to eating their herds. *National Geographic News*, November 4, 2004. (also available at http://news.nationalgeographic.com/news/2004/11/1104_041104_reindeer_people.html).

Oxby, C. 1994. *Restocking: a guide.* Midlothian, UK. VETAID.

Oxfam. 1995. *The Oxfam handbook of development and relief.* Oxford, UK. Oxfam.

Oxfam. 2005. *Predictable funding for humanitarian emergencies: a challenge to donors.* Oxfam Briefing Note October 24, 2005. Oxfam International. (available at www.oxfam.org.uk/what_we_do/issues/conflict_disasters/downloads/bn_cerf.pdf).

PAHO. 2000. *Natural disasters: protecting the public's health.* Scientific Publication No. 575. Washington DC. Pan American Health Organisation, WHO.

RamaKumar, V. 2000. *Role of livestock and other animals in disaster management.* (available at www.vethelplineindia.com/ProfRamKumar-article.doc).

Rege, J.E.O. 1999. The state of African cattle genetic resources I. Classification framework and identification of threatened and extinct breeds. *Animal Genetic Resources Information*, 25: 1–25.

Rege, J.E.O. & Gibson, J.P. 2003. Animal genetic resources and economic development: issues in relation to economic valuation. *Ecological Economics*, 45(3): 319–330.

Roper, M. 2005. *Effects of disease on diversity.* Paper presented at the International Conference on Options and strategies for the conservation of farm animal genetic resources, Agropolis, Montpellier, 7–10 November 2005. (also available at www.ipgri.cgiar.org/AnimalGR/Papers.asp).

Rushton, J., Viscarra, R., Guerne-Bleiche, E. & McLeod, A. 2005. Impact of avian influenza outbreaks in the poultry sectors of five South East Asian countries (Cambodia, Indonesia, Lao PDR, Thailand, Viet Nam) outbreak costs, responses and potential long term control. *Proceedings of the Nutrition Society*, 61(3): 491–514.

Shaluf, I., Ahmadu, F. & Said, A. 2003. A review of disaster and crisis. *Disaster Prevention and Management*, 12(1): 24–32.

SVABH. 2003. *Animal genetic resources in Bosnia and Herzegovina.* Sarajevo. State Veterinary Administration of Bosnia and Herzegovina.

Tisdell, C. 2003. Socioeconomic causes of loss of animal genetic diversity: analysis and assessment. *Ecological Economics*, 45(3): 365–376.

Toulmin, C. 1994. Tracking through drought: Options for destocking and restocking. *In* I. Scoones, ed. *Living with uncertainty*, pp. 95–115. London. Intermediate Technology Publications.

Townsend, S.J., Warner, R. & Dawson, M. 2005. PrP genotypes of rare sheep breeds in Great Britain. *Veterinary Record*, 156(5): 131–134.

Von Braun, J., Vlek, P. & Wimmer, A. 2002. *Disasters, conflicts and natural resources degradation: multidisciplinary perspectives on complex emergencies.* Annual Report (2001–2002). Bonn, Germany. ZEF Bonn Centre for Development Research, University of Bonn.

第二部分

畜牧业发展趋势

导　言

在农业产业化前期，畜禽品种不得不适应当地环境并实现多种功能，因此它们多种多样。但是，受日益增长畜产品需求的驱动，畜牧业迅速转向集约化和特殊化生产系统，在这种条件下，生产环境受到控制，生产力特性也集中到物种和品种选育的标准上。有限数量的高产品种满足了产业界对动物遗传资源（AnGR）的需求，从而趋向于品种间和品种内有限的遗传多样性。

尽管集约化生产系统在经济上具有重要性，且发展迅速，世界畜牧业仍具有高度多样性的特点。集约化和产业化生产系统满足了畜产品食物日益增长的大部分需求。但是，饲养家畜也是许多小生产者维持生计的一个重要来源。帮助这些牲畜饲养者改善生活水平仍然是一个重要目标。实现食物安全和与生计相关的目标的同时，还要保护自然资源是一个主要的挑战，例如水、土壤肥力和生物多样性，解决诸如温室气体排放的负面影响等。这个挑战要求对目前动物遗传资源的选择和利用进行严格的评估，这种评估对生产情况来讲并非总是最佳的，其中信息不畅影响了合理管理策略的产生。

本部分综述了畜牧业变革的动力和生产系统相关的发展趋势。同时，也介绍了畜禽饲养和环境之间主要的互作。最后，重点论述了动物遗传资源利用的意义。

第二部分

插文 19

生产力的概念

当讨论某一特定品种或生产系统的相对价值时，有必要对“生产力”概念进行仔细定义，否则会产生误解。首先必须要指出“高生产力”和“高产”之间的差异。严格地说，“生产力”或“效益”是一个衡量从单位投入中获得产出量的指标。它可以被定义为某一产品的投入—产出比，例如，以货币形式衡量的牛奶销售收入与牛奶生产成本之比。饲食农作物副产品（如秸秆）的牲畜，其产量低，但生产成本也低，因此，它们的生产力未必低。

使用广义的生产成本概念计算生产力，会导致不同的计算结果。例如，如果将环境成本计算在内，在工业化生产系统中饲养的高产畜禽，其生产力就不会像现在这样高。

全面衡量畜牧生产产出也是一个重要方面。饲养牲畜具有“财政功能”和“保险功能”，对于没有能力获取其他资源的牲畜饲养者而言，这两点功能尤为重要。曾有人试图量化财政功能和保险功能的价值，将其计算在畜牧生产的净利润中。例如，有研究指出，在尼日利亚西南地区的肉羊饲养中，上述功能的价值占到了净利润的81%（Bosman 等, 1997）；在印度尼西亚高地混合农业生产体系的牛饲养中占到了23%（Ifar, 1996）；在埃塞俄比亚东部高原小农户奶山羊饲养中占到了11%（Ayalew 等, 2002）。在混合型农业生产体系中，肥料是另一个重要产出物，而在计算畜牧生产总利润时往往被忽视。埃塞俄比亚的研究显示，从饲养山羊中获取的肥料占到了其毛利润的39%（ibid.）。Abegaz（2005）的研究也显示肥料产出的利润十分可观，在埃塞俄比亚东部高原混合型农业生产体系中，获取畜禽肥料和动物役力是当地畜牧生产的主要目的。

需要强调指出的是，不只是在热带地区或贫困地区畜牧生产才有多重价值，在相对富裕地区，关于生产力的争论一样存在，且主要集中在环境问题上（Van De Ven, 1996; Schiere 等, 2006a）。这再一次强调了要用更广泛的视野评价生物多样性的价值，而不仅仅是只评价牛奶产量或牛肉产量的潜力。

由 Hans Schiere 提供。

第一章
畜牧业变革的动力

1 需求的变化

自20世纪80年代初期以来，世界范围的肉奶消费量迅速增长。发展中国家占这种增长的很大份额（图37），发展中国家的家禽和猪肉消费量的增长尤为突出。20世纪80年代早期至90年代晚期，发展中国家的肉奶消费总的年增长率分别为6%和4%[1]。

在1980年，发展中国家的人口占世界总人口的3/4，但只消费了世界肉奶总量的1/3（表42和表43）。据估计，到2030

[1] 估计了1983—1997年期间的综合年增长率。

图37
发展中国家和发达国家肉类消费的变化

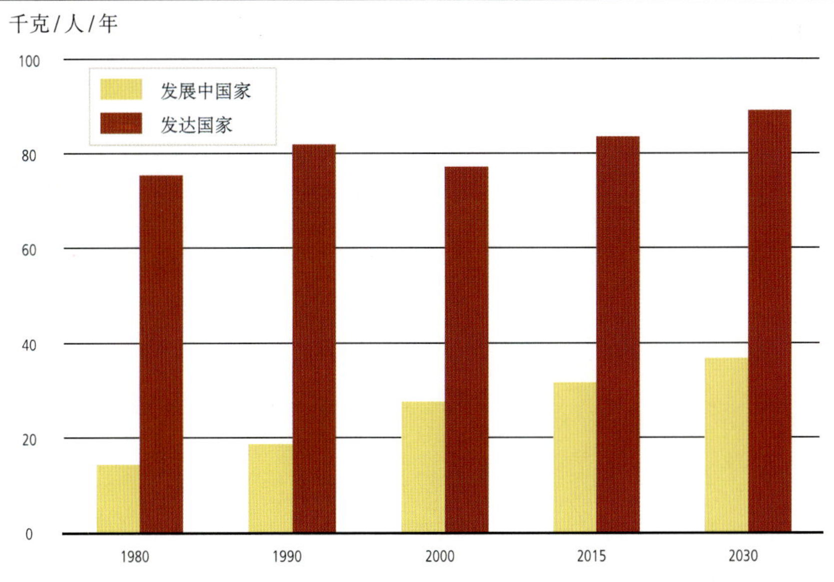

资料来源：1980，1990和2000年数据来自FAOSTAT；2015和2030年数据来自FAO（2002）。

第二部分

年，发展中国家的人口将占世界人口的85%，直接消费世界肉奶总量的2/3。日益增长的需求强烈地刺激了生产。在1999/2001—2030年期间，FAO（2006a）估计发展中国家的肉品和奶品生产的年增长率将分别达到2.4%和2.5%；而整个世界肉和奶的增长率将分别达到1.7%和1.4%。但是预计人均消费的增长将减弱，特别在非洲撒哈拉地区、近东和非洲北部，以及消费量已经很高的国家，例如发达国家或拉丁美洲（主要是肉品）。除了非洲以外，据估计2030年以后，人均消费量将以缓慢的速度增长，因为消费者要求更好的平衡日粮。因此，这将减少产量的增长：在2030—2050年期间，发展中国家的肉奶生产的年增长率将分别为1.3%和1.4%。

在发展中国家，新增的肉品消费的70%为猪肉和禽肉，而在发达国家此数据为81%。据估计至2030年，发展中国家的禽肉消费的年增长率将达3.4%，第二位是牛肉2.2%，第三位是羊肉2.1%。就整个世界而言，截至2030年禽肉消费的年增长率将为2.5%，其他肉品的增长率将为1.7%以下。中国、印度和巴西的增长率特别高，这些国家的绝对生产量和增长活力意味着它们在世界畜产品市场的明显优势将继续增加。消费的高增长遍及整个发展中国家，但是，在"畜牧革命"的程度上考虑地区之间和国家之间的差异也很重要。例如，位于非洲撒哈拉地区国家的肉、奶和蛋的消费水平在过去10年里一直停滞不前（FAO，2006f）。而且，对单一商品的需求在发展中国家的不同地区之间将存在巨大的差异。中国在整个消费量增长近两倍的肉品方面遥遥领先，这种增长主要集中在禽肉和猪肉。印度和其他南亚国家将大大增长整个奶品的消费量。

人类选择食物的正当理由是复杂的：是个人和社会能力以及喜爱影响了多重目标和决策，对食物的喜爱也在快速变化，

表42

2000—2050年期间肉品消费的预测趋势

地　区	生产 1999/2001年 [1000t p.a.]	1999/2001～2030年期间年增长率[% p.a.]	2030～2050年期间年增长率[% p.a.]	人均消费 1999/2001年[kg]	1999/2001～2030年期间年增长率[% p.a.]	2030～2050年期间年增长率[% p.a.]
非洲撒哈拉地区	5 564	3.3	2.8	9.5	1.2	1.4
近东/北非	7 382	3.3	2.1	21.9	1.6	1.1
拉丁美洲和加勒比	31 608	2.2	1.1	59.5	0.9	0.7
南亚	7 662	3.9	2.5	5.5	2.7	1.9
东亚	73 251	2.1	0.9	39.8	1.5	0.9
发展中国家	125 466	2.4	1.3	26.7	1.2	0.7
世界	229 713	1.7	1.0	37.6	0.7	0.5

资料来源：FAO（2006a）。

表 43

2000—2050 年期间奶品消费的预测趋势

地区	生产			人均消费		
	1999/2001 年 [1000t p.a.]	1999/2001～2030 年期间年增长率 [% p.a.]	2030～2050 年期间年增长率[% p.a.]	1999/2001 年[kg]	1999/2001～2030 年期间年增长率 [% p.a.]	2030～2050 年期间年增长率[% p.a.]
非洲撒哈拉地区	16 722	2.6	2.1	30.6	0.5	0.6
近东 / 北非	29 278	2.3	1.5	88.5	0.6	0.6
拉丁美洲和加勒比	58 203	1.9	1	122.4	0.7	0.5
南亚	109 533	2.8	1.5	82.3	1.5	0.9
东亚	17 652	3.0	0.6	13.1	2.1	0.7
发展中国家	231 385	2.5	1.4	53.1	1.3	0.7
世界	577 494	1.4	0.9	94.2	0.4	0.4

资料来源：FAO（2006a）。

日粮在质量和数量上的变化随着国家变富和人口不断城市化而加快。

1.1 购买力

在影响畜牧业生产变革的各种因素中，文献一致表明购买力是其中影响最大的因素（Delgado 等，1999；Zhou 等，2003）。随着购买力的提高，畜产品的消费也随之增加。但是，收入的提高对日粮的影响程度在低 、中收入人群中最大（Delgado等， 2002）。无论从个人水平还是国家水平来讲，都是这种情况（Devine，2003）。因此，总体说来，动物类产品的人均消费在高收入人群中最大，在强劲经济增长条件下的低、中收入人群中的变化也最大。无疑这些人群在全球并非平均分布，前者集中在经济合作与发展组织（OECD）国家，而后者大多集中在经济增长迅速的地区，例如东南亚、中国沿海省份，印度的 Kerala 和 Gujarat 邦和巴西的圣保罗省。这两种人群的分布与快速经济增长的城市中心相吻合。

1.2 城市化

城市化被确认为是畜产品人均消费的第二个主要影响因素（Rae，1998；Delgado等，1999）。城市化伴随着习惯食物消费方式和巨大的生活方式的变化，包括体力活动水平的明显下降。在城市化进程中的发展中国家，食物进食的量性变化伴随着食物的质量变化。这些变化包括从以谷物为主的食物变成含有高动物蛋白质和脂肪的能量食物，以及糖和糖为基础产品的消费增加。这种趋势可以解释为城市中心的较广泛的食物选择和日粮的影响，以及对方便食品和食物品味的喜爱（Delgado等，1999）。食品市场的组织和家庭制备主食都趋向于消费加工过的和事先准备好的食品，包括街道大排档食物。例如，预包装、事先加料煮熟的肉品正吸引着城市消费者（King等，2000）。

插文 20

伊比利亚猪在西班牙的持续利用——一个成功的案例

伊比利亚猪一度是西班牙分布最广的猪品种。该品种体格强壮、有采食牧草的能力、耐饥饿的能力及耐受极端温度的能力，十分适宜在当地粗放生产条件下饲养。传统的养猪方法促进了dehesa地区的维持，dehesa地区被欧盟认为是符合天然习性的森林放牧生态系统，其一部分地区被联合国教科文组织宣布为生物保护区。在这些地区，饲养伊比利亚猪一直具有巨大的经济和社会意义。

但是自20世纪60年代以来，大规模引进外来品种导致了许多西班牙家畜品种的减少，包括伊比利亚猪。由于产量低和与疾病控制相关的问题，传统的猪生产系统萎缩。截至1982年，伊比利亚猪母猪的数量降至只有大约66 000头。

自那以后，开发了一个非常成功的销售体系，把市场重点放在传统系统下育肥猪的肉品质量，在这个系统中，动物在不补饲的情况下自由采食牧草和橡籽仁。其产品高含不饱和脂肪酸，具有非常高的食用价值。目前人们对该肉品的需求很高：传统系统生产的育肥猪的价格比常规方式生产的猪的价格高160%，干制火腿的价格高出350%~500%。事实上，进一步增加这种产品产量的主要限制因素不是缺乏需求，而是该品种传统栖息地的有限范围。

传统生产系统也引进了技术革新——改善草地质量以及更有效地利用作物秸秆。进行了许多研究以增加该品种的营养、管理、行为学、形态学、遗传特性和肉品质量方面的知识。

截至2002年，伊比利亚猪母猪的数量增加到193 000头。大部分群体增加数量是在品种原产地以外的较为集约化的生产条件下，但仍有16.3%在粗放系统下饲养。

资料来源：Provided by Manuel Luque Cuesta和Vincente Rodríguez Estévez。

Rae（1998）提出，中国在一个规定的支出水平条件下，城市化对人均消费水平有正面的影响，同时也使消费支出的数量边界性增加。城市化和收入增加的作用与迅速经济增长的城市中心相吻合，创造出畜产品需求的热点。

1.3　消费者的品味和喜爱

如果购买力和城市化是影响人均消费方式的最重要因素，那么在地方水平上，其他因素也是十分重要的并且影响也很大。例如，与泰国相比，巴西的人均收入水平略高，然而，泰国的城市化水平比巴西要高，但是，巴西的人均畜产品消费水平几乎是泰国的2倍。相反，人均收入差距较大的国家可以有类似的畜产品消费水平（例如，俄罗斯联邦和日本）。

有许多因素在起作用，包括自然资源丰富程度。拥有海洋资源是一方面，拥有畜牧生产的天然资源是另一方面，二者使消费趋势向相反方向发展。人群的乳糖不耐受性限制了乳品的消费，特别是在东亚。文化原因，包括宗教，进一步影响了消费习惯。如在南亚人均肉品消费水平低于收入水平。宗教的影响也体现在喜爱某些物种和产品类型方面。这样的例子包括不吃猪肉的穆斯林和非常喜爱红肉的马赛人(Maasai)。这些不同因素形成了消费者喜爱的丰富形式，也影响了消费者评价畜产品质量的方式（Krystallis 和 Arvanitoyannis，2006）。

近期，其他机构因素也影响了消费方式。第一个是在经济合作与发展组织(OECD)国家中"相关消费者"(Harrington，1994）的出现。这些消费者的消费模式不仅受市场和风味的影响，而且受到对保健、环境、道德、动物福利和发展等问题关注的影响。这些消费者趋向于减少或停止消费某些特殊畜产品，或选择认证产品，例如天然草场或有机肉品、奶品或鸡蛋(Krystallis 和 Arvanitoyannis，2006)。政府促销活动也是消费趋势的潜在动力。(Morrison 等，2003)。

2 贸易和零售

日益增长的国际贸易以及大型零售商和综合食物链的提升是畜牧业变革的另外一个动力。更准确地说，在日益增长的畜产品需求条件下，它们影响了生产者和生产系统的相对竞争。

2.1　家畜和畜产品的流动

跨界畜产品贸易已经从 20 世纪 80 年代初期的 4% 增加到目前的约 10%。在贸易额方面，发展中国家是前20位主要出口国和进口国（FAOSTAT)。发展中国家的主要出口畜产品是活畜和牛肉、绵羊肉、山羊肉、猪肉、马肉、鸡肉和鸭肉，鲜奶和浓缩奶，以及猪和牛饲料；而大量进口的产品包括牛肉、绵羊肉、鸡肉、鸭肉、鲜奶和奶粉、黄油、动物饲料和活畜，包括牛、山羊、绵羊、水牛和鸡。

家畜市场有四个结构性发展（FAO，2005b)：

- 国际市场链：从一个国家向另一个国家的零售商和消费者供应畜产品。这些国际市场链要么由大型零售商控制，例如超市，要么由经营专门商品的进口商控制。
- 外资直接投资创建的链：供应国内市场，主要是城市市场的纵向综合市场链。它们典型地由大型零售商控制，例如国际或国内超市或快餐食品公司。
- 受全球化影响的国内市场：全球化对消费者需求和行为的影响导致了国内市场链的回应，而不是纵向综合市场链。例如乳品加工商、快餐食品链和餐馆增加了市场产品的多样性，但并不是纵向综合市场链的一部分。

- 增加本地市场：一方面是地理集中和国内专业化（见下面），另一方面是城市化，这就导致了在国家水平增加畜牧产品（以及饲料资源）的转移。

随着全球化，国际和国内市场可以连接起来。例如在家禽市场内不是所有分割肉都被出口，不出口的分割肉可以在国内市场销售。一些东南亚国家的养猪生产者在一年不同时间里根据相对价格从国内市场向地区性市场转移。虽然这些市场并不完全相同，它们的要求和影响却有一些共同特点。

增加的和长距离贸易需要标准和法规来保证食品安全性和减少交易成本。食品控制和认证系统必须高标准。除了国际机构（例如世界动物卫生组织（OIE）和食品法典委员会（CAC））颁布的健康和安全标准以及法规外，零售商可能还有额外

插文21

克服面向小规模市场的乳业发展的限制因素

据估计，到2025年，发展中国家对奶的需求将增加25%（Delgado等，1999）。促进小规模奶牛饲养业发展，有可能创造新的利润增长点，例如使小规模生产者收入增加和食品安全水平提高。粮食生产和肉类生产都只会产生阶段性回报。甚至非常小规模的乳业生产都会产生中等但是长期的收入。缺乏长期收入是贫穷农户的主要问题。

发展中国家迅速增长的乳品进口向发展小规模奶牛饲养提出了挑战，从1998—2001年，乳品进口增长了43%，据预测乳制品进口将继续增长。但是，有一些有利于当地生产者的市场发展。据印度国家乳业发展局的报道，市场需求使本地发酵乳制品的生产从1999/2000年度的26 623吨增加到2003/2004年度的65 118吨，黄油的生产从1999/2000年度的2 008吨增加到2003/2004年度的4 496吨（NDDB，2005）。

小农户进入奶牛饲养业，常常会受到缺乏用于奶牛、饲料和设备投资资金的限制，受到缺乏水资源和电力的限制，受到缺乏有关乳牛饲养和市场需求方面知识的限制，受到缺乏支持服务（兽医服务和人工授精）的限制，也受到缺乏生产和加工技术的限制。很明显，有许多小农户的牛奶生产成本和恶劣基础设施使其乳品生产没有竞争力。但与此同时，也存在许多有利于小型奶牛饲养业发展和成功的因素。

人们一直建议用面向市场的乳品企业（MODE）的方法作为乳业发展的样板。牛奶或生产者小组是基础的切入点，发展是有风险的，要逐渐向市场方向移动，这样小组成员能够做出符合市场的很好的决定。MODE方法由下面三个步骤组成：(1) 创建小组并运作；(2) 记录收益有限的低水平的活动；(3) 实施面向市场的方法。其他重要的需要考虑的方面包括地方市场的重要性，人们常常忽略地方市场而过分强调出口的潜力；需要开发适当的机构，以保障牛奶收集、加工和市场系统不排挤小农户；将乳业发展与国家畜牧发展政策联系起来的可行性政策环境。

由Tony Bennett提供。

关于MODE方法的详细信息，参见FAO（2006e）。

的技术要求。这些要求包括对特殊分割肉、胴体大小和重量、瘦肉率、奶的脂肪含量、鸡蛋颜色的要求，或者标签使用指定的语言或用特殊信息进行标注。可能也有有机生产或高动物福利标准的要求。在相互连接的市场中，高档市场的标准可能由低档市场实施，但一般来说低档市场对这些标准的监控将不如高档市场严格。

全球化市场有增加国民收入和创造就业机会的潜力。对于生产者和贸易商来说，发展中的国内市场可以为人们的生计选择提供灵活性和较大的多样性。但是，全球化的市场是惟一的。只有部分生产者满足市场准入所需的要求，小生产者会发现获得这些要求的知识和进行必要的投资是十分困难的。例如许多非洲生产的食品不能满足国际食品安全和质量标准。这就阻碍了非洲大陆增加地区内和国际间农业贸易的努力，进而许多农民也失去了改善经济状况的机会（De Haen，2005）。

2.2 大型零售商的崛起和食物链的垂直协调

超市在发展中国家的迅速扩展是最近几年的事情。只是在最近5～10年才在发展中国家的不同区域以不同的速度发展起来。Reardon和Timmer（2005）将超市在发展中国家的发展描述为三个阶段。第一个阶段，发生在20世纪90年代初期，涉及拉丁美洲和东亚（中国除外）、欧洲中北部和南非，当时超市的销售额仅占这些地区农产品零售总额的5%～10%。第二个阶段，发生在20世纪90年代中期，涉及中美洲部分地区和墨西哥、东南亚和欧洲中南部，截至2000年早期，超市销售额达到这些地区食品零售总额的30%～50%。第三个阶段，超市扩展发生在20世纪90年代晚期，受到影响的国家包括中国、印度和俄罗斯联邦，以及一些中南美洲、东南亚和非洲国家。截至21世纪中期，超市销售额达到这些地区食品零售总额的10%～20%。

跨国资本进入农产品链，特别是发展中国家的零售业和加工业，改变了从供应商购买农产品的方式，进入了产品细分，再向消费者流通的方式。由于这些新的流通机构和大型零售机构要在它们之间，甚至与传统供应商和传统批发商在国内市场上竞争市场份额，它们必须提供具有竞争性的价格。它们只有通过降价以维持或扩展市场份额。

同时，它们必须按照主要市场所需求的一致性的产品质量在配送方面进行竞争。生产商看来，"质量"的概念是复杂的，其属性也随时间而改变。一方面其定义根据零售商的策略而改变，另一方面也随文化影响而改变。它包括食品安全、营养和与产品的商业分类相关的属性（Farina等，2005）。大型零售商需要从供应商（生产商）那里获得固定数量和稳定质量的农产品的可靠供应。

在大型零售商控制的垂直—综合链中，采购过程趋向于向中心采购系统转换，包括在商品种类或专门市场链方面使用专业批发商。大型超市链可以通过它们

第二部分

表 44

畜产品市场标准和小规模生产者的含义

	积极因素	消极因素
过程标准		
牛奶的超高温处理（UHT） 政府要求	清楚明了的规定过程	检疫的行政费用 设备和培训投资可能排除了小农户
进口商和超市要求的屠宰场 危害分析关键控制点	清楚明了的规定过程	对小生产者可能不确定
有机农产品，认证机构建立的标准	以质论价。可小规模实施（例如智利的蜂蜜生产） 有利于劳力集约化的系统	认证机构在发展中国家较难建立，认证费用高。未经组织的小生产者难以实现
生产性能标准		
肉品沙门氏菌水平，生产情况差要受到财政处罚		通常根据发达国家严格的消费者要求制定标准。没有满足标准要求的保障方法。除非给予补助，否则试验费用难以承担
混合标准		
活动时间和产品质量的合同农业要求	以质论价。投资和现金流动支持。可以资助克服风险，例如HPAI暴发后再购买性畜。技术支持	如果不能使产品符合质量标准就有可能损失整个市场。并非所有的生产者都符合要求。如果不能达到“等级标准”，就是社会的耻辱

资料来源：FAO（2006d）p. 20。

喜欢的供应商系统来选择符合质量和安全标准的生产商，以降低交易成本。

成为综合链一部分的生产者可能面临合同安排的变化（例如成为专职合同农民），援助水平增加且优质产品也可获得高价，但是，如果合同条款没有得到满足或零售商倒闭，风险也更大。这特别适用于为了满足产品产量、安全性和质量要求的特殊化农民（表44）。典型地说，小股东利用企业的多样性来抵御风险，在几个企业投入了相对小的投资，但是如果为了满足一个零售商的需要，要求他们在一个企业投资更多的话，抵御风险就变得十分困难。对安全性和质量要求更高的全球化市场风险更大，因为整个市场会因疫病暴发或发现质量问题而关闭。小农户生产者和小型贸易者能力有限，且没有规避损失的能力。

3 正在变化的自然环境

千年生态系统评估[2]（Millennium Ecosystem Assessment）得出结论，生态系统的退化在本世纪前半部分可能变得更加严重，这是实现千年发展目标的一个障碍。例如，近几年的气候变化，特别是地区温度的上升，已对生物多样性和生态系

2　http://www.maweb.org/en/index.aspx。

统产生了明显的影响，特别是诸如非洲撒哈拉地区的旱地环境。生态系统退化加剧了发展中世界的贫困和食物不安全问题，特别在最贫困国家。全球气候变化在由各种因素造成的资源退化的背景下发生，这些因素包括一些农业技术和投入物的使用。

气候变化可能对全球环境造成了明显的影响。一般来说，气候变化越快，损失的风险就越大。据预测，到2100年世界平均海平面将上升9～88厘米，将有可能引起低洼地区洪涝灾害和其他损失。气候区域可能向极地和垂直受到破坏的森林、沙漠、草地和其他生态系统推进。其结果是许多生态系统将受到影响，有的物种可能面临灭绝（IPCC，2001）。

社会将面临新的风险和压力。在全球范围内，食品安全将不会受到威胁，但是一些地区可能经历食物短缺和饥饿。水资源将因世界降水和挥发形式的改变而受到影响。物理基础设施将被破坏，特别是海平面上升和极端气候事件的影响。这对经济活动、人类定居和人类健康将产生许多直接和间接的影响。贫困人口和处于不利环境下的人是对气候变化的负面影响最为脆弱的人群。

全球农业在未来的几十年里将面临许多挑战，情况可能因气候变化更为恶化。超过2.5℃的温度上升可能减少全球的食物供应并造成食品价格上升。一些农业区域将受到气候变化的威胁，而其他地区有可能获益。气候变化对作物单产和生产力的影响将有很大差异。畜牧业也会被影响。如果农业受到破坏导致粮食价格上涨，畜产品价格也将提高。一般来说，与种植业相比，集约化家畜生产管理系统似乎更容易适应气候变化。但是，草原生产系统有所不同，在草原生产系统中，家畜更依赖于草地的生产力和质量，据预测，草地生产力将下降并变得更不稳定。此外，粗放生产系统对家畜疾病和寄生虫病的严重性和分布的变化更为敏感。据预测，气候变化对旱地粗放生产系统的负面影响是很大的。

进而，适应气候变化影响的有效性主要取决于地区资源的丰富程度（IPCC，2001）。这对发展中国家内部以及较发达国家和次发达国家之间气候影响的分布具有明显的含义。与发展中国家和经济转型期国家相比，发达国家可能在适应气候变化的效率上更高一筹，特别在热带和亚热带地区。气候变化将在资源丰富度最差和农民适应能力最差的地区产生最大的负面影响。

4　技术进步

技术进步是另一个促使畜牧业变革的动力。运输和通讯技术的进步促进了全球市场的开发，将生产系统推广到家畜远离饲料来源的地区。其他一些技术进步使得畜牧生产环境的控制水平不断提升。这方面的例子包括建设技术和制冷系统的改善，但其中育种技术和营养技术的进步起到了最关键的作用。

饲料

饲料技术的进步允许制备“较理想的”日粮以满足猪、家禽和奶牛不同生产周期或不同饲养阶段的营养需要，对畜牧生产产生了重要影响。除了技术发展和粮食价格下降以外，自20世纪50年代以来一直流行的一种趋势是促进畜牧饲养实践的改变。除了这个时期的需求增长，供应也没有落后。

在1980—2004年的24年中，谷物的供应总量增长了46%。按实际硬通货币（美元不变价）计算，粮食的国际价格自1961年以来降低了一半。在价格下降时扩大供应的主要原因是现有作物种植区的集约化生产和较小程度上一些地区的种植面积的扩展（就全球而言，在同一时期谷物的收获面积减少了5.2%）。

遗传、繁殖和生物技术

新生物技术与提高的计算能力的结合使得遗传进展的速度加快，特别是将动物遗传资源改造以获得高饲料转换率的商品猪和商品家禽。繁殖生物技术，例如人工授精（AI）和胚胎移植（ET），使遗传材料的蔓延速度大大加快。这些技术已经在发达国家广泛应用，但在发展中国家则应用较少。分子遗传学的进步产生了新的动物育种技术，例如基于基因的选择（主要是抗病和克服遗传缺陷），以及标记协助选择和基因渗入。包括克隆、转基因和体细胞材料的转移在内的较新的生物技术将产生深远的影响（参见本报告的第四部分的第四章和第五章）。有关生物技术的应用，能足够保护和保证潜在利益实现的科学、政治、经济和机构基础在大多数国家还没有到位。需要解决的主要问题不是技术上是否可行，而是在什么地方和怎样使生命科学和生物技术为实现更为持续的农业贡献力量。

5 政策环境

畜牧业可以通过一系列的变革来回应上述的驱动力，这些变革将在下面按农作系统进行描述。简言之，一方面畜牧业有朝产业化方向发展的广泛趋势，包括规模增大、集约化、垂直协调和日益增长的对商业投入的依赖，而同时一些系统只受产业化趋势的少量影响。后一种系统不占生产增长的主流。但是，它们包括广泛的生产实践和经济目标。它们主要面向家庭消费、当地市场、利基市场（niche market）或提供环境服务，且依赖于粗放的生产方式。

畜牧业的公共政策可以看作是上述驱动力的一种助动力，影响着畜牧业为实现一整套特定社会目标的变革。要考虑到市场的状态、现有的技术和自然资源（前面描述的驱动力）以及畜牧业的现状来设计和调整政策。发达国家和发展中国家的经验证实，放牛吃草方法（a laissez-faire approach），简单地说是退后完全让市场动力发挥作用，并不是一个可行的选择[3]。在没有有效政策的情况下，提高畜牧业生产的许多隐形的成本归根结底都由政府和公众买单，例如清洁环境，为贫穷的传统养畜者扩展安全性网络和经济机遇以及保护兽医和公众健康不受威胁。

从这个立场来说，公共政策既是畜牧业变革的驱动力，又是对畜牧业变革的反馈。在任何时候，存在的和正在执行的政策是畜牧业变革的驱动力，而正在制定的政策是对变革公开反馈的一部分。本章节总结了影响畜牧业的广泛政策。

政策制定者逐渐认识到影响畜牧业变革的三个主要杠杆：价格、机构和促进技术变革。在通常情况下，价格政策是由国家政府掌管的领域。使用贸易政策、汇率、税收和补贴和直接干预相结合，可能为生产者建立底价或为消费者建立零售价，这样的政策试图使价格反映实际成本并鼓励其符合法规，同时也与其他目标例如农村发展相一致。在没有这样的政策干预的情况下，投入物常常被低估，例如土地和水资源，而畜产品的价格常常不能反映环境受到破坏和其他隐形成本。

在国家和地方水平正发起机构和技术变革的政策，这些不仅仅只由国家政府发起。其他利益相关者，包括农民协会、发展机构和非政府组织，在强化机构和促进可增加生产、符合标准和小规模生产者的市场准入的技术方面常常起到重要的作用。

影响畜牧业的主要法规和政策框架包括:

- 一个国家的市场法规、外资直接投资法规、产权法规（包括知识产权）和定型“投资期货”的信贷法规；
- 有关所有权和获得土地和水资源的机构和法规框架；
- 劳动政策，包括影响劳力费用、农民工就业和工作条件的法规；
- 移动性、安全性和迁移政策，特别是影响畜牧生产的移动方式，例如草原畜主；
- 决定相对竞争力和生产水平及实践的奖励政策框架，例如经济合作与发展组织（OECD）国家农场补贴（2003年为2 570亿美元），对提高生产水平做出了重要贡献；
- 卫生标准和贸易政策，如前面所讨论的，其对竞争力和国内和国际市场的准入都有直接的影响；
- 环境政策影响了农场实践，并在有限的程度下，提高了环境法规不严格或尚未实施的国家的畜牧生产的相对竞争力。

[3] 本章以下段落摘自FAO畜牧政策简要“对畜牧革命的反馈—畜牧业公共政策案例”。http://www.fao.org/ag/againfo/resources/en/pubs_sap.html。

第二部分

插文 22

新兴世界食品经济的状况和趋势

人口增长放缓：在20世纪90年代后期，人口的年增长率为1.35%，据预测，在2010—2015年期间，人口的年增长率将降为1.1%，在2045—2050年期间，人口的年增长率将降为0.5%（UN Habitat，2001）。

收入增加和扶贫[*]：据预测，发展中国家的人均收入年增长率将从2001-2005年期间的2.4%增加到2006—2015年期间的3.5%。据预测，贫困的发生率将从1999年的23.2%下降到2015年的13.3%。

平均食物摄入量将增加但是饥饿仍将非常高：发展中国家人均日热量摄入量将从1997/99年的2681千卡提高到2015年的2850千卡。在"商业照常"的情况下，营养不良将从1992年的20%下降到2015年的11%，但是，营养不良人口绝对数字的降低仅为中等，从1990/92的7.76亿降到2015年的6.1亿，远远没有达到世界粮食峰会的目标。

农业生产增长速度放缓：农产品需求的增长，也是生产的增长，将由于人口增长放缓和在食物消费已经很高地区的消费增加幅度的降低而放缓。对于发展中国家来说，生产年增长速度将从1989—1999年期间的3.9%下降到1997—2015年期间的2.0%（FAO，2002a）。

产品组成的变化：在1997—2015年期间，发展中国家的小麦和水稻生产将缓慢增长（分别为28%和21%）。但是，粗粮的增长速度将会很高（45%），植物油和油料的增长速度将为61%，牛肉和小牛肉将为47%，羊肉和羔羊肉将为51%，猪肉将为41%，禽肉将为88%和牛奶及乳业将为58%（FAO，2002a）。

生产增长主要依赖单产的提高：单产的提高将占生产增长的70%，土地的扩展占生产增长的20%，其余是通过提高作物的集约化程度。但是，根据FAO的预测，到2030年发展中国家的可耕地将增长约13%（1.2亿公顷），灌溉抽水量将提高14%。1/5的发展中国家将面临缺水问题（FAO，2002a）。

增长的农业贸易赤字：发展中国家的农业贸易顺差正在萎缩，到2030年将变为大约310亿美元贸易赤字，谷物和畜产品进口迅速增加以及植物油类和糖类贸易顺差下降。

城市化：实际上，所期待的2000-2030年期间的世界人口增长都集中在城镇地区（UN Habitat，2001）。在目前城市化速度下，早至2007年城市人口与农村人口相等，此后城市人口将超过农村人口。

日粮转变：日粮的量变和质变速度将随国家变富和人口日益城市化而加剧，在发展中国家，人们的日粮结构将逐渐转向高能量日粮，将大大增加从畜产品（肉、奶和蛋）、植物油和糖（程度较低）获得食物热量。发展中国家人均肉类消费量已经从20世纪70年代中期的每年11千克提高到2003年的26千克；油料作物产品从5.3千克提高到9.9千克。对动物来源饱和脂肪的摄入量的增加，食物中添加食糖量的增加，复合碳水化合物和纤维摄入量的减少，水果和蔬菜摄入量的减少都是非传染性疾病（例如心血管病和糖尿病）发生增加的根本原因。

市场结构：农产品系统正在从以家庭农场和小规模相对独立公司为主的产业向与生产和流通链紧密相连的较大公司为主的产业转换。食品零售对消费者的责任日益增加，更注重服务，产权更全球化，与此同时，投入物供应和产品加工业更加牢固，更加集中，更加一体化。有力的证据有超市的兴起和世界许多城市地区食品采购方式的改变，如拉丁美洲（参见Reardon和Berdegué，2002）。

* 这些数字是将发展中国家作为一个整体。值得一提的是贫困发生率的降低在地理分布上是不平衡的，其中东亚进步最大，非洲撒哈拉地区进步最小（FAO，2002b）。

资料来源：FAO（2005c）。

第二章
畜牧业的反馈

在畜牧业产业化趋势广泛的同时，驱动力的重要性和个别发展的速度在国家之间和地区之间存在差异。进而，发展道路取决于影响相应生产系统的外部和内部因素。为了适应正在变化的条件，农民可以采用以下五个广泛的农场策略之一：

- 农场或畜群扩展；
- 生产或加工多样化；
- 现有生产方式集约化；
- 在农业和非农业中提高非农场收入的比重；
- 在一个特殊的农作系统内退出农业界（Dixon 等，2001）。

无论畜牧生产者在过去或将来采用了哪种策略或策略组合都取决于他们寻求生计的情况。这些情况在农业生态环境、社会经济条件、基础设施和服务状况、文化和宗教实践、政治和机构环境和发展政策方面都存在差异。甚至在外部情况类似的地区，个体农场/农户的发展选择都存在差异，这取决于他们的资产和处理事务的能力以及将来生活的动力。要考虑所有这些因素以及它们怎样影响特定的发展策略并不是本章讨论的范畴。因此，在畜牧业生产系统水平上对驱动力的反馈做一般性的讨论。

以共享特点为基础的畜牧生产单元的分组是在总体种类中理解共性因子的一种方法。对畜牧生产系统进行分类的方法是因分类目的、规模和是否有相关数据而异。一个重要的标准是对自然资源库的依赖和联系。这个标准导致了起初对以土地为基础的系统和无土地系统的区别（Ruthenberg，1980；Jahnke，1982；FAO，1996a）。后一个术语描述了家畜饲料既不来自于农场内部也不来自于放牧草场，而是购入的或从外部获得的。以土地为基础的系统常常又根据土地利用细分为以草地为基础的系统和以作物为基础的系统。这种区分也与这个系统中畜牧业的相对经济重要性密切相关。在这些种类中，还可以以特点为基础进行细分，例如农业生态区、生产规模、流动性、与市场相关的位置或自给和商业的比例。分类系统可以根据创始人的目的和观点的角度而存在很大差异。例如，由 Doppler（1991）制定的更加面向经济的分类方式是首先按照市场和自给的比例进行区分，然后又根据生产因子的稀少程度进行细分（Doppler，1991）。Schiere 和 de Wit（1995）建议，根据二维矩阵来区分农作系统。第一维与家畜和作物的相对重要性相关，分为以家畜为主的系统、混合系统和以作物为主的系统。第二维根据农作的方式进行定义，区分为农场面积的扩展，低外部投入农业方式（LEIA）、新保护方式（有机农作方式等）和高外部投入农业方式（HEIA）。

由 Seré 和 Steinfeld （FAO，1996a）提出的畜牧生产系统分类方法在本章中被大量引用，起初分为两个大类：只进行畜牧生产的系统和混合农作系统。只进行畜牧生产的系统与混合农作系统的不同之处在于，90%以上的生产总值来源于畜牧饲养活动，而10%以下饲喂动物的干物质来自作物秸秆或残渣。在只进行畜牧生产的系统中，无地家畜生产系统又与以草地为基础的系统相区别，无地家畜生产系统载畜量为每公顷农田10个家畜单位（LU）以上和10%以下饲喂动物的干物质来自农场内部。混合农作系统又进一步划分为混合雨育系统和混合灌溉系统。在混合灌溉系统中，有10%以上非畜牧农场生产产值来自于灌溉地。以土地为基础的系统（包括以草地为基础的系统和混合系统）又根据农业生态地区细分为干旱/半干旱、潮湿/半潮湿和温带/热带

图 38
畜牧生产系统的分布

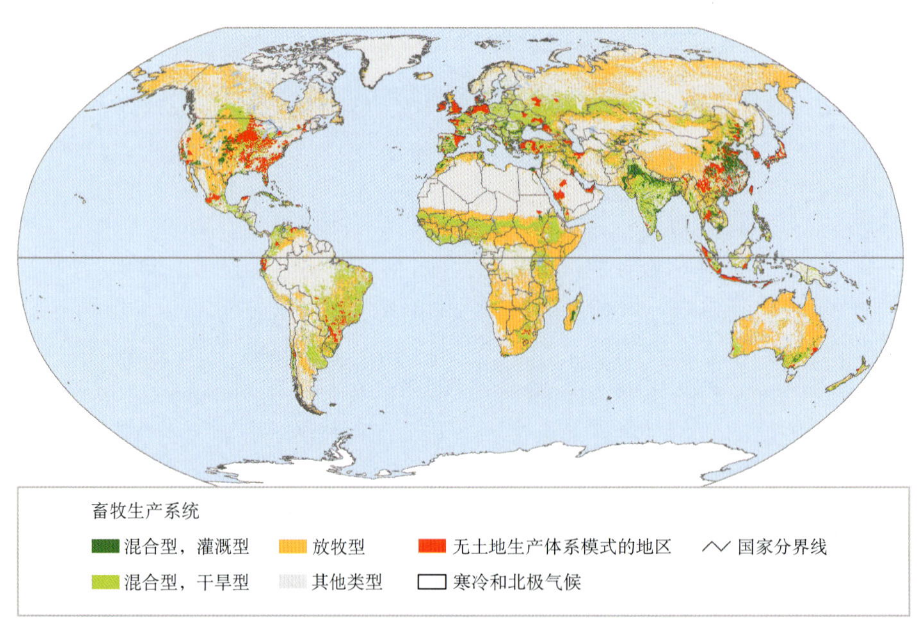

资料来源：Steinfeld 等（2006）。

高原。图38展示了三种主要以土地为基础的系统的空间分布，显示了无地系统的高密度分布区域。

以下章节描述了三种主要畜牧生产系统，即无地系统、以草地为基础的系统和混合农作系统，主要描述它们的特点、趋势和对动物遗传资源的要求。在无地系统中，又细分为产业化生产系统和小规模城镇周边及农村无地系统[4]；在混合农作系统中，混合灌溉系统的特点在另一章中进行描述。在相关的地方，将基于土地系统重点描述上述三种农业生态区域之间的区别。描述了这三个系统的环境影响，并揭示了它们对长期可持续性的潜在意义。要将对环境的负面影响作为较长期的内在驱动力考虑，因为它们巩固或阻碍系统的动态发展。

[4] 这种区分与FAO（1996a）分类方法不同，FAO区分方法是在无地畜牧生产系统中将单胃和反刍动物系统分开。值得注意的是一些小规模城镇周边和城镇畜牧生产者实际上是混合农作农民，因为他们也种植作物，且10%以上的生产总值来自于非畜牧农作活动。

1 无地产业化生产系统

1.1 概况和趋势

对产业化生产系统的描述不可避免地涉及关于向畜牧生产的这个类型强烈转向趋势的讨论。畜牧业的产业化是对畜产品日益增长需求的反馈，而这所谓的“畜牧革命”受到了公众和科技界的强烈关注，用经济术语来说，是畜牧业和整个农业界的最为重要的发展。自20世纪60年代以来，农作系统的产业化一直在发达国家方兴未艾。在20世纪80年代中期，这种趋势开始影响发展中国家，并在过去10年里加速发展（表45）。这种趋势在单胃动物肉品生产中一直特别明显（图39）。

表45
发展中国家和发达国家肉品和乳品生产的趋势

生产	发展中国家					发达国家				
	1970	1980	1990	2000	2002	1970	1980	1990	2000	2002
人均肉品年产量（kg）	12	14	19	27	28	28	40	60	99	105
人均乳品年产量（kg）	31	34	40	49	51	65	77	83	80	82
肉品总产量（百万吨）	31	47	75	130	139	70	90	105	105	108
乳品总产量（百万吨）	80	112	160	232	249	311	353	383	346	353
肉品产量份额	31	34	42	55	56	69	66	58	45	44
乳品产量份额	21	24	29	40	41	79	76	71	60	59

资料来源：FAOSTAT（2005）。

第二部分

图 39
发展中国家和发达国家反刍动物和单胃动物的肉产量

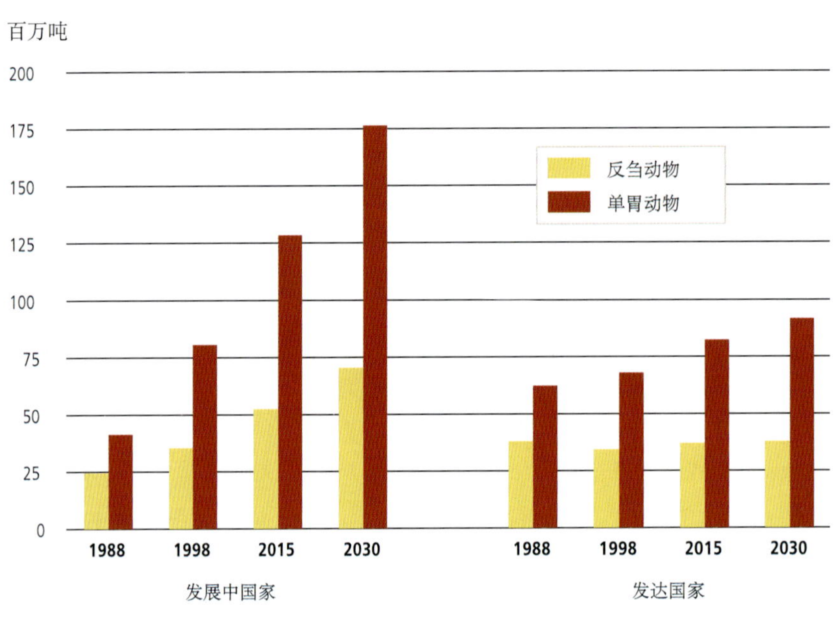

注释：反刍动物肉品指牛肉和羊肉；单胃动物肉品指猪肉和禽肉。
资料来源：FAO（2002a）。

据估计，全球范围内产业化生产系统占禽肉生产量的67%、猪肉生产量的42%、鸡蛋生产量的50%、牛肉和小牛肉生产量的7%、绵羊肉和山羊肉生产量的1%（表46）。

在经济快速发展和经历人口变革的国家里，新的畜产品市场不断涌现。垂直供应综合食品链和大型零售商要求满足某些食品质量和安全标准。这些新兴市场的需求有利于产业化生产，产业化生产可以在动物饲养、食品加工和交通运输中充分发挥规模经济和技术进步的优势。特别是家禽生产的发展“没有继续下来”，即没有典型的“有机”增长，小规模家禽养殖者可以通过这种增长逐步扩展和集约化生产。然而，一旦城镇市场、运输基础设施和服务得到发展，过去通常与畜牧生产没有联系的投资商会进入并建立大规模产业化农场，并与现代加工和市场营销方式一体化（FAO，2006f）。

畜牧生产系统产业化类型的出现依赖于一个现存的畜产品市场，有所需的投入物，特别是相对价廉的饲料。有利的政策环境使得这一发展的速度加快，例如畜牧

表 46

世界畜牧生产系统的家畜数量和产量（2001—2003 年平均）

	畜牧生产系统				合计
	放牧系统	雨育混合系统	灌溉混合系统	产业化系统	
家畜数量（百万头）					
牛	406.0	618.0	305.4	29.1	1 358.5
奶牛	53.2	118.7	59.7	-	231.6
水牛	0	22.7	144.4	-	167.1
绵羊和山羊	589.5	631.6	546	9.2	1 776.3
产量（百万吨）					0
牛肉和小牛肉总产量	14.6	29	10.1	3.9	57.6
绵羊肉和山羊肉总产量	3.8	4.0	4.0	0.09	11.8
猪肉总产量	0.9	12.5	42.1	39.8	95.3
禽肉总产量	1.2	8.1	14.9	49.7	73.9
鸡蛋总产量	0.5	5.6	23.3	29.5	58.9
牛奶总产量	71.6	319.2	203.7	-	594.5

资料来源：FAO（1996a），Groenewold，2004。

业的公共投资的增加、自由贸易区的建立和较高食品安全标准的实施。中国、印度和巴西，是三个具有不同经济结构和畜牧业结构，并在本地区发挥领导作用的发展中国家，它们在朝产业化方向迈进中贡献最大。现在这三个国家占发展中国家肉品生产总量的近 2/3，以及牛奶生产总量的 1/2 以上（表47）。它们在肉品生产总量和牛奶生产总量上也占发展中国家生产增长的几乎3/4（FAO，2006f）。在这些国家中，无地产业化系统的主要贡献是禽肉和猪肉生产，而牛肉、羊肉和牛奶生产主要集中在以草地为基础的系统和混合农作系统中。

表 47

拥有最高肉品和牛奶产量的发展中国家 （2004）

国家群／国家	肉类	奶类	肉类	奶类
	[百万吨]		[%]	
发展中国家	148.2	262.7	100	100
中国	70.8	22.5	47.8	8.6
印度	6.0	90.4	4.0	34.4
巴西	19.9	23.5	13.4	8.9
合计	96.7	136.4	65.2	51.9

资料来源：FAO（2006f）。

第二部分

产业化过程的特点是三个主要趋势的结合：集约化、规模化和地区集中。

集约化

畜牧生产的集约化是就大多数投入物而言的。特别是饲料效率在最近几十年得到很大改善。传统粗饲料和富含能量的饲料的使用正在相对下降，可提高饲料转换率的富含蛋白质的饲料和复杂的饲料添加剂的使用正在增加。随着畜牧生产的集约化，畜牧业越来越少地依赖于本地可获得的饲料资源，例如，本地饲草，作物秸秆和未消费的家庭食品。国内和国际都进行贸易的浓缩料正日益变得重要。在2004年，共有6.9亿吨谷物（占全球谷物收获量的34%）和1800万吨油料（主要是大豆）被饲喂给家畜。据预测，这些数字将进一步增加（参见图40）。此外，2.95亿吨富含蛋白质的农业和食品加工的副产品也用作饲料（主要为糠、油饼和鱼粉）。猪和家禽最有效地利用了这些浓缩料。饲料利用效率最高的是家禽业。反刍动物只在谷物/肉品比价低的国家饲喂精料。在粮食/肉品比价高的国家，典型的粮食赤字或谷物赤字的发展中国家，用粮食饲喂反刍动物是无利可图的。

图40
用作饲料的谷物量的变化（1992/1994和2020年）

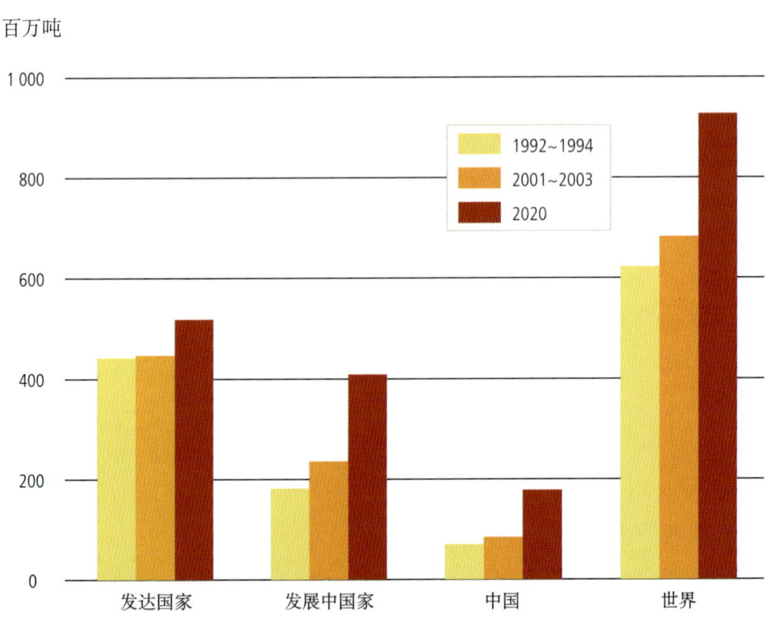

资料来源：1992—1994年和2001—2003年数据来源于FAOSTAT；2020年数据来源于FAO（2002a）。

图41
巴西猪场规模分布的变化（1985—1996年）

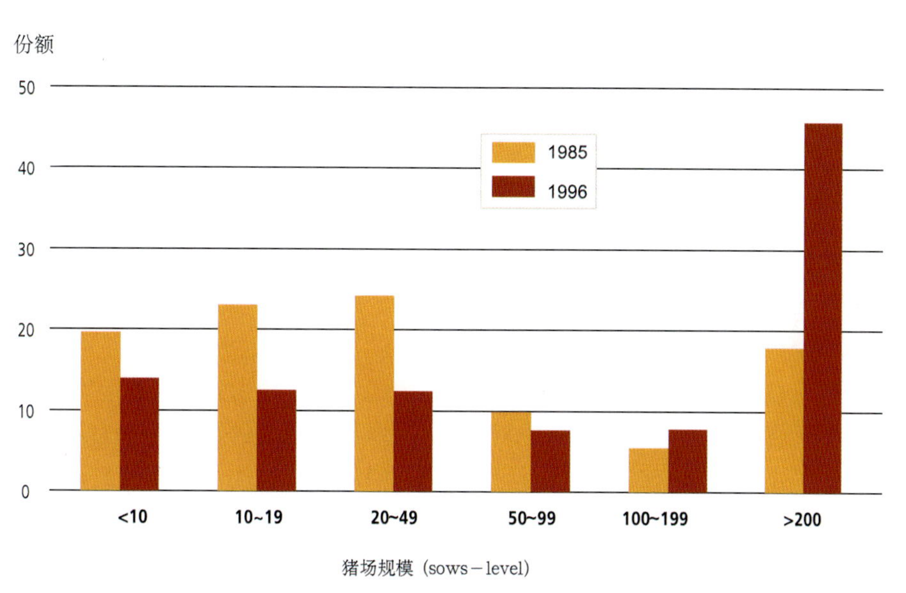

资料来源：De Camargo Barros等（2003）。

集约化也促使其他技术的改进，例如遗传学、卫生和农场管理。使用高水平的外部投入物改变生产环境，包括致病菌控制、饲料数量和质量、温度、湿度、光照以及动物空间的大小，可以创造条件，让高产家畜品种的遗传潜力充分发挥。目前只使用了较少的高产品种，重点放在单个产品生产的最大化。由于外部服务提供者和生产特殊化的支持的增加，技术进步正在传播。这还伴随着从农家后院和混合生产系统向商业化单一产品作业方式的大量转变。其结果是自然资源利用效率和每头动物的产出得到了大大的提高。在1980—2004年的24年里，每头家畜的猪肉、禽肉和牛奶产量分别提高了61%、32%和21%（FAO，2006d）。

但是，生产集约化可能使用一整套现有技术来改进生产，不一定就要产业化。对于小农户来说如果得到有利政策和基础设施的支持，生产集约化对改善他们的生计也是有效的策略。例如，印度的牛奶生产仍然在很大程度上以小农户为基础。合作社运动，如全国乳业发展委员会已经成功地将小规模农户与正在兴起的城镇市场联系起来，并且供应饲料

第二部分

和动物保健投入物，以及集约化需要的基础知识（FAO，2006f）。但是，与此相反的是巴西，在该国小规模乳品生产者的数量随国家生产量的提高而减少（FAO，2006e）。

规模化

除了集约化以外，产业化过程还伴随着生产的规模化。通过在生产过程的各个阶段扩展规模使规模化成本降低，从而激发了大型生产机构的产生。其结果是，尽管整个行业在扩展，生产商的数量迅速减少。在许多经济迅速增长的国家里，作业的平均规模正在迅速增加，畜牧生产商的数量迅速下降。例如，图41表明，1985—1996年期间在巴西饲养200头母猪以上的猪场的比例大量增加。

在选择就业机会有限的地方，家庭劳力的机会成本低，家畜饲养对贫困家庭很有经济吸引力。但是，在其他行业就业机会得到改善的情况下，劳力的机会成本就上升，小家庭农场作业就日益变得无利可图。雇农和无土地家畜饲养者将逐渐发现在城区常常有其他就业机会。同样地，小地主将发现出售或出租他们的农场比种植农场更有利可图。

不同商品和生产过程的不同阶段显示规模经济的不同潜力。收获后行业的规模经济潜力就很高（例如屠宰场和乳品工厂）。家禽生产是最容易实现械化的行业，甚至在最不发达国家也有产业化的趋势。以亚洲猪的生产为例，与仔猪生产相比，育肥猪生产的规模经济的潜力要大得多（Poapongsakorn 等，2003）。由于需要人力多，乳品生产继续是以家庭为基础的生产方式为主，通常这些工作可通过使用少于最低工资水平的家庭劳力得到满足。但是，要使小农生产扩展到超出半自给水平仍受到许多障碍的限制，如缺乏竞争力和风险因子。

地理集中

畜牧生产的地理分布显示了多数发展中国家的共同形式。传统地说，畜牧生产是以当地可取的饲料资源为基础，特别是有限的或无其他价值的饲料，例如天然草场和作物秸秆。反刍家畜的分布可以用这类资源的有无解释，而猪和家禽的分布与人类分布密切相关，因为它们的作用是转换废物。

当城市化和经济发展使畜产品需求“增加”时，就会出现大规模畜牧生产企业，在开始阶段位于城镇和都市附近。畜产品极容易腐败，未经冷冻和加工的畜产品保存给人们提出了许多严重的问题。为了减少运输成本，家畜在靠近需求中心的地区饲养。因此，畜牧生产在自然地理上是与饲料资源生产相隔绝的。在以后阶段，基础设施和技术的发展足以使畜产品能够运至较远的畜产品销售市场。畜牧生产受一系列因素的驱动从城市中心向外转移，例如，较低土地和劳力价格，比较容易获得饲料、较低的环境标准税收刺激和

图 42

在部分亚洲国家每公顷磷总量平均在10千克以上的地区，家畜对农用土地总磷供应的估计贡献率（1998—2000年）

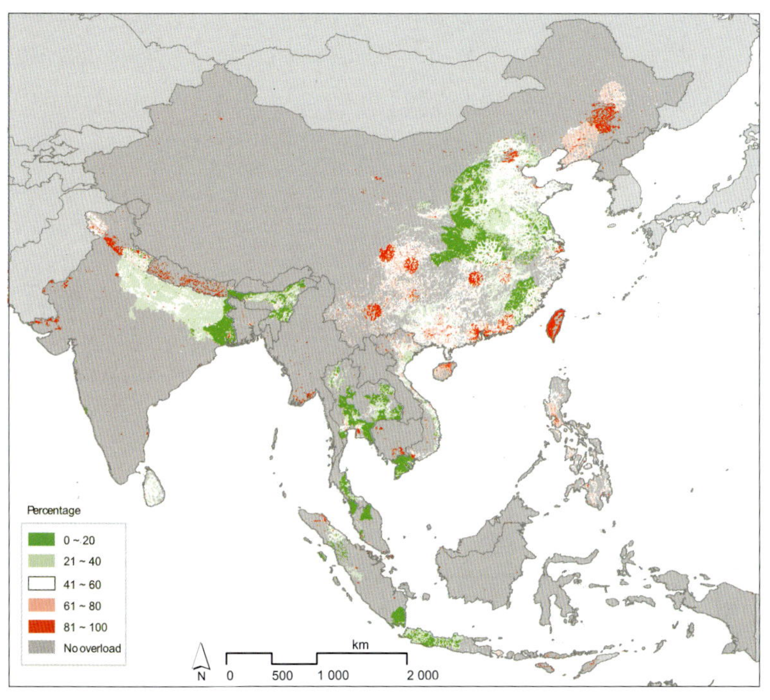

资料来源：Gerber等，(2005)，p. 275。

较少的疾病问题。

1.2 环境问题

在许多方面，大规模产业化畜牧生产是环境影响关注的主要重点。这种情况在没有适当法规框架且系统发展很快的地方尤其如此。正如下述讨论将指出的，虽然这种类型的农作存在许多问题，产业化生产在环境保护方面有某些优势。集约化生产方法在饲料效率方面有特殊的优势（FAO，2005a）。商业化畜牧生产商趋向于有效利用有价值的资源。这种动机促进更为环境友好的集约化生产，但是，其潜力受到自然资源的未充分估价阻碍。

通过家畜在很少或根本没有农业土地的地区的地理集中使作物和家畜生产脱节，导致高水平的环境影响，这种环境影响主要与农家肥和废水的管理不当有关（Naylor等，2005）。养分过载是由于多种原因造成的：作物过度施肥、鱼塘饲喂过分饲料和农业和工业废料的不适宜处置。在畜牧生产的情况下，养分过载主要发生在没有适当地去除或再循环粪便中的养

第二部分

分，这在市镇中心附近常常发生（图42）。

向大田重施农家肥可以造成硝酸盐和磷酸盐沥滤到水体中的后果。过多的养分沥滤到水体中会造成众所周知的富营养化现象，使藻类生长堆积，从而使其他水生生命无氧。在世界的一些地方，脆弱的生态系统、生物多样性的重要宝库，例如湿地、红树沼泽和珊瑚礁受到威胁。在中国南海，因家畜生产造成的污染被鉴定为大量海藻生长的主要原因，包括1998年的一次大量海藻生长杀死了沿海100平方千米海域80%以上的鱼类（FAO，2005a）。产业化生产系统常常需要储存粪料。在这个阶段，氮损失的主要形式是粪肥表面的氨气释放（FAO，1996b）。氨气的挥发可导致当地环境的酸化和富营养化，从而对脆弱的生态系统如森林有负面影响。家畜粪便也可以产生一氧化二氮，一种特别活跃的温室气体（据估计17%的全球气体排放来自家畜，包括施在农田中的粪肥）（表48）。与散布的畜牧产业化生产造成的粪肥相关的另一个问题是草场和作物种植地的重金属污染，如果重金属进入食物链可以造成人类健康问题。铜和锌是添加在浓缩料中的营养成分，而镉在家畜饲料中是一种污染物。粪肥管理不当也可以造成土壤和水资源的致病菌污染（同上）。

产业化畜牧生产产生温室气体（在这种情况下为二氧化碳）的另一个途径是相关的长途运输饲料，因为这需要使用化石燃料。但是，对于甲烷，在供应给动物的饲料为低质牧草时，反刍动物消化引起的甲烷气体排放较大。因此，由于大量使用浓缩饲料且使用在饲料转换率方面更有效的动物品种，在同等畜产品产量下产业化生产对于减少甲烷排放更具优势。

表 48

农业对全球温室气体和其他气体排放的贡献

	二氧化碳	甲烷	一氧化二氮	氧化一氮	氨气
主要影响	气候变化	气候变化	气候变化	酸化	酸化和富营养化
农业资源（估计在全球总排放量中的%）	土地使用变化，特别是砍伐森林	反刍动物（15）	家畜（包括施于农田中的肥料）（17）	生物质燃烧（13）	家畜（包括施于农田中的肥料）（44）
		水稻生产（11）	矿物质肥料（8）	肥料和矿物质肥料（2）	矿物质肥料（17）
		生物质燃烧（7）	生物质燃烧（3）		生物质燃烧（11）
农业排放占大气总来源的%	15	49	66	27	93
预计截至2030年的农业排放变化	稳定或下降	来自水稻：稳定或下降 来自家畜：上升60%	增加35%～60%		来自家畜：上升60%

资料来源：FAO（2002a）。

还需要考虑饲料生产的环境影响。33%农用土地用于动物饲料生产，其中大多数为精料（FAO，2006c）。扩展土地面积用于作物生产的额外压力可能威胁天然生态系统的生物多样性。而且，集约化谷物和饲料生产是在大量使用肥料和杀虫剂的条件下进行的。

产业化生产单位的另一个特点是在封闭空间内集中了大量的动物。拥挤的条件提供了一个疾病容易传播的环境，除非采取预防性措施。因此，产业化生产单位趋向于大量使用兽药，这些兽药如果使用不当也能进入食物链，因此对人类健康有着负面的影响。同样，大家畜生产单位的卫生条件要求大量使用化学清洁剂和其他投入物，例如杀菌剂，而如果这些杀菌剂没有很好的管理，也是附近环境污染的潜在来源。

2　小规模无地生产系统

2.1　概况

在经济术语中，与产业化生产系统相比，小规模无地生产系统对粮食生产的贡献还相差甚远。事实上，它们的贡献还从来没有在全球范围内进行过评估。但是，小规模城镇周边/城镇家畜饲养正被许多贫穷和富裕国家的官员、研究人员和开发人员发现。对一些非洲、亚洲和拉丁美洲城市的调查令人吃惊地表明了存在大量的城镇家畜饲养者，甚至包括一些富裕的市民（Waters-Bayer，1996；FAO2001a）。总体来看，目前既没有充分了解城市畜牧业为牲畜饲养者提供的经济效益的规模，也没有充分了解城市畜牧业在广泛的粮食安全中的贡献。在农村无地畜牧生产情况下，这方面的知识更为缺乏。

小规模无地牲畜饲养者的特点是没有自己的农业用地，也没有大面积的商业放牧区域。他们常常是贫穷的，在城镇和城镇周边地区，特别是人口密度高或土地所有权分布不均匀的地区可以发现这些牲畜饲养者，在农村，他们的生产是以混合农作系统为主。

农村无地牲畜饲养者常常高度依赖于农场外雇工（off-farm employment），常常以临时工的形式雇用。畜禽所需饲料从各种途径获得，包括泔水、边缘土地放牧、利用废弃食物和副产品，割草并带回以及购买饲料。与拥有土地的邻居相比，农村无地牲畜饲养者在饲喂家畜方面面临特殊的限制因素。他们的家畜生产目标也不相同，直接利用一些产品的能力也较差，例如肥料和畜力。一般来说，小规模农村无地农民在该地区都饲养当地品种或杂交品种。但是，如果他们参与更多的商业活动，他们会饲养生产力更高的品种。

城镇生产系统最独特的特点是比较接近大量的消费者，因此减少了需要长距离运输易腐败畜产品的问题。为了从这个优势获利，自古以来一直在城镇周围和城镇饲养家畜。参与城镇家畜饲养的原因多种多样，包括从销售获取收入；饲养家畜的乐趣和继续实施传统生计活动的机遇；将饲养家畜的资金积累作为保险的一种形式或作为将来的项目投资；使用自己生产的奶品、蛋品或肉品作为食物的补充；以及利用可获得资源的机遇，例如剩余食物。家畜还可以提供投入物，例如城镇作物生产所需的肥料和畜力。但是，城镇环境对家畜饲养者提出了许多限制因素。特别是对较大家畜的饲养，即便能廉价获得足够的饲料，有限的空间可能是一个问题。城镇生产系统常常与周围的农村地区有多种联系，如饲料的提供、家畜的供应、传统和与养畜相关的知识的流动。农村地区的亲戚或收费牧民可以看管城市居民拥有畜群的一部分。家畜，例如奶牛或水牛，可以在它们生产周期的非生产阶段转移到农村，以利用更为廉价的饲料资源（Schiere等，2006）。这些系统中饲养的畜禽品种类型取决于物种、销售的产品以及农村—城镇联动。

2.2　环境问题

在城镇周边和城镇地区的小规模畜禽生产面临一些与产业化生产系统相同的基本环境问题（例如废料处置问题和水资源污染）。如果大量的小生产单元集中到一个有限的区域，这些问题的规模可以与大规模作业一样严重。此外，环境控制法规的实施可能不力，废物管理的基础设施的开发可能也很差。这些系统的另一个特点是趋向于人和家畜居住得很临近。这就容易传播人畜共患病，例如禽流感。这些问题的严重性由于不良的动物保健控制标准和缺乏适应城镇环境的管理技能而加剧。家畜还可以引起令人讨厌的问题，例如噪音、肮脏、下水管道堵塞、交通堵塞和财产破坏。在接近城镇中心的地方，城镇家畜饲养的诸多问题趋向于最严重，因为人和家畜的密度较高，使用荒地进行放牧的可行性较低，离周围农田或草场的距离也较远（Schiere等，2006）。

在城镇环境条件下，一些农村无地牲畜饲养者可能还面临因家畜离人类居住地太近而产生的健康问题，接受兽医服务也非常有限。在农田距离较近的条件下，家畜粪便的处置问题不大。实际上，农家肥可以是一个可以出售的产品。增加家畜数量可以对无地家畜饲养者利用的边际放牧区域产生压力，造成这些资源的退化，尽管所涉及的区域在定义上规模有限。

2.3　趋势

一般来说，小规模无地生产只有相对有限的发展选择。但是，由于农村人口不断向城市迁移以寻找工作机会，城市贫穷人口的数量正在继续扩大。由于就业机会常常是有限的和没有保证的，进行小规模畜牧生产或农业生产的潜在人口数量还会增加。密切农村—城市的联系对于克服饲料短缺和利用各地域的相对优势是十分重要的。一般来说，贫困城市畜牧生产者不会得到很好的兽医服务和其他服务，在许多城镇和城市饲养畜禽的活动与法律相冲突。正式市场准入可能受到质量或卫生相关问题的限制。但是，小规模城市畜牧生产的意义正日益被认识，需要发展适宜的政策来减少其负面的影响，并支持牲畜饲养者的生计。

畜产品需求的增长看来可以为小规模城市或城市周边牲畜饲养者提供集约化生产的机遇。例如，印度就成功地将小规模无地水牛和黄牛饲养者整合起来，在城市中心周边收集牛奶。除大型产业化系统以外的集约化案例也可以在家禽生产中发现。例如，布基纳法索、老挝、缅甸和柬埔寨，在这几个国家禽肉生产在1984—2004年期间分别增加了169%、84%、1530%和106%；分别相当于17千吨、8千吨、153千吨和17千吨（FAOSTAT）。在城市周边的小型集约化系统正在增加，其模式是利用改良的饲料、遗传学材料和管理实践。但是，这种类型的集约化可能只是过渡性的。一旦需求量增加到足够程度和集中到允许更大的经济规模，大型公司将建立起来使规模升级。例如在柬埔寨就存在这种趋势。

在亚洲人口已经比较密集的农村地区，在用于农业的耕地面积不能继续扩大的同时，人口持续增长。在除了农业以外只有有限生计选择的地区，畜禽饲养看来仍然是农村无地贫穷人口的一项重要活动。在市场准入的地方，还有从事更商业化活动的机遇，例如乳牛饲养。这种情况发生在印度的乳牛合作社运动，在合作社运动中，有相当比例的送至乳品加工厂的牛奶是由农村无地水牛或黄牛饲养者生产的，他们常常参加相关的遗传改良计划。但是，无地牲畜生产者面临提高畜群或禽群生产力的严重限制，特别是饲料供应。

3 以草原为基础的系统

3.1 概况

以草原为基础的放牧生产系统可在不适宜农作或边际农作的地区大量发现，这是低降水量、寒冷或干燥地形、退化的作物种植地已经转化为草场所致。放牧系统可以在温带、半湿润和湿润气候地区发现，但是在干旱和半干旱地区特别多。放牧系统养殖的家畜品种必须适应环境和家畜饲养者的目标和管理实践。恶劣的环境意味着生计常常是不稳定的，并且家畜管理实践不得不适应极端的气候条件，以及有限的和不稳定的饲料资源。

世界的小型反刍动物的1/3、几乎黄牛群体的1/3和乳用母牛的22%都可以在以草原为基础的系统中发现（表46）。这些动物生产了全球牛肉和小牛肉总产量的25%，全球牛奶总产量的12%和全球绵羊及山羊肉总产量的32%。小反刍动物的生产与其数量成比例，而牛的生产力较其他系统要低一些。

干旱和半干旱地区的放牧系统既包括非洲撒哈拉地区、北非、近东和中东以及南亚的放牧系统（表49），也包括澳大利

表 49

不同地理区域的牧场主估计数量

地区	牧场主数量（百万）	占农村人口的比例（%）	占总人口的比例（%）
非洲撒哈拉地区	50	12	8
西亚和北非	31	18	8
中－东亚	20	3	2
新独立国家	5	12	7
南亚	10	1	0.7
中美洲和南美洲	5	4	1
合计	120		

资料来源：Rass（2006），按照 Thornton 等（2002）的方法计算。

亚较干旱地区、美国和南部非洲部分地区的牧场类型系统。牧场类型系统的特点是牧场的个人所有权（个人、商业组织或在某种情况下集体的牧场）。生产是面向市场的，通常是牛的生产，将架子牛出售给其他系统肥育。亚热带的绵羊和山羊是用于生产纤维或毛皮。与此相反的是，传统的放牧生产在很大程度上是基于饲养牛、骆驼、和/或小反刍动物的自给活动。一个目标是保证牛奶生产能够供全年消费，另一个目标是生产活畜用于出售。由于畜产品需求的增长，这一点可能变得更加重要。草原畜群和禽群的移动允许有效地利用饲料资源；饲料的有无又取决于不可预料的降水形式。从传统上讲，本土机构一直在协调牧民对公共放牧地和水资源的使用。

放牧系统也可以在一些半湿润或湿润地区发现，大多在南美洲和澳大利亚，在非洲也可以发现，但非常有限。生产牛肉的粗放养牛方式是经常看到的，而水牛牧场是在非常湿润的地区，生产羊毛的绵羊被养殖于南美、澳大利亚和南非的亚热带地区（FAO，1996a）。这个系统趋向于集中在由于生物物理原因或缺乏市场准入使作物生产受到限制的地区。

温带地区的放牧系统利用高度选育的家畜和一系列技术使生产最大化。来自温带地区国家的品种也适用于许多热带高原地区。但是，在更为自给的生产地区或海拔非常高的地区，适应本地的品种和物种是十分重要的。例如在南美洲的安第斯山脉，适应高海拔的骆驼物种是十分重要的。同样的，在亚洲的高山地区，牦牛对维持当地人的生计是绝对重要的。

3.2　环境问题

放牧家畜常常对环境产生负面的影响。因为在所有的生产系统中，放牧系统的反刍动物是产生甲烷的来源，因此使全球变暖。实际上，家畜在这个系统中常常依赖低质饲草资源，这意味着这些家畜产生的大量甲烷与获得的生产水平相关。但是，恐怕这是世人最关心的放牧系统的“过牧”问题。当然持续过度放牧会使植被的组成发生改变，使适口的草种变得越来越稀少。过度放牧和家畜践踏会使植被减少，导致肥沃土壤的侵蚀和流失。但是，近年可以看到一些改变，干旱地区的放牧系统被人们所理解。人们认为干旱牧场是一个非平衡系统，在干旱牧场里，非生物因子（最为显著的是降水方式），而不是家畜密度，是影响植被形式的驱动力（Behnke 等，1993）。家畜的数量又反映了放牧地的有无。由此，从在干旱条件下有效利用放牧资源的角度出发，传统游牧系统常常被认为是家畜管理的最佳方式。在不太干旱的地区，放牧地的有无变化较小，人口密度较大且作物种植更为广泛，家畜养殖趋向于更为定点的方式。放牧的压力更有可能成为影响植被程度的因子。在这些情况下，过度放牧，以及敏感地区的农作和过分采集柴火能够引起土壤侵蚀和生物多样性损失的问题（FAO，1996b）。

限制养畜者迁移的趋势更加剧了这些问题的发生（参阅下一章节）。不适宜的水资源开发或有无饲养家畜的谷物补贴也可以导致家畜在某一特定地区饲养时间过长，因此妨碍了草场的正常更新。另一个因子是打乱了公共放牧地进入的传统安排。这可以导致家畜所有权和公开进入放牧地之间的矛盾，这个矛盾将调动个体家畜饲养者放牧额外家畜的积极性，尽管他们行动的综合结果是草场的退化（FAO，1996a）。

不适宜放牧的影响也是温带国家所关注的问题，例如在矮小灌木和林地栖息地。但是，经过管理的放牧日益被认为是植物保护的重要工具。例如在英国，人们利用放牧来促进物种丰富的草原、石南树丛和湿地栖息地的生物多样性（Harris，2002）。在放牧压力下，一些植物物种存活下来，另一些植物物种则不能在放牧栖息地存活下来，还有一些植物物种如果在生长季节避免放牧的话，也能存活下来。由此，根据植物保护的目标，利用被管理的放牧来控制植物的分布是可行的。家畜践踏和拉粪的方式也影响植被的生长，因此在保护管理时也必须考虑。遗憾的是，保护者希望控制的植物并不总是对家畜最适口的。在某种程度上，这个问题可以通过不同物种和品种的不同采食习性来加以克服。在这种情况下，那些在常规生产中没有经济价值的动物品种具有潜在的重要的作用。这些品种常常很适应放牧并采食劣质植被，能够在粗放环境条件下存活，且只需要少量的管理干预。有各式各样的保护区域，且常常被管理成为野生动物提供马赛克式的栖息地。因此，放牧的要求可以是非常特殊的，如果品种的特性非常符合这些要求的话，可以获得最大化的利益。英国的放牧动物项目[5]（Grazing Animals

[5] http://www.grazinganimalsproject.info/pilot1024.php?detect=true。

Project）在这方面提供了一个有趣的发展，这些项目提供了对放牧喜爱程度的品种特异性信息，以及其他与保护性放牧相关的品种特性，例如品种抗逆性、饲养要求、与公众的相互关系和商品化方面的信息。

3.3　趋势

像上面章节讨论的那样，许多放牧系统的可持续性受到的威胁来自于自然资源的压力和已经适应的传统管理实践的中断和放弃。同时，大量的人口传统地依赖于自给的畜牧生产，从草原继续寻求生计的机会。一般来说，尽管详细估计十分困难，草原生产力远远落后于种植业区域。造成这种趋势有许多因素。首先，草场的集约化常常在技术上十分困难和无利可图。一般来说，生产力的限制因素与气候条件、地形、浅薄土壤、酸性和疾病压力相关。草场的困难特性可以以非洲撒哈拉地区干旱和半干旱土地的放牧系统和农牧系统为例。这些限制因素只有在大量投资的情况下才能克服，一点一点地干预将无济于事。此外，在非洲和亚洲的大部分地区，大多数草场是公有制管理，这进一步使集约化生产更加复杂化。没有稳定的机制安排，在这些地区组织私有投资是十分困难的，因为对个体的回报是与他们在公有土地上饲养家畜的数量成正比的。在这些遥远的地区基础设施缺乏，这又进一步增加了通过个人投资来提高生产力的难度。从全世界来看，特别是与产业化生产系统相比，这些限制因素反映在草原生产系统所生产肉品的缓慢增长（FAO，1996a）。

尽管地域遥远，草场生产系统也受宏观经济、政治和社会变革的影响，以及技术和基础设施发展的影响。例如，贸易全球化的增加可以意味着，产自草原系统产品的营销受到进口肉类竞争的影响，也受到日益严格的卫生要求的影响（FAO，2001b）。现代武力冲突和许多草原地区的疾病流行破坏了畜群的活动和繁殖。机械化运输能够使具有必要资源的养畜者快速转移动物，以寻找适宜的放牧地或销售地，这种情况在近东和中东地区日渐普遍（FAO，1996b）。还有受到潜在破坏的传统放牧管理制度，这种发展能够影响对遗传资源的需求，减少品种特性的理想化，例如，动物的行走能力和促进实现更为面向市场的生产目标。机械化还意味着，驮畜的重要性正在降低，例如骆驼或驴。引入现代兽医药品能够促进畜群的扩大（FAO，2001b），并使引入不太适应本地疾病挑战的外国遗传资源变得可能。

许多因子威胁着游牧家畜生产系统的可持续性。将作物生产扩展到以前的放牧地是一种威胁，常常是因为作物生产系统中人口的增长（FAO，1996b）。特别有破坏性的是将作物扩展到旱季放牧区域，这是游牧放牧策略的一个关键因素。在一些地方，灌溉计划的发展也可以促进作物区域的扩展（FAO，2001b）。进而，在一些放牧社区，开始作物生产越来越常见，这是对以家畜为基础的生计的日益增长的不安全性的反映，也是定居的副产品(Morris，1988)。

因此，总体趋势是离开放牧生产并向农牧结合方向发展（这是定义不甚准确的描述半干旱环境的生产系统的一个术语，这个系统将作物生产和畜牧生产相结合，但是家畜主要依赖于草地放牧）。例如，在非洲撒哈拉地区，据Thornton等(2002) 预测在今后50年里，大量的放牧系统将转向农牧系统。但是，在最边际的地区作物生产的长期可持续性值得怀疑，特别是在不适宜的水资源被开发的地区(FAO，2001b)。在亚洲的高山地区，随季节游牧的路线也被作物种植的扩展日益严重破坏（FAO，2003)。在传统放牧区建设栅栏对于安第斯山脉部分地区的养畜者也是一个问题（参见第四部分第6章第6部分)。

促进定居的政策、对载畜量的调节或个体草原类型农场的发展也起到一定的作用（FAO，1996b)。特别在非洲，既为了保护的目标，又为了旅游的潜在经济效益而建立的野生动物保护区，能够将畜牧生产者挤出传统的放牧地（FAO，2001b)。上学和其他的就业机会（例如向城镇区域移民）可以限制养畜劳力的获得和促进定居的趋势（同上)。

当不同驱动力的重要性因地区而异，总体的趋势是更多的人在更受限制和管理更不善的放牧地寻求生计。在严重的压力下，牧民不得不放弃草原生计。在不发生剧烈变化的情况下，当家畜饲养者适应了困难的条件，品种或物种的利用可能改变。例如，由于草原资源的枯竭，牧民可以放弃牛而饲养小反刍动物或骆驼来适应环境的变化。社会分化的趋势也十分广泛，对畜牧系统受到破坏的不同反应能力促进了分化，分化又促进了政策和技术发展的优势的利用。一方面常常缺乏大规模的畜主，另一方面贫穷人口越来越多地定居于城市地区周围，这些现象可以使人们不再能够或不再愿意继续传统的畜牧生计。假定草原地区的家畜品种不仅适应了自然环境，而且被选育成能够满足当地家畜饲养者的需要和喜爱，这样的变化对于动物遗传资源的利用会产生明显的作用。

我们已经概述了朝着传统游牧家畜生产系统消失方向发展的趋势，必须注意一些抵消因子。人们日益认识到，“草原畜牧业仍然是一种资源，一种在难以开发的土地上廉价生产肉类和奶类的生产系统”（FAO，2001b)。还认识到如果要使这样的系统兴旺发达，需要适宜的草原开发政策（同上)。相同地，在许多边远地区，出现另一种收入来源的前景是有限的，寻求勉强通过饲养家畜来维持生计似乎给当地人口保留了为数不多的选择之一（FAO，2003)。正如前面所叙述的那样，作物生产的扩展不会总能长期持续下去，在一些地区不排除再转向草原家畜饲养（FAO，2001b）。在世界的某一地区，在集体农庄和苏联时代建设的基础设施倒台之后，中亚地区最近就重新回到了更传统的生产系统（同上）。

拉丁美洲和加勒比地区的粗放草原系统也正面临变革。促进家畜草原放牧扩展（常常以牺牲雨林为代价）的补助大都停止了（FAO，2006b）。城镇人口对作物主食的需求和改良的道路基础设施促进了混合农作向放牧区域扩展（FAO，1996a）。同时，越来越多的激励措施的到位促进了自然资源的保护和环境服务的提供（FAO，2006b）。这些发展的反映之一是人们对林业—放牧业系统的兴趣日益增长（同上）。

在今后几十年里，放牧系统也会受到与全球气候变化相关的温度变化和降水形式变化的影响。当然，要十分精确地预测气候变化对畜牧生产的影响还十分困难。但是，人们期待生长期的变化能够使适宜农作区域的边界移动。在非洲撒哈拉地区，据Thornton等（2002）预测，到2050年，更适宜畜牧业生产的混合农作区域将包括东西横跨撒哈拉和苏丹，南北横跨南部安哥拉和中部津巴布韦的带状地区，以及到埃塞俄比亚较低海拔地区的过渡地带。与此相反，一些放牧地，主要在肯尼亚、坦桑尼亚和埃塞俄比亚，可期待变成适宜混合农作系统。但是，总体来看，非洲撒哈拉地区的气候适宜作物生产的土地面积将下降（同上）。亚洲和北美洲的中部地区的放牧系统都有很高的重要性，据预测，两个地区也将受到气候变化的严重影响（Phillips，2002）。与全球变暖相关的干旱频率和严重程度的增加将加剧旱地生产系统所遭受的压力（FAO，2001b）。

在发达国家的温带地区，放牧系统的作用也在变化。对生产系统的需求越来越与环境服务的提供相关，家畜本身的相对意义也常常在下降（FAO，1996a）。政策关注也与偏远贫穷的农村地区的就业形势相关。在一些情况下，适应本地条件的家畜品种可能受到偏远地区畜牧业生产的低利润率的威胁，而低产出的品种常常很适应多元化的用途，例如保护性放牧、特种产品的生产、或形成农村观光业的一部分，以吸引游客。

4　混合农作系统

4.1　概况

在整个发展中世界，小农户生产都以作物—家畜生产系统为主。在半湿润和湿润的热带地区，这个生产系统尤其占主导地位，但是，混合农作系统也遍布半干旱、高原和温带地区。混合农作系统所使用的土地取决于雨育作物生产的可能性（表50），或者在降水量和分布不允许雨育作物生产的地区，取决于灌溉的可能性。

表 50

拥有雨育作物生产潜力的土地

	土地表面		适宜雨育作物生产的土地	
	合计（百万公顷）	适宜雨育生产土地的比例（%）	合计（百万公顷）	勉强适宜雨育生产土地的比例（%）
发展中国家	7302	38	2782	9.8
非洲撒哈拉地区	2287	45	1031	10.0
近东 / 北非	1158	9	99	32.3
拉丁美洲和加勒比	2035	52	1066	7.5
南亚	421	52	220	4.5
东亚	1401	26	366	13.1
产业化国家	3248	27	874	19.9
经济转型国家	2305	22	497	17.7
全世界	13400	31	4188	12.8

资料来源：摘自 FAO（2002a）。

表 51

以作物为基础的家畜系统的主要作物——家畜相互作用

作物生产	畜牧生产
作物可以提供反刍动物和非反刍动物利用的各种作物秸秆和副产品	大型反刍动物可以提供耕作用的畜力，例如土地准备和土壤保护实践
休闲耕地或改良的休闲耕地（暂作牧地的休闲耕地）以及在多年生树林下生长的护田作物可以为反刍动物提供放牧地	反刍动物和非反刍动物可以提供肥料来维持和改良土壤肥力。在许多耕作系统中，它是作物营养的唯一来源。肥料可以施于土壤中，而在东南亚，肥料施于灌溉蔬菜的水中，而蔬菜根茎又可以被非反刍动物利用
耕作系统，例如农林间作系统能够为反刍动物提供树林牧草	畜产品出售和役畜的出租可以提供现金用于购买作物生产所需的肥料和农药。在树下采食植物的动物能够控制杂草，这样可以减少耕作系统中除草剂的用量 动物可以成为耕作系统中引入改良牧草的切入点，从而作为土壤保护策略的一部分。在以农林为基础的耕作系统中草本牧草可以播种在一年生和多年生作物、灌木和树下面

资料来源：摘自 Devendra 等（1997）。

第二部分

世界反刍动物的绝大多数都在作物—家畜系统下饲养：占世界牛群体数量的68%，占世界绵羊和山羊群体数量的66%和占世界水牛群体数量的100%。换算成，占世界牛肉和小牛肉总产量的68%，占世界水牛肉总产量的100%，占世界绵羊和山羊肉总产量的67%和占世界牛奶总产量的88%。混合系统还生产世界猪肉总产量的57%，禽肉总产量的31%和鸡蛋总产量的49%（表46）。

发展中国家的许多作物—家畜农作系统的特点是相对低水平的外部投入，并使用系统的一个组成部分的产品作为其他部分的投入物（表51）。作物秸秆提供动物饲料的来源，而利用动物粪便有助于维护土壤肥力，役畜又常常可以提供畜力。家畜可以为作物生产系统提供集约化的方式，这种作物生产系统是对劳力或昂贵投入物额外要求有限的。营养循环和非再生资源的有限利用对环境可以产生相对良性的影响。

发展中国家的传统混合农作系统地区是世界许多贫困人口的聚集地。全球贫困家畜饲养者的分布目前并没有被明确地制图标示。但是，据Thornton等（2002）的粗略估计，大约有4.7亿贫穷家畜饲养者（以世界银行出版的国家农村贫困线为基础），或有世界贫困人口的84%居住在混合农作系统的区域。对于贫困农户来说，家畜提供了多样化生计活动的方式，它们是在需要时可以出售而获得现金的财产，家畜也可以提供多种供家庭消费的产品，还可以为作物生产做出以上提到的贡献。购买的投入物也是有限的，例如兽药、饲料或畜舍。

但是，全世界有各种各样的混合耕作系统。在发达国家的温带地区，作物—家畜系统与多种用途的家畜没有多大关系。在这些系统中，生产实践更加集约化，包括较大量地使用外部投入物和生产力水平高的家畜品种，生产目标大都集中在单一的产出。在一年的寒冷月份饲养家畜是一种挑战，在畜产品需求高和获得高生产性能家畜的前提下，农田常常只用于生产特种牧草作物，然后牧草被保存起来，用于冬天家畜的补饲（FAO，1996a）。相反的是，在热带高原的混合系统中，家畜都趋向于具有多种功用，并给农作提供非常有意义的支持服务。

在热带的湿润和半湿润地区家畜生产需要良好的环境。除了高温和潮湿外，家畜疾病所提出的挑战常常是比较严重的。在这些环境下，家畜的主要功能常常也是为作物生产提供投入物。在较干旱的环境中，作物生产越来越困难并充满风险。从提供产品用于出售或家庭消费的角度看，家畜比作物更有意义，还可以提供不同的生计方式以对抗作物颗粒无收的风险。有限的作物秸秆生产量意味着作为饲料来源的放牧地变得更加重要。动物牵引也十分普遍。家畜可以将草地的营养转换为肥料，从而对提高农田的生产力做出了贡献。粪饼形式的燃料是一种重要的家畜产品，在乱砍伐森林缺乏薪柴的地区尤其如此。在这些条件下，将家畜从作物生产地迁离几个月的农牧系统是非常流行的（Devendra等，2005）。在一些地区，农牧生产是一种长期延续下来的传统系统。而在另一些情况下，农牧业生产是由面临变化条件的游牧民或定居农民去适应他们的生计活动而产生的（同上）。

4.2　环境问题

如果被精心地管理，一般来说，混合耕作系统被认为是对环境比较温和的系统。使用役畜而不是机械耕作和有限地使用外部投入物可以减少化石燃料的使用。作物和家畜生产的废品可以通过系统的其他组成部分进行再循环。耕地的肥力被维持，营养不会流失到生态系统中，不会成为污染物。在生物多样性方面，与放牧系统相比，小农户混合耕作系统常常支持树木和鸟类更为丰富的多样性。粪肥施加于土壤也可以提高土壤微生物和植物区系的多样性。而另一方面，耕作地附近区域的重牧压力能减少生物多样性。耕作制度的发展还可导致野生动物栖息地的分片，因此，对生物多样性有负面的影响。

但是，持续性的混合耕作系统常常受到威胁，导致人们对环境更多的关注。这个系统既受到需求变化的影响，也受到自然资源基地和依赖于它的畜牧生产的相互作用的影响。关键的问题通常是营养平衡的问题（FAO，1996b）。高水平的畜产品需求可以超越传统混合农业的生产能力，并导致系统朝特种生产方向转变。用人工肥料代替农家肥，用拖拉机代替动物畜力，用有生产力的作物品种生产出较少的秸秆去饲养家畜。畜牧和作物生产变得越来越分隔开来。在这种情况下，作物和家畜的营养循环出现了问题，多余的养分可以渗透到相邻的生态系统中。

与此形成对照，在许多隔离地区，混合耕作系统可以形成肥力下降的向下的螺旋形。由于人口密度的增加，放牧与作物耕作的比率下降，因此，减少了由草场转移来的可利用营养。作物单产趋于下降，导致进一步扩展作物耕作和更加剧烈的土地竞争。使用役畜可以使作物耕作地扩展，因此使问题更加恶化。在草地更加限制的区域放牧更多数量的家畜导致肥力进一步损失和土壤侵蚀。在没有收入来源支持保护措施和维护土壤肥力的情况下，将会出现负向循环——称之为耕作系统的“内转”的形势（FAO，1998）。

4.3　趋势

在影响混合耕作系统发展的诸多因素中，包括对畜产品的需求和投入物的有无及成本。发达国家的经济发展导致了对肉类和乳制品的高水平的需求，并使一系列投入物供应充足，因此提高了畜牧生产的生产力。这就造成了温带混合农作系统，特别是欧洲和北美的，向更大型、更机械化农业方向发展的趋势，更大量地使用商品饲料、兽医投入物和畜舍。畜牧生产趋向于越来越专业化地生产一个单一的产品，例如肉品或牛奶。而且，畜牧生产与作物生产有分道扬镳的趋势，尤其单胃动物越来越多地集中在无地系统中生产。在这种情况下，适应粗放条件或适应多种用途的传统家畜品种普及性下降，并可能受到物种灭绝的威胁。

如上所述，发展中世界的许多地区正在经历畜产品需求的非常快速的增长。满足这种需求的压力导致了在牺牲传统混合耕作系统的前提下增加无地系统。在经济发展快速的地区，不同就业机会的创造也使得人们离开传统劳动密集型农业生产形式。许多发展中国家的乳制品需求的上升导致了面向城镇市场的商业化小农户乳业的发展。这些系统趋向于要求比传统混合耕作系统更高的外部投入，并常常使用外来品种或杂交动物。

但是，在扩展市场准入有限的地方，特别在非洲撒哈拉的部分地区，与“畜牧革命”相关的影响要小得多。在没有畜产品市场需求的情况下，偏远地区常常面临投入物和服务十分有限。而且，对不同家畜功能的需求仍然很强烈，例如役力、肥料和居民储蓄，从而限制了更加商业化生产的发展。

除需求改变以外，资源压力也带来了混合耕作系统的改变。这种压力能够造成饲料管理实践的改变和动物和作物生产之间关系的改变。在就业机会较少的地区，人口增长会导致耕作地的扩展和限制用于放牧家畜的社区放牧地的数量。对限制放牧地的反应常常会提高农场作物秸秆用作家畜饲料的重要性。由于土地所有规模的下降，家畜日益实施封闭饲养，饲料的外部来源也被卡断，而从邻近土地获得或购买。与上述的需求增加水平相结合，这些发展可导致对购买的饲料投入物的依赖性增加，包括谷物或农工业副产品形式的精料。在这些情况下，混合系统朝着无地生产系统演变。

在混合耕作系统中，增加其他选择的可能性以替代家畜的传统功能对动物遗传资源多样性有着深远的意义。机械化正在扩展，这在许多地区正导致役畜重要性的下降。这一发展对于牛品种的选育有着重要的影响，对主要用于提供役力的物种的重要性也有着深远的影响，例如马和驴。这种趋向由一些因素所调解，例如燃料价格，役畜作用的下降并不是普遍现象。动物役力的重要性在非洲的部分地区正在提高，以前动物役力在那里受到重质土壤和舌蝇的限制。无机肥料使用的增加也可减少家畜作为肥料来源的重要性。其他家畜功能，例如储蓄和运输，也在诸如财政服务和机动车辆广泛普及的地区减少了其重要性。

正如在放牧系统趋势的讨论中所述，气候变化可能会造成混合耕作系统分布的一些转变。气候变化及与其相关的病虫害和疾病分布的变化也可以导致与作物生长或家畜饲养类型转变相关的混合生产系统的内部变化。

5 混合灌溉系统的问题

虽然灌溉的直接影响是该系统的作物组成，畜牧生产条件也在许多方面与雨育区域的畜牧生产条件趋于不同。灌溉减少了作物耕作所获得的产量的差异，还可在缺乏降水限制生长季节的地区延长耕作季节。灌溉影响了作物生产的土地利用率和经济性。反过来，灌溉还影响了家畜生产所需的投入物（特别是饲料）以及家畜在生产系统中的作用，这对所有方面的生产起到推进的作用（knock-on effect），包括动物遗传资源的管理。

灌溉混合耕作系统在温带或热带高原地区尚未普及，但是，也可以在地中海国家和东亚的一些温带地区发现（FAO，1996a）。在亚洲人口密集的湿润/半湿润混合耕作地区水稻灌溉生产十分普及。畜力在这些系统中特别重要，因为需要迅速为下一轮耕作循环准备田地。在东南亚和东亚地区，沼泽水牛（*Bubalus bubalus carabanesis*）在传统上是主要的役力动物，但是其作用正受到机械化的不断威胁。在作物残茬上放牧家畜的有限机会意味着水牛和牛通常都饲喂切断和运输来的饲草，特别是稻草。但是，作为饲草来源的作物秸秆的贡献可能受到威胁，这种威胁来自于作物的使用主要强调粮食生产而不是稻草，如在这些系统中广泛使用的高产水稻品种。猪和家禽常常用废弃的食物饲养，只进行少量补饲（Dixon等，2001），它们提供了利用泔水和农副产品的一种方式。自由觅食的家鸭可在水稻田中饲养，在那里它们可以觅食剩余的水稻、昆虫和其他无脊椎动物。

灌溉使干旱/半干旱地区的全年作物栽培变得可能。在一些干旱区域（例如以色列），在混合灌溉系统集约化管理条件下乳用母牛饲养可以获得非常高的生产力水平（FAO，1996a）。在其他地区，最显著的是印度，混合灌溉系统（常常在半干旱地区）支持大量的商业的乳牛饲养小农户，他们常常饲养水牛或杂交母牛。在这些系统中营养需求较高，通常缺乏优质饲料。因此，灌溉饲草生产已经变得日益重要。对于小规模农民来说，由灌溉支持的变化较小的作物生产可减少家畜作为作物歉收缓冲的意义（Shah，2005）。在大规模灌溉生产经济作物为主的地区，例如近东和中东的部分地区，也常常支持牛、水牛和小反刍动物的大量群体（Dixon 等，2001）。

混合灌溉系统有一些特殊的环境问题，例如与土壤的涝灾或盐碱化、修建堤坝的作用等相关的问题，以及被多余养分或农药污染的多余水分的处置问题（FAO，1997），水稻田也是排放甲烷的来源（FAO，1996a）。但是，这些问题并不与该系统的家畜成分特别相关。

目前，在发展中国家，约占所有农田1/5 的灌溉农业占所有作物生产的40%，几乎占谷物生产的60%（表 52）。至2030

年的作物生产规划建议增加灌溉农业的重要性。据预测，灌溉农业将占农田总预计增加量的1/3和谷物生产预计增加量的70%以上。

在亚洲人口密集的水稻系统中，灌溉种植土地的扩展规模较小。农场规模正在变小，甚至集约化水稻生产也常常不足以保证农民的生计（Dixon 等，2001）。在这些情况下，农业活动的多样化，例如渔业养殖或集约化家畜生产，可能是更依赖非农作就业或迁移至城镇区域的唯一选择（同上）。一体化系统可提供集约化的规模，例如泰国的水稻 / 蔬菜 / 养猪 / 养鸭 / 养鱼系统（Devendra 等，2005）。

表 52

发展中国家总体作物生产中灌溉生产的份额

份额（%）	所有作物			谷物	
	耕地	收获地	生产	收获地	生产
1997/99 年份额	21	29	40	39	59
2030 年份额	22	32	47	44	64
1997/99-2030 年增加份额	33	47	57	75	73

资料来源：FAO（2002a）。

注释：除一些国家的主要作物以外，只有非常少的有关作物灌溉地的数据，显示在该表的结果几乎完全是专家的判断。

在世界的一些其他地区，有较大的机遇扩展灌溉面积。但是，扩展灌溉面积的可持续性受到水资源使用不当的威胁。正如上面所描述的那样，如果没有仔细的灌溉管理，会产生负面的环境影响。而且，在过去一个世纪中，水资源的利用增长率比人口增长率快2倍多，短暂缺水影响了世界的许多地区，包括近东和中东的大部分地区、墨西哥、巴基斯坦和印度及中国的大部分地区（UN Water，2006）。灌溉农业通常是第一个受到缺水影响的部门。人们日益认识到，发生在许多国家的地下水的大量“开采”，从长远来看是不会持续的（同上）。因获得水资源引起的冲突可以发生在地方水平，也可以在国家之间发生，例如在河流穿越国际边界的地方。

第三章
畜牧业遗传多样性变化的意义

在以土地为基础的家畜生产系统中，畜禽物种和品种是经过广泛标准选择的结果，包括与各种环境挑战相关的适应特性。通过消除环境应激，产业化生产系统允许在较狭窄的范围内集中选择标准。产业化生产系统的特点是生产的标准化以及高度控制的生产条件。这些系统也十分专业化：它们使用单一产出量或产出减少的数量来使生产参数最优化。产业化生产系统动物遗传要求的特点如下：

- 物种和品种适应当地环境的要求较低；
- 由于动物在封闭系统中饲养，对疾病的抗性和忍耐性要求较低，农民依赖高强度地使用兽医投入；
- 对效益要求较高，特别是饲料转换率，要使每头动物的效益最大化（在产业化生产系统中，饲料成本实际上占生产总成本的60%～80%）；
- 由于消费者需求，以及与标准化、体型、脂肪含量、颜色、味道等相关的技术要求，对质量特性要求更高。

畜牧生产的产业化在养猪业和养禽业最为先进。特别在欧洲、北美和澳大利亚，养猪生产实现了高度产业化，少数跨国育种公司主宰了整个生产链。而禽业是畜牧生产所有形式中产业化程度最高的，目前禽业产业化生产正向许多发展中国家普及。乳牛生产也日益依赖于少数乳牛品种。这种趋势在发达国家进步最快。在发展中世界的大部分地区，小型生产者主宰了乳牛业，但是，在城镇周边地区越来越多地使用外来品种或杂交品种以满足城镇日益增长的市场需求。受需求的驱动，也可以通过改善动物卫生服务和其他服务以及提高技术来促进这样的变化，改善的动物卫生服务和其他服务，以及提高的技术允许饲养不太适应本地生产条件的动物。产业化生产系统和相关的民营育种公司拥有培育符合要求的品种的资源。他们已经培育出了高度专有化的品种，在当前消费者要求和资源成本的条件下该品种的生产力最大化。这些发展在家禽和养猪生产中特别明显，在乳牛业也出现。其结果是，在畜牧生产产业化已经实现了30～40年时间的发达国家已经发生了品种的大量侵蚀(参阅第一部分第二章)。

第二部分

但是，从中远或长远来看，产业化系统中的品种选择标准需要进行修正。目前，产业化生产的发生具有以下特点：低投入物价格（例如谷物、能量和水）、在当地缺乏环境和公共卫生政策；以及在发展中国家，公共一般很少关注动物饲养的条件。只有当公共政策到位，以调节反映资源社会成本的资源价格，消费者更加关注动物生产的农业生态和福利方面，经济环境才会改变。

与产业化生产系统的发展一起，低至中等外部投入物的生产系统继续存在，特别是经济增长不太快的地区或产业化所需的资源和支持服务缺乏的地区。这些情况可以在较粗放环境条件的地区（例如干旱地、山区和寒冷地区）或与城市需求中心联系较差的农村地区发现。在这些情况下，生产系统继续向当地社区提供各种产出，且畜禽通常有多种用途（参见第一部分第四章）。畜禽养殖常常与传统的生活和文化方式密切联系，特别是在牧场系统中。因此，低等至中等外部投入物生产系统对动物遗传资源有着特殊的要求。它们依赖于本地品种，或在某些情况下，依赖于杂交品种或含有本地品种遗传材料的复合品种。

除了动物遗传资源对生产环境的适应性以外，与放牧和混合耕作系统相关的动物遗传资源也受到了威胁。问题常常由不适宜的畜禽培育政策所引起。而且，在人口增长和气候变化的情况下，基于小型草地的混合生产系统正面临日益增长的资源压力，这可以威胁到相关的动物遗传资源。例如，饲料资源短缺可导致转向饲养绵羊和山羊，而不饲养大型反刍动物，或转向饲养驴而不是牛作为畜力。为了使生产系统可持续，需要提高系统的效率，特别在土地和水资源的利用方面。而且，还需要努力提高作为收入来源的可销售畜产品的生产，这样可以获得提高系统生产力和可持续性所需的投资（例如土壤保持措施）。

如果要获得较广范围的市场准入，这些系统生产的肉品和乳品将不得不满足消费者所需的质量标准。在改善生产力特性和维持对当地环境的多种功能和适应性的同时，要实现这些目标是一项巨大的挑战。在这种情况下，当地家畜的遗传多样性看来是要利用的主要资源。评估个体动物的生产性能应包括以下标准：生命周期的生产力（例如每头母畜后代的数量）、畜群或禽群的经济回报（与个体生产性能相比）和生物效率（产出/投入比率）。实质上，如果不考虑期望动物生产的特殊环境，品种发展的推荐方法的价值将很低。一方面，这种特殊环境是气候、饲料资源的可获得性和疾病挑战的组合；另一方面，是这些条件的管理控制的程度。所产生的各种各样的情况使得我们需要许多种类的品种。而且，社会、经济和文化因素也影响物种、品种、产品和产品质量的选择。

甚至在发达国家或经济迅速增长和基础设施发展良好的发展中国家，传统、粗放的生产继续形成非正式市场和利基市场

(niche market)，例如当地的土特产品，高质量产品和有机食品。在泰国就有一个本地非正式市场持续存在，据估计泰国20%的家禽生产将不依赖大型业主。在欧洲和世界其他地区的有机农场的特点是作物和家畜的高度综合化，使用有限的化学投入物，且常常使用典型的本地品种。在一般情况下，生产的哲学不允许规模扩大，这也受到低生产量的限制，在2003年，有机牛奶和鸡蛋分别仅占欧盟总生产量的1.5%和1.3%。

在以草地为基础的生产系统中，环境服务的提供日益成为发达国家国家政策的重点。在这种情况下，生产者不得不调整生产实践，使服务的提供最大化而不是常规畜产品的生产量。品种选育标准不得不适应这些新目标。所选择的特性将与不同来源的生物质的消费（草、灌木和树）和其功能效应相关，例如风景保护、生物多样性保护、碳截存、土壤保护和养分循环。

品种培育总是高度动态性的，并由特殊环境和人类需求之间的强烈互作所驱动。一个更依赖于物种内差异（品种多样性）而不是依赖于额外物种驯化的大量遗传多样性是经过长时间的培育而形成的。近来，产业化生产过程导致了遗传资源库的缩小。但是，无论现在还是将来，正是遗传多样性向养畜者提供了寻找与生产系统的特殊要求相匹配的遗传资源的机遇。同时，生产系统现存的多样性保证了高度多样性的家畜遗传资源的利用。要做到这一点的一个先决条件是，需要提供与品种相关的必要信息，且保证遗传材料的索取和交换畅通无阻。

参考文献

Abegaz. A.Y. 2005. *Farm management in mixed crop-livestock systems in the Northern Highlands of Ethiopia*. Wageningen University, the Netherlands. (PhD Thesis)

Ayalew, W., King, J.M., Bruns, E. & Rischkowsky, B. 2003. Economic evaluation of smallholder subsistence livestock production: lessons from Ethiopian goat development program. *Ecological Economics*, 45:473–485.

Behnke, R.H., Scoones, I. & Kerven, C. 1993. *Range ecology at disequilibrium*. London. Overseas Development Institute/International Institute for Environment and Development Commonwealth Secretariat.

Bos, J. 2002. *Comparing specialised and mixed farming systems in clay areas of the Netherlands under future policy scenarios: an optimisation approach*. Wageningen University, the Netherlands. (PhD Thesis)

Bosman, H.G., Moll, H.A.J. & Udo, H.M.J. 1997. Measuring and interpreting the benefits of goat keeping in tropical farm systems. *Agricultural Systems*, 53:349–372.

CR (Country name). year. *Country report on the state of animal genetic resources*. (available in DAD-IS library at http://www.fao.org/dad-is/).

De Camargo Barros, G.S.A., De Zen, S. Bacchi, M.R.P., de Miranda, S.H.G., Narrod, C. & Tiongco, M. 2003. *Policy, technical, and environmental determinants and implications of the scaling-up of swine, broiler, layer and milk production in Brazil*. IFPRI-FAO AGAL LEAD Livestock Industrialization Project, 2003.

Delgado, C., Rosegrant, M. & Meijer, S. 2002. *Livestock to 2020: the revolution continues*. World Brahman Congress. Rockhampton.

Delgado, C., Rosegrant, M., Steinfeld, H., Ehui, S. & Courbois, C. 1999. *Livestock to 2020: the next food revolution*. Washington DC. IFPRI/FAO/ILRI.

Devine, R. 2003. La consommation des produits carnés. *INRA Prod. Anim.*, 16(5): 325–327.

De Haen, H. 2005.cited in: *Africans meet to improve food safety on the continent. Experts and officials from 50 countries work to establish safer food systems.* 3 October 2005, FAO Newsroom Geneva/ Rome. FAO/World Health Organization. (available at http://www.fao.org/newsroom/en/ news/2005/107908/index.html).

Devendra, C., Morton, J., Rischkowsky, B. & Thomas, D. 2005 Livestock systems. *In* E. Owen, A. Kitalyi, N. Jayasuriya & T. Smith, eds. *Livestock and wealth creation: improving the husbandry of animals kept by resource- poor people in developing countries,* pp. 29–52. Nottingham, UK. Nottingham University Press.

Devendra, C., Thomas, D., Jabbar, M.A. & Kudo, H. 1997. *Improvement of livestock production in rainfed agro-ecological zones of South-East Asia.* Nairobi. International Livestock Research Institute.

Doppler, W. 1991. *Landwirtschaftliche Betriebssysteme in den Tropen und Subtropen.* Stuttgart, Germany. Ulmer.

FAO. 1996a. *World livestock production systems.* Current status issues and trends, by C. Seré & H. Steinfeld with J. Groenewold. Animal Production and Health Paper, No. 127. Rome.

FAO. 1996b. *Livestock and the environment: finding a balance,* by C. de Haan, H. Steinfeld & H. Blackburn. Rome.

FAO. 1997. *Small scale irrigation for arid zones: issues and options,* by D. Hillel. FAO Development Series, No. 2. Rome. (available at http://www.fao.org/docrep/W3094E/W3094E00.htm).

FAO. 1998. *A food security perspective to livestock and the environment,* by L. Fresco & H. Steinfeld. Rome. (available at http://www.fao.org/WAIRDOCS/LEAD/ X6131E/X6131E00.HTM).

FAO. 2001a. *Farming systems and poverty – improving farmers' livelihoods in a changing world,* by J. Dixon, A. Gulliver & D. Gibbon (ed. M. Hall). Rome. (also available at http://www.fao.org./DOCRP/ Y1860E/y1860e00.htm).

FAO. 2001b. *Livestock keeping in urban areas, a review of traditional technologies,* by J.B. Schiere, & R. Van Der Hoek. Animal Production and Health Paper, No. 151. Rome.

FAO. 2001c. *Pastoralism in the new millennium.* Animal Production and Health Paper, No. 150. Rome.

FAO. 2002a. *World agriculture: towards 2015/2030. An FAO perspective,* edited by J. Bruinsma. London. Earthscan Publications.

FAO. 2002b. *The state of food insecurity in the world 2002.* Rome.

FAO. 2003. *Transhumant grazing systems in temperate Asia,* edited by J.M. Suttie & S.G. Reynolds. Plant Production and Protection Series No. 31(Rev. 1). Rome.

FAO. 2004. *Classification and characterization of world livestock production systems. Update of the 1994 livestock production systems dataset with recent data,* by J. Groenewold. Unpublished Report. Rome.

FAO. 2005a. *Pollution from industrialized livestock production.* Livestock Policy Brief, No. 2. Rome.

FAO. 2005b. *The globalizing livestock sector: impact of changing markets.* Committee on Agriculture, Nineteenth Session, Item 6. Rome.

FAO. 2005c. *Agricultural and rural development in the 21st century: lessons from the past and policies for the future.* An International Dialogue 9–10 September 2005 Beijing China. Background paper. Rome. (available at ftp://ftp.fao.org/docrep/fao/ meeting/010/ae885e.pdf).

FAO. 2006a. *World agriculture: towards 2030/2050. Interim report.* Rome.

FAO. 2006b. Relevance and applicability of the Latin *American experience for the development of benefit sharing mechanisms for payment of environmental services at the forest-pasture interface in Southeast and East Asia,* by M. Vinqvist & M. Rosales, LEAD Electronic Newsletter V3N2, February 2006. Rome. (also available at http://www.virtualcentre.org/en/ enl/A3/download/enl08_A3_Policy paper.doc).

FAO. 2006c. *Livestock's long shadow – environmental issues and options,* by H. Steinfeld, P. Gerber, T. Wassenaar, V. Castel, M. Rosales & C. de Haan. Rome.

FAO. 2006d. Underneath the livestock revolution, by A. Costales, P. Gerber & H. Steinfeld. In *Livestock report* 2006, pp. 15–27. Rome.

FAO. 2006e. The future of small-scale dairying, by A. Bennet, F. Lhoste, J. Crook, & J. Phelan. In *Livestock report* 2006, pp. 45–55. Rome.

FAO. 2006f. Old players, new players, by H. Steinfeld, & P. Chilonda. In *Livestock report* 2006, pp. 3–14. Rome.

FAO. 2006g. *Cattle ranching and deforestation.* Livestock Policy Brief No. 3. Rome.

FAO. 2006h. *Policies and strategies to address the vulnerability of pastoralists in sub-Saharan Africa,* by N. Rass. PPLPI (Pro-Poor Livestock Policy Initiative) Working Paper 37. Rome.

FAOSTAT (available at http://faostat.fao.org)

Farina, E.M.M.Q., Gutman, G.E., Lavarello, P.J., Nunes, R. & Reardon, T. 2005. Private and public milk standards in Argentina and Brazil. *Food Policy,* 30(3): 302–315.

Gerber, P., Chilonda, P., Franceschini, G. & Menzi, H. 2005. Geographical determinants and environmental implications of livestock production intensification in Asia. *Bioresource Technology,* 96: 263–276.

Harrington, G. 1994. Consumer demands: major problems facing industry in a consumer-driven society. *Meat Science*, 36: 5–18.

Harris, M.E. 1985. *Good to eat: riddles of food and culture.* New York, USA. Simon and Schuster.

Harris, R.A. 2002. Suitability of grazing and mowing as management tools in Western Europe. Experiences in Scotland and the United Kingdom. *In* J. Bokdam, A. van Braeckel, C.Werpachowski & M. Znaniecka, eds. *Grazing as a conservation management tool in peatland.* Report of a Workshop held 22-26 April 2002 in Goniadz Poland. Wageningen, the Netherlands. University of Wageningen/Biebrza National Park/WWF.

Ifar, S. 1996. *Relevance of ruminants in upland mixed farming systems in East Java, Indonesia.* PhD Thesis, Wageningen Agricultural University, the Netherlands. (PhD Thesis)

IPCC. 2001 *Climate Change 2001.* Cambridge, UK. Cambridge University Press.

Jahnke, H.E. 1982. *Livestock production systems and livestock development in tropical Africa.* Kiel, Germany. Wissenschaftsverlag Vauk.

King, B.S., Tietyen J.L. & Vickner, S.S. 2000. *Consumer trends and opportunities.* Lexington KY, USA. University of Kentucky.

Krystallis, A. & Arvanitoyannis, I.S. 2006. Investigating the concept of meat quality from the consumers perspective: the case of Greece. *Meat Science,* 72: 164–176.

Morris, J.R. 1988. *Interventions for African pastoral development under adverse production trends.* African Livestock Policy Analysis Network Paper, No. 16. Addis Ababa. International Livestock Centre for Africa (ILCA).

Morrison, J.A., Balcombe, K., Bailey, A., Klonaris, S. & Rapsomanikis, G. 2003. Expenditure on different categories of meat in Greece: the influence of changing tastes. *Agricultural Economics,* 28: 139–150.

Naylor, R., Steinfeld, H., Falcon, W., Galloway, J., Smil, V., Bradford, E., Alder, J. & Mooney, H. 2005. Losing the links between livestock and land. *Science,* 310: 1621–1622.

NDDB. 2005. *Annual Report 2004/2005.* Anand, India. National Dairy Development Board.

Phillips, C. 2002. Future trends in the management of livestock production. *Outlook on Agriculture,* 31(1): 7–11.

Poapongsakorn, N., NaRanong, V., Delgado, C., Narrod, C., Siriprapanukul, P., Srianant, N., Goolchai, P., Ruangchan, S., Methrsuraruk, S., Jittreekhun, T., Chalermpao, N., Tiongco, M. & Suwankiri, B. 2003. *Policy, technical, and environmental determinants and implications of the scaling-up of swine, broiler, layer and milk production in Thailand.* Washington DC. IFPRI-FAO. AGAL LEAD Livestock Industrialization Project.

Rae, A. 1998. The effects of expenditure growth and urbanisation on food consumption in East Asia: a note on animal products. *Agricultural Economics,* 18(3): 291–299.

Reardon, T. & Berdegué, J.A. 2002. The rapid rise of supermarkets in Latin America: challenges and opportunities for development. *Development Policy Review,* 20(4): 371–388.

Reardon, T. & Timmer, C.P. 2005. Transformation of markets for agricultural output in developing countries since 1950: how has thinking changed? *In* R.E. Evenson, P. Pingali & T.P Schultz eds. *Handbook of agricultural economics: agricultural development: farmers, farm production and farm markets.* Volume 3. Amsterdam. North-Holland Publ.

Ruthenburg, H. 1980. *Farming systems in the tropics.* 3rd edition. Oxford, UK. Clarendon Press.

Savadogo, M. 2000: *Crop residue management in relation to sustainable land use. A case study in Burkina Faso.* Wageningen University, the Netherlands. (PhD Thesis).

Schiere J.B., Baumhardt A.L., Van Keulen H., Whitbread A.M., Bruinsma A.S., Goodchild A.V., Gregorini P., Slingerland, M.A. & Wiedemann-Hartwell B. 2006a. Mixed crop-livestock systems in semi-arid regions. *In* G.A. Peterson, P.W. Unger & W.A. Payne eds. *Dryland agriculture,* 2nd ed. Agronomy. Monograph. No. 23, pp. 227–291. Madison, Wisconsin, USA. American Society of Agronomy, Inc., Crop Science Society of America, Inc., Soil Science Society of America, Inc.

Schiere, J.B., Joshi, A.L., Seetharam, A., Oosting, S.J., Goodchild, A.V., Deinum, B. and Van Keulen, H. 2004. Grain and straw for whole crop value: implications for crop management and genetic improvement strategies, a review paper. *Experimental Agriculture,* 40: 277– 94.

Schiere, J.B., Thys, E., Matthys, F., Rischkowsky, B. & Schiere, J.J. 2006b. Chapter 12: Livestock keeping in urbanised areas, does history repeat itself? *In* R. Van Veenhuizen, ed. *Cities farming for the future: urban agriculture for green and productive cities,* pp. 349–379. Leusden, the Netherlands. RUAF (Resource Center on Urban Agriculture and Forestry).

Schiere, J.B. & De Wit, J. 1995. Livestock and farming systems research II: development and classifications, pp. 39– 6. *In* J.B. Schiere, ed. *Cattle, straw and systems control.* Amsterdam, the Netherlands. Royal Tropical Institute.

Shah, A. 2005. *Changing interface between agriculture and livestock: a study of livelihood options under dry land farming systems in Gujarat.* Ahmedabad, Gujarat, India. Institute of Development Research. (also available at ftp://ftp.fao.org/docrep/nonfao/lead/ae752e/ae752e00.pdf).

Steinfeld, H., Wassenaar, T. & Jutzi, S. 2006. Livestock production systems in developing countries: status, drivers, trends. *Rev. Sci. Rech. Off. Int. Epiz.,* 25(2): 505–516.

Thornton, P.K., Kruska, R.L., Henninger, N., Kristjanson, P.M., Reid, R.S, Atieno, F., Odero, A.N. & Ndegwa, T. 2002. *Mapping poverty and livestock in the developing world.* Nairobi. International Livestock Research Institute.

UN Habitat. 2001. *The state of the world's cities 2001.* New York, USA.

UN Water. 2006. *Coping with water scarcity: a strategic issue and priority for system-wide action.* (available at ftp://ftp.fao.org/agl/aglw/docs/waterscarcity.pdf).

Van De Ven, G.W.J.1996. *A mathematical approach to comparing environmental and economic goals in dairy farming on sandy soils in The Netherlands.* Wageningen Agricultural University, the Netherlands. (PhD thesis)

Van Keulen, H. and Schiere, J.B., 2004. Crop-Livestock systems: old wine in new bottles? *In* R.A. Fischer, N. Turner, J. Angus, L. McIntire, M. Robertson, A. Borrel & D. Lloyd, eds. *New directions for a diverse planet.* Proceedings for the 4th International Crop Science Congress, Brisbane, Australia, 26 September – 1 October 2004.

Waters-Bayer, A. 1996. Animal farming in African cities. *African Urban Quarterly,* 11: 218–226.

Zhou, Z.Y., Wu, Y.R. & Tian, W.M. 2003. *Food consumption in rural China: Preliminary results from household survey data.* Proceedings of the 15th annual conference of the Association from Chinese Economics Studies, Australia.

第三部分

动物遗传资源管理能力状况

导　言

本部分利用国别报告提供的信息，分析了国家在动物遗传资源管理方面的能力。着重分析了区域差别及其存在的弱点，确认了战略行动重点。根据国别报告提供的信息的性质和深度，每部分的分析方法都有所差异。

第一章分析了国家动物遗传资源管理的人力资源和机构的能力。接下来的章节描述了国家建立的育种计划、保存计划以及繁殖和分子生物技术的应用。最后一章概括了影响动物遗传资源的规章制度，需要在国际和区域框架的背景下考虑国家水平的法律框架。因此，在进行相关的国际法律文件的概述以及区域水平法律讨论之前（主要集中在欧盟），要首先分析国家水平的法律和政策措施。由于更加关注动物遗传资源管理政策的讨论，所以单独地介绍了这个问题。

第三部分

第一章
机构和利益相关者

1 导言

加强对动物遗传资源的保护和可持续利用的实施措施，高度依赖于现有的、健全的体制结构。同时，强大的人力资源能力也是必需的。但是，在动物遗传资源管理方面，组织机构的发展和能力建设的一个先决条件是认识到这个问题的重要性。在动物遗传资源管理领域里，不同利益相关者具有不同的背景和动机，并且可能存在利益冲突的事实，从而形成了更大的挑战。

对于机构发展的背景，必须考虑机构的地位和能力。从广义意义上来说，涉及动物遗传资源管理的机构是通过畜牧业发展的必要条件和改变政策的利害关系所形成的。除这些一般趋势之外，在刚刚过去的十年里，许多具体的影响因素已经影响了组织机构的能力发展，包括规定了与生物多样性管理有关的、主要的国际法律框架、生物多样性公约（CBD）。许多国别报告里也提到世界贸易组织（WTO）条约的重要性。而且，通过准备国别报告，以及为动物遗传资源对国家协调员（NCs）和国家咨询委员会（NCCs）进行核对和授权，世界动物遗传资源状况（SoW-AnGR）的报告程序，已经在国家水平上促进了制度的发展。通过举行预备会议，组成世界动物遗传资源状况进程的一部分，也为区域水平的利益相关者之间提供了一个讨论场所。

以下章节总结了国家在动物遗传资源领域的能力、机构以及机构网络，以国家情况的评估为基础进行分析。首先给出了用于分析该国报告以及使用的其他来源的方法的简要描述。然后给出了动物遗传资源管理的各方面机构能力的评估。通过分析确定了主要发展潜力，而且在结尾讨论了主要约束条件。

2 分析框架

分析的目的是为国家水平、地区水平、区域水平和国际水平的动物遗传资源管理提供一份人力资源和机构能力的普查和评估。

在国家水平，要考虑以下因素：

- 参与动物遗传资源领域的国别报告的准备中的利益相关者，以及他们的背景、历史和他们的组员身份。以下是用来区分组员身份的类别：政府机构；农民、牧民协会；利益机构（资源保存）；商业、私营公司；研究、科学机构；开发机构；捐赠人；育种协会；推广站；授精机构、协会；政府的国际组织；非政府的国际组织。
- 机构评估包括以下主要方面：动物遗传资源管理的基本设施、能力；地区水平利益相关者的参与情况；研究能力；动物遗传资源的（本土的）知识；动物遗传资源管理的认识水平；现有的或已制定的法律和计划；以及动物遗传资源发展政策的执行程度。

在地区、区域和国际水平确定机构和网络。

2.1　国家级利益相关者的参与和背景

为了达到分析的目的，在世界动物遗传资源状况里，通过官方指定国家机构，确立国家级的利益相关者，通过委托的方式，执行动物遗传资源管理的分析和报告。除了国别报告里给出的信息（例如关于国家咨询委员会的成员和组成，以及关于国别报告准备中或与动物遗传资源有关的活动中涉及的参与者），关于利益相关者和他们背景的补充信息可以从畜禽多样性信息系统和通过其他的基于网络调查来获得。

2.2　国家级评估机构的能力

机构评估完全是以国别报告提供的信息为基础。在国别报告的发展指南中要有规定关于“国家动物遗传资源管理能力”的信息章节，包括机构的基础设施和人力资源。为了促进报告的一致性，给出了一些预先设定好的表格：

- 表4.6——详细设计用于动物遗传资源开发（设置育种目标、单个动物鉴定、记录、人工授精（AI）、遗传评估）的执行方法中利益相关者（国家政府、区域/地方政府、繁殖机构、私营公司、研究机构、非政府组织）的任务；
- 表4.7——详细设计在与动物遗传资源开发（法规、育种、遗传进展、基础设施、人力资源和生产者组织）有关的主要方面中所包含的各种利益相关者；
- 表4.8——详细设计不同利益相关者对不同类型的动物遗传资源（本地适应品种、来自于区域内的引进品种、引进的外来品种）的偏好；
- 表4.9——详细设计技术应用范围（记录、遗传评估、人工授精、胚胎移植ET、分子技术），以及关注的重点（知识、培训、财力、育种机构）。

在可以使用的地方，分析时都可以采用这些表格。但是，只有38%的国家使用了这些表格。因此，要利用国别报告的其

第三部分

表 53

国家级评估的信息来源（国别报告部分）

主题方面	第 I 部分：综述	第 II 部分：需要、政策、含义、策略、程序的变化	第 III 部分：国家能力状况，评估构建未来能力的必要条件	第 IV 部分：确定国家重点	第 V 部分：国际合作	第 VI 部分：国别报告如何准备？	附录：为利益相关者的参与情形、重点等准备预先确定的表格。
基础设施能力	●	●	●		●	●	●
在地方/区域层次利益相关者的参与	●		●			●	●
研究			●		●	●	
知识			●		●	●	
公众意识	●	●	●	●		●	
法律、政治方案	●	●		●	●		●
执行程度		●		●	●		●

（参见附录注释）。

他部分开发一个分析框架。报告里的细节水平会出现显著的不同，并且要对定量分析的范围设置一些限制。表53列出了评估国别报告中每个部分的不同主题方面的信息。

根据正在讨论的国家活动能力水平，为机构评估里的每个主题方面给出一个评分。国家得分分为0（没有），+（少），++（中等）或+++（高）。为每个主题方面打出的分数，是参考标准而主观给出的，这些方面如国别报告描述的能力状况、公布信息（如果可用）以及报告的重点需求（详细参见表53的附录注释）。在机构评估中为每个地区给出国家得分为0、+和++/+++的比例。

在每个主题方面的机构评估中，每个国家合计得分可以反映地区/区域情况特征。最高分（如果在一个地区或区域中，对于正被讨论类别的所有国家得分都为"+++"）等于1（或100%）、而最低分（如果在一个地区或区域中，对于正被讨论类别的所有国家得分都为"0"）等于0。在图43中列出了在机构评估中区域获得的平均分（地区得分在附录的表格中列出）。按照动物遗传资源管理的规模从基本/组织能力到战略能力排列不同的主题方面。例如，在基础设施的评估中的低分表明了需要的行动处在一个基本/组织层次，而对于法律和政治方案的实施的一个高分表明了现有行动处在一个战略水平。合计这些得分可以确定地区/区域的机构能力的具体弱点。与国家评估相比较可以确定在地区中能够起主导作用的潜在国家。

2.3 在区域和国际协作中组织和网络具有的潜在作用

在大多数的国别报告里，都提出了一些有关协作的信息。在地区、区域和国际水平，基于网络的调查可以用来收集关于利益相关者和他们背景的详细资料。从部分世界动物遗传资源状况进程的国际（政府和非政府）组织的报告中，以及来自于在2005年末由联合国粮食及农业组织的区域/地区的电子邮件咨询的信息中，可以得到用来分析体制结构以及确定在这些级别的利益相关者和网络的更多资料来源。

3 利益相关者、机构、能力和设备

3.1 国家水平与世界动物遗传资源状况进程有关的利益相关者

本节提出的结果表明了官方指定的动物遗传资源管理的国家级机构，与这个领域中的各种利益相关者之间确立关系的程度。参与世界动物遗传资源管理状况进程的利益相关者，作为这种介入的间接测定。为了准备国别报告，鼓励国家吸收所有的来自于政府和非政府（例如育种协会）以及商业部门的利益相关者。除国家协调者的提名以外，在大多数国家，还推荐并实施建立一个支撑结构，如一个代表所有利益相关者的国家咨询委员会。

在这个进程中，不同国家的各种利益相关者的参与程度差异很小，往往包括来自政府和具有科学背景的独立单位，国家农业研究系统的机构扮演着重要的角色，并且都积极参与到几乎所有的国家咨询委员会和国别报告的准备过程。在44%的国家中，国家协调者的主体机构都是国家级研究所。但是，遗憾的是，在许多国别报告中，这些机构很少参与到与动物遗传资源有关的研究中，并且对这个主题感兴趣的部门通常都是局限于那些缺乏足够财力的孤立部门。另外，研究机构对动物遗传资源的主要关注点通常是非常狭窄的高产品种或先进技术问题等焦点领域。

在37%的国家中，都有非政府组织（主要是繁殖协会）参加到国家咨询委员会中。在南美洲和西欧，非政府组织的参与更加突出，这与这些地区存在大量的育种机构相一致。在其他的地区和国家，这些利益相关者的参与条件是不被赞成的。在一些情况下，个体农户或牧民是国家咨询委员会的成员，但却得不到有关组织的背景信息。

国别报告说明了商业经营者是动物遗传资源应用的积极分子，并且通常在国际水平，特别是在家禽和生猪领域，具有很好的组织性。但是，来自所有区域的许多国别报告指出，在保护动物遗传资源保存的国家方案中，这些利益相关者的参与是困难的，因为，他们的兴趣只局限于与适合大规模生产的品种有关的育种计划。但来自于中亚以及欧洲东部和高加索地区的国家例外，这些国家中来自商业部门的利益相关者通常都会参与到国家咨询委员会。这可能是由于在这些地区的许多国家处于过渡状态，即政府和半商业利益相关者之间的私有化方式有很强的联系。

3.2　在国家和区域水平的机构能力的评估

参与、基本结构和能力

由于动物遗传资源的利用和本地保存通常出现在地区水平，非政府利益相关者，如一般的育种机构或私营部门，相当多地参与到与动物遗传资源有关的被期待的政策进程中。但是，这没有得到大多数国别报告的分析证实。这种组织有补偿脆弱国家结构的潜能（比如在许多非洲和前苏联的国家里的生存结构），并且在普查和本地保存活动中起到关键的作用。例如，捷克（2003）、西班牙（2004）和德国（2003）在动物遗传资源管理中提到了所谓的“现代墨西哥乡村骑擎队”或“业余爱好牧场主”的作用。

在欧洲西部和北部，地方级能力非常强大（例如，在国家政策的范围内为当地的利益相关者、地方联合组织清楚地定义和起很好的监测责任），但在美洲中部和南部就处在较低的程度。来自转型中国家的报告强调要强力联合私营部门，以便利用上述潜能弥补国营部门在普查和监测方面的弱点。在许多区域和地区，设立了一个存在于政府机构的基础设施，如向下扩展到地方水平的推广服务。这个基础设施和能力可以为更好的普查和监测提供机会，并且可以在地方水平进一步联合和支持与动物遗传资源有关的活动。一些国别报告评论了高科技水平的基础设施，但是由于缺少人力资源/能力、财政困难或政治危机，所以没有得到利用，参见来自前苏联、欧洲东南部和古巴（2003）等国家的国别报告的例子。

表54以国别报告分析为基础，列出了国家水平的基础设施和参与状态。特别是在非洲北部和西部地区、太平洋西南部和中亚，其国别报告指出了基础设施和能力的当前状况是非常低或者是不存在的（+或0）。例如，中亚33%的国家的基础设施和能力的状况的得分为0。但是，可以确定具有更多有利条件（++/+++）的国家，例如太平洋西南部的澳大利亚。这些国家在他们的相应区域里具有推动作用的潜力。

表 54
机构评估——基础设施和能力以及参与

区域	基础设施／能力（占国家的百分比）				地方／区域的参与水平（占国家的百分比）		
	n*	0**	+	++/+++	0	+	++/+++
非洲							
西北非	24	29.2	62.5	8.3	70.8	25.0	4.2
东非	7	14.3	57.1	28.6	28.6	71.4	0
南非	11	18.2	63.6	18.2	45.5	36.4	18.2
亚洲							
中亚	6	33.3	66.7	0	83.3	16.7	0
东亚	4	0	50.0	50.0	25.0	25.0	50.0
南亚	7	0	42.9	57.1	14.3	57.1	28.6
东南亚	8	12.5	62.5	25.0	37.5	62.5	0
西南太平洋	11	27.3	63.6	9.1	72.7	18.2	9.1
欧洲与高加索	39	10.2	20.5	69.2	12.8	17.9	69.2
拉丁美洲与加勒比							
加勒比	3	0	33.3	66.7	0	66.7	33.3
中美洲	9	11.1	66.7	22.2	44.4	33.3	22.2
南美洲	10	0	30.0	70.0	0	70.0	30.0
北美洲	2	0	0	100	0	0	100
近东和中东	7	0	85.7	14.3	42.9	57.1	0

* n= 分析中包含的国别报告的数量；** 0= 没有，+= 少，++/+++= 中 / 高。

在政策方面和国别报告的准备方面，非政府组织的有限联合可以被解释为在国家水平有限组织能力的一种标志，或者作为缺乏将非政府组织包含在这种进程中的机制的一种标志。几乎所有的国家（87%）除了国家咨询委员会外，没有全面协调与动物遗传资源有关活动的相应的体制结构。国家和关于动物遗传资源的政府间技术工作组（动物遗传资源政府间技术工作组，ITWG-AnGR）及在政策程序中包括的其他利益相关者强调了国家咨询委员会的重要性，尽管如此，并不是在所有情况下国家咨询委员会的工作都能得到支持。2004年的一个调查（联合国粮食及农业组织，2004）发现在当时有65%的国家咨询委员会开展了有效的工作。在2005年末，联合国粮食及农业组织区域电子邮件咨询的统计结果表明，这个数字还在进一步减少。在一些国家，甚至国家协调者都已经不再开展工作，这通常是因为缺乏对这个主题的认识所导致资金缺乏而引起的。

研究和知识

在许多国家，能力缺乏不仅表现在组织条件方面，而且也表现在技术和教育水平方面。在大多数的国别报告中，都会优

表 55

机构评估——研究和知识

区域／频率 0 没有，+ 少， ++/+++ 中／高	研究 [占国家的百分比]				知识 [占国家的百分比]		
	n*	0**	+	++/+++	0	+	++/+++
非洲							
西北非	24	45.8	41.7	12.5	41.7	45.8	12.5
东非	7	28.6	42.9	28.6	28.6	57.1	14.3
南非	11	27.3	72.7	0	45.5	54.5	0
亚洲							
中亚	6	16.7	83.3	0	33.3	66.7	0
东亚	4	0	25.0	75.0	0	25.0	75.0
南亚	7	14.3	28.6	57.1	14.3	71.4	14.3
东南亚	8	25.0	50.0	25.0	50.0	25.0	25.0
西南太平洋	11	36.4	54.5	9.1	54.5	36.4	9.1
欧洲与高加索	39	5.1	30.8	64.1	5.1	28.2	66.7
拉丁美洲与加勒比							
加勒比	3	33.3	0	66.7	0	33.3	66.7
中美洲	9	0	77.8	22.2	22.2	55.6	22.2
南美洲	10	0	30.0	70.0	0	50.0	50.0
北美洲	2	0	0	100	0	0	100
近东和中东	7	14.3	71.4	14.3	14.3	71.4	14.3

* n= 分析中包含的国别报告的数量；** 0= 没有，+= 少，++/+++= 中／高。

先考虑能力建设。在许多国家里，通常都有畜牧业领域的国家研究机构，但是却很少有动物遗传资源的使用和保存领域的专业化机构。这反映了在动物遗传资源的使用和保存领域里的大多数工作人员都是在其他领域进行培训（例如兽医）的事实，并且必须到国外去接受动物遗传资源的高等教育或专业化培训。高校的畜牧系几乎不提供动物遗传资源管理的专业培训。

甚至在使用先进技术的地方，其研究也通常保持孤立，或远离了当地需要和本土知识。而且，它也不能很好地与政策水平相联系，因此需要进一步加强认识，以达成动物遗传资源管理领域所需要的更高水平的支持（包括财政条件），通常对动物遗传资源的价值和利用知识的状态或可获取性的介绍也是非常弱化的。

表 55 列出了在国家分析中研究和知识的状况。此外，一些国家可以在一个地区或区域里（例如亚洲的日本和中国）扮演发起者或配角的潜能。为了实现这些潜在利益，国家农业研究系统和其他研究机构之间进行更多协作是必要的。来自拉丁美洲的国别报告特别认识到在国别报告中增加协作的必要性（例如阿根廷，2003；乌拉圭，2003；哥伦比亚，2003；

表 56

机构评估——政策发展状况

区域 / 频率 0 没有，+ 少，++/+++ 中 / 高	对主题的认识 [占国家的百分比]				法律、政治方案 [占国家的百分比]			实施程度 [占国家的百分比]		
	n*	0**	+	++/+++	0	+	++/+++	0	+	++/+++
非洲										
西北非	24	33.3	54.2	12.5	70.8	25.0	4.2	83.3	12.5	4.2
东非	7	14.3	57.1	28.6	71.4	14.3	14.3	100	0	0
南非	11	36.4	54.6	9.1	54.5	36.4	9.1	54.5	45.5	0
亚洲										
中亚	6	33.3	66.6	0	50.0	50.0	0	83.3	16.7	0
东亚	4	0	50.0	50.0	0	50.0	50.0	25.0	25.0	50.0
南亚	7	14.3	28.6	57.1	14.3	57.1	28.6	42.9	42.9	14.3
东南亚	8	50.0	25.0	25.0	50.0	25.0	25.0	50.0	25.0	25.0
西南太平洋	11	72.7	18.2	9.1	54.5	36.4	9.1	72.7	18.2	9.1
欧洲与高加索	39	7.7	23.1	69.2	10.3	25.6	64.1	12.8	33.3	53.9
拉丁美洲与加勒比										
加勒比	3	0	33.3	66.6	33.3	33.3	33.3	66.7	0	33.3
中美洲	9	22.2	55.6	22.2	33.3	44.4	22.2	66.7	11.1	22.2
南美洲	10	0	50.0	50.0	10.0	50.0	40.0	30.0	20.0	50.0
北美洲	2	0	0	100	0	50.0	50.0	0	0	100
近东和中东	7	14.3	71.4	14.3	14.3	85.7	0	28.6	71.4	0

* n= 分析中包含的国别报告的数量；** 0= 没有，+= 少，++/+++= 中 / 高。

哥斯达黎加，2004；萨尔瓦多，2003）并且许多国家表示愿意在协调活动中承担更大责任。

发展中国家特别急切需要得到技术援助，由此，通常表现为如通过引进高产品种的方式来提高牲畜生产力。

政策发展状况：认识、法律和政策计划及它们的实施程度

认识到动物遗传多样样的价值，是提高政治威望和促进体制改革的关键。在大多数国家里，如果要达到这些目标，还要做许多工作，详细情况见表56，从中可以看出，许多国别报告所描述的认识程度是很低的。这是政策和计划的状况及其实施程度的一个写照。虽然一些利益相关者提高了对动物遗传多样性的认识，但是还是几乎未上升到政策水平，这从迄今为止已经实施的极少数量的政策中就可以看出。已经实施的大部分与动物健康有关的法律中，只有少数与动物遗传资源保存育种计划或政策有关。

在国家和区域水平进一步提高认识，取决于个人意识和独立部门的网络。而且，为了在政策水平提高对这个主题的进一步认识，一个至关重要的挑战是要强调对高产品种的直接需求和保存遗传多样性之间所必需的适当平衡。许多国别报告以及区域电子邮件咨询的结果指出，利益相

图 43
机构状况——区域比较

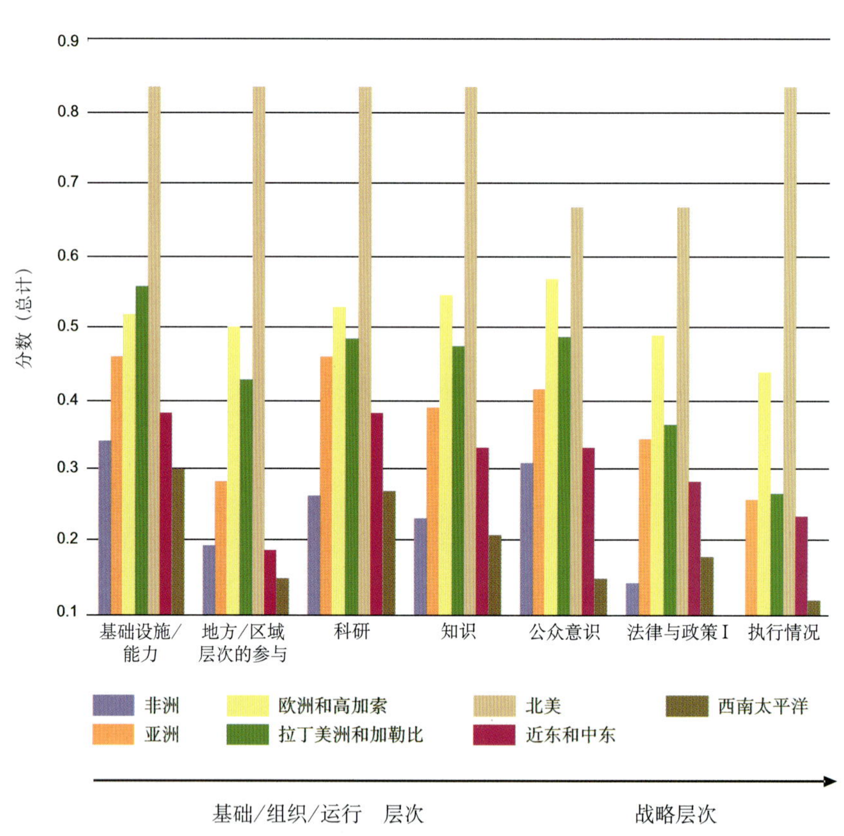

关者在政策方面支持遗传多样性保存时，要克服他们的孤立和论证交流中所面对的困难，这些问题涉及到长期观点。在国家水平，通常需要得到国际援助以克服结构或财政障碍。

机构评估的区域集合

图 43 列出了与动物遗传资源管理有关的机构状况的区域比较。为了确定区域和地区具有的或多或少的有利条件，在区域（图 43）和地区水平（图 44 至图 46）合计国家得分。图中也确定了在每个区域中需要更多支持的具体的主题区域。

如图所示，只在北美、欧洲和高加索以及部分拉丁美洲和加勒比才具有健全的战略行动基础。特别是在北美和西欧，已经在政策阐述和实施方面采取了许多行动（对于欧盟法律的更多细节请参见第五章的3.2)。相反，在非洲、近东和中东以及西南太平洋地区，在战略水平以及基础的、运作上的和组织水平等方面的弱点是明显的。在拉丁美洲和加勒比的许多报告中，强烈地表达了对动物遗传资源和生物多样性的价值的认识，也强调了这些资源的区域性特征。但是从该地区的法律和计划状况以及他们的实施状况的得分为0.38和0.27的分数来看，还有更多的工作要做。

也应该注意到区域里的一些差异。欧洲和高加索地区东部的许多国家在战略水平以及基础、机构和运作水平等方面相对较弱。亚洲的地区之间也表现得参差不齐，与其他亚洲地区相比，东亚在这个主题的各个方面都获得了很高的分数。来自东非地区的国别报告指出，对这个主题的认识在不断提高，因此在战略水平上为将来的行动提供了基础。

对区域和地区里具有平均得分的单个国家的状况进行比较（表58），可以有助于确定国家在区域或地区水平承担促进作用的潜力。在过去五年编写的国别报告的基础上的建议，必须慎重考虑如环境也许已经发生了变化，以及已经出现的新的机会或新的约束等因素。然而，显然有一些国家具有扮演促进作用的有利地位，例如，在电子邮件咨询期间，澳大利亚为区域性合作网络的实施提供了支持，南非为非洲南部地区如马拉维建设实验室。同样，北非国家有潜力帮助西非国家进行动物遗传资源的相关研究。在亚洲地区，日本通过财政合作计划扮演了主角。

3.3 在地区、区域和国际协作中组织和网络的潜在作用

地区和区域组织与网络

本节介绍了在国别报告中和区域电子邮件咨询期间叙述的在地区和区域水平的网络/组织的概况（表57）。动物遗传资源管理网络的现状，在区域和地区间存在很多交叉。在欧洲和高加索地区建立了政府和非政府水平的网络系统，但是在其他地区几乎没有这种网络系统。在中亚也没有这样的网络系统。随着苏联解体而导致的机构瓦解，在这个地区的国别报告中进行了解释（例子见吉尔吉斯斯坦，2003）。在东非和南非之间集中建立了动物遗传资源网络。但是，由于长期的历史冲突，在北非和西非没有建成具体的网络。在南美洲和中美洲，包括西班牙都建立了基本的网络结构。两个北美国别报告与拉丁美洲和加勒比合作，但是没有建立专门的网络。

在研究的许多网络要素中，有一个要素与动物遗传资源有关，这从在国别报告中少数几个关于进一步建设国际网路的具体建议可以得到印证。一些国家提出的建议（例如，阿根廷，2003；乌拉圭，2003和日本，2003）主要包括建立如针对育种和操作方法的研究或培训等领域的地区“专家中心”。

为动物遗传资源管理专门建立的网络是很少的，而且，只有有限的网络和组织集中在这个主题上或与活动和计划有关，

包括欧洲畜牧业生产者协会（EAAP）、欧洲农业多样性保护基金会、政府间发展管理局（IGAD）、南部非洲发展共同体(南共体)(SADC）和南部非洲农业研究及培训合作中心（SACCAR）。但是，在国别报告中也提到一些与畜牧业发展有关的其他网络[1]，只不过绝大多数通常都是经济网络。这些组织为动物遗传资源领域提供了一个网络平台。值得关注的是，来自于全球化进程中的动物和畜产品的国际贸易以及世界贸易协定（见例子赞比亚，2003；汤加，2005；瑞士，2002；马来西亚，2003；印度2004和古巴，2003）对动物遗传资源价值的认识正在提高。在国别报告指出的这些发展变化，已经提高了对建设与畜牧业有关的网络的激励，但是还没有形成具体针对动物遗传资源的行动。

另外，重要的是现在已经建成的少数几个网络的活跃程度也发生了改变。国别报告没有说明在动物遗传资源管理和其具体活动中的不同的组织/网络承担的真实作用指标，而且，在国别报告中没有提到已经建立的其他网络[2]。因此，现有资料只能为将来具有相同潜能的活动确定组织和网络提供一个起点。

合作是共享资源的逻辑结果，国别报告经常提到区域性合作的必要性，并且代表了自觉参与的意愿。但是，只有少数具体活动的例子。各种历史因素可能引起在某些地区缺乏合作。欧洲东南部的一些国家的国别报告中提出了这方面问题的相关例子。国际组织和网络在双边或区域性合作受到阻碍时，可以起到促进或调节作用。

几乎所有区域，都缺乏在动物遗传资源管理方面的具有区域联络点（RFP）能力的关键利益相关者。目前，只有欧洲区域联络点在发挥作用，亚洲地区以前的区域联络点现在已经不再发挥作用。在国别报告或区域电子邮件咨询的结果中，只提到少数几个潜在的主持机构，例如，在东非地区提到的中东非加强农业研究协会和政府间发展组织，在南非地区提到的南部非洲发展共同体和南部非洲农业研究和培训合作中心。

国际组织和网络

除了联合国粮食及农业组织的国家协调者和其他利益相关者的全球网络（论坛

[1] 例如：拉丁美洲的南方共同市场（MERCOSUR）；非洲的中非经济和货币共同体（CEMAC）；加勒比的加勒比共同体和共同市场（CARICOM）；由孟加拉国、埃及、印尼、伊朗、马来西亚、尼日利亚、巴基斯坦和土耳其组成的D-8开发合作集团；以及亚太经济合作组织（APEC）的农业技术合作工作组（ATCWG）。

[2] 例如在非洲的两个农业研究和发展网络：FARA（非洲农业研究论坛）和CORAF/WECARD（Conseil Ouest et Centre Africain pour la Recherche et le Dévelopement Agricole/西非和中非农业研究和发展委员会），没有在任何一个非洲国别报告中提到。另一个没有在国别报告中提到的机构的例子是the Centre International de Hautes Etudes Agronomiques méditerranéennes（CIHEAM），在2003年开设了动物遗传资源保存和管理的高级培训课程。

表 57

在动物遗传资源管理中组织和网络的作用

区　域	网络／组织名称	描　述
非洲	国际家畜研究所（ILRI）	研究和培训，国际农业研究磋商小组中心
西北非	发展研究所（IRD）	在热带区域调查中与人类和外界条件之间相关的研究项目和科学计划
	法国国际半湿润地区畜牧业研究—开发中心（CIRDES）	关于流行病学研究和新的生物技术学应用的区域研究中心
	法国国际农业发展研究合作中心（CIRAD）	服务于发展中国家和法国海外部门的农业研究的法国研究所
	ICARDA（国际旱地农业研究中心）	研究和培训，国际农业研究磋商小组中心
	阿拉伯干旱地带及旱地研究中心（ACSAD）	阿拉伯国家联盟的框架内的农业研究和发展中心
东非	中东非加强农业研究协会（ASARECA）	农业研究网络
	政府间发展组织（IGAD）	为了全面发展区域合作而建立的关于干旱和发展的政府间组织（IGADD）
南非	南部非洲发展共同体（SADC）	是UNDP/FAO关于动物遗传资源管理项目的参与者
	南部非洲农业研究和培训合作中心（SACCAR）	在政策水平有效的农业研究和培训网络
亚洲		
中亚		
东亚		
南亚	南亚区域合作协会（SAARC）	促进经济增长、社会进步和文化发展的地区合作平台
东南亚	东南亚国家联盟（ASEAN）	促进经济增长、社会进步和文化发展的地区合作平台
	东南亚国家联盟保护生物多样性区域中心（ARCBC）	东南亚国家联盟的国际政府组织的信息交换中心
	国际家畜研究所（ILRI）	研究和培训，国际农业研究磋商小组中心
欧洲和高加索	欧洲畜牧业生产协会（EAAP）	畜牧业生产组织
	动物物种基因保存多瑙河联盟（DAGENE）	动物遗传资源保存的非政府组织
	北欧基因库	基因库
	欧洲农业多样性保护（SAVE）	非政府组织中保护农业生物多样性的保护组织
拉丁美洲和加勒比	美洲国家农业合作研究所（IICA）	农村发展区域性合作
	国际热带农业中心（ILRI，CIAT）	研究和培训，国际农业研究磋商小组中心
	拉丁美洲畜牧协会（ALPA）	专业组织
	克里奥尔种国际联盟会（FIRC）或土著种和克里奥尔种伊比利亚美洲联盟	克里奥尔种伊比利亚美洲联盟
	伊比利亚美洲国际合作网（CYTED）	动物遗传资源研究和培训网络
加勒比地区	加勒比农业研究和发展研究研究所（CARDI）	地区农业研究和发展研究所

表 57（续）
在动物遗传资源管理中组织和网络的作用

区　域	网络／组织名称	描　述
南美		
中美		
北美		
近东和中东	阿拉伯干旱地区与干旱土地研究中心（ACSAD）	阿拉伯国家联盟内的农业研究和发展中心
	阿拉伯农业发展组织（AOAD）	发展、研究、培训和报告阿拉伯国家的食物与农业问题
西南太平洋	国际旱地农业研究中心（ICARDA）	研究和培训，国际农业研究磋商小组中心
	太平洋共同体秘书处（SPC）	地区发展合作组织
亚洲／北美／西南太平洋	农业技术合作工作组（ATCWG）APEC 的一部分（亚太经济合作组织）	技术专家和科学专家之间对生物技术、遗传资源保存、害虫治理和可持续农业等进行信息交流的论坛

来源：国别报告和电子邮件咨询。

DAD-Net[3]）外，没有建立专门的动物遗传资源管理的国际网络。但是，从事畜牧业发展的一些机构，已经将动物遗传资源管理的一些方面纳入其日常工作事项之中。世界畜牧业生产协会（WAAP）和其成员组织就是一个现存的国际网路的例子，尽管它还没有实现全球覆盖。在国别报告中，从事动物遗传资源管理具体事项（例如动物编码）的机构，如国际动物编码委员会（ICAR）或国际公牛评估服务组织（INTERBULL），也扮演着重要国际角色。非政府组织例如珍贵品种国际组织（RBI）和牧民同盟（LPP）可以在构建地方、国家和国际水平的认识中起到重要作用，但是由于缺乏财政和人力资源，他们的影响（包括他们开展的培训活动）是有限的。在世界动物遗传资源状况的进程部分，要求指出政府间组织和非政府组织与动物遗传资源领域的关系，但是，得到的响应十分有限。迄今为止，得到回应的三个组织还没有开始进行与动物遗传资源有关的任何活动。附录中列出了这些组织的回应的摘要表（表61），并且在这个报告的附录中进行了介绍。这种较低程度的回应表明了不仅在国家水平上，而且也在国际范围内缺乏对动物遗传资源的认识。

国际农业研究磋商小组（CGIAR），在国际范围的研究和培训活动中起着重要作用。动物遗传资源研究计划的中心是国际家畜研究所（ILRI）和国际旱地农业研究中心（ICARDA）。全系统遗传资源计划（SGRP）（基于国际植物遗传资源研究所，IPGRI）、国际农业研究磋商小组把所覆盖的农作物、畜牧业、森林和水产部门的所有中心的遗传资源计划和活动连接起

[3] DAD-Net@fao.org。

来。令人惊讶的是，在国别报告中没有明确地介绍国际农业研究磋商小组，只是被当作战略角色，但是缺乏与一些国家所提到的政府职能需要和政府组织的联系。

在来自发展中国家或过渡国家的几乎所有的国别报告中，明确表达了对基因库的体外保存的强烈需要。国际农业研究磋商小组在联合国粮食及农业组织的赞助下，对“外部采集国际网络”与遗传资源资讯网络系统（SINGER）进行维护，迄今为止，国际农业研究磋商小组全系统信息网络的维护主要集中在植物遗传资源。国际农业研究磋商小组对世界动物遗传资源状况进程所作的报告中，阐述了“国际家畜研究所与相关国际和国家机构合作，正在发展一个旨在保存动物遗传资源的活动计划，这个活动计划的重点是就地保存，但是也关注其他保存方法的作用，如移地活体和体外保存方法。”技术进步、降低成本和不同保存方法所产生的压力，是对动物遗传资源的体外保存技术的作用进行重新评价的需要。

即使动物遗传领域的国际研究与开发机构是有效的，也急切需要对此进行更多投资。一份由国际农业研究磋商小组科学委员会准备的报告强调了这点：

“国际农业研究磋商小组，在畜禽遗传资源领域将来所开展的活动，一定要更多地集中在填补特定的紧急需要上，而不是要获得跨越特征、保存和应用的广泛用途的一个更好活动平衡上。例如，包括：在发展畜禽遗传资源管理的政策和规章制度里要有实质性承诺和明确作用；在畜禽遗传资源的体外保存中要有详细的评估和可能的活动任务；关于畜禽遗传资源的遗传进展的可持续方法的一个清晰的和焦点的计划”（Gibson 和 Pullin，2005，P37）。

另外，在国别报告中，要明确表达对区域和国际信息网络和数据库的迫切需要。在国别报告中，几乎占一半的信息管理的有效手段，都强调了联合国粮食及农业组织的畜禽多样性信息系统（DAD-IS）[4]和国际家畜研究所的畜禽遗传资源信息系统（DAGRIS），即使这两个信息系统仍然需要进一步改进（参见澳大利亚在区域电子邮件咨询中的贡献；马来西亚，2003）。像畜禽多样性信息系统一样，作为一个系统，数据贡献者具有所有权的数据库[4]的相互作用是非常重要的。因此，这种交互系统的重要性，不仅关系到数据的管理，而且关系到激励动机和建立意识。为了实现在欧洲和联合国粮食及农业组织之间，对维护全球数据库达成一致，已经做了很多努力。农业网是在欧洲和高加索已经有超过25个参与国的一个因特网入口的另一个

[4] DAD-IS：是一个独立信息系统全球网络的一部分。这个网络允许联合国粮食及农业组织的DAD - IS连接到区域数据库（例如EFABIS－欧洲畜禽生物多样性信息系统－EAAP的代替者－AGDB－欧洲畜牧学会－动物遗传数据库http://efabis.tzv.fal.de/）以及在单个国家中转到国家数据库。全球网络可以使公用数据自动传送到总体数据库，以提高各级水平的信息交流和利用水平。单个国家有权利建立自己的基于因特网的国家信息系统，并且在其中收入国家动物遗传资源的相关信息。换句话说，国家可以利用全球系统或区域系统。

现存资源。但是，不是所有成员国都会对他们的网页进行更新，而且在任何国别报告中都没有提到这个入口。

4 结论

在世界大多数地区，主要以国家的自我评估为基础的分析，表明了在国家、区域和国际水平的机构和构造环境，并不总是支持动物遗传资源的可持续利用和保存。在大多数国家、区域和国际政策方面，动物遗传资源不是一个重点主题。动物遗传资源在食物安全和减轻贫穷方面的现实意义没有得到充分认可，这从许多国家对这个主题的低水平认识中可以得到反映，也可以从这个领域里有限存在的国际议程和在国际组织的工作中反映出来。

专用于动物遗传资源保存或利用的机会是有限的，并且在大学课程和研究中心里只是缓慢地在突出这个主题，这可以从这个领域的许多工作背景中得到反映。有效管理动物遗传资源所需要的足够的基础设施和技术资源通常是缺乏的或不能使用的。来自政策程序的研究似乎也是偶尔发生的和孤立的。

通常缺乏集中于动物遗传资源的合法组织、政策和开发方案，也缺乏动物遗传资源的特征、普查和监测机构，以及国家和国际合作组织。甚至现有的合作网络也需要进一步努力以赋予其活力，或建立新的合作组织。

形成这种局面的原因是多种多样的，国别报告和区域电子邮件咨询的结果表明，其主要成因是强调技术教育，以及畜牧业政策的短期前景的直接需要是增加产量。对动物遗传资源保存和利用的投资所带来的利益增加，通常要在很长时期内才能实现，并且还有一定的不确定性。因此，难以在政策方面促成对动物遗传资源管理进行投资的需要。通常用财政手段支持保存活动的商业部门，也难以整合到动物遗传资源管理计划中。例如，只有少数几个国家实现了在国家咨询委员会或国别报告的准备中包括商业利益相关者，这并不是利益冲突问题，只是缺乏利益分享。商业经营者的宗旨倾向于短期收益，并且其兴趣点是畜禽繁殖要在大规模的生产单位里实现高产出的有限范围内。

在许多国家里，也缺乏对动物遗传资源管理感兴趣和有积极性的国内的非政府组织。存在这种组织的地方，例如印度[5]，这种组织通常不包括在国家咨询委员会或不参与到国别报告的准备之中，以及不包括在动物遗传资源多样性状况的报告中。仅仅在南美洲和欧洲西部比较显著地包含非政府组织。因此，在国家水平并通过国际社会，需要做进一步的努力以扩大参与动物遗传资源管理的利益相关者。

在没有国际支持的情况下，大多数国家不会承担高成本的外部保存。就地保存

---

[5] 在印度有若干非政府组织，如ANTHRA（一个女性兽医学科学家联合会）、LPPS和SEVA。

的中心问题是动物遗传资源用户的多样性，以及管理许多受威胁物种的生产体系的脆弱状况。例如，捷克[6]（2003）和保加利亚（2004）报道说，只有年长的农民才保存被认为是低生产力的地方品种，因此，当这些农民不能从事劳动的时候，也就结束了对这些地方品种的保存，除非采取措施来促进它们的继续使用。在一些国家里，牛主要是由牧民进行灵活饲养，为了实施就地保存措施，要改变威胁牧民生活的经济、生态和政治条件。建立一个能够响应这种问题的机构环境是很困难的，并且在国际范围内都面临较大挑战。在国家水平，为了克服组织或财政障碍，这些争论都强调了需要进行国际合作。因此，国家和区域组织急切需要具有支持动物遗传资源的可持续利用和保存的功能。

在一些国家里，在国别报告准备过程期间，成立了国家咨询委员会，这是支持国家协调者工作的一种方式。作为包括所有利益相关者和协同行动组织的一种机制，委员会应该得以维持和/或进一步发展。确定区域和地区中的焦点问题是跨边界协同行动的更为重要阶段。但是，这种网络仍然没有很好的发展，并且不仅因为缺乏对这个主题的认识而阻碍了协作，而且由于一些国家之间缺乏固定的联系也会阻碍协作。

插文 23

加强国家机构的建议

在有可能的地方，国家协调员（NCs）应该致力于动物遗传资源管理的全职专业人员，这样，他们将有充分的时间去协调在国家水平开展的活动，并且同有关的利益相关者保持紧密合作。要为国家协调者的工作提供足够的财政资源。一些国家的经验表明：当资金增加时，在主管机构的年度工作计划和日程里，动物遗传资源管理就是其主要工作任务。其他关键利益相关者，如育种公司、研究和培训机构、非政府组织和地方组织代表也是潜在的资金来源，当然这种可能在不同国家之间是不一样的。

像财政支持一样，国家协调者需要得到具有明确限定功能和任务的国家机构的支持。为实施这些功能需要有必要的技术知识。区域和全球的焦点问题可能提供了这个方面的支持，但是在国家水平加强人力资源的培训通常是一个重点。在政府水平，应该努力提高对动物遗传资源重要性的认识。在政府针对减轻贫穷和食物安全的行动计划之内的关于动物遗传资源管理的重点行动，是促进国家协调者和其他政府部门之间密切合作的一种手段。

摘自S. Moyo（2004）。强化畜禽遗传资源管理的国家机构（来自国家协调者的贡献）。FAO工作文件。

---

[6] 随着国别报告的发展，捷克修正了其反映动物遗传资源问题的育种法案，特别是实施了以津贴制度为基础的监测系统和反应机制。

在国家水平的研究和知识领域，国家农业研究系统是主要承担者。国别报告指出在国家农业研究系统和国际农业研究磋商小组之间缺乏联系，因此存在一个更加重要的机构缺口。另外，在国家农业研究系统或国际农业研究磋商小组的活动中也没有优先考虑动物遗传资源，并且需要进一步加强认识。国际援助团体也同样如此。尤其是在发展中国家，其基础设施（例如动物遗传资源的普查和监测）是薄弱的，需要进一步得到援助团体的参与。

国别报告和区域电子邮件咨询也表明了世界动物遗传资源状况的准备过程已经促进了动物遗传资源管理领域的发展。大多数国家都正在提高认识和加强政策和体制改革，也正在建设新的网络系统。

参考文献

CR (Country name). year. *Country report on the state of animal genetic resources.* (available in DAD-IS library at www.fao.org/dad-is/).

FAO. 2004. *Strengthening national structures for the management of farm animal genetic resources – results of a questionnaire survey.* Commission on Genetic Resources for Food and Agriculture, Tenth Session, Rome, 8–12 November 2004.

Gibson, J. & Pullin, R. 2005. *Conservation of Livestock and Fish Genetic Resources: joint report of two studies commissioned by the CGIAR Science Council.* Rome. CGIAR Science Council Secretariat. (Available at www.sciencecouncil.cgiar.org/activities/spps/pubs/AnFiGR%20study%20report.pdf).

附录

表53注释：
给每个主题进行评分的标准是：

基础设施和能力

- 在国别报告中所描述的状况。
- 国别报告表4.7中阐述的状况（见第一部分第2小节的表格内容的描述）。

在地方/区域水平参与的利益相关者

- 国别报告中所描述的状况。
- 利益相关者参与和联合的现存机制；参与国别报告的准备、在国家咨询委员会或其他机构（具有哪种作用和什么权力）里的地位以及在政策框架内的影响。
- 存在的分散或集中机构（在国别报告中所提到的）。

研究

- 国别报告中所描述的研究状况（能力、机构数量、在动物遗传资源中的专业化等级、重点、国家的研究焦点）。
- 国别报告的表4.6～表4.9所描述的关于动物遗传资源不同方面的作用/现实意义的研究（见第一部分第2小节的表格内容描述）。
- 在国家咨询委员会、报告编写和其他的现存国家/国际机构中参与的研究机构。

知识

- 国别报告所描述的与动物遗传资源相关的推广服务的状况和效率。
- 国别报告所描述的（本土的）知识的状况和可及性。
- 国别报告的表4.9所描述的重点需要（见第一部分第2小节的表格内容描述）。

认识

- 国别报告所描述的状况（重点，政策焦点）。
- 法律所规定的各种利益相关者的作用（见第一部分第2小节的国别报告表4.7所述）。

法律和政治方案

- 国别报告所描述的法律、方案的数量和状况（法律状况、机构和方案的相关章节）。

实施程度

- 国别报告所描述的法律和方案的实施程度（法律状况、机构、方案的相关章节）。

第三部分

图 44
机构状况——非洲内各分区的比较

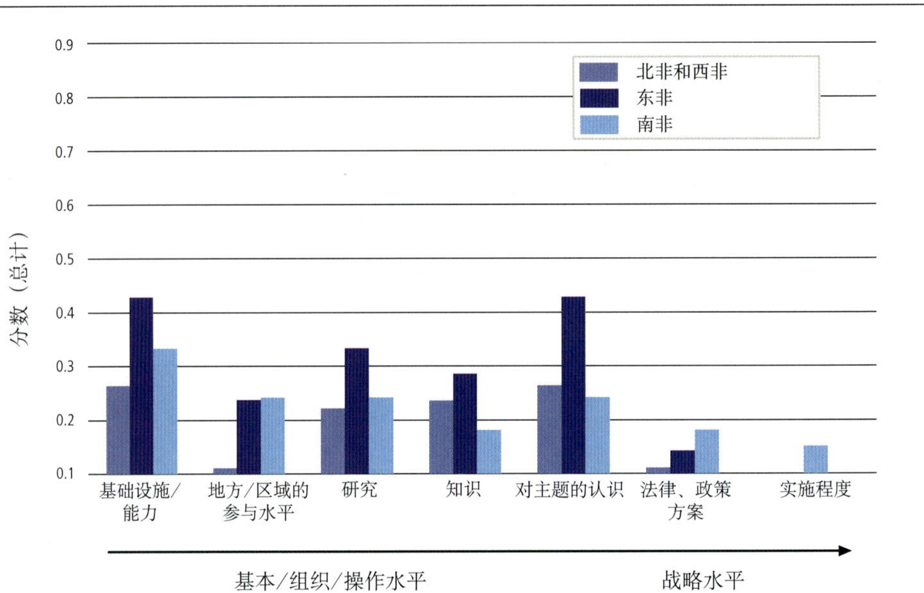

图 45
机构状况——亚洲内各分区的比较

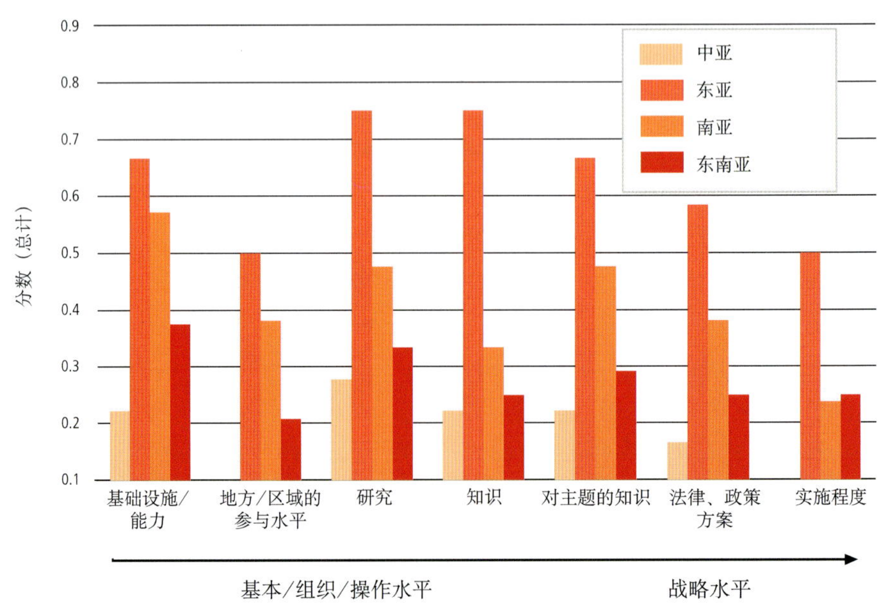

图 46
机构状况——拉丁美洲和加勒比地区内各分区的比较

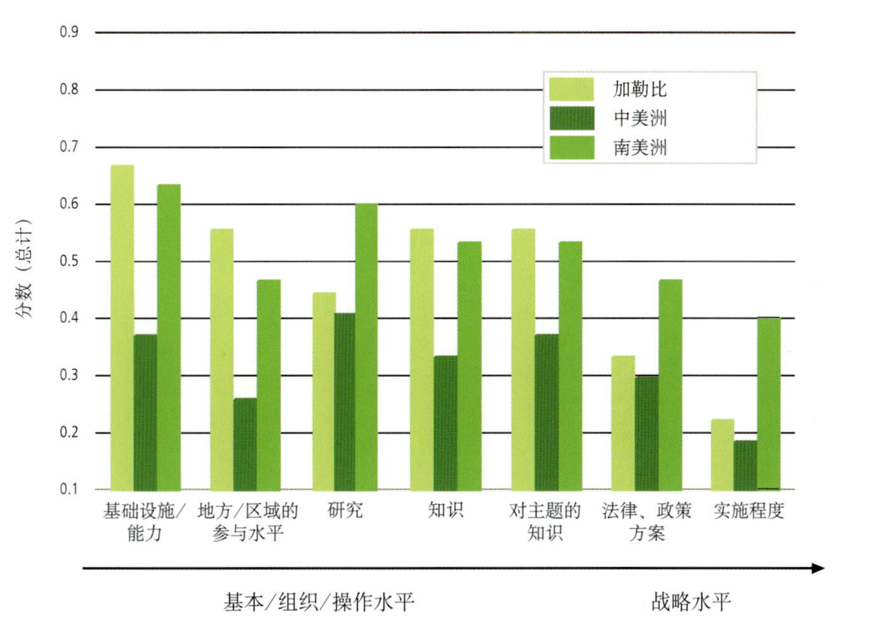

第三部分

表 58

国家级机构评估

地区／国家	研究	知识	对主题的认识	基础设施／能力	地方／区域级别的参与	法律，政治方案	实施程度
北非和西非							
阿尔及利亚	+	++	+	+	0	0	0
贝宁	0	0	0	+	+	0	0
布基纳法索	+	+	0	+	0	0	0
喀麦隆	+	+	++	+	0	0	+
佛得角	0	0	0	0	0	0	0
中非共和国	0	0	+	+	+	+	0
乍得	0	0	0	0	0	0	0
刚果	+	+	+	+	0	0	0
科特迪瓦	+	+	++	+	+	++	++
刚果	0	0	0	++	0	0	0
赤道几内亚	0	0	+	0	0	0	0
加蓬	0	0	0	0	0	0	0
冈比亚	0	+	+	+	0	0	0
加纳	+	+	+	+	++	+	0
几内亚	+	+	+	+	0	0	0
几内亚比绍共和国	0	0	0	0	0	0	0
马里	+	+	+	+	0	+	0
毛里塔尼亚	0	0	0	0	0	0	0
尼日尔	++	++	++	++	+	+	+
尼日利亚	++	+	+	+	0	+	+
圣多美和普林西比	0	0	+	0	0	0	0
塞内加尔	+	+	+	+	+	+	0
多哥	+	+	+	+	+	0	0
突尼斯	++	++	+	+	0	0	0

表 58（续）

国家级机构评估

地区／国家	研究	知识	对主题的认识	基础设施／能力	地方／区域级别的参与	法律，政治方案	实施程度
东非							
布隆迪	0	0	+	0	0	0	0
厄立特里亚	0	+	0	+	+	0	0
埃塞俄比亚	+	+	+++	+	+	0	0
肯尼亚	++	++	+	+++	+	+	0
卢旺达	+	0	+	+	0	0	0
乌干达	+	+	++	+	+	++	0
坦桑尼亚	++	+	+	++	+	0	0
南非							
安哥拉	+	0	0	+	0	0	0
科摩罗	0	0	0	0	0	0	0
博茨瓦纳	+	+	++	++	++	+	+
莱索托	0	0	+	+	++	+	+
马达加斯加	+	+	+	+	0	++	+
马拉维	+	+	+	+	+	+	+
毛里求斯	+	0	0	+	+	+	+
莫桑比克	+	+	+	+	+	0	0
斯威士兰	+	+	+	++	+	0	0
赞比亚	+	+	+	0	0	0	0
津巴布韦	0	0	0	+	0	0	0

第三部分

表 58（续）

国家级机构评估

地区／国家	研究	知识	对主题的认识	基础设施／能力	地方／区域级别的参与	法律，政治方案	实施程度
中亚							
伊朗	+	+	+	0	0	+	0
哈萨克斯坦	0	0	0	0	0	0	0
吉尔吉斯斯坦	+	+	+	+	0	+	0
塔吉克斯坦	+	+	+	+	+	0	0
土库曼斯坦	+	0	+	+	0	0	0
乌兹别克斯坦	+	+	0	+	0	+	+
东亚							
中国	+++	+++	+++	+++	0	+++	+++
日本	+++	+++	+++	+++	+++	++	++
蒙古	++	++	+	+	++	+	+
朝鲜	+	+	+	+	+	+	0
南亚							
孟加拉国	++	++	++	+	+	+	+
不丹	++	+	++	++	++	++	+
印度	++	+	++	+++	+	++	++
马尔代夫	0	0	0	+	0	0	0
尼泊尔	+	+	++	+	+	+	0
巴基斯坦	++	+	+	++	+	+	0
东南亚							
柬埔寨	0	0	0	0	0	0	0
印尼	+	+	+	+	+	+	+
老挝	+	0	0	+	+	0	0
马来西亚	++	++	++	++	+	++	++
缅甸	+	0	0	+	0	0	0
巴布亚新几内亚	0	0	0	+	0	0	0
菲律宾	+	+	+	+	+	+	+
越南	++	++	+++	++	+	++	++

表 58（续）

国家级机构评估

地区／国家	研究	知识	对主题的认识	基础设施／能力	地方／区域级别的参与	法律，政治方案	实施程度
欧洲和高加索地区							
阿尔巴尼亚	+	+	+	+	0	+	+
亚美尼亚	+	+	+	+	+	+	+
阿塞拜疆	0	+	++	+	+	+	+
保加利亚	++	++	++	++	+	++	+
比利时	+++	+++	+++	+++	+++	++	++
白俄罗斯	+	++	++	++	++	++	++
波斯尼亚 - 黑塞哥维那	0	0	0	+	+	0	0
克罗地亚	++	++	+	+	+	+	+
塞浦路斯	+	+	0	0	0	0	0
捷克	++	++	+++	++	++	++	++
丹麦	++	++	+++	+++	++	++	++
爱沙尼亚	++	++	+	++	++	++	+
芬兰	+++	+++	+++	+++	+++	+++	++
法国	+++	+++	+++	+++	+++	+++	++
格鲁吉亚	+	+	0	0	0	0	0
德国	+++	+++	+++	+++	+++	+++	+++
希腊	++	+	++	++	++	++	++
匈牙利	++	++	++	++	++	++	++
冰岛	+	+	++	++	++	++	+
爱尔兰	++	++	++	++	++	++	++
拉脱维亚	+	+	++	++	++	+	+
立陶宛	++	++	++	++	++	++	+
摩尔多瓦	+	0	+	0	0	+	0
荷兰	+++	+++	+++	++	+++	+++	+++
挪威	+++	+++	+++	+++	+++	+++	+++
葡萄牙	+++	+++	+++	+++	+++	++	++
波兰	+	++	+	++	++	+	+
罗马尼亚	+	+	+	+	++	+	+
俄罗斯联邦	++	++	++	++	++	++	++
塞尔维亚和黑山共和国	+	+	+	+	+	+	+
斯洛伐克	++	++	++	++	++	++	++

第三部分

表 58（续）

国家级机构评估

地区／国家	研究	知识	对主题的认识	基础设施／能力	地方／区域级别的参与	法律，政治方案	实施程度
斯洛文尼亚	+++	+++	+++	+++	++	++	++
西班牙	+++	+++	+++	+++	++	+++	+++
瑞典	+++	+++	+++	+++	+++	+++	+++
瑞士	+++	+++	+++	+++	+++	+++	+++
前南斯拉夫的马其顿共和国	+	+	+	0	0	0	0
土尔其	++	++	++	++	++	++	++
乌克兰	++	++	++	+	+	+	+
英国	++	++	++	++	++	++	++
加勒比地区							
巴巴多斯	0	+	+	+	+	+	0
牙买加	++	++	++	+++	+++	++	++
特立尼达和多巴哥	++	++	++	++	+	0	0
中美洲							
哥斯达黎加	++	++	++	++	++	+	++
古巴	+	+	+	+	+	++	+
多米尼加	+	+	+	+	0	+	0
萨尔瓦多	+	0	+	+	0	0	0
危地马拉	+	+	+	+	+	+	0
海地	+	0	0	0	0	0	0
洪都拉斯	+	+	0	+	0	0	0
墨西哥	++	++	+++	++	++	++	++
尼加拉瓜	+	+	+	+	+	+	0
南美							
阿根廷	++	+	+	++	+	+	+
玻利维亚	+	+	+	+	+	0	0
巴西	+++	+++	+++	+++	+++	+++	++
智利	++	++	++	+++	+	++	++
秘鲁	++	++	++	++	++	++	++
哥伦比亚	++	++	+	++	+	+	++
厄瓜多尔	+	+	+	+	++	+	0
巴拉圭	+	+	+	+	+	+	0

表 58（续）

国家级机构评估

地区／国家	研究	知识	对主题的认识	基础设施／能力	地方／区域级别的参与	法律，政治方案	实施程度
乌拉圭	++	++	++	++	+	++	++
委内瑞拉（委内瑞拉玻利瓦尔共和国）	++	+	++	++	+	+	+
北美							
加拿大	++	++	++	++	++	+	++
美国	+++	+++	++	+++	+++	+++	+++
近东和中东							
埃及	+++	++	++	++	+	+	+
伊拉克	+	+	+	+	0	+	+
约旦	+	+	+	+	+	+	+
黎巴嫩							
利比亚							
阿曼	0	0	0	+	0	0	0
苏丹	+	+	+	+	0	+	0
叙利亚	+	+	+	+	+	+	+
西南太平洋							
澳大利亚	+++	+++	+++	+++	+++	++	++
库克群岛	+	+	0	+	0	+	0
斐济	+	+	0	+	0	+	+
基里巴斯	+	0	0	+	0	+	+
北马里亚纳群里	0	0	0	0	0	0	0
帕劳	0	0	0	0	0	0	0
西萨摩亚	+	+	+	+	+	+	0
所罗门	+	+	0	+	+	0	0
图瓦卢	+	0	0	+	0	0	0
汤加	0	0	+	0	0	0	0
瓦努阿图	0	0	0	+	0	0	0

第三部分

表 59

国际组织名单及其活动报告

组 织	应答类型
国际动物遗传学学会（ISAG）/联合国粮食及农业组织动物遗传多样性顾问团	行动报告，2005 年 3 月
欧洲农业多样性保护（SAVE）基金会	摘要描述，2004 年 4 月
牧民联盟	行动报告，2004 年 11 月
地中海萨拉族农学研究所（IAMZ）	培训活动报告，2005 年 1 月
世界动物卫生组织（OIE）	介绍食物和农业遗传资源委员会第 10 次会议，2004 年 11 月
欧洲畜牧业生产协会（EAAP）	动物遗传资源工作组报告（EAAP – WG – AGR），2005 年 2 月
D8 国家	D8 国家关于动物遗传资源行动的战略重点报告；畜禽遗传资源保存研究会报告
阿拉伯干旱地区与干旱土地研究中心（ACSAD）	行动报告，2004 年 12 月
国际农业研究磋商小组（CGIAR）中心	报告，第 I 部分：国际农业研究磋商小组学会和程序描述，2004 年 5 月
世界知识产权组织（WIPO）	对他们开展的一些活动进行说明，但不进行报告
国际狩猎和野生动物养护理事会（CIC）	对他们开展的一些活动进行说明，但不进行报告
萨赫勒与撒哈拉观测计划	在动物遗传资源管理领域没有开展活动
联邦书记处特别咨询服务部	在动物遗传资源管理领域没有开展活动
欧洲共同研究中心委员会环境和可持续发展研究所（IES）	在动物遗传资源管理领域没有开展活动

第二章
有组织的育种计划

1 导言

本节在国别报告提供的信息的基础上，对育种计划进行评估和分析。国家的重点是首先提出品种和育种目标，随后是详细阐述组织机构和使用手段，然后介绍不同品种育种计划状况的区域描述，最后，对国家认可的育种计划状况的结论进行评估。

育种计划在这里被定义为：在客观的性能标准基础上，为改变一个种群的遗传组合的系统的和有组织的计划。纯种的定义是：在一个特定品种内进行的育种活动，和有系统的或没有系统的、结合了两个或更多个品种的杂交种内进行的育种活动。不包括由个体或小型非正式组织的育种机构进行的育种活动。

分析以2005年7月提交的148份国别报告为基础。对一些国家来说，也采用了一些可以利用的其他原始资料，但是还是认为在利用国别报告提供的信息的共同基础上进行分析是更可取的。虽然大多数国别报告具有统一的结构，但是其报告的育种活动和育种计划的方式却是多种多样的。在不同章节中介绍的信息可以用来讨论不同的主题。具有现行保存活动计划的国家更加强调的是对保存计划下的品种的育种活动进行报告，而不是报告主要育种计划。因此，所介绍的信息质量和详细程度是多变的。在许多国别报告中，没有介绍有关现行繁殖种群的宗旨和规模的信息。在很多情况下，很难推断报告的育种计划是否得到实施、规划，或者是否是历史性的事件。在有效的时间里，要求相关国家进一步收集更多的详细信息不是合理的选择。

按照预先定义的表格，大约有70个国家提交了育种活动的信息。在下面的讨论中，这些国家被认为是“二次抽样国家”（见表67）。这些国家提供了总的育种数量数据、指定育种目标和育种策略的育种数量数据，以及提供有关个体鉴定、生产性能测定、遗传评价方法和实施人工授精等方面的数据。在区域范围内对这些数据进行分析和报告。但是，当不同国家之间对结果进行解释时，值得关注的是，实际应用于育种的报告手段/技术的程度可能有很大的变化。

根据是否把牛、水牛、绵羊、山羊、猪和鸡等主要品种的育种计划作为重点，以及是否真正具有这些主要品种的育种计划来对国家进行分类，也要对马、骆驼、兔子、火鸡、鸭和鹅等品种的现存育种计划进行记录。对于一个特定品种来说，如果在国别报告中明确提到，或者育种协会的活动中报告了这个品种，那么就可以认为这个国家把其育种计划当作重点。因此，把育种计划作为重点的国家数量比具有现存育种计划的国家要多。如果不能在国别报告中明确地制定育种计划的重点和现有的育种计划，那么就把这个国家分为“没有提到”的一类。以非洲、亚洲、近东和中东、欧洲和高加索、加勒比和中美洲、南美洲、北美洲以及西南太平洋等区域为基础来介绍育种计划的信息。

这个评估遵循国别报告中的习惯按种类对动物进行分类。需要关注不同区域里的品种数量、跨边界品种不止计算一次等信息，也就是说，区域品种总数必须是每个国家品种数量的总和。

2　重点品种和育种目标

育种目标受许多因素的影响，必须考虑动物所有者或生产者、畜产品的消费者、食品工业以及普通大众的需要和重点。不同因素的相对重要性随着品种、国家的重点和发展阶段的不同而不同，也随着时间的变化而改变。育种计划更为重要的功能是：

- 提高产量和产品质量；
- 提高生产率和成本效率；
- 保持遗传多样性；
- 支持保护和利用特殊品种；
- 关注动物福利和可持续体系。

找到不同需求之间的正确平衡是一个连续的过程，要满足预期的未来条件以及慎重设计育种计划。在一个多元环境和日益增加的不同消费者中，面临着预测消费结构的变化，以便设计育种计划和畜牧生产活动的挑战。由政府或公共机构对这些过程制定的重点，在不同国家和区域以及品种之间表现出很大的不同。

2.1　牛

牛的育种计划是所有家畜育种计划的最重要的优先领域，并且在多数的国家里得到实施。144 个饲养牛的国家中有 94 个国家（65%）表明他们把牛的育种作为重点领域（表 60），并且其中 68 个（47%）国家执行了这个计划（表61）。来自非洲、加勒比和中美洲的国家把牛的育种作为次要优先领域（不包括西南太平洋）。把育种计划作为优先领域和实际执行之间差距最大的是近东和中东的国家。

在70个二次抽样的国家中，已经确定了 22% 的牛类品种的育种目标，并且有 19% 的品种正在执行确定好的育种策略（表62）。在近东和中东以及拉丁美洲的国

表 60

国家对育种活动的优先次序（分品种）

	牛	水牛	绵羊	山羊	猪	鸡
	[国家的百分比]					
非洲	52.4	0.0	19.0	19.0	16.7	14.3
亚洲	70.8	43.8	30.4	40.0	23.8	20.0
近东和中东	71.4	66.7	71.4	42.9	0.0	14.3
欧洲和高加索	89.7	18.2	66.7	53.8	69.2	23.1
拉丁美洲和加勒比	54.5	14.3	22.7	9.1	9.1	13.6
加勒比和中美洲	41.7	0.0	16.7	8.3	8.3	8.3
南美洲	70.0	50.0	30.0	10.0	10.0	20.0
北美洲	100.0	0.0	50.0	50.0	100.0	50.0
西南太平洋	12.5	0.0	40.0	0.0	18.2	9.1
世界	65.3	29.3	38.6	31.0	33.3	17.6

以国别报告中的信息为基础。

饲养相应品种的国家的百分比。

表 61

主要畜禽品种的有组织育种活动

	牛	水牛	绵羊	山羊	猪	鸡
	[国家的百分比]					
非洲	31.0	0.0	9.5	9.5	5.6	2.4
亚洲	58.3	37.5	30.4	32.0	19.0	16.0
近东和中东	14.3	33.3	57.1	42.9	0.0	14.3
欧洲和高加索	74.4	9.1	59.0	53.8	61.5	23.1
拉丁美洲和加勒比	36.4	14.3	22.7	9.1	9.1	13.6
加勒比和中美洲	16.7	0.0	16.7	8.3	8.3	8.3
南美洲	60.0	50.0	30.0	10.0	10.0	20.0
北美洲	100.0	0.0	50.0	50.0	100.0	50.0
	12.5	0.0	40.0	0.0	18.2	9.1
世界	47.2	22.0	32.9	26.9	27.3	13.5

来自国别报告中的论述。

饲养相应品种的国家的百分比。

家里，很少明确地确定育种策略。对于乳品业和肉用牛，许多国家都把改善数量性状和增加生产量作为奶牛和肉牛的主要育种目标。在欧洲和高加索地区的育种方案中，改善牛奶质量、生产效率、繁殖力和体型特性等变得越来越重要。在北欧国家，健康特性是育种的重要的优先目标，并且在广泛的记录程序的帮助下得以实现。在北美洲，奶牛育种的重要目标是提高产品的统一性和一致性，但是近年来，

表 62

牛育种中应用的策略和手段

	世界	非洲	亚洲	近东和中东	欧洲和高加索	拉丁美洲*和加勒比	西南太平洋
国家的数量	67	24	8	3	21	10	1
品种总量							
地方种	505	143	71	12	112	166	1
外来种	476	143	34	10	159	125	5
有关育种							
育种目标	21.6%	17.5%	27.6%	13.6%	43.9%	3.8%	0.0%
执行策略	19.2%	12.9%	23.8%	9.1%	44.3%	1.4%	0.0%
个体鉴别	34.0%	10.8%	12.4%	9.1%	44.3%	57.7%	0.0%
性能记录	30.5%	12.2%	16.2%	9.1%	42.4%	44.7%	0.0%
人工授精	42.0%	22.7%	12.4%	22.7%	47.6%	68.7%	0.0%
遗传评估	21.5%	8.7%	12.4%	4.5%	38.0%	23.7%	0.0%
指定育种体系	544	113	24	5	151	246	5
纯种	26.5%	32.7%	41.7%	60.0%	44.4%	10.6%	20.0%
杂交种	24.6%	36.3%	16.7%	20.0%	15.9%	26.0%	0.0%
两者	48.9%	31.0%	41.7%	20.0%	39.7%	63.4%	80.0%

来自二次抽样国家的信息的区域平均值。

* 拉丁美洲和加勒比。

在选择指标中加入了更多的功能特性。

2.2　水牛

只有41个国别报告提到水牛饲养。其中有29%的国家把水牛育种作为重点（表60），并且有22%的国家具有育种计划（表61）。在主要水牛饲养区的亚洲，这个数字分别是44%和38%。具有水牛育种计划的主要国家有印度、巴基斯坦、中国、埃及和保加利亚，而且其产奶量也是主要育种目标。

2.3　绵羊和山羊

与牛相比，通常很少把绵羊和山羊的育种计划作为优先项目。分别有39%和31%的国家认为绵羊和山羊的育种活动是重要的（表60）。33%和27%的国家实际上具有这种计划（表61）。继欧洲和高加索之后，在亚洲，有许多国家具有小型反刍动物的育种计划。非洲国家不太重视小型反刍动物的育种计划，其中只有4个国家具有这种计划。拉丁美洲和加勒比的国家对这个领域的兴趣和实施也没有积极性。来自70个二次抽样国家的信息表明，发展绵羊的育种目标和育种策略所占比例大于山羊（见表68和表69中来自不同区域的数据）。少数国别报告指出了小型反刍动物的育种目标，其中最重要的目标是生长性状。即使在专门用于生产羊毛的绵羊的国家里，羊毛品质和生产性状的重要性正在降低。在欧洲国家，山羊的主要育种目标是改善产乳性能。

2.4　猪

有44个国家把猪的育种作为优先项目（占33%，表60），但是只有36个国家（占27%）报告了具有现存育种计划（表61），并且这些国家中，在欧洲和高加索或北美洲之外的国家只有10个。因此，把猪育种作为优先项目和现行育种计划之间的差异与牛相比要小很多，但是却类似于小型反刍动物。来自拉丁美洲和西南太平洋的一些国别报告指出，猪的遗传改良在很大程度上都是依靠进口动物或精子。几乎所有先进的猪生产国家，都把三品种杂交作为杂交育种计划体系的标准，并且有34个国家在其国别报告中报道了具有这种体系。在70个二次抽样国家之中报道的猪的育种数量比牛或小型反刍动物的育种数量少得多（表70）。分别为35%的品种指定了育种目标、为30%的品种指定了育种策略，但是欧洲和高加索的比例超过其他地区的两倍以上。特有的地方品种的数量比反刍动物要少得多，但是一些国际品种如长白猪、大白猪、杜洛克猪、汉普夏猪和约克夏猪有很广泛的分布。育种计划的重要目标包括繁殖力、饲料转化率和瘦肉率。根据许多国别报告可以看出，脂肪型猪在很大程度上失去了其性能价值。

2.5　家禽

在所有的主要畜禽品种中，只有少数国家把鸡的育种计划作为优先项目（表60），并且具有这种计划的国家也最少（表61）。蛋鸡和肉鸡育种主要是由可以在世界范围内销售产品的少数几个跨国育种公司进行。寥寥无几的国家开展了其他家禽品种如火鸡（5）、鸭（8）和鹅（4）的组织育种活动。具有明确育种目标（13%）和育种策略（11%）的育种比例很低的现实可以看出，绝大多数国家对鸡的育种计划不重视。欧洲和高加索地区具有育种策略的育种比例要高于其他地区（表71）。国别报告没有提供家禽育种目标的信息。

2.6　其他物种

在31个国别报告中提到了马的育种计划体系（表72），这也许没有完全反映出马的育种活动，特别是作为运动和竞赛用马的育种情况。马的育种是通过在国际间交换育种材料的方式进行的。在绝大多数欧洲国家，目前大部分马是为业余骑手的悠闲活动而培育的。饲养马匹的其他的理由是为了生产马肉，并且在南美洲，大量马匹是用来承担放牧工作。44个国别报告有骆驼饲养的国家中，有两个亚洲国家具有单峰骆驼的育种计划，并且阿根廷有美洲驼育种计划。有108个国家的国别报告中提到了兔子的生产，其中有26个国家的兔子生产是有效的，但是只有5个国家提到了育种计划体系。这个数字中不包括大量爱好饲养兔子的组织，特别是在欧洲和高加索地区的爱好兔子饲养组织。

在大多数国家，不对在其国别报告中没有具有育种计划的品种的育种计划的重要性或者现存情况进行报道。而且，在非洲和亚洲的小国家中，有许多种群指标都包括在现行育种计划中。因此，评估结果

第三部分

表明除牛之外,大多数国家没有建立本国的组织育种计划,并且也没有把育种计划作为优先项目。

3 组织机构

建立育种计划需要机构去启动生产性能记录体系、配种方案和遗传评估。这些活动要由政府和非政府组织或两者联合起来开展。政府机构在育种场和研究所及大学里直接实施育种计划。执行育种计划的非政府利益相关者包括育种机构和私营公司。

在非洲、亚洲以及近东和中东国家,对于牛和小型反刍动物的大多数系统的育种活动是由政府机构来执行的，而在西欧国家，育种机构是最重要的执行者(详见表73至表76)。在非洲、亚洲以及近东和中东，大多数政府育种计划都是在国营牧场的核心群中进行的，然后将生产的动物和精液输入母体。因此，在育种过程中没有家畜饲养者的有效参与。在一般的家畜群中，这些计划经常是在没有监测育种活动的影响的情况下执行的。只有在这些地区的少数国家是在饲养者的直接参与下进行政府育种计划，例如，在印度和巴基斯坦的水牛育种计划，以及突尼斯和科特迪瓦的绵羊育种计划。

由政府和非政府部门联合执行的育种计划,通常需要有从政府育种计划到增加

表 63

在当前政策中的培训、研究和农民组织

	非洲		亚洲		近东和中东		欧洲和高加索		合计	
	n	分数	n	分数	n	分数	n	分数	n	分数
培训和研究										
牛	21	3.4	7	3.6	3	2.7	15	3.5	46	3.4
绵羊	21	3.2	7	2.3	4	2.8	16	3.3	48	3.1
山羊	20	3.1	7	2.4	4	2.3	16	2.5	47	2.7
猪	19	3.0	5	2.6			14	3.3	38	3.1
鸡	21	3.2	7	2.7	5	2.4	15	3.0	48	3.0
农民组织										
牛	21	3.1	7	3.4	3	2.3	15	3.2	46	3.1
绵羊	21	2.8	6	1.8	4	2.5	16	3.2	48	2.8
山羊	20	2.7	6	2.0	4	2.0	16	2.7	46	2.5
猪	19	3.0	4	2.8			14	3.1	37	3.0
鸡	21	3.1	6	3.0	5	3.2	14	3.1	46	3.1

n：区域的国别报告和平均分数。

分数（1=没有，2=少，3=正常，4=较多，5=高）表明了在当前政策下这个活动的重要性。

私人育种者和育种机构的参与的一个过渡阶段。在许多国家，国别报告都说明了努力建立牛育种机构是很重要的，但是很少把其他品种作为重点（表63）。这种发展出现在少数非洲和亚洲国家，特别是在东欧国家。在这些国家的报告中没有指出其育种计划的组织结构，似乎是由政府和非政府机构共同承担责任。在绝大多数西欧国家，所有品种的育种方案中，政府机构的直接参与在逐步减少，并且在北美洲已经不再有政府机构参与。在这些区域中，个体育种者的积极参与是育种计划的重要特征。猪的私人育种计划（育种机构和公司）得到高度发展。在家禽方面，一些跨国公司起到了支配作用。

在南美洲，育种计划主要是由育种机构来执行，但是在其中一些国家里得到了政府机构或研究所的支持。除执行系统育种计划的育种机构之外，大多数南美和中美国家都有许多饲养者组织。这些饲养者组织，特别是牛和马的饲养者组织对专门用于育种的动物的谱系信息都进行了注册，但是缺少系统的生产性能记录和遗传评估信息。

育种活动中包括的不同利益相关者（政府、饲养者和研究部门）是代表育种计划特性的一个重要指标。表64摘要介绍了70个二次抽样国家提供的信息（除没有提供有关信息的拉丁美洲和加勒比以及西南太平洋的国家之外）。除了欧洲和高加索的部分西部地区以外的所有地区，主要是由研究机构和其工作人员来决定育种目标，由政府机构决定育种目标的很少，由饲养者自己决定的育种计划就少之又少。育种的其他方面如个体鉴别、记录和遗传评估也存在类似情况（表64）。特别是在非洲及近东和中东的国家里，饲养者对由政府机构在育种活动的组织和执行中的地位的影响十分有限。在育种工作中，缺少畜禽饲养者的参与，又加上缺乏相关后续活动，就意味着育种计划很难取得成功，甚至可能会失败。

绝大多数小型反刍动物和家禽的育种活动通常都由国家和国际非政府组织来实施。这些活动通常是采用少数外来的优良种畜来改良地方种群。在绝大多数国别报告中没有提供关于影响这些活动的系统信息，但是有一些不重要的指标。在南亚国家，牛和水牛的大规模的人工授精计划是由非政府组织实施的。

在具有现行育种计划的国家，国际竞争一般发生在具有较大育种方案的少数育种机构中，这种状况在家禽业里表现得最为突出，但是也存在于奶牛和猪的育种中。为了在国际市场上占有竞争优势，北欧国家开展了联合育种活动，并且德国和奥地利对奶牛遗传值进行联合评估。由国际公牛组织（INTERBULL）制定的牛的遗传评估的国际标准也促进育种计划的跨国界实施。在南美和中美洲，猪和黑白花奶牛的遗传改良主要是通过从北美洲或欧洲和高加索进口精液来完成。在国别报告中关注的是，提高奶牛育种的国际化可能会对牛群适应特定地方条件造成消极影响。

表 64

参与动物遗传资源发展的利益相关者

	合计	非洲	亚洲	近东和中东	欧洲和高加索
育种目标	48	21	7	4	16
政府	3.0	3.1	3.1	3.0	2.8
饲养者	2.4	1.9	2.4	1.5	3.2
研究	3.4	3.3	3.4	3.0	3.6
非政府组织	2.2	1.93	1.8	3.0	2.6
个体鉴别	45	19	6	4	16
政府	2.7	2.2	3.0	1.8	3.4
饲养者	2.4	1. 9	2.3	1.3	3.4
研究	2.8	3.1	3.0	1.8	2.8
非政府组织	1.8	1.7	1.4	1. 7	2.0
记录	48	21	6	4	17
政府	2.5	2.3	2.8	1.8	2.9
饲养者	2.6	2.0	2.8	1.5	3.5
研究	3.0	3.4	2.7	1.5	2.8
非政府组织	2.0	2.1	1.6	2.3	2.0
遗传评估	45	17	7	4	17
政府	2.1	1.8	2.6	1.3	2.4
饲养者	1.8	1.4	1.4	1.0	2.5
研究	3.1	2.7	3.1	2.0	3.8
非政府组织	1.6	1.3	1.8	1.3	1.9

n：区域的国别报告和平均分数量。

建立在有效数据分析基础上的得分（1=没有，2=少，3=正常，4=较多，5=高）表明了参与动物遗传资源发展实施的每个利益相关者的作用。每个区域的最高分都用粗体表示。

4　手段和实施

收集用于生产子代动物的父母代动物的性能数据，并对这些数据进行分析以对上级动物进行鉴别，是设计组织育种计划的主要组成部分。在具有育种计划的国家中，以及在不同品种之中，育种手段的应用规模和使用方法存在显著差异。除少数拉丁美洲国家（巴西、委内瑞拉、阿根廷和墨西哥）和印度以外，只有欧洲、北美洲和澳大利亚等地区，开展了大规模的从具有育种目的的个体牲畜拥有者采集性能数据。新西兰等主要畜牧业和拥有育种计划的其他国家，由于没有提交国别报告，因此不被包括在本分析中。在北非和西非的一些国家中，小规模地开展了在单个小型反刍动物群中收集性能数据。

来自非洲和亚洲的绝大多数国别报告提供的关于现行繁殖种群的信息是十分有限的（表62、表68～表71），现行的繁殖种群的规模是很小的。另一个极端的代表国家是挪威,在一个记录方案中涵盖了其所有奶牛的95%以上。

对遗传值进行评估的最佳线性无偏预测（BLUP）方案是所有具有先进育种计划国家的标准，在国别报告中，没有提供在政府的饲养场里饲养的选择核心种群的方式的信息。在这些饲养场里，动物表型特征的选择具有很重要的作用。在奶牛育种计划中，具有最佳线性无偏预测“测试日”模型的广泛数据集可以越来越好地预测遗传值。

计划育种需要控制交配。在低等和中等投入的生产系统中,大部分放牧家畜都处在非控制交配的状况下,所以这些动物的计划育种是很困难的,在非洲和拉丁美洲国家这种体系是非常普遍的。例如，厄瓜多尔（2003）报告的非控制交配牛为49%、绵羊为81%和猪为61%。除改善雄性动物的用途外,许多国家都采用人工授精来作为控制交配的手段。114个国家(占77%）报告对牛进行人工授精，对绵羊进行人工授精的国家占18%、山羊占7%和猪占32%。在所有区域里，普遍都会对牛进行人工授精,在欧洲和高加索以及美国等地区，相对于其他品种来说，牛的人工授精更加普遍（表65)。对牛进行人工授精的重要性还表现为，在实施授精计划（表62、表68至表71）和授精次数中占有更高的育种比例。而猪的人工授精的重要性仅次于牛。在人工授精中，既使用本地生产精液，也使用进口精液。较高比例的牛育种都应用杂交育种方案（表62)，因此，在有先进育种计划的国家里，所使用的大量精液都是进口的或来自于外来品种。在拉丁美洲，猪的人工授精也主要依赖于进口精液。

地方品种和外来品种既被用于纯种育种体系，也被用于杂交体系。表62和附录表68～表71里，以70个二次抽样国家提供的数据为基础的信息,表明了这两个育种系统对于不同品种的相对重要性。纯种育种只在绵羊的育种中是最为普遍的育种系统，而对于其他品种，通常都会采用杂交育种或结合使用两种育种体系。表中内容也说明了在许多国家里外来品种具有十分重要的作用。在猪和肉牛的先进生产系统中，普遍具有系统的杂交育种计划。但是，在非洲、亚洲和南美洲国家，很大比例的杂交育种活动都没有一个系统的育种计划。

表66中的信息是由70个二次抽样国家提供的，从中可以看出，对牛和小型反刍动物来说,目前的政府政策更为倾向于使用适应特定区域的地方品种,但是对猪和家禽而言，则倾向于使用外来品种。这种情况清楚地反映了为加强猪和家禽的生产量以及提高生产能力的育种需要所做的努力。亚洲国家比非洲国家更加流行使用外来牛种以提高牛奶生产。由二次抽样国家提供的信息表明,在大多数国家都不把绵羊和山羊的外来品种作为重点(表68)。

只有几个国家鼓励利用某些支持和发展计划的品种，但是，受家畜所有者直接

第三部分

表 65

应用人工授精的国家数量

区域	牛	绵羊	山羊	猪
非洲	31	2	1	1
亚洲	17	4	2	8
近东和中东	4	0	0	0
欧洲和高加索	38	16	8	23
拉丁美洲和加勒比	21	8	8	13
加勒比与中美洲	11	2	4	7
南美洲	10	6	4	6
北美	2	0	1	1
西南太平洋	5	1	1	4
世界	118	31	21	50

表 66

在当前政策下地方品种与外来品种的重要性比较

	非洲		亚洲		近东和中东		欧洲和高加索		合计	
	n	分数	n	分数	n	分数	n	分数	n	分数
牛										
地方品种	21	3.9	7	3.1	3	2.0	14	3.5	45	3.5
外来品种	21	3.1	7	3.7	3	3.0	15	2.4	46	3.0
绵羊										
地方品种	21	3.8	7	2.4	4	3.3	16	3.4	48	3.4
外来品种	21	1.9	6	2.2	4	2.5	16	1.8	47	2.0
山羊										
地方品种	20	3.8	7	2.7	4	2.5	15	3.1	46	3.3
外来品种	19	2.0	5	2.2	4	2.0	15	1.6	43	1.9
猪										
地方品种	19	3.4	5	2.2			13	2.8	37	3.0
外来品种	18	3.2	4	4.3			14	2.9	36	3.2
鸡										
地方品种	21	3.4	7	3.0	5	2.4	14	2.2	47	2.9
外来品种	21	3.4	6	4.0	5	3.6	15	2.9	47	3.3

n：国别报告和区域平均分数。

分数（1=没有，2=少，3=正常，4=较多，5=高）表明了当前政策对相应动物遗传资源的使用和发展的支持程度。

影响的育种选择或育种系统是很少的。在大多数国家，为了保护动物健康，都有控制精液和动物、包括种用畜禽进口的政府规章。只有在少数欧洲国家，进口精液和动物的必要条件，是要得到当局的批准和符合雄性种用畜禽的质量标准。为了保存和保护特有的地方乳用品种，在印度和巴基斯坦都制定了禁止利用外来品种进行杂交育种的规章。但是，实际上这些规章得不到执行。

5 区域育种计划概述

在大多数国家，最近十年随着城市化进程的加快，畜产品的生产条件和需求量都发生了巨大变化。由于国家的类型不同，其变化主要包括需求量上升、对产品质量的要求提高以及对不同畜产品的需求变化。在不同的国家里，其政府当局、育种机构和家畜所有者以不同方式对这些变化和挑战做出了反应。在不同国家、区域和品种之间通过采用不同的育种手段来面对这些变化。在下面的区域评价中对这种变化作重点阐述。

5.1 非洲

在非洲，牛是最重要的家畜品种，有45%的国家明确把加强对牛的需求作为其重点政策。为了实现既定目标，有26%的国家赞成对地方品种进行品种改良，55%的国家赞成与外来牛种进行杂交育种，17%的国家赞成直接引进外来牛种。这些数字也代表了过去和正在进行的育种研究计划方向的一个指标。

只有西非国家才把发展地方牛品种作为重点，而北非国家主要是引入外来牛种。在西非普及的地方品种的育种和改良研究主要受少数几个国家引入的达摩牛种的影响。但是，为了提高生产，牧场主也越来越关注达摩牛与瘤牛甚至与黑白花牛的杂交育种。在许多非洲国家，城市周围建立的乳品生产企业主要是引进黑白花牛或其杂交品种。但是，在非洲，一些经过试验的其他外来品种中，只有瑞士褐牛(在北非)的某些重要特性得到了保留。在许多非洲国家，地方牛种由政府养殖场饲养，而种用牛主要是由家畜所有者饲养。国别报告指出，种用畜禽的数量很少，并且对整个种群没有显著影响。被调查的非洲国家，没有一个国家的政府杂交育种工作育成过新的、特有的和成功的品种。由于缺乏组织机构以及生产和育种系统，没有形成作为最普遍的遗传改良方式的杂交育种体系。

强调绵羊生产只被19%的非洲国家视为重点，而把山羊生产作为重点的国家更少，只有10%。有10%的国家认为对地方绵羊品种进行改良是重要的，有5%的国家认为对地方山羊品种进行改良是重要的。17%的国家赞成绵羊和山羊的杂交育种。在北非，在牧场主的羊群中已经开展了育种计划。

在科特迪瓦，Djallonké绵羊的开放核心育种方案激励了其他西非国家开展一

第三部分

插文 24
非洲的研究和育种的发展

在尼日利亚，过去的许多投资，特别是政府牧场的投资，都用在了为了研究目的和品种改良的外来动物遗传资源的进口和利用上，现在这些活动的方向已经变得多元化。虽然在研究方面取得了积极的结果，但是在品种改良方面一直没有显著收获。

在科特迪瓦，达摩牛和泽西种乳牛之间的杂交育种1962年开始于de Recherches Zootechniques de Bingerville中心，并且持续了15年。其工作目标是生产一个适合于科特迪瓦的气候条件和饲养管理条件的乳用品种。当这个计划由于经济问题在1977年终止的时候，在牧场条件下已经形成了杂交育种的理念。

来源：科特迪瓦（2003）；尼日利亚（2004）。

些类似方案，但是大多数还没有实现。在莱索托，专用于羊毛生产的相对纯种美利奴绵羊已经成为政府的饲养重点，但是这个政策的执行力度很弱。在许多国家，都开展了杜泊绵羊与本地绵羊的杂交育种，但是绵羊的杂交育种不像牛的育种一样重要。山羊的育种情况与绵羊相同，欧洲乳用山羊的杂交育种没有取得成功，并且最近被通过杂交育种生产肉用波尔山羊所替代。一些非洲国家在政府饲养场里饲养了小型反刍动物的地方品种，但是与牛的情况一样，对总的畜禽种群来说其影响很小。

有36%的非洲国家把鸡的生产作为重点，17%的非洲国家把猪的生产作为重点。最近没有报道鸡的育种研究计划，并且在大多数国家主要依赖进口商业杂种。加强猪的生产主要是通过与外来品种的杂交育种来完成，或者在集约化生产体系中直接利用这些外来品种。在非洲国家，没有报道地方猪种的育种计划。

5.2　亚洲

在亚洲，有56%的国家表示其重点政策是加强牛的生产，有相同百分比的国家赞同与外来品种进行杂交育种，并且有20%的国家表示直接引入外来牛种。事实上，这两种育种途径的规模都很大。在伊朗和南亚国家，广泛开展的杂交育种主要是黑白花牛与外来品种间的杂交育种，而在东南亚和东亚国家，是通过直接引入

插文 25
突尼斯的绵羊育种

在突尼斯，在236个被选的绵羊群中实施了绵羊遗传改良的国家计划。通过六次称重程序来监测羊羔的生长性能，从而形成了将来的绵羊种畜选择的基础。这个计划完全依靠国家财政支持，但是有人已经提议减少成本并通过建立养殖者协会，增加绵羊所有者的参与。当前的遗传评估模型是统一的，并且对在不同的生产条件下和不同的生产目标下进行绵羊养殖的家畜养殖者来说没有其他选择。大量的称重工作对于养殖者来说也是一个负担。更加灵活的遗传评估模型和与养殖者合作，不但可以降低成本还可以提高计划的能力和效率。

来源：突尼斯（2003）。

大量外来牛种来发展其牛奶产业。这些变化在伊朗（2004）得到明显反映，其杂种牛的比例从1995年的11%增加到2003年的35%。在中亚国家，所有权从政府和合作牧场向个体所有者转换，已经引起动物数量的减少，并且妨碍了系统的育种研究计划。

对水牛来说，通过纯种育种来改良地方品种是很重要的，但是对牛则不然。使用地方品种对牛和水牛进行分级是很重要的。在大多数亚洲国家，养牛的主要目的是为发展乳品生产。在东南亚国家，特别是在种植园放牧制国家，已经开展了肉牛品种的杂交育种。一些亚洲国家已经在政府饲养场或者家畜所有者中制定了专用乳用品种和复合乳用品种的系统育种计划。由于通过后裔测验而选择的公牛的数量通常很少，因此，在许多亚洲国家，精液的进口还是很重要的。印度的Sunandini和马来西亚的Mafriwal开展了复合品种的系统研究计划。为了养牛产业的发展，有效地促进养牛产业的总体基础设施建设，该系统研究计划具有积极效果。

绵羊和山羊生产的重要性在不同区域的不同地区间存在很大差异。在一些西亚、中亚和南亚国家，绵羊生产是很重要的，但是总的说来，与绵羊生产（4%）相比，更多国家更加强调山羊生产（12%）的重要性。在中亚国家、印度和巴基斯坦，开展了通过地方品种与美利奴羊进行杂交育种，以发展细羊毛生产的研究工作。但是，因为较低的羊毛需求，和大量生产优质羊毛中所存在的问题，使这些工作取得的成果有限，从而使牲畜所有者转而又开始饲养传统品种。在其他亚洲国家，绵羊生产的育种工作取得的成果也很少，这也表明未来的绵羊生产将处于次要位置。在东南亚国家，开展了地方种群与印度和欧洲的山羊品种进行杂交育种。在马来西亚和韩国，已经确定了新的复合品种，而且，为了提高肉品生产，马来西亚和韩国还广

插文26

印度的水牛育种

在印度，由于受更高脂肪含量的牛奶具有更高价格的激励，水牛正在成为大型反刍动物的精选品种。在20世纪60年代中期，国家发展政策推荐实施了摩拉水牛的选择育种，从而实现了非良种摩拉水牛的进级杂交。中央政府和私营部门在全国不同地区建立了33个育种场，并开展了科学育种方针，使这些育种场成为了优良公牛生产和输出的繁殖中心。因为建立在后裔性能基础上，对优良摩拉公牛进行的测试结果超过仅仅根据母畜产量而进行的测试结果，因此，在公共机构和饲养者的畜群中，开展了后裔测验计划。但是，由政府、合作牛奶场、研究机构和非政府组织支持的现场后裔测验计划缺少必要的生产性能记录。因此，大多数正在进行的后裔测验计划，主要依赖于公共机构的畜群，不包括由农村饲养的优良牲畜。被测验和选择的公牛数量也太少，而不能对遗传改良产生任何可评估的影响。

来源：印度（2004）。

泛进行了布尔山羊和澳大利亚野化山羊的杂交育种工作。尽管在不同亚洲国家的政府饲养场中饲养了地方山羊品种，但是，在其国别报告中没有提到具体的育种发展活动。

插文 27
韩国的山羊育种

山羊在朝鲜半岛已经有700多年的养殖历史，具有很好的适应性。除正常消费之外，很长时间以来，山羊肉被认为是健康或药用食物。在20世纪90年代初期，随着对山羊肉需求量的增加，进口了布尔山羊和澳大利亚野化山羊，并且广泛开展了二者与本地黑山羊间的杂交育种。尽管与布尔山羊的杂交品种与本地山羊相比具有较好的生长速度，但是这种山羊没有相同的黑色毛色不受的地方山羊的饲养者欢迎。这促进了与本地黑山羊毛色一致的澳大利亚野化黑山羊的进口。也进口了乳用品种萨能奶山羊，并广泛地分布在许多饲养场中，但是因为有来自于牛奶的竞争，因此其数量在大幅度减少。最近随着对山羊奶需求量的增长，又进口了新的种用山羊。

来源：韩国（2004）。

在东南亚和东亚，猪是最重要的家畜品种，并且在整个亚洲地区，都把家禽、特别是鸡作为重要的畜禽品种。有48%的亚洲国家把加强鸡的生产作为优先项目，而只有29%的国家的重点养殖畜种是猪。育种活动、包括系统的杂交育种计划主要集中在具有集约化生产条件的养殖场里进行，并且由商业公司承担杂种的生产和销售。所有把家禽生产作为重点项目的亚洲国家都有进口种畜，并且有14%的国家把杂交育种作为首选的育种手段。中国和越南是最大的生猪生产国，其育种活动是政府的核心育种计划，但是两个国家也在进口外来种猪。虽然在越南仍然流行地方猪种，但是杂交种所占比例已经超过了50%，并且政府还在进一步推进外来品种的“倾斜计划”。在印度、中国和越南，为了加强肉鸡和蛋鸡产业以及鸭的生产系统，政府机构和独立的私营公司都在进行种禽生产。但是，在其他亚洲国家，少数国际育种公司成为了其国家市场的唯一供应商。

插文 28
越南的鸭育种

越南是世界第二大鸭生产国，有8个地方鸭种和8个从其他国家引进的纯种鸭和杂交鸭。鸭的育种是由国家畜牧研究所组织实施的，两个鸭育种中心分别饲养和发展祖父母代和父母代种鸭，并向地方生产者分发其育种材料。这种金字塔式的育种结构有效地改进了越南鸭的育种，并且被认为是一个可在其他畜禽育种体系应用的模型。

来源：越南（2003）。

5.3 欧洲和高加索

西欧国家的畜牧生产和育种活动的发展主要受欧盟共同农业政策的影响，并由此决定了育种活动的结构。这些育种结构也适用于中欧地区的新的欧盟成员国，并且还影响了西欧的非欧盟国家。东欧国家的育种结构主要还是中央计划经济体制下的国家结构。在大多数西欧国家，政府已经不再参与到育种活动中，并且政府的作用只是局限于对育种机构和公司进行监督。在东欧国家，育种活动是由具有育种许可证的、在研究机构和大学控制之下的大型国家或国营纯种牧场来开展的。

精液和种畜的欧洲共同市场，广泛引发了国家育种公司和育种机构之间的贸易和国际竞争。东欧国家除了利用他们自己的种畜之外，逐渐增加了对精液和种畜的进口。

在大多数欧洲国家，黑白花牛是其优势品种，并且牛的育种主要集中在专用品种的育种上。同时，已经开展从乳用牛转变成肉用牛生产，或者作为专用肉用品种来生产，或者把乳用牛转变为经济杂交牛。使用最佳线性无偏预测程序加强育种计划，并且广泛应用少数取得重要遗传改良的优良乳用种公牛，不但增加了近亲交配的风险，而且还减少了牛育种的遗传多样性。因此，定期的监测近交程度，已经归入到了一些国家的育种计划中。控制近交程度的困难，也因小规模种群里的稀有品种而存在。

育种机构的数量正在减少，但平均畜群规模却在增加。受市场动力的调节，畜禽育种正在经历从国家合作到国际公司的转变。畜牧场主一般从可以育成具有更高经济品质的品种的育种计划中选择种畜，因此给地方育种计划保留的机会较少。但是，除了对生产特征进行选择之外，现在的选择集中了更大范围的特性选择，在育种目标中越来越重视如健康、福利和期望寿命等特性。在北欧国家，特别注重挪威红[7]（NRF）和瑞典红白品种的繁殖力性状、产仔性和抗病性等特性。饲养者把挪威红品种的精液作为由大型国际育种公司生产的精液的替代品。

在欧洲和高加索，与牛的育种相比，小型反刍动物的育种通常缺乏组织性。在所有国家里，由于羊毛市场表现不景气，通过杂交育种和改变品种用途，使育种目标的方向发生了改变，把毛用或其他用途品种转变为肉用品种。在欧洲南部，山羊和一些绵羊的重要育种目标是产乳性能。在许多欧洲国家，绵羊和山羊仍然由传统的、没有参与组织育种活动的牧场主来饲养。

在欧洲和高加索，猪和家禽的育种表现为由系统杂交育种方案培育杂种生产。

对生猪育种生产来说，其育种机构和商业公司之间存在竞争，并且在不同国家二者占有不同的市场份额，跨国公司在家禽育种（一些东欧国家除外）领域占有优势。

5.4　拉丁美洲和加勒比

由于具有的生态环境不一样，在南美和中美以及加勒比国家的畜牧生产体系也

[7] Norsk Rødt Fe.

插文 29
匈牙利的猪育种

在匈牙利，猪的育种是最重要的家畜育种领域。以本地的匈牙利大白猪和长白猪种为基础，同时进口一些其他品种，在 20 世纪 70 年代，匈牙利是欧洲第一个开始进行猪的杂交育种的国家。现在，匈牙利有三个在当地市场占有最大份额的杂交猪种，并且这些品种可以同最好的外国杂种竞争。除了由于曼格利察猪的脂肪中含有很高的不饱和脂肪酸，还在流行外，脂肪型猪几乎完全被淘汰。

来源：匈牙利（2003）。

插文 30
马的传统育种和适应新需求的育种

在捷克，Kladruby 马是在西班牙马和意大利马的基础上培育而成的一种温血品种，已经有超过400年的繁殖历史。在1995年，这种马被评为捷克的国家文化遗产。

在波兰，马的种群数量逐渐减少，并且将其作为一种畜力资源的重要性也在降低。随着出口屠宰用马匹的不断增加，一些养殖者把饲养重点转向了冷血型马。但是，对培育不同品种的马和作为娱乐用途如观光农业、越野、骑马度假和“马背运动疗法”类型的马的兴趣正在增加。

捷克（2003）；波兰（2002）。

表现出很大的不同。在大多数国家牛是最重要的家畜品种，但是在过去十年期间，家畜育种的研究和试验工作更多集中在猪和家禽的生产上，而在一些国家里，牛的相对重要性有所降低。到目前为止，在南美，巴西是最重要畜禽发展国家，不仅拥有最大数量的商品牛群，而且还具有一些覆盖大部分牛群的先进育种计划，牛的育种工作主要集中在巴西的优势品种（Nelore 牛）的繁殖力和生长速度等肉牛生产特性上，还有一些牛的育种工作是为了改善一些复合品种和黑白花牛的乳用特性。来自巴西牛种的精液和饲养计划也在其他南美和中美国家里得到应用，但是据报道，集中使用有限的优良公畜的遗传变异性具有相当的风险。

委内瑞拉的瘤牛、阿根廷和墨西哥的黑白花牛的育种计划使用的是最佳线性无偏预测动物模型。但是，拉丁美洲和加勒比的大多数国家没有他们自己的育种计划和精液生产，因此，这个地区都是采取普遍进口黑白花牛和其他欧洲乳用和肉用品种的精液。在许多国家，广泛开展了瘤牛与婆罗门牛、欧洲肉牛或克里罗牛的不系统的三元轮回杂交，广泛开展的瘤牛杂交育种使本地克里罗牛品种的数量正在减少。在巴西、古巴和牙买加已经育成了几个复合乳用品种。在这个区域的大多数国家中，一些独立种畜协会拥有所有重要品种，这些协会具有很长历史的种畜谱系记录。但是，这些谱系记录却很少包括在以性能记录为基础的现代繁殖实践中。

阿根廷利用来自澳大利亚和新西兰的遗传物质，由育种机构大力开展了毛用美利奴羊和科利台尔羊的育种计划。在这个

插文31

巴西的肉牛育种

目前，巴西是世界上拥有最多商品牛的国家。在16个肉牛的育种计划中，有一个瘤牛育种计划。在不同肉牛品种和品种群中应用了13个与现代生物技术有关的传统育种技术，都是以增加肉牛的繁殖力和生长速度为目标。高达20%的家畜具有鉴定和生产证书（CEIP）。由巴西瘤牛养殖者协会（ABCZ）制定的瘤牛育种计划（PMGZ），通过计算不同年龄阶段的重量和重量增加、肥育特性和繁殖力等预期后裔差异（EPDs）来确定优良瘤牛。一个拥有150多万头瘤牛的信息，并且还会以每年增加6.5万个新的瘤牛信息的数据库，是巴西针对所有瘤牛开展的国家瘤牛育种计划。瘤牛的另一个育种计划是GENEPLUS计划，这个拥有一个70多万头瘤牛信息的数据库，并且这个数据库还可以提供第一次产仔年龄、产仔间隔、妊娠期、配种期和阴囊围、不同年龄段重量和增重等预期后裔差异的种畜信息。PROMEBO是一个肉用公牛育种计划。为了达到改善瘤牛的目的，巴西瘤牛养殖者协会还与不同研究单位和一些大学合作，以获得瘤牛的生产和谱系数据。

来源：巴西（2003）。

地区的其他国家，绵养和山羊的组织育种主要采取的是与引进的不同外来品种进行杂交育种。正被使用的外来羊种有很多，并且依据不同的生态环境，且范围广泛。智利的外来羊种包括从安第斯山脉的科利台尔羊和兰布莱绵羊，到英国的肉用羊种，以及来自热带区域的巴巴多斯Blackbelly羊和Pelibüey羊等粗毛羊。Blackbelly羊和Pelibüey羊的育种计划报道来自其起源地巴巴多斯和古巴。绵羊的杂交育种计划主要是由政府或国际开发计划实施。但是，这个地区没有开展克里罗羊的育种活动。山羊育种计划是通过与不同欧洲奶山羊品种（萨能奶山羊、多根堡山羊、高山羊、英国奴宾山羊）和波尔山羊进行的杂交育种计划，并且这种育种计划通常是由非政府组织实施的。在墨西哥，运用最佳线性无偏预测程序培育山羊的产乳性能已经有几年时间了。

在拉丁美洲和加勒比，猪和家禽育种计划主要是由杂种生产公司来完成的，而且也广泛使用来自区域外部的进口精液和种畜。在集约化生产条件下，猪的育种普遍采用的是三元品种杂交。古巴则不同，其猪和鸡的育种都有政府育种计划。这个区域拥有大量马匹，并且在许多国家还有专门负责育种的饲养者组织。但是，国别报告里没有提供关于他们的育种活动的详细信息。这个地区里，在阿根廷有唯一一个关于美洲驼的政府育种计划，而在秘鲁有唯一一个关于豚鼠的政府育种计划。在南美，有一些国家对提高骆驼的纤维特征和肉品的育种活动感兴趣，但是还没有开展具体的育种计划。

5.5 近东和中东

在近东和中东，有43%的国家提交的国别报告指出把加强牛和家禽的生产作

插文32

阿根廷的美洲驼育种

在阿根廷，大约有20万头美洲驼。美洲驼的系统育种是由Abra大草原的INTA研究站实施的，INTA研究站饲养了600头优良美洲驼，并且把它们分为白色、褐色和混合毛色三个组。白色组主要用于生产优质纤维，褐色组主要用于生产肉品和纤维，而混合毛色组只用于生产肉品，INTA研究站将其改良种畜分配给了大约2700个饲养者。

来源：阿根廷（2003）。

为其优先项目。尽管这个地区是重要的绵羊饲养区域，但是没有一个国家把加强绵羊生产作为重点，而且也只有14%的国家把加强山羊生产作为优先项目。牛的杂交育种和外来家禽的利用都是重点育种计划，有29%的国家把直接引进外来牛作为重点。

这个地区大量进口用于乳品生产的黑白花牛，并且这种进口状况还会延续下去。依赖于进口精液，可以进一步促进乳用牛的遗传发展。使用外来精液对地方牛进行的杂交育种是先进的育种计划，并且会继续开展下去，但是没有针对地方牛品种的遗传改良计划。在埃及把水牛的遗传发展作为优先项目。研究所和政府部门报告了绵羊和山羊的育种活动，但是对于整个种群来说，其影响还是有限的。在这个区域里，没有关于家禽育种发展的正在进行的或者计划的育种活动，并且养禽业的育种计划完全依赖于由跨国公司生产的育种材料。在近东和中东的一些国家里，虽然骆驼的重要性正在降低，但是仍然把它作为一种重要的牲畜品种，在国别报告中，提到建立在政府部门的骆驼育种站，但是没有提到关于骆驼种群的育种目标或育种活动的详细资料。

5.6 北美洲和西南太平洋

在提交了国别报告的太平洋西南部地区的国家中，只有澳大利亚开展了育种活动。猪和家禽是这个地区的大多数小岛国家的最重要的畜禽品种，但是其品种改良却完全依赖于进口。

在澳大利亚、加拿大和美国对所有畜禽品种都实施了育种计划，并且这些国家在世界范围内的精液和种畜交换中具有重要位置。这些国家的育种计划主要是由育种机构和大型公司来实施，政府在其中只是一个配角。在三个国家的畜禽育种部门，通过对改善某些高产品种的环境适应和生产效率特性进行选择，在提高生产力方面取得了十分有效的成果。对乳用牛进行纯种育种，对肉用牛、绵羊和猪进行杂交育种等高效育种计划都是最为普遍的育种方法。

在美国，乳品加工业把增加产奶量的育种选择作为优先选择特性，但是，也越来越关注多性状，如抗病性或机体形态稳定性等特性的选择。在产业环境约束下，加强记录程序和选择，是生产标准商品动物的最有效方法。在商业的可

插文 33

美国市场力量对畜禽育种的影响

在美国，市场力量是利用和保存动物遗传资源的主要影响因素。对畜牧产业来说，要求畜产品的一致性和生产效率是一种永续驱动力。因此如果畜禽养殖要实现更加工业化生产，就要更加努力地提高产品的一致性和一贯性。育种过程中，品种、谱系和原种的鉴定要符合预先规定的产品质量和生物性能标准体系，从而使畜牧产业的发展可以满足消费者的需求和控制生产成本。这种专业化生产类型在家禽、猪和牛奶产业中表现得最为明显。而绵羊（萨福克羊和兰布莱绵羊）和肉牛（安格斯牛）产业主要采取的是复合型生产。

来源：美国（2003）。

插文 34

澳大利亚的绵羊育种

在澳大利亚，绵羊产业的育种选择从一开始就广泛采用传统的非定量技术，包括由专业绵羊鉴定员，以及生物学选择手段如“良种选择”和“毛被平滑性选择”进行视觉评估和手感评估。在肉用绵羊工业中，一般进行的是在可识别育种种群基础上的轮回和终端杂交育种策略。绵羊的生产性能记录和选择要最有效地符合当前市场对肉用型和毛用型品种的需要。LAMBPLAN是澳大利亚用于绵羊肉类工业的主要遗传评估系统，这个系统是根据从种畜群中收集的种畜性能和谱系信息计算出育种值。在毛用绵羊产业中，没有普遍实施遗传评估计划，这是这个产业的社会和政治特征的反映。

来源：澳大利亚（2004）。

行性育种选择中，降低遗传性变异的选择强度和繁殖技术导致了近亲交配问题。因此，要加强杂交育种以减轻近交衰退，并通过使用欧洲品种如Montbeliarde和北欧红找出最佳匹配的基因型。在美国，利用比较适合杂交育种的复合公牛对肉牛进行杂交育种的计划有所发展。

在美国，猪的生产市场已经使纯种体系转变为循环杂交育种计划，并且目前进行的是利用专用母系和父系或交叉的终端杂交计划。在猪的商业生产中，应用人工授精快速地将纯种动物培育成了复合动物。在加拿大，受社团控制的猪的育种正在增加，并且，广泛开展了纯种种群和复合种种群的系谱选择。在澳大利亚、加拿大和美国，家禽育种主要也是受社团育种的控制。

6　总结和未来重点

尽管在大多数生产系统中，家畜拥有者介入了育种，但是在控制育种的程度上有很大的变化，并且在规定育种方向中，所发生的遗传改变的程度也有相当大的不同。组织育种对畜牧生产体系的发展、对培育畜禽适应不同生长条件做出了很大贡献。尤其是家禽、猪和乳牛生产等的专业化育种的标准化生产条件也日益使之向世界范围传播，而不是大量开发遗传物质。除流行品种的真实或假定品质外，这些品种的传播和在世界范围内利用它们进行的杂交育种有助于精液和育种动物的可用性和市场化。尽管一些国家、特别是非洲国家认为杂交育种会对他们的地方品种带来威胁，但是，还是有许多国家把杂交育种作为增加牲畜种群数量的方法。

国别报告在计划育种活动和公共基金对育种的支持方面的评估表明，在不同国家和不同物种之间具有很大差别。以下三种类型国家具有最为明显的区别：

- 具有一些品种的育种计划，并且把育种活动日益转移到私营部门实施的国家；
- 制定了一种或更多种品种的国家育种计划进程的国家；
- 主要依靠进口精液和种畜来改善其遗传资源的国家。

在短时期内，猪和家禽的繁殖力育种计划，将由少数饲养者或育种公司控制并实施，但是，要由他们控制并实施牛和小型反刍动物的育种计划更加困难。为了获得足够的种群规模，在大量个体饲养者、或者大型国有中心牧场里开展了卓有成效的反刍动物育种计划。对先前的中央计划经济实施改革的结果，是减少了在大型政府养殖场进行的育种活动。在许多发展中国家，种畜养殖者和普通家畜拥有者之间的有限的相互影响和设定的研究目标，重点降低了这些饲养场开展育种计划的效率和效果。在欧洲和美国，成功实施了有个体种畜养殖者参与的育种计划：

- 适当组织机构和家畜所有者直接参与；
- 注重改善种畜和整个种群的选择特性和实际效益；
- 政府支持，以及具有科学手段和合格员工；
- 要有产品（包括加工和创新产品）的需求市场和输入供给市场。

育种是一种复杂的“包装工艺”。虽然在其他国家重复进行育种计划发展的长期进化过程可能是不必要的，但是上面提到的育种计划过程对成功培育良种还是不可缺少的，建立新的育种计划工作，必须遵照并含有这些必要的育种条件。特别是对于反刍动物的育种，需要有家畜所有者参与到协作和私人育种机构的密切合作中。由于畜禽品种内发生的遗传变异说明了畜禽个体之间和品种内存在部分区别，对这些差异进行选择就可以实现品种的发展。

在最初建立的大多数中等和低等输入系统中，不可能获得实施最优化程序需要的全部信息，在发展计划的起始阶段这不是一个严重障碍，但是，重要的是要领会发展宗旨以及由此确定正确的育种目标。特别是在发展中国家，要加强针对生产状况的研究以对育种活动提供支持。为了确保有效利用稀缺资源进行研究，就要把研究工作与饲养者的需要以及研究结果的可应用性紧密结合起来。此外，遗传改良计划不能独立在全面改善生产和销售系统之外。牲畜产业正在不断地发展，特别是朝着扩大规模和更加专业化的方向发展，因此需要有不同的品种和交叉。遗传改良工作必须不断跟进这些发展变化，而不能把育种目标只集中在现在的问题上。特别是在发达国家，消费者优先权和选择权对未来的育种目标将会产生重要影响。

育种活动、竞争和育种材料的国际有效性的成本，是为国家育种计划提供支持和资金的重要标准，作出这些支持决定是不容易的，因为还没有一种可以用于育种计划的经济性评价的合理的和综合的手段。很多政府决定依靠国际遗传物质来发展育种，特别是家禽和猪的育种。国别报告中的信息清楚地表明，组织和实施高效的育种计划时国家所面临的问题。大多数生产量有限的地方适应品种，只能得到低等和中等的外部投入。在发展中国家，私营部门对降低国家反刍动物育种计划的成本未必会有所帮助，特别是对于增加生产只有有限潜力的育种体系，其育种成本只能由国家机构承担。在欧洲和高加索，具有相似生产条件的国家在育种活动中进行协作，这样不但可以分担育种成本，而且也是一种更能够可持续发展的育种计划。

参考文献

CR (Country name). year. *Country report on the state of animal genetic resources.* (available in DAD-IS library at http://www.fao.org/dad-is/).

第三部分

附录

表 67

用于分析的二次抽样国家的名单

非洲	亚洲	欧洲和高加索
贝宁	孟加拉国	阿尔巴尼亚
博茨瓦纳	不丹	亚美尼亚
布基纳法索	印度	奥地利
布隆迪	伊朗	阿塞拜疆
喀麦隆	吉尔吉斯	保加利亚
佛得角	马来西亚	克罗地亚
乍得	尼泊尔	塞浦路斯
刚果	朝鲜	捷克
		希腊
科特迪瓦	乌兹别克斯坦	冰岛
刚果民主共和国		拉脱维亚
赤道几内亚	近东和中东	摩尔多瓦
埃塞俄比亚	埃及	挪威
加蓬	伊拉克	罗马尼亚
冈比亚	约旦	塞尔维亚和黑山共和国
	叙利亚	
加纳		斯洛伐克
莱索托		斯洛文尼亚
马达加斯加		瑞典
马里		瑞士
纳米比亚		
尼日尔		前南斯拉夫的马其顿共和国
尼日利亚		土尔其
圣多美和普林西比		乌克兰
塞内加尔		
斯维士兰		
多哥		
坦桑尼亚联合共和国		

表 68

绵羊育种的策略和手段

	世界	非洲	亚洲	欧洲和高加索	拉丁美洲和加勒比	近东和中东	西南太平洋
国家数量	64	24	8	21	7	3	1
总的品种数量							
本地	419	85	81	186	49	17	1
外来	214	31	16	105	53	8	1
育种							
育种目标	32.9%	13.8%	33.0%	51.9%	4.9%	16.0%	0.0%
策略实施	30.5%	8.6%	33.0%	49.5%	4.9%	8.0%	0.0%
个体鉴别	28.1%	8.6%	2.1%	45.4%	31.4%	8.0%	0.0%
性能记录	25.0%	7.8%	2.1%	45.0%	13.7%	8.0%	0.0%
人工	14.2%	1.7%	16.5%	12.4%	35.3%	0.0%	0.0%
授精	19.3%	5.2%	17.5%	21.0%	37.3%	0.0%	0.0%
遗传评估							
特定系统育种	297	34	33	137	87	4	2
纯种育种	56.9%	64.7%	90.9%	63.5%	28.7%	75.0%	100.0%
杂交育种	15.8%	14.7%	0.0%	7.3%	35.6%	25.0%	0.0%
两者	27.3%	20.6%	9.1%	29.2%	35.6%	0.0%	0.0%

根据二次抽样国家的信息计算出的区域平均值。

* 拉丁美洲和加勒比。

表 69

山羊育种的策略和手段

	世界	非洲	亚洲	欧洲和高加索	拉丁美洲和加勒比	近东和中东	西南太平洋
国家数量	64	24	8	20	8	3	1
总的品种数量							
本地	219	62	42	57	46	11	1
外来	118	34	17	40	21	5	1
育种							
育种目标	19.0%	20.8%	11.9%	27.8%	11.9%	12.5%	0.0%
策略实施	16.3%	14.6%	11.9%	24.7%	11.9%	12.5%	0.0%
个体鉴别	20.8%	17.7%	3.4%	33.0%	26.9%	6.3%	0.0%
性能记录	20.2%	20.8%	3.4%	29.9%	22.4%	12.5%	0.0%
人工	9.8%	5.2%	3.4%	5.2%	31.3%	0.0%	0.0%
授精	13.4%	15.6%	3.4%	10.3%	26.9%	0.0%	0.0%
遗传评估							
特定系统育种	139	46	14	35	38	4	2
纯种育种	36.0%	30.4%	64.3%	54.3%	13.2%	50.0%	50.0%
杂交育种	29.5%	39.1%	21.4%	22.9%	28.9%	25.0%	0.0%
两者	34.5%	30.4%	14.3%	22.9%	57.9%	25.0%	50.0%

根据二次抽样国家的信息计算出的区域平均值。

第三部分

表 70

猪育种的策略和手段

	世界	非洲	亚洲	欧洲和高加索	拉丁美洲和加勒比	近东和中东	西南太平洋
国家数量	59	23	7	19	7	1	2
总的品种数量							
本地	161	39	17	61	40	1	3
外来	170	41	14	73	30	0	12
育种							
育种目标	34.7%	17.5%	25.8%	65.7%	7.1%	0.0%	0.0%
策略实施	30.2%	7.5%	25.8%	60.4%	7.1%	0.0%	0.0%
个体鉴别	35.0%	7.5%	19.4%	67.2%	20.0%	0.0%	0.0%
性能记录	33.5%	8.8%	19.4%	67.9%	10.0%	0.0%	0.0%
人工	27.5%	0.0%	19.4%	48.5%	28.6%	0.0%	0.0%
授精	21.1%	2.5%	9.7%	48.5%	0.0%	0.0%	0.0%
遗传评估							
特定系统育种	245	40	9	121	61	0	14
纯种育种	18.0%	17.5%	66.7%	21.5%	8.2%		0.0%
杂交育种	33.5%	65.0%	33.3%	20.7%	36.1%		42.9%
两者	48.6%	17.5%	0.0%	57.9%	55.7%		57.1%

根据二次抽样国家的信息计算出的区域平均值。

表 71

鸡育种的策略和手段

	世界	非洲	亚洲	欧洲和高加索	拉丁美洲和加勒比	近东和中东	西南太平洋
国家数量	58	24	8	16	6	2	2
总的品种数量							
本地	360	68	56	139	73	21	3
外来	532	146	33	249	83	9	12
育种							
育种目标	12.6%	2.3%	20.2%	21.9%	0.0%	13.3%	0.0%
策略实施	10.5%	1.4%	16.9%	19.6%	0.0%	0.0%	0.0%
个体鉴别	7.4%	1.4%	5.6%	14.9%	0.0%	0.0%	0.0%
性能记录	6.7%	0.9%	5.6%	13.7%	0.0%	0.0%	0.0%
人工	1.2%	0.0%	0.0%	2.8%	0.0%	0.0%	0.0%
授精	5.7%	1.9%	5.6%	10.3%	0.0%	6.7%	0.0%
遗传评估							
特定系统育种	350	17	21	183	106	13	10
纯种育种	51.1%	23.5%	76.2%	39.3%	67.0%	84.6%	50.0%
杂交育种	21.4%	47.1%	14.3%	19.7%	25.5%	7.7%	0.0%
两者	27.4%	29.4%	9.5%	41.0%	7.5%	7.7%	50.0%

根据二次抽样国家的信息计算出的区域平均值。

表 72

国别报告较小动物品种的组织育种活动

区域	马	骆驼	火鸡	鸭	鹅	兔
非洲	1	0	0	0	0	0
亚洲	3	2	0	4	0	0
近东和中东	1	0	0	0	0	0
欧洲和高加索	22	0	3	4	4	4
加勒比和拉丁美洲	1	0	0	0	0	1
南美	2	1	0	0	0	0
北美	0	0	1	0	0	0
西南太平洋	1	0	1	0	0	0
世界	31	3	5	8	4	5
饲养每种动物品种的国家的百分比	24.6%	6.8%	4.5%	6.5%	4.5%	4.8%

表 73

参与到组织牛育种活动中的利益相关者

区域	政府	私人	两者	研究	机构	未提到
非洲	9	0	4	0	0	
亚洲	5	2	4	2	3	
近东和中东	1	0	0	0	0	
欧洲和高加索	3	16	9	1	2	
加勒比和拉丁美洲	1	1	0	0	0	
南美	0	2	2	1	2	
北美	0	2	0	0	0	
西南太平洋	0	1	0	0	0	
世界	19	24	19	4	7	
所有参与者的百分比	26.0%	32.9%	26.0%	5.5%	9.6%	

表 74

参与到组织绵羊育种活动中的利益相关者

区域	政府	私人	两者	研究	机构	未提到
非洲	3	0	1	0	0	
亚洲	6	0	0	0	1	
近东和中东	3	0	0	1	0	
欧洲和高加索	4	12	5	2	3	
加勒比和拉丁美洲	1	0	1	0	0	
南美	0	0	0	1	2	
北美	0	1	0	1	0	
西南太平洋	1	1	0	0	0	
世界	18	14	7	5	6	
所有参与者的百分比	36.0%	28.0%	14.0%	10.0%	12.0%	

表 75

参与到组织山羊育种活动中的利益相关者

区域	政府	私人	两者	研究机构	未提到
非洲	2	0	0	1	1
亚洲	4	2	0	0	3
近东和中东	2	0	0	1	0
欧洲和高加索	1	12	5	0	4
加勒比和拉丁美洲	0	0	0	0	1
南美	0	0	0	1	0
北美	0	1	0	1	0
西南太平洋	0	0	0	0	0
世界	9	15	5	4	9
所有参与者的百分比	21.4%	35.7%	11.9%	9.5%	21.4%

表 76

参与到组织猪育种活动中的利益相关者

区域	政府	私人	两者	研究机构	未提到
非洲	1	0	0	0	1
亚洲	1	0	1	0	2
近东和中东	0	0	0	0	0
欧洲和高加索	2	16	4	0	2
加勒比和拉丁美洲	1	0	0	0	0
南美	0	1	0	0	0
北美	0	2	0	0	0
西南太平洋	0	2	0	0	0
世界	5	21	5	0	5
所有参与者的百分比	13.9%	58.3%	13.9%	0.0%	13.9%

第三章 保护方案

1 导言

世界动物遗传资源状况报告程序，显著地提高了对动物遗传资源多样性的认识。在许多国家，动物遗传资源保存管理方案得到国家级的战略支持，进行更加协调的工作，经常开展不同的活动，并在国家干预少的地区建立了动物遗传资源的国家保存机构。保存原理因国家和地区的不同而不同。在某些情况下，致力于维护生物多样性是发展的主要动力，而在其他情况下，普遍的动机是了解物种在未来生产中的潜在风险。在一些国家，动物遗传资源保护在农村发展和环境管理的更宽泛的方案范围内展开。大多数欧洲国家和一些亚洲国家，动物遗传资源保护被视为保护文化遗产的一部分。

动物遗传资源面临的显著威胁，尤其是对畜牧生产的巨大压力，随着地区的不同而变化，涉及遗传多样性的现状以及畜禽的经济和社会重要性。从全球的角度来看，动物资源缺乏足够的保护措施，通常最能影响威胁大的或者受到损失的地区，如果发生，将大大影响世界动物遗传资源的多样性和畜禽的未来社会经济功能。不幸的是，在很多这些区域中，政府对于威胁和它们的潜在影响缺乏必要的认识。

一个品种的前景在很大程度上依赖于畜牧系统当前和今后的功能。随着情况的变化，如果不采取行动，某些品种被搁在一边，正面临着灭绝的危险。特殊品种保护措施的执行应该受到重视，一般有以下几个原因：遗传唯一性；高度濒危；经济或科学的重要特性（独特功能特性），或具备生态、历史或文化价值的特性（oldenbroek，1999）。某种程度上，保护的原因决定了保护措施的效果。本节从保持未来功能运用物种间或物种内部的多样性的角度讨论保存问题。

第三部分

这一部分[8]分析了148个国别报告提供的信息，用来描述世界范围内的动物遗传资源保存状况。在7个地区和6个物种的基础上进行了分析。在相应情况下，展示了动植物分布地区的不同，讨论了不同所有者的角色。只有极少数几个国家的报告提供了包括保存方案在内的物种的特殊价值的信息，或者保存方案下动物谱系的当前信息，每一世代雌雄的数目，或物种交配方案信息。因此，通过国别报告的保存方案中列出的物种数量表达了保存的状况。

理论上，可以进行三种保存措施：就地保存，移地体内保存和移地体外保存（参见第四部分第六部分9.2）。实际上，就地保存和移地体内保存的区别相当模糊。在国别报告中，区别往往不明确。因此，为了进行定量分析，下面只区分为两种类型的保存：体内（包括原地和移地体内保存）保存及体外（移地）保存。还有一个问题，就是难以区分就地保存和“可持续利用”（见第四章第1条对这一问题的讨论）。因此，国别报告中提到的就地保存的一些例子，实际上描述成正被讨论的品种资源可持续利用的例子可能更好一些。

8　保存方案的量化和评估受到以下因素的影响，这使它难以确定强有力的方法：对于地方品种不是所有的国家都使用相同的定义（例如给出所有品种、品种发源国，或品种适应当地条件）。因此，在保存方案里给出当地品种的数量必须慎重处理，并且这就是保存的地方品种的比例不被计算的原因。关于体内保存方案的定义在国别报告里存在一些不一致性。一些国家认为：当一个品种被个体持有者或业余爱好者饲养时，它正被体内保存，而其他的国家不认为这类的活动属于资源保存规划。一些国家在人工授精中心把畜禽精液进行分类存储，而其他国家认为只有当存在一个单独的基因库时，体外资源保存规划才存在。数据来自于2002—2005年之间的个别国别报告。在这期间，很多国家的保存计划处于发展之中。所以，对于一些区域，从分析被执行时，保存方案已经得到发展。

2　全球的状况

52%的国别报告说明了体内保存措施的现状，但是只有37%说明了体外保存的现状（表77）。

沿用已久的基因库可进行体外保存，目前存在于日本、印度、北欧国家、法国、荷兰，波兰、捷克和匈牙利。在有些国家，建立了基因库计划，这些国家例如美国、中国、韩国和越南。所有的主要物种都进行了精液保存，牛、绵羊和山羊胚也得到了储存。只有少数基因库储存家禽和马的精液。有时主要品种的组织DNA样本也得到收集。基因库由政府或非政府组织支持的大学和研究中心发起。在一些国家，母猪遗传资源报告进程的加速措施，保证了基因库之间的协调和国家数据库的建立。在发达国家，对于遗传物质的采集，在基因库、动物养殖业和协会之间，有一个强有力的协作关系。在发展中国家，实施体外保存措施活动，仅限于在私人或政府机构存放一些地方牛羊品种的精液。

表 77
实施保存方案的国家数量

地　区	分布区域	分析的国别报告的数量	实施体内保存的国家数量	实施体外保存的国家数量
非洲	东部	7	2	1
	西、北	24	10	4
	南部	11	6	4
	小计	42	18	9
亚洲	中部	6	2	2
	东部	4	3	3
	南部	7	4	3
	东南	8	4	4
	小计	25	13	12
欧洲和高加索		39	33	25
拉丁美洲与加勒比	加勒比	3	0	0
	南美	10	5	5
	中美	9	3	1
	小计	22	8	6
中东		7	1	0
北美		2	2	2
西南太平洋		11	2	1
合计		148	77	55

3 利益相关者

国别报告表明，资源保护有许多利益相关者，例如：国家政府、大学等科研教育机构、非政府组织和育种工作者、各类协会、农民和牧民、兼职农民和业余爱好者、育种公司等。本章概述各种不同利益相关者的角色。

3.1　国家政府

在建立动物遗传资源保存项目的国家，国家政府起到至关重要的推动作用。或者在有关生物多样性保护、或者在有关动物遗传资源、畜禽饲养管理立法方面提供保护项目的法律基础。在国家战略发展中，他们是动物遗传资源管理的得力伙伴，并且他们也为执行机构提供了基金，包括非政府组织进行的保护活动的部分经费。

非洲和亚洲的一些国家，国家政府参与育种活动，其目的通常是国家为了增加动物源性食物的自给自足。在大多数情况下，他们拥有自己的核心养殖场，饲养着当地或外来的优良畜禽。这些核心养殖场出售种畜（雄性），以提高农民所拥有的畜禽数量（通常是小农）。该系统在所讨论的物种保存问题中发挥了重要作用。农民饲养了大量动物，核心养殖场负责它们的遗传多样性。

许多欧洲国家，政府政策越来越关注农村地区的动物资源保护和环境改善，这些地区的农业经营经济能力非常有限。这些政策得到了国家资金的支持，在欧盟是公众资金。例如理事会规则讨论（EC），见第五章3.2节第870/2004号。

插文35

马里政府的角色

在马里，政府在研究工作站和试验养殖场发起了保护行动。这些活动主要包括Maure，Peul Soudanais，Peul Toronké和N'dama畜禽育种。

来源：马里（2002）。

草食动物，特别是绵羊、牛和马等特别适合某一地区的品种，在自然资源管理方面发挥了重要作用。这种作用为大量饲养这些物种提供了一个极好的机会。在欧洲部分地区，由于社会经济或文化历史等原因，政府也在积极地推动畜禽饲养。有许多类型的政府机构，包括治疗性养殖场、监狱、示范性养殖场、养殖公园和博物馆等饲养地方畜类的场所。这些地方饲养的畜类数量通常很少，导致了近亲繁殖及随机损失等位基因等风险，这在大规模饲养的情况下很少发生。

3.2　高校和科研院所

与高校和科研院所有联系的养殖场，往往进行出售种畜或者保护地方品种。他们把这些活动与他们的主要任务——教育学生和进行研究联系起来。许多高校和科研院所尽量保护本地培育的品种，这一点在工业行业已不再使用。他们花费大量精力在这些饲养群体中维持遗传多样性。但是，由于公共基金的削减，他们的作用受到威胁。

3.3　民间社会组织和饲养协会

在许多发达国家，非政府组织（通常是兼职）保护和促进农民和业余爱好者对地方品种的保持。这些非政府组织及其成员在保护当地品种如鸡、马、绵羊、山羊和牛等发挥了重要作用。其目标之一是基于教育和娱乐的目的展示物种的文化和历史价值；另一个原因是为市场生产特殊产品。一般而言，他们的保护遗传学知识是有限的，并且饲养和保护项目的个人参与者往往是基于自愿的。因此，这些组织的活动，不能保证保护遗传多样性的未来商业、生产用途。不过，在许多国家（如捷克）研究机构和大学为养殖协会的饲养活动提供专业知识和专业支持。此外，国家协调机构，政府的检查部门，及国家补贴控制部门，确保了资源保护遵守国家计划。

3.4　农民

在欧洲和北美，一些农民根据目标市场出售地方饲养品种的特产，这些资源往往保持在自然的环境中。在这种情况下，地方品种往往是品牌不可分割的一部分，这让我们有机会利用品种进行有利可图的生产利用，否则会平白浪费了。在许多国家，农民或农民组织与生物产品关系密切，由于对于管理条件的良好适应和市场需求的原因，传统品种在生物系统中受到青睐。很多东欧国家正越来越认识到出口生物产品的潜在机会。这些情况促进了一系列的传统或本地品种的发展，为育种和体内保存项目创造了基础。

在很多非洲国家，依然延续着低外来投入的地方动物资源保护生产制度，被认为是适合当地条件的最好的保护方法，避免了其他保护方式的资金缺乏问题。不受控制的繁育方法、传统的生产制度的转变以及不加选择的杂交育种，对动物遗传资源保存都存在着显著的风险。

3.5 兼职农民或业余爱好者

进行畜禽资源保存的兼职农民和业余爱好者人数，在欧洲及高加索地区、北美和太平洋西南地区不断增加。除了猪以外，大部分畜禽品种的保护都来源于业余爱好。这些业余爱好者在保护地方品种中发挥了重要作用。但是，保护不是他们的主要目标，而且，他们的群体遗传管理知识是相当有限的。业余爱好者的保护工作需要主管机构的特别关注，以使保护效率更高。

3.6 育种公司

在欧洲、北美和澳大利亚，猪肉生产高度工业化，几个跨国畜牧公司控制了生产链。这些公司从有限数量的品种中培育出一些品系，很快在全球使用。在国际范围内，冷冻精液用于遗传发展的传播，冷冻精液和冷冻胚胎被用来传递遗传物质。在全球家禽饲养业，只有三个跨国公司正在积极推销国际水平的高度专业化的蛋鸡和肉鸡杂交种。由于蛋鸡及家禽工业的集约化市场运营结果，这些特殊的鸡的数量增长迅速。专业的奶牛和肉牛繁育也是一种跨国活动，其中的冷冻精液和冷冻胚胎，被用来在这些国家中促进遗传进展。在猪和家禽行业，大型畜牧公司拥有最好的繁殖种群。在保存纯系的遗传提高方案中，要注意有效的饲养规模以避免近亲繁殖。公司不想限制其今后的选育范围。因此，保持物种的前提下的遗传多样性在这些方案中得到保护。

4 物种水平的保存状况与机遇

表 78 给出了在国际水平上的体内和体外品种保存数量。

4.1 牛

由于高投入，奶牛或肉牛的专门品种经过激烈选择得到发展，其遗传物质得到广泛传播。奶牛已开始核心育种，也仍有不少奶农参加育种活动。在全球范围内，一些生产性能的深度选择，以及来自最好公牛的精液的大量交换，导致热门奶牛品种的低效的规模数量——这些品种正存在丧失遗传多样性的风险。这一问题可以通过更好的国际遗传管理加以避免，或通过使用具备多重特征的育种目标，例如利用一些北欧奶牛种群，挪威红牛可以作为最

表 78

国际保存行动

品种	牛	绵羊	山羊	猪	鸡	马
地方	897	995	512	541	1077	570
跨界区域	93	134	47	25	55	63
体内保存	324	261	109	120	194	149
体外保存	225	111	44	140	87	33

区域品种，是指出现在一个以上的国家，但仍属于一个区域的品种（见第一部分第2章）。国家可能会认为其中的大部分品种是他们区域的地方品种，因为他们有一个有限的区域分布，并且是在特殊的条件环境下发展起来的。因此国别报告中所列保存的当地品种的数量可能包括了区域品种。区域内不止一个国家可能保存了同样的“地方”品种。因此，保存物种的数量可能比表中给出的数量要少，因为表中数量是各国地方保存品种的数量之和。在有些国家，即使国际跨界品种（见第一部分第二章）也可能被算作地方品种，如果他们已在该国很长时间并且已适应当地的条件。比如，一些西非国家把100年前引入的泽西牛视为当地品种。

好的范例和说明。

在奶牛育种行业，以黑白花牛品种为主，在未来的肉牛业，法国肉牛有可能取得类似的地位。在许多国家，用这些专业化品种来提高地方品种的生产性能。只有极少数的杂交繁育体系是稳定发展的，此时地方种群得到使用和保护。在一些国家，兼用牛用于有机耕作和新兴的功能，如景观和自然管理，或是被业余爱好者当作哺乳牛。在所有地区，需要发展地方牛种的保护项目，不再使用多用途品种的原有功能（如役用）。

在专业化品种的发展和使用中，人工繁殖技术结合冷冻存储发挥了重要作用。冷冻保存技术的资源保存方法，已广泛应用于保存精液，以及早期的胚胎和卵。大量的畜禽品种进行了体外保存方案。不过，在亚洲、非洲、拉丁美洲和加勒比地区、近东和中东地区和太平洋西南地区，应进一步鼓励畜禽保存方案的发展，特别是在低或中等水平的外部投入地区，那些高度适应当地环境的地方品种更应得到保护。

4.2　绵羊

在畜牧体系高外部投入的地区和国家，如欧洲和高加索地区、北美和澳洲，绵羊数量近年来有所下降。现在的羊毛经济价值低，对有些物种是一个威胁。在欧洲，自然管理对这些品种正在成为一项重要的功能。因为大量品种的需要，这种作用为体内保存提供了一个极好的机会。

在非洲、亚洲、近东和中东地区，以及在欧洲的东部地区和高加索地区，存在小规模的耕作系统，绵羊仍然是重要的肉和奶的来源，在某些地区绵羊还具有宗教功能。这些作用保证了品种的持续利用。尽管如此，体内保存方案中需要在绵羊数量大大减少的西南太平洋和中亚，以及绵羊数量差异的地区如近东和中东地区加以发展。

绵羊遗传物质的人工受精和冷冻技术得到很好的发展，但都没有得到广泛的应用。只有在发达国家的基因库将精液储存起来，以保存动物遗传多样性，免于重大疾病的流行。在发展中国家应该建立有类似目标的体外保存方案。

4.3　山羊

在小规模耕作系统中，山羊对奶和肉类的生产具有重要作用，其在各种各样的条件下都可以饲养，保证了其持续利用。一般而言，这个物种没有面临非常严重的威胁。因此，作为体内保存对象，山羊并不普遍进行人工授精，只有在品种数量有限的时候才会使用，几乎完全集中在发达国家。这也是为什么目前只有少数几个品种使用体外保存的方法。作为预防措施，山羊的体外保存在全球应给予更多的关注。

4.4　猪

如上所述，在欧洲、北美和澳洲，猪肉生产主要由少数跨国公司垄断。随着养殖业越来越集中，许多猪品种和品系在主要生产领域消失了。在很多地区，包括欧洲及高加索地区、非洲和北美，相对来说，几乎不存在地方猪的繁育。相反，在东亚地区有许多地方猪种。后者需要仔细监测，在未来的保存项目这可能需要更多的注意，因为外来品种饲养数量的增长带来了许多威胁。

随着猪工业化和专业化的加速，伴随着猪的体内保存机会的缺乏，意味着这一物种在保存项目中需要特别关注。冷冻精液用于传播遗传进展，而且冷冻精液和冷冻胚胎还用于不同国家公司间交换遗传物质。这些活动为猪的体外保存奠定了基础。在欧洲和亚洲，许多育种和杂交项目被搁置，主要进行体外保存。然而，保存措施的状况应进行监测，以确定可能需要额外的措施。

4.5　鸡

在欧洲和北美，许多大学和科研院所努力保护发展地方鸡品种（双重目的），这些鸡已不再作为工业化的商品使用。许多大学已经培育出供各种用途的实验品系。在许多情况下，因为预算的原因，一些鸡品种被淘汰了。在东欧，许多“冷战”时期形成的优选品系仍然存在，并应考虑给予保护。在一些欧洲国家，一些小公司仍然从事生产蛋鸡和肉鸡，但他们的数量正在迅速下降。在发展中国家，存在小规模的养鸡活动，以及当地人对地方品种的偏爱将促进继续使用和保护地方品种。在发达国家，有很多人把养鸡作为一种业余爱好，这是体内保存的一个机会。鸡精液的体外保存是近期发展起来的。地方品种的精液冷冻只有在少数几个亚洲和欧洲国家存在。通过体外保存保护当地品种，培育两用目的品种，应该得到全球级别的优先权。2005 — 2006 年高致病性禽流感的传播说明在世界各地物种的风险度很高。

4.6　马

在过去，马匹主要用于拖运和交通。运输业的机械化和随后的农业机械化意味着在世界许多地区的马匹的饲养几乎完全出于休闲用途，主要为爱好者饲养。许多品种都是用在好几个国家，但国际饲养管理极为少见。唯一例外的是冰岛马和荷兰弗里赛马，冰岛和荷兰马分别具有详细的畜群育种记录，并控制着物种的遗传多样性。

马具有多种休闲活动功能，可以促进物种遗传多样性的保护。不过，一般而言，本地马种群遗传多样性由于一些热门种马受到威胁。最初用来驮运的“重挽”（冷血）品种，常常受到威胁；在一些国家，他们现在只用作肉类生产。

马匹的体外精液保存近年得到发展。在一些少数国家，储存了当地马的冷冻精液。在体外保存中，当地“重挽”品种应列为优先。

5　区域级体内、体外保存方案

5.1　非洲

大部分的非洲人口营养不良，粮食生产自给自足是许多政府的一项重要目标。旨在增加食物生产的政策，鼓励当地饲养者利用外来品种以取代本地品种（鸡），或进行杂交育种或品种改良（牛、羊）。这些活动没有适当的繁殖和保护措施，威胁到许多地方品种。高外部投入、使用外来品种的畜牧系统的扩张，同时，旱灾、疫病和政治不稳定，都造成了对当地物种的威胁，尽快落实大规模的体内和体外保存显得非常重要。然而，为了达到这个目的，需要对问题有更深刻的认识。

非洲42个国家的报告中有18个记述了体内保存活动。几乎所有这些国家保存活动，只限于每个物种的少数品种。山羊、猪、鸡和马的保存品种数量都非常少（见表79）。

相对于其他物种，牛和羊的表型和遗传特性，在过去和现在的系谱中都有较好的记载。至于其他物种，地方品种的有些性状可以从（历史性）手册和最近开发的数据库中找到。育种理论在各研究所和大学得到发展。然而，人工繁殖和保存方案难以执行，因为缺乏群体规模数量大小的数据、鉴别系统与谱系记录。实施这些项目所需的知识和技能非常少，没有必要的基础设施。有些国家提到，体内保存由饲养禽畜的牧民和小农完成。然而，令人怀疑的是将这些活动描述为保存项目是否合适。

国别报告中描述的大部分方案，包括了政府和农场保持的当地动物核心群的重要作用。这些农场出售育种材料，并且被用来教育当地农民。没有国别报告完备记载一套行之有效的保存规划。

分析显示了非洲三个区域保存活动的重大差异。42个国家的报告中只有9份显示了体外保存活动的记录（表77）。在几乎所有这些国家中保存活动只限于少数畜禽（表79）。实施这种方案必要的知识稀

表 79
非洲的保护行动

	牛	绵羊	山羊	猪	鸡	马
东非						
地方品种	59	30	35	2	14	4
体内保存	4	1	1	0	0	0
体外保存	0	0	0	0	0	0
西非和北非						
地方品种	44	49	29	25	49	24
体内保存	27	10	6	4	0	3
体外保存	5	1	1	0	0	0
南非						
地方品种	51	30	22	22	26	8
体内保存	12	7	3	2	1	2
体外保存	6	0	0	0	0	0
整个非洲						
地方品种	154	109	86	49	89	36
跨区域品种	35	27	15	2	6	7
体内保存	43	18	10	6	1	3
体外保存	11	1	1	0	0	0

参考表 78 脚注。

缺，并且没有或不能充分维持所需的基础设施（如设备，液氮设施）。体外保存行为限于私人和政府机构对于本地品种的精液的存放。有些国家还提到作为一种战略储存外来品种的精液。地方品种个体的DNA 在一些研究站得到了保存。

插文 36
埃塞俄比亚——就地保存

在埃塞俄比亚，四个养牛场和一个养羊场实行就地保存措施。这些养殖场的总目标是Boran，Horo， Fogera 和 Arsi 牛以及 Menz羊的繁殖和杂交育种。

来源：埃塞俄比亚（2004）。

5.2　亚洲

在亚洲，大约50%的国家有体内保存计划。在此区域的发展中国家，缺乏动物鉴定和系谱生产性能的记录。因此，对于许多地方品种，缺少改良品种的基础信息。在体内保存工作被限制到州农场或大学和科研机构的实验农场。在这里，已经开始对表现型和遗传基因型进行鉴定。

都市化、人口增长和收入水平的增加导致人们对肉类食品需求的增加，而且造成畜牧系统的的加强，以及对外来品种的大量使用。然而，许多国别报告显示出人

第三部分

插文37

摩洛哥的Moutonnier计划——指定养殖区以维持当地的绵羊品种

摩洛哥做了巨大的努力来建立绵羊遗传资源的可持续管理。一个重要的发展是1980年设立的一个方案，称为moutonnier计划。计划的主要内容是根据当地农业系统和自然遗传资源，将国家划分成不同区域。每个区域都有自己的一套养羊规则。在“养殖区”，只有在当地区域存在了很多年的品种才允许饲养。在“杂交育种区”，杂交育种得到允许，选择品种不受任何限制。在其他地区，如“传统的养羊带”，几种羊的品种同时存在，没有哪个特定的品种占主导地位。

育种区的纯种动物在不断地增加，占据了大约54%的地理区域面积（见图）。育种带保护的主要是当地品种，它们是Timahdite，Sardi，Béni Guil，D’man，Béni Ahsen和Boujaâd，也包括一些山地品种，如Atlas或Berber品种，但保存计划主要针对的是以上提到的6个品种。

这个计划还包括选择方案，以在他们的“家乡”改进地方品种；组织农民协会，并鼓励农民改善当地的品种。由于绵羊保护者的积极参与，国家的组织和支持，该计划已经取得了成功。

由于该计划的杂交育种的地域限制，外来品种对于当地羊的影响有限。当地品种1996/1997年占了总量的53%（摩洛哥最近的各种羊的普查数据）。从1970年，Sardi数量有所增加，Timahdite和D’man数量稳定，Béni Guil稍有下降。

然而，Béni Ahsen数量随着当地引入灌溉系统后急剧下降，灌溉系统带来了果树和奶牛的增加。后面的例子说明即使保存措施得当，农业系统的重大的重新定位易于威胁传统物种的继续存在。

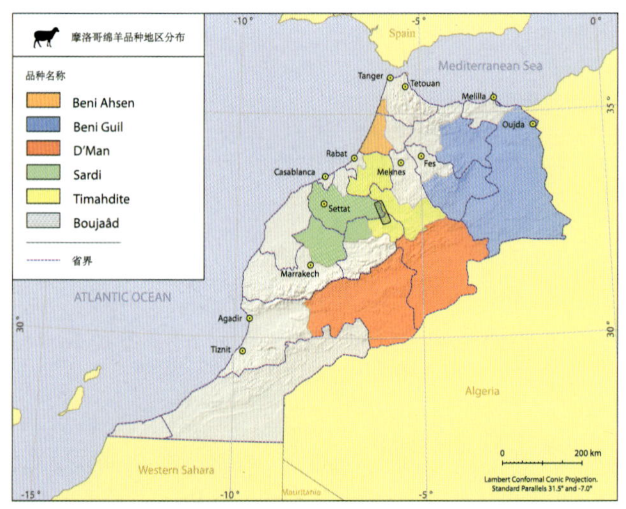

来源：Boujenane（2005）
注意D’Man是描绘地带的绿洲及山谷中目前唯一的品种，同时，注意估计Boujaâd的区域界线。

们对当地猪、鸡等地方品种的偏爱。偏爱有助于它们的未来使用和保存。然而，猪养殖和加工的工业化和专业化的速度，引起对建立地方性的和区域性的体内保存计划的需要的特别注意。由于缺少体内保存机会，这种需要得到强调。

在亚洲肉品生产中，猪和家禽扮演了主要角色，存在着非常丰富的品种多样性。在少数国家，如中国、日本和越南（表80），这两种生物的资源保护得到了特别的重视。在这个区域中，牛、绵羊、山羊和马的保护需要较多的关注。特别是在西部地区，生存着丰富的多样性品种，但没有任何重要保护活动。

50% 的亚洲国家，都有体内保存计划。实施体内保存计划的情况在不同国家间差异很大。日本和印度早已建立了基因库，中国、韩国和越南的基因库正在筹建中。在亚洲其他国家，一些人工授精站具有一些储存精液；但另外一些国家，特别是在西部地区，没有体外保存活动。储存精液来自所有主要的物种，牛、绵羊和山羊的胚胎也被储存。在一些国家（例如日本），收集了所有主要物种的DNA。亚洲的政府在体外保存活动中正在与行业相结合。

表 80

亚洲的保存活动

	牛	绵羊	山羊	猪	鸡	马
中亚						
本地育种	29	74	28	3	12	32
体内保存	6	18	6	0	6	2
体外保存	11	11	0	0	0	0
东亚						
本地育种	74	72	71	156	125	57
体内保存	22	12	13	51	80	8
体外保存	28	3	3	92	73	5
南亚						
本地育种	86	106	64	18	45	20
体内保存	10	18	7	1	4	0
体外保存	8	8	6	0	0	0
东南亚						
本地育种	50	13	19	52	61	32
体内保存	11	5	4	8	8	0
体外保存	8	4	2	0	0	0
全部亚洲						
本地育种	239	265	182	229	243	141
区域跨边界育种	19	13	11	2	2	10
体内保存	49	53	30	60	92	10
体外保存	55	15	11	92	73	5

参见表 78 脚注。

第三部分

插文38

中国的保护策略

中华人民共和国人口超过12亿。中国用全球10%左右的耕地养活了世界人口的22%，取得了举世瞩目的成就。然而，在改革开放的初期，把生产的重点放在了提高农业产出、满足消费需求上，导致了大量外来品种的进口，盲目使用外来品种与本地品种进行杂交生产。随后，政府意识到畜禽遗传多样性存在着潜在的重大损失，做出了一系列关键性的政策调整。20世纪90年代，颁布了《种畜禽管理条例》，强调加强畜禽遗传资源保护和可持续利用的重要意义。1996年在农业部设立了国家家畜禽遗传资源管理委员会，协助政府主管部门全面负责畜禽遗传资源管理，包括：起草畜禽资源保护与利用规划，畜禽新品种审定，资源调查与特性鉴定，保护技术咨询等。

中央政府与地方政府分别建立了专门的保种场，政府拨专款保护本地品种。列出了一大批进行保护的动物资源保存区，保种场与保护区内农户紧密联系。在1999年，在西北和西南省份发起了一个较大规模的调查，鉴定了79个以前没有记录的品种。到1983年，政府也认识到灭绝品种由7个增加到了10个。结果，在中国大约有576个鉴定过的品种。

在第八个五年计划里，开始了“畜禽种质资源保护专项”财政支持项目。每年用于畜禽品种资源保护的资金从400万元，提高到800万元，再增加到2000万元。在这期间政府审定了83个省级水平的重要育种场，并且着手为一些牧场和资源保护区以及一些新的人工授精站供给基础设施。这种支持已经能使省、地区和县为它们的地方品种建立资源保护区和牧场。另外，畜群谱系注册方案和品种改良方案已经建立。目前，政府正在起草一个专门的“畜牧法”，把动物资源管理活动纳入到畜牧生产的主流活动中。

目前已经建立起了数个国家级动物遗传资源基因库。其中，在北京建立的基因库以保存牛、羊、猪等哺乳动物的冷冻精液、胚胎和组织为主，在江苏省的家禽基因库以活体保存家禽为主。从20世纪90年代中期开始的地方品种胚胎保护，通过多年的经验积累，保护方案和保护效果已经得到提高。现在的做法是为每个饲养品种储存250个胚胎和1 600份精液。17个濒危品种，已经具有精子储藏，其中的16个不同品种具有了胚胎储藏。这显示了是否充分地采样了有限的品种，或是一个有限方式更多品种的困境。从长远观点来看，需要用两种技术覆盖所有品种。对于家禽，在江苏省的40个品种被计划进行外部体内物种保存，每个品种至少保存300只母鸡和一定数量的公鸡。与原产地保存相对应，最近暴发的禽流感增加了对体外保存的安全性和必要性的思考。

虽然本地种和外来品种之间全面的品种比较仍然很少，但中国已经加强了基础研究。在北京的一个实验中心，对品种进行全面的鉴定和评估。但是，为涉及的每个品种复制适当的环境是相对困难的。农业部已经确定了78个地方品种作为国家级的重点保护品种。

随着中国畜牧业的发展和产业化，农业部意识到了公共保护和遗传多样性的重要性。为了纪念为国家家畜禽遗传资源管理委员会成立十周年，发行了一套78个重要品种的邮票。将来的计划包括建立“中国畜禽多样性网络”。为了确保恰当的动物遗传资源管理，将持续进行专门技术的人员培训；促进各部门间的协作，努力实现效益最大化，从而保护中国畜禽丰富的遗传多样性。

杨红杰和David Steane提供。

5.3　欧洲

欧洲和高加索地区对保存相当的重视，而且许多育种和保存计划都得到发展。已经进行了表现性能的品质鉴定，而且开始了分子遗传生产性能的研究。除了东南部地区以外，种群大小记录、动物鉴定和谱系记录都很好地建立起来了。

对于地方品种中的所有重要品种，已经建立了许多体内保存方案（表81），然而，在欧洲的西部、中部以及东部的国家间存在着巨大差异。在欧洲西部和中部，有27个国家具有体内保存计划（表77）。一些国家（例如爱尔兰、芬兰和德国），主要以群体中雄性和雌性的数量作为其保护政策基础（有效群体大小）。一些报告提到，普通牛育种，例如黑白花牛和比利时蓝牛，由于只使用有限数量的公畜，使得群体有效数量有些小。有些国家（在西欧、北欧和中欧）已经具有动物遗传资源保存的历史，有些已经把力量集中到提高效率的联合行动上（北欧国家）。在一些国家，体内保存限于少数物种。它们被多种不同的方式保存。牲畜被饲养在不同的牧场里（研究牧场、饲养牧场、博物院、监禁牧场），或是为自然管理被饲养，有的是作为宠物饲养。兼业正在增加。许多这些小型的牧场主饲养本地品种并且在品质标记下设法出售区域性产品。在许多国别报告里，有机农业被认为是供地方品种应用的一个机会。许多私人组织（非政府组织，NGOs）在体内保存扮演着决定性的角色。由这些组织运行的群体遗传管理，应该进行提高，从而避免涉及育种保存的风险。

在东部地区，由于政治上的不安定和苏联的解体，畜牧系统和动物数量受到严重冲击。许多直接相关的品种保存项目和机构被破坏。前苏联培育了许多的牛、猪和鸡优良品种，而且与西方的品种和品系完全分离。这些品种目前仍然存在，但受到西方遗传学的威胁。

在西欧和中欧，具有许多体外保存方案。但在很多情形下，这只限于对有限的牛和羊品种的精子存储。一些国家（北欧国家、法国、荷兰、波兰、捷克和匈牙利），具有保存主要品种的基因库。有时，牛、

插文39

丹麦——体内保存的机会

在丹麦，肉牛、马、绵羊、山羊、兔、鸭、鹅、火鸡、鸵鸟和鹿主要是由兼职育种者、业余育种者和业余爱好育种者饲养。其中的肉牛、火鸡和鸭子，有许多专业化生产公司，但是，大多数畜群规模都比较小，只有较低或中等水平的投资。兼职的、业余的和业余爱好的育种者饲养了许多不同的品种。因此，就动物遗传资源保存和使用而论他们构成一个重要的目标群。在丹麦，有关闲暇方面的牲畜饲养是相当重要的。对许多人来说饲养畜禽是一个重要的消遣活动，也有许多人非常赞赏放牧着牛、马、绵羊和山羊的优美环境和自然景观。

来源：丹麦（2003）。

表 81

欧洲和高加索地区的保存活动

	牛	绵羊	山羊	猪	鸡	马
本地品种	277	458	170	165	608	269
区域跨边界品种	28	79	13	17	45	38
体内保存	137	175	51	47	101	113
体外保存	106	51	15	28	6	23

参见表 78 脚注。

羊和猪的胚胎也被保存，在一些国家，牛的卵母细胞或组织 DNA 被储藏。这些基因库新近建成或正在建设之中。在大多数国家，存在着强有力的畜禽育种协作关系。基因库要想长远发展需要考虑一些问题，例如，所有权和使用权、信息和资料、核心群的优化、卵母细胞与胚胎的比率等。尽管，在欧洲东部具有丰富的动物遗传资源多样性，但是，也存在着现实的威胁（例如政治上的不稳定），东部地区，除去乌克兰以外，体外保存方案基本上不存在。

5.4　拉丁美洲和加勒比

在这个地区，虽然很多国别报告了非常丰富的国家级的生物多样性，但是，具有积极保护方案的国家数量非常少。存在于这个领域里的大多数物种和品种，是在数百年前从其他区域进口的。一些品种在纯种繁育方案中得到进一步发展。适应特定的、甚至极端的当地条件的新合成品种也得到了发展。在其他情况下，出现连续的杂交育种。与欧洲相比，这里纯种繁育扮演了一个不很重要的角色，保存（纯种）育种经常不认为具有高优先级。这不适用于南美洲的独特的驯养物种（例如美洲驼、羊驼和豚鼠）。

体内保存活动的质量是高度变化的。巴西具有许多体内保存项目，而一些国家缺乏任何活动。在许多加勒比和中美洲国家，牲畜鉴定和注册、生产记录和育种没有得到发展，成为保存活动薄弱的基础。在很多南美国家，强有力的出口市场吸引了对牲畜鉴定和生产性能记录的投资，这有助于有关当局建立积极的育种和保存方案。

体内保存主要局限于在大学和学院牧场饲养的牛和马（表 82），它们经常起到核心繁殖畜群的作用。在一些国家，为了支持保存决定，分子级别的性能鉴定活动已经启动。在那些具有保存活动的国家里，其保存活动是由政府、大学和协会带头发起的。

体外保存受限于精子的存储条件，并且有时也受限于一些品种的胚胎。在大学和研究机构的帮助下，主要由政府发起设立冷冻基因库的倡议。在这个地区，巴西

表 82

拉丁美洲和加勒比地区的保存活动

	牛	绵羊	山羊	猪	鸡	马
加勒比						
本地品种	19	5	3	11	7	1
体内保存	0	0	0	0	0	0
体外保存	0	0	0	0	0	0
南美						
本地品种	74	36	20	35	43	39
体内保存	43	5	7	2	0	5
体外保存	15	5	6	2	0	5
中美						
本地品种	36	6	3	21	34	25
体内保存	33	5	8	5	0	16
体外保存	1	0	0	0	0	0
拉丁美洲和加勒比						
本地品种	129	47	26	67	84	65
区域跨边界育种	8	2	2	3	1	5
体内保存	76	10	15	7	0	21
体外保存	16	5	6	2	0	5

参见表 78 脚注。

是第一个设立基因库的国家。

5.5　近东和中东

在这个地区，虽然具有丰富的生物多样性，但为了减少动物源食物的进口，这些国家的政府的主要目的是增加畜牧生产。因此，他们专注于高投入、高产出的外来牛和鸡的品种育种，而很少进行对地方品种的提高和保护（表 83）。

在伊拉克国别报告中（2003）提到一些体内保存活动，主要保护物种是牛、绵羊和山羊，但是没有提供细节。在其他国家，通常缺乏对地方品种的价值的认识，对地方品种的改善和保存的可能性也不大。大多数地区，没有进行畜禽鉴定、注册或生产性能记录工作，相关活动极其有限。这个地区没有体外保存方案。

5.6　北美洲

关于畜禽，美国和加拿大具有密切的相互关系。加拿大为美国提供了许多畜禽和畜产品，后者也是加拿大种畜的使用基地。

第三部分

表83

在近东和中东的保存活动

	牛	绵羊	山羊	猪	鸡	马
本地品种	43	50	34	1	24	14
区域跨边界品种	0	4	0	0	0	0
体内保存	5	4	3	0	0	0
体外保存	1	0	0	0	0	0

参见表78脚注。

插文40

巴西基因库

1983年以前，巴西农业研究院（EMBRAPA）的国家遗传资源与生物技术研究中心（CENARGEN），只有植物品种的遗传资源保护项目。从1983年起，为了使地方适应品种面临灭绝的威胁最小化，在CENARGEN的协调下，通过CENARGEN的不同研究中心、大学、国家级研究院及个体育种者，巴西开始进行动物遗传资源保护规划项目。动物资源保护规划包括以下阶段：(1) 高级遗传稀释群体鉴定；(2) 表型和遗传特性；(3) 评估它们的生产潜力。在保存中心，保存正在被执行，通过自然选择，动物在栖息地进行繁育（原地）。同时，在巴西利亚的畜禽种质库（AGB）中，胚胎和精子得到储存（外部）。重要的是识别每一个被保存品种的经济用途。单独依靠研究不能保存这些濒危品种，而与私人育种者合作对于保护方案的成功实施是相当重要的。

来源：巴西（2003）。

两个国家具有非常积极的非政府组织，在很多地方品种的体内保存中扮演着重要角色。但是，在遗传管理活动方面，应该加强来自科学家对这些组织的支持。在育种和实验选择的双重目的下，大学和研究机构的牧场对鸡进行了饲养保存。但是，多数感到了有限的活动预算的威胁。有关育种品种鉴定的许多工作由大学和研究机构执行。

在美国和加拿大，动物遗传资源被看作是国家食物安全的一种战略资源，其可能受到生物恐怖的威胁。这是美国投资建设体外资源保存规划和基因库相关机构的一个原因（表84）。在与产业化密切合作的过程中，采集正在非常快地增长。育种公司使用基因库，作为他们育种工作的备用方案。在加拿大，已经提出一个体外保存的方案，并且近期将得到实施。美国和加拿大在基因库活动上将存在密切合作，共享信息和文件程序，并且正在讨论和关注彼此的体外采集备用方案。

5.7　西南太平洋地区

一般说来，在这个地区，政府没有意识到畜禽遗传多样性的战略价值。只有澳大利亚的私人牧场主和非政府组织在保存

表 84

北美洲的保存活动

	牛	绵羊	山羊	猪	鸡	马
本地品种	29	35	3	18	12	23
区域跨边界品种	3	6	5	1	1	3
体内保存	1	1	0	0	0	2
体外保存	36	39	11	18	8	0

参见表 78 脚注。

插文 41

美国——保存计划重点

重点被再分为生物学问题和物质能力问题。从生物学远景方面，重点包括：

- 完成育种水平的冷冻种质和组织的采集；
- 提高私人和公众实体的当地保存水平；
- 对品种内部和品种之间的遗传多样性达到更彻底的了解；
- 对于精子、胚胎和卵母细胞的冷冻保存研制更有效和可靠的方案。

物质能力重点包括：

- 继续发展 NAGP（国家动物种质资源项目）基础设施和人员；
- 增加对大学保存工作的认识和支持；
- 促进不同联邦机构保存方案的互补性；
- 增加畜禽遗传多样性管理不同方面的产业化意识。

来源：美国（2003）。

少数濒危牛品种上是比较积极的。在澳大利亚，私人的育种公司和非政府组织正在储存牛的精子和胚胎。

6 改善保存方案的机会

保存遗传差异的有效性可以通过标准来衡量，例如有效群体大小、每一世代使用的公畜和母畜数量，以及实行的杂交方案。令人遗憾的是，只有在少数一些国家可以获得以下信息，例如在体内保存方案中的有关牲畜数目，以及体外保存的遗传物质的公畜和母畜数量的信息。因此，难以评估现有活动的有效性。但是，要求建立完整的保存方案的一些改进可能在下面被确定和论述。

在一些国家，强化畜牧生产导致大面积的土地处于自然保护下。自然管理促进了食草动物的体内保存，但是有时牲畜被饲养在它们的原始环境之外，不使用它们的原始生产性能。多数牲畜需要这些活动，如果管理适当，它们为保存遗传变异以备将来使用提供了很好的机会。

在全球水平，当动物源食品很大程度

表 85

西南太平洋的保存活动

	牛	绵羊	山羊	猪	鸡	马
本地品种	26	35	11	12	17	22
区域跨边界品种	0	3	1	0	0	0
体内保存	13	0	0	0	0	0
体外保存	0	0	0	0	0	0

参见表 78 脚注。

插文 42

澳大利亚——参与的不同利益相关者

在澳大利亚，畜禽育种的主要倾向已经集中于实现可持续产业化、适应和多产的畜禽。来自许多州的遗传投资已经被用于实现这个目标，实现了对于适合生产目标的基因型的保存，达到确保可进行长期育种选择的足够的畜禽数量。在澳大利亚，稀有品种保存工作主要掌握在私人育种者、育种学会或者非政府组织中，例如澳大利亚稀有品种信托公司（Rare Breeds Trust of Australia）。这些特殊的兴趣群体，通过育种计划和遗传建议，支持现场和牧场的品种保存。通过育种公司和非政府机构维护的基因库进行的外部保存活动是非常有效的。

来源：澳大利亚（2004）。

上在高投入、高产出、具有高度专业化的育种或杂交育种系统里被生产时，小农业依然非常重要，有机农业的重要性正在增加。这些体系需要很好的、适应双重目的或多用途的品种。与高度专业化的品种或杂交品种相比，这些品种更好地适应较少集约的农业体系的生产目标。但是，由于这些品种的市场大小受到限制，跨国育种机构很少投资这些活动。更多的重点应该放在发展这些品种以及保存它们的遗传多样性。

本地品种可提供小型市场所需求的特殊产品，可使养殖者获得利润。在牧场里，面向小型市场的当地品种的小规模保存可能使本地品种得到有效利用，但是，这也经常导致种群内一些遗传变异的丢失。如果不适当控制近亲交配，这种情况可能也存在于业余爱好者饲养的小型种群里。但是，小畜牧者和业余爱好者在保存鸡、马、绵羊、山羊和牛的种间变异里扮演了一个重要的角色。因此，在小型种群的遗传管理中，家畜饲养者的培训应该得到改善，例如，政府和研究所应该提供专业支持。

育种机构进行的现代化的育种方案，经常考虑的是在品种内的遗传多样性的保存。优化技术得到很好的发展，并且实用有效。例如，在牛的育种里，这些技术被牧场主引进，用于杂交方案，使生产水平上的近亲交配问题降到最小。目前存在一

个拓宽育种目标的倾向，包括实用性状和生产性状。这对于有效群体大小和在被讨论的物种内维持遗传多样性问题存在积极的影响。对于一些品种，使用种畜从相关群体中扩大有效群体大小可能是比较明智的方法。另一个可能性是从基因库中选择“丢失”公畜的精液，并且再次使用这些公畜。

冷冻保存是一种验证技术，是体内保存的一个重要的补充。到现在，它已经主要被用于保存种内遗传多样性，并且被引入育种产业作为育种材料的备用品。基因库应该得到进一步发展，同时考虑的问题有：所有权和使用权、储藏备用方案收集、信息和文件编制、核心采集最佳化、卵母细胞与胚胎的最佳比率问题。

7 总结与重点

在非洲的许多国家，欧洲东部和高加索地区，近东与中东，中亚和南亚，以及加勒比地区，保存方案需要得到发展。这些区域和地区，存在着丰富的动物遗传资源多样性，但是，国家政府部门对它们的价值基本没有认识。在大多数国家，为了获得改善和保存地方品种的资金，必须增强这种认识。发展畜禽繁育和生产，提高实施地方种群遗传管理的能力，应该放到第一位。在许多发展中国家，对于保存的多边或双边援助方案是必要的。国家之间、地区和区域间的方案，应该通过外部技术和财政援助，进行鼓励和支持。对于区域跨边界品种，特别是在发展中国家，区域保存方案和基因库的建立应该是第一位的。

需要进行保存的潜在候选动物数量非常大，而且，动物保护方案也是非常昂贵的。因此，在国家的保存方案里，应该审慎注意品种的选择和用于保存的方法。对于保存方案来说，表型的和遗传的特性清晰，对种群的数量和结构有足够的认识，就可以定为优先的保存品种。

为了实施一个完善的育种资源保存方案（其中种内多样性的保存是非常重要的），必须具备个体畜禽的系谱资料。为了避免随机变化，需要确定每个世代的最小公畜和母畜数量；为了避免近亲交配，应该引入相应的杂交方案。体内保存方案必须包括牲畜鉴定和登记、生产性能测定记录、种群和群体大小的监测。在这个方面，对于冷冻保存，区域性合作以及建立国家之间或区域的基因库是特别重要的。

对于家禽、猪和牛（肉牛和奶牛），跨国公司只发展有限数量的品种和品系。在亚洲和非洲，这些公司的育种和生产活动正在推广。改善、高度选择品种和品系将被用于满足将来对肉、奶和蛋的增长需求。在这种背景下，新近培育的（双重目的）以及现有的地方品种，包括牛、猪和家禽，必须考虑加以保存。鉴于猪育种的高度产业化和专业化，相应地缺少体内保存可能，这就要求特别关注猪种群的体外保存方法（包括新近培育的品种和地方品

种）。对于所有品种，为了改善和保存地方品种以及增强它们与外来品种在杂交育种体系中的表现，育种方案应该得到发展。

对于将来不会被广泛使用的当地和最近培育的品种和品系，体内保存需要在以下方面做进一步研究探索：如自然管理、有机农业、吸引参与育种、小型市场和业余爱好牧场等。对于羊和马遗传资源的使用和保存，目前的生产和育种目标已经发生了显著的变化。这些发展说明了为满足新目标需要维持遗传多样性的价值。对于绵羊来说，在很多地区的大量羊群里种间多样性面临着强大的消亡威胁。

应该高度优先考虑遗传管理培训计划。在所有地区，牧民和他们的组织和顾问，需要指导动物遗传资源的可持续的使用、发展和保存。为了改善遗传管理，对业余爱好者和非政府组织的支持也是非常重要的。在发达国家的很多大学里，这些主题逐渐地被统一到农业学生的课程中。但是，这些学生的数目正在减少。

为了保护遗传多样性，所有国家应该具有他们自己或共享的基因库，基因库中包含他们的当地培育的品种和品系的冷冻保存材料，为了保护这些地方品种以防不可预料的威胁。因为很多跨边界品种的存在，国家之间的协作是需要的。国家的和区域的基因库应该在国际上一致的规程下运作。除了表型的描述和遗传特性之外，还应包括为了保存冷冻材料的必要的动物卫生条件。通过管理基因库的所有权、使用权和出版文献，以及将采集种类最佳化，从而达到对基因库的管理操作。为了促进基因库的建设，对于冷冻保存技术的培训是必需的。例如，品种内个体抽样，精液的冷冻和维护，卵母细胞和胚胎的比例等。应该防止来自人类的对体内和体外地点和采集的影响，例如各种类型的测量和自然灾害，包括在国家和国际水平上对远距离探测的利用。

参考文献

Boujenane, I. 1999. *Les ressources génétiques ovines au Maroc*. Rabat. Actes Éditions.

Boujenane, I. 2005. Small ruminant breeds of Morocco. *In* L. Iniguez, ed. *Characterization of small ruminant breeds in West Asia and North Africa*. Volume 2: North Africa, pp. 4–54. Aleppo, Syria. International Center for Agricultural Research in the Dry Areas (ICARDA).

CR (Country name). year. *Country report on the state of animal genetic resources*. (available in DAD-IS library at www.fao.org/dad-is/).

Oldenbroek, J.K. 1999. *Genebanks and the conservation of farm animal genetic resources*. Lelystad, the Netherlands. DLO Institute for Animal Science and Health.

第四章
繁殖和分子生物技术

1 导言

在最近几年，育种、繁殖和分子遗传学领域生物技术发展取得了重大的进展。在繁殖技术中，人工授精技术、超数排卵以及胚胎移植技术（MOET），已经成为发达国家畜禽改良项目主要的影响因素。这些生物技术加速了遗传改良的进程，降低了病害传染的风险，增加了动物的数量，可以通过优良的父母本培育更多的动物品种。分子遗传技术也在快速地发展，为动物遗传资源（FAO，2005）的研究、鉴定和管理提供了新的机会。然而，这些技术可以利用的范围，不同国家，不同地区之间具有非常大的差别。以下将会对国别报告中生物技术的利用进行概括性的论述。

2 全球概况

在表86中，列出了在不同地区，利用不同种类的生物技术的国家的比例概况。从表中可以看出，人工授精技术到目前为止是最广泛应用的生物技术。然而，尤其是在非洲和太平洋西南部地区，有许多国家仍然没有发展这种技术。就胚胎移植和

表 86
不同地区生物技术的利用

地区	国别报告（CR）s的数量	人工授精		胚胎移植		分子遗传技术	
		没有提供信息的国家	报告的生物技术利用的国家	没有提供信息的国家	报告的生物技术的利用	没有提供信息的国家	报告的生物技术的利用
欧洲及高加索	39	39	97%	25	64%	29	83%
非洲	42	42	74%	30	17%	19	14%
亚洲	25	22	86%	17	47%	16	50%
拉丁美洲和加勒比海	22	22	95%	14	86%	15	73%
北美洲	11	11	55%	10	10%	9	11%
太平洋地区	2	2	100%	2	100%	2	100%
近东和中东地区	7	6	100%	3	33%	5	40%

第三部分

表 87（续）

应用生物技术的品种

地区	人工授精			胚胎移植			分子遗传技术		
	具有品种信息的国家的数量	报告的利用生物技术的品种：牛	报告的利用生物技术的品种：其他品种	具有品种信息的国家的数量	报告的利用生物技术的品种：牛	报告的利用生物技术的品种：其他品种	具有品种信息的国家的数量	报告的利用生物技术的品种：牛	报告的利用生物技术的品种：其他品种
欧洲及高加索	38	100%	66%	11	100%	36%	18	89%	100%
非洲	31	100%	10%	4	100%	36%	3	100%	33%
亚洲	18	94%	56%	6	100%	10%	7	86%	100%
拉丁美洲和加勒比海	21	100%	71%	12	100%	50%	8	88%	100%
太平洋地区	5	100%	80%	2	100%	33%	0	-	-
北美洲	2	100%	50%	0	-	-	1	100%	100%
近东和中东地区	6	100%	33%	1	0%	100%	2	0	100%

分子技术来说，发达国家和发展中国家之间的差距仍然是非常巨大的。如表 87 所示，生物技术在牛改良中的应用仍然存在分歧。该表显示，对胚胎移植技术的分歧最大，在多数国家，牛改良中的人工授精技术也存在这种情况。尤其对非洲地区来说，几乎没有几个国家想在其他品种的培育中利用人工授精技术。与分子遗传技术的分歧相比，对于牛人工授精技术的争议并不是非常明显。

报告利用这些生物技术的国家数量是非常少的。然而，在这些国家中，有相当数量的国家除了牛之外，还至少对一个物种的分子特性进行了研究。但是，在多数地区，牛仍然是单个的优势品种，尤其是在分子技术进行商业化应用备受关注的地区。在接下来的地区描述中，对生物技术应用的分布，以及应用生物技术的品种都进行了详细的说明。

3 非洲

国别报告显示，人工授精技术，已经成为非洲地区动物遗传资源管理中最广泛应用的一类生物技术。这些报告普遍表达了促进生物技术更广泛应用的希望，尤其是促进育种项目的进行，以及外来遗传种质资源的引进。这种愿望与多数非洲国别报告中表达的总体目标是一致的。这些非洲国家希望通过提高畜禽生产力来提高食物安全性。在许多情况下，对遗传多样性不恰当的使用或者不加控制的应用引起了公众的关注，因此人工授精更广泛的应用受到了一定的限制。许多该地区的国别报告也提到了人工授精设备将来可以用来进行种质的冷冻保藏。

在 41 个国家中，有 31 项国别报告应

用了人工授精技术。少数几个其他国别报告在过去几年间，这些国家已经试验性地进行了人工授精研究，但是还没有普遍的实施，或者由于缺少财政来源以及其他方面的限制，这些国家搁置了人工授精项目的实施。非洲地区人工授精技术绝大多数应用于牛的种质改良。所有31项国别报告都表明这些国家应用了人工授精技术，而这些技术主要应用于牛种质改良。有2项国别报告在羊种质改良中应用人工授精技术，1项国别报告应用人工授精技术改良山羊，另外2个国家分别在马和猪的种质改良中应用了这项技术。用于人工授精的精液，趋向于外来种群而不是当地的品种。有19个国家报道利用了外来种牛的精液，有2项国别报告在人工授精中利用了当地种群的精液，而另外6个国家同时利用了当地和外来种牛的精液。在提供了详细的人工授精项目信息的地区，其目标通常是通过利用外来种群的精液来改良现有的当地畜禽品种，通常多数改良的家畜品种是奶牛。在一些国家中，也利用了外来的肉用牛种牛的精液来改良品种。

一些来自西非地区的国别报告中，提到利用抗锥虫种牛杂交品种的外来精液（CR Guinea，2003；CR Cote d' Ivoire，2003）。只有有限的几个人工授精项目报告利用了当地的动物品种精液，其中包括一项国别报告利用了抗锥虫病牛品种的精液（CR Cote d' Ivoire，2003）。马达加斯加国别报告（2003）报道在原地保存项目中应用人工授精技术保护濒危的Renitelo种牛。然而，即使那些国家人工授精项目包含了当地种牛精液，对种牛精液的选择上仍然倾向于外来种牛。博茨瓦纳国别报告（2003）研究表明，有94.1%的人工授精服务利用了外来种牛的精液。小农户人工授精技术的应用很大一部分限于奶牛生产者，并且在城市边缘地区比较集中。一小部分国别报告中提到了其促进这些技术扩散所做出的努力，包括一些比较偏远的地区应用该项技术。塞内加尔国别报告（2003）研究表明要大量应用人工授精技术以引进外源种质培养赛马品种。

在人工授精项目实施的设施建设，人力资源建设，是否向农民提供人工授精服务，以及人工授精服务的提供者方面，不同国家之间存在的巨大的差异。在该地区，报道最多的人工授精服务的提供者是公共服务部门，在这些服务提供者中有26个是公共服务部门，有12个是私人公司。在8项国别报告中提到非政府组织作为人工授精服务的提供者，而在另外2项国别报告中提到了育种者组织作为提供者（CR Burkina Faso，2003；CR Madagascar，2003）。尼日尔国别报（2003）提到两所意大利大学，一所当地的大学以及当地的试验站合作建立了一个牛人工授精项目。赞比亚国别报告（2003）报道，已经由单个的私人农场主从国外进口外来种牛的精液，对他们的牛进行遗传改良。有几个国家建立了非常广泛的人工授精项目，并且正在实施。例如，博茨瓦纳共和国，在其改良国家牛种质的政策内，已经在全国范

围内建立许多人工授精试验站，向传统的农民提供供应精液的补贴（CR Botswana，2003）。

有几项国别报告说，与政府服务财政资助有关的问题是人工授精技术供应的一个限制条件。在几项国别报告将提高私人部门参与力度作为一个目标。有几项国别报告其在这个方向上已经取得了显著的进展（例如，CR Kenya，2004 和CR Zambia，2003）。赞比亚国别报告（2003）认为私人部门在提供进口精液方面起到了领先作用，而政府在培养和管理监督人工授精技术人员方面发挥了主要作用。然而，如上面数据所示，多数国家的私人部门的作用似乎受到了限制或者根本没有产生作用。几乎没有国别报告详细讨论过影响私人部门参与人工授精的原因。然而，科特迪瓦国别报告（2003）提到由于财政状况的原因，国家单个的私人部门已经不再参与人工授精项目的活动。

有5个国别报告报道了胚胎移植技术的利用（CRs Côte d'Ivoire，2003；Kenya，2004；Madagascar，2003；Zambia，2003；Zimbabwe，2004）。然而，胚胎移植技术的利用似乎受到一定的限制。根据其中一项国别报告的报道，该项技术只是曾经在单个农场在荷斯坦—弗里斯牛改良中应用过（CR Madagascar，2003）。科特迪瓦国别报告（2003）报道一些私人奶牛农场主通过进口冷冻胚胎引进了巴西捷步牛遗传材料。在津巴布韦，据报道有两家私人育种公司拥有这项技术（CR Zimbabwe，2004）。在几项国别报告中，将胚胎移植技术的引进作为一个目标。然而，在国别报告中，几乎没有详细地说明这项技术在当地生产系统的动物遗传资源管理中发挥的特殊作用，也没有讨论如何才能将这项技术与组织的育种项目进行结合。然而，对这项技术在遗传种质冷冻保藏方面的潜在用途，在几项国别报告中都进行了说明。非常少的国别报告报道了其他生物技术在该国家的应用。只有两项国别报告分别提到了牛的分子遗传鉴定和远距离研究。

4 亚洲

在亚洲的国别报告中，在22个国家中有19个国家提供了相关信息，表明这些国家使用了人工授精技术。有18个国家提供了人工授精改良品种的详细情况，其中有17 项国别报告提到了 牛、8 种猪、5 种水牛、4 种绵羊、3 种鸡、2 种山羊、2 种马、1 种骆驼和 1 种鸭子。详细的精液来源的种群情况是有限的。然而，对于种牛来说，有8项国别报告表明其精液来源于当地和外来种牛，有4个国家提到仅利用外来精液，而另外两个国家报道只是利用了当地种牛的精液。公共部门在提供人工授精服务方面发挥了主要的作用。在详细报道人工授精服务供应者的17项国别报告中，所有17个报告都提到了公共部门，有6项国别报告提到了提供人工授精服务的机构分别是私人部门、5个育种者组织、4个非政

府组织以及一所大学。不同国家之间人工授精应用的范围是千差万别的。在发达国家，如日本，几乎所有牛育种都利用了人工授精技术（奶牛育种占99.4%，肉用牛育种占97.8%）（CR Japan，2003）。在其他亚洲国家，多数情况下人工授精服务的利用受到了更多的限制，人工授精技术的使用主要集中在奶牛养殖部门以及城市边缘地区的生产系统。有几项国别报告表明服务的普及受到财政状况以及技术的限制。事实上的确如此，有几项国别报告表明人工授精技术的利用已经呈下降趋势。

在许多国别报告中都表达了建立或者提高人工授精服务利用的愿望，并且在报告中将它作为了一个目标。在许多国家，人工授精技术作为一个引进外源种质的措施，与当地品种进行杂交。这项技术已经应用于合成种群的培育，这种合成种群结合了外来种群的基因和当地品种的基因，如Jermasia山羊（CR Malaysia，2003）。在一些情况下，也会利用人工授精技术将杂交品种改良为当地品种，通过回交来提高耐寒性。这种方法现在已经开始应用于品种改良，例如利用林场引进的Kedah-Kelantan牛精液（ibid）。在某些情况下，人工授精服务提供来自当地种群的精液。例如巴基斯坦国别报告（2003）报道利用了Sahiwal牛的精液来进行人工授精。然而，在同一项国别报告中报道由于没有需求，所以一些其他当地种牛品种的精液搜集工作没有继续下去。

17个亚洲国家中有8个国家提供了与胚胎移植有关的信息，这些信息表明，在某些地方已经开始利用胚胎移植技术。在提供详细的实施胚胎移植品种信息6个国家中，分别提到了牛、两种水牛、一种马和一种山羊。与胚胎移植有关的种群信息几乎没有，但是有一项国别报告提到从当地肉用牛种牛中移植胚胎，另外一项国别报告提到了从外来种群中移植了胚胎。在多数国家，胚胎移植只是在非常有限的范围内利用，而且通常大部分都仅限于研究中应用。缅甸国别报告（2004）认为，一个胚胎移植项目在某个国家虽然一开始取得了某些成功，但是很快就呈现了下降的趋势，资金缺乏是造成这种现状的原因。马来西亚国别报告（2003） 提到在Mafriwal食用牛种群培育中，曾经利用胚胎移植技术。而在几项国别报告中，也再次提及这项技术在种质冷藏项目中的利用潜力。

在提供胚胎移植信息的16个国家中，有8项国别报告利用了分子遗传技术。在这些国家中，有6个国家详细描述了遗传距离的研究，另外2个国家提到了分子标记辅助选择。有7个国家提供了详细的与分子鉴定研究有关的品种信息，其中6项国别报告中提到了肉用牛、5种鸡、4种山羊、4种绵羊、4种猪和3种水牛、2种鸭、2种马、1种骆驼、1种鹿、1种鹌鹑和1种珍珠鸡。在与分子遗传研究有关的种群方面，日本本土家畜研究协会对亚洲的种群进行了系统性的研究，其中包括根据线粒体DNA多态性和其他DNA标记进行遗

传关系分析 (CR Japan，2003)。这项研究涉及的日本本土种群包括Mishima肉用牛和Kuchinoshima黄牛 (同上)。

其他生物技术的利用绝大部分仅限于亚洲地区最发达的国家。在日本国别报告(2003)和马来西亚国别报告(2003)中提到了体外授精技术的应用。日本国别报告(2003)认为，其他一些生物繁殖技术具有用于稀有种群繁殖，以及商业化的应用的潜力，这些技术目前处于实验性的阶段。这些技术包括显微注精以促进卵子受精，用于猪种群的改良；原生殖细胞(PGC)和chimera干细胞技术用于鸡改良；用于肉用牛、猪和山羊的克隆技术 (ibid.)。

5 欧洲和高加索地区

在该地区39个国家中，有38个国别报告提到了人工授精技术的利用。这38个国家都提到了运用了该项技术改良肉用牛，有23个国家提到在猪改良中运用人工授精术，16项国别报告了绵羊上的应用，9个国家报道了用于马改良，8个国家报道用于山羊，另外还有3个国家在兔子改良和1个国家在鸡的改良中利用了人工授精技术。虽然几乎所有的国家都报告该国具备了一些提供人工授精术的能力，但是，该技术利用范围却在不同国家之间存在极大的差别。在许多国家，尤其是在西欧，人工授精技术广泛存在，并普遍应用于畜牧行业，尤其是奶牛的培育。然而，欧洲东部的一些国别报告，报道该地区提供人工授精服务的能力受到了严重的限制，主要是原来基础设施的存在分裂造成的，因此家畜饲养经常面临严重的问题。

人工授精服务的推广，涉及一系列的提供商。在提供了服务提供商的32个国家中，有24个国家提到了私人部门，20个公共部门，19个育种者组织和3所大学。该地区东部国家，能够提供人工授精服务的部门更倾向于公共机构。相反，在该地区的其他国家，虽然许多公共机构仍然大量参与或者支持人工授精服务，但是，私人部门和农场主组织通常是最多提及的服务提供商。例如，土耳其国别报告(2004)提到向人工授精私人提供商提供了补贴。

人工授精服务向私人部分转让也不是一直没有问题产生。例如，罗马尼亚国别报告 (2003) 报道了人工授精研究所的重组以及获得更大的独立性，随之对该服务进行收费，导致了对这项技术的利用呈现下降趋势。

在一些国家，利用从国外进口的精液进行人工授精，获得了广泛的应用，提高了当地品种的生产力。然而，在国别报告中也提出了一些对此事的关注。由于人工授精培育的杂交动物品种已经证明对当地的生产条件适应能力不强，所以有时候利用外来精液来改良当地畜禽品种的尝试会失败。同时，这项技术对遗传资源多样性也是一个潜在的威胁。根据希腊国别报告(2004) 的报道，由于人工授精技术不适当和不加计划性的应用，明显导致一些当

地畜禽品种的损失。

在25个国家中，有16个国家提供了胚胎移植的信息，报告了该技术的应用。11个国家提供了与胚胎移植有关的品种的详细信息，所有11个国家都提到了牛、3种绵羊、2种山羊、1种猪、1种马和1种兔子。在详细描述的报告中，胚胎移植所利用的胚胎来自进口和当地种群。对这一地区来说，胚胎移植最主要的使用者仍然是奶牛生产企业。利用胚胎移植技术进行种群选择性的育种，生产力获得了更大的提高，这项技术对生产率的提高起到了显著的贡献作用。然而，由于应用这项技术的费用较高的原因，胚胎移植的利用没有人工授精那样广泛。在一些国家，由于费用太高，胚胎移植项目目前已经停止运作。就胚胎移植来说，有8个国家提供了胚胎移植服务提供商的详细信息，其中4个国家提到了繁殖技术，如胚胎性别鉴定，只有非常少的国别报告提到，要将克隆和转基因作为研究目标。

在提供了胚胎移植有关信息的29个国家中，有24项国别报告表明该国应用了分子遗传技术。例如，在一些欧洲国家，动物商业化生产中使用标记辅助选择技术。利用这项技术能减少一些与畜禽种群健康或者育性有关的不良特性，有利于进行更高生产力的选择性育种。

在一项国别报告中，认为应该确保农民和育种者组织能够获得分子生物技术相关信息，其中包括该项技术经济效益的信息，说明了这一活动的重要性（CR Hungary，2003）。另外一项国别报告高度评价了分子生物技术方法的应用前景，这项技术将会促进具有经济重要性的种群性状基因的发现，这些种群已经适应了当地生产环境，因此可以提高这些种群在育种项目中的价值（CR Germany，2003）。然而，在同样的报告中也提出了对分子技术应用产生的问题的关注。因为市场发展需要提高生产力，这样会导致一种恶化趋势，即畜禽种群自交和遗传多样性的损失。少部分国别报告也表达了类似的认识。从计划性和优先性保护所付出努力的角度，遗传距离研究是非常重要的。然而，一项国别报告报道这一目标所取得的进展缓慢，主要是由于大学对该项目研究兴趣很大程度上受到了限制，以及资金的原因（CR Belgium，2005）。另外一项国别报告提出了该项技术的潜在作用，由于这些技术与某个特殊地理位置的紧密联系，因此该技术与畜禽种群的补缺营销有关系（CR France，2004）。

在提供了详细的分子技术应用信息的国别报告中，11项国别报告详细介绍了分子遗传距离研究的实施，有7项国别报告提到了标记辅助选择的应用。有17个国家提供了与分子特征鉴定研究有关的品种信息，14个国家提到了牛，13个国家提到了绵羊，11个提到了猪，8个提到了马，5个提到了山羊，3个提到了鸡，2个提到了鹅，1个提到了鸭，1个提到了猴子，1个提到了兔子，另外1个提到了鹿。有4个国家提供了标记辅助选择试验品种的信息，4

个国家都提到了牛和猪，1个国家提到了鸡，另外1个提到了马。在国别报告中，具体的应用这一技术的详细种群信息是非常有限的。国别报告提到了分子特征鉴定或者远距离研究中应用的当地品种，包括：Turoplje和Black Slavonian猪，Ruda绵羊，Brown 山羊和 White 山羊 （CR Czech Republic，2003）以及Karakachanska绵羊（CR The Former Yugoslav Republic of Macedonia，2003）。

6 拉丁美洲和加勒比地区

人工授精技术在拉丁美洲和加勒比海国家获得了广泛的应用。在22项国别报告中有21项提到应用了这项技术。所有21个国家都报道了人工授精技术在牛改良上的应用，有13个国家提到了猪，8个提到了山羊，5个提到了马，1个提到了兔子，1个提到了水牛，1个提到了猴子，1个提到了无峰驼，1个提到了羊驼，另外1个提到了火鸡。就提供人工授精所用精液的种牛来说，13项国别报告仅仅提到了一种外来种群，而4项国别报告同时提到了当地和外来种群。就绵羊来说，5项国别报告提到了外来种群，1个国家提到了外来种群和当地种群。对用于人工授精的猪来说，有9项国别报告只提到了外来种群，而有1项国别报告不但提到了当地种群，还提到了外来种群。

很明显，最显著的目标就是利用外来种群提高畜禽种群的遗传特性。在许多国家，精液主要是从国外进口的。奶牛饲养部门是最普通应用这些技术的地方。在一些国家，肉用牛、猪和小型哺乳动物的商业化生产商也十分广泛地应用这项技术。然而，就人工授精技术应用的范围来说，不同国家和不同生产系统之间有着明显的差别。在许多小型的或者低外部投入的系统中，这项技术的利用率非常低。一些国别报告认为改善人工授精提供服务是一个非常重要的目标。然而，一小部分的国别报告提到由于人工授精技术不恰当的应用，导致了遗传多样性的降低，报道了对这一问题引起的关注。就人工授精服务提供商来说，该地区的私人部门发挥了重要的作用。在提供了详细的服务提供商信息的17项国别报告中，有11项报告提到了公共部门，9项提到了私人部门，5项提到了育种者组织。巴巴多斯国别报告(2005)提到向购买人工授精精液的农民组织提供补贴。

在拉丁美洲和加勒比海地区，有几个国家的畜禽商业化生产商正在提高胚胎移植技术的利用率。在提供了详细信息的14项国别报告中，有12项国别报告报道了胚胎移植技术的应用。所有12个国家都提到了将这项技术运用于牛改良，3个提到了马，2个提到了山羊，2个提到了绵羊，1个提到了无峰驼，1个提到了羊驼，另外一个提到了猴子。移植的胚胎大部分来自外来种群，在提供了详细的牛胚胎移植信息的6个国家中，都报道了移植的胚胎只

来自外来种群。与人工授精技术相似，胚胎移植技术应用范围的限制更大，应用领域主要是奶牛饲养企业，在其他类型的畜禽商业化生产中应用该技术受到一定的限制。一些国别报告报道了从海外进口移植胚胎。与胚胎移植服务提供商有关的信息非常有限。然而，巴西国别报告（2004）和智利国别报告（2003）提到私人部门组织参与了这项技术服务的提供。另外，2项国别报告报道了体外受精的一些商业化应用，而其中一个提到了胚胎性别鉴定和克隆技术的发展。

在15个提供了相关信息的国家中，有11个国家报道了某些分子遗传技术的应用。就分子特征鉴定研究来说，在提供了分子特征鉴定种群信息的9个国家中，有7个提到了牛，2个提到了山羊，3个提到了猪，2个提到了鸡，2个提到了马，1个提到了山羊，1个提到了水牛，1个提到了无峰驼，1个提到了羊驼，1个提到了小羊驼，1个提到了原驼，2个提到了未指明类型的骆驼。有几个国家表明在这些研究中使用的种群包括适应当地环境的种群。秘鲁国别报告（2004）提到了对南美洲骆驼品种之间了遗传距离进行了分子调查。然而，很少的国别报告报道在育种项目中结合了分子技术。哥伦比亚国别报告（2003）认为，利用Blanco Orejinegro种牛的基因对于标记辅助选择项目来说具有潜在的重要性。据报道，这种种牛对布鲁氏菌病具有抗性，这种抗性一直是分子特征鉴定研究的目标。

7　近东和中东地区

在该地区，6个国家都提供了与这一问题的相关信息，报道了人工授精技术的应用。就与人工授精技术有关的品种来说，所有6个国家都提到了牛，1个提到了骆驼，1个提到了兔子。一项国别报告（CR Oman，2004）提到，在骆驼改良中使用了胚胎移植技术。人工授精中使用的精液大部分从外来种群中获得，或者来自当地种群，或者来自进口的种群。一些国别报告认为人工授精技术的使用已经对遗传多样性产生了负面的影响，造成了当地畜禽种群的下降。一项国别报告（Syrian Arab Republic CR，2003）提到了当地种牛精液的一些利用（Shami）。一些国别报告表明，当地绵羊，山羊和/或水牛人工授精项目的建立是首当其冲的选择。例如，阿拉伯叙利亚共和国（2003）报道临近国家搜集当地的Awassi绵羊和Shami山羊用于育种，正在着手建立人工授精和胚胎移植项目以满足对这些动物的需求。在给予服务提供商详细信息的6个国家中，有5个国家提到了公共部门，4个提到了私人部门，2个提到了育种者组织。然而，一些国别报告报道了提供人工授精服务的一些限制因素，如缺乏经过培训的技术人员。几项国别报告认为人工授精和胚胎移植技术在冷冻保藏方面具有利用的潜力。在该地区其他生物技术的应用受到了限制。1项国别报告（Jordan CR，2003）报道利用当地的山羊品种进行分子特征鉴定和遗传距离研究，而另外一项国别报告（Egypt CR，2003）报道，在地区和国际组织资助下，开始了一项水牛、绵羊和山羊分子遗传研究。

8 北美地区

美国和加拿大的生物繁殖技术已经发展起来了。在奶牛和猪饲养企业广泛使用了人工授精技术，在其他部门应用范围稍小，如肉用牛和小型哺乳动物的饲养部门。在国别报告中就人工授精在降低一些奶牛种牛有效种群大小方面的作用给予了关注。对于该地区其他一些生物技术利用的详细情况，国别报告的报道有限。在美国，分子特征鉴定研究已经进行了好多年，企业和公共部门的研究机构，对广泛保存的奶牛和猪种群，以及一些肉用牛种群进行分子特征鉴定的研究（美国国别报告，2003）。分子标记特别用于人工授精公牛显性缺陷的鉴定。分子研究可以用于种群内和种群间的遗传多样性测定，也可以用于畜禽遗传资源保护项目规划中的国家动物种质项目（NAGP）（ibid）。

9 太平洋西南部地区

在该地区没有广泛应用生物技术。在11项国别报告中，有6个报道了人工授精技术的使用。在报道人工授精品种信息的5个国家中，5个都提到了牛，4个提到了猪，1个提到了绵羊，1个提到了山羊。就人工授精服务的提供商来说，有2项国别报告提到了公共部门，有2项报告提到了私人部门，一项提到了来自某个发达国家的私人志愿者。有几个来自小型岛国的国别报告，报道了人工授精在引进外来种质方面的潜力，但是这项技术的使用似乎受到一定的限制。在某些国家，数量较少的一些私人畜禽生产者参与了精液的进口，以用于其种群的人工授精。有2项国别报告（CR Australia，2004；Vanuatu CR，2003）报道了胚胎移植技术的利用，都提到了牛胚胎移植。另外，萨摩亚国别报告（2004）报道在19世纪80年代，利用胚胎移植技术引进了皮尔蒙特牛。在澳大利亚，生物技术的应用能力获得了非常好的发展，澳大利亚是该地区唯一一个报道利用分子遗传技术，以支持性能鉴定和选择工作的国家。

10 结论

通过国别报告提供的信息，显而易见地说明动物种质资源管理和发展中，生物技术的利用能力，发达国家和发展中国家存在非常大的差别。焦点问题，尤其是在繁殖生物技术方面的焦点问题，是在牛改良上的应用，在具有当地适应性种群的发展、利用或者保护中，生物技术的利用总的来说受到了限制。由于财政、人员和技术资源的缺乏，当地不同生产系统中技术可获得性、可承受能力以及可接受性问题，限制了生物技术的提供。

在一些地区，就提供服务的提供商来说，其多样性在增加，私人部门和育种者组织越来越多地参与其中。这样的发展趋势可能在克服发展中国家利用生物技术的限制方面会具有一定的作用。但是从国别报告中可以很明显地看出，在这一方面的进展通常是非常有限的。

在许多国别报告中，对人工授精不恰当的利用进一步受到了关注。大部分关注的问题与外源种质引进过程中生物技术不加计划性的使用有关，这可能会威胁到当地遗传资源的生存问题。高产出种群在高外部投入的环境下生长，也引起了一些对遗传资源基础变小问题的关注。在许多国别报告中都表达了一个期望，那就是要将提高分子遗传研究的能力作为首要任务。然而，该技术的成功运用，如标记辅助选择，必然需要财政、人力和技术资源的高水平投入。因此，必须仔细地研究基于该项技术的低成本高效策略。

参考文献

CR (Country name). Year. *Country report on the state of animal genetic resources.* (available in DAD-IS library at www.fao.org/dad-is/).

FAO. 2004. *The State of Food and Agriculture 2003–04. Agricultural Biotechnology – meeting the needs of the poor?* Rome.

第五章
立法与规章

1 国际法律框架——主要的协议

1.1 导言

这一部分将讨论一系列与当前和未来的动物遗传资源管理相关的国际法律框架。框架包括具有法律效力的措施与无法律效力的措施。“柔性法律”在这里被使用指的是无法律约束力的措施，由于各种各样的原因应用这些措施，包括成员国在政策水平上责任的加强，重申国际准则，并为以后的条约建立非正式的先例。

1.2 管理生物多样性的法律框架

这一章描述国际水平上的在法律上具有约束力的措施和软法律，国家政府采用这些法律和措施来解决生物多样性的管理和保护，建立与这些问题有关的政策，实施相应的活动。

在1992年采纳了21世纪议程，该议程是由政府、联合国系统组织和其他当权者采取的一项全球性、国家级和地区水平上的行动计划，旨在解决与人类对环境影响的所有方面的问题[9]。在议程准备的同时，1992年在里约热内卢举行了联合国环境与发展大会（地球峰会），179个政府同时采纳了这一议程。21世纪议程的第14章，“促进可持续性农业和乡村的发展”旨在以可持续性的方式来提高粮食产量，并且保证食物安全。第14章所包括的项目领域中，项目区域（h）是关于动物遗传资源保护和可持续利用的。这一项目规定的与管理有关的活动，督促政府应该进行以下活动：a）起草濒临灭绝品种的种群保护计划，包括精液/胚胎收集和储藏，基于农场的当地畜禽保护和原地保护，b）计划并启动品种繁殖策略，c）为建立一项10年计划，根据地区重要性和基因独特性选择当地种群，接下来选择另外一群当地品种进行繁育。其后，2002年在约翰内斯堡举行的可持续发展的世界峰会中，实施计划中考虑的问题，其中之一是可持续性农业和乡村的发展。段落6（i）和最后决议第38条强调，在实施以对环境可持续性的方式提高粮食生产，提高粮食保障和食物安全的综合性方法中，可持续性农业与

[9] www.un.org/esa/sustdev/documents/agenda21/。

乡村发展是很重要的。

2005年里约热内卢召开地球峰会上，188个政府签署了生物多样性公约（生物多样性）[10]，该公约是一项具有法律约束力的管理生物多样性的国际框架。第1条款中设定了生物多样性的三个目标，分别是：生物多样性的保护，生物多样性组成部分的可持续使用，以及遗传资源利用效益的公正和合理利用。虽然在生物多样性中没有直接声明，但生物多样性的保护清楚地包括粮食与农业所需的动物和植物遗传资源。生物多样性公约声明，虽然国家有至高无上的权利使用他们自己的资源（第3条款），但是他们也有职责保存生物资源，并为其他缔约国（第15条款）有效使用这些资源提供便利。生物多样性认可了政策开发与集成的需要，要求政府建立生物多样性（第6a条款）的国家策略，并将“生物多样性保护与可持续性应用”与相关部门和部门间计划，项目与政策相结合（第6b条款）。2000年，喀他基那草案生物安全补充了生物多样性方面的措施，在下面将会更详细地分析这个草案。

生物多样性公约缔约方大会（COP）已经不断地认识到农业生物多样性的特殊性。决议V/5和II/15特别论及“农业的生物多样性的特性、区别性特征以及那些需要用不同解决方法的问题”。决议V/5支持联合国粮农组织的动物遗传资源工作，并说明“国家执行的遗传资源对于粮食与农业的重要性评估，应当被采用，包括通过联合国粮农组织项目”。而且，生物多样性公约缔约方大会决议第VI/5，“请缔约方、其他政府、金融机构和投资组织提供……，支持以使国家能够……，完全参与到世界动物遗传资源状况第一份报告的准备过程中，实施接下来经过程序鉴定的行动。”

粮食和农业遗传资源委员会（CGRFA）是第一个永久处理农业遗传资源的政府间论坛。现在，167个政府和欧盟国家已成为其成员。其章程规定它：

“有一个协调的作用，处理与粮食和农业有关的遗传资源保护和可持续利用政策，部门以及部门间的问题……”

“为政府间谈判提供一个论坛，根据联合国粮农组织管理委员会，其他国际协议，承诺，行为准则或其他与粮食和农业相关的遗传资源措施的要求，监督其发展，监控这些手段的实施”

“促进并监管联合国粮农组织和其他国际政府以及非政府组织间遗传资源合作保护和可持续利用，特别是生物多样性协定缔约国大会和可持续发展联合国委员会的成员国，咨询这样的机构，建立适宜的合作与协调机制。”

1983年成立了植物遗传资源委员会，1995年它的管理扩展到粮食和农业相关的生物多样性。这一工作在一步步执行中，到目前为止，工作主要集中在与粮食、农业相关的植物和动物基因遗传资源上，委员会取得的主要成就包括：

10　www.biodev.org。

- 1983年，采纳了植物基因资源的国际公约,该公约是一个自愿性的措施,是第一个国际性遗传资源保护与可持续性利用的合作协议。1989年在国际协议中,农民权第一次得到认可。
- 在联合国粮农组织支持下，1994年成立与粮食、农业相关的植物遗传资源异位收集国际网络。在这一法律框架下，受国际委员会委托，在委员会政策指导下,针对食物安全和可持续性发展进行了最重要的收集工作；
- 1996年，采纳了第一份世界粮食与农业植物遗传资源报告[11]，以及粮食和农业植物遗传资源的保护和可持续利用全球行动计划[12]；
- 在2001年，采纳具有法律效力的粮食和农业植物遗传资源的国际条约（IT-PGRFA）[13]；
- 开始了世界粮食与农业动物遗传资源宣言准备程序,其中包括行动的策略性程序，将于2007年完成。

在40个政府批准之后90天，粮食和农业植物遗传资源国际条约在2004年6月29日开始生效。在条约第1条款中，声明“这项条约的目标是保护和可持续性利用粮食和农业植物遗传资源,并公正和合理地共享其可持续农业和食物安全保证利用所带来的利益,与生物多样性公约保持一致。”另外“通过与联合国粮农组织协议和生物多样性公约保持密切的联系,就可以实现这些目标。”

1.3　使用权与利益分享

在动物遗传资源管理中,通常都会是这种情况，那就是畜禽种群或者品种，以及与它们的管理有关的知识是由当地或本土社区开发。科研机构和商业企业可能在同样的国家或者在其他地方更进一步开发了这些材料。在这样的情况下，可能会引起遗传材料使用和由使用所带来的利益分配争端。一系列国际框架试图解决这一问题。

生物多样性公约认识到保证“公正和合理地共享遗传资源利用中获得的利益”的重要性。关于使用权，生物多样性公约第15条款认为,国家对自己的自然资源具有至高无上的使用权,并且声明使用受国家法律约束（第15.1条款）。通过双边协定授予使用权（第15.4条款）。要求必须获得提供遗传资源国家事先正式的知情同意（第15.5条款）。遵守规章意味着资源搜集国必须提前充分地告知遗传资源的供应者使用目标,以及使用的经济和环境的含义。生物多样性公约预见到法规、管理或者政策措施对提供资源的成员国公正和合理地共享提供的资源,研究和发展结果以及商业和其他遗传资源利用所获得的利益的必要性（第15.7条款）。在第8（j）条

---

[11] http：//www.fao.org/ag/agP/AGPS/Pgrfa/pdf/swrfull.pdf。

[12] http：//www.fao.org/ag/AGP/AGPS/GpaEN/gpatoc.htm。

[13] http：//www.fao.org/AG/cgrfa/itpgr.htm。

款中有一个利益共享规定，这包含了相应的法规，鼓励本土和当地组织的知识利用，革新和实践的利益合理的共享，体现有关保护和可持续性利用生物多样性的传统生活方式。

在粮食和农业植物遗传资源国际条约下，国家同意建立多国使用系统和效益共享，促进粮食与农业植物遗传资源利用，以公平和平等的方式分享利益（第10条款）。就那些商业生产的农产品来说，如果没有其他的对进一步研究和育种的限制，条约提供了一个公平共享结果利益的强制性付费规定。它也对能力的建立，信息的交换，技术的转化进行鉴定，以作为非强制性利益的分享机制。条约认识到了农民及其团体做出的巨大贡献，以及继续对植物遗传资源的保护和开发所做的贡献。在条约中的"农民权利"，包括传统知识的保护，平等地参与分享利益和植物遗传资源国家决策的权力。条约规定政府有实现这些权利的责任。条约还准备建立一种投资策略，特别是旨在帮助发展中国家生产规模小的农民推动支持行动、计划和项目的资金支持。这种投资策略也包括多边系统中（第13条款）货币利益的自愿和强制性共享，以及缔约国和其他利益相关者的自愿偿付。动物遗传资源中没有类似的条约存在。

生物多样性公约建立了"软法律"范畴之内的波恩方针，并在VI/24决议下采用。然而，从方针的措辞来看，与动物遗传资源相比，在起草方针时明显将注意力放在了野生动物多样性上。在建立关于使用权和利益分享的法规，行政或政策措施和/或当针对使用权和利益分享的合同安排进行谈判时，方针提供了一套自愿性的规定来协助参与者，政府和其他参与者。

波恩方针声明，在收集任何遗传资源之前，收集者应该建立一份书面协议，它包括：资源来源国家的政府事先知情同意；拥有"传统知识"的本土团体或者组织事先知情同意；收集者将提供非金钱和/或金钱利益的详细信息；关于收集者在何种条件下是否可以把收集的遗传资源转让到另一个缔约国。建立共同磋商的条款应该基于法律必然性和费用最小化原则。波恩方针设定了这种类型法规的具体要求，这种类型的法规组成了合约安排的一部分。提出的一些条款是十分具有创新性的，包括已经获得事先知情同意使用的具体要求；根据缔约国对合约的伦理问题管理；针对遗传资源继续传统性利用的规定；根据贡献而进行知识产权可能性的联合所有权；机密条款；包括衍生物在内的遗传资源商业利用和其他利用所得利益的共享。

1.4 国际贸易的法律框架

管理畜禽和畜产品国际贸易的主要法律框架，是1994年采纳的WTO农业协定。WTO协议的基本原则[14]包括：

- 无歧视贸易——这一原则是关贸

[14] www.wto.org。

总协定（GATT）的基础之一。在世界贸易组织协议中，这种原则受不同条款管理的影响，包括货物贸易多边协定，服务贸易总协定（GATS），和贸易相关的知识产权协定（TRIPS）。主要包括：①最惠国（MFN）条款：要求世界贸易组织成员给予其他缔约国农产品的待遇不低于其他任何国家的产品待遇。②国家处理原则：谴责外国和本国产品或服务、服务提供者间或者知识产权外国和本国持有者间的歧视。

- 透明度——在世界贸易组织协议和其附加条款中，设定了有关通知要求和贸易政策评估机制的法规，尽可能地保证成员国在产品、服务和知识产权保护的贸易政策上最充分的透明。

在接下来的知识产权国际法律框架讨论中，提供了与WTO贸易相关的知识产权协定的细节。

重要市场的优惠准入制度与动物产品贸易，并由此与发展中国家畜禽养殖发展，具有潜在的相关性。这种优先准入制度已得到获得允许，但是并不是必须的授予发展中国家。例如非洲—加勒比海—太平洋（ACP）国家与欧盟以及欧盟成员国之间的科都努协议。欧盟和ACP国家已商定了一个建立新的贸易协定的程序，来促进缔约国间的贸易自由化，并规划了贸易相关问题规定。协议的第4条规定适用于几个非洲国家（博茨瓦纳，肯尼亚，马达加斯加，斯威士兰，津巴布韦和纳米比亚），这些国家是传统的牛肉和小牛肉出口国。在每个国家设定的每年肉类数量之内，“适用于牛肉和小牛肉的关税而不是原价税应当降低92%。”虽然这种性质的安排能帮助发展中国家促进面向出口的畜牧生产，但是，动物和动物产品也大大地受到WTO食物安全检验和动植物防疫检疫措施协定（SPS协定）的影响，在下面将会更加详细地讨论这一协议。

1.5　知识产权

生物技术领域的迅速发展，越来越多地引起了对动物遗传资源相关的知识产权的问题的注意。畜禽基因，基因标记，或者基因改良方法专利的前景已引起许多争论。对于动物遗传资源管理和由此导致的利益分享问题来说，这一问题具有巨大的应用潜力（参见第五章2.1进一步讨论这个问题）。

贸易相关的知识产权协定，自1995年1月已经生效。协定要求世界贸易组织成员针对各种形式的知识产权保护建立最低标准。协议的范围十分广，可以应用于版权和其他相关的权利，商标，地理指示，工业的设计，专利，集成电路的布局设计，商业机密和测试数据等保密信息。贸易相关的知识产权协定，要求成员国为不管产品还是生产过程所有技术领域的任何一项发明，毫无歧视地检测新颖性、创造性和工业适应性的水平。协议所涉及的几个因素，对动物遗传资源管理具有潜在的影响。虽然没有授予用于食品生产的畜禽类型或者品种专利，但是越来越多的基因获得了有关的专利。在引进用于农业生产的动物转基因技术的事件中，动物专利申请问题可能会越来越突出。贸易相关的知识产权协定第27.3条款（b）向成员国提供了从专利申请基本规章中排除“除了微生物之外还有植物和动物，实质上除了非生物学和微生物学过程之外还有植物或者动物的生物过程”的选择。因此，没有一个法律框架涉及动物遗传资源专利申请问题，不同国家之间的方法存在差别。

贸易相关的知识产权协定，涉及的其他一些要素可能对动物遗传资源管理产生影响。例如，与地理起源指示有关的规则，可能对当地的畜禽种群中获得产品的市场能力有重要影响。

世界知识产权组织（WIPO）[15]是一个政府间的组织，它的任务是保证知识产权发明者和拥有者在世界范围内受到保护，发明者和作者的创造能力受到认可与奖励。在包括农业与遗传资源在内的一系列政策领域中，已经出现了对传统知识系统开发相关问题的关注。为了解决这一问题，世界知识产权组织和基因资源、传统知识和民俗政府间委员会（IGC）已于2000年建立。委员会提供“一个关于知识产权、传统知识、遗传资源和传统习惯表达（民俗）间相互作用的国际政策辩论论坛。”在撰写本文时委员会解决的关键性问题，可能是与遗传资源有关的一个知识产权，传统知识与民俗保护的国际性措施，以及包括使用的遗传资源材料公开在内的一个专利应用要求。在记录传统知识和遗传资源时，管理知识产权委员会已完成大量的传统知识工作，其中包括管理知识产权的“工具箱”；一种传统知识产权保护调查；一个双边利用协议中知识产权条款数据库。世界知识产权组织成员国大会也批准“可能建立一个国际性法律或者措施”。然而问题仍然存在争论，一些南美和非洲国家倾向于迅速建立国际条约，而发达国家更倾向于循序渐进的方式。

在这个领域中，另一个的重要的进展是实体专利法条约（SPLT），在撰写本文时，日内瓦专利法世界知识产权组织常务委员会对这一条约进行了磋商。实体专利法条约草案涉及一系列支持不同国家专利授予的基本法律原则，例如在先进技术，新颖性，发明步骤（非显著性），工业适用性（实用性），充分公开以及所有权结构与诠释的定义。发展的趋势是专利法案的和谐性，进一步提高国家适应性的标准。

1.6　生物安全保障法律框架

联合国粮农组织使用“生物安全”来描述“以综合性的方法管理生物风险，以实现食物安全，保护动植物生命健康，保护环境，以促进其可持续性利用”（FAO，2003）。在生物安全领域内，出台了一系列与植物和动物生命与健康有关的法律和法规，将环境风险，食物安全，外来生物

[15] www.wipo.int。

侵袭，生物安全的一些方面联系起来(Stannard 等，2004)。一些影响动物遗传资源管理的国际性法律框架的重点是生物安全，在接下来的章节讨论其细节。国际水平上的信息交换和国际标准(达成的方针、推荐和步骤) 建立的重要性得到了认可，这对促进发展中国家生物安全措施的实施来说具有重要意义 (ibid)。联合国粮农组织已发布了一个基于因特网的食物安全和动植物健康网站的国际入口[16]，用来作为一个经过审定的国际与国家生物安全信息准入点。

动物健康和食物安全

与动物健康有关的问题，特别是在提高畜禽和畜产品贸易水平的背景下，是国际上主要关注的问题。政府迫切希望确保国家畜牧产业避免越境畜禽疾病潜在的破坏性。国际上对人类健康的严重威胁，特别是高致病性禽流感 (HPAI) 的暴发，强化了建立全球水平上有效防治措施的需要。在食物安全的动物健康状态和标准方面，国家之间的明显差异，提高了国际贸易争端发生的可能。发展中国家更容易受到动物健康相关贸易限制的影响。这些限制会大大影响动物遗传资源的漂移。

世界贸易组织动植物卫生检疫措施协议，鼓励政府建立与国际标准、方针和推荐一致的国家卫生和植物卫生措施。国际标准通常比许多国家的要求要高，包括发达国家。实施动植物卫生检疫措施协议明确地许可政府选择不使用国际标准。然而，如果由于国家要求与国际标准有差异，导致更大的贸易限制，那么可能会要求实施不同标准的国家提供科学辩护，证明需要更严格的措施。国家必须建立基于实际风险评估的 SPS 措施。如果有要求，那么国家必须公布考虑的因素，使用的评估程序，以及确定的可以接受的风险水平。需要政府通报其他国家最新或是修改的影响贸易的 SPS 要求，并设立办公室(“查询点”)，以应对更多关于新的或者现有的SPS措施的信息需求。政府也必须允许监督他们应用食物安全以及动植物法规的方法。就有关动物而言，在SPS 协议之下的有关的国际标准是由世界动物卫生组织（OIE）和联合国粮农组织 / 世界卫生组织国际食品法典委员会[17] 制定的。

SPS 协议下世界动物卫生组织[18] 是制定动物健康标准的机构。世界动物卫生组织国际委员会，已经正式采纳了陆生动物卫生法典中的健康措施 (以标准、方针和推荐的形式)。陆生动物卫生法典是由兽医局、进口 / 出口服务局、流行病学家以及所有与国际贸易有关机构使用的一个参考性文件。由于动物健康和动物福利之间的关系，世界动物卫生组织 164 个成员国家的代表，已要求世界动物卫生组织在制定动物福利国际标准时起带头作用。动物福利标准的初始工作将会与陆地运输和海

16　http：//www.ipfsaph.org/En/default.jsp。

17　http：//www.codexalimentarius.net/web/index_en.jsp。

18　www.oie.int。

插文43

国际动物卫生法规对动物遗传资源管理的影响——口蹄疫

在全球水平上，或许，就其对贸易影响来说，最显著的越境病害是口蹄疫（FMD）。甚至口蹄疫的有限暴发对国家畜禽贸易来说也是具有破坏性的。如果没有保持国内无口蹄疫病害的能力，那么对国家畜牧发展的模式会产生显著的影响。口蹄疫控制有关的国际贸易规则可能会从几个方面影响动物遗传资源管理。根据世界动物卫生组织规则，实施了疫苗接种的无病害国家和那些没有实施疫苗接种的国家之间，有一个差别。为了达到无病害的水平，实现畜禽出口有关的利益，一个国家必须：具备疾病报告的良好记录；向世界动物卫生组织声明过去12个月期间尚未有口蹄疫的暴发，并且无口蹄疫病毒传染的证据，无抗口蹄疫的疫苗接种；保持所需的调查水平；同时，自从停止接种疫苗后，没有进口任何接种疫苗的动物。

为了满足这些要求，无病害的国家，或者那些旨在实现无病害水平的国家，需要经常利用消灭或者屠杀政策来防止疾病暴发。疾病暴发之后动物大规模剔除，对限制性地理区域发现的稀有种群来说具有潜在的影响。在要求进口的遗传材料来自口蹄疫流行的国家时，这些无病害国家也会面对这样的问题。对于热带地区国家来说，这尤其是一个需要考虑的问题，因为许多具有相似生产条件的国家都会受这种病害的影响。特利尼达和多巴哥（2005）的国别报告提到了这一点。直接影响程度稍小的原因，可能与无病害国家和病害流行国家之间动物遗传资源应用差别有关。原来国家中面向出口的生产者可能调节他们的生产目标来满足外部市场的要求，并且尽可能采取更具市场前景的管理措施。这些改变可能会导致品种利用平衡的转移。

运、用于人类消费的屠宰以及为疾病控制而进行的人员疏导有关。一个动物福利常设工作小组已建立，并在2002年10月举行了第一次会议。

联合国粮农组织和世界卫生组织于1963年建立了食品法典委员会，该委员会负责制定粮食标准，方针以及相关文件，如联合国粮农组织/世界卫生组织食品标准联合项目下的操作守则。除粮食标准之外，委员会也解决与动物饲养有关的安全问题。其项目之一是准备良好动物饲养实施草案，以应对动物饲料引起的粮食贸易和健康问题。法典适用于饲料制造和自由放牧使用的牧草之外的所有饲料的利用。法典主要目标是用来生产食品的动物所需饲料的生产、收获、处理、存储、加工（包括最小限度的加工）以及分配期间，鼓励遵守良好作业规范。进一步的目标是鼓励在农场上应用良好的饲养操作规范。在最近几年，食品法典委员会和世界动物卫生组织也解决了转基因生物安全相关的问题。这些问题将在国际生物安全法律框架一节中进一步讨论。

生物安全

生产增加潜力和新畜禽产品激发了对

转基因畜禽发展的兴趣。这些技术的广泛传播已经对动物遗传资源管理产生了重大的影响。最近重组DNA技术也被运用于兽医药物领域。在一些国家诸如玉米等转基因农作物已经用于动物饲料中。然而，一些转基因有关的环境和与健康问题已经被提了出来。几个国际框架，寻求解决与转基因生物（GMOs）安全、或者改性活生物体（LMO）以及由此衍生的产品有关的问题。

2000年1月，生物多样性公约缔约方大会采纳了卡塔赫纳生物安全议定书，作为对生物多样性公约的补充协议，议定书在2003年9月11日开始生效。协议寻求生物多样性保护，以免受到改性活生物体造成的潜在的风险影响。议定书将运用于所有改性活生物体的越界移动、转接、处理和使用，这些生物体对生物多样性以及人类健康的保护和可持续性利用可能会产生影响。然而，如果包含在其他国际协议或者协定中，那么用于人类医药消费的那些改性活生物体不在协议范围内。

卡塔赫纳生物安全议定书建立一个事前同意许可程序（AIA），保证在同意这样的生物体进口到其领土之前，给那些国家提供采取明智决策所必需的信息（第7条款）。然而，由于特殊活动或改性活生物体的使用目的，一些改性活生物体被排除在事前同意许可程序之外：转运中的改性活生物体，封闭使用的改性活生物体以及直接作为食品、饲料或者用于加工的改性活生物体。议定书保留国家根据预警原则决定进口的权力，这项原则与引入环境中的改性活生物体和用于食品，饲料或者加工的改性活生物体相关的。协议书规定，如果因为不具备充分的改性活生物体潜在不利影响范围的科学技术和信息，缺乏科学确定性的话，就不能阻止进口国采取与改性活生物体的有关的，以避免这种潜在的不利影响或者将这种潜在的不利影响降低到最低程度的决定（第11.8条款）。在采取进口决策时，也可以考虑改性活生物体对生物多样性所引起的社会和经济影响。

1999年，食品法典委员会建立了一个基因改造食品临时特别工作小组，来考虑这种食品的健康和营养影响。尤其是，行动小组的目标，如果合适的话，是为利用生物技术生产的食品或者利用生物技术引入食品特性，建立标准、方针或者推荐。根据科学证据，风险分析，如果合适的话，参照其他与消费者健康和促进公平贸易操作有关的立法因素，来设定这种标准。有关“包括鱼在内的源于转基因动物的食物安全评估”的专家磋商会议在2003年11月举行，继续进行联合国粮农组织和世界卫生组织的转基因（GM）食物安全评估，重点是包括鱼在内的转基因动物和转基因食品。这种磋商会议的主要目的是以讨论和描述的方式来评估转基因动物的安全和风险。在当今条件下，通过数据的回顾和分析已经完成了这项咨询工作。工作报告的主题之一是转基因动物有关技术发展水平的评估。与转基因动物/鱼产品相关的环境与伦理的问题将另外进行讨论。

在2005年5月，世界动物卫生组织国

际委员采用了畜禽生物工程应用和生物技术产品的决议，实施了SPS协议架构的标准。成员国要求建立生物技术生产的动物疫苗，与克隆相关的动物健康风险，未经批准的动物的剔除以及畜产品、遗传工程改良动物等方面的标准和方针。

1.7 结 论

与动物健康相关的贸易规定可能会影响国际法律框架的定位，现在法律框架是对动物遗传资源管理的影响最大——影响遗传材料交换，国家水平上生产系统的性质以及疾病控制措施。畜禽和畜产品贸易的增长，维持严格的动物健康标准而没有非法的贸易限制，要求建立这一领域的具有国际效力的法规。国际贸易重要性的日趋加深，也促使建立国际性政治体制，以调控贸易的其他方面。动物遗传资源管理重要的具有潜力的领域是知识产权。然而，世界贸易组织的与贸易有关的知识产权协议允许动物相关专利可以例外，它是目前国家水平上的法规，与地区性或双边贸易协议一起，对这一领域发挥了最大的影响力。

承认生物多样性是一种重要的资源，世界遗产的发展方向也刺激了国际水平上法律措施的建立——主要的措施是生物多样性公约。虽然生物多样性公约缔约方大会认识到，农业生物多样性具有特殊性，但公约法规的主要重点还是在于野生生物多样性上。这就引起了对生物多样性公约的规则必须与法律措施保持一致的关注。例如使用权和利益分享，没有充分考虑动物遗传资源管理的特殊问题，以及在遗传资源交换与利用上设置了不必要的限制。特别是针对农作物，粮食和农业植物遗传资源国际条约建立了一个有法律约束力的国际框架，目的在于保证遗传资源的保护、可持续的使用和合理的利益共享。有必要阐明是否需要为动物遗传资源建立一个类似的措施。

虽然许多国际性的措施影响了动物遗传资源管理，但到目前为止几乎没有对这一主题进行关注。一系列正在进行和新出现的力量都在进一步推动这一领域国际法规的发展。例如，知识产权，使用权，利益共享等问题，可能在未来几年会越来越重要；同时，跨边境传播的畜禽疾病也是不断受到关注的问题。因此，随着国际法的发展，要确保不能忽略一种需要，那就是保证建立一个动物遗传资源保护与利用的有效和公平的框架。

参考文献

FAO. 2003. *Technical consultation on biological risk management in food and agriculture.* Bangkok, Thailand, 13–17 January 2003. Report of the technical consultation. Rome. (also available at ftp://ftp.fao.org/es/esn/food/tc_bangkok/tc_brm_report_en.pdf).

Stannard, C., van der Graaff, N., Randell, A., Lallas, P. & Kenmore, P. 2003. Agricultural biological diversity for food security: shaping international initiatives to help agriculture and the environment. *Howard Law Journal*, 48(1): 397–430.

WHO/FAO. 2003. *Generation and use of genetically modified farm animals*, by M-L. Houdebine. Rome.

第三部分

2 新出现的法律问题

这一部分介绍动物遗传资源管理领域的两项政策，也是利益相关者越来越多讨论的问题——专利和家畜饲养者权力。

2.1　专利

一般的原则和机制

知识产权（IPRs）的授予是为发明者提供更大的机会来获取他们发明的产品所产生的效益。通过经济方式可以证明，知识产权是一种当发明被自由复制时，在社会最适条件下，克服市场经济特征趋向于降低发明率的一种方式。这种“市场失灵”起源于知识的“公众产品”特性；发明者承担研究与发展费用，但是其效益为社会增加了财富（Lesser，2002）。也提出来一些支持知识产权的道德争论，这些争论与奖励那些产生有用发明的发明人的公平性有关（Evans，2002）。然而，这两种一般性的验证几乎没有经过经验数据的测试，以了解是否实际上需要一个更为强大的知识产权，来促进发明特殊领域的研究与发展。

下面讨论的重点大部分集中在专利问题上。然而，应该注意到的是其他形式的知识产权对动物遗传资源管理具有潜在的相关性，特别是商标、商业秘密和地理指示。一个商标的持有人拥有独有权力，利用与产品有关的名称或者象征。那么，持有者在提供具有既定名称产品时建立的信誉，不能够被其他人剥夺或者利用同样的商品名提供次品受到损害（Lsser，2002）。相关的例子是安格斯认证牛肉，这一产品受美国联邦商标法保护。同商标类似的是原产地地理名称权，它表明某一产品是在某一特殊地理区域内生产的，而这一地区的生产条件与其特性有关。这些权力与利基市场具有极大的相关性，因此对当地的畜禽种群利用也有潜在的影响。在欧盟，在委员会第2081/92号法规（EEC）中设定了“原产地地理名称权”使用的规则。

商业秘密涉及防止任何商业敏感性信息（和材料）滥用的保护，拥有者采取合理的措施进行隐瞒。作物育种者许多年来一直采用这种方法，保护其父母本系和销售的杂交种生产中使用的相关信息，在家禽和猪饲养企业中也采用类似的方法（Lesser，2002）。

植物培育者权力（PBRs）（例如所谓的特别权制度）已经形成并保护植物育种者的知识产权。PBRs提供了一种适合农业部门的保护，包括在一定水平上免除进一步育种利用，以及让农民保留来自作物的种子。在国际植物新品种保护联盟支持下，管理植物培育者权力的国际协调框架已经建立。这个体系是由国际植物新品种保护联盟国际公约建立，1961年签署，1968年开始生效，随后在1972年、1978年和1991年进行了修订；后来修订在1998年开始生效（UPOV，2005）。

就专利来说，它赋予了专利的拥有者

专有权力，通常在专利授予的国家中，可以决定在一段设定的时间内商业化使用这项发明，时间为20年。这种竞争性优势与上面提到的市场失灵的效果相互抵消。为了获得一项专利，革新必须是具有创造性的，而不是平淡无奇的；它必须具有新颖性，而不能是通过公众使用或者出版事先已经知晓的（Lesser，2002）。进一步的正式标准是发明必须具有实际应用价值，在欧洲，在这种环境下这一术语称为“工业应用”，而在美国称之为“有用”或者“效用”。获得的专利包括一件产品（单独），一个过程，或者通过一个过程衍生的产品；这项专利可能是在先前专利基础上创造出来的。发明描述要求可以根据这样一种方式“熟练改行技术的人”能够应用这种发明。专利促进了信息的传播，可能会刺激相关领域的研究（ibid.）。

虽然专利可能会促进革新，但是必须认识到一旦已经发展了一种新产品，那么专利的存在就抑制了竞争，从而减少了产品的可利用性。这两种效果之间的平衡，以及由此对整个社会产生的经济效益结果，是一个发明和产品需求特性长度和范围之间复杂的相互作用问题（Langinier和Moschini，2002）。而且，有时候发明促进革新的倾向面临着挑战。投入或者法规对进一步的革新来说是至关重要的，而这种投入或者法规的获取，由于现有专利的使用而受到限制，或者过于广泛的专利抑制了相关领域的进一步研究，有人基于这种情况提出了批评（Evans，2002；Lesser，2005）。

专利和活体生物

专利法推广应用于植物和动物，或者于活体动物的生产，或者遗传改良有关的过程，这就引发了另外的关注。维护生物过程所有权的思想会冒犯许多人的宗教和感情。在这一方面，取得专利的忧虑在某些程度上与技术间的关系联系在一起，例如遗传改良。而这些技术对健康或者环境影响的恐惧又进一步加强了这种关注（Evans，2002）。对活体生物专利的其他反对与一种看法有关，那就是自然过程是人类共同遗产的一部分，不能用来创造私人利益。相似地，另外一些关注来农作物/动物育种活动的相关知识或者遗传材料本身的征收，这些知识或者材料是由当地社区发展起来的，通过专利的授权给外面感兴趣的团体（ibid.）。而且，在粮食和农业中，食物安全的影响以及社会法律对作物或者畜禽遗传资源利用的限制进一步引起了关注。

世界上许多国家不允许植物和动物的专利授予。而且，在美国和日本永久性地排除了这种可能（Blattman等，2002）。虽然根据1998年7月6号委员会第98/44/EC号法令，欧盟没有允许植物或者动物品种的专利授予，但是欧盟给予了与动物或者植物有关的发明一种可行性“并不限定于某一特殊植物或者动物品种”。而且，“品种”这个词事实上在动物育种中并没有充分地定义，这就意味这免除的范围并不清楚（参看下面的欧盟专利法令的进一步讨论）。

如果专利的开发利用与“公共秩序”或者“道德”相违背，1973年欧洲专利公约（EPC）第53（a）条款和欧盟委员会法令（98/44/EC）第6条款允许拒绝专利申请。这种排除已经写入世界贸易组织的TRIPS协议。毫无意外，“公共秩序”或者“道德”的定义已经不容易建立，在欧洲，根据EPC的“道德豁免”，“哈佛肿瘤鼠”的专利授权已经不断受到法律的挑战（Thomas和Richards，2004）。更普遍的是，贸易相关的知识产权协定允许国家排除对植物和动物的专利保护（虽然有要求要通过有效的特别法律体系保护植物品种）。尽管有这些免除，发展中国家专利授予中免除活体生物范围，仍然可能越来越受双边和地区贸易协定的限制，这一点受到了关注（Correa，2004）。

插文44

首例专利动物

虽然专利授予有一个很长的发展历史，但是，活体生物包含在专利法中则是相对较新的一个现象。这一栏目重点描述了美国的与活体生物专利应用性有关的历史发展，以及较高级的动物专利产生的第一个案例的相关历史。美国的专利法可以追溯到1793年，但是原来的法令没有提及活体生物。确实，1889年的裁定建立了一个先例，指出“天然产品”不能够授予专利。第一个与活体生物的专利授予特别有关的法规是1930年的植物专利法，这项法引入了一个为无性繁殖植物而特别涉及的保护形式（除了可食用根和茎外）。在接下来的10年内，欧洲国家采用了他们自己的“特殊”植物育种者权力法。

在19世纪70年代和80年代，出现了使科学家能够操纵活体生物基因组的技术。承担这些活动的个人或者组织在某一立场上，宣称产生的生物体是他们自己发明的产物，而不是简单的自然产物。在法庭对这一问题进行检测后不久，在1980年戴雅蒙对查克那伯迪著名案例中，建立了一个先例，那就是在美国微生物是可以获得专利的。这一案例与能消化油脂的细菌有机体有关。在几年后，1987年更高级的生物专利授予问题也进入法庭进行了讨论。这一次，判决的微生物是一种通过基因工程提高其可食用性的牡蛎。虽然这一申请被驳回了，但是在Ex parte Allen案中的判决确认，基于牡蛎是更高级的动物，对于牡蛎专利授予没有法律的限制。在这一判决到来的时候，世界上第一个动物方面的专利很快发布了。在这一案例中，获得专利的动物是哈佛大学用于疾病研究的一种老鼠。这种老鼠经过遗传改良后对癌症具有更高的敏感性。随后，在1992年，“肿瘤鼠”成为欧洲第一个获得专利的动物。毫不意外，故意生产一种对令人痛苦的疾病更敏感的动物引起了广泛的公众不安，已经引发了与动物专利授予有关的争论。

参见：Kevles（2002）；Thomas和Richards（2004）。

在医学和制药领域，第一个与较高级动物专利授予有关的法律争端得到了解决。而动物专利授予作为粮食和农业领域的出现的一个重大的问题，在某种形式上来说已经落后了。在美国授予了转基因鲑鱼专利（US专利号5，545，808，1996年8月13日），欧洲也有一种专利（EP 0578 635 B1，2001年7月18日）。然而，在这些报告中所涉及的品种中，在撰写本文的时候仍然没有发现授予任何用于食品生产的动物种群或者类型专利的例子。然而，正如生物医学科学，在畜牧部门，专利授予已经作为一项重大问题出现，部分程度上受技术发展和从这些发展中获利以及促进这种发展的渴望的驱动。又一次出现了道德上的反对，这种反对不但针对于这种专利的授予，还涉及可能应用的一些生物技术。然而，认识到有无数的实际法律问题也需要解决——尤其是与专利包含范围有关的问题，这也是很重要的。

在这些因素中，导致农场动物专利授予的应用复杂化的因素是繁殖用畜禽的趋势，这使专利授予的动物鉴定过程复杂化（例如，获得专利的动物和非专利动物一起用于育种）（Lesser，2002）。相似地，在生产周期中，应该实施专利相关的偿付时，长生产周期——特别是对于牛来说，使决策复杂化。这些问题的重要性在一定程度上依赖品种生产系统。就商业化家禽和猪企业来说，在一些地方，由大型的育种公司提供杂交品系，动物受到限制，育种方法高度控制，这些问题的重要性就相对较小。然而，即便是在这种生产系统下，专利的法律基础仍是具有争议性。动物或者其育种方法是否可以被认为是不显著的，或者是否描述的要求能够满足革新的复制，都是不清楚的。就动物面临的问题来说，与植物育种者权力类似的情况是难以实施的，部分原因是植物品种和动物品种的概念显著不同。

与畜禽有关的专利

尽管就其本身而言，缺少不同类型畜禽的专利，在畜禽育种和遗传学领域，已经授予了一定数量的专利。例如，在欧盟法规中（委员会法令第98/44/EC号），由这样一个过程产生的生物技术或者生物材料的专利授予是允许的，甚至于这一材料原来在自然界就发生了。包含“整个自然现象，如杂交或者选择”的“真正的生物过程”是排除在外的。然而，任何现代育种技术是否只能与“自然现象”有关，仍然是具有争议性的，因此免除的范围可能因此而受限。

就欧盟生物材料专利的范围而言，专利法令第8（1）条款声明“专利授予具有特殊性质的生物材料的保护，是由于发明的结果应该推广到任何生物材料上，这种生物材料是以一种相同或者不同的方式，通过繁殖或者扩繁，从那种生物材料衍生而来的，具有同样的特性”。同样的规则适用于“可以使一种生物材料被生产、并且具有特殊性质的生物过程专利”（条款

8（2））。因此，在欧盟法规中，专利保护没有必要限定于一个初始的生物过程，或者直接获得的生物材料。法律第10条款和第11条款对这种专利赋予的保护给予了一些限制。尤其是，在第11条款中指出，即使育种种群或者遗传材料受一项专利管理，购买这种材料的农民仍然允许利用“这种动物或者其他动物繁殖材料，用于实施其农业活动”，而没有侵犯这项专利。然而，这并不包括用于“商业化繁殖活动”的遗传材料的贸易。在一定程度上，这些法规限定了专利授予对动物遗传资源管理的潜在影响。然而，“农业活动”和“商业化生产”的界限并不容易区别。因此，这项规则的精确应用仍然需要在实践中进行检测。

在几个畜禽品种中，已经授予与一些具有经济重要性的性状有关的基因和标记专利（Rothschild等，2004）。也有一些专利涉及几种育种管理方法和育种有关的计算机应用（Schaeffer，2002）。在一些情况下，在这些专利基础上，一些技术已经成功用于商业生产（Barendse，2002；Rothschild 等，2004；Rothschild 和 Plastow，2002）。

在与育种有关的技术专利中，经常是那些与基因或者遗传标记（通常作为专利方法的一部分来提高选择育种的效率）经过证明是具有争议性的。遗传材料自然发生序列专利的授予，激怒了那些关心专利“生物”应用的人。而且，那些在某种方式上与另外一个国家的种群或者由当地社区培育的种群有关的专利的授予，可能会引起人们对生物剽窃的谴责。另外，对自然携带有所涉及的基因的动物所有者，或者那些希望利用专利方法生产动物后代的人，可能会被警告专利的应用问题。在畜禽育种企业和研究社区中，利用专利方法生产动物后代引发对遗传标记专利授予的一些反对（Rothschild 和 Plastow，2002）。然而，所谈及的专利并没有限制这样基因或者动物的利用，而是应用于与基因有关的方法或者过程，这一点现在比较清楚，所以这一部分的反对开始下降。然而，在2005年，孟山都公司向世界知识产权组织申请的一项猪育种方法和基因序列专利引起了一场争论的风暴。如果授予专利，那么这些专利将包括利用专利方法生产的猪和其后代的权力，专利应用的广阔范围已经引发了对许多猪育种者活动可能受到影响的恐惧。

与上面列出的批评相比，另外一种观点是专利授予的推广提供了一种有益促进科技发展可行的办法。现代生物技术革新一般需要大量的投资。有人认为，在缺乏大量的公共研究和发展资金的情况下，专利可利用性会促进提高家禽育种效率所需的大量投资（Rothschild 和 Plastow，2002；Rothschild 等，2004）。专利授予对投资影响的一般性争论是，虽然专利授予和投资可能是相关的，但是不可能回答批评者关心的问题，可以说，就这一问题的争议会一直存在。

结论

总的来说，专利授权向畜禽遗传和育种领域的推广是充满争议和实际困难的。影响未来趋势的因素包括生物技术的发展，与专利授权应用于农业动物的道德和社会—经济影响有关的政治争论。正如在医学领域，基因改良技术的采用，对促进动物品种的专利授予是一个潜在的驱动力。克隆技术向商业畜牧生产的推广是进一步鼓励专利应用的因素。然而，家畜领域生物技术的应用就其本身而言，是具有高度争议性的。在一些国家已经授予了育种相关技术的专利；这些技术的商业化应用将会对动物遗传资源的管理产生一些影响，主要是商业生产系统。与育种方法或者动物本身或者其后代有关的更广范围的成功利用，可能会对商业生产者产生巨大的影响。而在较低外部投入的生产系统中，这样的技术的重要性很小，在这些地方，可以找到许多世界上畜禽遗传多样性。然而，大规模商业生产系统的发展并不是孤立的。如果专利授予更广的应用会加强商业部门向更高密度发展的趋势，或者提高其主导性，那么这将会在更广阔的范围内对畜牧企业的结构产生影响。如果评论者担心的事情真的发生了，那么与基因有关的专利会受到利用的限制或者需要付费，对动物遗传资源利用的影响将是巨大的。

参考文献

Barendse, W. 2002. Development and commercialization of a genetic marker for marbling of beef in cattle: a case study. *In* M. Rothschild & S. Newman, eds. *Intellectual property rights in animal breeding and genetics*, pp. 197–212. Wallingford, UK. CAB International.

Blattman, A., McCann, J., Bodkin, C. & Naumoska, J. 2002. Global intellectual property. *In* M. Rothschild & S. Newman, eds. *Intellectual property rights in animal breeding and genetics*, pp. 63–84. Wallingford, UK. CAB International.

Correa, C.M. 2004. *Bilateral investment agreements: Agents of new global standards for the protection of intellectual property rights?* Grain Briefing. (available at www.grain.org/briefings/?id=186#ten).

Evans, D. 2002. Animals, ethics and patents. *In* M. Rothschild & S. Newman, eds. *Intellectual property rights in animal breeding and genetics*, pp. 163–178. Wallingford, UK. CAB International.

Kevles, D.J. 2002. The advent of animal patents: innovation and controversy in the engineering and ownership of life. *In* M. Rothschild & S. Newman, eds. *Intellectual property rights in animal breeding and genetics*, pp. 17–30. Wallingford, UK. CAB International.

Langinier, C.L. & Moschini, G. 2002. The economics of patents. *In* M. Rothschild & S. Newman, eds. *Intellectual property rights in animal breeding and genetics*, pp. 31–50. Wallingford, UK. CAB International.

Lesser, W. 2002. Patents, trade secrets and other forms of intellectual property rights. *In* M. Rothschild & S. Newman, eds. *Intellectual property rights in animal breeding and genetics*, pp. 1–15. Wallingford, UK. CAB International.

Lesser, W. 2005. Intellectual property rights in a changing political environment: perspectives on the types and administration of protection. *Agbioforum*, 8(2-3): 64–72.

Rothschild, M.F. & Plastow, G.S. 2002. Development of a genetic marker for litter size in the pig: a case study. *In* M. Rothschild & S. Newman, eds. *Intellectual property rights in animal breeding and genetics*, pp. 179–196. Wallingford, UK. CAB International.

Rothschild, M.F. & Plastow, G.S. & Newman, S. 2004. *In* A. Rosati, A. Tewolde & C. Mosconi, eds. *WAAP Book of the Year 2003: A Review on Developments and Research in Livestock Systems*, pp. 269–278. Wageningen, the Netherlands. Wageningen Academic Publishers.

Schaeffer, L.R. 2002. Dairy test day models: a case study. *In* M. Rothschild & S. Newman, eds. *Intellectual property rights in animal breeding and genetics*, pp. 233–246. Wallingford, UK. CAB International.

Thomas, D. & Richards, G.A. 2004. The importance of the morality exception under the European Patent Convention. The oncomouse case continues. *European Intellectual Property Review*, 26(3): 97–104.

UPOV. 2005. *International Union for the Protection of New Varieties of Plants: what it is, what it does.* UPOV Publication No. 437(E) September 15, 2005 edition. Geneva, International Union for the Protection of New Varieties of Plants. (also available at www.upov.int/en/about/pdf/pub437.pdf).

引用法规

1992年7月14日欧盟委员会法规(EEC)第2081/92号，关于农产品和食品起源的地理指示和命名的保护。http：//europa.eu.int/smartapi/cgi/sga_doc?smartapi!celexapi!prod!CELEXnumdoc&lg= EN&numdoc = 31992R2081&model = guichett

1998年7月6日欧洲议会的法令第98/44/EC号 关于生物技术发明的法律保护。

http：//europa.eu.int/smartapi/cgi/sga_doc?smartapi!celexapi!prod!CELEXnumdoc&lg = EN&numdoc = 31998L0044&model=guichett

世界专利组织专利申请

(WO 2005/015989) Method for genetic improvement of terminal boars.

(WO 2005/017204) Use of single nucleotide polymorphism in the coding region of the porcine leptin receptor genet to enhance pork production.

2.2 牲畜饲养者的权力

动物育种领域知识产权运用增加，这一前景引起了对牲畜饲养者继续保持利用和发展其自己的育种群和育种技术的关注(见第五章2.1)。为了适应这种发展，已经有公民社会组织号召建立“牲畜饲养者权力”——开始提到了粮食和农业植物遗传资源国际条约（IT-PGRFA）中的“农民权力”。根据PGR全球交换，认为建立一项法律措施对促进和保证利益共享来说是十分必要的。粮食和农业植物遗传资源国际条约强烈依靠种子部门的机构，这种机构已经完全参与到种质的国际移动中。

家禽交换的形式与PGR的形式不同。活体动物的全球移动受到严格的卫生条例以及高成本的限制，这些条例设定目的在于保护国家种群的健康。种质的移动基于商业协议，主要涉及国际上跨边境的种群。很少有来自发展中国家的动物遗传资源搜集和检测，因此管理搜集和资源共享的法规不应该进一步限制这些活动，这是十分必要的。

在2002年的世界粮食峰会上，一些非政府组织提出要建立法律协定，定义与动物遗传资源有关的家畜养殖者的权力，以解决动物遗传资源的国际间转让。让人担心的是知识产权利用的增加不但对品种内多样性和品种间多样性会产生不利影响，还会对贫穷的家畜养殖者的生计产生不利影响。而且，有人认为存在一种固有的不公平性，因此许多当地和本土种群传统知识已经得到发展，并且经常作为种群科学改良的基础和前提条件，但是仍然没有被认识到和没有被保护。任何一种安排的目标都应该保证这些人的权力，维护动物遗传资源，并且进一步推动动物遗传资源特征鉴定、发展和利用。

3 地区水平的条例框架

3.1 简介

在政治和地区性国家团体中，经常就法律框架问题进行磋商，以提高合作，协调行动，最小化重复劳动。在动物遗传资源管理领域，欧盟是一个地区性的集团，到目前为止已经拥有了最综合性的法律体制，这将是接下来讨论的核心。这些框架的研究结果指出了生物多样性公约的目标在地区水平上是如何被解释和进一步发展的，不同领域的法规及其相互作用，如何影响动物遗传资源管理。除了具有法律效力的框架外，国家集团已经选择建立“软法律”，可以加强成员国对共同目标的承诺，或者作为国家水平法规的示范。例如非洲联盟起草的示范法（插文45）。

插文 45

非洲联盟模范法

1998年非洲联盟部长会议采用了非洲联盟模范法，这项法律旨在保护当地社区、农民和育种者，调控生物资源的利用。建立模范法协助成员国仔细考虑、规划和实施与其国家目标和政治抱负相一致的国家政策和法律措施，而同时又需要履行这些国家的国际义务。到目前为止，还没有任何一个国家采用模范法。

模范法提供了生物资源、相关知识和技术保护、鉴定和可持续利用的法律框架。特别是，这项法律授予当地社区、农民和育种者使用这些资源的权力。虽然框架包括农业遗传资源，但是它的建立主要是针对植物遗传资源，没有深入地解决与动物遗传资源有关的特殊问题。模范法对生命形式和生物过程有关的专利规定非常清楚，不能承认这种专利，也不能申请这种专利。

在模范法下，生物资源、社区知识和技术的利用将必须获得这一国家或和受影响当地社区的事先知情同意。如果没有给予这种事先知情同意，那么生物资源利用被认为是无效的。即便已经给予了允许，但是如果没有进行咨询，那么在这种情况下也认为是不完整的，或者说没有符合真正和公平参与的标准。国家必须指定一个授权管理机构作为接受和处理资源利用申请的归口单位。模范法认识到利益共享是当地社区的一项权力；国家必须保证资源利用获得的一个具体比例的任何财政效益（最小50%）返回到当地社区。

就农村社区来说，在模范法农民权力部分重申了这一权力。非财政收益可能包括：为了能力建设而参与研究和发展；使用的生物资源信息的遣送；用于研究和发展生物资源的生物技术的利用。模范法中提出的财政收益社区共享的机制之一是建立社区基因基金。这项基金将作为一种自动托管，用来资助农村地区建立的项目。

具体信息参见：http：//www.grain.org/brl_files/oau-model-law-en.pdf。

3.2 欧盟法规 完整的地区法律框架

欧盟地区法律框架是在成员国经济和政治一体化的前提下建立起来的。欧盟立法包括法令和条例，必须在成员国水平下实施。法令定义了要取得的结果，让成员国决定将法令结合到本国的国家法律的方法。条例对所有成员都具有约束力，在所有的成员国中自动的在指定日期生效。欧盟建立了一个重要的与动物遗传资源管理有关的法律条文体系，例如保护、动物技术（动物育种）、食品卫生、动物健康、动物和动物产品贸易、有机农业、动物饲料安全和转基因生物。

欧盟共同农业政策（CAP）包含了一套规章和机制，调控欧盟农产品的生产、贸易和加工。在欧洲共同体条约中列出了欧盟共同农业政策的目标，这些目标是：

- 通过促进技术进展和保证农业生产的合理发展、生产因素的最有效利用——特别是劳动力，来提高农业生产力；
- 保证农业社区生活的公平性标准，特别是提高从事农业的人员的个人收入；

- 稳定市场；
- 保证供应；
- 保证以合理的价格向消费者供应。

最近几年欧盟共同农业政策已经获得不同程度的改革。这种改变部分是由于国际水平发展的驱动，比较显著的是世界贸易组织框架内的农业磋商。1992年开始发生了巨大的变化；在1999年共同磋商的2000年政策议程中采用了进一步的改变。2003年6月，委员会采用的欧盟共同农业政策改革要求农业补贴的绝大部分需要以单个农场偿付的形式给予，因此与生产规模没有关系。新的支付与环境、食物安全和动物福利标准有关。政策目标的这种转变对动物遗传资源的利用具有潜在的重大影响。在这一前提下相关的欧盟法规包括欧盟法（EEC）第2078/92，这项法律是欧盟共同农业政策1992年改革所谓的“配合措施”，它采用了农业—环境策略来促进环境保护和农村的保护。这项法规随后被欧盟法（EC）第1257/99取代，而后欧盟法第1698/2005又取而代之，这项新法从2007年开始提供欧洲农业农村发发展基金（EAFRD）的工作框架。

更广意义上，欧盟政策旨在促进可持续性和综合农业发展，鼓励当地利益相关者参与到这一发展过程中。为了这个目的，欧盟法（EC）第1257/1999“欧洲农业指导与保证基金（EAGGF）支持农业发展”建立了可持续农村发展的支持框架，包括环境保护。欧盟共同农业政策也试图通过鼓励新行动和提高就业机会，促进经济和社会团结。在这种环境下，建立了LEADER+行动计划（欧盟委员会第2000/C 139/05通知）以鼓励农村利益相关者考虑其土地的长期潜力，建立提高自然和文化遗产的新方法。这一计划准备加强经济的发展，提高工作机会，改善农村社区的组织能力。

遗传资源的管理

这一节讨论与动物遗传资源管理直接相关的法规——保护和动物育种的框架。在资源保护领域，欧盟法（EC）第817/2004规定根据法规第1257/1999框架（参见上面），财政支持应该提供给那些饲养“该地区原产的当地种群和濒临消失的种群”农场动物的农民。涉及的种群必须促进当地环境的维护。在委员会法规（EC）第817/2004设定了计划中包含的种群门槛大小，确定当地种群的资格（牛，绵羊，山羊，猪，马科动物或者家禽）。设定了种群门槛（雌性种群的数量），在这一门槛之下的种群因为激励偿付而被认为是濒危种群。这一数据基于纯种繁殖所需的雌性繁殖动物的数量，是所有欧盟成员国的总结，数据包含在欧盟成员国承认的注册中（例如牛群登记簿或者羊群登记簿）。种群门槛是7500头牛，1000只绵羊，1000只山羊，5000匹马类动物和25000只家禽品种。从2007年开始，欧盟法规第1698/2005进一步加强了支持保护措施的机会。这一法规的目标是补偿那些“放弃的额外费用和收入（有必要），也可以足够支付处理费用”（第39：4条款）而提供环境服务的农民。法规详细说明了支付应该给予“农业遗传资源保护”（第39：5条款）。法规规定在2007—2013年期间，应当采用社区水平上农村发展策略指导，要求成员国建立国际策略计划，以设定环境偿付的细节。在撰写该文时，正在准备新的法规以代替委员会法规（EC）第817/2004 。

然而，就法规第1257/1999 和817/2004激励偿付计划的有效性引起了一些关注，因为在给予的农民偿付中，没有考虑不同的种群灭绝可能性，并且补贴偿付经常不足以补偿那些与保存当地种群有关的损失（Signorello 和 Pappalardo，2003）[19]。这些法规建立的偿付计划只包含大约40%的联合国粮农组织列出的濒危种群，在一些国家并没有建立这种计划(ibid.)。

欧盟是生物多样性公约的成员国，因此所有的欧盟国家有义务建立国家生物多样性策略，在农业生物多样性的范围内，解决动物遗传资源保护的问题。原地保护被认为是一种更好的方法，这种方法可以进一步对动物遗传资源进行鉴定。在地区水平上，2001年采纳了生物多样性行动计划。2000的议程形成了欧盟共同农业政策措施，并且随后对政策措施进行了改革，措施提供了将生物多样性的关注与欧盟农业政策相结合的框架。这项行动计划的重点是：环境友好农业技术和对生物多样性有益的系统的促进和支持；支持生物多样性丰富地区的可持续性农业活动；维护和提高良好的生态基础设施；促进保护当地或者濒危畜禽种群或者植物品种的行动。研究、培训和教育机构都支持这些重点。生物多样性保护很大程度上依赖于欧盟共同农业政策措施的合理实施，尤其是条件稍差地区和农业——环境措施的补偿性津贴。

与行动计划实施有关的法规是委员会法规（EC）第870/2004。这项法规明确地定位于提高动物遗传资源的重点。引起的一项关注是在该领域原来的法规管理下，如委员会法规（EC）第1467/94，畜禽受到的关注比作物要少。法规第870/2004第5条款“目标行动”包括：促进遗传资源特征鉴定，搜集、利用和移地和原地保护；建立包括保护项目在内的基于网络的遗传资源、原地和移地保护设施目录；相关科学和技术信息交换的推动。对于农场保存的动物遗传资源，重点是管理放牧的目录网络（资助，种群的濒危状态，牛群登记簿的地点等）。第6条款跨国的“联合行动”推动信息交换，改善社区农业遗传资源管理的行动和项目的协同。第7条款的“补充行动”将涉及信息的传播和给相关利益者的建议，如非政府组织；培训课程的提

[19] Signorello, G. & Pappalardo, G. 2003. Domestic animal biodiversity conservation： a case study of rural development plans in the European Union. Ecological Economics，45（3）：487-499。

[20] 欧盟执委会向欧洲议会及欧盟部长理事会提出农业生物多样性行动计划。2001年3月27日在布鲁塞尔欧洲共同体委员会。http：//europa.eu.int/comm/agriculture/envir/biodiv/162_en.pdf.

供；技术报告的准备。可以由利益相关者提出行动的建议，如基因库，非政府组织，育种者，技术研究所和试验农场。

法规中与动物遗传资源有关的，适合资助的领域包括：田间动物遗传资源管理重点鉴定的标准化准则建立；基于国家或者机构的欧洲基因库建立；动物遗传资源的特征描述和鉴定；标准化动物遗传资源效能检测体制和濒危种群特征文献建立；欧洲范围内的“方舟农场”，濒危种群救援站和公园网络的建立和协调管理；濒危种群国家间育种项目的建立，信息、遗传材料和育种动物交换规章的建立；建立增强当地种群和利基市场，环境管理和旅游之间联系的策略；建立加强欧洲感兴趣的未充分利用的动物遗传资源的应用和发展的策略。然而，应该注意到的是，委员会法规（EC）第870/2004只允许几个国家的联合行动，因此国家措施作为国家行动计划的一部分，而进行实施的价值是有限的。新的委员会法规（EC）第1698/2005在这方面进行了改进。

进一步的欧盟法规体系与畜禽育种管理有关。动物谱系和效能数据有关的可信任信息的有效性会影响动物遗传资源的有效管理。必须出台可靠的机制进行动物鉴定，记录和育种目标的定义。因此需要建立一个有效地管理畜禽育种活动的法律框架。已经出台了一些法律调控社区间纯种育种动物贸易。法规涉及牛、猪、绵羊、山羊、马。家禽和兔子，虽然也是重要的商业物种，并没有包含在其中。对牛类动物来说，委员会法令第77/504/EEC和87/328/EEC要求，成员国在与其他成员国之间进行纯种育种动物、精液、卵子贸易时，不能限制贸易动物技术基础。国家必须能够建立牛群登记簿和育种者组织，不能阻止其他成员国的纯种动物进入该国的牛群登记簿。欧盟法规将纯种动物定义为“该种动物的父母本或者超父母本获准写入或注册在同样种群的登记簿中，它自己获准写入或者注册和有资格写入这种种群登记簿。”

在欧盟决议第84/247/EEC中设定了对牛类动物详细的规定，涉及育种者组织的认可；欧盟决议第84/419/EEC涉及牛群登记簿的保存；欧盟决议第2005/379/EC涉及谱系证书；欧盟决议第86/130/EEC涉及效能检测和遗传鉴定；欧盟法令第87/328/EEC涉及用于繁殖的动物的接受。最后的法令对牛育种自由化和减少贸易壁垒来说是非常重要的。欧盟出台了其他品种/种类畜禽的相似的规则。就杂交猪来说（不是纯种动物育种项目），可以允许私人公司保存品种注册（欧盟决议第89/504/EEC）。就牛类动物来说，欧盟决议第96/463/EC在瑞典乌普萨拉建立了国际公牛评定协会，作为一个纯种动物一致性检测和遗传鉴定的参考体。就马科动物来说，委员会决议第93/623/EEC为畜群登记簿中注册的动物设定了与鉴定文献（护照）有关的规定（在下面的动物健康这一节中进一步讨论动物鉴定有关的法规）。

育种有关法规体系比较突出的几点

是：育种者协会是经过国家批准的，这种协会受命保存纯种动物牛群登记簿，实施包括保护育种项目在内的育种项目。假设符合了组织能力和其规章对一定水平的要求，那么育种者协会必须获得批准。如果认为一部分种群会危及种群的保护或者损害现有组织的动物技术项目，那么任何育种者团体都可以建立现有种群新的育种项目。在这种情况下，现有的育种组织没有知识产权，因为育种组织可以专门培育所涉及的种群。如马科动物来说，一些额外的法律特权给予了育种者组织，这种组织维护着“种群原产地的种群登记簿”，它可以设定一个新建立的“子系种群登记簿”必须遵从的条例。

专门化的粮食产品和有机农业

不同畜禽产品的利基市场被认为对许多当地种群的经济可行性来说是具有潜在重要性的。欧盟法规设定了一些方案，根据这些方案可以注册不同的产品，这样生产者受到保护以避免仿冒的威胁，可以采用消费者愿意支付的较高的价格。这些方案的一个方面与具有不同地理区域的产品联合会有关。委员会法规（EEC）第2081/92声明，为了取得被保护的“原产地”，食品必须就有“品质或者特性……由于特殊地理环境，实质上或者完全具备其内在的自然和人类因素，其加工和准备在特定地理区域内发生。”相似地，虽然限定范围窄，但设定了“地理指示”的标准，在法规条款4中，列出了产品规格的要求。在这些要求中涉及产品名称和描述；地理区域的定义；产品起源的证据和与当地的联系；用于获得产品的方法概况；检验结构的描述；商标的详细描述。虽然不一定一直是这种情况，但是一些根据这些规则准备的产品详细描述指出产品或者制造这些产品应用的原材料来自特殊畜禽种群。即便是在种群没有详细说明的地方，专业化生产的当地产品的销售可能会促进具体地点传统管理系统的生存，因此促进了具有良好适应性的当地种群的继续利用。

以相似的方式，欧盟法规（EC）第2082/92设定了规则，利用这个规则，某一食品或者产品可以获得“特性证书”。法规允许不同特性的注册，这种特性不是起源或者地理起源方面的问题，并不仅仅与技术革新的应用有关。为了获得委员会设定的特性证书的注册，某一产品或者食品“必须或者利用传统原材料生产或者具有传统组成的特征或者是一种反应传统类型生产和/或加工方式”。再次，促进这种类型的不同产品对畜禽种群遗传多样性具有潜在的正面影响。一些欧盟国家积极推动和提供“特性证书”更广泛应用的支持，以稳定物价，保护稀有种群。

与有机农业有关的欧盟法规也可以影响动物遗传资源的管理。这项法规旨在建立产品生产、标记和审核的协调框架，以提高消费者信心，保证产品之间的公平竞争。欧盟法规（EEC）第2092/91建立了农产品标记、生产和控制的框架，这个框架承担或者倾向于承担涉及有机生产方法的指示。然而，法规（EEC）第2092/91没有包括任何畜禽标准，因此法规（EC）第1804/1999对此进行了补充。

最后面的法规设定了具体规则，规则涉及有机农业，动物起源，饲料，病害防治和兽医处理，耕作技术，运输，畜禽产品的鉴定，肥料利用，自由活动区和馆舍（动物，如果提供的条件允许，必须可以有机会在露天情况下放牧或者有活动地区），牛群密度和过度放牧。法规涉及牛、猪、鸡、山羊、马和畜禽品种。为蜜蜂设定了另外的规则。就动物的起源来说，规则声明：

“在种群或者品种的选择中，必须考虑动物适应当地环境的能力；它们生命力，它们的抗病性。另外在选择动物种群或者品种的时候，应该避免特殊疾病或者健康问题，这些疾病和动物健康与集中生产中应用的一些种群或者品种有关（例如猪应激综合征，PSE并发症，猝死，自然流产，需要实施剖腹产的难产等）。比较喜欢选择当地的种群和品种”。

这些规则进一步要求，应用于病害预防和控制的第一条原则，是选择合适的畜禽种群；兽医药物的应用要严格控制。正如这种情况，有机系统保存的畜禽要求的适应性，通常情况下与非有机系统下的要求差别很大，比较显著的是动物健康和饲舍条件。虽然许多有机畜禽的生产利用了传统高产出种群，但是，仍然有巨大的潜力应用稀有的、具有当地适应性的种群，特别是猪和家禽。

2004年采用了有机食品及有机农业的欧洲行动计划[21]，以保证未来几年内有机部门的进一步发展，为有机耕作对欧盟共同农业政策的贡献提供一个全局性的战略构想。其中一项行动就是通过定义有机农业的目标和基本原则，使公众了解有机农业的公共效益。为了实现这一目的，在撰写本文的时候，欧盟成员国正在磋商一项新的法律框架提案，这项框架将最终取代欧盟法规（EEC）第2092/91。就生物多样性来说，提案的目标是“有机生产系统应该维护和提高农场和其周围地区高水平的生物多样性[22]”。

动物健康

欧盟拥有一个旨在提高欧共体动物健康的法律体系，同时根据国际法规定的健康标准和义务，允许成员国间贸易和动物以及动物产品的进口。特殊的法律适用于牛，绵羊，山羊，家禽，猪和孵出的鸡，水产，宠物和非商业性动物，以及其他活体动物。进口和欧共体国家间贸易存在着区别——在许多方面，分别应用不同的法律框架。健康预防措施涉及活体动物、精液、胚胎和动物产品。

---

[21] 欧盟执委会向欧洲议会及欧盟部长理事会提出有机食品和农业行动计划。布鲁塞尔欧洲共同体委员会，10.06.2004 COM（2004）415 final。

http：//europa.eu.int/comm/agriculture/qual/organic/plan/comm_en.pdf。

[22] 委员会法规修订法第（EEC）2092/91关于农业产品有机生产和涉及农产品和食品的指示的提案。

第三部分

遗传材料移动的限制会潜在地阻碍畜禽养殖者活动。而且，在一些情况下，动物、种质和动物产品进口对欧盟市场的动物健康有关的限制，会阻碍那些非欧盟成员国面向出口的畜禽生产的发展，因此影响了这些国家动物遗传资源利用的决策。

对牛和猪欧盟成员国内贸易来说，在欧盟法令第64/432/EEC以及随后的修订案中设定了相关的规则。拟定了在动物运输期间，与防止病害传播所需的措施有关的规则；特殊病害的诊断测试；保证可追溯性的动物鉴别；兽医健康证明。就进口而言，从非成员国进口的牛和猪必须符合欧盟法令第72/462/EEC设定的标准。设定了出口国必须达到的标准，涉及了法规水平；畜禽和其他动物的健康水平；报告给世界动物卫生组织的病害水平；动物产品生产、加工和运输的标准；病害控制措施，国家兽医服务的水平。还规定出口国必须无特殊畜禽病害。标准必须经过欧盟委员会食品及兽医办公室的验证。一旦完成了检验，根据欧盟决议第79/542/EEC，出口国可以列入第三国家名单中，利用这个名单成员国可以批准进口。在欧盟决议第79/542/EEC和欧盟法令第91/496/EEC分别设定了与进口检验有关的条例，活体动物兽医边境检查站。欧盟还出台了类似的其他动物品种的法规。

牛精液和胚胎欧盟成员国之间贸易和进口分别由欧盟法令第88/407/EEC和欧盟法律第89/556/EEC来管理。法令设定了精液和胚胎必须满足的健康标准，只有这样才可以进口到欧盟或者进行贸易，法令还设定了精液搜集和储藏中心所需的条件。欧盟已经起草了批准进口精液和胚胎的国家名单以及批准的中心。欧盟还设定了与销售的精液和胚胎有关的健康证明规则。欧盟还出台了类似其他家禽品种的规则。随后，欧盟法令第2003/43/EC对欧盟法令第88/407/EEC进行了修订，允许除了精液搜集中心（拥有自己的公牛）外，精液贮藏中心也可以参加欧盟成员国间的牛精液贸易——这是迈向市场自由化的一个显著的进步。

这些法令的目标是调控欧盟成员国之间的精液贸易和进口，而不是为了遗传材料的冷冻保存。的确，法规提出了为保护濒危动物种群而搜集精液产生的问题。与农场搜集相比，在人工授精中心搜集精液成本比较高，从稀有种群中搜集精液通常引不起人工授精企业的商业兴趣。进一步的问题与用于保护的遗传材料长期贮藏有关。在过去搜集的材料不可避免地没有符合现在的标准。因此，材料向育种者传播变成了法律上的难题。尤其是欧盟成员国之间遗传材料的交换更是这种情况。然而，在一些国家，法令设定的规则结合到国家法规中，不但可以应用于欧盟成员国交换的精液，还可以应用于国家水平上利用的精液。

---

http：//eur-lex.europa.eu/LexUriServ/LexUriServ.do?uri=CELEX：52005PC0671（02）：EN：NOT。

欧盟法令第2002/99/EC调控鲜肉贸易。目标是保证所有成员国健康需求的达标，防止可能携带有对动物或者人类有害的传染病的农产品进入欧盟。法规中还设定了与进口国动物健康状态有关的条件。这个条件与活体动物的要求条件相似，但是包含了一项要求，那就是生产的肉制品必须来自批准的生产设施中（屠宰场等）。可能还需要满足另外的特别病害问题要求的保证，例如注射了FMD疫苗动物的肉块剔骨和成熟度。还有可能的是，第三国可能只被允许向欧盟出口一定类别的动物肉。进一步的规则与化学残留有关，如牛海绵样脑病（BSE）和屠宰时的动物福利。欧盟分别出台了不同的法律框架，分别管理肉制品、家禽、牛奶和奶制品，其他类别的肉类，如野味肉。

除了上面列出的与贸易有关的法律外，欧盟还建立了一套法律体系，处理特殊病害的防治、控制、监测和根除。另外的法令分别涉及非洲马瘟病（欧盟法令第92/35/EEC），非洲猪瘟病（ASF）（欧盟法令第2002/60/EC），口蹄疫（欧盟法令第2003/85/EC），禽流感（欧盟法令第2005/94/EC），蓝舌病（欧盟法令第2000/75/EC），古典型猪瘟（CSF）（欧盟法令第2001/89/EEC），新城疫病（欧盟法令第92/66/EEC），和一定的鱼类和软体动物病害。另外一项法令（欧盟法令第92/119/EEC）涉及一些其他的外来畜禽病害。病害的根除和监控项目旨在逐渐消灭在欧盟部分国家流行的病害。欧盟决议第90/424/EEC与这种项目的资金提供有关，欧盟决议第90/638/EEC设定了他们在准备阶段就必须达到的目标。病害防治措施详细说明了，在病害暴发情况下畜禽移动的限制，疫苗接种要求或者传播载体控制，或者在一定的严重病害情况下，需要剔除感染和接触感染的牛群/羊群。后面的行动可能会造成受感染地区的稀有品种种群的严重后果。

认识到剔除措施的威胁，欧盟与几种病害有关的法令包括了稀有品种免除的措施。例如，与口蹄疫有关的欧盟法令第2003/85/EC允许（第15条款）“在实验室，动物园，野生动物园和圈养地区，或者根据欧盟法令第92/65/EEC第13（2）条款批准的团体，研究所或者中心，和因为科学研究目的而保存动物的地方，或者与由于品种和农场动物遗传资源保护有关的目的而保存动物的地方”感染了这种病害，受感染的牛群/羊群可以免除这种要求。必须提前建立这种前提条件的名单，这些前提被认为是“一个品种存活所必需的易感染品种的动物育种核心”（第77条款）。在欧盟成员国决定免除屠杀措施之前必须通知欧盟，必须保证“不能危及其他欧盟成员国的动物健康水平，出台所有必要的措施防治任何口蹄疫病毒传播的风险”。

同样地，与禽流感有关的欧盟法令第2005/94/EC允许“在非商业保存地，马戏团，动物园和宠物鸟商店，野生动物园，圈养地区，在这些地方由于科学目的或者与濒危物种保护有关的目的，或者官方注册的家禽或者其他捕获的鸟类稀有品种，如果这种免除并没有危及病害控制（第13条款），在高致病性禽流感的暴发的情况下”，免除屠杀措施。在第14条款中设定了要求，限制和约束这种免除涉及的鸟类。与CSF和ASF有关的法令在满足特殊条件的时候，也允许免除稀有种群的剔除。然而，应该注意到的一点是在过去旧的与其他严重的畜禽病害（例如新城疫病和非洲马瘟病）有关的法令并没有包括相似的规则，这一规则的设定是为了保护稀有遗传资源。

如第一部分第六章所讨论，欧盟决议第2003/100/EC列出与育种项目消灭的痒病有关的措施，同时也提出了一些公众关注的问题。缺少抗性基因型或者低频率抗性基因型的稀有绵羊品种可能会受到威胁。“具有高遗传价值”的所有羊群都必须参与到育种计划中，这将会导致带有对这种病敏感性有关的“VRQ”等位基因的羊的去势或者屠杀。

动物鉴定的法规体系给予了动物健康有关条例实施的支持。这些法律也与食物安全和可追溯性、畜禽保险管理和监督、用于育种的动物的验证有关。例如，就牛来说，在法规（EC）1760/2000设定了相应的规章。牛鉴定系统包含个体动物耳标，计算机数据库，动物护照和个人注册，这个系统保存了每一份记录。

鉴定要求（特别是耳标）提出了与一定特殊目的或者在某些管理条件下动物保存有关的实际问题。因此，可能会对一般在这种环境下保存的特殊动物遗传资源产生影响。已经采取了一些措施对现有法律措施进行修订，以解决这些问题。就那些在批准的生产场所为了文化和历史目的而保存的牛类动物来说，欧洲委员会（EC）第644/2005法规建立了条款作为鉴定的另外一种方法选择。也有另外的法规适合用于运动或者文化目的保存的公牛（欧洲委员会EC第2680/1999法规）。就荷兰那些因为景观和保护目的而在自然保护区保存的牛来说，耳标（通常在出生后20天）应用的最长期限能延长到12个月（欧盟决议第2004/764/EC）。西班牙也有同样的情况，根据欧洲委员会第98/589/EC号决议，对于那些在特殊地理区域自然条件下保存的一定种群动物来说，它允许超过6个月。在引入更具有广泛性涵盖所有成员国的法规之后，西班牙的这种特殊法规随后被废除了（欧盟决议第2006/28/EC）。这项法规允许动物的保存超过6个月，如果牛在自然条件下保存的地方，而由于地理条件的原因存在牛的耳标标记技术方面的问题，不能对这些牛进行处理，可以在标记的时候将牛犊清晰明了地分配给产这个牛犊的母牛。

动物福利

欧盟理事会98/58/EC法令设定了保护畜禽动物福利的条例。进一步的法令、特别处理与蛋鸡、牛和猪有关的动物福利。法规列出了兽医照顾的标准；根据动物的生理和行为需要而设立的行动自由；

饲养建筑和馆舍的保护、卫生、通风、照明；饲料和水供应；伤残和选育规程，以及人员水平、动物审核、记录保存。特别是对于动物育种来说，法令声明“自然或者人工育种规程如果引起或者可能引起任何相关动物的伤害或者损伤，都是不允许实施的”，“如果没有合理的理由，不能根据它们的基因型或者表现型，在对它们的健康和福利没有危害的情况下保存，那么就不能将动物用于农业”。

欧洲委员会第1/2005号法规（EC）提供了运输期间动物的保护。法规彻底地全面检查现有的欧盟动物运输条例。突出的特点包括新的规则，这些规则主要与以下一些方面有关，与在一些地点，如农场、市场、屠宰房和港口，运送之前或者之后动物的处理；司机的培训和检验；改良之后的执行方法，包括利用卫星定位系统的示踪技术；超过8小时行程的更严格的标准，包括货车改良标准；更严格的幼畜和怀孕母畜的移动标准。欧洲委员会法令93/119/EEC将屠宰过程中动物经历的疼痛和痛苦降低到最低程度。这些法规包括屠宰车间设施要求；屠宰车间工作人员能力；特别要求在屠宰或者屠杀之前必须将动物立刻昏迷。

食物安全

近几年欧盟与食物安全有关的法规已经过了重大的改革。法规和其他行动方案已经建立，以保证成员国与欧盟食物安全标准保持一致；管理与食物安全问题相关的非成员国和国际组织之间的国际关系；管理与欧盟食物安全局之间的关系（EFSA）；保证科学的风险管理。该领域法规的核心元素是（EC）第178/2002号法规。

食物安全措施可能会对特殊食品的生产产生负面影响，例如，利用当地品种的原奶生产的奶酪，因此会损害利基市场对种群保护的潜在贡献。与食物安全有关的关注也是消除痒病法规的一个驱动力。如上面和第一部分第六章所述，这些措施对一些绵羊稀有种群来说是一种威胁。进一步造成的后果是，许多发展中国家关注的问题是他们不能满足越来越复杂和繁重的欧盟标准和法规要求。确实，许多国家认为与关税和数量限制相比，环境和SPS措施是一个向欧盟出口的更大的限制条件。因此，欧盟的食物安全法律框架影响了家禽生产和销售，并由此而影响了欧盟国家以及全世界其他地方的动物遗传资源的利用。

欧盟的法规也覆盖了与畜禽饲料生产、销售和利用有关的问题。这一领域的发展越来越受到人类和动物健康关注的推动。这些法律并没有直接对动物遗传资源的管理产生影响，而是形成了框架的一部分，在这个框架中，家畜生产者必须按照他们管理技术的要求进行操作和采取措施。欧盟第882/2004号法规（EC）设定了规章，以保证能够在饲料生产和利用过程的所有阶段充分考虑对饲料和食物安全的影响。就畜禽饲料非政府组织的参与问题来说，欧盟第1829/2003号法规（EC）对非政府组织的市场定位的影响，非政府组织生产的产品或者来自非政府组织的产品进行了规定。欧盟第1830/2003号法规（EC）对这种产品的标记和可追溯性进行了规定。

3.3　结论

动物遗传资源管理的许多法规问题受益于地区或者亚地区协调。在世界多数地方有大量的地区超边界性种群存在，因此保护措施应该在亚地区或者地区水平上进行规划。保证品质和安全的一般性标准就能促进畜禽生产贸易。如果注册和遗传鉴定的一般性架构可以出台，那么可以对种群改良产生促进作用。

欧盟提供了影响动物遗传资源管理方面的一套综合性的地区性法规。促进保护措施的法规已经出台好多年，而且最近这些法规得到了强化。种群保护的激励性偿付似乎很适合替代与生产有关的补贴方法的需要。然而，证据表明方案必须一直充分定位于有效促进一些最严重的濒危种群的保护。与为种群改良提供合适的环境、促进成员国之间育种材料的自由贸易、保证家禽病害防治的有效政权相比，欧盟法律框架总的重点较少放在保护上面。毫无意外，促进这些目标的法规有时候会与保护目标产生冲突。然而，值得注意的是，在一些这样的情况下，已经认识到了这些问题，并实施了法律框架相应的修改。

引用的法律

欧盟委员会1984年4月27日第84/247/EEC决议设立了育种者组织和联合会的认证标准，这些组织和委员会维护或者建立牛种群繁殖用动物纯种品种登记簿。http：//europa.eu.int/smartapi/cgi/sga_doc?smartapi!celexapi!prod!CELEXnumdoc&lg=EN&numdoc =31984D0247&model=guichett

欧盟委员会1984年7月19日第84/419/EEC号决议设了牛群登记簿的准入标准。http：//europa.eu.int/smartapi/cgi/sga_doc?smartapi!celexapi!prod!CELEXnumdoc&lg=EN&numdoc =31984D0419&model=guichett

欧盟委员会1986年3月11日第86/130/EEC决议设定了效能监控方法和评估牛纯种繁殖用动物品种遗传价值的方法。http：//europa.eu.int/eur-lex/lex/LexUriServ/site/en/consleg/1986/D/01986D0130-19940728-en.pdf

欧盟委员会1989年7月18日第89/504/EEC决议设定了建立或者维护杂交种猪的注册体的育种者联合会/育种组织和私人企业批准和管理标准。http：//europa.eu.int/smartapi/cgi/sga_doc?smartapi!celexapi!prod!CELEXnumdoc&lg =EN&numdoc=31989D0504&model =guichett

欧盟委员会1993年10月20日第89/504/EEC决议建立了注册的奇蹄目马科的身份证明（护照）。http：//europa.eu.int/eur-lex/en/consleg/pdf/1993/en_1993D

0623_do_001.pdf

欧盟委员会1998年10月12日第98/589/EC决议与最长期限的推广有关，设定了属于西班牙种群的一定牛类动物耳标的应用。http：//eur-lex.europa.eu/smartapi//cgi/sga_doc?smartapi!celexapi!prod!CELEXnumdoc&lg = EN&numdoc = 31998D0589&model=guichett

欧盟委员会2003年2月13日第2003/100/EC决议设定了建立传染性海绵羊脑病绵羊抗性育种项目的最低要求。

http：//europa.eu.int/smartapi/cgi/sga_doc?smartapi!celexapi!prod!CELEXnumdoc&lg = EN&numdoc = 32003D0100&model=guichett

欧盟委员会2004年10月22日第2004/764/EC决议与最长期限的推广有关，设定了荷兰天然保护区保存的一定的牛动物耳标的应用。

http：//europa.eu.int/smartapi/cgi/sga_doc?smartapi!celexapi!prod!CELEXnumdoc&lg = EN&numdoc =32004D0764&model=guichett

欧盟委员会2005年5月17日第2005/379/EC决议设定了谱系证书规章，特别是与牛纯种繁殖用动物，牛精液、卵子和胚胎有关（在第C（2005）1436号法案中公布）。http：//europa.eu.int/smartapi/cgi/sga_doc?smartapi!celexapi!prod!CELEXnumdoc&lg = EN&numdoc =32005D0379&model =guichett

欧盟委员会2006年1月18日第2006/28/EC决议关于一定牛类动物耳标应用的最长期限的规章。http：//eur-lex.europa.eu/LexUriServ/site/en/oj/2006/l_019/l_01920060124en00320033.pdf

欧盟委员会1999年12月17日第2680/1999决议批准了用于文化和体育的公牛鉴定系统。http：//europa.eu.int/smartapi/cgi/sga_doc?smartapi!celexapi!prod!CELEXnumdoc&lg = EN&numdoc =31999R2680&model =guichett

欧洲委员会2004年4月29日第817/2004号法令设定了欧盟农业指导与保证基金（EAGGF）支持农村发展的欧洲委员会第1257/1999号法规应用的具体规则。http：//europa.eu.int/eur-lex/pri/en/oj/dat/2004/l_153/l_15320040430en00300081.pdf

欧洲委员会2005年4月27日第644/2005号法令授权欧洲议会和理事会1760/2000法规提供的，一个特殊的在批准的生产场所保存，用于文化和历史用途的牛类动物鉴定系统。http：//eur-lex.europa.eu/LexUriServ/LexUriServ.do?uri=CELEX：32005R0644：EN：HTML

欧盟委员会1976年12月21日第79/542/EEC决议起草了第三国家名单，欧盟成员国可以从这些国家批准进口牛类动物、猪和鲜肉。http：//europa.eu.int/smartapi/cgi/sga_doc?smartapi!celexapi!prod!CELEXnumdoc&lg = EN&numdoc =31979D0542&model=guichett

欧盟委员会1990年6月26日第90/424/EEC决议设定了兽医领域开支的有关规则。http：//europa.eu.int/smartapi/cgi/sga_doc?smartapi!celexapi!prod!CELEXnumdoc&lg = EN&numdoc =31990D0424&model =guichett

欧盟委员会1990年11月27日第90/638/EEC决议设定了根除和监控一定动物病害的欧盟标准。http：//europa.eu.int/smartapi/cgi/sga_doc?smartapi!celexapi!prod!CELEXnumdoc&lg = EN&numdoc =31990D0638&model=guichett

欧盟委员会1999年7月23日第96/463/EC决议指定了参考系，该体系负责合作赋予检测方法和牛类品种纯种繁殖用动物结果的评估一致性。http：//europa.eu.int/smartapi/cgi/sga_doc?smartapi!celexapi!prod!CELEXnumdoc&lg= EN&numdoc =31996D0463&model = guichett

欧盟委员会1964年6月26日第64/432/EEC法令与影响牛类动物和猪欧盟国家间贸易的动物健康问题有关。http：//europa.eu.int/smartapi/cgi/sga_doc?smartapi!celexapi!prod!CELEXnumdoc&lg = EN&numdoc =31964L0432&model = guichett

欧盟委员会1972年12月12日第72/462/EEC法令与从第三国家进口牛类动物、猪和鲜肉的健康和兽医审核问题有关。http：//europa.eu.int/smartapi/cgi/sga_doc?smartapi!celexapi!prod!CELEXnumdoc&lg = EN&numdoc = 31972L0462&model = guichett

欧盟委员会1977年7月25日第77/504/EEC法令与牛类品种纯种繁殖用动物有关。http：//europa.eu.int/smartapi/cgi/sga_doc?smartapi!celexapi!prod!CELEXnumdoc&lg = EN&numdoc =31977L0504&model = guichett

欧盟委员会1987年6月18日第87/328/EEC法令与牛类品种纯种繁殖用动物育种目的的获准有关。http：//europa.eu.int/smartapi/cgi/sga_doc?smartapi!celexapi!prod!CELEXnumdoc&lg = EN&numdoc = 31987L0328&model = guichett

欧盟委员会1983年6月14日第88/407/EEC法令设定了应用于牛类品种家养动物欧盟成员国间贸易和低温冷藏精液进口的动物健康要求。http：//europa.eu.int/

smartapi/cgi/sga_doc?smartapi!celexapi!prod!CELEXnumdoc&lg = EN&numdoc = 31988L0407&model = guichett

欧盟委员会1989年9月25日第89/556/EEC 法令与管理牛类品种家养动物欧盟成员国间贸易和来自第三国家的胚胎进口的动物健康条件有关。http：//europa.eu.int/smartapi/cgi/sga_doc?smartapi!celexapi!prod!CELEXnumdoc&lg = EN&numdoc = 31989L0556&model = guichett

欧盟委员会1991年7月15日第91/496/EEC 法令设定了来自第三国家的动物进入欧盟成员国时兽医检查的组织管理条例，以及欧盟委员会第 89/662/EEC、90/425/EEC 和 90/675/EEC 号令修订。

http：//europa.eu.int/smartapi/cgi/sga_doc?smartapi!celexapi!prod!CELEXnumdoc&lg = EN&numdoc = 31991L0496&model = guichett

欧盟委员会1992年4月29日第92/35/EEC 法令设定了防治非洲马类病害的防治条例和措施。

http：//europa.eu.int/smartapi/cgi/sga_doc?smartapi!celexapi!prod!CELEXnumdoc&lg = EN&numdoc = 31992L0035&model = guichett.

欧盟委员会1992年7月13日第92/65/EEC 法令设定了管理欧盟成员国间贸易和进口动物、精液、卵子和胚胎进入欧盟成员国的动物健康要求，这个健康要求不受欧盟委员会第 90/425/EEC 法令附录 A (I) 特殊欧盟法规中设定的动物健康条例的管理。http：//europa.eu.int/smartapi/cgi/sga_doc?smartapi!celexapi!prod!CELEXnumdoc&lg = EN&numdoc = 31992L0065&model = guichett

欧盟委员会1992年7月14日第92/66/EEC 法令介绍了新城疫病防治的欧盟方法。http：//europa.eu.int/smartapi/cgi/sga_doc?smartapi!celexapi!prod!CELEXnumdoc&lg = EN&numdoc = 31992L0066&model = guichett

欧盟委员会 1992 年 12 月 14 日第 92/119/EEC法令介绍了防治一定动物病害的一般性欧盟措施和与猪血管病有关的特殊措施。http：//europa.eu.int/smartapi/cgi/sga_doc?smartapi!celexapi!prod!CELEXnumdoc&lg = EN&numdoc = 31992L0119&model = guichett

欧盟委员会1998年7月20日第98/58/EC 法令与农用动物的保护有关。

http：//europa.eu.int/eur-lex/pri/en/oj/dat/1998/l_221/l_22119980808en00230027.pdf

欧盟委员会2000年12月20日第2000/75/EC法令设定了防治和根除蓝舌病毒的

特殊措施。http：//europa.eu.int/smartapi/cgi/sga_doc?smartapi!celexapi!prod!CELEXnumdoc&lg = EN&numdoc = 32000L0075&model = guichett

欧盟委员会2001年10月23日第2001/89/EC法令设定了古典型猪瘟病防治的欧盟措施。http：//europa.eu.int/smartapi/cgi/sga_doc?smartapi!celexapi!prod!CELEXnumdoc&lg = EN&numdoc = 32001L0089&model = guichett

欧盟委员会2002年6月27日第2002/60/EC法令设定了防治非洲猪瘟病的特殊措施，修订欧盟委员会第92/119/EEC法令关于猪传染性脑脊髓炎和非洲猪瘟病方面的问题。http：//europa.eu.int/smartapi/cgi/sga_doc?smartapi!celexapi!prod!CELEXnumdoc&lg = EN&numdoc = 32002L0060&model = guichett

欧盟委员会2002年12月16日第2002/99/EC法令设定了管理用于人类消费的动物性产品的生产、加工、分配和引入的动物健康条例。

http：//europa.eu.int/eur-lex/pri/en/oj/dat/2003/l_018/1_01820030123en00110020.pdf

欧盟委员会2003年9月29日第2003/85/EC法令设定防治口蹄疫的欧盟措施，废除了欧盟委员会第85/511/EEC法令和欧盟委员会第89/531/EEC和91/665/EEC决议，修订了欧盟委员会第92/46/EEC法令。

http：//europa.eu.int/smartapi/cgi/sga_doc?smartapi!celexapi!prod!CELEXnumdoc&lg = EN&numdoc = 32003L0085&model = guichett

欧盟委员会2003年5月26日第2003/43/EC法令修订了欧盟委员会第88/407/EEC法令，设定了应用于欧盟内部贸易和牛类品种家养动物精液进口的动物健康要求。

http：//europa.eu.int/smartapi/cgi/sga_doc?smartapi!celexapi!prod!CELEXnumdoc&lg = EN&numdoc = 32003L0043&model = guichett

欧盟委员会2005年12月20日第2005/94/EC 法令与禽流感防治的欧盟措施有关，废除了欧盟委员会第92/40/EEC法令。

http：//eur-lex.europa.eu/LexUriServ/LexUriServ.do?uri=CELEX：32005L0094：EN：NOT

欧盟委员会1991年6月24日第2092/91法规（EEC）与youji农产品生产和农产品以及食品指示参考有关。http：//europa.eu.int/smartapi/cgi/sga_doc?smartapi!celexapi!prod!CELEXnumdoc&lg = EN&numdoc = 31991R2092&model = guichett

欧盟委员会1992年6月30日第2078/

92法规（EEC）与适合农村维护和环境保护要求的农业生产方法有关。http：//europa.eu.int/smartapi/cgi/sga_doc?smartapi!celexapi!prod!CELEXnumdoc&lg = EN&numdoc = 31992R2078&model = guichett

COUNCIL REGULATION（EEC）No 2081/92 of 14 July 1992 on the protection of geographical indications and designations of origin for agricultural products and foodstuffs http：//europa.eu.int/smartapi/cgi/sga_doc?smartapi!celexapi!prod!CELEXnumdoc&lg = EN&numdoc = 31992R2081&model = guichett

欧盟委员会1992年7月14日第2082/92法规（EEC）与农产品和食品特殊品质的证书有关。 agricultural products and foodstuffs. http：//europa.eu.int/smartapi/cgi/sga_doc?smartapi!celexapi!prod!CELEXnumdoc&lg = EN&numdoc = 31992R2082&model = guichett

欧盟委员会1994年6月20日第1467/94法规（EC）与农业遗传资源的保护、特征鉴定、搜集和利用有关。http：//europa.eu.int/smartapi/cgi/sga_doc?smartapi!celexapi!prod!CELEXnumdoc&lg = EN&numdoc = 31994R1467&model = guichett

欧盟委员会1999年5月17日第1257/1999法规（EC）与欧盟农业指导与保证基金（EAGGF）对农业发展的支持有关，修订和废除了一定的法规。

http：//europa.eu.int/eur-lex/pri/en/oj/dat/1999/l_160/l_16019990626en00800102.pdf

欧盟委员会1999年7月19日第1804/1999法规（EC）补充了欧盟委员会（EEC）第2092/91法规关于有机农产品生产和包括畜禽生产在内的农业产品和食品的指示参考。

http：//europa.eu.int/eur-lex/pri/en/oj/dat/1999/l_222/l_22219990824en00010028.pdf

欧盟委员会和欧洲议会2000年7月14日第1760/2000法规（EC）建立了牛类动物鉴定和注册以及肉用牛和肉用牛产品标记有关的系统，废除了欧盟委员会第820/97法规（EC）。

http：//europa.eu.int/smartapi/cgi/sga_doc?smartapi!celexapi!prod!CELEXnumdoc&lg = EN&numdoc = 32000R1760&model = guichett

欧洲议会2002年71月28日第178/2002法规（EC）设定了总则和食品法的要求，建立了欧洲食物安全局，设定了与食物安全问题有关的规程。

http：//europa.eu.int/eur-lex/pri/en/oj/dat/2002/l_031/l_03120020201en00010024.pdf

欧盟委员会和欧洲议会2003年9月22日第1829/2003法规（EC）与转基因食品和饲料有关。http：//europa.eu.int/eur-lex/pri/en/oj/dat/2003/l_268/l_26820031018en00010023.pdf

欧盟委员会和欧洲议会2003年9月22日第1830/2003法规（EC）与REGULATION（EC）涉及转基因生物的可追溯性和标记，利用转基因生物生产的食品和饲料产品的可追溯性，修订了欧盟委员会第2001/18/EC法令。

http：//europa.eu.int/eur-lex/pri/en/oj/dat/2003/l_268/l_26820031018en00240028.pdf

欧盟委员会和欧洲议会2004年4月29日第882/2004法规（EC）涉及官方监管，以保证饲料和食品法、动物健康和动物福利条例的遵守。

http：//europa.eu.int/eur-lex/en/refdoc/L_165/L_2004165EN_1.pdf

欧盟委员会2004年4月24日第870/2004法规（EC）建立了农业遗传资源保护、特征鉴定、搜集和利用的欧盟项目，废除了欧盟委员会第1467/94法规（EC）。

http：//europa.eu.int/eur-lex/pri/en/oj/dat/2004/l_162/l_16220040430en00180028.pdf

欧盟委员会2004年12月22日第1/2005法规（EC）与运输和相关操作期间动物保护有关，修订了欧盟委员会第64/432/EEC法令和第93/119/EC法令以及第1255/97法规（EC）。

http：//europa.eu.int/eur-lex/lex/LexUriServ/site/en/oj/2005/l_003/l_00320050105en00010044.pdf

欧盟委员会2005年9月20日第1698/2005法规（EC）与支持农村发展的欧洲农业基金（EAFRD）对农村发展的支持有关。

http：//europa.eu.int/eur-lex/lex/LexUriServ/site/en/oj/2005/l_277/l_27720051021en00010040.pdf

2001年4月14日欧盟向成员国下达的第2000/C 139/05通知设定了农村发展欧盟行动计划的指导方针。

http：//europa.eu.int/eur-lex/pri/en/oj/dat/2000/c_139/c_13920000518en00050013.pdf

4 国家法规和政策

4.1 导言

动物遗传资源有效管理的前提条件是法律框架发挥它的作用，或者说，最低程度上，建立清晰明了的政策和项目。清晰明了的法规以及这项法规所提供的保证，不但对一些经济活动，如国际和国内贸易，而且对一些动物遗传资源管理有关的能力、权力和责任的定义来说，都是非常重要的。

从国家水平的角度看，根据法律框架在何种程度上促进还是妨碍了国家农业发展目标的实现，可以评估其有效性。国家农业发展的目标是具有多样性的，这些目标之间的交换通常也是有必要的。国家水平上的目标可能包括以下几个方面，食物安全保障和食物安全，国家经济增长，提高农村人口的收入和生活水平，防止自然环境的退化或者维护生物多样性。不同国家在生态、文化和政治环境方面也是差别非常大的。这一章节描述了在法规和政策领域以及已经建立的总框架和特殊解决措施。这一章旨在强调现有法律条文中存在的难题和差距，促进思想、措施和经验的交流。

4.2 方法

从以下资源的信息来进行分析：

- 提交国别报告作为SoW-AnGR准备过程的一部分，在某些情况下利用与NC的e-mail交流作为补充；
- 联合国粮农组织发展法律服务部2003年实施的一项较早的调查（FAO，2005）；
- 联合国粮农组织法律数据库中另外的信息（FAOLEX[23]）。

这项分析的起点是对“动物遗传资源管理”和“法律框架”一个广义上的定义。原来采用的定义包含动物遗传资源保护（包括在遗传资源利用的地方，生产系统可持续性生产的间接效应）；遗传改良（包括特殊技术和相应的基础设施的调控）；动物健康（包括与动物贸易、育种和运输有关的法规）。支持要素，例如机构结构和激励措施，也应该被考虑到。

为了进行这项分析，采用的“法律框架”包括与动物遗传资源管理有关的所有类型的法规。另外，正如许多国家提到的动物遗传资源管理的政策、策略或者相似的措施，在分析时需要考虑这些法律文书，甚至在许多情况下，这些法律文书实施的法律基础并没有研究清楚。

国别报告提供的描述呈现了一幅不同的景象，在此不能充分进行描述。因此，接下来讨论的目标是提供对这一问题的概述，描述总的模式和模型。从国别报告中引用了例子，以说明这些问题的典型案例，这些案例是特别有用或者具有创造性的。在本文中陈述了地区性的统计数字概

[23] http：//faolex.fao.org/faolex/。

览，列举了特别感兴趣的地方。然而，需要注意的是，不是所有报告在讨论其法律框架时，讨论的详细程度都达到了同样的水平。因此，在完整描述法律规章水平状态的时候就不应该考虑这些列出的统计数据，而是应该将其作为动物遗传资源相关法律和政策地区能力评估的指标。

4.3　动物遗传资源法规和项目的实施

动物遗传资源的管理、可持续性利用和保护可能涉及不同公共机构的规定，也涉及非常广的一系列私人参与者——从农民和育种者，一直到食品加工和销售公司。它包含了大量的知识（不但有传统生物技术，还包括与现代生物技术有关的知识）。法规的创立和实施是一个多层次的任务，需要高度的协调和组织。

很明显，法律框架不是实现政策目标唯一的选择。与其他政策措施相比（创立不同种类的激励措施和支持机制，避免误差或者限制措施），需要考虑的一个重要问题，就是法律措施的相对效率（经常需要精密的管理措施）。因此，接下来的研究主题是描述法规和政策措施的例子。

机构框架

机构具有明确的职权范围，运作良好，是法律和政策实施的重要支柱。对于动物遗传资源管理策略的协调来说，一个基本的制度结构是非常有必要的。在法律上明确地定义机构作用是很重要的。安排复杂化或者不够清晰，可能会产生利益相关者之间协调和沟通的问题。

动物遗传资源相关法律实施的制度机理是不同的。不同国家因为国家管理系统性质、财政资源的有效性、总的经济和社会条件的不同，其框架也有所差别。可以看出，有两种主要的机构发展方法：(1) 建立满足特别需要的特设机构；(2) 尽可能调整现有机构的职权或者结构，以促进其最优化的应用（FAO，2005）。

插文 46

马拉威环境管理法案

环境管理法案第35条和第36条包含了生物多样性保护以及遗传资源搜集的若干规定，在生物资源保护政策和框架形成和实施之前，部长可以对马拉威的生物资源进行评估和鉴定。这项法案还包含了部长采取的保护生物资源的建议性行动。部长也可以限制对马拉威遗传资源的搜集，或者进行收费，或者建立技术所有者和政府之间的利益共享策略。

来源：Legal Questionnaire（2003）。

据报道，大量的机构在动物遗传资源管理中发挥了作用。然而，按照惯例，国家水平上的动物遗传资源管理是农业部的职责；与动物健康有关的问题是卫生部的责任，其他的部委，例如贸易部或者环境部也要发挥了其相应的作用。以下讨论的重点仅仅是相关的特殊机构（例如，不是那些“基本”部委）。这些特殊机构可能包括政府机构、授予任务的私人组织，公共—私人混合型企业。法律应该对这些机构的能力和职责（或者至少在更高水平上的体系能力和责任）进行定义，目前从国别报告中获得的信息来看，并不清楚。然而，在接下来的讨论中，只要可能，都会对机构作用法律基础进行分析。

经济手段

由于动物遗传资源的管理是一个复杂的任务，管理涉及了一系列广泛的利益相关者，法律措施的实施可能比较困难，而且成本比较高。如以上所述，可以利用其他更经济有效的机制来实现所要达到的目标。策略可能包括不同种类的补贴，当然，这种策略依赖于国家的经济方式和与国际贸易法规的一致性。支持畜产品销售的措施也可能是另外一种加强和维护动物遗传资源多样性的方法。

4.4　国别报告分析

在接下来的章节中，将会讨论国家水平上的法规措施、机构框架和其他动物遗传资源管理机制问题。

生物多样性相关法规

有几个国家报道制定法规，以实施生物多样性的规定（详见第五章：1）。一些国家在报告中提到，建立了与全国生物多样性保护相关的措施，但是并没有详细解释动物遗传资源是否包括在其中。就资源搜集问题来说，一些国家报道了调控全国遗传资源搜集的法规。例如，马拉威[24]，委内瑞拉玻利瓦尔共和国[25]和哥伦比亚[26]。其他国别报告详细地说明了制定相关法律，调控动物遗传资源的搜集。其中一个这方面的例子就是印度生物多样性法案（2002），通过这项法律来管理外国人对本国植物和动物遗传资源的搜集（Legal Questionnaire，2003）。斯里兰卡国别报告（2002）报道准备制定生物多样性法案，这项法案包含了家养动物在内的遗传资源ABS 。

支持畜牧生产系统的相关手段

这一节分析了法律手段，通过这些手段创造了一个促进动物遗传资源管理的环境。它与动物遗传资源之间的联系是间接性的，通过特殊生产系统可持续性地发展，这些措施也可以促使相关的动物遗传资源可持续利用。在不同国别报告中描述了一套不同的该种类型的手段，这种手段随着生产系统特性、所涉及国家的目标和挑战的不同而有所差别。

与农业发展和土地利用有关的手段

这一标题下包含了一些手段，这些手段旨在促进全国农村地区和农村社区的发展。这些手段可能以政策措施的形式出现，具体的案例详见坦桑尼亚联合共和国国别报告（2004）和莱索托国别报告（2005）；或者在立法性质的法案中进行定

24　环境管理法（Legal Questionnaire，2003）

25　Ley de Semillas，Material para la Reproducción Animal e Insumos Biológicos. Gaceta Oficial de la República Bolivariana de Venezuela N° 37.552 del 18/10/2002（CR Bolivarian Republic of Venezuela，2003）

26　1991 哥伦比亚政治宪法第 81 条款（CR Colombia，2003）

义，韩国[27]，越南[28]和斯洛文尼亚[29]报道了这种案例。这些措施可能会成为国家降低贫困和保证食物安全策略的一部分（插文47）。有一些策略明确地用来调控农业的发展和现代化（洪都拉斯[30]，厄瓜多尔[31]），或者全国农业用地或者可耕地的使用（波斯尼亚和黑塞哥维那[32]，格鲁吉亚[33]，墨西哥[34]）。一些国家可能还会实施措施，以解决特殊生产系统的问题。例如，蒙古创建了法律根据，以支持受恶劣天气条件影响的草地生产系统，或者提供激励措施。2001年，第144号决议批准的国家项目，就旨在保护畜禽免受自然灾害、严冬（Dzud）和干旱的影响，以加强该国的损害救助系统——创立救助分发网络，提高家畜饲养者和管理机构的参与力度（CR Mongolia, 2002）。

与牧场和放牧地管理有关的手段

在牧场面积比较大，而水源稀少的国家，创建了一系列的措施调控放牧和管理。这些措施可能属于一般性的与牧场和放牧地有关的法规，或者纳入特殊法案中。

有 2 个国家报道了一般牧场和放牧地管理领域的法规，吉尔吉斯[35]和阿曼苏丹[36]。也可以将这些措施纳入其他的法规中。也门国别报告 Yemen (2003）报道与放牧地管理有关的措施包含在该国的环境法律中，澳大利亚2001年建立农村用地保护（总）法规 （FAOLEX)。其他国家也报道建立了相应的政策 （例如乌干达[37]，莱索托[38]，阿尔及利亚[39]，不丹[40]），但是在报告中一直都没有详细说明这些策略的法律基础。

这些措施也可能直接针对于牧场的维护和/或改良，如乌兹别克斯坦[41]，巴基斯坦[42]，朝鲜共和国[43]和中国[44]报道了相关的法律。伊拉克1983年第2号政府法律就包含了改善天然牧场，提供轮作放牧，防止有毒植物的发生的措施（CR Iraq,

[27] 农村发展法和农村社区普通法（CR Republic of Korea，2004)。

[28] 中央政府第06号决议（10/11/1998）（CR Viet Nam，2003)。

[29] 1998第240法 （农业）；2004—2006SR农村发展计划（E-mail Consultation Czech Republic 2005)。

[30] Decreto N° _ 31/92 - Ley para la modernizació nyel desarrollo del sector agrícola （1992)（CR Honduras，undated)。

[31] Ley de Desarrollo Agrario, Registro Oficial No. 55 de 30 Abril 1997 （Legal Questionnaire，2003)。

[32] 与可耕土地有关的法（1998）（CR Bosnia and Herzogovina，2003)。

[33] 农业土地法 （CR Georgia，2004)。

[34] Ley Agraria （Legal Questionnaire，2003)。

[35] 与牧场有关的法 （CR Kyrgyzstan，2003)。

[36] 皇家法令 2003 第 8 号颁布的牧场和动物资源管理法 -2003 年 1 月 21 日（FAOLEX)。

[37] 牧场和草地政策 （CR Uganda，2004)。

[38] 1994 家畜和牧场管理政策 （CR Lesotho，2005)。

[39] 国家农业发展计划 （CR Algeria，2003)。

[40] 国家牧场政策 （CR Bhutan，2002)。

[41] 植被的保护和利用有关的 1997 第 543-1 号法（FAOLEX)。

[42] 旁遮普边境放牧法规（E-Mail Consultation Pakistan，2005)。

[43] 草原法 （CR Republic of Korea，2004)。

[44] 草原法 （CR China，2003)。

2003)。土耳其将牧场改良的措施纳入其租赁条例之中(插文47)。

有一些国家报道了防止粪便流失造成的污染的条例。如,朝鲜共和国污水、粪便和尿、废弃物和废弃物处理法案(CR Republic of Korea,2004)。在美国国别报告(2003)和英国国别报告(2002)也提到了管理粪便流失问题法律的影响。库克岛(2003)报道国家环境法对畜禽饲养规模的大小和分布会产生一些影响,尤其是猪饲养农场。同样地,基里巴斯国别报告(2003)提到在1999年环境法管理下,畜牧发展是一项规定活动,新的家畜农场的建立需要获得部委的批准。

挪威通过放牧联合会来促进牧场有组织的利用,激励牧场有组织利用的法令调控了边远土地中牧场的有效利用(FAOLEX)。在注册的放牧联合会管理下,提供激励措施促进有组织的放牧活动,这符合设定的标准(FAOLEX)。巴基斯坦也建立大量的措施调控牧场的利用[45]。

在粗放型的牧场系统中,牧场的利用和水源是至关重要的。尤其在移动性放牧的情况下,它显得尤其重要。在牧场法和相似法规中,包含了与游牧型放牧者使用牧场有关的规程,一般在一些非洲国家中建立了这种规程,例如贝宁[46],博茨瓦纳[47],几内亚[48],马里[49]和毛里塔尼亚伊斯兰共和国[50]。例如,几内亚牧场法管理牧场土地利用权,提供了调解措施。这项法令调控了牧场应用,水资源的使用,游牧和环境保护(CR Guinea,2003)。博茨瓦纳部落土地法限制了授予专门用于放牧的土地的利用权;放牧的土地可以用于一般性的用途(FAOLEX)。牧场的利用对于一直从事畜禽养殖的社区来说也是很重要的。土耳其(插文47)和阿尔巴尼亚[51]建立了社区水平上的与牧场分配有关的法律。

有几个国家报道了调控水资源利用的法律。例如,乍得牧场和农村水利法令[52],蒙古自然灾害、严冬(Dzud)和干旱家畜保护国家项目的决议(详见上面所述)。水资源的利用也可以包含在其他的规章中,例如上面提到的牧场法。在澳大利亚土地保护法案中,它是一个整体性的措施[53]。

45 旁遮普边境放牧法规,1874;保护林牛放牧规则(草地),1978;管理动物放牧细则,1981;动物牧草规则,1900(E-mail Consultation Pakistan,2005)。

46 Loi no 87-du 21 septembre portant réglementation de la garde des animaux, de la vaine pâture et de la transhumance(Legal Questionnaire,2003)。

47 部落领地法(FAOLEX)。

48 放牧法典(CR Guinea,2003)。

49 Loi no 01-004 portant charte pastorale en République du Mali (Legal Questionnaire,2003)。

50 Loi n° 44-2000 portant Code pastoral en Mauritanie(CR Mauritania,2004)。

51 森林和牧场总署第1号命令与牧场和草地租赁的技术标准有关,1996年5月23号实施了包含牧场和草地第7917号法,1995年4月13日(FAOLEX)。

52 Ordonnance N° 2/PR/MEHP/93, portant création de l' office national de l' hydraulique pastorale et villageoise(CR Chad,2003)。

53 2002土地保护法(病害和货物路线管理)-2005年5月19日重新出版;2001农村土地保护(总)法规(FAOLEX)。

插文 47

土耳其牧场法第 4342 号（1998）

这项法律设定了牧场在农村和城市之间分配的基本程序和规则。授权农业和农村事务部确定牧场的边界，以及向相关实体的分配。在相应的地契档案中记录了最终确定的边界。每5年对分配过程进行一次更正。那些在实施改良措施之后才能利用的土地可以租赁给个人和公司，他们负责该土地的改良工作。如果没有获得农业部的书面同意，在该项法律下分配的土地不能用于任何其他的目的。只有在法律设定的特殊条件下，才能给予其他利用目的的书面同意。这项法律也有相应的措施防止这些地区的过度放牧。设立了一项“牧场基金”，由农业部直接管理，资助法律中设定的活动。

资料来源：Legal Questionnaire（2003）。

就发达国家农村地区和有机/生态农业的保护来说，措施倾向于重点保护自然环境或者维护农村地区，而不是主要放在食物安全这一目标上。这样的措施可以间接性的加强传统的、适合当地环境的家禽种群的利用。

促进农村地区保护的法规报道中尤其以欧洲国家较多。例如，斯洛文尼亚（插文48）和波斯尼亚和黑塞哥维那[54]。可以利用法律措施来促进农业向更有好的方向转变，也可以支持特殊生产方法，例如生态/有机农业。一些欧洲国家报道

插文 48

斯洛文尼亚家畜育种法（2002）

这项法律的最主要的目标是促进斯洛文尼亚家畜育种法规与欧盟“共同体法律”的协调性，以适应 CAP。该法律还列出了与农业政策的目标相一致的原则，概述了畜牧和可持续性农业发展的经济、空间、生态和社会作用。这项法律更具体的目标是：

- 调控畜牧业，促进优质粮食的稳定生产，保证食物安全；
- 保护农村地区的设施和栽培景观；
- 以维护生产能力和土壤肥力的方式利用自然资源进行粮食生产；
- 管理获得认可的育种组织的活动以及育种项目的实施；
- 为畜牧业提供更高水平的教育；
- 维护畜牧业的生物多样性和保护环境；以及为与农业有关的从业人员提供合适的收入。

资料来源：CR Slovenia（2003）。

了这种法规。美国国别报告（2003）也提到了美国的国家有机标准，巴西国别报告（2004）提到促进有机肉类生产的项目。

尤其对农机生产来说，一个清晰明了的法律框架对于保证消费者信心（生产标准规章、标记等）来说是非常要必要的。工业化国家在支持非有利地区的农业生产维护方面也建立了法规。例如瑞士的农业法（CR Switzerland, 2002）。斯洛文尼亚家畜育种法有一套综合性的方法，概述了畜牧业的经济、空间、生态和社会作用（插文48）。

[54] 1998可耕土地法（CR Bosnia and Herzogivina, 2003）。

表 88

家畜生产系统可持续生产的措施

措施类型	非洲	近东和中东地区	太平洋西南部地区	欧洲和高加索地区	亚洲	拉丁美洲和加勒比地区	北美
农业发展	[3]		3	2	2		
牧场管理	3 [3]	3 [1]	3	4	5		1
牧场和水资源利用	6		1	2	2		
农村环境、生态/有机农业保护				10		1	1
国别报告数量	42	7	11	39	25	22	2

[n] = 政策/措施。

注：两类措施的引用是可能的。

一些国家，尤其是非洲提到已经出台了农业、牧场管理或者畜禽生产的政策和策略。然而，从国别报告提供的信息来看，很难知道这些策略的法律基础，例如，这些策略是否是基于与农业和土地利用有关的一般性的法律框架，或者基于政府机构能力和责任相关的法规。同样地，这些策略是否获得了立法机构的批准也通常不是很清楚。例如，在插文49中，莫桑比克的例子就展示了在国家政策下结合了一项策略，以促进脱贫和食物安全。

插文 49

莫桑比克畜牧发展政策和策略

一项新的畜牧发展政策和策略文件正在递交等待批准。文件的目标是促进农村地区的脱贫和食物安全，提高家禽饲养在家庭社会——经济增长中的作用，以为满足国家市场的需要做出贡献。这项政策时间为10年。

资料来源：CR Mozambique（2004）。

支持畜牧发展的机构

这一节讨论了一些法规，这些法规与动物遗传资源管理中具有特殊作用的机构有关。这种机构可以以集中化的方式，也可以以分散化的方式进行组织。有几个国家提到了专业化的中心机构，这些机构涉及畜禽的管理。例如，佛得角农业和畜禽国家研究所[55]。

不同地区之间，分散化组织的作用都不相同，例如合作机构、社区组织和农民联合会。这种类型的组织通常会参与与动物遗传资源管理有关的活动。几个非洲国家报道了与当地水平上的农村合作组织的认可和操作。例如，乍得国别报告（2003）提到了一项法令[56]，

[55] 批准农业和畜牧国家研究所组成的第125/92号法规（1992）（FAOLEX）。

[56] N° 137 /P.R./MA/93 法令确定了农村团体认可程序和工作，以让妇女和男人在畜禽部门的发展中承担责任。

这项法令就与农村组织的认可和运作有关，还有一项管理合作组织水平的法律[57]。

中非共和国报道了影响农村社区组织的法规[58]，赤道几内亚也指定了这样的法规[59]。博茨瓦纳已经设立了土地委员会作为法人——命名权力和土地命名都由土地委员会负责，由这个委员会来确定和授予土地使用期限的形式（FAOLEX）。

拉丁美洲（例如墨西哥[60]）和欧洲（例如波兰[61]，波斯尼亚和黑塞哥维[62]）的一些国家报道了调控农民和育种者组织的法规。可以将这些组织当作专业性的联合会，代表了生产者的利益（经济）。马来西亚[63]和巴基斯坦[64]也分别报道了农民组织和农业合作协会相关法规。

信贷

适合畜禽养殖者特殊需要的信贷提供是一种重要的制度需要。在那些银行基础设施建设非常不完备国家，这个需要是一个需要特别注意的问题。在一些国家，尤其是在非洲，国家在该领域采取了行动计划。例如，在喀麦隆建立了“Caisse de Développement de l'Elevage du Nord”[65]；中非共和国建立了“Mutualité Agricole”[66]，刚果建立了农业基金的预算法[67]；塞内加尔建立了“fonds de garantie des crédits pour les productions végétales et animals”[68]，莫桑比克则建立了畜禽发展基金[69]。该领域另外一个法规方面的例子就是巴基斯坦1966年的“合作协会和合作银行（偿还债务所支付）条例”（E-mail Consultation Pakistan，2005）。

与保护有关的措施

这一节讨论了动物遗传资源保护的法规措施，政策和策略（这一节参考的不同类型保护的定义详见插文94第四部分第六章）。动物遗传资源多样性保护的第一

[57] N° 25/PR/92命令，调控合作团体和合作社的水平。

[58] Décret N° 61/215 du 30 septembre 1961 réglementant la coopérative et la mutualité agricoles en RCA（CR Central African Republic，2003）。

[59] Ley de las Cooperativas，Ministerio de Trabajo，Malabo（Legal Questionnaire，2003）。

[60] Ley de asociaciones agricolas and Ley de Organizaciones Ganaderas y su Reglamento（Legal Questionnaire，2003）。

[61] 1982社会和专业农业组织法（Legal Questionnaire，2003）。

[62] 农民协会法（CR Bosnia and Herzogovina，2003）。

[63] 1973农民协会法（CR Malaysia，2003）。

[64] 旁遮普畜禽协会和畜禽协会联合会法(注册和控制)，1979（E-mail Consultation Pakistan，2005）。

[65] Décret no 81/395 du 9 septembre 1981 modifiant et complétant le décret no 75/182 du 8 mars 1976（Legal Questionnaire，2003）。

[66] Decret 61.215 du 30 Septembre 1961（Legal Questionnaire，2003）。

[67] Projet de loi portant création du Fonds agricole（Legal Questionnaire，2003）。

[68] Décret no 99-733（Legal Questionnaire，2003）

[69] No legal basis indicated。

步是鉴定，然后指定需要保护的种群。动物资源的保护可能有不同的动机，包括经济、社会文化和科学目标。它的目标是保护特殊的濒危动物，或者更广泛地维护动物遗传资源多样性。

在几个例子中，动物遗传资源保护有关的法规是很明显有文化方面的驱动力。例如，朝鲜共和国，根据文化财产保护法，对特殊种群作为“纪念建筑物”进行保护（韩国国别报告 2004）。一些加拿大的省在其法律中设定了“遗产种群”或者“遗产动物”，例如魁北克省的加拿大奶牛、加拿大马和 Chantecler 鸡，纽芬兰及拉布拉多的纽芬兰马（加拿大国别报告，2003）。在秘鲁，Peruano de Paso 马以及峰驼、羊驼被当作是国家的象征（秘鲁国别报告，2004），秘鲁出台了法律措施来保护这些动物[70]。就日本来说，科学价值也被提到作为一个标准，文化遗传保护法（1950）将原生物种指定为“天然宝藏”，其中包括具有较高科学价值的畜禽（日本国别报告，2003）。在其他情况下，法律措施的动机更与对生物多样性的关注有关（详见插文 50 中描述的斯洛文尼亚 2004 农场动物遗传资源保护法规）。

在一些情况下，策略也可以定位于保护特殊物种，例如秘鲁原地和移地保护峰驼和羊驼。在其他情况下，会将保护措施纳入动物遗传资源管理的更广泛的项目中，例如，蒙古“改良畜禽品质和育种服务”[71]项目。可以通过另外的措施对项目进行支持，例如对科学研究的支持（CR Kazakhstan 2003；E-mail Consultation the Netherlands，2005；CR Ukraine 2004），或者农民的意识培养（CR India，2004）。如果这些项目可以正确的定位，那么就需要建立动物遗传资源的鉴定和目录措施，以及项目中涉及种群和动物的鉴定和注册规程（插文 50）。

插文 50

斯洛文尼亚农场动物遗传资源保护法规

法规建立监测和分析动物遗传多样性状态的系统性的规程，定义了原地和移地保护的方法和工具。它建立的注册包括种群和品种动物技术性评估。该项法规还提供了种群濒危程度的定义和种群内遗传变异估测的标准。

资料来源：E-Mail Consultation Slovenia （2005）。

原地体外保护

与以上提到的为畜禽生产系统提供综合支持的策略相比，这一部分分析的策略直接与动物遗传资源的保护有关。只有非常少数的国家（多数来自非洲和高加索地区）报道了动物遗传资源原地保护的法规（表89）。支持这种类型保护的不同策略和

[70] Decreto Ley Nº 25.919 - Declara el caballo de paso como especie equina oriunda del Perú，1992。

[71] 基于畜禽基因库保护和健康法（CR Mongolia，2002）。

机制也可以实施。一些国家给予育种者、育种者组织，或者其他保存传统种群的机构经济上的支持（例如日本[72]和希腊[73]）；或者给予非政府组织经济支持，促进和管理原地保护（例如瑞士）[74]。

发展中国家几乎没有报道这种策略。加纳国别报告（2003）提到在动物研究所做出的努力，以支持加纳北方地区5个社区加纳短角牛的保存。然而，涉及的确切机制还不清楚。在印度，国家动物遗传资源局的保护项目包括，建立以种群自然生长的方式进行原地保护的单位，遗传上具有优质特性的动物品种效能记录、选择和注册，建立措施激励保存动物用于育种的所有者。印度将这些措施与特殊种群的移地体外和体外保护相结合来进行动物资源的保护（CR India，2004）。然而，国别报告并没有提供这些措施法律框架的信息。秘鲁国别报告（2004）报道了另外一种类型的项目，这个项目涉及指定特殊区域，通过半自由方式饲养野生骆驼，以回收骆驼的毛皮。

移地体外保护

同样地，也只有有限数量的国家，报道其已经建立了与移地体外保护有关的工具（表89）。例如，斯洛文尼亚和乌克兰（插文50和插文52）。在印度尼西亚，畜牧和健康法律要求保护项目必须在管理良好的地区进行，例如较小型岛屿或者一定的村庄育种中心或者私人和国有农场（CR Indonesia，2003），马来西亚[76]和印度建立了保护农场网络，斯里兰卡的动物园法涉及了动物农场（E-mail Consultation Sri Lanka，2005）。

体外保护（冷冻保存）

有几个国家报道了与体外保存设施有关的法规。例如乌干达已经建立了动物育种领域综合性的法规（插文51）。在美国，1990年食品、农业、保护与贸易法将动物遗传资源的保护作为国家的首要任务（CR United States of America，2003）。这项法案的建立促使美国1999年开创了国家动物种质项目，美国现在正在建立一套综合性的动物遗传资源管理策略，其中包括冷冻保存措施的建立。只有捷克共和国报道了调控基因库使用和遗传材料的转让规程的策略。美国的育种法修正案[77]和相关的实施规程和项目也包括一个模型“遗传材料供应和转让

[72] 文化遗产保护法－提供给受方法影响的市政当局奖金（CR Japan，2003）。

[73] 第434/95号总统令；农业和经济部长的第280/343571/4969/8.9.97号决议；农业部长第167/08.03.95号决议（CR Greece，2004）。

[74] 基于农业法的补贴（CR Switzerland，2002）。

[75] 1967第6号法，第13条款（CR Indonesia，2003）。

[76] 根据1953年动物条例和生物多样性国家政策，由科学、技术和环境部发布（CR Malaysia，2003；Legal Questionnaire，2003）。

[77] 育种法修订案154/2000（E-mail Consultation Czech Republic，2005）。

表 89

保护领域的措施

保护类型	非洲	近东和中东地区	太平洋西南部地区	欧洲和高加索地区	亚洲	拉丁美洲和加勒比地区	北美
原地				8	3	1	1
移地活体				2	4		
移地体外	1			6	3	2	1
国别报告数量	42	7	11	39	25	22	2

注：措施包含于不止一个类型中。在第三章报告了保护项目的详细情况。

协议”。

动物遗传资源保护有关的机构

一些国家报道了负责保护机构建立的措施。例如，乌干达动物育种法（2001）就建立了国家动物遗传资源中心和数据库，它负责监督保护措施（插文 51）。

> 插文 51
> **乌干达国家动物遗传资源项目**
>
> 国家动物遗传资源项目主要的目标，是保证动物遗传资源多样性的保护和可持续性充分利用。这个项目承担了建立国家动物遗传资源保护政策的任务，包括原地和移地策略；建立合适的机构框架协调、管理和监测保护活动；提高人们对动物遗传资源管理有关现有行动计划的认识；国家畜禽种群的特征鉴定和记录；推动研究发展。
>
> 资料来源：CR Uganda（2004）。

其他例子包括乌克兰（插文 52），哈萨克斯坦[78]和以上提到的美国国家动物种子项目。

> 插文 52
> **乌克兰动物育种相关法律**
>
> 在乌克兰，所有品种的濒危种群保护都是动物育种法律整体的一部分。通过特别建立的具有行政权力的集中机构实施保护工作，通过州预算给予资助。这个项目包括一系列的行动，包括高产出种群、株系和濒危育种群体冷冻精子的保存；在育种和选择工作中利用繁殖生物技术；育种动物展示和拍卖的组织。
>
> 资料来源：CR Ukraine（2004）。

委内瑞拉玻利瓦尔共和国国别报告（CR Bolivarian Republic of Venezuela, 2003）报道根据生物多样性法律建立了遗传资源（动物和植物品种）保护的国家中心，这

[78] “谱系动物育种”法和各自的亚法律法案（CR Kazakhstan，2003）。

第三部分

个中心受环境部管理。土耳其已经建立了动物遗传资源部长和多重利益相关者委员会（插文 53）。

插文 53

土耳其动物遗传资源包含的法规（2002）

这项法规基于畜禽改良法案第 4631 号，设定了土耳其动物遗传资源保护和注册相关的所有活动的规程和准则。建立了动物遗传资源保护国家委员会，由以下代表组成：(a) 农业研究总局；(b) 农业企业总局；(c) 兽医学科学部；(d) 农业科学部；(e) 环境部；(f) 林业部；(g) 土耳其兽医联盟中心委员会；(h) 野生动物保护协会；(i) 土耳其动物栖息地保护协会；(j) 安纳托利亚马种群发展协会。这个委员会的作用包括：确定与动物遗传资源保护有关的活动；评估过去的活动，计划未来的行动；详细说明濒危的种群；动物遗传资源保护的政策形成；动物遗传资源进口和出口的决策。

资料来源：Legal Questionnaire（2003）。

与遗传改良有关的措施

遗传改良包含了一系列广泛的与育种过程有关的活动，包括动物鉴定和种畜登记簿的保存，动物性能的记录，遗传鉴定和改良遗传材料的分发。许多国家都出台了法律措施调控部分或者所有活动。法规可能包括育种材料的国内和国际交换。在这一节对法律框架的下面几部分进行了讨论：

- 育种策略和项目的定义；
- 动物鉴定和注册系统；
- 与人工授精和自然服务有关的基础设施和组织问题，包括卫生控制措施。

表 90 显示欧洲和亚洲在遗传改良领域已经建立了最密集的法律规程。相反的，在非洲国家，不太可能有法律框架支持相关政策。在一些国家，现在正在建立法规，还没有实施。一些发展中国家报道了实施这一领域的政策和项目过程中遇到的困难和难题。

表 90

遗传改良领域的措施

保护类型	非洲	近东和中东地区	太平洋西南部地区	欧洲和高加索地区	亚洲	拉丁美洲和加勒比地区	北美
育种策略、遗传改良和选择的定义	6	0	2	17	11	4	0
注册和商标繁殖生物技术法律	5	1	1	21	5	10	0
	2		1	18	5	5	1
国别报告数量	42	7	11	39	25	22	2

在第二章中详细描述了遗传改良项目。

育种策略的定义

不同国家之间的育种策略目标差别很大。有几个国家提到的育种策略，直接定位于最有效地利用当地的种群，或者是直接育种，或者侧重于杂交育种。例如，在尼日利亚，鼓励在种群适合的生态区进行当地种群的育种和选择；但是也有策略促进当地奶牛的人工杂交育种，这种杂交育种外来种群的比例不能超过50%（E-Mail Consultation，2005）。其他的例子包括印度建立当地牛和水牛种群遗传改良的促进策略，而且促进当地动物与Jerseys牛或者Holstein-Friesian牛的杂交育种（CR India，2004）；特立尼达和多巴哥促进当地Criollo山羊种群的遗传改良（CR Trinidad和Tobago，2005）。塞尔维亚和黑山[79]和中国[80]也出台了相关策略促进当地和外来种牛的利用。一些国家还建立了与特殊品种或者种群有关的法律。例如阿根廷的绵羊恢复项目[81]和挪威建立的与驯鹿、山羊、绵羊、猪和家禽有关的法律（FAOLEX）。莱索托建立了限制家禽出口的法规，其他国家为了满足育种目标的需要而从莱索托进口家禽（插文54）。

[79] 畜禽改良方法的法律，调控适合当地环境种群和进口国外种群的可持续性管理（FAO，2005）。

[80] CRChina（2003）；Legal Questionnaire（2003）。

[81] Ley para la recuperaciòn de la ganaderia ovina，N 25422，27 April 2002（Legal Questionnaire，2003）。

插文54

莱索托畜禽和畜产品进口和出口公告

1952年出台畜禽和畜产品进口和出口第57号公告，分别在1953年，1954年，1965年和1984年进行了修订，该公告指出：(a) 没有经过允许，畜禽不能够进口或者出口；(b) 不允许进口“不良畜禽”，包括，并且不限定于杂种山羊和绵羊；(c) 进口的条件应该包括动物的优良特性，包括它们改良国家畜禽标准的能力。

这些法规措施影响了种群的利用。美利奴羊（Merino Sheep）和安哥拉山羊（Angora goats）的饲养数量比任何其他种群都大。该项法令还鼓励在山区饲养美利奴羊，因此在该地区这种种群的密度比较高。进口控制允许改良国家的畜禽，进口限定于优质的美利奴羊、安哥拉山羊、肉用牛和奶牛。

资料来源：CR Lesotho（2005）。

另外一个调控动物利用法案的例子是马来西亚的动物条例（插文55）。

插文55

马来西亚动物条例

这项条例禁止保留没有经过灭菌处理的超过15个月的公牛。适合繁殖的公牛可以例外。官方机构对这些公牛进行检测（健康和育种标准）并进行注册。注册的公牛只能允许用于的育种。

资料来源：CR Malaysia（2003）。

第三部分

动物注册和鉴定

如果鉴定和注册系统是有效的，那么动物遗传资源管理的不同方面需要不同的动物鉴定和注册系统。例如实施兽医控制措施或者追溯条规，以保证食物安全，防止盗窃，监控种群的状态，实施育种和保护项目。在那些公共物资，例如食物安全或者畜禽流行病防治，是主要目标的地方，一个清晰和有效力的注册和鉴定法律基础可能就是特别有必要的。为了目标育种，需要建立更精细的记录方法（例如种畜登记簿），正常情况下包含动物谱系和后代性能的文献记录。这就非常有必要建立法规调控这种类型的系统，保证标准的一致性。需要当地种群注册的另外一个原因可能与调控种群的搜集和生物多样性的需求有关。

根据目标和资源有效性的不同，可以以不同的方式组织鉴定和注册。由中央国家机构实施这些任务，或者委派发散各地的机构实施这些任务，例如育种者组织或者国家育种农场。精细的注册系统需要一个高度的组织和合作。因此在一些国家，注册仅限于特殊的育种种群或者育种农场（E-mail Consultation Nepal，2005），具有特殊重要性的品种，或者商业化方向的农场和公司。

欧洲已经建立了高度组织化的系统（在西欧建立了育种者组织，东欧建立了国家机构），相应的出台了与动物注册有关的最密集的措施（表90）。在世界的其他地方，一些国家将鉴定和注册作为“大目标”或者“迫切需要”，这些国家可能会评估或者改良现有的操作技术，或者现在正在建立一项政策。一些国家也指出，现在他们还不能够监控他们种群的水平，缺乏纯种传统种群注册措施，这可能会妨碍他们进一步的发展。

繁殖生物技术

在这一节，对遗传改良生物技术利用有关的法规和政策评估（主要是人工授精和胚胎移植）进行了论述。表90就出台的措施进行了地区性的划分。由于繁殖生物技术在发展中国家更广泛的利用，欧洲和高加索地区建立了繁殖生物技术最高密度的法规。许多发展中国家将繁殖生物技术的利用作为一个提高生产力，特别是奶牛生产力的一个重要的方法。例如，斯里兰卡的人工授精项目，这个项目旨在改良牛、水牛、山羊和猪，以提高商业化生产系统；国家利用的牛精液多数来自从欧美、北美和澳大利亚进口来的普通牛（E-mail Consultation Sri Lanka，2005）。一些国家报道了与技术需求有关的法规，例如精液的生产和运输，健康控制和人工授精中心和精子库的组织。匈牙利1994年第39号法规就是这一类的法规（插文56）。

插文 56
匈牙利法令第 39 号

农业部1994年的第39号法令，与人工授精、胚胎移植和育种材料的生产、供应、销售和利用有关，适用于牛、山羊、绵羊、马、猪和红鹿。第2条到第6条与人工授精中心的管理有关。这些中心需要运作的授权，而授权是由国家农业分类研究所来进行的（NACI）。授权所依赖的条件在第2条中有详细的说明。中心将会与感兴趣的育种组织联系，履行第5条款中列出的职责。精液只能从人工授精中心批准的动物中搜集。在第7条款和第8条款中列出了与人工授精授权有关的条款。在第9条款与精液的供应有关，这些精液只能由人工授精中心来生产。第10条款对精液的销售进行管理。在第11条款中列出了进口精液销售有关的特殊规则。国家农业分类研究所每年对这种中心进行审核，该研究所可以延长授权，对条件具体化，或者在不符合标准的情况下撤销授权（第14条款）。从第15到24条款对胚胎移植进行管理，中心也需要运作的授权。与所有这些活动有关的标准是由国家农业分类研究所来负责的。在部委公告中出版了受权的中心名单、禁止的牛繁殖材料，受权用于人工授精的雄性动物名单。

资料来源：Legal Questionnaire（2003）。

种群健康和遗传材料的控制

有几个国家，特别是在欧洲，指出他们已经建立了与育种动物健康有关的法规（或者用于人工授精的精液生产过程中，或者用于自然交配的动物）。

插文 57
博茨瓦纳家禽疾病（精液）法规

根据这些法规，在国家进口精液时需要获得批准（防止病害的引进和传播）；精液的处理（销售、赠与、交换或者任何其他方式）；利用任何一种精液进行任何一种家禽的人工授精，而家禽并非属于精液拥有者所有。

资料来源：Legal Questionnaire（2003）。

其他例子包括马来西亚动物法（插文57），日本要求所有育种动物（牛、马和猪）必需获得育种畜禽合格证[82]。每年经过审查之后颁发这个合格证，审查包括传染病和遗传病。一些国家出台了与特殊畜禽病害防治有关的条例。例如，挪威就有从英国进口奶牛和肉牛的与牛海绵状脑病有关的限制，包括限制胚胎的进口[83]。

遗传改良有关的激励措施

许多国家报道了激励措施，通过某种方式或者另外的方式影响育种者的活动，可以间接性地促进遗传改良，例如财政投

[82] 畜禽改良和生产提高的法律（E-Mail Consultation Japan，2005）。

[83] Decree No. 548 of 2000年防治从英国进口引起的BSE保护措施有关法律第548号法令（FAOLEX）。

资的补贴或者不同种类投入的补贴供应。在这一节，只讨论与畜禽育种直接相关的补贴。

有不同类型的补贴。例如，越南报道了维护和改良畜禽和家禽育种牛群/羊群的补贴基金。哈萨克斯坦向农民提供提高系统育种材料有效性措施的补贴（CR Kazakhstan，2003）[84]。有几个国家报道支持育种基础设施和技术的补贴。在许多国家，国家部门参与了服务的提供，例如不同津贴率的人工授精，或者给私人部门提供者补贴（详见第四章）。

插文 58

巴巴多斯激励项目

由于超市和其他批发购买者提供的鲜猪肉价位高，所以许多生产者一直在向屠宰场销售低体重的动物，包括仔猪。这会损害国家猪种群的遗传基础。为了解决这一问题，政府已经向生产者提供了$500的一项BDS激励措施（约250美元），以保证不进行农业和农村发展部认定的适合育种的仔猪屠宰、或者将仔猪销售给屠场。这个项目由巴巴多斯农业协会和巴巴多斯猪养殖者合作协会有限公司联合执行。

资料来源：CR Barbados（2005）。

其他措施可能包括提供信贷机会，给予税收优惠，提供贷款优惠或者向育种活动提供紧急基金。例如墨西哥出台的措施，为与饲养牛有关的人员减税[85]，阿根廷建立了绵羊库和紧急基金[86]。

致力于遗传改良的机构

这一节讨论了国别报告中描述的不同机构，这些机构促进了计划性和结构性遗传改良项目。一些国家报道了致力于动物遗传资源改良的专业化机构。这样的机构被授权进行动物遗传资源管理不同领域的活动，包括项目和策略的构建（例如乌干达[87]）；动物遗传资源发展和生产特殊分支的管理（例如莫桑比克的AVICOLA[88]和摩尔多瓦猪和家禽生产研究机构（具体看下面的描述）；研究推广（例如哥斯达黎加[89]和毛里求斯[90]）；育种改良研究（例如玻利维亚[91]和加拿大[92]）。这些机构可能是专业化的政府机构，可以会集合不同部门的专家（哥斯达黎加），或者专家

[84] 18/4/1991 的第 125/CT 决议（CR Viet Nam，2003）.

[85] 1994 年 1 月 2 号第 6/2/94 号法令（税收利益）（Legal Questionnaire，2003）.

[86] 2002 年 7 月 25 号第 143 号决议（农业和畜禽紧急情况下的绵羊银行）（Legal Questionnaire，2003）.

[87] 动物育种法案管理下的国家动物遗传资源数据库（CR Uganda，2004）.

[88] 第 5/78 号法令创立了农业部管理下的家禽国家研究所。它的活动涉及各种类型的加强生产（工业或者传统）（Legal Questionnaire，2003）。

[89] INTA（农业改革和技术转让国家研究所（2001 年 11 月 5 号第 8149 号法令）（CR Costa Rica，2004）.

[90] AREU：研究，培训和推广工作（CR Mauritius 2004）.

[91] 牛遗传改良国家中心。部长第1 080/01号决议，del MAGDER（CR Bolivia，2004）.

[92] 农场实验站法（CR Canada，2004）.

的咨询团体，例如荷兰生物技术委员会(E-Mail Consultation the Netherlands，2005)。任务也可以授权给私人或者公共——私人机构。

乌干达已经建立了发展项目研究、推广和构建的专业化政府机构——国家动物遗传资源督导委员会，这个委员会受农业部管理，其他国家如哥斯达黎加[93]（the Instituto Nacional de Innovaci ó n y Transferenciade Tecnologí a Agropecuaria (INTA)[94]智利（技术发展国家委员会）[95]，和玻利维亚（牛遗传改良国家中心）[96]。

私人组织和公共—私人复合机构也可以参与动物遗传资源管理。喀麦隆报道了这样的组织—— Sociétéde Développement et d'Exploitation des Productions Animales (SODEPA)[97]；和摩尔多瓦——猪和家畜科学生产机构　（"Progress" 和 "Moldptitseprom"）(CR Moldova，2004)。报道的另外一个例子是英联邦的牛奶委员会[98]。

正如以上提到的，可以通过中央政府机构或者分权政府机构组织繁殖畜禽或者种群的注册，或者给予私人团体这一资格，经常是给予公认的育种者组织。

乌干达（与国际遗传资源数据库合作），古巴[99]，俄罗斯联邦[100]，乌克兰[101]和爱沙尼亚[102]都报道了与集中育种注册有关的法规。牙买加[103]，危地马拉[104]和加拿大[105]报道了分权机构。尼泊尔建立了组织农场和政府农场的注册计划（E-mail Consultation Nepal，2005)。欧盟建立了管理系谱证书、种畜登记簿、遗传鉴定和效能检测的法规体系（详见第五章3.2)。特殊种群的注册措施例子包括斯洛文尼亚农场动物遗传资源保护的法律，它建立了种群的注册，包括动物技术估测（详见上述)。俄罗斯联邦国别报告（2003）提到了育种注册法规。在中国，2005年的畜牧法律促进了家畜和家禽遗传资源的建立(FAOLEX)。

在某些国家，尤其是那些缺少强有力的、多样化的育种组织的地方，一些特殊机构，如国有农场和核心种群（controlled nucleus herds）发挥了绝对的作用。在培

93　2001动物育种法（CR Uganda，2003)。

94　Ley Org á nica del MAG；Ley N° 8149，del 5 de noviembre de 2001 （CR Costa Rica，2004)。

95　（Comision Nacional para el Desarrollo de la Biotecnologia）2002年1月21日第164号法令（Legal Questionnaire，2003)。

96　部长第080/01号决议（CR Bolivia，2004)。

97　D é cret n° 81/395 du 9 septembre 1981 modifiant et complétant le d é cret n° 75/182 du 8 mars 1975 portant création de la SODEPA （Soci é té de Dé veloppement et d'Exploitation des Productions Animales (Legal Questionnaire，2003)。

98　牛奶发展委员会法(修订案)2004（FAOLEX)。

99　Ley N° 1.279 - Ley de registros pecuarios，1974 (Legal Questionnaire，2003)。

100　CR Russian Federation （2003)。

101　乌克兰"动物育种"法（CR Ukraine，2004)。

102　动物育种法（CR Estonia，2004)。

103　由育种协会记录（CR Jamaica，undated)。

104　Acuerdo Gubernativo 843-92（CR Guatemala，2004)。

105　1985动物系谱法（CR Canada，2004)。

育和生产育种材料过程中，这些机构也可能会参与到一些保护项目中。例如印度尼西亚动物遗传资源保护和利用的政策[106]，蒙古建立了一个“改良畜禽品质和育种服务”的项目[107]。它主要的目标是通过创立核心种群和提供相应的畜禽育种服务，改良生产力产量和品质（CR Mongolia，2002）。

插文 59

乌干达动物育种法案（2001）

通过鉴定国家动物遗传资源中心的农场和牧场，政府逐步采取措施支持育种机构。在这些牧场和农场可以采取特殊的育种活动。然而，保证基础设施运行所需的充分的资金仍然是一个问题。

资料来源：CR Uganda（2004）。

在遗传改良过程中，可能会授予育种者联合会不同的功能，在某些情况下，也会授权给私人公司。育种者联合会经常承担种畜登记簿的保存工作。在畜禽育种法案中通常会定义其责任和能力。在欧洲，育种者联合会的作用尤其显著。欧盟建立了一套法规体系，这套法规负责管理育种者组织的认证和其活动的调控（详见第五章 3.2）几乎没有非洲国家报道建立这种育种者组织。然而，对这种联合会的扶持是乌干达国家动物遗传资源中心和数据库的目标之一，这个中心和数据库是根据2001 年动物育种法案成立的（CR Uganda，2004）。

插文 60

危地马拉——纯种动物注册的多元化

在 1915 年，危地马拉开始建立一个集中注册处。1933 年引入了这一领域的法规。这项法规定义了纯种动物注册有关的标准。它的目标是解决许多纯种动物的注册问题，在这个时候还没有系谱文献。这种现状避免了当时的“开放式”策略。1965 年，所有中美洲国家都采用了这项法规，以这项法规作为注册规程的基础。1992 年采用了注册的多元化的法律，在接下去的几年，在几种畜禽品种中，育种者联合会的畜牧登记获得了官方的认可。

资料来源：CR Guatemala（2004）。

106　Law on 畜牧和兽医法法律第 6/1967 号，第 13 条款（CR Indonesia，2003）

107　基于 1993 畜禽基因库和健康保护法；2001 修订，由 1997 年第 105 号决议批准。

表 91
与积极参与遗传改良的机构有关的措施

机构	非洲	近东和中东地区	太平洋西南部地区	欧洲和高加索地区	亚洲	拉丁美洲和加勒比地区	北美地区
研究开发机构							
包括科学委员会：							
政府	5			3（+1 mixed）		3	2
利益相关者				4			
育种基础设施	2			1	2 [2]*	1	1
政府注册	2			4	3	1	1
利益相关者联合会							
注册				6	4	2	1
改良				2			
国别报告数量	42	7	11	39	25	22	2

[n] = 通过政策建立。

与销售和贸易有关的措施

这一节讨论了正在实施的措施，这些措施旨在促进和调控畜禽和畜产品的销售和贸易。这种措施包括与销售产品标准设定有关的措施，促进该领域贸易或者建立机构有关的措施，以及调控动物国际和国内移动和交换的措施。

标准设定

有两个与标准设定法规有关的主要目标：(1) 通过设定最低质量标准，保证食物安全，解决人类健康的与食品有关的问题；(2) 市场消费者提供的优质产品的鉴定。

危地马拉报道了不同类型的与保证食物安全有关的措施。其中的例子包括科摩罗第87-019/PR法令，这个法令与食品的生产、贮藏、分配和审查有关（CR Comoros, 2005）。其他国家报道了与不同动物产品分级有关的法规。例如，巴基斯坦建立了与农产品分级有关的总规章，牛奶、动物毛皮、鸡蛋、传统奶油制品和鲜奶油有关的特殊规章。其他法规包括与特殊食品生产有关的法规，如肉（包括与屠宰有关的措施）、鸡蛋和牛奶产品（包括原奶销售）。可以将这些不同类型的措施纳入总的法规框架－例如巴基斯坦就是这样做的（E-mail Consultation Pakistan, 2005）。

旨在为消费者提供信息的措施可能有不同的目标：质量标准的保证；地理种源的鉴定或者特殊生产方法(例如有机产品)；或者指示原材料的来源，提供与食物安全有关

表 92

标准设定领域的措施

标准设定实施的措施	非洲	近东和中东地区	太平洋西南部地区	欧洲和高加索地区	亚洲	拉丁美洲和加勒比地区	北美地区
食物安全	4 [1]	0	1	3 [1]	4	3	0
消费者信息	0	0	0	6	0	1	1
国别报告数量	42	7	11	39	25	22	2

[n] = 政策或者法律基础不明。

的保障。最常提到的措施是那些与有机生产有关的法规。欧盟在这一领域已经建立了一套法律体系，这些法律覆盖了有机产品生产、标记和审核，建立了应用地理指示和相似指定有关的条例（详见第五章3.2）。

加强畜产品贸易的措施

由于一系列不同目标可以用不同的销售策略。目标可能是支持饲养者的收入或者促进出口。通过帮助更广范围的、具有经济可行性的种群的生产，这种策略也可以服务于动物遗传资源多样性的培育。可以通过不同的措施促进贸易和销售，这些措施包括：

- 建立政府机构，进一步促进全国的销售，如马来西亚联邦销售局[108]，或者埃塞俄比亚动物、动物产品和副产品销售发展局的建立[109]；
- 创立政府机构以培育特殊产品：如尼加拉瓜国际牛奶产品公司[110]和斯里兰卡国家畜牧发展局[111]；
- 公共－私人合作关系的创立：这种合作关系主要存在于牛奶生产部门；
- 政策、策略和项目的实施，或者支持全国动物产品的销售或者特殊产品的销售，例如蒙古牛奶和羊毛产品项目（插文61）和菲律宾“白色革命”项目（插文 62）；
- 利基市场的发展：报道的例子包括博茨瓦纳促进猴子肉、鸵鸟肉和鸵鸟皮，厄立特里亚销售稀有种群产品（CR Botswana，2003；CR Eritrea，2003）；
- 支持和调控特殊生产方法（例如有机农业或者标识的法规）；
- 实施保护当地生产者免受进口竞

[108] 1965 联邦农业销售局法 - 1974 年修订（CR Malaysia，2003）

[109] Animal，动物，动物产品和副产品销售发展局建立公告（第 117/1998 号）（FAOLEX）

[110] Decreto 364. Ley de la corporación nicaragüense de la Agroindustria Láctea. 31/05/88 （CR Nicaragua，2004）

[111] 1972 年国家农业合作法第 11 号，1972 年 5 月 4 日公报令（CR Nicaragua，2004）

争压力的措施（进口配额税）：在国别报告中提到的例子包括多米尼加共和国的鸡肉关税保护[112]，和埃及的几项法规，这些法规禁止受精卵和鸡肉的进口，以培育埃及健康发展畜禽饲养业（CR Dominican Republic，2004；CR Egypt，2003）（近几年，这种类型的措施逐渐被其他的支持当地农民的办法所代替）；

- 特殊销售办法的调控（例如秘鲁羊驼和峰驼的公共拍卖调控[113]）：和建立食品加工和销售部门负责人的网络化机会，如蒙古批发网络项目（CRMongolia，2004）。

插文 61

蒙古白色革命项目

自从1999年采用第105号政府改革法案以来，“白色革命”项目已经开始实施了，这一项目旨在促进畜禽饲养业当地资源的流动，提高奶牛产品的供应，通过改良奶牛产品的传统加工方法，建立小型和中型企业，创立有益的销售市场，提高放牧者和当地人的收入。

2000年第114号政府改革法案采用了羊绒项目，提高设施的加工能力，提高羊绒产品的竞争力。2001年第26号政府改革法案批准了羊毛亚项目。这个项目的目标是提高与羊毛、羊皮和皮革加工工厂的能力。

资料来源：CR Mongolia（2004）。

插文 62

菲律宾白色革命

奶业发展方法涉及小型户和商业生产者。1997年成立了菲律宾奶业公司，为奶业生产企业的发展起到了龙头作用，菲律宾的奶业以小型规模的牛奶生产为基础，以提高农村收入。在ADB-IFAD项目支持下，1984年开始进口了2400头Holstein-Friesian-Sahiwal牛。将进口的这些动物分发给了不同的农民合作组织。在国家奶制品发展法案RA 7884支持下，菲律宾创立了国家奶制品管理局（NDA），以促进菲律宾奶制品企业的快速发展。

在国家奶制品管理局和菲律宾水牛研究中心领导下，1999年菲律宾开展了白色革命。这次革命旨在促进社会各界的支持—农民和农村家庭、政府推广和财政组织、立法机构、私人投资者、消费者、儿童和商业加工商。

资料来源：CR the Philippines（2003）。

销售的机构

在一些国家存在一些动物遗传资源产品销售的体制，有时候这种机构是一种公共—私人的合作关系。

总的来说，这些措施也可以侧重畜禽农产品，如菲律宾畜禽发展委员会，这个委员会的职责是提高畜禽和畜产品的供应，实现自给自足（CR the Philippines，2004）。另外，他们还将目标定位于特殊市场，如牛奶产品[114]，肉[115]或者畜禽[116]。

菲律宾还报道了第二种类型体制的一些例子。例如，莫桑比克共和国建立了“Avicola”，畜禽育种国家机构，这个机构

---

[112] 1999年9月第505-99号法令

[113] RM Number 0424-AG（羊驼和峰驼的公共拍卖规则）（CR Peru，2004）

第三部分

由农业部进行管理[117]。埃及建立了畜禽生产者总会[118]。喀麦隆报道建立了Société du Développement et de l'Exploitation des Productions Animales[119]。尼加拉瓜报道不同生长地区的联合会—奶业农业—企业[120]，养鸡[121]，和肉制品公司[122]。

[114] 牙买加奶业局；尼泊尔国家奶业发展局法，英国牛奶发展局；尼加拉瓜奶业－农业企业股份有限公司（CR Jamaica，2002；CR Nepal，2004；CR Nicaragua，2004；FAOLEX）.

[115] 阿根廷肉类股份有限公司；斯里兰卡国家畜禽发展局（CR Sri Lanka，2002）.

[116] 巴基斯坦：旁遮普畜禽、奶业和家禽发展局。

[117] 1978年第5/78号法律创立了家禽育种国家研究机构（AVICOLA）（Legal Questionnaire，2003）

[118] 第97号部长决议实施了1998年第96号法，它与家禽生产者总联盟的创立有关（FAOLEX）。

[119] Décret No 81/395 du 9 september 1981 modifiant et complétant le décret no 75 due 8 mars 1976（CR Cameroon，2003）.

[120] Decreto 364. Ley de la corporación nicaragüense de la Agroindustria Láctea. 31/05/88.）；Decreto No 82. Crease fondo de Desarrollo de la Industria Láctea. 23/07/66（CR Nicaragua，2004）.

[121] Decreto 357. Ley creadora de la corporación avícola nicaragüense. 31/05/88（CR Nicaragua，2004）.

[122] Decreto 360. Ley creadora de la corporación nicaragüense de la carne. 31/05/88（CR Nicaragua，2004）.

表 93

促进加强畜产品贸易的措施

措施	非洲	近东和中东地区	太平洋西南部地区	欧洲和高加索地区	亚洲	拉丁美洲和加勒比地区	北美
促进动物遗传资源产品贸易的相关法规							
一般市场销售	2 [1]			2 [1]	[2]	1	
特殊产品	1 [1]				3 [1]	1	
有机产品/利基市场	[2]			3 [3]		1	1
规章	3 [1]	1	3	3			
保护措施和补贴	2		1		2	1	
国别报告数量	42	7	11	39	25	22	2

[n] = 政策或者法律基础不明。

注：机构可以促进特殊产品或者一般产品的销售。这种情况在下面的"规章"和"促进贸易的法律"中有说明。

表 94

调控遗传材料进口和出口的措施

有关法规	非洲	近东和中东地区	太平洋西南部地区	欧洲和高加索地区	亚洲	拉丁美洲和加勒比地区	北美
进口	7	3	3	26	6	5	
出口	4	2	0	23	1	0	
生物多样性	1				1	1	
国别报告数量	42	7	11	39	25	22	2

遗传材料的进口和出口

在这一标题下，列出了狭义上的遗传材料的进口和出口法规（精液和胚胎）。活体动物的进口和出口在畜禽移动和贸易之后进行讨论。在几种情况下，从相关信息也不能了解精液和胚胎进口/出口是否受与畜禽贸易，或者畜产品进口/出口有关的法规管理。可能是由于一系列的目的促进了遗传材料进口和出口法规的建立，在不同国家这个目标是不同的。防治畜禽病害的引入是一个重要的动力。其他的目标可能包括进口遗传材料要适应当地的生态系统，或者提高国家家畜生产的生产力。也可能会建立法规，以实施生物多样性规定，它与获得政府对遗传资源出口的事先知情同意需要有关。

尤其在欧洲，有一些与遗传材料进口和出口有关的高强度的调控。在插文63，它描述了控制俄罗斯联邦进口精液的法规，从而提供了一个具体举例。

一些国别报告提到了由于生态原因会阻止精液进口的可能性。阿尔及利亚国别报告（2003）认为，在一定情况下，政府可以行使其调控能力，避免不合适的外来精液进口到本国或者对当地种群的伤害，这些当地种群能更好的适应当地的环境条件，是小型生产者生产的目标。厄瓜多尔国别报告（2003）提到改良的种子、动物、技术和设备如果对当地的生态系统是无害的，就可以自由进口[123]。哥伦比亚就建立了一项宪法，该宪法声明“国家会按照国家兴趣，对本国遗传资源的进口和出口以及这些资源的利用进行调控[124]”。

布基纳法索国别报告（2003）提到国家参与了一些地区性的协议，这些协议与遗传材料的管理、利用和交换有关，但是同时指出这些协议到目前还没有实施。

插文63

俄罗斯联邦——兽医卫生要求No. 13-8-01/1-8（1999）

猪精液必须由人工授精中心进行搜集，由出口国的国家兽医服务署对这些中心进行永久性的监督，这样猪精液才能允许进入俄罗斯联邦的领土。动物的保管和精液的搜集必须按照现在正在实施的兽医卫生的要求执行。用来提供出口精液的猪一定不能注射防治古典型猪瘟的疫苗。在搜集精液之前，种猪必须在人工授精中心保管6个月，在这一期间不能用于自然授精。不能利用遗传改良的添加剂或者其他遗传改良的农产品作为饲料饲喂公猪。精液必须没有受到病原性和具有毒性的微生物的浸染。为了满足这些兽医卫生要求，必须具备兽医合格证的证明，这个合格证由出口国国家兽医检验员签署，用该国和俄罗斯联邦的语言起草。兽医合格证必须包含日期和诊断测试的结果。用于出口的精液必须利用特殊的包装容器（试管）进行包装和运输，这个包装容器必须充满液氮。只有农业和食品部兽医司颁发给出口商授权书后，精液才能调往俄罗斯联邦。

资料来源：Legal Questionnaire（2003）。

[123] Ley de Desarrollo Agrario cuya codificación fue publicada en el Registro Oficial Nº 55 de 30 de abril de 1997

[124] Constitución Política de Colombia de 1991, artículo 81（CR Colombia，2003）

活体动物的进口和出口

畜禽的国家交换调控对畜禽病害的控制是非常重要。通过国家边境引进的病害会造成家畜部门严重的后果。例如，肯尼亚国别报告（2004）提到畜禽在边境之间的转移，已经引起了一些原来已经根除的法定传染病的重新侵入，这就导致了该国无病害区域以及外部市场的损失。然而，动物卫生条例对动物遗传资源的交换来说是一个严重的障碍。国别报告中提到的控制工具包括活体动物进口的健康标准的定义，与出口国的动物健康水平有关的要求，进口动物的检疫要求。

一些国家提到了活体动物进口和出口的总的动物卫生条例，例如，马里共和国[125]，或者具体的品种动物卫生条例，例如，缅甸联邦（猪、马、绵羊、山羊和牛、水牛）[126]。相反，一些国家只是提到了进口活体动物的动物卫生要求和控制[127]。参照第五章3.2与畜禽和畜产品贸易健康规定问题有关的欧盟法律的讨论。

许多国家提到了检疫措施。在传染病暴发的情况下，也经常在国别报告中提及提供进一步的检疫措施（参照下面的文章）。一些国家已经具备了与动物进口有关的控制措施，尤其那些来自受动物健康问题影响地区的国家，如博茨瓦纳共和国1977年动物病害法案，就允许避免从某些地区进口动物，这些是已知的受主要病害影响的地区（博茨瓦纳国别报告，2003）。其他例子包括萨尔瓦多的防止从受口蹄疫影响的国家进口动物的法律[128]，以及佛得角共和国防止从受BSE影响的地区进口奶牛的法律[129]。

有一些国家建立了与繁殖用动物有关的法规。例如，乍得就立法防止达到繁育年龄的雌性动物的出口[130]。中国国别报告（2003）报道中国农业部在19世纪80年代就建成了一项繁殖用动物出口管理的法规，1993年对该法规进行了更新和修订。欧洲的例子包括，匈牙利报道了与出口和进口有关的法案（E-Mail Consultation Hungary，2005），德国报道了管理繁殖用动物出口的法规[131]。厄瓜多尔农业发展的法律（1997）规定要限制对当地生态系统

[125] Décret nº 372/P-RM réglementant la police sanitaire des animaux sur le territoire de la République du Mali （Legal Questionnaire，2003）

[126] 就猪来说：缅甸种猪进口和出口的调控，2003；2002年也通过了类似的其他品种的法律（FAOLEX）

[127] 基里巴斯动物进口法规，1965（FAOLEX）；帛琉植物和动物控制 - 帛琉国家法典25第20章，1966（FAOLEX）

[128] Acuerdo N° 54 - 2001. Prohibe la importación de ganado bovino，ovino，caprino，porcino y otras especies de pezuña hendida procedentes de países afectados por la fiebre aftosa（FAOLEX）。

[129] Order No. 10/2001 （FAOLEX）

[130] Décret，N° 138 bis /PR/MEHP/88 portant réglementation de l' exportation illimitée du bétail et des produits de l' élevage à l'exception des femelles reproductrices（CR Chad，2003）

[131] 动物育种进口法律（Legal Questionnaire，2003）

不适宜的繁殖用动物的进口（Ecuador CR，2003）。

畜禽的内部移动和地区间移动

畜禽移动通常是由于动物健康有关的法规来管理的一个问题。在病害暴发风险高的国家，倾向于采用不同的法律设立国内货物移动管理的严格条例和保证其遵守的措施（FAO，2005）。有几个国家报道了与畜禽展览有关的特殊规定。例如莫桑比克国别报告（2005），报道了运往牛展览和从牛展览运输的条件。相似地，在英联邦，2003年的动物搜集法案（英国）就对动物卫生措施进行了详细的规定，在组织相关事件，如展览或者销售，必须满足这些规定（Legal Questionnaire，2003）。在日本，畜禽通过省边境时需要出示健康证书（E-mail Consultation Japan，2005）。在病害暴发时，要实施更严格的措施。有几个国家建立了与运输的活体动物福利有关法规。其中一个例子是印度（插文64）。

插文64

印度：运输条例

这项条例旨在用于通过铁路、公路和飞机运输的家禽和猪。包装容器必须正确安装以适合运输，提供防止太阳、热、雨或者寒冷的遮挡物，使家禽和猪在运输途中能保持舒适。根据动物的大小和年龄组建立了与行程时间安排和包装容器有关的条例，有一个表格对这些条例进行了详细的说明。还列出了检疫和其他健康规定。

资料来源：FAOLEX。

在放牧生产系统分布广泛的非洲国家，已经采用了国家和地区水平上的季节性牲畜迁移证书（插文65）。

插文65

西非：放牧者穿越边境

西非国家经济共同体（ECOWAS）州和政府首脑1998年在阿布贾采取了A/DEC.5/10/98决议，这项决议与成员国具有移动性的放牧者的季节性牲畜迁移证书有关。在尼日利亚，已经采取了措施，inter alia，改善游牧畜禽移动条件的改善，例如畜禽到达和离开尼日利亚。

资料来源：E-Mail Consultation Nigeria（2005）。

与动物健康有关的措施

已经建立并且实施与动物健康有关法规的国家数量比任何其他领域的数量都大（具体参照前一章节部分，进一步讨论与动物移动和贸易有关的措施）。动物的健康水平对个体的表现、生产输出和家畜部门的效率、动物起源的产品贸易来说具有重大的影响。许多国家报道了一些与动物健康有关的管理条例（或者至少规章或者项目）。然而，一些国家明确地声明这些国家还没有建立合适足够的调控措施。其中一部分国家还提到了在建立必要的政治决心，以保证完整的调控措施方面的一些困难。在全世界多数地区，国家水平的动

表 95

调控畜禽移动和活体畜禽产品进出口的措施

贸易法规	非洲	近东和中东地区	太平洋西南部地区	欧洲和高加索地区	亚洲	拉丁美洲和加勒比地区	北美
进口（健康标准）	2	2（1）	4（3）	8（5）	5	6（4）	(1)
出口	3	1		3	3		
产品	4			2		1	
国别报告数量	42	7	11	39	25	22	2

[n] 政策或者法规基础不清楚。

物健康法规中，动物遗传资源管理的特殊参考目前还非常少。

该领域的法规可能涉及病害调查和报告，疫苗或者病害传播媒介控制项目，流行病暴发采取的紧急措施，食品卫生和畜产品的可追溯性，畜禽总数量的审查，食品加工设施，畜禽饲料的生产和兽医产品，资格认证规程，兽医职业的竞争性和责任。可能有大范畴意义上的法律调控动物健康有关的许多问题（插文66）。在其他情况下，可能会有与动物健康某一方面或者某一疾病有关的特殊规程。

表 96

动物健康领域的规程

措施的类型	非洲	近东和中东地区	太平洋西南部地区	欧洲和高加索地区	亚洲	拉丁美洲和加勒比地区	北美
正在实施的法规或政策	23 [2]	4 [2]	10	32 [1]	18 [4]	13 [1]	1
兽医服务	8 [4]	2	0	10 [9]	7 [6]	0	
一般性流行病	0	1	3	5	3	1	
特殊流行病	5	0	1	9	5	7	
国别报告数量	42	7	11	39	25	22	2

[n] = 政策。

可以这样认为，几乎每一个国家都建立了一些正在实施的动物健康方面的法律。在法律规定的全面性方面，以及是否在地区水平框架内解决问题方面都存在差异。

插文 66

伊朗伊斯兰共和国国家兽医系统法案(1971)

这项法案包含了全部的卫生条例，调控检疫措施和动物的跨边境移动。这项法案还包括以下措施：

- 动物病害的预防和控制；
- 出口的动物和动物产品的卫生合格证；
- 牧场，水源，牛圈和其他繁殖设施的卫生监管；
- 饲料厂，屠宰场以及加工车间的监控；
- 不同生物材料的生产、进口和销售的控制（如药品、疫苗和血清）。

资料来源：CR Islamic Republic of Iran（2004）。

流行病暴发实施的措施

一些国家报道了一些一般性的法规，这些法规主要是在流行病暴发时采取的反应措施。其中一个例子是丹麦动物传染病防治法案（Legal Questionnaire，2003）[132]。这种类型的法案会详细列举一些法定的传染病。在流行病暴发时，采取的措施可能包括无病害区域和设施的声明和指定，报道这种法规的国家，包括越南[133]和赞比亚[134]。也可以宣布病害根除区和防治区，报道这种法规的国家包括萨尔瓦多[135]，澳大利亚[136]和英联邦[137]。乌拉圭在防治绵羊疥癣病的工作中，让农民承担了宣布病害暴发或者怀疑暴发的消息，对该病害的防治起到了有利的促进作用[138]。

防治措施可能会包括检疫，详细的例子如赞比亚的畜禽病害法案（Legal Questionnaire，2003）。也可能会有一些与病害感染的动物处理有关的法规，报告这项措施的国家包括马拉威[139]，赞比亚[140]，荷兰[141]和智利[142]。对病害造成的损失可能会有一些补偿，例如，爱沙尼亚[143]和

[132] 其他报道的例子包括澳大利亚、中国、哥斯达黎加、厄瓜多尔、萨尔瓦多、立陶宛、斐济、德国、危地马拉、洪都拉斯、伊拉克、爱尔兰、牙买加、菲律宾、朝鲜共和国、塞尔维亚和黑山共和国、瑞士、英国、瓦努阿图共和国。

[133] 无流行病地区和设施的调控2002（FAOLEX）

[134] 1930年牛清理法案，1994年进行修订（Legal Questionnaire，2003）

[135] Acuerdo 194. Declarase las á reas geogr á ficas de los departamentos de Usulut á n, San Miguel, Moraz á n y La Uni ó n como zonas de control y erradicaci ó n de tuberculosis y brucelosis bovina（CR El Salvador, 2003）

[136] 1995 动物健康法案（Legal Questionnaire, 2003）

[137] 畜禽病害法案（英国）2003（S.I. No. 1078 of 2003）；病害控制法案（英国）2003（S.I. No. 1729 of 2003）（Legal Questionnaire，2003）

[138] Ley Nº 16.339 - Declara plaga nacional la sarna ovina y obligatoria la lucha para erradicarla（FAOLEX）

[139] 2000 动物控制和病害法案（Legal Questionnaire，2003）

[140] 1963 货物病害法案（1994 修订）（Legal Questionnaire，2003）

[141] 2001 第 403 号令修订动物破坏法案实施的法令，2001 年 7 月 16 日（Legal Questionnaire，2003）

[142] Ley Nº 18.617 — Normas sobre indemnizaci ó n por el sacrificio de animales para el control de la fiebre aftosa（Legal Questionnaire，2003）

[143] 感染动物病害控制法案，1999 年 6 月 16 日（Legal Questionnaire，2003）

瑞士[144]。在病害根除措施实施过程中，几乎没有建立保护有价值的动物遗传资源的策略，但是现在欧洲已经开始实施某些病害的相关策略（详见第五章3.2）。

地区间合作

动物健康领域的地区合作或者双边合作，与动物遗传资源有关法规其他领域的合作相比，在数量上越来越多。报道的邻近国家之间的合作协议包括，埃及和阿尔及利亚之间签署的那些协议[145]，土耳其和哈萨克斯坦[146]，独联体成员国之间的协议[147]，非洲Lusophone国家之间的协议[148]。也有一些距离更远的国家之间签署双边国际合作协议的例子。例如，阿根廷和匈牙利之间签署的协议[149]。

机构和动物健康服务

一些国家报道了与兽医服务推广机构方面有关的法规。可能有一些法律对兽医的作用、职责和义务进行了限定。这些措施可能包括兽医行医需要获得执照要求，哈萨克斯坦报道了这样一个例子[150]，或者定义责任和能力[151]，或者兽医责任和义务[152]。印度国别报告（2004）报道通过一项委员会法案建立了兽医委员会；尼泊尔也报道采取了相似的策略[153]。

一些国家报道了定义该国动物健康系统的法规。其中的例子包括伊朗伊斯兰共和国国家报道提到的兽医系统法案（2004），俄罗斯联邦的与兽医服务有关的联邦法律，这项法令涉及一项方案，利用该方案，兽医对搜集农场、国家农业企业和大型的畜禽饲养农场和复合性农场进行审查（Legal Questionnaire，2003）。一些国家的相关机构分散于不同地区，例如，秘鲁报道建立了动物健康当地委员会（CR Peru，2004）。巴西报道建立了农业部地区性动物健康检验公司，执行动物健康的地区间控制[154]。吉尔吉斯建立了一个农业部管理下的国家兽医部[155]。

---

[144] Loi sur les é pizooties，1966（amended. 2002）（Legal Questionnaire，2003）

[145] Algeria：Official Gazette No 14，5 April 2001（FAOLEX）

[146] 哈萨克斯坦政府和土耳其政府动物健康领域的合作协议（1995）（FAOLEX）

[147] 俄罗斯联邦、亚美尼亚、白俄罗斯、哈萨克斯坦、吉尔吉斯斯坦、摩尔多瓦、塔吉克斯坦、土库曼斯坦、乌兹别克斯坦、乌克兰。兽医领域CIS成员国合作协议（FAOLEX）

[148] Angola，Cape Verde，Guinea-Bissau，Mozambique，Sao Tome and Principe. Guinea-Bissau，Decree No 351/73，Boletin Official No 89（FAOLEX）

[149] 政府2002第4号法令批准并且出版了匈牙利和阿根廷1999年11月10日在布达佩斯指定的动物健康协议（FAOLEX）.

[150] 1997年8月20日部长第1972令宣布兽医行医的资格认证条例生效（Legal Questionnaire，2003）

[151] 格鲁吉亚兽医法案（CR Georgia，2004）

[152] 爱沙尼亚兽医活动组织法案，1999（Legal Questionnaire，2003）

[153] 尼泊尔兽医委员会法案，2055（1999）（FAOLEX）

[154] 第1.052法律创立农业部动物健康检验机构（1950）（Legal Questionnaire，2003）

[155] 农业和水资源部国家兽医司法规，1996（FAOLEX）

4.5 结论

以上所述的分析，很清楚地说明动物资源管理是一个复杂的问题，这个问题包含了一系列的技术、政策和物流活动。涉及了许多政策方面的问题，包括农业和农村发展、动物健康、环境和景观保护、文化、贸易、研究和教育。需要许多不同的责任人进行合作。

传统畜禽生产系统呈下降趋势，这对于许多畜禽种群来说是一个非常大的威胁。法律和政策措施，不管这种法律和政策的动机是什么，都在努力支持这种类型的生产，对于动物种质资源多样性的维护来说具有潜在的重大作用。世界发达地区的国家，如欧洲，越来越关注农村环境和景观的保护。现在呈现了一个趋势，就是促进粗放式耕作活动的规程和政策，这需要那些能够对当地生产环境具有良好适应性的种群。相反，在发展中国家，食物安全和扶贫是主要的问题。虽然发展中国家往往极大程度上将重心放在促进精细生产的活动上来，然而仍然有一些国家，特别是非洲地区的国家，报道采取措施调控和支持可持续性的精细放牧系统。因为许多干旱地区的种群具有独特的适应特性，这些生产系统面临了许多压力，所以在这些地区建立有效的政策和法规是非常重要的。然而，涉及一套适合牧场需要的措施仍然是一个主要的挑战，这些牧场通常在政治上都被边缘化地忽略了。其他一些报道是已经实施的支持小型家畜生产的法规措施，这些包括与信贷提供和生产者组织、合作集团的建立有关的法律措施。

保护动物遗传资源具体措施的实施，极大地依赖于所涉及国家的经济手段，世界更发达地区的法规和政策更完备就反映了这一问题。然而，还很清楚地看到，在多数情况下，动物遗传资源可持续性利用和保护的重要性，并没有与之充分相适应的国家水平上的法规和政策框架发展。例如，记录和登记系统，对于保护措施的计划和实施来说是非常重要的，但是，许多国家报道这一领域的政策和法规仍然不完善。标准的法律定义可以进一步促进保护计划的管理，其中包括这些项目中的种群，但是这种类型的措施仍然非常少。

虽然一些地区建立与动物遗传资源保护有关的法规，但是这些法规仍然是孤立的，并没有与考虑了交叉特性的策略相融合。例如，旨在提高食物安全的措施几乎全部侧重于高产出的种群，而没有充分评估当地品种的潜在作用，没有建立保护这些当地种群的策略。另外一个例子是动物健康方面，这个问题似乎应该是全世界畜禽管理最需要高度调控的地方。虽然有效的病害防治对动物遗传资源的利用和发展来说是非常重要的，但是动物移动和贸易的限制也会造成动物遗传资源管理产生问题。在流行病暴发时实施的屠宰政策对于稀有种群来说也是一个潜在的威胁。在世界多数地方，病害防治的法律架构和政策的发展这一威胁，受到非常少的关注，这是一个值得注意的问题。

动物遗传资源管理法律架构的实施在

国家水平上达到什么程度，不同国家之间差别非常大。欧洲许多国家已经建立了广泛的法规。相反，在其他地区，尤其在非洲，总的来说国家似乎依赖于政策措施，通过实施机构的法律法令给予支持。这种对比就提出了一个问题，那就是在发展中国家，建立调控动物遗传资源管理的精细的立法工具，是否是一个最合适的目标。例如，肯尼亚国别报告（2004）认为"然而，现有政策的可操作化需要一个合适的法律架构。一旦合适的政策和法规已经形成，那么就有必要定期对这些政策和法规进行评估和修订，使这些政策和法规能够跟上时代的变化。"一些国家越来越依靠市场机制或者私人机构用于动物遗传资源管理的特殊领域，但是，正在实施法律对于这个领域的调控来说仍然是非常有限的。这可能会产生与动物遗传资源管理的公共物质方面有关的问题，因此需要进一步鉴定改善调控架构的需要，这可能是十分必要的。这项决议与一定形式下合适的解决措施有关，它依赖于该国的政策和法律，以及实施的结构。在某些环境下，正确的政策决议和策略，机构竞争力和责任清晰的法律定义，组织良好的监控和鉴定系统，与精细的法律架构相比，可能会更加有效。

参考文献

CR (Country name). year. *Country report on the state of animal genetic resources.* (available in DAD-IS library at http://www.fao.org/dad-is/).

E-mail Consultation (Country name). 2005. E-mail consultation with National Coordinators during the preparation of this chapter. (unpublished).

FAO. 2005, *The legal framework for the management of animal genetic resources,* by A. Ingrassia, D. Manzella & E. Martynuik, for the Development Law Service, FAO Legal Office. FAO Legislative study No 89. Rome.

FAOLEX. (available at http://faolex.fao.org/faolex/index.htm).

Legal Questionnaire. 2003. Questionnaire survey conducted by FAO in 2003, (see FAO, 2005 for details).

第四部分

动物遗传资源管理的新进展

导　言

本文主要回顾了动物遗传资源管理在方法和技术上取得的最新研究进展。由于动物遗传资源管理的学科建设目前还不成熟，因此第一章主要介绍了FAO关于动物遗传资源管理的一些基本概念。这些概念凝聚了一系列专家研讨会的讨论成果。于是相关研究领域的方法论的发展也备受关注，并且通过案例分析得到了一些重要发现。最后，找出了当前研究存在的差距和今后研究的优先目标。

第四部分

第一章
基本概念

1 动物遗传资源及品种

动物遗传资源是指那些用作，或可以被用作粮食生产和农业生产的动物品种[1]以及组成的种群。这些品种内部截然不同的种群通常称为品种。FAO所使用的“品种”的广义定义（插文67），反映出对品种进行严格的定义是十分困难的。

插文67
FAO关于品种的定义

品种是指一个具有可定义和可辨别的，并且通过视觉观察能与物种内其他类似种群进行区分的外部特征的驯养畜禽亚种群，或者由于与表型相似种群的地理和（或）文化隔离，已经形成独立特性的种群（FAO，1999）。

在发达国家，品种具有相对明确的定义。育种协会以及一些进行育种标准监督、提供动物品种登记咨询和致力于提高品种利用率的自愿性组织在动物品种的定义方面发挥了重要作用。18世纪末，西欧出现了一种基于记录育种和共享血统的育种模式。在这些组织的努力下，按照已建立的特定育种标准，通过类似的选择目标，现已发展成为一个具有共同祖先的品种了。

品种在遗传术语中并不是一个孤立、一成不变的概念。它经常需要根据市场需求的变化而变化，并且偶尔还需要用其他血统品种的补充（FAO，2003）。然而，这些育种协会和组织虽然是为特定的品种所建立的，但是他们为这一个特定品种建立标准所遵循的规则仍然模糊不清。发达国家对品种的定义已经包括了“在农业上具有相同应用模式，一定程度的表型一致度和相同基因库的动物”（FAO，1995）以及“具有区分其它类似种群特性的独特的种内群”（FAO，2003）。再如美国的情况，Hammak（2003）评论说进行品种登记所需要的无非就是“采用特殊的合格要求，

[1] 由于鱼类的育种技术与畜禽的存在很大差异，因此不作为本文管理要求的内容。畜禽遗传资源这个术语已经被FAO在有关畜禽遗传资源管理的全球策略的论述中所采用，这个术语现已受到指责，因为它似乎排除了没有呆在农场，但在移动体系里的动物。

并开始记录家系血统”。与此类似，在欧盟的立法中，除了登记一个纯系动物品种应符合的要求之外，并没有任何关于品种的定义，一种动物的血统应该来源于同一品种的家族血统书中注册或登记的父母代和祖代，并且自身也会被注册或登记，并符合进入家族血统书的要求（引自欧盟指令77/504/EEC中关于牛的部分，但类似的规则也可以应用到其他动物中）。

可能这的确对寻找一个完美的定义没有任何帮助。在动物遗传育种领域做出杰出贡献Jay Lush曾说：“一个品种就是指育种者共同称谓的一个当地畜禽种群，源于畜禽育种者的这个术语，可能是某个人为了满足他们自己的需要而首先使用，并且他们中也没有任何人被授权将这个词语作为科学定义，在他们偏离已有的公式化定义时，也没有人被授权去指出育种者的错误。这就是他们的语言，我们必须将育种者共同使用的作为我们的正确定义”（Lush，1994）。

世界上一些发展中的国家或地区的情况更复杂，品种这个术语通常没有太多实质意义。无论地理、生态还是养殖场所的隔离，由于自然和人工选择以及遗传飘移，种群都会有变异的趋势（FAO，2003）。因而，用来区分畜禽种群的名称没有必要符合其潜在的遗传多样性。在很多情况下，虽然有些动物可能不属于任何有记载的品种，但可能存在一些当地术语可以描述这些特异性种群。

区分具有遗传多样性的种群一般比较困难，但分子研究可以在描述隔离品系和品系种群的研究领域发挥重要作用。研究畜禽的饲养和生态条件也是鉴定隔离种群优点的一种手段。下面举例说明：一个当地的动物种群可以看作一个品系，如果符合下列标准：

（1）属于同一种利用模式；

（2）属于同一个生活或分布区域；

（3）很大程度上代表一个近源基因库；

（4）各自的种植者认为与其他种群存在很大差异（Köhler-Rollefson，1997）。

因此，在没有育种协会的记录或分子研究时，畜禽培育者自身的观点或许可以为品系鉴定提供最好的参考。我们甚至可以鉴定那些声称正在培育具有独特表型动物的农场主们的种群，获得关于表型更可靠的认识；可以只与具有相同表型的其他育种者交换种质，并且指出这样的选育实践已经进行了很多个世代（FAO，2003）。

在一个品种内，“stocks”，“strains”，“varieties”，“lines”经常可以互换，来描述品系内部由于人工选择而产生的表型独特的种群。生态型是指种内在遗传上能够适应某种特定生态环境的种群。

2 动物遗传资源管理

动物遗传资源管理所关注的焦点是保持遗传多样性。然而，动物科学领域的大部分科学方法和技术（例如动物饲养，动物培育，或遗传改良等）并非基于此开发的。因而，动物遗传资源管理还没有一套明确定义的方法。因此，本文按照FAO的定义，选择了一些与主题相关性最大的方法进行了回顾。

动物遗传资源管理包含所有有关动物遗传资源意义的理解（描述）、使用和开发（利用）、维持（保持）、访问和共享的技术、政策和服务措施（FAO，2001）。

同样，本部分报告讲述了描述和保持遗传多样性的方法（第二章和第六章），由于分子描述方法的重要性不断提高，因此在第三章单独进行了阐述。然而，当动物遗传资源管理在农业和食品生产中应用的时候，仍然还没有明确的概念。因此，对动物遗传资源管理的最新研究动态进行全面描述也是不可能的。虽然如此，FAO 已经着手开始确定此概念的关键要素，并将生物多样性的可持续利用的定义作为出发点。

可持续利用是指按照某种方法，保持一个不会导致生物多样性长期下降的速度，对生物多样性的组成部分进行合理利用，以保持它的潜力来满足当代和后代子孙的需要和愿望。

为实现这个目标，FAO 已经提议：

- 在不耗尽当地动物多样性的情况下，对动物遗传资源进行合理利用是完全可能的；
- 对相应环境适应性水平高的动物遗传资源应该被利用，并且配置合理的遗传法则；
- 动物遗传资源的开发包括正在运行的必须进行良好规划并成功执行的活动的广泛结合。

因此，动物遗传资源可持续利用的一个重要指标便是确保适应当地的品系在生产体系中发挥着应有的作用。由于在遗传上的复杂性以及短时间内很难通过选育而达到，因此适应性具有特殊的重要性，目前仍有一些动物的适应性还没有被我们所认识。动物遗传资源的利用不可避免地都包括开发，动物遗传资源是动态资源，随着所处的自然环境以及育种者的选育标准的变化，动物遗传资源在每一代之间也随之变化。遗传改良的首选方法就是基于适应当地的遗传资源进行品种选育，这将能帮助选育者减少失掉具有独特品质的品系的机会。应该很好地设计选育计划，对现有的动物在中低投入农场中利用当地可用资源、存活、生产和繁殖能力的遗传变异进行充分挖掘。一些补充措施例如食物和水的供应、疾病和寄生虫的处理以及繁殖的管理等，也可以考虑作为提高品系特性的策略。

因此，遗传改良方法是品种（品系）培育的关键。然而，科学的育种计划已经在基础条件较好的高投入饲养体系中得到发展。这些育种计划通常不包括保持品系内和品系间的遗传多样性，也不把它作为直接目标。第四章介绍了遗传改良领域的最新研究动态。

理论上，育种计划应该是可提高生产者收益的可持续集约化生产体系的整体策略的一部分。可持续集约化已经被提出作为提高生产系统的理想方法，并做如下定义：

生产系统的可持续集约化是对畜牧生产系统的投入和产出的操控，目的是为了提高生产或生产力或提高产品质量，而保持生产系统以及周围环境的长期完整性，是为了满足人类当代和后代的生存需求。可持续农业集约化尊重当地人和土著人的需求和愿望，重视适应当地环境的遗传资源的作用和价值，考虑在农业生态系统内外取得长期环境可持续性发展的需求（FAO，2001）。

满足动物遗传资源的利用和开发的这些基本原则不仅是一个科学的方法论问题，而且还需要按照适当的开发政策将方法和技术进行有效组合。为支持政策开发，需要用经济分析的手段来阐明当地适应品系的经济重要性，尤其是从小农的角度，来详细阐述畜禽遗传多样性的价值，并且比较不同管理策略的区别。经济学评价方法的概括介绍可参见第五章。

动物遗传资源利用的另一个难点是如何在概念上与活体保存清楚地区分。这个问题起源于可持续利用被看作为维持动物遗传资源的首选方法这个事实。因此，当活体保存被从广义上定义为确保对所有相关动物遗传资源进行维护时，也就包含了可持续利用。然而，一个操作性更强的定义便是，保存是指对一种特殊遗传资源进行可持续利用所需的措施。这种定义能更清楚的描述上面的主题，并在第六章被用作保存方法。保存的作用是为了确保那些独一无二的遗传资源能在将来为农场主和育种者所用，因而保存可以看作为满足当前和未来人类需要而采取的遗传资源可持续利用整体策略的一部分。为了报告遗传资源保存策略的决议，对目前的风险状态进行评估，对不远的将来有可能对育种产生的威胁进行鉴定已显得非常重要。后者要求要在尽量早的时期进行干预，如任何品种的开发都需要维护品系资源。

动物遗传资源（也包括FAO所定义的动物遗传资源管理）的获取与惠益分享是政策发展的关键部分。本文第一部分第三章介绍了在不同地区动物遗传资源利用领域的相互依赖，以及过去和当前的交流模式。第三章和第六章中介绍的生物技术的发展使遗传资源的利用和交流变得更方便，并已经开始用于功能基因的检测，寻找目前遗传材料利用的新机会。因而，在将来的遗传资源获取和惠益（ABS）分享模式开发中，生物技术将发挥重要作用。制定获取与惠益共享（ABS）政策所需的社会学和政治学方法的贡献已经超出了本文的研究范围，在此不再赘述。

3 风险状态分类

不同畜禽品种（品系）或种群的风险状态评估是国家遗传资源管理规划中的一个重要部分。品种（品系）的风险状态能够使利益相关方了解需要采取行动的必要性和迫切性。2004年Gandini等人将“危及程度”定义为“根据当前的环境条件和预测，一个物种濒临灭绝的测度”。对风险程度的准确评估是一项艰难的工作，并涉及到种群统计学和遗传学因子。

很显然，目前的种群数量是测定风险状态的一个重要因子。种群数量较小将面临着被自然灾害、病害或不恰当的管理消灭的巨大风险。然而，仅仅动物数量或育种期动物数量并不能反映风险状态的全貌。

来自于共同祖先的个体之间的育种有利于减少等位基因在下一代的变异。这样种群的遗传多样性就会降低。有害的隐性等位基因的聚集将会威胁种群的适应性，并对繁殖率产生消极影响，因而也增加了种群灭绝的风险（Gandini等，2004；Woolliams，2004）。风险程度通常用种群的近交系数（△F）的变化来表示，即对基因飘移引起的种群基因频率期望变化的测量（Woolliams，2004）。近交率通常由有效种群大小（N_e）推导而得。因而N_e随着△F的减小而增大，即$Ne = 1/(2\triangle F)$。

种群的有效群体大小（N_e）可以近似的通过下式求得：

$$N_e = 4MF/(M+F)$$

其中，M和F分别是繁殖的雄性动物和雌性动物的数量。此方法是基于育种动物之间进行随机交配的假设。然而，这种假设在畜禽种群中很难应用，因为一些动物产生下一代子孙的数量不成比例。育种方式受到管制，例如选择育种计划的实施，从而影响有效群体大小。目前，已经发展起来了用于很多调整计算来解决这些因素的不同技术，但需要进一步的数据输入（Gandini等，2004）。收集用于计算N_e的种群统计学数据往往面临的困难是：种群普查数据可能与雌性动物和后代的登记数矛盾，一些雌性动物也用于杂交计划，而且并不是所有的雌性动物每年都繁育后代（Alderson，2003）。影响风险状态评估结果的另一个因素是进行风险计算所需的时间。由于不同畜禽品种的世代间隔不同，基于世代数量而进行的计算将与基于年数进行的计算产生不同的优先权。

有效群体大小（N_e）的变化是非常值得关注的。在N_e较小，尤其是低于100时，遗传多样性的损失率将会大大提高（FAO，1992a）。例如，有效群体大小为25，50，125，250和500的群体，经过10个世代后的遗传多样性损失率分别为18%，10%，4%，1.6%和0.8%。另外，从上式可以看出，雄性动物数量对N_e的影响远大于雌性动物。这强调了在任何风险状态评估中考虑雄性育种动物数量的重要性。

除了当前的有效种群大小之外，风险程度也与种群发育趋势有关。如上所述，如果种群数量较小，则导致种群迅速灭绝的不利事件或趋势发生的可能性也随之增大。当种群大小超过某个特定值后，这种风险就会比较小(参见下面关于各种风险状态分级阈值的讨论)。种群数量越接近临界值，濒临灭绝的风险也就越小。很显然，如果种群较小，那么该品系将会面临比较糟糕的前景。一种并发因素便是品系种群生长率经常随时间变化表现出相当大的变动，尤其是在繁育条件不能被严格控制的情况下（Gandini 等，2004）。影响种群增长率变化的因素包括市场需求的可变性、疾病模式、动物遗传资源保存计划和保存意识的存在、农业部门总体经济的稳定性以及种群的空间分布和密度。因此，计算在未来的一段时间内种群大小保持在一定范围内的概率，需要面临很多理论和数据困难。尽管如此，当前种群的生长趋势仍然是评估风险状态需要考虑因素。除了总体种群大小和种群增长率以外，种群的风险状态还受到其他因素的影响，例如动物种群的数量，种群的地理密度（影响逆境中的暴露，病害流行），以及一些社会因素，例如农场主饲养育种动物的时间长短等（Woolliams，2004）。

1992年，FAO召开了一个专家咨询会议，来征集风险状态评估的意见。意见倾向于按照有效种群大小（N_e）对品系进行的风险状态分类，N_e可以通过种群大小的发育趋势，杂交育种的范围，冷冻保存的范围以及家族大小的变化率进行校正。并且提出风险状态评估还应包括畜群的数量以及变化趋势（FAO，1992a）。然而，数据局限性和全球范围内采取统一方法的必要性意味着应该采用一种基于雌性和雄性育种动物数量及其种群发育趋势相对简单的方法。随着获取数据方法的不断完善，提炼考虑上述因素的计算方法将成为可能，而且通过修正还可以解决不同动物品种的不同时代间隔问题。

为实现规划和区分优先序的目的，将品系按照风险状态类别进行分类是很有用的。FAO 所采用的不同风险状态类别之间的数字界限被确定为需要采取行动的指标。1992 年发表在《专家咨询》上的一篇文章争论说：种群数量为 100～1 000 育种雌性种群“意味着将面临灭绝的危险。如不采取行动，在大多数情况下，其有效种群大小将不足以防止未来世代的持续性遗传缺失。近亲繁殖程度的增加是不可避免的，从而威胁着动物生命力。无论是自然灾害，如突发性疾病，还是由于人类的忽视，都会给种群带来灾难（FAO 1992b）。进一步讲，如果种群数量小于 100 将预示着种群已濒临灭绝了。要采取的首要措施必须增加其种群数量。在这种危险水平上，遗传变异通常已经减少，以至于我们不能将现在的种群等同于它的祖先种群”（同上）。

同样，下面的分级标准被FAO 采用，用来描述动物品系所面临的风险程度。

- 灭绝品种：是指品种无法重新形成种群的情况。如果没有雄性育种动物（精子），或没有雌性育种动物（卵子），抑或没有受精卵，灭绝是绝对的。
- 濒危品种：是指雌性育种动物的全部种群数量小于 100，或雄性育种动物的全部种群数量小于或等于 5 的品种；或总体种群大小稍大于100，并且正在逐渐减少，纯种的雌性动物所占的百分比小80%的品种。

- 危险品种：是指雌性育种动物的全部种群数量介于100～1000之间，或雄性育种动物的全部种群数量介于5～20之间的品种；或总体种群大小稍大于100，并且正在逐渐增大，纯种的雌性动物所占的百分大于80%的品种；或总体种群大小稍大于1000，并且正在逐渐减小，纯种的雌性动物所占的百分小于80%的品种。
- 濒危保护品种和危险保护品种：是指已通过有效的公众保护计划或在商业或研究机构中被保护的濒危和危险品种。
- 没有危险的品种：是指雌性和雄性育种种群数量分别大于1000和20的品种；或种群数量达到1000，纯种雌性育种动物所占比例接近100%，并且总体种群大小不断增大。

上面提到的FAO体系并不是现存的唯一风险状态分级方法。欧洲动物育种协会——动物遗传数据库（EAAP-AGDB）开发了另一套分级方法，目前在被欧洲农畜育种信息系统所采用（EFABIS）（http://efabis.tzv.fal.de/）。它涵盖了46个欧洲国家的水牛、牛、山羊、绵羊、马、驴、猪和兔的品种，基于遗传风险，描述了50年的近亲繁殖的预期累积贡献率（△F-50）。按照上述公式Ne = 4MF/（M+F），在其固有假设条件下进行计算（EAAP-AGDB，2005）。根据△F-50可将某一品种归类为下列五类中的一类：没有危险，小于5%；潜在危险，5%～15%；最小程度的危险，16%～25%；危险，26%～40%；非常危险，大于40%。基于下面一套额外的风险因子，品种可以向更高风险级别转换：与其他品种较高的杂交率；雌性育种动物个体数量的下降趋势；或较低的育种个体数量（同上）。

欧盟根据欧盟指令No. 817/2004宣布了风险状态阈值，为农场主提供激励性资助，以保护危险品种。基于欧盟所有国家雌性育种动物总数进行计算，分别为每种动物建立阈值：牛——7500，绵羊——10000，山羊——10000，马科动物——5000，猪——15000，禽类——25000。并可就提高这些阈值进行进一步讨论。Gandini等人2004年指出在欧洲范围内，一个动物品种如果拥有1000或更多的雄性育种动物，它基本上就可以实现自我维持，但情况也不尽如此，预防一个品种失去自我维持能力要比恢复它更容易（同上）。

国际稀有动物非政府组织也已经开发了一个基于注册的纯种雌性育种动物数量的系统，此系统将品系的优先顺序分为四类：濒危，危险，脆弱，风险（Alderson，2003）。为避免计算过程过分复杂，理论上应被包括在风险状态评估中的其他因素（育种单元的数量、无关种畜家系的数量、种群趋向、主要育种单元之间的距离）在此系统中被忽略。

参考文献

Alderson, L. 2003. Criteria for the recognition and prioritisation of breeds of special genetic importance. *Animal Genetic Resources Information*, 33: 1–9.

Convention on Biological Diversity (CBD). Convention Text. Article 2. Use of Terms. Concluded at Rio de Janeiro, 5 June 1992. (available at www.biodiv.org/convention/convention.shtml).

EAAP–AGDB. 2005. *Factors used for assessing the status of endangerment of a breed.* European Association of Animal Production – Animal Genetic Data Bank. (available at www.tiho-hannover.de/einricht/zucht/eaap/).

FAO. 1992a. Monitoring animal genetic resources and criteria for prioritization of breeds, by K. Maijala. *In* J. Hodges, ed. *The management of global animal genetic resources,* Proceedings of an FAO Expert Consultation, Rome, Italy, April 1992, Animal Production and Health Paper No. 104. Rome.

FAO. 1992b. The minimum number of preserved populations, by I. Bodó, *In* J. Hodges, ed. *The management of global animal genetic resources.* Proceedings of an FAO Expert Consultation, Rome, Italy, April 1992, Animal Production and Health Paper No. 104. Rome.

FAO. 1995. *Global impact domain – animal genetic resources,* by E.P. Cunningham. Rome.

FAO. 1999. *The global strategy for the management of farm animal genetic resources.* Executive Brief Rome.

FAO. 2001. *Preparation of the first report on the state of the world's animal genetic resources. Guidelines for the development of country reports.* Rome.

FAO. 2003. Defining livestock breeds in the context of community-based management of farm animal genetic resources, by J.E.O. Rege. In *Community-based management of farm animal genetic resources.* Proceedings of the workshop held in Mbabane, Swaziland, 7–11 May 2001. Rome.

Gandini, G.C., Ollivier, L., Danell, B., Distl, O., Georgoudis, A., Groeneveld, E., Martyniuk, E., van Arendonk, J.A.M. & Woolliams, J.A. 2004. Criteria to assess the degree of endangerment of livestock breeds in Europe. *Livestock Production Science,* 91(1-2): 173–182.

Hammak, S.P. 2003. *Creating cattle breeds and composites.* College Station Texas. Texas Cooperative Extension, Texas A & M University.

Köhler-Rollefson, I. 1997. Indigenous practices of animal genetic resource management and their relevance for the conservation of domestic animal diversity in developing countries. *Journal of Animal Breeding and Genetics,* 114: 231–238.

Lush, J.L. 1994. *The genetics of populations.* Iowa Agriculture and Home Economics Experiment Station. Special Report 94. Ames, Iowa, USA. Iowa State University.

Woolliams, J.A. 2004. Managing populations at risk. *In* G. Simm, B. Villanueva, K.D. Sinclair & S. Townsend, eds. *Farm animal genetic resources, pp. 85–106. British Society for Animal Science,* Publication 30. Nottingham, UK. Nottingham University Press.

European legislation cited

COMMISSION REGULATION (EC) No 817/2004 of 29 April 2004 laying down detailed rules for the application of Council Regulation (EC) No 1257/1999 on support for rural development from the European Agricultural Guidance and Guarantee Fund (EAGGF). http://europa.eu.int/eur-lex/pri/en/oj/dat/2004/l_153/l_15320040430en00300081.pdf

COUNCIL DIRECTIVE 77/504/EEC of 25 July 1977 on pure- bred breeding animals of the bovine species. http://europa.eu.int/smartapi/cgi/sga_doc?smartapi!celexapi!prod!CELEXnumdoc&lg=EN&numdoc=31977L0504&model=guichett

第四部分

第二章 特性鉴定方法

1 导言

动物遗传资源的特性鉴定包含了与鉴别、定性定量描述等有关的所有活动，以及种群、种群已经适应或仍未适应的自然生态环境和生产体系等有关文件。特性鉴定的目的是为了对动物遗传资源有一个更好的了解，了解其在当前和可能的未来的特定环境下在粮食和农业上的利用，以及不同品种种群的现状（FAO，1984；Rege，1992）。国家水平上的特性鉴定包含国家动物遗传资源的鉴定和测量。该过程还包括收集信息的系统文档，以便于获取。特性鉴定活动应该有助于特定环境中动物效能的客观和可靠预测，从而能对某一国家或地区的各种主要生产系统进行潜在效能的比较。因此，特性鉴定绝不仅仅是现存报告的堆积。

特性鉴定计划提供的信息使一定范围内的利益群体，包括农场主，国家政府，地区和国际团体，能够对动物遗传资源管理的优先序做出知情选择（FAO，1992a；FAO/UNEP，1998）。这些政策决策选择的目标是促进动物遗传资源的深化和发展，以保护这些资源满足当代和后代的发展需求。

2 特性鉴定——决策的基础

国家水平的遗传资源管理的关键信息将关系到，在一个特定的时间点，一个特定的种群是否能够自我维持，或它是否处于危险状态。品种或种群状态的初步评估（原始监测）基于以下信息：

- 种群大小和结构；
- 地理分布；
- 品种内遗传多样性；
- 品种的种群在多个国家的遗传关联（例如，西非 Djallonke 绵羊）。

如果一个品种/种群不存在风险，则没有必要紧急计划来执行保护措施。然而，作为国家动物发展计划的一部分，必须对是否需要遗传改良计划来适应变化的市场条件做出决策。关于这种改良计划的决策主要以动物养殖者和社团的长远利益信息为指导。

如果一个品种/种群被发现处于风险之中，则必须采取积极的保护策略，否则就必须要接受品种的潜在损失。为对可利用保护计划的有限资源进行分配，需要确定品种的优先序。这些决策可能基于遗传差异性、适应性试验、粮食和农业的相关评估、或品种有疑问的历史/文化评价。另外最有希望的策略是体内策略还是体外策略，抑或两者的组合也需要做出决策。如果需要保护的品种在多个国家发现，决策应该在地区水平上。目前，仅有少数几个关于动物遗传资源管理的多国联合行动的例子。因而，地区性协调机构/组织和支撑性国家政策，需要支持这些决策并实施这些行动。

图 47

管理策略设计所需的信息

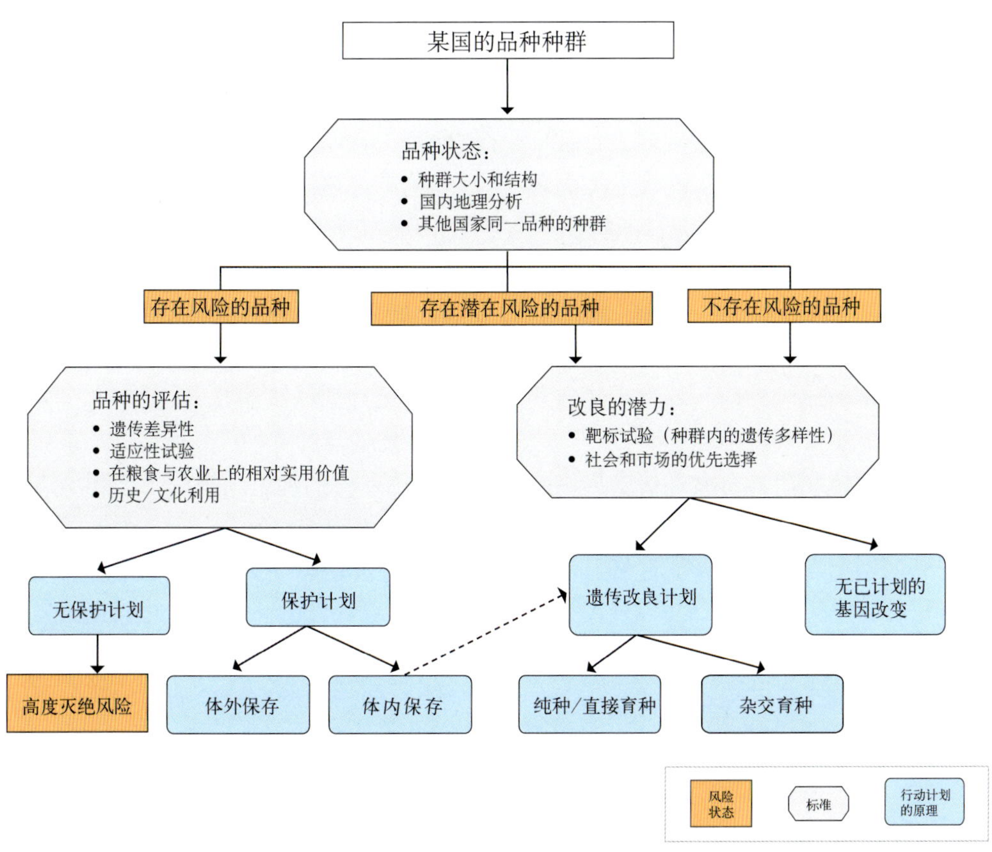

第四部分

自我维持品种的保护策略和开发计划的决策需要广泛的特性鉴定信息，包括：

- 品种种群的典型表型特征的描述，包括身体特征和外貌，经济特性（例如生长，繁殖和产量/品质）和这些特性变化的测量（例如变化范围），关注焦点一般是品种的生产性能和适应性；
- 生产环境的描述（插文68），包括种群栖息的原始生境和目前的生产系统——有些品种在很多国家的多个生产系统中生存，有时候在他们的原始地理区域之外；
- 种群在适应性和生产性能方面任何特殊特征（独一无二的特征）的文档——包括对环境胁迫因子的反应（病害和寄生虫的挑战，极端的气候，粗劣的饲料品质等）；
- 典型的成年雄性和雌性动物在典型的生产环境中的图片；
- 各团体利用其畜禽遗传多样性的传统管理策略中的相关本土知识（包括但不仅仅限于性别知识具体）；
- 现行管理行为（利用和保护）和利益相关者的描述；
- 国内外种群之间任何已知遗传关系的描述。

除了为两种途径（保护和开发）列出的信息之外，下面的补充信息对指导保护计划的优先序和地理区域的选择是很有用的：

- 品种的遗传差异性及其在被考虑品种的总体遗传多样性中的重要性（为使多样性最大化，以保护人类后代的利益）；
- 品种的起源与发展；
- 独一无二的遗传特性（或独特的表型，如果不了解遗传特性）及其在当前或预先的生产环境中的意义。

国家决策者需要鉴定能使遗传改良计划发挥最大效能的品种。这些改良计划可能包括面临风险的品种，并作为保护计划的一部分。品种改良投资应该用足够的投资回报来证明。在特定的生产环境中，或涉及生产环境中的预期变化（包括市场条件），要由品种的效能水平、特定的适应性和/或特殊的使用价值来决定。因此，效能数据、具有独特用途的属性和价值，以及普通生产环境的详细描述实质上是指导品种开发计划的决策基础。

开发适当的育种计划所需的一系列信息，也可以将品种重新视为生产环境进化的选择，不论通过管理措施、市场条件以及文化取向的改变，还是生理因子（气候胁迫，疾病挑战）。同样，此信息也为动物遗传资源在下面的自然灾害（干旱、洪水等）、疾病暴发或社会动荡的情况下进行再引进方案的设计所需。再引进可以基于国内，地区内其他国家或世界其他地区国家的可利用动物遗传资源。任何情况下，再引进计划都应该寻找并获得最能适应引入地生产环境的动物。

管理决策在此国家、国家、地区和世

插文 68

动物遗传资源的生产环境描述符号

生产环境的全面描述实质上是利用性能数据和了解品种/种群的特殊适应能力。品种的自适应度非常复杂，并且难以直接测量，但可以通过描述一直影响动物基因库（品种）以及使其对环境自适应度最大化的初级变量（标准）来间接表现其特点。因此，生产环境的描述对更好地了解特定动物遗传资源的比较自适应度是非常有价值的。

1998年1月，一个专家组在澳大利亚·阿米代尔会晤，制定了一个非常详细且条理分明的方法，用五种主要标准来描绘了所有的粮食和农业用动物的几乎所有的生产环境。五个标准分别是：气候；地形；疾病，疾病配合物和寄生虫病；资源有效性；管理（FAO，1998）。在第二级，每个标准选择3～7个指标用来刻画（即描述和测量变量）生产环境的特点。每项指标选择两个或两个以上的核对器进行鉴定，来详细说明或测量每个指标。工作组指出，许多发展中国家几乎没有能力收集和分析生产环境变量，因此，一个相对简单的描述系统，由于更容易被利用，可能较为可行。尽管存在这些关注，但提议的制度仍需要非常详细的信息。较为详细和更务实的生产系统描述方法可能会促进目前育种文档较大的缺口的填补。不过，应该尽可能地鼓励具体的做法。

阿米代尔会议上设计的这套系统似乎是开发生产环境描述符（PEDs）的结构化集合，并用于描述畜禽品种特性的的第一次尝试。国际家畜研究所（ILRI）开发的畜禽遗传资源信息系统（DAGRIS）数据库包含专用于每个具体品种生境的领域，但没有集合结构的条目，并且迄今为止能提供的数据还相当有限。奥克拉荷马州州立大学的“畜禽品种”数据库提供了一些生产环境方面的资料，但也不是一套描述符的系统集合。

界水平上的类型和范围不同。因此，使品种特性的相关信息到达所有决策者显得非常重要。例如，某个国家可能不打算对某个特殊的当地品种的保护进行投资，但某个地区或国际组织却认为此品种是一个独一无二的遗传资源，应该在全球范围内保护。

3 特性鉴定工具

3.1 测量

测量被用来系统收集鉴定种群和描述它们的可观察特性，地理分布，用途和综合管理，以及它们的生产环境所需的数据。完整的基础值需要一次测量完毕；当在畜禽区观察到重要变化时，需要对某些元素进行重新测量。

作为开发动物遗传资源管理全球数据库的组成部分，FAO开发了一套完整的动物和环境描述符号，从而为不同水平上的标准化特性鉴定活动提供指导（FAO，1986 a,b,c）。然而，这些符号过去复杂不适于推广应用。基于这个事实，FAO开发了用于哺乳动物和禽类数据收集的简化形式（参见表97和表99中的数据条目汇总）。

第四部分

这种简化形式基于EAAP的实践，EAAP从20世纪80年代就开始数据收集工作，并且随后建立了第一个基于计算机的信息系统——EAAP-AGDB。ILRI与FAO在津巴布韦协作开发并测试了一种收集和分析田间品种信息的方法（Rowlands等，2003）。此方法也在埃塞俄比亚得到应用。这项工作的一个关键问题是大范围畜禽测量的时间和后勤需求以及数据的管理与分析可能被轻视。多元测量技术的结果也需要通过互补的分子遗传研究来校验（Ayalew等，2004）。

基于动物遗传资源管理的全球策略，动物遗传资源测量涵盖了10类变量，包括基本和高级品种种群信息，品种的主要用途，品种的起源、发展/进化，典型的形态学特征，平均效能水平，特殊特性，以及正在进行的保护行动。

表97

全球动物遗传资源数据库中记录的哺乳动物品种信息

- 基本信息
  - 物种
  - 品种（大部分是通用名，也包括其他的当地名称）
  - 分布
- 种群数据
  - 种群的基础信息
  - 数据收集的年份
  - 总体种群大小
  - 种群数据的可靠性
  - 种群趋势（增长，稳定，消退）
  - 种群数量（基于物种/品种的普查/测量或估计）
  - 种群的高级信息
  - 雌性和雄性育种动物的数量
  - 同一品种中与雄性动物交配的雌性动物的百分比和用于交配的雄性动物的百分比
  - 血统登记书/登记机构中登记的雌性动物的数量
  - 人工授精的使用以及精子和卵子的保存
  - 畜群的数量和平均畜群大小
- 主要用途
  - 重要程度的列举
- 起源和发展
  - 目前的驯化状态（驯化的/野生的/未驯服的）
  - 分类学分级（物种/品种/品系/家系）
  - 起源（描述和年份）
  - 引入
  - 畜禽血统书建立的年份
  - 物种监测组织（地址）
- 形态学
  - 成年畜禽的身高和体重
  - 畜禽角的数量和形状/尺寸
  - 颜色
  - 特定的可见性状
  - 头发和/或毛的性状
- 特定性状
  - 产品的特定性状
  - 特定健康特性
  - 特定环境的适应性
  - 特定的繁殖特性
  - 其他的特定性状
- 管理状况
  - 管理系统
  - 灵活性
  - 成年畜禽的饲养
  - 舍饲时间
  - 特殊的管理条件
- 原地保护
  - 原地保护计划的描述
- 移地保护
  - 储存的精液和代表性雄性种畜的数量
  - 储存的卵子和晶胚中的母畜和种畜的数量
  - 移地保护计划的描述
- 效能
  - 出生体重
  - 性成熟期

表 97（续）

全球动物遗传资源数据库中记录的哺乳动物品种信息

雄性育种个体的平均年龄
第一次分娩时间和分娩间隔期
繁殖期的长度
奶的产量和哺乳期长度（哺乳动物）
乳脂
瘦肉
日增重
畜体体重
屠宰率
效能测量状态下的管理条件

资料来源：FAO/UNEP（2000）。

表 98

全球动物遗传资源数据库中记录的鸟类品种信息

- 基本信息
  物种
  品种（大部分是通用名，也包括其他的当地名称）
  分布
- 种群数据
  种群的基础信息
  数据收集的年份
  总体种群大小（范围或准确数值）
  种群数据的可靠性
  种群趋势（增长，稳定，消退）
  种群数量（基于物种/品种的普查/测量或估计）
  种群的高级信息
  雌性和雄性育种动物的数量
  同一品种中与雄性动物交配的雌性动物的百分比和用于交配的雄性动物的百分比
  血统登记书/登记机构中登记的雌性动物的数量
  人工授精的使用以及精子和卵子的保存
  畜群的数量和平均畜群大小
- 主要用途
  重要程度的列举
- 起源和发展
  目前的驯化状态（驯化的/野生的/未驯服的）
  分类学分级（物种/品种/品系/家系）
  起源（描述和年份）
  引入
  畜禽血统书建立的年份
  物种监测组织（地址）
- 形态学
  成年家禽的活体体重
  羽毛形状
  翅膀形状
  皮肤颜色
  腿和脚的颜色
  冠的形状
  蛋壳颜色
- 特定性状
  产品的特定性状
  特定健康特性
  特定环境的适应性
  特定的繁殖特性
  其他的特定性状
- 管理状况
  管理系统
  灵活性
  成年家禽的饲养
  舍饲时间
  特殊的管理条件
- 原地保护
  原地保护计划的描述
- 移地保护
  储存的精液和代表性雄性种畜的数量
  移地保护计划的描述
- 效能
  性成熟期
  第一次产蛋年龄和产蛋间隔期
  繁殖期的长短
  年产蛋量
  日增重
  畜体体重
  屠宰率
  效能测量状态下的管理条件

资料来源: FAO/UNEP（2000）。

3.2　监测

所有品种种群大小和结构的变化都需要按规定被记录归档。由于现代育种技术的应用，全球贸易发展，市场需求以及特殊品种的倾向政策，可能会导致品种种群大小和结构变化迅速，因此变化的记录归档工作应该每年或每两年进行一次。

品种的测量每个世代至少进行一次，尤其是面临风险品种或存在潜在风险的品种。进行测量的时间间隔分别为：马、驴8年；牛，水牛，绵羊和山羊5年；猪3年；家禽2年。

目前，大多数国家畜禽普查不包含品种水平上的数据，并且品种种群数量的规范报告也不存在了。已被归类为面临风险的物种和品种应该得到规范监测，使这种监测作为国家早期预警的基础。

监测活动过程中收集到的信息可以对动物遗传资源的管理计划进行调整。监测程序需要认真设计，以保证能为农场主、管理者和其他利益相关者提供反馈。监测方法应该灵活，并且不同操作人员的监测活动之间需要进行很好的协调，因为不同的监测组将会监测不同的参数。例如，农场主可能希望监测生产参数，资源管理者可能希望监测品种目录的完整性，行政管理人员可能希望监测各种计划的成本有效性。监测还需要评估行动计划执行的进展，鉴定新的优先序、问题和机会。

监测是动物遗传资源管理耗资巨大的一个方面。然而，如果国家采取的监测方法具有战略性，发挥现有资源的优势，检测活动就可能划算的。为对高风险的遗传资源进行管理，就需要目前的种群大小和地理分布数据。对于这些种群，其直接包括的实际种群大小的简单、规范量化和报告就足够了。分布广泛的大种群可能需要建立分层样本，对国内每个主要地理区划种群的某个部分进行监测。由于缺乏便于实施的收集此类数据的工具，一般还缺乏进行评估的受训人，以及部分决策者和执行者缺乏对这些信息重要性的认识，因此检测工作将面临巨大挑战。

每个国家都有机会利用好有利的现有活动进行动物遗传资源监测，因此也可以避免重大的额外耗费。国家畜禽普查就提供了很好的机会，并且还可以在畜禽销售或贸易地点建立有效的监测站。这种方法通过把畜禽带给监测者而大大减少了耗费。然而，商品动物可能不能精确地反映农场中目标种群的结构。在存在农场主组织、育种团体、畜群或畜场的国家，注册跟踪可能是一个非常有效的监测特殊动物品种的方法。也有可能将监测活动与现存的国家相关部门的任务结合起来。例如，野生生物学家可以把畜禽种群的监测作为野生生物监测的一部分。卫生官员可以在执行食品加工检查或兽医提供服务的时候按照品种记录畜禽种群数量。然而，所有这些选择，必须小心处理，并考虑到可能存在的偏见。基于现有活动可得到的信息价值必须与额外信息进行权衡，但是与特殊设计的监测进行动物遗传资源监测相比成本更大。

作为包含在国家畜禽普查中品种水平数据中的一个步骤，下一个世界农业普查计划（由FAO每10年制定一次，来指导各国进行各自的农业普查）（FAO，2006）鼓励各国收集并报道品种水平上的畜禽数据。

3.3　分子遗传特性鉴定

分子遗传特性鉴定旨在探索选择的蛋白分子和DNA标记的多态性，来测量种群水平上的遗传变异。由于蛋白中观察到的多态性水平较低，因此在多样性研究中的应用受到限制，分子遗传特性鉴定选择DNA水平的多态性作为标记（见第三章）。

分子遗传特性鉴定的过程包含生物学材料的田间取样（经常是血样或毛根样），样品DNA的实验室提取，DNA存储，实验室分析（例如基因分型或测序），数据分析，报告撰写以及分子遗传信息数据库的维护。用于分子分析的取样可与监测和/或测量相结合，因为自身的分子信息，不能用于利用和保存决策。

分子遗传水平上的特性鉴定主要用于探索动物种群内部和种群之间的多样性，并且确定这些种群之间的遗传关系。另外，实验室工作的结果主要用于：

- 测定品种内部和品种之间的多样性参数；
- 确定特殊种群的地理分布，和/或不同遗传起源种群的混合物的地理分布；
- 提供进化关系信息（系统进化树），阐明起源和迁徙路线的中心；
- 构建基因图谱，包括已知基因载体的鉴定；
- 在种群内鉴定亲本和遗传关系（例如，DNA指纹识别）；
- 支撑标记辅助动物种群遗传改良；
- 开发用于研发的DNA库（Hanotte和Jianlin，2005）。在家谱和种群结构信息有限或没有的种群里，分子标记也可以用来鼓励有效种群大小（N_e）。

在缺乏广泛的种群特征数据以及育种群体起源的文档时，分子标记信息可以提供给定种群样本内部和种群间遗传多样性的最容易获得的估计。

3.4　信息系统

信息系统或数据库可以用于不同目的，但他们大都包含计划的决策、研究、培训、规划和评价，进展报道和公众知晓等重要信息。一个信息系统一般包括硬件、软件（应用），有组织的数据（信息）和通讯设备。既可通过手工操作，也可以用计算机进行电子操作，或者进行两者组合。这些信息可以存储在一个独立的桌面机或者网络计算机上。另外，这些数据可以存放在因特网上，允许外部访问并观看；或存放在交互式动态系统中，以便随时更新信息。

信息系统的总体目标是能够通过一定范围内的利益相关者，包括政策制定者、产业开发者、农场主、研究人员以及其他兴趣群体，来支持关于动物遗传资源的现在和未来的潜在利用的决策。因此，它们需要集成基本的决策支持工具来满足政府间、国家、次区域、区域以及全球范围内的利益相关者的需求。然而，这些不同层次或水平上的用户各自都有不同的目标，并且对信息系统数据感兴趣的方面也各不相同。例如，地区或全球层次上的用户将会对品种的边界分布、畜禽边界市场、越境疾病风险以及边界种质资源交换更感兴趣。相反，与国家和政府间（当地）水平的用户相关性更大的则是育种种群大小、兽群/鸟群结构、生产水平以及当地的环境胁迫因子。像跟外部信息资源一样，各层次之间的连接与信息交换可能会使信息系统增值。补充数据库可以通过数据转换系统进行信息交换，或通过因特网的电子链接作为彼此的网关。例如，国家或地方动物遗传资源数据库可能会与地球物理数据库（气候，土壤，水或风景）相链接。这些数据集之间的功能性链接可能会导致动物疾病风险地图以及特殊品种对胁迫环境的特定适应性信息的产生。

畜禽多样性的国家数据库是基本的规划工具。它们提供了动物遗传资源的种群大小、分布、状态和利用价值情况的当前状态。允许访问已规划的和正在实施的管理活动信息。另外，它们还方便了现存信息的世代鉴定。

目前，大量动物遗传多样性的公共领域电子信息系统在全球范围内都可以访问，并且包含来自多个国家的数据。其中DAD-IS和EFABIS（前身为EAAP-AGDB）与FAO的动物遗传资源全球信息系统有关。由ILRI管理的畜禽遗传资源信息系统（DAGRIS）是一个已出版文献和灰色文献的综合研究信息数据库。俄克拉荷马州州立大学畜禽品种信息系统对品种起源、特性与利用进行了概括总结。这些信息系统的内容见插文69。

现在，无论是根据国家，还是品种的研究，信息资源条件都非常便利。也就是说，它们有足够的可利用研究信息，并能使用户对每条信息的价值做出明智的判断。如果研究者和决策者想获得自己所需的信息，现有信息系统的功能将需要进行大幅度改进，以允许不同种类的信息在数据源内部和数据源之间进行提取和定制分析。数据获取的范围也需要扩大，使品种信息可以与基于地理信息系统（GIS）的环境和生产系统地图相链接。这将允许研究很少的适应性试验，例如疾病抗性，能够通过过去和现在品种分布和利用进行预测（Gibson 等，2007）。

动物遗传资源信息系统已经作为全球公共财产被开发和管理，对私营部门或主要的基金组织的投资吸引力较低。这说明系统所包含的信息与开发潜能相比非常有限，并且对有效达到它们的既定目标很有必要。避免这种局限的一种可能就是建立信息系统之间的贯通性和互用性功能。农畜品种信息系统（FABIS）（一个分布式动物遗传资源信息系统）已经实现这种功能，它使各国建立了基于Web的国家信息系统。这个信息系统可以通过较高水平的网络—地区系统（如欧洲畜牧生产协会—动物遗传数据库，EFABIS）和全球系统（畜禽多样

插文 69
全球范围的信息系统

畜禽多样性信息系统（DAD-IS）[http://www.fao.org/dad-is]

由FAO开发的畜禽多样性信息系统（DAD-IS）是第一个可以全球访问的动态多语言动物遗传资源数据库。它作为一个贯彻执行动物遗传资源管理的全球策略的关键通讯和信息工具开始启动，来帮助各国和国家协作网实施各自的计划（FAO，1999）。除了国家级的品种信息和图片，DAD-IS还提供了一个包含大量所选技术和政策文件的虚拟库，包括动物遗传资源相关研究的工具和准则。它提供与相关电子信息资源的Web链接。并且还拥有一个为观点交换和选择特殊信息需求的工具，通过与一定范围的利益相关者连接：农场主、科学家、研究者、开发者和政策制定者。

畜禽多样性信息系统，DAD-IS提供了国家级品种水平上的起源、种群、风险状态、特殊性状、形态学和效能信息，这些信息由FAO成员国提供。目前，该数据库包含181个国家的35个物种的超过14000个国家级种群。畜禽多样性信息系统，DAD-IS的一个重要特征是它提供了一个国家安全的信息储存和交流工具。每个国家通过他们的官方指定联系人（动物遗传资源管理的国家联络人）决定品种数据释放的时间和内容。表97和表98汇总了畜禽多样性信息系统，DAD-IS的全球品种数据库中记录、储存和分布的信息。

畜禽多样性信息系统，DAD-IS:3已经基于与欧洲畜禽生物多样性信息系统（欧洲畜牧生产协会—动物遗传数据库，EFABIS，http://efabis-eaap.tzv.fal.de）相同的软件和功能进行了重建，并且具有相似的界面。所用软件依托一个欧洲联合项目，为克服欧洲畜牧生产协会—动物遗传数据库（EAAP- AGDB）和畜禽多样性信息系统（DAD-IS）的不兼容问题而开发的。新的系统可以运用自动化数据同步技术创建一个分布式信息系统网络。每个国家和地区可以此为工具来创建各自的基于Web的信息系统。信息内容和界面可以被翻译成任何当地语言。界面的外观可以修改来反映当地风情。除了核心数据结构，每个国家和地区可以进一步定义反映其特定需求的数据结构。这些特性不会在上级信息系统中同步进行。葡萄牙建立了第一个基于这个新框架的国家信息系统（http://efabis.izoo.krakow.pl），并且定义了附加结构来保存农用鱼类和蜜蜂信息。国家联络人可添加品种信息、图片、外部网站的链接、联系地址和新闻等。

畜禽遗传资源信息系统（DAGRIS）[http://dagris.ilri.cgiar.org/]

畜禽遗传资源信息系统（DAGRIS）由国际畜禽研究所（ILRI）开发和管理。于1999年开始作为对全球动物遗传资源研究信息进行比较分类的工具。除了包含从本地品种的起源、分布、多样性、特性、现行利用和状态的文献综合中获得的信息之外，DAGRIS还包括全部的参考文献和已发表或未发表的科技文献的摘要，并附于系统内品种的后面，这一点是独一无二的。DAGRIS被设计用来支持研究、培训、公众知晓、遗传改良和保存。数据库的第一版于2003年4月在网上发布，同时发布光盘版。目前，数据库包含了非洲的154个牛品种，98个绵羊品种和62个山羊品种，以及非洲和一些亚洲国家的129个鸡的生态型/品种和165个猪品种的超过19200个试验记录。DAGRIS的品种信息页面提供FAO的DAD-IS系统里相关品种的Web链接，反之亦然。

插文67（续）

全球范围的信息系统

畜禽遗传资源信息系统（DAGRIS）的范围正被扩展，在不久的将来，它将能覆盖更多亚洲的品种（火鸡、鹅、鸭）和国家（Ayalew等，2003）。畜禽遗传资源信息系统（DAGRIS）后面步骤的优先序是：1）新模块的开发，以允许所有用户都能向数据库上传相关的研究信息，使数据库管理者能够获取和比较其他难以获得的品种水平的信息；2）数据库中GIS链接的开发，以获得尽可能多的品种水平信息的空间参考；3）DAGRIS的国家模块模板的开发，以帮助感兴趣国家进一步开发和定制数据库。

畜禽品种——俄克拉荷马州州立大学
[http://www.ansi.okstate.edu/breeds]

美国俄克拉荷马州州立大学动物科学系管理此信息资源，并于1995年开放。它按照起源、分布、典型特征、利用和品种种群状态，连同品种信息的照片/图像和主要参考文献，提供了品种的概述。它列举了来自全世界的动物品种名单，并且提供了按地区分类查询的选项。截止到2006年1月，数据库包含了1063个品种，包括280个绵羊，262个牛，217个马，100个山羊，72个猪，8个驴，8个水牛，6个骆驼，4个驯鹿，1个美洲驼，1个牦牛，64个鸡，10个鸭，7个火鸡，7个鹅，1个珍珠鸡以及1个黑天鹅品种。它还提供了与虚拟畜禽库中相关信息的链接。目的是根据品种的数量及其所包含的教育和科学信息，通过与全世界的个人与大学协作，来扩展系统的范围。系统欢迎提交未包括在此名单里的品种信息或已包括品种的附加信息。

性信息系统，DAD-IS）进行核心数据交换。

4 结论

对动物遗传资源进行充分的特性鉴定是国家畜牧产业发展中成功的管理计划和知情决策的先决条件。特性鉴定领域发展起来的工具应该有一套进行品种种群的鉴定，描述和归档的战略性和连贯性方法。人们对特性鉴定方法的兴趣正在渐增，特性鉴定的范围也在逐渐深入扩大，分子特性鉴定尤其受到越来越多的关注。然而，仍然还需要更多更科学的方法和手段来组织规范监测和测量。

在许多国家和地区的品种描述中，品种描述中重要的缺少因素是各自品种的明确定义，来赋予它们唯一的特性，并且也是它们所接受的生产环境的描述。生产环境定义的一个基础结构已经被提议，但是还需要被审查和实施。现有的有关品种的信息系统需要进一步开发，来简化信息采集、加工、能达性和贯通性。

理想地，动物遗传资源管理决策的工具和方法，就像早期预警和反馈工具一样，可以基于利用上面描述的方法所得到的广泛信息。然而，如果需要采取紧急行动，就需要充分利用不完整信息的工具和方法。

参考文献

Ayalew, W., Rege, J.E.O., Getahun, E., Tibbo, M. & Mamo, Y. 2003. Delivering systematic information on indigenous animal genetic resources – the development and prospects of DAGRIS. *In* Proceedings of the Deutscher Tropentag 2003, *Technological and Institutional Innovations for Sustainable Rural Development,* held 8–10 October 2003. Göttingen, Germany. (also available at www.tropentag.de/2003/abstracts/full/28.pdf).

Ayalew, W., van Dorland, A. & Rowlands, J. 2004. *Design, execution and analysis of the livestock breed survey in Oromia Regional State, Ethiopia*. Addis Ababa and Nairobi. OADB (Oromia Agricultural Development Bureau) and ILRI (International Livestock Research Institute).

DAGRIS. 2004. *Domestic Animal Genetic Resources Information System (DAGRIS).* J.E.O. Rege, W. Ayalew & E. Getahun, eds. Addis Ababa. International Livestock Research Institute.

FAO. 1984. *Animal genetic resource conservation by management, databanks and training.* Animal Production and Health Paper No. 44/1. Rome.

FAO. 1986a. *Animal genetic resources data banks - 1. Computer systems study for regional data banks.* Animal Production and Health Paper No. 59, Volume 1. Rome.

FAO. 1986b. *Animal genetic resources data banks - 2. Descriptor lists for cattle, buffalo, pigs, sheep and goats.* Animal Production and Health Paper No. 59, Volume 2. Rome.

FAO. 1986c. *Animal genetic resources data banks - 3. Descriptor lists for poultry.* Animal Production and Health Paper No. 59, Volume 3. Rome.

FAO. 1992. *The management of global animal genetic resources. Proceedings of an Expert Consultation,* Rome, Italy, April 1992. Edited by J. Hodges. Animal Production and Health Paper No.104. Rome.

FAO. 1998. *Report: Working group on production environment descriptors for farm animal genetic resources.* Report of a Working Group, held in Armidale, Australia, 19 – 21 January 1998. Rome.

FAO. 2005. Genetic characterization of livestock populations and its use in conservation decision making, by O. Hannotte & H. Jianlin. *In* J. Ruane & A. Sonnino, eds. *The role of biotechnology in exploring and protecting agricultural genetic resources*, pp. 89–96. Rome. (also available at www.fao.org/docrep/009/a0399e/a0399e00.htm).

FAO. 2006. *A system of integrated agricultural censuses and surveys, volume 1, World Programme for the Census of Agriculture 2010.* Statistical Development Series No. 11. (also available at www.fao.org/es/ess/census/default.asp).

FAO/UNEP. 1998. *Primary guidelines for development of national farm animal genetic resources management plans.* Rome.

FAO/UNEP. 2000. *World watch list for domestic animal diversity*, 3rd edition. Edited by B.D. Scherf. Rome.

Gibson, J.P., Ayalew, W. & Hanotte, O. 2007. Measures of diversity as inputs for decisions in conservation of livestock genetic resources. *In* D.I. Jarvis, C. Padoch & D. Cooper, eds. *Managing biodiversity in agroecosystems.* New York, USA. Columbia University Press.

Oklahoma State University. 2005. *Breeds of livestock.* Stillwater, Oklahoma, USA. Department of Animal Science, Oklahoma State University. (available at http://www.ansi.okstate.edu/breeds/).

Rege, J.E.O. 1992. Background to ILCA's animal genetic resources characterization project, objectives and agenda for the research planning workshop. *In* J.E.O. Rege & M.E. Lipner, eds. *Animal genetic resources: their characterization, conservation and utilization.* Research planning workshop, ILCA, Addis Ababa, Ethiopia, 19-21 February, 1992, pp. 55–59. Addis Ababa. International Livestock Centre for Africa.

Rowlands, J., Nagda, S., Rege, E., Mhlanga, F., Dzama, K., Gandiya, F., Hamudikwanda, H., Makuza, S., Moyo, S., Matika, O., Nangomasha, E. & Sikosana, J. 2003. *The design, execution and analysis of livestock breed surveys - a case study in Zimbabwe.* A report to FAO. Nairobi. International Livestock Research Institute.

第四部分

第三章
分子标记——探索遗传多样性的工具

1 导言

DNA标记广泛应用于基础研究（例如系统发育分析和有用基因寻找）和应用研究（例如标记辅助育种、亲权鉴定和食品可追溯性）。本部分主要关注DNA标记在动物遗传资源多样性特性鉴定中的应用，以及寻找相关基因的功能

插文70
DNA、RNA和蛋白质

DNA由成对的染色体组成，分别来自两个亲本。因此，个体的每个基因都由两个副本，成为等位基因，每一个在两条染色体中的其中一条。哺乳动物的基因分散在染色体内，间隔很大，主要是重复的DNA序列。基因由编码序列（外显子）构成，基因之间由内含子隔离。后者不含蛋白质编码信息，但有时候在基因表达的调节过程中发挥重要作用。由基因编码的指令分两步进行。第一步是将遗传信息转录（复制）为另一类型的核酸——核糖核酸（RNA）。外显子和内含子都被转录到一个初级信使RNA（mRNA）的分子中去。接下来，这个分子将被编辑，去处内含子，将外显子连接起来，并且在每个mRNA的末端添加独一无二的特征，从而创造出一个成熟的mRNA分子，并接着被转运到细胞质内的核糖体内。核糖体由核糖体RNA和蛋白质构成，是第二步的进行场所。第二步是将先前复制到mRNA中的遗传信息编译成一个多肽（一个完整蛋白质，或一个蛋白质复合体的一条链）。mRNA分子被读取或一次编译3个核苷酸（1个密码子）。mRNA的密码子和携带相应氨基酸给核糖体的tRNA分子的反密码子的互补确保了最新的成形多肽包含所需氨基酸的特定序列。

并不是所有的基因都被翻译成蛋白，有一些将它们的功能表达成RNA分子（例如翻译过程中的rRNA和tRNA）。最近，人们又发现了RNA在mRNA编辑过程中和基因表达调节中的新作用（Storz等，2005；Aravin和 Tuschl，2005；Wienholds和Plasterk 2005）。当然，似乎没有编码RNA是各种调节过程的主要调节者（Bertone等，2004 Clop等，2006）。因此，三种类型的分子在调查细胞、组织和整个机体水平上的遗传特性的过程中是有用的，它们分别是：DNA，包含已编码的指令；RNA，将指令传输到细胞工厂；由指令编译成的蛋白质，生成功能细胞和机体。

性变异。重要的是要指出RNA和蛋白质也含有重要信息，因此，应该进行平行研究。下面探讨了它们在寻找功能性变异中发挥的作用。

生物多样性是DNA序列变异和环境影响的结果。遗传变异是绝对的，某个物种的每个个体，除了孪生子之外，都拥有一个独一无二的DNA序列。DNA变异是由单核苷酸的置换（单核苷酸多态性，SNPs），各种长度的DNA片断（从单个到几千个核苷酸）的插入或缺失，或DNA片断的重复或到位。DNA变异分为“中性”变异和“功能性”变异。如果变异没有引起代谢或表型试验的变化，因此不属于积极、消极或平衡选择，称之为“中性”变异；反之为“功能性”变异。编码序列的关键核苷酸的突变可以改变蛋白质的氨基酸组成，因而导致新的功能性变异。与原始的“野生型”相比，新陈代谢的效率可能会提高或降低，可能会彻底失去功能，甚至可能获得新的功能。调控区的突变可能会影响基因表达的水平和模式；例如，在不同的发育或生理时期，特定组织中蛋白表达的启动/中止，或表达的不足/过量。

虽然简单生物分子的分析已经充分证明了其在理解生物现象中非常有用，但是大规模的DNA，RNA和蛋白平行调查揭示了生物复杂性的解释和模拟中的新观点。以“－组学”为后缀的新兴学科正在诞生。在这些领域，DNA，RNA和蛋白质的制备、鉴定和测序以及大容量数据的存储和分析方面的新进展正给我们带来新的认识革命。关于复杂生物学过程中的生物分子的一整套观点正在浮出水面。继结

插文 71

新的“基因组学”学科

基因组学绘制了个体和群体之中基因与遗传变异之间的图表。它使人们能够洞察遗传信息向代谢功能和表型特征的翻译，揭开了一系列生物学过程及其与环境因子的互作。基因组学包含量一系列高通量技术（如蛋白质组学和代谢组学）与生物信息学技术的组合，其中生物信息学技术实现了大量数据的处理、分析和综合。

生物复杂性的调查是一个新的边界领域，它需要高通量的分子技术，计算机的高速处理和海量存储，各学科专家之间数据分析与综合（插文70）的新方法。

插文 72

分子技术的最新进展

当前有关畜禽育种和遗传多样性保存的分子生物学研究的革命性进展包括：1.大部分重要畜禽物种的全基因序列的确定；2. 全基因组多态性测量技术的发展（例如，单核苷酸多态性的检测方法）；3. 测量大范围基因转录的微阵列技术（芯片技术）的建立。全基因测序得到的信息（鸡的已经完成，猪和牛的已基本完成），加之与SNP技术的结合，将会加快基因的寻找速度。用于鉴定影响目标特征的染色体区域的数量性状基因定位（QTL）绘图，位于同一区域的候选基因的存在，及其在不同物种之间的表达方式（例如，通过微阵列和蛋白组分析）和功能的调查，将会共同鉴定关键基因，并且揭开目标特征生理学调节的复杂性。

构基因组学、转录组学和蛋白组学之后，除了其他系统生物学，又发展起来了复杂程度更高代谢组学和互作组学（Hood等，2004；Box 69）。

2 分子技术在特性鉴定中的作用

遗传多样性信息是优化动物遗传资源的保存和利用策略的根本。作为保存的资源是有限的，因此经常需要区分优先序。新兴的分子技术能够对包含在大量特征（包括适应性特征）中的基因，以及导致功能性遗传变异的多样性（数量性状核苷酸，QTN）进行鉴定。然而，我们没有足够的知识来对基于功能性分子多样性的保存选择区分优先序，因此仍然需要替代措施。表型特征提供了给定的个体或群体所携带基因的功能变量的粗略平均估计。然而，大多数畜禽物种的表型都没有被记录。

作用一：在缺乏可靠的表型和QTN数据或打算补充现有数据时，最快、最划算的遗传多样性措施可以通过使用匿名的分子遗传标记进行多态性分析来获得。假设在中性标记上已经拥有一个特殊进化历史的唯一种群可能携带功能变异的唯一变量，匿名标记可能会为重要特征提供间接的功能基因信息。在畜禽的起源和驯化以及后来的迁徙调查中，分子技术也被证明非常有用，就像提供进化关系信息（系统发育树）和鉴定不同遗传起源的混合种群的地理区域一样。3.1节概述了在种内和种间遗传多样性评估中应用的分子技术。

作用二：有效种群大小（Ne）是估计一个种群中为下一代繁殖和贡献基因的有效动物数量的指标。Ne与一个种群中的杂交和基因飘移水平密切相关，因此是评估种群风险程度的一个重要指示因子（第一章和第六章）。对育种种群的Ne进行可靠估计的传统方法主要基于家谱数据或种群普查。关于繁殖成功率和时代间隔变异的必要数据，对于发展中国家的种群往往不可靠。因此，分子方法可能是一个理想的选择（详细介绍见3.2节）。

作用三：动物遗传资源管理的最高优先序是对具有独一无二性状的品种的保存。其中，在挑战性环境中的生存和繁殖以及抵抗侵染性病害的能力显得尤为重要，尤其是在发展中国家。复杂性状，例如适应性和疾病抗性，是不明显的，或不易测量的。它们可以通过特定环境适应性试验或相关寄主侵染试验来进行调查。然而，这些试验实施起来非常困难且十分昂贵，还会引起有关动物福利的关注。这正是为什么研究者对鉴定基因控制的复杂性状怀有极大兴趣的原因。这些基因可以通过多种不同的方法找到。3.3节描述了现代研究发展起来的工具。

3 分子技术概览

本章主要讲述了目前已发展起来的用于遗传多样性评估和功能变异定位的最重要的分子技术。插文73描述了怎样将遗传材料从生物材料中提取，并用于分析。插文74概括了常用的分子标记的属性，插文75讨论了取样（分子研究的一个非常重要的方面）。

3.1 使用DNA标记评估遗传多样性的技术

核酸DNA标记

很多标记都可以用于检测核算DNA的多态性。在遗传多样性研究中，最常用的标记便是微卫星。

微卫星

目前，微卫星（插文74）是畜禽遗传特性鉴定研究中最常用的标记（Sunnucks，2001）。它们的高突变率和共显性特征使种内和种间遗传多样性以及品种间的遗传混合的估计成为可能，即使它们紧密相关。

针对微卫星数据分析的突变模型选择已有一些争论（无限等位基因模型或渐进突变模型；Goldstein等，1995）。然而，模拟试验的结果已经标明无限定位基因模型通常对物种内多样性评估有效（Takezaki和Nei，1996）。

插文73

DNA和RNA的提取和扩增

DNA，RNA和蛋白质分析的第一步是生物样本的提取和净化。目前有几个方案和试剂盒可用。所运用策略根据原材料和目标分子而定。例如，从整个红细胞或白细胞中提取DNA相对比较简单，然而对加工过的食品却相当困难。从胰腺中提取RNA非常困难，因为此器官中的死后降解非常快。DNA，RNA和蛋白质的纯度往往是获取可靠结果过程中最容易忽视的因素。从细胞中将DNA（或RNA）分离后，下一步就是获得数以千计或百万计的一个特殊基因或DNA片断的复制。DNA片断的复制可以通过微生物来完成，比较典型的是大肠杆菌，也可以通过聚合酶链式反应（PCR）在体外完成。卡里·穆利斯的PCR技术曾获得诺贝尔发明奖，几乎可以对任何一直序列的DNA片断进行指数扩增。PCR反应的关键部分是从一种能在高温下生存和繁殖的微生物——Thermus aquaticus中分离出来的DNA聚合酶。这种热稳定的Taq酶可以允许在PCR循环中进行链式复制，并在目标DNA的复制数量上产生几何增长。一个PCR循环包括三步：i）在90～95℃下使DNA变性，将DNA分成两条模板；ii）在45～65℃下退火，短单链寡核苷酸（引物）与靶标序列连接；iii）新合成的DNA链在引物的引导和Taq酶的催化下延伸或延长，温度设定在72℃。次循环一般能被重复25～45次，来保证扩增用于检测的足够的扩增子。

蛋白质多态性是用于畜禽遗传研究的第一种标记。然而，能够进行分析的多态性位点的数量和在位点观测到的多态性水平常常很低，因此大大限制了其在遗传多样性研究中的应用。随着新技术的发展，DNA多态性已经成为标记的选择，来进行遗传变异的分子监测。

插文 74

常用DNA标记

限制性片段长度多态性（RFLP）是利用限制性内切酶能识别DNA分子的特异序列，并在特定序列处切开DNA分子（例如EcoRI在回文序列GAATTC定义的位点将DNA切开）。目前，RFLP的最主要的用途是作为PCR的下游工具（PCR-RFLP），来检测在特定的限制性酶切位点具有不同序列的等位基因。一个基因片断首先通过PCR进行扩增，然后再暴露于一个只能切开其中一个等位基因特定的限制性内切酶。已消化的扩增子通常用电泳来溶解。

微卫星或简单重复序列（SSR）或简单串连重复（STR）由一类由2～6个碱基组成的基序串联重复而成的DNA序列（例如，CACACACACACACACA）。它们通过真核细胞染色体来复制传播。微卫星相对较小，因此可以很容易地从各种资源（例如血、毛发、皮肤，甚至粪便）中提取的DNA中用PCR扩增出来。多态性可以在测序凝胶上显现出来，并且DNA自动测序的有效性还允许进行大量样本的高通量分析（Goldstein和Schlötterer，1999；Jarne和Lagoda，1996）。微卫星是超变量；它们通常可以展示在大量重复中互不相同的位点上的数十个等位基因。它们还是许多多样性研究（例如亲本分析和QTL作图）的标记选择，但是随着廉价的SNP分析方法的发展，在不久的将来SSR将受到挑战。FAO已经推荐了用于主要畜禽物种多样性研究的微卫星定位装置，该装置由国际动物遗传学会（ISAG）——FAO动物遗传多样性顾问小组开发。（见DAD-IS文库）

小卫星具有与微卫星相同的特点，但是串联重复为10到几百个碱基。微卫星和小卫星都被认为是可变性串联重复序列（VNTRs）多态性。扩增片段长度多态性（AFLPs）是一种DNA指纹识别技术，可以通过PCR扩增检测DNA的限制性片断。

序列标签位点（STS）是染色体中仅出现一次的DNA片断，它的位置是已知的。它们不需要进行多态性分析，而被用于建立物理图。

单核苷酸多态性（SNPs）是单个核苷酸的变异，并不改变区域的DNA序列的总体长度。SNP的发生遍布整个染色体。这种变异非常普遍，在人类染色体中，每1000个碱基中就有1个SNP出现（Sachinandam等，2001）。大多数SNP存在与非编码区，并且对个体的表型没有直接影响。然而，有些SNP在表达序列或影响基因表达的区域（启动子，增强子）中引发突变，并且可以诱导蛋白结构或调节的变化。这些SNP具有检测功能遗传变异的潜力。

每个种群的等位基因平均值（MNA），以及观察到和预期的杂合性（Ho和He）是评估种内多样性的两个最常用的参数。最简单的种间多样性评估参数是遗传分化因子和遗传固定因子。目前，已经有几个评估量被提议，例如FST和GST，其中应用最广泛的是FST（Weir和Basten，1990），它通过计算种群之间的等位基因频率的标准方差来测量遗传分化程度。差异显著性可以通过种群之间的FST值来计算（Weir和Cockerham，1984），以测量种群和遗传多样性划分之间的遗传分

插文 75

遗传材料的取样

样本收集是任何多样性研究的第一步也是最重要的一步。也就是说，样本在调查种群中应该独立且具有代表性。通常，如果分析了足量的独立标记，每个种群精选出30～50个个体进行取样就能够为品种特殊性和种内多样性提供所需的初步线索（例如20～30个微卫星；Nei and Roychoudhury，1974；Nei，1978）。然而，所需的实际数字可能视具体情况不同而不同，并且对于高度近亲繁殖的当地种群甚至低一些，对于广泛传播且分为不同生态型的种群可能会高一些。

在定义明确的品种中，独立样本的选择非常简单，因为可以通过畜禽血统书或家谱记录来选择。相反，由于没有可用的书面记录，对于半野生的种群，独立样本的选择将十分困难。在这种情况下，地理准则被大力推荐，也就是说，从大量在广阔地理区域传播的畜群中，在每个畜群中选出一个或少数几个独立的动物个体，并将它们集中在一起。取样地点、动物和畜群的相关地理记录和照片文档非常重要，可用来检查意外露宿情况下的杂交情况，或鉴定遗传多样性的兴趣地理模式。一套选择良好的样本是一中长期有价值的资源，它可以用来产生有价值的结果，即使利用比较落后的技术。相反，有偏差的样本将产生歪曲的结果，或即使利用最先进的分子技术都难以理解。

化缺乏的虚假设（例如，Mburu等，2003）。分子变异（AMOVA）（Excoffier等，1992）的递阶分析可以用来评估品种种群内和种群间的多样性分布。

通过对遗传距离的估计，微卫星数据也通常被用来评估种群和个体之间的遗传关系（例如，Beja-Pereira等，2003；Ibeagha-Awemu等，2004；Joshi等，2004；Sodhi等，2005；Tapio等，2005）。最常用的测量遗传距离的方法是Nei氏标准遗传距离（DS）（Nei，1972）。然而，对于密切相关的种群，基因飘移是遗传分化的主要影响因素，由于这种情况在家畜中经常发生，尤其是在发展中国家，因此推荐使用修正的Cavalli-Sforza遗传距离（DA）（Nei等，1983）。一般通过种族系统史的重建可以显现种间的遗传关系，最常用的就是邻近距离法（N-J）（Saitou和Nei，1987）。然而，系统发育树重建的一个主要障碍就是家系的进化被假设为非网状的，也就是线性可以偏移，但线性之间不会交叉。这种假设在家畜中发生的几率很小，新的品种常常起源于两个或更多祖先品种的杂交育种。因此，必须慎重考虑系统发育树重建提供的品种进化的可视化。

多元分析和最近的贝叶斯分聚类分析方法已经被建议用于不同种群的微卫星数据的混合分析（Pritchard等，2000）。家畜最有意义的此种类型研究大概就是非洲牛的跨洲研究，它展现了起源，二次移动的遗传信号，以及非洲牛的畜牧主义的区别。

分子遗传数据与其他资源（如考古学证据和书面记录）的相互联合与补充，为畜禽品种的遗传多样性的起源、随后的移动和发展提供了有用信息。由于表型变异的数据有限，现有遗传多样性的作图允许对物种的功能性遗传变异可能发生的位置进行推测。

虽然人们非常希望对每个独立研究获得的微卫星数据进行组合分析，但实际上几乎不可能。因为大多数利用DNA标记的种群遗传研究局限于少量品种，并且通常来自一个国家（Baumung等，2004）。在研究过程中，人们经常使用FAO推荐标记的不同种类，并且不同研究项目之间没有明确基因型的标准样本。不同的微卫星基因型系统的应用引起了相同位点上等位基因片断大小估计的差异。为了提高通用标记的使用率，FAO正为主要畜禽提议一个最新的微卫星位点分类列表。FAO推荐使用分级归类的标记，以达到独立调查研究中标记重叠的最大化。对于某些物种，可以利用标准动物的DNA。例如，欧盟Econogene项目中使用的绵羊和山羊标准DNA试样已经被亚洲和非洲的许多其他项目所选用，并且可以通过Econogene项目的网站（http://www.econogene.eu）提出使用请求。

畜禽遗传多样性的大范围分析的案例只有几个。Hillel等人（2003）和SanCristobal等人（2006a）分别调查了整个欧洲的鸡和猪的多样性；Hanotte等人（2002）获得了几乎整个非洲大陆的牛的数据；Tapio等人（2005）评估了北欧国家广大地区范围的绵羊多样性；Ca_on等人（2006）研究了欧洲、中东和远东地区的山羊多样性。然而，对于大多数畜禽来说，仍然缺乏全面的综述。正在进行的大范围项目之间的密切合作保证了在不久的将来，对于一些品种，例如山羊和绵羊，遗传多样性全球估计的传递交流。其间，正在开发的新的数据分析方法将能实现对仅有少数品种，并且没有或仅有几个共同标记的数据集的综合分析（Meta分析）（Freeman等，2006）。畜禽多样性的这种全球设想将对重建畜禽种群，包括人类的起源和历史非常有价值。它也将加强以保存动物遗传多样性为目标的区域和局部热点。

单核苷酸多态性

单核苷酸多态性也是遗传多样性研究除微卫星之外的可选技术。目前用于检测和定位SNP标记的方法已有几种（参见Syvänen，2001）。作为等位基因标记，SNP包含的信息内容非常少，因此要想达到30个微卫星位点的标准品所得到的信息水平就需要更大的样本量。然而，正在发展的分子生物学技术增加SNP定位的自动化水平，同时减少耗费。看来，在不久的将来，低成本的大量标记的并行分析方法将可能面世（例如Wong等，2004）。据此展望，大规模项目正在几种畜禽中进行，对数百万的SNP进行鉴定，以及对数千SNP进行验证，并且鉴定染色体中的单体型区断。与序列信息类似，SNP可以对不同实验进行直接的对比分析和结合分析。

SNP似乎是未来遗传多样性研究中非常吸引人的标记，因为它可以被方便地用于评估功能性或中性变异。然而，SNP

发明的最初阶段或SNP从数据库中的选出非常重要。SNP可以通过多种实验方案产生（例如基因测序，单链构象多态性（SSCP），变性高效液相色谱（DHPLC）），或与公众基因和表达序列数据库中相同区域的多重序列进行电子标记和比较。当数据还没有被随机获得时，群体遗传参数的评估标准是不能够应用的。较为频繁的例子为：当SNPS开始在小样本（板，panel）中鉴定，然后又放入染色体这样的大样本中鉴定时，则先前小样本中出现的中间频率的SNPS，与所期望的随机样本中等位基因变异的分布相比会出现偏差。SNPS确实能够应用到未来群体遗传分析中去，但是那些明确可以发现SNP技术的统计方法一定要得到发展（Nielsen和Signorovitch，2003；Clark等，2005）。

扩增片段长度多态性

AFLPs为双显性分子标记（Vos等，1995）。未知染色体区域的很多单核苷酸突变可以同时被检测出来，而且突变经常会出现在未知功能的基因中。由于AFLP具有显性遗传模式，因此其分析品种内多样性和近交系时会显示出它的缺点。然而，当分析品种间和相关物种间的多态性时，会体现出其信息含量高的特点。

线粒体DNA标记

线粒体DNA多态性已经被广泛应用于系统发生和遗传多态性分析。细胞质里线粒体携带的单倍体mtDNA具有母性遗传模式（即个体从它们的母本继承mtDNA，而不是父本）和高突变率，并且不能重组。这些特性使进化生物学家可以通过评估mtDNA里的突变模式来重建种内和种间的进化关系。MtDNA还可以提供一种检测畜禽品种或亚种之间杂交关系的快速方法（例如. Nijman等，2003）。

D环的高变区或MtDNA控制区的序列多态性已经在家畜野生祖先的鉴定，遗传多样性地理模式的建立，以及家畜驯化的理解等方面做出了巨大贡献（Bruford等，2003）。现代欧洲牛的中东起源最近被Troy等人证实（2001）。该研究还鉴定了普通牛的四个母性来源，也证明了 在人类新石器时代人类迁出新月沃土的过程中牛的遗传多样性的损失。同样，具有三个mtDNA来源的多重母性起源在山羊中非常显著（Luikart等，2001），并且亚洲和新月沃土是可能的起源中心。最近，一个mtDNA第三支系、第四支系和第五支系分别在中国绵羊（Guo等，2005）、中国山羊（Chen等，2005）和中国牛（Lai 等，2006）中被发现。在亚洲鸡品种中，已发现9个不同的mtDNA支系（Liu等，2006），表明多重起源在南亚和东南亚。所有这些结果表明我们对家畜驯化和遗传多样性的了解还远远不够。家畜起源的深入讨论见第一部分第一章。

3.2　利用标记估计有效种群大小

Hill在1981年曾建议利用DNA多态性的配子相分布来估计有效种群大小(N_e)。由于连锁的标记，这种估计可以基于基因型连锁分子标记(微卫星或SNP)。连锁位点的等位基因频率的预期相关性是N_e和重组率的一个函数。因此，N_e可以通过观察到的不均衡性来估计。Haye等人(2003)提出了一种基于染色体片段纯合性的类似方法。另外，这种方法还具有估计早期世代N_e的潜力，因此还可以判断现有的种群大小在过去是增加还是减少。通过示例数据集，研究表明荷兰黑白花乳牛品种在过去经历了一个N_e的实质减少过程，然而人类种群的有效种群大小在不断增加，这与人口普查和家系研究一致。

3.3　针对功能变异的分子工具

基于地图位置的方法：数量性状基因位点作图(QTL作图)遗传标记表现为孟德尔法则性状；换句话说，它们遵循由孟德尔最先提出的分离和自由组合规律。位于同一个染色体上的两个基因是物理连锁的，并具有一起遗传的趋势。在减数分裂过程中，同源染色体之间的充足可能会打破这种连锁。位于同一染色体上的两个基因之间的重组频率取决于它们之间的距离。因此，遗传标记之间的重组率是它们连锁程度的指示因子：重组率越低，标记之间隔的就越近。遗传图谱的构建开发了这种特性，并用来推断遗传作图中标记之间的近似距离和可能顺序。

作图实践通常根据选择性计划(全同胞或半同胞家族)的结构化实验种群(例如F2代或回交代)或现有种群多态性标记的共分离来实现。具有几百至几千标记的中高密度遗传图谱对大多数畜禽都适用。

为鉴定一个特定性状的QTL，可以用一套均匀分布于基因组的已测定位置的分子标记来确定特例家族的基因型(插文76)。已有很多统计方法可以用来推断特定标记间隔内是否存在重要的QTL，但是所有方法都基于畜禽家族拥有一个高水平的连锁不平衡：即染色体的很大片断在从亲代向子代的传递中没有进行重组。

QTL作图相通常采用精妙的QTL作图位置(QTL精细定位)。为完成这项任务，需要对附加标记以及以上目标区域发生的所有其他重组事件进行分析。最近，人们又设计了一个巧妙方法，并应用于染色体上BTA14区域的精细作图，该区域携带了一个与牛奶脂肪含量和其他性状有关的重要QTL(Farnir等，2002)。这种方法利用了过去世代的历史性重新组合将作图位置限制到相对较小的3.8 cM区域，一个允许基因定位克隆的大小(DGAT1)(Grisart等，2002)。

通过精细定位，人们就可以从鉴定区域的基因中找到决定生产性状的基因。候选基因也可以在相同的畜禽(例如，当充足的EST图谱可以利用时，或基因组被完全测序时)或模式动物的直系同源区域中找到，从模式生物中我们可以得到全部的基因组信息。

插文76

QTL作图

如果一个目标性状存在一个QTL，未知的相关基因（Q和q）的正、负变异的等位基因将与M1标记附近的等位基因共分离，其中M1（M1和m1）能够在实验室内测定基因型。例如，让我们假设M1和m1分别与Q和q进行共分离，因此M1和Q在同一条染色体上紧密相邻，m1和q在同源染色体上紧密相邻（M1Q and m1q）。

让我们也假设测定了一个起源于F1代杂合个体杂交的F2代种群的基因型。根据基因型，F2代的后代基于它们标记基因型（M1M1和m1m1；M2M2和m2m2；... MnMn和mnmn）进行分组，接下来对群体的平均表现型进行比较。如果没有QTL与给定的标记（例如M2）连锁，那么M2M2和m2m2后代的表型值之间对目标特性来说就检测不到重大差异。相反，如果后代按照它们在标记M1上的基因型来分组，那么M1M1组在QTL初大部分将是QQ，m1m1组大部分将是qq。在这种情况下，将能观察到后代平均值之间的重大差异，因此能检测到QTL的存在。对于某些品种，品系和品种一般通过商业杂种繁育，例如家禽和猪，这种措施可以在实验种群（F2，BC）中完成，然而对于反刍动物，通过要用到两代（父女设计，DD）或三代（孙女设计，GDD）家系。在父女设计中，杂合在父本（第一代）中的标记被分离并传递给女儿（第二代），并且通过第二代来收集表型数据。在孙女设计中，杂合在祖父本（第一代）中的标记被分离并传递给它的半同胞儿子（第二代），半同胞儿子的表型可根据孙女（第三代）的表型推断得到。

QTL作图试验的结果鉴定了染色体区域，一般可以生成半条染色体，并利用其检测目标性状的重要影响因素。现代研究正积极利用作图来鉴定适应QTL影响的性状。这些性状在鸡中的例子包括对沙门氏菌的侵染和排泄物不断增加的抗性（Tilquin等，2005），肺部高血压综合症发生的敏感性（Rabie等，2005），以及牛的锥虫病（Hanotte等，2002）。

有时候，一个意外的资源可以带来基因功能的关键信息。肌肉生成抑制素基因就是这种情况，它的功能首先在小鼠中被发现，然后才在牛的双肌基因事先被标记的染色体区域内被发现（McPherron和Lee，1997）。

很明显，鉴定一个复杂性状的相关基因（数量性状基因，QTG）和功能突变（QTN）仍然是一项重要任务，还需要开发几种方法来减少位置候选基因的数量。在这个层面上，基因的功能信息是根本。然而，我们对基因组测序和cDNA（互补DNA）测序得到的大多数基因的可能功能仍然知之甚少。这就是为什么调查基因表达模式能够与前面所讲的定位方法结合来提供有用信息的原因，并为复杂性状鉴定候选基因。这种组合方法被称为“遗传基因组学”（Haley和de Koning，2006）。基因表达模式调查的最新进展在下一节中介绍。

目前，人们正在研究利用遗传标记检测环境适应基因的替代方法（插文77）。它们现在正处于试验阶段，并且还需要深入研究来评估这些方法的效能。

插文 77

种群基因组学方法

携带相关基因的基因组区域的一个替代性鉴定方法最近已被提议。它由 通过“种群基因组学”方法而进行的“选择签字”组成(Black 等，2001；Luikart 等，2003)：利用种群基因组学进行 QTL 作图的三个主要原则分别是：(1) 跨基因组的中立（不确定性）位点将同样受到基因飘移、种群统计和种群进化史的影响；(2) 选择位点往往会有不同表现，因此显示出变异的“异常值”模式，多样性的损失(如果位点处于一个平衡选择将会增加多样性)，连锁不平衡以及 Gst/Fst 指示因子的增加 / 减少；(3) 通过搭便车效应选择也会影响连锁标记，承认“选择签字”的检测（异常值效应)，通常可以通过测定大量染色体标记的基因型以及鉴定“异常值”的类别来检测。这种方法利用的是品种（或品种内的亚种群）水平的表型数据，而不是个体水平的，因而精细地补充了传统的家系内 QTL 作图方法。

种群基因组学方法也可以鉴定强选择压下的基因以及最终固定在品种内的基因，尤其是含有适应极端环境、抗病性等性状的基因。这些性状对动物可持续育种非常重要，其中大部分难于或不可能通过传统的 QTL 作图或相关方法进行调查。最近，研究者分别利用理论观点（Beaumont 和 Balding，2004；Bamshad 和 Wooding，2003）和自然种群中不同类型标记的具体试验（AFLPs 分析: Campbell and Bernatchez，2004；微卫星: Kayser 等，2003；单核苷酸多态性（SNPs): Akey 等，2002）对种群基因组学的潜力进行了调查。经过初步分析，绵羊的 MYH1 （阻凝蛋白 1)，MEG3 (callypige)，和 CTSB（蛋白酶 B）基因表现出重大的异常行为（Pariset 等，2006)。

同一个项目，基于空间分析方法(SAM)的一种新方法已被设计用来检测家畜和野生动物的签名自然选择（Joost，2006)。利用此方法得到的初步结果与运用种群基因组学的理论模型（例如由 Beaumont 和 Balding 在 2004 年开发的模型）所得到的结果一致。既然它被设计用来鉴定与选择标记有关的环境参数，因此与传统的方法相比，SAM 又前进了一步。

QTL作图的根本目标是鉴定QTG，并最终鉴定 QTN。虽然迄今为止在家畜中只有少数几例，但这些却是能够对标记辅助育种和保存决策产生直接影响的突变类型。在不久的将来，QTG 和 QTN 的数量将不断增加，因此我们需要对基于功能性状和突变的保存模型进行充分考虑。

基因表达的调查模式

过去，只能在表型水平上对特定性状（如适应性和抗性）的表达进行测量。现在，转录组（细胞或组织中所有转录产物的集合体）和蛋白质组可以直接通过高通量技术，例如差异显示（DD）（Liang 和 Pardee，1992)，cDNA-AFLP (Bachem 等，1996)，基因表达的系列分析（SAGE）(Velculescu 等，1995；2000)，质谱，以及蛋白质和DNA微阵列分析。这些技术代表了RNA和蛋白分析的突破，从而实现了特定时间范围内组织中所有实际表达的基因的平行分析。因此，这些技术将有助于可能支撑许多复杂形状的网络的编码。

组学技术往往被比喻成在一幅米开朗基罗壁画前打开灯光，而不是使用一个仅能看到局部的火把。全貌图使其表现出的含义得以理解，使其美丽得以欣赏。事实上，这些技术目前正面临技术运用和数据分析的困难和所需的巨大花费。同类细胞样本的分离相当困难，并且是许多基因表达谱研究的一个重要先决条件。大量平行测定的单个测验花费较低，但是整个试验花费却相当高。实验设备非常昂贵，并且所有的实验阶段都需要很高的实验技能。除了常规困难之外，RNA分析与DNA分析相比，还面临新的困难。因为RNA非常容易降解，必须从新陈代谢非常活跃的组织中非常小心地提取。实际上，样品保存和处理是成功进行RNA分析试验的一个关键。然而，纳米技术在生物分析分析中的应用为解决这些问题提供了广阔的应用前景（Sauer等，2005）。

数据处理是一个更深层次的问题。分子数据集，例如基因表达谱，可能会在相当短的时间内产生。然而，不同实验室之间的数据需要进行标准化来满足不同生物数据集一致性分析的要求。标准化的一致性，也就是互联数据库的建立，是对分子网络进行有效分析的基础。

转录谱

本部分主要介绍了SAGE和微阵列技术。最近的一些综述描述了其他技术（例如，Donson等，2002）。SAGE产生组织或细胞系的全部表达谱。它包括全部mRNA库的构建，mRNA库能够在细胞激活的特定步骤对整个表达或失活的转录进行数量分析。它基于三条原则：（i）从每个mRNA转录中给定区间中获得的一个短序列标签（9～14bp），包含唯一鉴定一个特定转录的足够信息；（ii）序列标签可以连锁在一起来形成长的DNA分子（串联体），串联体可以被克隆和测序——串联体克隆的测序可以进行大量单个标签的快速鉴定；（iii）转录的表达水平可以通过一个特定标签被观察到的次数而量化。

微阵列在独立试验中可被用于比较两个生物系统（例如通常环境和挑战性环境中的动物）的数千基因的mRNA表达水平。微阵列技术还可以提供对广泛适应生物暴露因素的基因表达的时空模式的理解。

将极少量的DNA溶液印迹在一个无孔玻片材料上，斑点直径为100～150 μ m。现在，大约50 000个DNA（cDNAs）被点在显微镜载玻片上。DNA微阵列分析包括数百个已知基因和几千个未知基因。微阵列可以用cDNA片断或预制的寡核苷酸作标记，其中后者具有较高的灵敏度和再现性，但仅限于已知序列的设计。微矩阵的利用基于“杂交”原则，也就是两个单链DNA或一个DNA和RNA序列相互暴露，然后测量形成的双链分子的数量。mRNA的表达可以被定性和定量。它显示了一个组织的基因活性，并且往往与这种mRNA诱导的蛋白表达直接相关。

基因表达谱有利于生物学机理的理解，因此推动了候选基因的鉴定。例如，牛锥虫病抗性表达中的基因库已分别通过SAGE（Berthier 等，2003）和cDNA微阵列分析（Hill 等，2005）得到了鉴定。很多基因表达的平行调查可以鉴定控制表型且通过微分表达分析仍未检测到的主效基因。例如，这些主效基因可以拥有在同一水平表达的不同等位基因，可以不同程度上提高下游基因的表达。在这种情况下，主效基因既可以通过挖掘代谢途径的现有知识来找到，也可以通过表达QTL方法找到（Lan 等，2006）。根据这种方法，下游基因的表达水平需要在隔离种群中测量。每个基因的转录量可以利用上一节中的方法获得。

蛋白谱

蛋白结构（转译为蛋白谱），蛋白——蛋白、蛋白——核酸以及蛋白——小分子之间的互作，以及蛋白在真核细胞中的时空表达的系统研究对复杂生物现象的理解是至关重要的。蛋白是活体细胞及其功能的基本结构。

蛋白的结构可以通过X－射线衍射或核磁共振来显现。X－射线衍射需要大量的结晶蛋白，而结晶蛋白往往较难获得。为了解蛋白质的功能以及蛋白与蛋白在分子水平上的互作，测定细胞或组织中所有蛋白的结构将非常有用。然而，目前此项工作尚未完成。有趣的是，出现在蛋白合成过程中不同蛋白变异（插入和/或转译后修饰）的数量要比染色体中的基因数量大的多。

质谱（一种测定分子量的分析技术）与色谱或电泳分离技术的联机是目前鉴定细胞中的内生蛋白，以及测定蛋白丰度的可选方法（Zhu 等，2003）。二维凝胶电泳是能够在一次单独实验中分离和显现大量蛋白质（>10 000）的唯一方法。将蛋白质斑点从凝胶上切下，进行蛋白酶消化，然后将蛋白质用质谱进行鉴定（Aebersold 和 Mann，2003）。然而，二维凝胶电泳的标准化和自动化非常困难，使用已得到的蛋白模式作为蛋白质组基准图仅仅适用于少数情况。

液相色谱作为一种辅助技术，容易实现自动化，并且可以直接与质谱进行联机。基于微阵列的亲和蛋白质组方法可以作为蛋白谱的替代方法（Lueking 等，2003），并且可以用于检测蛋白与蛋白之间的互作。这些信息是生物途径算法模型的基础。然而，结合特异性仍然是蛋白质微阵列分析方法应用中的一个问题，因为交叉反应不能被精确预测。对于蛋白与蛋白之间的互作检测，还有替代方法，例如酵母双杂交系统（Fields 和 Song，1989）。然而，目前使用的方法仍然不能对结合蛋白进行定量检测，并且对于观察到的互作对生理性的蛋白—蛋白互作的可能表现程度仍然不清楚。

基于阵列的方法还可以用于检测活体

和离体的DNA—蛋白互作（Sauer等，2005），鉴定结合于基因表达调控序列的未知蛋白。DNA微阵列的使用可以有效监测键合DNA复合体的核提取物，然而，蛋白微阵列主要用于鉴定蛋白质组范围水平上的未知DNA键合蛋白质。将来，这两种方法将展现对转录调节网络更细致的洞察力。

预测蛋白功能的许多方法都基于预测蛋白于其他蛋白的同源性及其在细胞内的位置。蛋白功能的预测非常复杂，并且需要检测蛋白—蛋白互作以及蛋白与其他分子互作的技术，因为蛋白质在这些结合过程中实现其功能。

4 生物信息学的作用

如果没有能力对呈指数上涨的生物学数据进行分析，那么开发高通量的技术将没有任何用处。那些需要以电子形式存储的数据库要与设计好的特定软件结合起来（插文78），以便数据的更新、调出和修复。这些信息必须是容易理解的，并且可以灵活地调出以保证信息可以得到修复。这些信息可以用来分析新陈代谢途径以及蛋白质和核酸的作用。

生物信息学是把现存的不同的新、旧数据整合的非常重要的工具。它能够模拟分子系统的结构、功能和动力学机制，因此对于提出假设和推动试验进程都非常有帮助。

插文78

分子生物学数据库

一些现有的收集分子生物学信息的数据库

DNA序列数据库

- 欧洲分子生物学实验室（EMBL）: http://www.ebi.ac.uk/embl/index.html
- 基因库：http://www.ncbi.nlm.nih.gov/
- 日本DNA数据库（DDBJ）: http://www.ddbj.nig.ac.jp

蛋白质数据库：

- 国际蛋白质数据库SWISS-PROT: http://www.expasy.ch/sprot/sprot-top.html
- 蛋白质信息资源（PIR）：http://pir.georgetown.edu/pirwww/
- 蛋白质数据库（PDB）: http://www.rcsb.org/pdb/

基因鉴定利用站：Bio-Portal

- 基因组网站: http://www.hgmp.mrc.ac.uk/GenomeWeb/nuc-geneid.html
- BCM搜索引擎: http://searchlauncher.bcm.tmc.edu/
- MOLBIOL: http://www.molbiol.net/
- 佩德罗生物分子研究工具: http://www.biophys.uni-duesseldorf.de/BioNet/Pedro/research_tools.html
- ExPASy分子生物学服务器: http://www.expasy.ch/

畜禽特殊兴趣数据库：

http://locus.jouy.inra.fr/cgi-bin/bovmap/intro.pl
http://www.cgd.csiro.au/cgd.html
http://www.ri.bbsrc.ac.uk/cgi-bin/arkdb/browsers/
http://www.marc.usda.gov/genome/genome.html
http://www.ncbi.nlm.nih.gov/genome/guide/pig/
http://www.ensembl.org/index.html
http://www.tigr.org/
http://omia.angis.org.au/
http://www.livestockgenomics.csiro.au/ibiss/
http://www.thearkdb.org/
http://www.hgsc.bcm.tmc.edu/projects/bovine/

5 结论

分子特征在揭开历史、鉴定多样性、特异性和动物遗传资源结构方面都起到了非常重要的作用。它能够为小种群动物提供一个辅助的作用以防止种内过渡的近亲繁殖。大量的调查结果表明，种群内和种群间的多样性，有一些是在相当大的范围内。但是，这些研究很琐碎，很难进行比较和综合。而且，相应品种在世界范围内广泛的调查还没有进行。同样，开发将现存的、部分重叠的数据整合的方法具有非常重要的战略意义，这样能够使将来在世界范围用作参考数据的样本和标记得到保证。一个可以方便收集本土种质资源的网络可以使世界范围内的调查变得方便，通过适当管理下可以为科学团体所利用。

分子标记技术正日新月异地发展，微卫星标记很可能成为SNPs技术的补充。由于这些分子标记在基因组中大量存在，并且又适应于自动生产和评分，所以具有光明的前景。但是，利用SNP的方法进行动物品种多样性分析的可信度还需要进行进一步探究。为了避免实验结果偏离真值，这个课题需要利用充分的批判性剖析方法进行处理。

数据分析方法也在不断进步。新的分析方法可以直接进行多态性研究，而不必按照先前的通过调查做出的种群结构假设，鉴定适应基因的多样性探索（例如：利用种群遗传学，见插文77）以及不同来源信息的综合，包括社会经济学参数和环境参数，来设定保存优先序（见第六章）。正确的取样策略的采用和表型信息和环境信息的系统收集仍然是开发具有潜力的新技术和新方法的必要要求。

除中性变异之外，目前开展的研究正积极寻找影响主要性状的基因。与疾病抗性、繁殖率和产品品质均是具有最高优先权的性状。大量的策略和高通量组学技术最终都应用于此。QTN的鉴定为动物遗传资源管理提供了新的机遇和挑战。适应性多样性信息可以在表型和中性遗传多样性等方面对QTN进行补充，可以整合到动物遗传资源管理和保存的决定工具中去。特定种群中适应性性状的独特等位基因的鉴定或重组可能会加强它们保存工具和目的性状利用的可信度。基因辅助选择还具有减少现存的选择效率在产业化生产系统的大种群与不能有效应用的遗传评估系统和育种规划的本地小种群之间的差距的潜力。然而，标记和基因辅助选择也不总是最好的方法。考虑到其对近亲繁殖的种群结构和比例上长期和短期的影响，还要考虑到环境、社会经济条件的花费和收益，尤其是对人类生活的影响，这些选择需要基于具体情况进行评估和优化。

对于其他的先进技术，我们希望它们能够使世界范围内的分子特征领域的科学进展受益。因此，为了人类的现在和将来着想，应提高利用和保存世界动物遗传资源的认识。

插文 79

术语：分子标记

本部分用到的定义如下：

候选基因：任何可能引起动物可见特征改变的基因（例如：疾病抗性，牛奶蛋白的生产或生长）。由于这种基因位于染色体的特殊区域，可能与性状的控制有关，或者是它的蛋白质产物与控制性状相关（例如：牛奶蛋白生产基因）。

DNA:基因组中由脱氧核糖核酸编码的遗传信息，储存在细胞核中。DNA 是由脱氧核糖、磷酸、四种碱基（腺嘌呤、鸟嘌呤、胞嘧啶、胸腺嘧啶）组成，具有两条双螺旋结构的链。一条链上的 A 与另一条链上的 T　通过两个氢键相连，C与G配对，通过三条氢键相连，因此两条链是彼此互补的。

互补DNA（cDNA）:是由mRNA反转录产生的DNA序列。此类DNA含有外显子和5',3'区域的非编码区，但是不含有内含子 DNA。

遗传标记：可以很容易地通过分子或者表型分析得到的 DNA 多态性。这种标记可以存在于基因中，或者存在于未知功能的 DNA 序列中。由于 DNA 片段与染色体上与其相邻的 DNA 片段一起遗传，因此标记可以作为间接的方法，用来跟踪那些没有被定义，但是大概位置已知的基因。

单倍型：“单倍体基因型”的缩写，是个体染色体的遗传构成。对于二倍体生物，单倍型包含每个位点的一对等位基因。它也可能指与单个染色体相关联的一组标记（例如：单核苷酸多态性－SNPs）。有了这个知识，就可以认为鉴定一个单倍型区域上的几个等位基因就可以明确地鉴定这个区域位点的其他多态性。这种信息对于调查复杂性状的遗传性非常有价值。

连锁：在同一个染色体上相互关联的基因或者标记。连锁的基因或标记具有共同遗传的倾向。

连锁不平衡（LD）：用于研究两个或多个位点（不一定要在相同的染色体上）的非随机相关联的等位基因的种群遗传学术语。与连锁不同，连锁不平衡所描述的染色体上的两个或多个位点有重组方面的限制。连锁不平衡描述的是这样一种情况，某种群中等位基因或者遗传标记所发生的重组事件的频率多于或者少于理想上随机发生的等位基因的重组率。连锁不平衡是由于基因之间适当的交换或者是一些非适应性的过程引起的。例如种群的结构，近亲繁殖和一些随机的影响。在种群遗传学中，连锁不平衡是用来说明单倍型在两个或多个位点上的分布特征的。

基因芯片技术：是指可以同时研究大量相互作用的基因和细胞中调控网络中各条通道上的基因的一种新方法。这种方法可以利用机器人准确地将包含有功能 DNA 的样品点到玻璃介质上。研究人员将荧光标记粘在他们想要研究细胞中的 mRNA 或 cDNA 上。这些被标记的探针可以与介质上的cDNA链相结合。然后将介质进行显微扫描，可以衡量每个荧光点的亮度，亮度的强弱可以说明与mRNA特意结合的程度。

引物：用于进行聚合酶链式反应的一段单链寡核苷酸序列。

RNA：核糖核甘酸。含有组成 DNA 的四种碱基中三种碱基的单核甘酸链（A、C、G）。RNA 中，T 被 U 代替。

参考文献

Aebersold, R. & Mann, M. 2003. Mass spectrometry-based proteomics. *Nature*, 422 (6928): 198–207. Review.

Ajmone-Marsan, P., Negrini, R., Milanesi, E., Bozzi, R., Nijman, I.J., Buntjer, J.B., Valentini, A. & Lenstra, J.A. 2002. Genetic distances within and across cattle breeds as indicated by biallelic AFLP markers. *Animal Genetics,* 33: 280–286.

Akey, J.M., Zhang, G., Zhang, K., Jin, L. & Shriver, M.D. 2002. Interrogating a high-density SNP map for signatures of natural selection. *Genome Research,* 12(12): 1805–14.

Aravin, A. & Tuschl, T. 2005. Identification and characterization of small RNAs involved in RNA silencing. *Febs Letters,* 579(26): 5830–40.

Bachem, C.W.B., Van der Hoeven, R.S., De Bruijn, S.M., Vreugdenhil, D., Zabeau, M. & Visser, R.G.F. 1996. Visualization of differential gene expression using a novel method of RNA fingerprinting based on AFLP: analyses of gene expression during potato tuber development. *The Plant Journal*, 9: 745–753.

Bamshad, M. & Wooding, S.P. 2003. Signatures of natural selection in the human genome. *Nature Reviews Genetics,* 4(2): 99–111. Review.

Baumung, R., Simianer, H. & Hoffmann, I. 2004. Genetic diversity studies in farm animals – a survey, *Journal of Animal Breeding and Genetics,* 121: 361–373.

Beaumont, M.A. & Balding, D.J. 2004. Identifying adaptive genetic divergence among populations from genome scans. *Molecular Ecology*, 13(4): 969–80.

Beja-Pereira, A., Alexandrino, P., Bessa, I., Carretero, Y., Dunner, S., Ferrand, N., Jordana, J., Laloe, D., Moazami-Goudarzi, K., Sanchez, A. & Cañon, J. 2003. Genetic characterization of southwestern European bovine breeds: a historical and biogeographical reassessment with a set of 16 microsatellites. *Journal of Heredity,* 94: 243–50.

Berthier, D., Quere, R., Thevenon, S., Belemsaga, D., Piquemal, D., Marti, J. & Maillard, J.C. 2003. Serial analysis of gene expression (SAGE) in bovine trypanotolerance: preliminary results. *Genetics Selection Evolution*, 35 (Suppl. 1): S35–47.

Bertone, P, Stolc, V., Royce, T.E., Rozowsky, J.S., Urban, A.E., Zhu, X., Rinn, J.L., Tongprasit, W., Samanta, M., Weissman, S., Gerstein, M. & Snyder, M. 2004. Global identification of human transcribed sequences with genome tiling arrays. *Science*, 306: 2242–2246.

Black, W.C., Baer, C.F., Antolin, M.F. & DuTeau, N.M. 2001. Population genomics: genome-wide sampling of insect populations. *Annual Review of Entomology*, 46: 441–469.

Bruford, M.W., Bradley, D.G. & Luikart, G. 2003. DNA markers reveal the complexity of livestock domestication. *Nature Reviews Genetics*, 4: 900–910.

Buntjer, J.B., Otsen, M., Nijman, I.J., Kuiper, M.T. & Lenstra, J.A. 2002. Phylogeny of bovine species based on AFLP fingerprinting. *Heredity*, 88: 46–51.

Campbell, D. & Bernatchez, L. 2004. Generic scan using AFLP markers as a means to assess the role of directional selection in the divergence of sympatric whitefish ecotypes. *Molecular Biology and Evolution*, 21(5): 945–56.

Cañon, J., Garcıa, D., Garcıa-Atance, M.A., Obexer-Ruff, G., Lenstra, J.A., Ajmone-Marsan, P., Dunner, S. & The ECONOGENE Consortium. 2006. Geographical partitioning of goat diversity in Europe and the Middle East. *Animal Genetics*, 37: 327–334.

Chen, S.Y., Su, Y.H., Wu, S.F., Sha, T. & Zhang, Y.P. 2005. Mitochondrial diversity and phylogeographic structure of Chinese domestic goats. *Molecular Phylogenetics and Evolution*, 37: 804–814.

Clark, A.G., Hubisz, M.J., Bustamante, C.D., Williamson, S.H. & Nielsen, R. 2005. Ascertainment bias in studies of human genome-wide polymorphism. *Genome Research*, 15: 1496–1502.

Clop, A., Marcq, F., Takeda, H., Pirottin, D., Tordoir, X., Bibe, B., Bouix, J., Caiment, F., Elsen, J.M., Eychenne, F., Larzul, C., Laville, E., Meish, F., Milenkovic, D., Tobin, J., Charlier, C. & Georges, M. 2006. A mutation creating a potential illegitimate microRNA target site in the myostatin gene affects muscularity in sheep. *Nature Genetics,* 38: 813–818.

De Marchi, M., Dalvit, C., Targhetta, C. & Cassandro, M. 2006. Assessing genetic diversity in indigenous Veneto chicken breeds using AFLP markers. *Animal Genetics*, 37: 101–105.

Donson, J., Fang, Y., Espiritu-Santo, G., Xing, W., Salazar, A., Miyamoto, S., Armendarez, V. & Volkmuth, W. 2002. Comprehensive gene expression analysis by transcript profiling. *Plant Molecular Biology*, 48: 75–97.

Excoffier, L., Smouse, P.E. & Quattro, J.M. 1992 Analysis of molecular variance inferred from metric distances among DNA haplotypes: application to human mitochondrial DNA restriction data. *Genetics*, 131: 479–491.

Farnir, F., Grisart, B., Coppieters, W., Riquet, J., Berzi, P., Cambisano, N., Karim, L., Mni, M., Moisio, S., Simon, P., Wagenaar, D., Vilkki, J. & Georges, M. 2002. Simultaneous mining of linkage and linkage disequilibrium to fine map quantitative trait loci in outbred half-sib pedigrees: revisiting the location of a quantitative trait locus with major effect on milk production on bovine chromosome 14. *Genetics*, 161: 275–287.

Fields, S. & Song, O. 1989. A novel genetic system to detect protein–protein interactions. *Nature*, 340: 245–246.

Freeman, A.R., Bradley, D.G., Nagda, S., Gibson, J.P. & Hanotte, O. 2006. Combination of multiple microsatellite data sets to investigate genetic diversity and admixture of domestic cattle. *Animal Genetics*, 37: 1–9.

Goldstein, D.B., Linares, A.R., Cavalli-Sforza, L.L. & Feldman, M.W. 1995. An evaluation of genetic distances for use with microsatellite loci. *Genetics*, 139: 463–471.

Goldstein, D.B. & Schlötterer, C. 1999. *Microsatellites: evolution and applications.* New York. Oxford University Press.

Grisart, B., Coppieters, W., Farnir, F., Karim, L., Ford, C., Berzi, P., Cambisano, N., Mni, M., Reid, S., Simon, P., Spelman, R., Georges, M. & Snell, R. 2002. Positional candidate cloning of a QTL in dairy cattle: identification of a missense mutation in the bovine DGAT1 gene with major effect on milk yield and composition. *Genome Research*, 12: 222–231.

Guo, J., Du, L.X., Ma, Y.H., Guan, W.J., Li, H.B., Zhao, Q.J., Li, X. & Rao, S.Q. 2005. A novel maternal lineage revealed in sheep (*Ovis aries*). *Animal Genetics*, 36: 331–336.

Haley, C. & de Koning, D.J. 2006. Genetical genomics in livestock: potentials and pitfalls. *Animal Genetics*, 37(Suppl 1): 10–12.

Hanotte, O., Bradley, D.G., Ochieng, J.W., Verjee, Y. & Hill, E.W. 2002. African pastoralism: genetic imprints of origins and migrations. *Science*, 296: 336–339.

Hayes, B.J., Visscher, P.M., McPartlan, H.C. & Goddard, M.E. 2003. A novel multilocus measure of linkage disequilibrium to estimate past effective population size. *Genome Research*, 13: 635–643.

Hill, E.W., O'Gorman, G.M., Agaba, M., Gibson, J.P., Hanotte, O., Kemp, S.J., Naessens, J., Coussens, P.M. & MacHugh, D.E. 2005. Understanding bovine trypanosomiasis and trypanotolerance: the promise of functional genomics. *Veterinary Immunology and Immunopathology*, 105: 247–258.

Hill, W.G. 1981. Estimation of effective population size from data on linkage disequilibrium. *Genetics Research*, 38: 209–216.

Hillel, J., Groenen, M.A., Tixier-Boichard, M., Korol, A.B., David, L., Kirzhner, V.M., Burke, T., Barre-Dirie, A., Crooijmans, R.P., Elo, K., Feldman, M.W., Freidlin, P.J., Maki-Tanila, A., Oortwijn, M., Thomson, P., Vignal, A., Wimmers, K. & Weigend, S. 2003. Biodiversity of 52 chicken populations assessed by microsatellite typing of DNA pools. *Genetics Selection Evolution*, 35: 533–557.

Hood, L., Heath, J.R., Phelps, M.E. & Lin, B. 2004. Systems biology and new technologies enable predictive and preventative medicine. *Science*, 306: 640–643.

Ibeagha-Awemu, E.M., Jann, O.C., Weimann, C. & Erhardt, G. 2004. Genetic diversity, introgression and relationships among West/Central African cattle breeds. *Genetics Selection Evolution*, 36: 673–690.

Jarne, P. & Lagoda, P.J.L. 1996. Microsatellites, from molecules to populations and back. *Tree*, 11: 424–429.

Joshi, M.B., Rout, P.K., Mandal, A.K., Tyler-Smith, C., Singh, L. & Thangaraj, K. 2004. Phylogeography and origin of Indian domestic goats. *Molecular Biology and Evolution*, 21: 454–462.

Joost, S. 2006. *The geographical dimension of genetic diversity.* A GIScience contribution for the conservation of animal genetic resources. École Polytechnique Fédérale de Lausanne, Switzerland. (PhD thesis)

Kayser, M., Brauer, S. & Stoneking, M. 2003. A genome scan to detect candidate regions influenced by local natural selection in human populations. *Molecular Biology and Evolution*, 20: 893–900.

Lai, S.J., Liu, Y.P., Liu, Y.X., Li, X.W. & Yao, Y.G. 2006. Genetic diversity and origin of Chinese cattle revealed by mtDNA D-loop sequence variation. *Molecular Phylogenetics and Evolution*, 38: 146–54.

Lan, L., Chen, M., Flowers, J.B., Yandell, B.S., Stapleton, D.S., Mata, C.M., Ton-Keen Mui, E., Flowers, M.T., Schueler, K.L., Manly, K.F., Williams, R.W., Kendziorski, C. & Attie, A.D. 2006. Combined expression trait correlations and expression quantitative trait locus mapping. *PLoS Genetics*, 2: 51–61.

Liang, P. & Pardee, A.B. 1992. Differential display of eukaryotic messenger RNA by means of the polymerase chain reaction. *Science*, 257: 967–997.

Liu, Y.P., Wu, G.S., Yao, Y.G., Miao, Y.W., Luikart, G., Baig, M., Beja-Pereira, A., Ding, Z.L., Palanichamy, M.G. & Zhang, Y.P. 2006. Multiple maternal origins of chickens: out of the Asian jungles. *Molecular Phylogenetics and Evolution*, 38: 12–19.

Lueking, A., Possling, A., Huber, O., Beveridge, A., Horn, M., Eickhoff, H., Schuchardt, J., Lehrach, H. & Cahill, D.J. 2003. A nonredundant human protein chip for antibody screening and serum profiling. *Molecular and Cellular Proteomics*, 2: 1342–1349.

Luikart, G., England, P.R., Tallmon, D., Jordan, S. & Taberlet, P. 2003. The power and promise of population genomics: from genotyping to genome typing. *Nature Reviews Genetics*, 4: 981–994.

Luikart, G., Gielly, L., Excoffier, L., Vigne, J.D., Bouvet, J. & Taberlet, P. 2001. Multiple maternal origins and weak phylogeographic structure in domestic goats. *Proceedings of the National Academy of Science USA,* 98: 5927–5932.

Mburu, D.N., Ochieng, J.W., Kuria, S.G., Jianlin, H. & Kaufmann, B. 2003. Genetic diversity and relationships of indigenous Kenyan camel (Camelus dromedarius) populations: implications for their classification. *Animal Genetics*, 34(1): 26–32.

McPherron, A.C. & Lee, S.J. 1997. Double muscling in cattle due to mutations in the myostatin gene. *Proceedings of the National Academy of Science USA,* 94: 12457–12461.

Negrini, R., Milanesi, E., Bozzi, R., Pellecchia, M. & Ajmone-Marsan, P. 2006. Tuscany autochthonous cattle breeds: an original genetic resource investigated by AFLP markers. *Journal of Animal Breeding and Genetics*, 123: 10–16.

Nei, M. 1972. Genetic distance between populations. *The American Naturalist*, 106: 283–292.

Nei, M. 1978. Estimation of average heterozygosity and genetic distance from a small number of individuals. *Genetics,* 89: 583–590.

Nei, M. & Roychoudhury, A.K. 1974. Sampling variances of heterozygosity and genetic distance. *Genetics*, 76: 379–390.

Nei, M., Tajima, F. & Tateno, Y. 1983. Accuracy of estimated phylogenetic trees from molecular data. II. Gene frequency data. *Journal of Molecular Evolution*, 19: 153–170.

Nielsen, R. & Signorovitch, J. 2003. Correcting for ascertainment biases when analyzing SNP data: applications to the estimation of linkage disequilibrium. *Theoretical Population Biology*, 63: 245–55.

Nijman, I.J., Otsen, M., Verkaar, E.L., de Ruijter, C. & Hanekamp, E. 2003. Hybridization of banteng (*Bos javanicus*) and zebu (*Bos indicus*) revealed by mitochondrial DNA, satellite DNA, AFLP and microsatellites. *Heredity*, 90: 10–16.

Pariset, L., Cappuccio, I., Joost, S., D'Andrea, M.S., Marletta, D., Ajmone Marsan, P., Valentini A. & ECONOGENE Consortium 2006. Characterization of single nucleotide polymorphisms in sheep and their variation as an evidence of selection. *Animal Genetics*, 37: 290–292.

Pritchard, J.K., Stephens, M. & Donnelly, P. 2000. Inference of population structure using multilocus genotype data. *Genetics*, 155: 945–959.

Rabie, T.S., Crooijmans, R.P., Bovenhuis, H., Vereijken, A.L., Veenendaal, T., van der Poel, J.J., Van Arendonk, J.A., Pakdel, A. & Groenen, M.A. 2005. Genetic mapping of quantitative trait loci affecting susceptibility in chicken to develop pulmonary hypertension syndrome. *Animal Genetics*, 36: 468–476.

Saitou, N. & Nei, M. 1987. The neighbor-joining method: a new method for reconstructing phylogenetic trees. *Molecular Biology and Evolution*, 4: 406–425.

Sachidanandam, R., Weissman, D., Schmidt, S.C., Kakol, J.M., Stein, L.D., Marth, G., Sherry, S., Mullikin, J.C., Mortimore, B.J., Willey, D.L., Hunt, S.E., Cole, C.G., Coggill, P.C., Rice, C.M., Ning, Z., Rogers, J., Bentley, D.R., Kwok, P.Y., Mardis, E.R., Yeh, R.T., Schultz, B., Cook, L., Davenport, R., Dante, M., Fulton, L., Hillier, L., Waterston, R.H., McPherson, J.D., Gilman, B., Schaffner, S., Van Etten, W.J., Reich, D., Higgins, J., Daly, M.J., Blumenstiel, B., Baldwin, J., Stange-Thomann, N., Zody, M.C., Linton, L., Lander, E.S. & Altshuler, D.; International SNP Map Working Group. 2001. A map of human genome sequence variation containing 1.42 million single nucleotide polymorphisms. *Nature*, 409: 928–933.

SanCristobal, M., Chevalet, C., Haley, C.S., Joosten, R., Rattink, A.P., Harlizius, B., Groenen, M.A., Amigues, Y., Boscher, M.Y., Russell, G., Law, A., Davoli, R., Russo, V., Desautes, C., Alderson, L., Fimland, E., Bagga, M., Delgado, J.V., Vega-Pla, J.L., Martinez, A.M., Ramos, M., Glodek, P., Meyer, J.N., Gandini, G.C., Matassino, D., Plastow, G.S., Siggens, K.W., Laval, G., Archibald, A.L., Milan, D., Hammond, K. & Cardellino, R. 2006a. Genetic diversity within and between European pig breeds using microsatellite markers. *Animal Genetics*, 37: 189–198.

SanCristobal, M., Chevalet, C., Peleman, J., Heuven, H., Brugmans, B., van Schriek, M., Joosten, R., Rattink, A.P., Harlizius, B., Groenen, M.A., Amigues, Y., Boscher, M.Y., Russell, G., Law, A., Davoli, R., Russo, V., Desautes, C., Alderson, L., Fimland, E., Bagga, M., Delgado, J.V., Vega-Pla, J.L., Martinez, A.M., Ramos, M., Glodek, P., Meyer, J.N., Gandini, G., Matassino, D., Siggens, K., Laval, G., Archibald, A., Milan, D., Hammond, K., Cardellino, R., Haley, C. & Plastow, G. 2006b. Genetic diversity in European pigs utilizing amplified fragment length polymorphism markers. *Animal Genetics*, 37: 232–238.

Sauer, S., Lange, B.M.H., Gobom, J., Nyarsik, L., Seitz, H. & Lehrach, H. 2005. Miniaturization in functional genomics and proteomics. *Nature Reviews Genetics*, 6: 465–476.

Sodhi, M., Mukesh, M., Mishra, B.P., Mitkari, K.R., Prakash, B. & Ahlawat, S.P. 2005. Evaluation of genetic differentiation in *Bos indicus* cattle breeds from Marathwada region of India using microsatellite polymorphism. *Animal Biotechnology*, 16: 127–137.

Storz, G., Altuvia, S. & Wassarman, K.M. 2005. An abundance of RNA regulators. *Annual Review of Biochemistry*, 74: 199–217.

Sunnucks, P. 2001. Efficient genetic markers for population biology. *Tree*, 15: 199–203.

Syvänen, A.C. 2001. Accessing genetic variation genotyping single nucleotide polymorphisms. *Nature Reviews Genetics*, 2: 930–941.

Takezaki, N. & Nei, M. 1996. Genetic distances and reconstruction of phylogenetic trees from microsatellite DNA. *Genetics*, 144: 389–399.

Tapio, M., Tapio, I., Grislis, Z., Holm, L.E., Jeppsson, S., Kantanen, J., Miceikiene, I., Olsaker, I., Viinalass, H. & Eythorsdottir, E. 2005. Native breeds demonstrate high contributions to the molecular variation in northern European sheep. *Molecular Ecology*, 14: 3951–3963.

Tilquin, P., Barrow, P.A., Marly, J., Pitel, F., Plisson-Petit, F., Velge, P., Vignal, A., Baret, P.V., Bumstead, N. & Beaumont, C. 2005. A genome scan for quantitative trait loci affecting the *Salmonella* carrier-state in the chicken. *Genetics Selection Evolution*, 37: 539–61.

Troy, C.S., MacHugh, D., Bailey, J.F., Magee, D.A., Loftus, R.T., Cunningham, P., Chamberlain, A.T., Sykesk, B.C. & Bradley D.G. 2001. Genetic evidence for Near-Eastern origins of European cattle. *Nature*, 410: 1088–1091.

Velculescu, V.E., Vogelstein, B. & Kinzler, K.W. 2000. Analyzing uncharted transcriptomes with SAGE. *Trends in Genetics*, 16: 423–425.

Velculescu, V.E., Zhang, L., Vogelstein, B. & Kinzler, K.W. 1995. Serial analysis of gene expression. *Science*, 270: 484–487.

Vos, P., Hogers, R., Bleeker, M., Reijans, M., van de Lee, T., Hornes, M., Frijters, A., Pot, J., Peleman, J. & Kuiper, M. 1995. AFLP: a new technique for DNA fingerprinting. *Nucleic Acids Research*, 23: 4407–1444.

Weir, B.S. & Basten, C.J. 1990. Sampling strategies for distances between DNA sequences. *Biometrics*, 46: 551–582.

Weir, B.S. & Cockerham, C.C. 1984. Estimating F-statistics for the analysis of population structure. *Evolution*, 38: 1358–1370.

Wienholds, E. & Plasterk, R.H. 2005. MicroRNA function in animal development. *FEBS Letters*, 579: 5911–5922.

Wong, G.K., Liu, B., Wang, J., Zhang, Y., Yang, X., Zhang, Z., Meng, Q., Zhou, J., Li, D., Zhang, J., Ni, P., Li, S., Ran, L., Li, H., Zhang, J., Li, R., Li, S., Zheng, H., Lin, W., Li, G., Wang, X., Zhao, W., Li, J., Ye, C., Dai, M., Ruan, J., Zhou, Y., Li, Y., He, X., Zhang, Y., Wang, J., Huang, X., Tong, W., Chen, J., Ye, J., Chen, C., Wei, N., Li, G., Dong, L., Lan, F., Sun, Y., Zhang, Z., Yang, Z., Yu, Y., Huang, Y., He, D., Xi, Y., Wei, D., Qi, Q., Li, W., Shi, J., Wang, M., Xie, F., Wang, J., Zhang, X., Wang, P., Zhao, Y., Li, N., Yang, N., Dong, W., Hu, S., Zeng, C., Zheng, W., Hao, B., Hillier, L.W., Yang, S.P., Warren, W.C., Wilson, R.K., Brandstrom, M., Ellegren, H., Crooijmans, R.P., van der Poel, J.J., Bovenhuis, H., Groenen, M.A., Ovcharenko, I., Gordon, L., Stubbs, L., Lucas, S., Glavina, T., Aerts, A., Kaiser, P., Rothwell, L., Young, J.R., Rogers, S., Walker, B.A., van Hateren, A., Kaufman, J., Bumstead, N., Lamont, S.J., Zhou, H., Hocking, P.M., Morrice, D., de Koning, D.J., Law, A., Bartley, N., Burt, D.W., Hunt, H., Cheng, H.H., Gunnarsson, U., Wahlberg, P., Andersson, L., Kindlund, E., Tammi, M.T., Andersson, B., Webber, C., Ponting, C.P., Overton, I.M., Boardman, P.E., Tang, H., Hubbard, S.J., Wilson, S.A., Yu, J., Wang, J., Yang, H.; International Chicken Polymorphism Map Consortium. 2004. A genetic variation map for chicken with 2.8 million single-nucleotide polymorphisms. *Nature*, 432: 717–722.

Zhu, H., Bilgin, M. & Snyder, M. 2003. Proteomics. *Annual Review of Biochemistry*, 72: 783–812.

第四章 支持可持续利用的遗传改良方法

1 引言

本部分对动物遗传资源可持续利用的遗传改良方法进行了概述。第一节讲述了遗传改良的背景。由于本文其他部分已经对社会和经济背景进行了较为相信的讨论，这里仅作简要介绍。而对科学技术背景进行了较详细的介绍。第二节讨论了遗传改良的育种策略以及直接育种计划的要素。这些要素包括计划、执行和评估，以及设立一个连续的和交互式的计划。接下来综述了高投入系统中主要畜禽的育种计划，不仅包括育种目标和标准选择补充特性的描述，还包括育种部门的组织与进化。紧接着描述了低投入系统的育种策略，以及描述了品种保存的背景。这种区别在一定程度上人为造成的，因为育种条件和策略有时候有交叉。最后，得出了一些一般性结论。

2 遗传改良内容

遗传改良就意味着改变。因为改变就是一种改良，改变带来的整体影响对于动物拥有或者是拥有者来说必须是正面的。而且作为一种改良，改变带来的正面效应包括长期和短期的，至少短期的利益不会导致长期的危害。因此，遗传改良的计划要认真考虑其对社会、经济和环境方面的影响是至关重要的，最好是通过将这些计划作为可以为每种生产环境建立广泛发展目标的国家畜禽发展规划的一个完整部分来实现。

2.1 需求变化

传统意义上说，只有少数专业人员对畜禽育种感兴趣：育种公司，农场主和一些动物科学家。然而，食品正在从生产者导向向消费者导向转变。消费者对畜牧行业的信心已经在很多国家衰退(Lamb，2001)。近几年，经历了各种危机，例如牛海绵状脑病（疯牛病）、二恶英以及最近的高致病禽流感，动物生产者对产品质量和安全性的担心已明显提高。在消费者看来，福利对于产品的质量也是一个非常重要的因素，尤其是在欧洲。与此同时，大部分的消费者与农村的联系已经很少，对农场知之甚少。目前，人们对“天然”产品的需求日益增加，但是这些“天然”具体包含什么还不是很清楚。

2.2　不同的生产环境

可持续生产系统需要考虑到自然、社会和市场条件。对于育种机构，这里提出一个问题，就是他们是否需要将他们的育种目标多元化，或者说他们是否需要培育一种动物能够很好的适应各种环境（自然环境，管理系统，市场调查）。然而，对表型环境适应性的优先遗传的洞察还十分有限。

2.3　增强对遗传多样性重要性的认识

如果要对感兴趣的性状进行改良，畜禽育种需要种群间和种群内的变异。遗传多样性对满足当前的需要具有非常重要的作用，对满足未来需要的作用更大。例如，当生产系统强调由高投入向低投入转变时，将需要不同的品种和品种内的不同特性。说的更通俗些，动物福利、环境保护、突出的产品质量、人类健康和气候变化的重要性逐渐增加，因此在育种计划中应该包含广泛的标准。本地品种往往能满足这些指标。因此，管理这些品种最合适的策略可能只包含优先的遗传改变。例如，维持适应本地环境和疾病的性状是非常明智的，如果现在的水平已是最佳水平或接近最佳水平，甚至可以维持目前的生产性状水平，例如体型大小或产奶量。

2.4　科学技术进展

遗传改良方法的进展

数量遗传学

育种计划的目的是为了获得遗传改良的品种。可以通过筛选生产出的下一代来完成育种的目的。育种的目标可以反应育种者通过筛选进行改良的性状。相对于育种的目标，遗传改良的比率（ΔG）由很多因素决定，包括种群内的遗传多样性，筛选指标的准确性，选择强度和世代间隔。

保持遗传变异是持续遗传改良的条件。基因飘移可以减少遗传变异，而突变增加变异。因此，保持遗传变异的种群大小的最小值是突变率的函数（Hill，2000）。实验动物的筛选试验表明实质性进展可以维持很多代，甚至在有效种群大小低于100，且有增长趋势的种群中。

品种内遗传变异的丢失与近亲繁殖率（ΔF）有关。在没有选择的情况下，ΔF直接与雌性和雄性动物的数量有关。在筛选的种群中，由于父母对下一代的贡献不是均等的，因此这种假设不再是有效的。关于预测经过筛选种群的近亲繁殖率的普遍理论最近已经发展起来（Woolliams等，1999；Woolliams和Bijma，2000）。这种理论使得反应育种规划的长期和短期的确定性优化变得方便起来。

育种计划的最优化研究最初集中在遗传获得，然而对近亲繁殖的关注却很少。现在人们已经接受在育种计划中抑制近亲繁殖是一个很重要的因素。Meuwissen（1997）开发了一种动态筛选工具，能够使遗传获得最大化并且限制近亲繁殖率。对给定的一系列候选动物中,这种方法允许对一组能使遗传优势最大化的父母本进行筛选，然而平均同血统系数受到限制。通过执行这种方法产生了一个动力学育种计划,在这个计划中父母本的数量和每个亲本的后代都可以改变,这种改变取决于候选亲本在特定后代中的有用性。

筛选的准确度很大程度上取决于可用的效能记录的数量和质量。遗传改良只有在效能和血统都被记录的情况下才能进行。基于这些观察，动物个体的遗传优势才能够被预测,具有最高预测优势的动物才能够被选择作为亲本。

这种用来进行遗传评估的线性性状选择方法已经被很好地建立（例如：牛奶和鸡蛋的产量，体型大小和饲料利用），它是基于动物模型的最佳线性无偏预测（BLUP-AM）（Simianer, 1994）。目前，这种运算方法和软件已经被大多数国家采用,可以应用于多数畜禽品种。BLUP-AM已经直接应用于育种公司和国家水平的育种计划。它运用过于简单的单个性状模型的缺陷已经促使基于尖端模型的多性状BLUP-AM评估系统的开发（例如，包括抚育效应,种群与父本的交互效应或者优势遗传效应）的多性状的BLUP-AM评估系统。

由于计算机力量的加入以及计算方法的快速进展，使得这种方法变得更加方便。目前的趋势是利用所有可能的信息，包括每天记录的单个测试,杂交动物的记录和广泛的地理范围（跨国界）。利用日益复杂模型的显著缺点就是缺乏稳健性和计算方面的问题(尤其当种群的规模有限时)。目前的挑战是开发使用模型的系统验证工具。只有当真正的遗传参数已知时，BLUP 才是最合适的选择。

具有大数据集的变异组成的无偏估计方法已经发展起来。用于动物模型研究的约束最大似然法（REML）是优先考虑的方法。线性模型大多数重要性状进行正确描述（例如：基于分类和存活的性状）。

因此,大量形式多样的非线性混合模型已被提议，包括阈值模型、存活模型、基于分类的模型以及泊松模型等。但是，利用这些非线性模型的益处还有待考究。

选择的强度反映了需要成为下一代亲本的动物的比例。繁殖能力和繁殖技术对需要产生下一代的亲本的数量具有非常重要的影响，因此，也影响遗传改良的比率。在家禽中，高繁殖能力意味着分别需要2%的雄性和10%的雌性作为亲本。在家畜中，AI的导入使得父本可以很大程度上的减少。对于奶牛和肉牛，用于人工授精的公牛和具有很高遗传优势的母牛是核心动物，占整个种群的 1% 以下。

世代间隔是指两代之间间隔的平均时间。在大多数种群中，大量的年龄阶层可以区分开。一般来说，与年龄大的阶层相比，年轻阶层的种群含有的信息量少。因此，年轻种群育种评估的准确性较低。但是由于种群的持续遗传改良，使得年轻种群的平均评估育种值要高于年龄大的种群。现在推荐使用跨年龄的种群用来进行筛选以便获得最高的选择差（James，1972）。每个年龄阶层所选择出来的动物所占的百分数需要根据每个年龄阶层育种评估值的不同准确度来进行分配。

利用生殖技术可以增长可获得信息的数量，因此可以增加年轻种群育种评估值的准确性（van Arendonk和Bijma，2003）。这种方法可以改变从年轻阶层种群中选择亲本的比例，也可以影响平均世代间隔。世代间隔主要是在可利用年龄阶层选择的一个结果。

分子遗传学

在过去的二十年中，分子遗传学在家畜中得到了广泛的研究。这些研究与孟德尔遗传特性（主要指疾病和遗传缺陷）基因选择、分子辅助选择和基因渗入有关。另外，分子信息也被逐渐用来辅助品种保存计划，改善对家畜起源和驯化的理解。

基因辅助选择：对动物基因组知识的增长，增加了这项技术的应用前景，并为选择健康动物提供了新工具。最初的应用与孟德尔性状有关。例如，在家养的牛中已经应用了DNA诊断技术来减少遗传紊乱，如牛白细胞粘附缺陷病（BLAD），尿苷酸合成酶缺乏症（DUMPS），脊椎畸形综合症（CVM），在Kappa-酪蛋白和双肌选择中也有应用。

在猪中，最知名的基因“氟烷基因”，目前已经被用于商业育种。众所周知，很多猪不能应对胁迫环境（例如：向屠宰厂的运输）。目前，人们发现氟烷基因——一个自然变异的隐性基因与这个缺陷有关系。利用DNA检测的方法能够探测一只猪是否含有这个基因的缺陷型，因此在一些品种中，可以完全排除这种基因（Fuji等，1991）。

痒病是羊的主要疾病，它是传染性海绵状脑病（TSE）的普遍表现形式。这组疾病也包括人类的克雅病和牛类的疯牛病。痒病的遗传敏感性受到山羊PrP基因中三个不同密码子等位变异的强烈调控（Hunter，1997）。因此，为了控制这种疾病，优先考虑了具有吸引力的痒病抗性育种。可以通过筛选与痒病抗性具有很大相关性的等位基因（the ARR allele）来进行实现。

标记辅助选择：大多数有经济效益的性状都是数量性状，由大量基因控制，但只有少数的主效基因对其有重要的影响，而大多数的基因对其影响很小（Le Roy等，1990；Andersson 等，1994）。如果能够检测到主效基因并且能够设计基因检测的方法，那么在特定位点的基因则可以用来进行筛选。另外，与感兴趣基因相邻的染色体区域可以被鉴定并且用于分子标记。

这种假设一个或多个已鉴定的分离位点和附加的多元组分的混合遗传模型发展起来了。当每个检测位点的基因型已知时，这些基因型可以被看成是标准混合模型技术的混合效应（Kennedy 等，1992）。只有当连锁标记的基因型已知时，这些由单倍型和重组事件未知而导致的不确定性才必须要考虑(Fernando和Grossman，1989)。

如果包含在遗传评估过程中基因的信息是中等到大的效应，我们经常会期望有额外的遗传获得。近几年，大量的研究已经反映出这个问题。由于每个研究所利用的指标不同，结果往往不能进行比较（例如：基于动物模型中个体的指标）。但是，这些都显示出对数量性状位点基因型的认识能够改良短期筛选（Larzul 等，1997）。相反，在长期筛选中已经获得了一些差异(Larzul 等，1997)。

在条件不那么有利的情况下，也就是只有连锁标记的基因型已知，那么结果在很大程度上要取决于特定的环境。当在种群水平上存在连锁不平衡和当与检测标准的性状不同时（例如：疾病抗性），性别限制（例如：与产蛋、产奶相关的性状），动物寿命的晚期表达（例如：个子小的长寿），或者是屠宰后的小部分标准的测量不同时，可以取得大量的收获。另外，分子标记辅助选择的优点是值得怀疑的。

位于相同或不同位点的基因对产生的表型影响上可能会相互作用。但是对它们相互作用的机理还知之甚少。得出一个基因对表型的平均影响值并不能说明基因之间没有相互作用。这样就可以解释，至少是部分地解释将鉴定出主效基因(或者是他们的标记)结合在筛选计划中还没有达到期望结果的原因。因为这些相互作用，使得利用遗传标记进行不同研究时经常缺少明显的一致性（Rocha等，1998）。为了准确评估基因对性状产生的影响，需要考虑可能在种群中应用的基因型的平均效应。

基因渗入主要用来改良给定种群的抗病性。如果可以获得抗性标记（或者是抗性基因的探针），标记辅助选择可以用来简化基因渗入的过程。Dekkers和Hospital（2002）讨论了利用反复回交的方法将一个基因导入一个种群。如果认为不具有抗性的品种容易接受外源基因，携带有抗性基因的品种则被认为是供体品种。期望的目的基因可以通过供体品种与受体品种多次的回交而将目的基因由供体品种渐渗入 到受体品种中去，这种回交需要通过一代或者多代完成。回交的目的是产生携带有一个供体基因的个体，而染色体的其余部分与受体相同。杂交的目的是固定供体基因。标记信息可以通过鉴定目标基因的载体以及提高受体遗传背景（背景选择）的回收率来提高杂交过程中基因渐渗策略的效率。一般说来，在连续世代中，利用纯种的雌性受体与携带目的基因的雄性杂交品种交配，要比相反的过程更经济更可行。

如果抗性基因是显性的，即使没有分子标记的基因，它向种群的基因渗入可能也是有效的。如果抗性基因是隐性的（或者是共显性的），分子标记就显得十分重要。如果抗性是由多个基因控制，若没有分子标记，基因渗入是不可能有效的，因为随着时间的流逝，供体品种可能会产生高水平的抗性，而受体品种中的优势性状将会丢失。实际上，即使是遗传标记可用，复合品种的开发也可能会比利用回交把大量基因通过基因渐渗导入受体品种更容易。Hanotte（2003）等绘制了影响抗锥虫病品种N'Dama和非抗性品种Boran的杂交品种锥虫病抗性的QTL图谱。

结果表明，锥虫病的抗性与一些可能的QTL位点有关系，与抗性有关的基因是从非抗性品种奶牛中得到的。因此可以得出结论，从N'Dama和Boran杂交的F2代种群中筛选出的具有锥虫抗性和一些综合性状品种要比现存亲本的抗锥虫性更强。从概念上讲，通过标记辅助选择的基因渗入可以在没有病源的情况下完成。但是，利用预期基因型来检测动物的抗性是明智的。

遗传多样性的分子特性鉴定有助于动物遗传资源保存计划，并且能够提高对动物起源和驯化的理解。更好的理解遗传变异和发展新的数量遗传方法，可以提供分子信息和功能变异的关联方法。例如：利用分子方法与血统分析的结合已被用于纯种马的奠基种群的遗传多样性程度（Cunningham等，2001）。

繁殖技术的发展

繁殖技术对遗传改良的效率有直接的影响。对于一个给定规模的种群，高繁殖效率意味着需要相对少量的育种动物，因此，需要高密度的筛选。提高繁殖率的另一个优点是更快地推广优势遗传种群。

鉴于本文的其他部分已对育种技术进行了广泛讨论，这里主要讨论在育种计划中利用人工授精、超排和胚胎移植技术，对其他技术只作概述。

人工授精： 人工授精的使用可以使选择强度增加，使基于后代测试的雄性筛选准确率提高，能够更加准确地对育种杂交群进行评估。后者会导致不同细胞核种群的精液改变，这样可以方便建立两者之间的遗传连锁。人工授精已经被越来越多品种的育种组织所应用。牛的繁殖率很低，因此为了能够准确的评估像功能性状这样的低遗传率性状的育种价值，利用人工授精是先决条件。人工授精能够加快商业种群遗传优越性的推广。人工授精在牛中的实施率为6%～8%。一个公牛良种可以在世界范围内产出数个后代。

人工授精无论人工授精中心、农场，还是在两者之间进行交流的有效品系，都需要良好的技能。但是，在很多国家，多数生产者是小户农场主，以他们现有的技术和基础条件不足以成功地进行人工授精服务。农场主不得不监测热度，还要想办法与精子分配中心联系，然后几个小时供应一次。对于很多繁殖系统来说，这是一个高强度的劳动过程。人工授精似乎不能应用于广泛的放牧系统中的牛繁殖。同样，人工授精也很难在羊的育种中应用，利用有优势的雄性品种进行自然交配仍然是遗传改良传播的主要方法。

人工授精的利用会影响育种部门的所有权结构。利用人工授精的地方，育种动物的所有权经常被转移到大的育种组织中，例如合作的或者私人的育种公司。过去二十年中，在发达国家，人工授精中心负责对进行后代检测的小公牛的鉴定工作，以及被鉴定公畜精子的销售工作。

超排和胚胎移植：为了增加雌性动物的繁殖率，超排和胚胎移植主要应用在像家养牛这样繁殖率低的物种中。这种方法的好处就是可以从雌性方面提高筛选强度，能够更加准确地评估育种价值。因为家系成员的数量越大，从子代中可能获得的信息就越多。这就使得从年龄相对较小的种群中获得的育种价值更加可靠，尤其是当这种性状只在一种性别中记录时(例如只在雌性中)。实际上，这就意味着，我们不需要等待选择雄性的测试结果，可以利用与他们具有相同亲本的那部分雌性种群的信息，在年龄较小的时候就可以被选择。这种方法在世代间隔方面的收获是相当大的，可以补偿由近亲测试代替后代测试导致的选择精确度的损失。能够在年轻个体甚至是在胚胎中筛选，是超排和胚胎移植能够运用到猪上的主要原因。胚胎移植也被用于推广优势雌性动物（带有很小的疾病危险性，不需要被转移）的优良基因。

利用超排和胚胎移植技术不仅昂贵而且需要很高的技术。这种挑战主要存在于胚胎移植时期，一组受体母牛需要处于同步可接受的状态。因此只有在大型的集中核心畜群中才能够进行。在很多情况下，在越基础的先决条件下(性能和特点的记录，扩充和传播）投资这些资源越好。与人工授精相比，超排和胚胎移植更加真实，但是在加快遗传进程方面，它没有人工授精效率高。在任何情况下，人工授精和超排与胚胎移植的进入必须投资收益划算才能够被地方的农场主接受。

将精子和胚胎冷冻可以给育种组织在育种计划中支持保存遗传多样性而创建基因库的机会。而且，精子和胚胎的低温保藏可为反刍动物遗传材料的国际交换和运输提供方便。

目前，体细胞克隆是还没有被商业化的新技术。没有商业化一方面是因为技术和经济的原因，一方面是因为目前公众没有发展这项技术的愿望。由于其他组织比胚胎容易保存，所以克隆在保存领域具有潜在的应用价值。

受精卵或精子的性别选择能够生产出大量具有特定性别的动物。例如，对于牛来说，雄性或雌性的参数选择非常明显，雌性是为了产奶，雄性是为了产肉。为了开发一种可靠的技术，人们已进行了大量的尝试。目前，已经可以通过各种方法来鉴定受精卵的性别。但是，由于存在少数意外情况，这种方法还没有被饲养者和农场主广泛接受。在利用性别决定特性来分离精子方面，人们已经做了很多尝试。但是，在克隆技术可以大范围应用之前，还需要发展。

从上述繁殖和保存技术的应用情况可以看出，它们对育种动物的运输需求不高。而且，即使当受精卵来自乡村，而且具有根本不同的健康状态，这些方法也有机会保护种群和畜群的健康状态。

2.5　经济因素

任何的经济评估都要考虑到成本和利润。由于育种是一个长期过程，因此育种结果带来的利润要在很多年以后才能够看到。以奶牛为例，在不同的时间和不同的情况下，成本和利润不同。很多的考虑在相对短的时间内并不重要而在长期时才会发挥作用。

直到生殖生物技术的到来，育种计划的主要成本因素才能够进行性状测量和记录，后代测试和育种种群维护。尽管大多数记录的主要目的是育种，但是应该注意到，一旦可以利用，这些信息对农场管理的决策也同样有用，例如选择和预测未来的产品。

动物育种在发达国家已经变得越来越尖端、专业和昂贵。因此，经济方面的考虑已经驱动了即使不是全部也是大多数与育种相关的行为，经济理论已经融入到育种领域。经济评估的基础是利益、经济效益或者是投资利润。当育种的目标被生产者揭露出来时，他们强调的是利益最大化。在发展中国家，市场往往更加本地化，但也可以运用相同的机制。因此，选择利益最大化是明智的，除非有与这种测率相悖的明确原因。

一个重要的经济考虑就是，谁来为遗传改良付钱？当核心种群、繁殖种群和商业种群被完全整合时，这个问题就不是特别重要了。但是，在所有的其他情况下，这种整合是不存在的。而且那些投资育种的人往往得不到充分的投资回报。这也正是公共部门参与遗传改良的一个或多个方面的原因。

在一个自由市场体系中，育种组织需要满足客户（商业生产者）需求，客户只会为能够增加他们利益的改良的育种动物或者精子付钱。然而，有趣的是，即使一种育种趋势看起来不能从经济角度被证实，但它仍然能够持续较长的一段时间。在政府资助的系统下，部分或者全部的费用都由纳税人支付。在这种情况下，育种计划要受到仔细的审查以保证它确实能够为社会带来利益。这种利益应该包括为消费者带来安全的、更加营养、实惠的产品，或者是可以减轻畜牧生长对环境带来的负面影响。

3　育种计划的元素

一个育种计划所需的元素取决于总体育种策略的选择。这样，首要的决策就是选用三种主要遗传改良策略的哪一种。三种主要遗传改良策略分别为：品种间选育，品种或品系内选育，及杂交育种(Simm，1998)。品种间选育，作为最主要的选择，旨在用优良品种代替劣等品种。这种替代可以立即进行(比如耗资不是非常巨大的家禽），也可以通过与优良品种的不断回交来逐步实现（比如大品种动物）。杂交育种，作为第二快速育种方法，主要是利用了杂种优势和品种特性之间的互补。常规的杂交育种系统（循环系统和终端父系系统）已被广泛讨论（例如，Gregory和Cundiff，1980）。新发展起来的动物互交已被建议作为杂交育种的替代形式（Dickerson，1969，1972）。第三种方法，种内选择，提供的遗传改良速度最慢，尤其是对于世代间隔较长的动物。然而，与杂交育种计划不同，这种改良是持久和累积的。渐进遗传改良是最适合可持续发展的改良形式，它可以为利益相关者提供足够的时间来调整生产系统，以适应新品种的要求。如果兴趣特性非常多，并且它们之中有些是对立的，那么就需要建立不同的品系，并采用品系内选择。然后，将这些品系进行杂交来产生商品动物。这种策略已应用于猪和家禽的育种。

育种计划的建立包括育种目标的定义（Groen，2000）和育种计划的设计，育种计划能够朝着预定目标的遗传进展。实际上，它包括人和资源的管理，以及遗传学和动物育种规则运用的管理（Falconer 和 Mackay，1996）。育种计划的每个方面都包含很多过程、个体，有时候甚至是机构。育种的成功与否取决于可用资源的开发与管理实现利益相关者目标的程度。

育种计划的利益相关者均会以不同方式受育种成功的影响，其中包括育种计划产品的终端用户（例如畜禽生产者），商业公司和其他直接或间接投资于计划的人，政府部门、育种团体以及执行育种计划的人。其他的利益相关者包括一些附属受益者，例如供应商，分销商和计划的副产品销售者等。

大多数育种计划都具有金字塔结构（Simm，1998），根据育种计划的复杂程度拥有不同层数。在金字塔的顶点是优良血统动物被选育的核心。畜禽的繁育在中间层进行。当优良血统动物的数量不足以满足商业农产主需求的时候，需要进行动物繁育。金字塔的底层由商业机构组成，最终产品从这里传播出去。图48描述了家禽育种工业的金字塔结构。

建立一个育种计划的活动可以总结为以下 8 个主要步骤（Simm，1998）：

- 育种目标的选择
- 选育标准的选择
- 育种计划的设计
- 动物的记录
- 动物的遗传评价
- 选择和育种
- 进展监测
- 遗传改良的推广。

下面的各节对以上步骤做了详细介绍。然而，读者应该明白计划、执行和评价形成一个连续过程。各个要素应该交互式实现，而不是一步接一步。一个更重要的要素便是需要对育种计划及其执行情况随时间变化的所有方面进行详细记录。

图 48
家禽育种工业结构

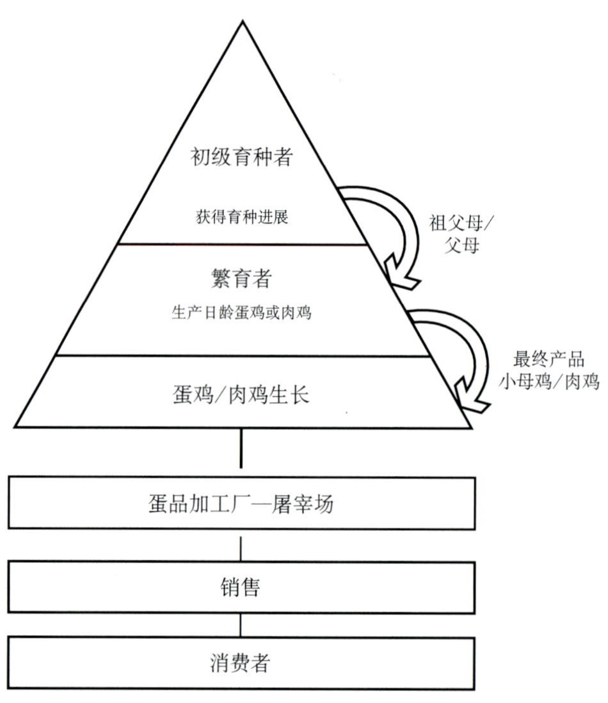

3.1　育种目标

育种目标就是需要进行遗传改良的性状名单。它应该与国家农业发展目标一致，并且适合所定义的生产系统以及适应生产系统的品种。一个国家的农业生产发展目标传统上包括经济变量，但应该被拓展到适应伦理以及人类福祉的其他社会方面。这些目标被用来阐明育种目标。达到此目标有几种不同方法。最通用的方法便是效益函数。理论上，建立一个效益函数并不难，尤其对于种内选择计划，因为它是改良性状关于相对经济量的线性函数。然而，在实践中，得到这些经济量并不容易，部分因为它们可能随时间和空间不断变化，部分可能因为缺乏时间、专门知识、资源等。这样，育种者通过试验和基于已知市场需求和偏爱的误差不断调整方向。Amer（2006）讨论了其他调整育种目标的工具，例如生物—经济模型或基因飘移模型。

畜禽改良可以通过一套给定的性状进行比较测量，通常被称做“经济重要性性状”。实际上，性状和它们的经济重要性的变化像育种计划一样普遍。对于许多畜禽品种来说，经济重要性性状是指那些影响动物生产力，寿命，健康和繁殖能力的特性。

对于大多数性状来说，目标是能够持续改良；但对于某些性状来说，其目标是达到一个中间值。Pharo (2005) 将这些可供选择的目标叫做“方向”育种和“目的”育种。一个后者的例子便是蛋鸡的蛋重量。市场重视重量在一定范围内的蛋 (例如，55～70克)。较小的蛋不适于市场销售，较大的也没有明显的价格优势。如果蛋的尺寸与蛋的数量、壳的强度和可孵化性呈负相关，因此选择大个的蛋不仅是选择强度的浪费，还影响了多产性能。另一个例子是畜体大小。对于肉食动物，屠宰时的畜体大小是一个重要的决定性评价值。畜体大小是营养需求的主要影响因素，它也可能影响繁殖力。后者 (净生殖率)是生物效率和收益率的一个主要的决定性影响因素。既然畜体大小与投入和收益都相关，那么要找到一个最适值就比较困难，尤其在放牧系统，因为充分描述进草量非常困难。另外一个考虑是大多数屠宰市场歧视畜体重量不在期望范围内的动物。例如，欧洲市场要求最小畜体重量，有些品种可能不能达到这种要求(例如纳米比亚的桑格牛)。即使目前这些牛的体重满足生物有效性的优化，但是体重大的可能会更好。

育种目标的选择可能是一个一次性活动，或者是一个需要多次修改的活动。育种者将根据育种金字塔所有各层的反馈做出决策。对于家禽和猪的育种，将由育种公司的最高管理者进行此项决策(技术和市场研发经理或销售经理)。对于牛的育种，由金字塔的定点层做出决策，但是通常需要以反映程序所有权模式的方法与其他各层人员进行磋商，包括商业层。

育种计划的结果，尤其对奶牛和肉牛，在选择决议做出之后的很多年仍被关注。甚至对于猪来说，世代周期较短，金字塔顶层人员执行遗传改良变化至少在三年之内不会在商业层次上引起注意。这强调了在定义育种目标时预见未来需求的需要。

在一个竞争性市场，例如家禽育种行业，兴趣特性的鉴定和选育努力的关注点不仅很大程度上依据市场信号(也就是商业生产者)，而且还依赖于竞争产品的效能。

3.2　选育标准

育种目标不是选育过程中的最终工具。在决定哪些父本和母本将成为下一代的父母的工具或选择标准是“选择指数”。选择指数将综合所有候选动物及其亲属的观察。这些观察的权重由它们的指数系数来决定，通过计算指数系数的目的是使育种目标和选择指数之间相关性最大化。确实，选择指数应该尽可能地贴近预先确定的育种目标。由于获得动物之间的关系信息非常困难或非常昂贵，并且这些性状可以充分遗传，因此选择可以基于个体效能(群选)。选择系数的构建是一个技术性问题，因此需要具有必需的专业知识的人。

第四部分

补充选育标准的特性（已记录的特性）和补充育种目标的性状之间的区别是非常重要的，应该进行强调。事实上，育种目标性状没有必要直接和例行公事地在选择候选动物中被观察到。例如，猪的选育是根据脂肪率。这就是育种的目标性状，但它不可能在候选动物的选择中被观察到，因为这将意味着它们必须被屠杀。一个预言性状，即超声测定的皮下组织脂肪厚度，被记录并且得到一个EBV。

在大量环境中进行选育的时候，许多没有在育种目标性状名单中的性状和标准也被考虑在内。这可以大大减少实际选择强度，因此限制了遗传改良。有时候这可以接收（例如，一个选择过失是基于一个正确的选择原因）。在其他情况下，这种标准受到怀疑（例如，身体体积作为一个生产能力的指示因子）或不推荐使用（例如，抗架大小或乳用性）。

插文 80

美国肉牛的畜体尺寸变化

1900年，美国的绝大多数肉牛都是短角牛、赫勒福德牛或安格拉斯牛。那是的牛体重相当大。公牛1100kg，母牛730kg，在当时非常普遍。牛成肥主要通过吃草，然而有些人对年龄较小和体重较轻的牛感兴趣。选择具有较强育肥能力品种的牛犊已形成了一种发展趋势。很多选择实际上都基于能在环形展示中取得胜利的假设。选择是有效的，大部分改变都在牛种群中得以实现。经过几个世代之后（20世纪20年代末，30年代初），牛的体型大小就基本适应了饲养它们的生产条件。然而，选择仍然在朝着相同的方向进行，到20世纪50年代，大多数备受关注的畜群中牛的存栏量已经很少了，并且倾向于育肥在任何商业管理程序中都会有利可图。

随着一些大平原州的大型饲养场的发展，美国肉牛产业从20世纪50年代中期开始发生较大变化。为使这些新的养殖场有利可图，肉牛必须保持一个相当高的产率，经历一个较长的饲养周期（4～5个月），而且不能变得太肥。先前流行的小型肥牛不能为大型养殖场所接受。夏洛来牛以及其他欧洲大陆的品种受到欢迎，英格兰的牛品种被用来选育大型牛品种。从20世纪50年代中期到60年代末，大型牛只要结构紧凑，就备受宠爱。然而，到60年代末，即使体型高大，并且与早期流行的紧凑结构大不相同的大型牛也同样受到欢迎。几年内，牛的选择方向就转向了大型牛，甚至在欧洲大陆的品种。这种选择也非常有效，并且培育了特大型动物。

20世纪80年代中期到末期，几个主要的育种组织意识到这种趋势已经走出的太远了，并向生产更多中等体型动物的方向转变。在过去的10年里，越来越多的育种也认识到与两个极端方向相比，中间体型更可取。然而，它们毕竟是少数，并且大型牛在许多主要养殖场仍然受欢迎。

3.3　育种计划的设计

设计一个育种计划需要以一个逻辑次序做出一系列决定。计划的设计者应该意识到这样一个过程会随时间变化——从简单到到随组织和容量的发展而产生渐增的复杂程度。这些决议主要包括对利用目前的种群结构来可靠地产生所需的改良和/或重组的最佳方式的决策。经济评估是这个过程的综合部分，应该在计划执行前和执行过程中发现的改变都进行评估。

育种计划的投资决策应该对有利于遗传改变率的三个元素进行评价：选择强度、选择精度和世代间隔。基于这些元素，可以对另一种情形进行评估。数量遗传的理论知识被用于预测不同情形的预期收益(Falconer和Mackay，1996)。基于这种目的，种群遗传参数，例如性状的遗传力和表型变异，需要用于选择指数的建立（也可以进行合理假设）(Jiang 等，1999)。然后概述了一个适合的配种计划。为进行遗传评估，必须获得足量记录；为育种金字塔顶层和金字塔底层繁殖生产足够的动物良种。注意在执行这些活动中，育种计划的设计者已经处于优化阶段。

当设计育种计划是，不能忘记很多方面都直接受育种动物的繁殖率所影响。较高的再现率致使需要减少育种动物的数量。每个育种动物的后代越多，育种值的估计就越精确。

3.4　数据记录和管理

数据和血统记录是遗传改良的主要驱动力。充分而精确的测量带来了高效选择。事实上，资源是有限的。因而问题是：应该哪些动物的哪些特性呢？包含在育种目标里的性状需要测量，但这还取决于测量的难易程度和化肥。至少应该测量那些核心动物的效能和家谱。

作为选择决策基础的效能数据收集在任何育种计划中都是重要部分，而不是最初设计的用于辅助短期管理的记录系统的副产品（Bichard，2002）。遗传评估中数据收集、比较和使用需要良好的组织和可观的资源（Wickham，2005； Olori 等，2005）。许多情况下，可能需要设立专门方案来产生和记录所需的数据。这些方案的耗费和复杂程度随育种组织类型、性状类型和测试方法的不同而不尽相同。

育种组织的类型：猪和家禽的育种公司拥有收集和存储所有需要数据的内部设备，然而其他育种组织可能依靠多个利益相关者的资源。例如，一个典型的奶牛育种计划的情形（见 4.1 节）

性状类型：如果活体动物的体重是兴趣性状，那么所有需要就是一个重量范围。然而，为测量个体动物的饲料利用率（饲料系数），可能需要更多的尖端设备来记录动物个体的进食量。

后代或同系亲属的测试效能：在一个效能测试方案里，每个动物个体的兴趣性状被直接记录。例如，在肉牛、猪、公鸡或火鸡的寿命范围内，体重和生长通过被定期记录。基本上，一群动物在相似的条件下被共同管理一段时间，同时测量个体表现。这种管理可以在农场，或在一个专门的效能测试站，将来自不同的畜群或农场的牛或猪放在一起，在相同条件下进行直接比较。

有时候，感兴趣的信息可能在遴选候选者中不能被直接测量，可能是因为性状的表达受到性别限制，例如奶和蛋的生产；也可能因为性状只能在动物死后才能记录，例如畜体的成分。在这些环境中，需要通过后代和/或同系亲属的测试进行间接记录。这对遗传力较低的性状也非常有用，对于这些性状往往需要几个记录来准确评估一个动物个体。后代测试涉及一个方案，此方案基于从后代得到的效能记录对一个动物个体进行评估。这主要与雄性动物相关（Willis，1991），因为从单个雄性动物产生大量后代要比单个雌性动物容易。而且，进行后代测试的仅仅是那些通过"精英交配"出生的雄性动物，而不是所有雄性动物。后代测试对提高繁殖率低的品种的选择精度以及测试基因型——环境之间的互作非常有用。

对于许多反刍动物，主要后代测试设备的花费可能会高得惊人。因此，通常的做法是吸收尽可能多的农场主或商业生产者参与进来。鼓励农场主从一群年轻公畜中接受精子，按照一定的雌性动物比例来使用。因为年轻公畜没有被证明具有遗传优越性，有关后代测试的农场主往往需要良好的激励才能参与（Olori等，2005）。在这些环境中，所有花费往往由需要测试的年轻公畜的所有者来承担。

除了效能记录之外，育种计划的遗传评估还需要家系信息。家系信息的质量取决于它的深度和完整度。无论育种目标包含遗传改良还是预防由于遗传变异引起的品种灭绝，所有育种动物的急袭都必须被记录和维持。

如果资源可用，一个可以共享访问的集中式数据库已经表明非常有用，并且具有良好的投资收益率（Wickham，2005；Olori 等，2005）。提供从此系统得到的全面的相关管理信息往往作为刺激数据记录程序深入参与的一种方式。小育种计划的要求可能仅仅是一个简单的、具有足够的电子数据表、数据管理和报告软件个人电脑（PC），然而国家级的计划可能需要一个运用现代信息技术的专门部门（Grogan，2005；Olori 等，2005）。

3.5　遗传评估

育种计划的进展要求鉴定和选择具有感兴趣性状的优良基因型的动物来培育下一代动物。鉴定这些动物要求根据表型观察来分辨环境贡献度，并且可以通过育种值预测或遗传评估来完成。这是每个育种计划的核心活动。

遗传评估应该可靠。BLUP 方法依靠性状和可用数据已在很多模型中得以应用，现在几乎已变成所有物种的标准方法。这种评估也应该能够及时地分利用数据收集和数据库管理的投资。应用 BLUP 的遗传评估系统依赖于良好的数据测量和数据结构。如果这些先决条件都准备到位，投资 BLUP 一般非常划算。

跨畜群评估的优点是能够对种群之间

的预测育种值（PBVs）进行清楚的比较，从而能在遗传优良的畜群中挑选出更过的动物。为达到上述目的，遗传连锁（跨畜群和跨年度动物的利用）非常重要。为利用从不同畜群得到的信息，需要一个适当的组织结构，这种组织结构可以通过育种者、育种协会以及大学或研究中心之间的密切协作来实现。为育种方案提供数据的所有动物的独特性鉴定是一个基本的先决条件。数据分析专家，在育种协会相关人员的指导和协助下，将动物分成若干同代小组（在同样的条件下饲养的，具有相似年龄的动物小组）。这种分配可能对准确的遗传评估非常关键。育种者在对数据进行初步检查，消除明显错误后向育种协会提交，这些信息被传递到评估小组来进行分析。对于反刍动物，每年要进行1～2次评估，但对于猪和家禽的肉类程序来说，每月、每周或每两周进行一次选择，评估需要连续进行。

遗传预测的结果（PBV和总指标）被有代表性地打印在动物登记证书上。通常将PBV印在销售目录和精子目录上。这意味着终端用户（农场主）必须理解和接受所产生的EBV，并且指导如何使用它们。如果预测结果没有被终端用户所接触到，那么遗传评估的运转就毫无意义。

一个典型的遗传评估单位需要有资格的职员和足够的材料资源来进行数据分析，并产生适当的报告来推动选择决策。许多大范围育种计划倾向于拥有一个内部的专门遗传评估机构。然而，与外部机构签订这种评估协议也非常容易。许多大学和研究中心都能向国家级和非国家级育种计划提供这种遗传评估服务。由于对于不同案例来说，遗传评估的原理及其相关软件基本相似，因此这种服务可以涵盖几个不同的品种或物种。大概，享誉全球的最知名的遗传评估单位就是国际公牛组织（INTERBULL）。该组织的中心建于乌普萨拉的瑞典农业大学，并且作为动物记录国际委员会的永久附属委员会，同时在世界范围内提供国际遗传评估来推动奶公牛的比较与选择。另一个例子是BREEDPLAN，一个商业性肉牛遗传评估服务机构，基地位于澳大利亚，在许多国家都拥有客户。

3.6　选择与交配

选择主要还是应该基于选择标准。每个性别都因该尽可能少的选择育种动物来实现选择强度最大化，唯一限制就是最小种群大小以及生殖目的所需的动物数量。由于雄性动物的生殖率通常远远高于雌性动物，因此雄性育种动物的选择数量通常远远少于雄性动物。

遴选候选者可能具有不同的年龄，因此关于它们的可用信息数量也不均衡。例如，年长的雄性动物可能拥有后代测试，然而对于年幼的动物来说，它们自己的效能以及它们的母畜或公畜的效能将是唯一可用的信息。如果使用BLUP，这些候选者之间的比较就会比较容易且清楚。由于只有非常优良的动物才具有不太准确的EBV，因此选择更多具有精确EBV的动物大概是最好的方法。

家系信息的利用已被广泛接受，由于产生于BLUP，增加了近亲共选择的概率，从而依次提高了近交率。为维持遗传改进的高速率，许多方法被用来减少近亲交配。所有这些方法都基于相同的原理——减少选择个体之间的平均关系。人们已经开发出计算机程序用于优化某一特定候选者名单的选择决议，这些候选者的家禽信息和EBV均可用。用于控制近亲交配的 Ad hoc 方法包括选择足量的雄性动物，由于近交率依赖于有效种群大小；在育种初期，适度使用雄性动物；限制近亲选择的数量，尤其是每个家系选择的雄性动物数量；限制与每个雄性动物的雌雄动物数量；并且避免全同胞和半同胞之间的交配。这些简单的规则在维持商品畜禽和猪育种过程中的近交非常有效。

选择动物之间的交配可能是随机的，也可能不是。在后一种情况下，将最好的雄性和雌性选择动物进行杂交，这就是选择性交配。下一代的平均遗传值没有变化，但是它们在后代总的变异程度将会提高。当多重性状包含在育种目标的时候，选择性交配可能会很有用——满足不同性状的不同亲本之间的质量。

任何交配策略都需要足够的设备。对于自然交配来说，用于交配的动物必须一起放在相同的牧场，并且与其他育龄动物隔离开。人工授精（AI）可以使用，但是也需要一定范围的资源和专业知识（精子收集、冷冻和/或储藏以及授精）。

3.7　进展监测

进展监测包括预期目标进展计划的定期评估。如果有必要，它可以对育种目标和/或育种策略进行再评估。监测对确保早期察觉选择计划的不良影响也非常重要，例如对疾病敏感度的增加，或遗传变异的减少。

为评估进展，表型和遗传趋势通常可以通过对出生年份的年平均表型值和育种值进行回归得到。除此信息之外，育种者定期进行内部和外部性能测试。一个外部测试方案需要涵盖大范围的生产环境以确保遴选动物能够在广泛的环境条件中表现良好。另一种信息资源，大概也是最重要的信息资源是田间试验结果和消费者的反馈。最终，消费是检验所有工作的最好裁判。

3.8　遗传进展的推广

如果优秀个体不能有效地为某个村庄或地区动物的整个种群的基因库改良做出贡献，它们的价值就会大打折扣。遗传改良的广泛影响依赖于遗传材料的推广。生殖技术，尤其是人工授精技术，在这方面非常重要。然而，它们的作用因物种不同而异。在绵羊和山羊育种中，遗传材料的交流在很大程度上依靠活体动物的贸易。但对牛的情况来说，人工授精允许在育种核心（金字塔顶端）选择的公牛在整个种群中利用。原则上，允许一个例外的公牛在整个种群中拥有很多后代是没有问题的。然而，集中使用来自同一个家系的人工授精的公牛最终将会导致近亲繁殖。

即使在最基本的条件下，上述要素的运用应该也是可能的。育种结构没有必要要求尖端的数据记录和遗传评估系统，最初也不要求使用生殖技术。应根据什么是可能的，什么是最优的来决定育种结构。在计划育种计划的时候，必须考虑环境或基础设施的限制，传统和社会经济条件。

4 高投入系统中的育种计划

在高投入系统中，持续遗传改良主要产生于品种或品系内部的直接育种。对于反刍动物来说，这很大程度上是育种协会强势地位和积极工作的结果，也是通过这种方法获得的令人瞩目的结果。杂交育种被用来实现杂种优势和互补。对家禽和猪来说，育种者的注意力集中在种内或品系选择，并且利用杂交育种来将适应性性状的杂交优势和其他性状的互补资本化。

世界畜禽育种公司的数量相对较少，但是它们却具有重要的经济意义。它们逐渐在全球范围内发挥作用。下面的章节将要阐述育种组织的结构（包括所有权），但不同畜禽的育种组织差别很大。

4.1　奶牛和肉牛育种

选择标准

对于奶牛来说，在过去的十年里，通过黑白花牛等品种的集约利用，以及种内选择，每头牛每年的牛奶、脂肪和蛋白质的平均产量得到了很大提升。这种提高也是数十年来产量一直作为一个重要选择目标的事实反应，并且选择主要基于生产和形态特性。

近些年部分消费者对动物福利问题，以及畜禽生长中的抗生素使用问题的关注越来越密切。育种组织也已经意识到仅为提高动物单产为目标的选择会导致动物健康和生殖能力的衰退，代谢应激的增加以及寿命的缩短等问题（Rauw 等，1998）。结果导致对功能性状的重视提高，而对产量的关注变得很少。功能性状的选择现在基于这些性状的直接记录而不是通过类型特征。广泛的功能特性的育种值在大多数国家已得到开发和应用。这使育种组织和农场主可以直接关注它们选择决议中的这些性状。

插文 81
比利时蓝白花牛的产犊问题

对于肉牛来说，高品质肉品的需求已经导致一些具有极端表型的品种的利用，例如比利时蓝白花牛。然而，该品种剖宫产术的机率极高（Lips 等，2001）。短期内，这种几率不可能有效降低。比利时蓝白花牛异常发达的肌肉主要由肌生成抑制素基因引起的，它是一个单独的常染色体隐形基因，位于2号染色体。因此，产犊难度的减小是否能在维持发达肌肉的时候被意识到仍然是个未知数。正因此，以及动物福利的明显关注，该品种的未来仍不明朗。

第四部分

插文 82

杂交育种——为解决黑白花牛的近亲繁殖的相关问题

黑白花牛品种，几乎完全由美国黑白花牛基因构成，已经在很大范围内代替了整个世界的其他奶牛品种。由于遗传力的高低适中，并且数据收集方便，生产和形态性状已经在黑白花牛的育种中受到重视。然而，雌性遗传力，产犊容易度，犊牛死亡率，健康和存活在以前一直被忽视，直到最近才受到关注。与功能性状相关的问题，再加上世界范围内的近亲繁殖的增加，已经使商业奶牛生产者对杂交育种产生了巨大兴趣。纯种公畜将继续被寻找，用来培育几乎所有用于杂交育种的小母奶牛和母牛。大多数奶牛的杂交育种系统将利用三个品种，通过世代来优化优势的平均水平。

表 99

反刍动物的育种目标

目标/产品	标准	详细规格
产品特性		
牛奶	产量	牛奶输送量
	含量/品质	蛋白含量，蛋白含量，体细胞数，凝乳
牛肉	生长率	在不同时期
	畜体品质	脂肪含量，骨/肉比
	肉质	嫩度，多汁性
牛毛	数量	
	纤维质量	长度、直径
功能特性		
健康和福利	遗传缺陷	BLAD，MF 和 CVM
	乳房炎发病率	
	乳房形态	乳房附着，乳房深度和乳头性状
	脚和腿的问题	
	行走	蹄子障碍指示
繁殖效率	雌性育性	显示热，怀孕率
	雄性育性	受胎率
	产犊容易度	直接和母体效应，死产
	成活后代数量	
饲料系数	饲料转化率	
	牛奶生产均衡性	
可用性	产奶量	产奶速度
	行为	
寿命	功能畜群寿命	

育种者面临两方面的困难：育种（包括记录）和市场。关于育种，存在相关选择反应方面的问题。在大多数育种计划都建立一个聚集指数，包括性状，例如生长、牛奶产量、繁殖力、形态、牛奶中体细胞数量、产犊难易，以及生产寿命的持续时间（详细介绍见表99）。对于奶牛来说，尽管牛奶产量与繁殖和健康相关性状呈负相关，主要的关注焦点依然是牛奶产量。因此，不受欢迎的副作用已被观察到——包括较低的繁殖力和较高的乳房炎、腿病和酮病敏感性。

对于肉牛和绵羊来说，生长的选择已经导致了较高的出生体重和逐渐增加的出生风险。较高的出生率还被期望来提高雌性育种动物的成熟度。如果由于可用饲料的数量或质量限制，而不能满足较大动物的营养需求，那么可能会导致繁殖率较低的情况。通过提高选择指数中功能性状的分量，这些负面影响能够避免，至少可以减少。前提是假设这些性状能被直接测量。功能基因的记录往往残留一个重要的瓶颈，阻碍育种方案中对这些性状的包括。可以通过饲料转化率的例子来对此说明。记录大量动物的进食量目前来说是不可能的——阻碍这种性状的高效选择。

市场方面也存在一些问题。对于牛奶来说，良好管理规范已经在许多国家实施了很长一段时间，并且产品质量对付给生产者的价格有直接影响。然而，对于肉品来说，生产链的可溯源性和组织传统上还比较薄弱，这就限制了提高产品质量的机会。总之，农场主没有肉品质量被奖励，往往针对畜体质量的奖励也非常微薄。

育种部门的组织和进展

由于繁殖率低下，每种动物都需要很长的世代间隔和大量的饲养空间，牛的育种比家禽和猪的育种更加复杂，需要更加宽敞的组织空间。基因的飘移可以从饲养者到生产者也可以从生产者到饲养者。信息资源可以被不同水平的操作者之间共同分享。在一个非常典型的奶牛育种过程中，血统信息经常被品种社会所记录、拥有和管理，而牛奶的生产记录被农场主拥有，但是被牛奶记录的组织者所收集和管理。繁殖力和生殖性能的信息被提供人工授精服务的公司保存，而健康方面的信息则在兽医手中。经常存在的现象就是，组织者在分散的地区储藏不同系统的信息。

由于家养牛的养殖是传统的主要农业产业，因此育种对这个产业的影响很大，政府机构对牛的育种所做出的投入要远远多于对家禽和猪的投入，所以在农村开展此项产业具有特殊的前景。大多数的育种过程要么开始时就被政府支持和准予，要么就是持续的受到国家政府机构的支持（Wickham，2005）。例如，美国农业部（USDA）的动物改良规划实验室，加拿大的牛奶网（CDN），荷兰的Cr- Delta，法国的l'Institut de l'Elevage（IE），在各自国家中牛的育种计划中，尤其是在数据管理和遗传评估方面，都扮演了非常重要的角色。在品种方面，它们在各自品种的保

第四部分

插文83

挪威红牛功能性状的筛选

挪威红牛是一种产奶量高的家养牛品种，自从20世纪80年代开始，就以包括繁殖力和健康作为筛选指标（称为总体考核指标）对其进行了筛选。挪威红牛这个事件提供了一个真实的例子，就是生产和功能性状在可持续的育种计划中可以成功的被平衡。这种成就是建立在一个有效的记录系统和自发的对功能性状的重视之上的。目前，总体考核指标已经包含有10个性状，下表列决了每个性状的相对比重：

性状	比重
牛奶指标	0.24
乳腺炎抗性	0.22
繁殖力	0.15
乳房性状	0.15
牛肉的生长率	0.09
腿	0.06
性情	0.04
其他疾病	0.03
死胎	0.01
产犊容易度	0.01

这个育种计划的主要特点包括：超过95%的畜群参与了记录和计算机交配计划，90%的交配利用了人工授精的方法，其中40%利用的是供试公牛。所有的诊断和健康的登记都由兽医进行，这些数据为了家谱和与人工授精相关的信息而被维护。大约120个小公牛和后代的250～300个小母牛每年都被测试，因此包含低遗传率的性状（例如乳腺炎的遗传可能性为0.03，其他疾病的遗传可能性是0.01），仍然能够提供高准确度的筛选指数。

最好的牧群每个哺乳期内牛奶的产量超过1万千克，最高产的可以达到16000千克。相对于繁殖力来说（种群中60天的平均受胎率是73.4%），这种趋势是积极的。在1999—2005年之间，挪威红牛乳腺炎的发生率从28%降到21%，估计每年下降0.35个百分点是由遗传改良引起的。报道的产犊困难不超过2%，其中死胎率不超过3%。

大量因素推进了可持续育种计划：

生产和功能可以被很多性状所描述，它们在育种策略中的地位举足轻重。

很多不同的结合都能够导致很高的总体育种值。这就需要考虑到要从不同的育种系中筛选动物，这样可以自动的减少近亲繁殖带来的危险。

育种工作建立在那些从普通奶牛种群得到的数据之上，这样就可以保证由育种工程中所产生的动物能够很好的适应正常的生产条件。

由 Erling Fimland 提供，更多的信息可参考：

http://www.geno.no/genonett/presentasjonsdel/engelsk/default.asp?menyvalg_id=418。

存和提高完整性方面也扮演了主要的角色。迄今为止，在西方国家仍然在大多数奶牛畜群中占有主导地位的黑白花牛就是世界黑白花牛联邦的宣言。专有会员的畜禽血统书信息和显示环性能（它是一种严格的种内事务）已经对纯系育种的可持续发展和所有奶牛和肉牛主要品种的维持起到了很大的帮助作用。

人工授精中心在筛选进程中，已经将筛选计划由地方发展到国家，并且逐步实施国际化运作。优势动物遗传材料的推广现在已经全球化。预测在未来的10～15年中，人工授精中心合并成几个世界范围育种公司，就像目前猪和家禽育种公司。例如，在20世纪90年代初期，“Genus”育种计划是英国主要的育种计划。几年后Genus吞并了美国ABS基因公司合并后形成了跨国公司，可以向70多个国家提供各种产奶牛和产肉牛的遗传信息。最近，Genus又收购了Sygen（生物技术公司）公司。

牛的育种计划要依靠能够为遗传评估提供足够数据的商业生产者。因此，所记录的数据出现在育种金字塔的每个层次上。这种需求在牛奶计划中最大，需要大量的后代种群来对公牛进行准确评估（尤其是低遗传率的性状），或者为产肉牛中直接和母体遗传效应进行评估。利用人工授精的方法在很多畜群中进行精子的传播是非常普遍的，这便于对不同环境中生长的动物进行比较。人工授精技术也使高强度筛选雄性动物成为可能。

奶牛品种的成功选育是对生产测量、犊牛测试和遗传有效性评估进行良好组织的结果。在商业牛奶生产中的高水平饲养，能够高比例的表达奶牛的遗传潜能，反过来，也会使筛选变得非常有效。

奶牛杂交育种的研究已经陆续发现了奶牛在产奶量、繁殖力和存活性状上较高水平的杂交优势。然而，高产奶量在黑白花牛中的长期筛选的成功，已经使该品种的直接育种在世界范围内得到广泛传播。但是，由于承受着与产奶量相关的低繁殖力和短寿命，商业生产者的压力越来越大，适应性的需求可能在未来会导致杂交牛在育种计划水平上有更大的发展。

杂交育种在肉牛中的应用往往没有设计良好的育种计划。对于肉牛，杂交育种计划在少于4个公牛的畜群中很难实施。即使是对于大规模的育种计划，有组织的杂交育种计划所需的畜群单独管理也非常困难（Gregory 等，1999）。

在牛的育种中，引入人工授精技术使得利用父本的数量大量减少，并且对地区间和国家间遗传材料的交换也具有贡献。通过人工授精技术，原本在核心种群中进行的公牛筛选现在在普通种群中也能够进行。由于公牛的高繁殖力，公牛筛选在奶牛和肉牛种群中总体遗传改变方面提供了70%的贡献率。

4.2 绵羊和山羊育种

选择标准

绵羊和山羊饲养的主要用途是获取

肉、奶和毛或纤维（表99提供了相应的育种目标）。绵羊奶是地中海地区国家的重要产品。它主要被制成各种奶酪（例如羊乳干酪，Fiore Sardo干酪，罗马诺羊乳酪和羊乳酪）。奶的生产和质量是重要的育种标准。奶山羊也可以被培育生长率，生殖特性，例如孪生率，以及形态特性，例如乳房性状（Mavrogenis，2000）。相反，在西北欧，羊肉是最重要的产品。

特定的育种目标将取决于生产环境（例如山脉对洼地），并且可能包括生长率、畜体质量、生殖效能和抚育能力。商业羊毛生产主要在澳大利亚和新西兰，具有专门的畜群，并且由美利奴羊良种直接培育而成细毛绵羊组成。关于羊毛生产，选择标准一般包括干净羊毛的重量和纤维直径。然而，动物适应特殊环境条件的需要也实现了育种发展。例如，在澳大利亚，已经培育出不同的美利奴羊品系来适应澳大利亚不同地区的环境条件。羊肉相对羊毛逐渐增加的经济重要性已使育种目标转向生殖率和出售体重。

在地中海地区，南亚地区以及拉丁美洲和非洲的部分地区，山羊是主要用来产奶。在地中海和拉丁美洲，山羊奶常常被用于奶酪生产，然而，在非洲和南亚，山羊奶被直接消费或酸化后再食用。在亚洲和非洲的其他地区，山羊主要用于羊肉生产。在这些地区，几乎很少提供补充饲料，并且吃草提供了大量的营养需求。这些动物的体型属于中小型的，肌肉强度属于中度到轻度。在南非发展起来的用于羊肉生产的波尔山羊是一个例外。此品种已被非洲的其他国家和其他国家，例如澳大利亚引进。

育种部门的组织

细毛绵羊的主要育种计划都在南半球（澳大利亚和新西兰）。这些计划基于直接育种。然而，对于细毛绵羊的操作来说，如果收入的主要部分来源于羔羊（为屠宰），那么就应该采取自由式F1代生产。在此种类型的计划，所有的母羊被直接饲养用于获得优质羊毛。遴选母羊的一个更大的部分被用于和细毛公羊进行交配来生产替代母羊。剩余的母羊与晚期的公羊交配，并将交配产生的所有羔羊卖掉。

在肉羊的培育过程中，畜群的平均大小通常非常小，以至于不能进行种群内的强度选择。这个问题已经通过育种方案的协作得以解决。顶端的育种方案非常完善（如James，1977），但是种公畜参考计划（SRS）最近已经受到欢迎。在种公畜参考计划中，通过特定公畜（参考种公畜）的交叉使用在羊群之间创建了遗传连锁。这些关联使遗传评估能够进行跨羊群比较，为总体目标提供了一个较大的遴选候选者基因库。英国大约有2/3的经过效能记录的绵羊，包括所有专门肉用的主要品种，现在属于这种计划（Lewis和Simm，2002）。

杂交育种是英国分层养羊业的基础（Simm，1998）。基于一个松散结构的系统功能包括数个育种协会、政府机构和其他公共机构。传统的山丘品种，例如苏格兰黑面羊就是在荒芜的山丘生产环境种直接培育成的。这些品种的纯种母羊在丘陵地区（只要气候恶劣，并且较适合放牧）被出售给农场主。在这里，它们与来自中间杂交品种（例如莱斯特黑面羊）的公羊进行杂交。接着F1代雌性动物被卖到低洼地的种群，在这里它们与终端父本（例如萨福克羊和特塞尔绵羊）进行交配。大多数数据记录和遗传评估的目标都是改良终端父本品种，来生产具有优良遗传特性的公羊。数据记录和遗传评估通过商业操作，例如盖章，或通过由公共基金支持的研究机构来承担。

大多数奶山羊在发展中国家。然而，育种计划却主要集中在欧洲和北美。基于利用冷冻精子和同期发情进行人工授精（6万头受精山羊/年）的法国选择计划，以及基于畜群间父系轮换的挪威计划就是有组织的后代测试程序的例子。它们包括一个选择目标和有组织的交配的正式定义，用来产生年轻父系以及它们的后代。肉羊结构化育种计划的一个最好的例子大概是由澳大利亚波尔山羊育种者协会运作的计划。山羊绒和安卡拉山羊毛的生产基于各自品种之间的直接杂交。安卡拉山羊中几乎没有杂交育种。

4.3　猪和家禽育种

猪的选择标准

作为反刍动物的例子，猪的育种计划在完成重要经济性状的遗传改良方面已经非常成功，尤其是日增重、背膘厚、饲料系数，以及在过去的十年里的小体型（详细情况见表100）。当前的目标是培育出更多的强壮且能干的品种来适应不同的环境条件。这就意味着要发掘一个适当策略来应对基因型与环境的互作以及越来越多强调二级性状的介入，这些二级性状的经济重要性至今仍被忽略。二级性状包括小猪的存活、断奶与第一次发情之间的时间间隔、母猪的寿命、形态（尤其是腿的）、屠宰之前的活力、肉色和滴水损失。猪的健康正变得越来越重要。这就意味着不仅改善养殖场的卫生状况，而且还要选择对一般疾病在商业条件下的抗性。

在反刍动物的情况下，实施“功能”特性的有效选择有一些困难。现在仍没有选择更抗病或减少代谢紊乱的适宜工具。缺乏足够的动物福利遗传方面的知识。需要改善强调记录的方法，例如，通过使用非干预式方法测量显示应激参数，确定儿茶酚胺水平和用皮下芯片记录心跳速率。有关猪的认知能力和应对策略知识的改进可以使个别特性成为适应各种猪舍条件和社会挑战能力的指示，可以包括在选择标准中。此外，需要进一步评估选择对特殊病抗性和福利目标的影响。

家禽选择标准

产蛋鸡一直主要选择其生产力。在过去几十年里，不断精练的育种计划，将越来越多的性状包括在育种目标中。今天，主要的选择目标包括：每年每只入圈母鸡

第四部分

表 100
猪的育种目标

目标	标准	详细规格
生产性状		
	生长率	在不同时期
	畜体重量	
	畜体品质	均匀性,畜体的瘦肉
	肉质	持水能力，颜色，味道
功能性状		
健康和福利	常规抗性	强壮
	生命力强的仔猪	抚育能力，奶头数量
	猪的存活	
	胁迫	母畜品系内胁迫（氟烷）基因的消除，在雄性品系也是可能的
	先天效应	例子：锁肛，隐睾，发散腿，雌雄同体和疝气
	腿病	腿弱和腿跛
效率	小体型	每头母猪每年的屠宰猪的数量
	饲料保存效率	
寿命	功能畜群寿命	健康问题最少的生产生命

所产销售鸡蛋数量、饲料转换成鸡蛋的效率、外部和内部蛋品质量以及对不同环境的适应性（预知更详细的信息，请参阅表101）。

对于禽肉来说，通过简单的群体选择较年轻鸡的生长速度和“体型”，在比较年轻年龄的上市体重和相关的饲料转换率方面取得了很大的遗传改良。在20世纪70年代，引入了直接选择饲料转换效率。在过去的20年里，选择重点逐渐转向屠宰场的首要重要性状：胸肉产量、总体胴体价值、瘦肉生产力、产品一致性、低死亡率和不适宜率。特殊雄性和雌性品系的发展和亲本控制饲养的引进是克服年轻鸡生长速度和繁殖性状之间的负面相关的有效工具。

对家禽业最显然的挑战与疾病相关。初级育种公司已经从它们的核心群消灭了鸡蛋传播的疾病，例如白血病病毒、支原体和沙门氏杆菌，继续的显示表明无这些问题发生。其他疾病，例如马立克氏病、大肠杆菌、结肠弯曲杆菌和高致病性禽流感控制起来十分困难。

在动物福利领域，对于育种者来说主要的挑战是让产蛋鸡适应各种管理系统，例如，减少非笼养系统的啄羽癖和同类残食（啄羽癖和同类残食也是火鸡和水禽的严重问题），减少心血管疾病的发生（突然死亡综合征和腹水症）以及减少肉鸡和火鸡的腿部疾患。但是，这些问题的发生

表 101
家禽育种目标

目标／产品	标准	详细规格
生产性状		
鸡蛋	鸡蛋数量	每只母鸡可销售鸡蛋数量
	鸡蛋外部质量	平均蛋重,蛋壳强力和颜色
	鸡蛋内部质量	鸡蛋组成（卵黄/白蛋白比率),蛋白坚实度和无包含体（血液和肉斑）
鸡肉	生长速度	增重；到达上市体重年龄
	胴体品质	有价值部位的“单产”,特别是胸肉；不选择水泡和其他缺陷以降低不适宜率
功能性状		
健康和福利	抗病性	在日常工作中不使用
	单因子遗传缺陷	
	肉鸡和火鸡的腿部疾患	
	产蛋鸡骨质疏松	突然死亡综合征
	心脏和肺部缺陷	(sudden death syndrome）的发生和肉鸡的腹水症（ascites）以及火鸡的圆心脏病
	同类残食,喙羽癖	(round heart）
饲料效率	饲料消耗 ● 产蛋鸡每千克鸡蛋, ● 肉鸡和火鸡每千克体重	
	剩余饲料消耗	
长寿	生产寿命长短	

原因恐怕是多因素造成的,需要进行进一步的研究。

猪和家禽育种界的组织和演变

现代家禽业有一个典型的分层结构，由几个明显的层次组成。育种公司拥有纯系，主要以欧洲和北美为基础，在主要生产地区设有子公司。它们牢记了整个生产链——孵化厂、蛋和肉家禽养殖者、加工厂、零售商和消费者。孵化厂（多个层次）位于世界人口中心附近的地区。它们接受要么来自育种者的亲本或来自育种者的祖代一日龄雏鸡，并生产鸡蛋生产者和肉鸡、火鸡和家鸭生产者所需的最终杂交家禽。今天，蛋品加工厂、屠宰场和饲料供应商与鸡蛋生产者和家禽生产者发展了合同关系，向后者提供较好的财力安全，但是启动成本较低且自由。

养猪业有一个类似的分层结构,这个分层结构大多是杂交育种、人工授精和特殊育种农场引进的结果。但是，在养猪业和养禽业之间存在一些差异。例如，一个养猪生产者将典型地,通过将来自特殊母系的母猪与一个来自特殊父系的公猪进行配种，来获得“商品”猪——公猪和母猪都从育种公司购买(不像家禽那样来自各个层次)。

与家禽业不同的是,猪有自己的育种

协会，且实施全国性遗传评估。一方面大型育种公司的遗传评估是在公司内进行的，而另一方面纯种水平的遗传评估是由政府研究所（例如美国的全国猪登记委员会）和品种协会实施的。

由于这些公司的合作所有权结构，猪和家禽育种计划有时系指“商业”育种计划。多年来，这些计划进行了合并成为了更大的公司。例如，在家禽方面，仅2～3个初级育种公司集团占全年产蛋鸡、肉用仔鸡和火鸡生产量的90%左右。进而，一些这样的公司由相同的初级育种公司集团所拥有。猪育种产业拥有较多的育种公司和较少的大型育种公司（例如PIC，Monsanto），但是，拥有相同的发展趋势。新近参与猪育种产业的巨大的Monsanto公司就清楚的说明了这种趋势。由于该行业的竞争性质和高投资水平，“商业”育种公司通常在技术的应用方面走在该产业的最前列。这些:领先公司正在它们的育种计划中行将结合基因组信息，而许多育种者仍在讨论这种方法的可行性。

这些商业育种公司的活动有以下特点：

- 只在核心群进行系谱选育（Pedigree selection）。
- 特殊系谱（和品种）选育十分严格。这些系谱被指定为父系和母系，并以不同的选择强度进行选育。在禽肉和猪中，父系的选育侧重在生长速度和瘦肉率，而母系选择则侧重在繁殖性能选择。通过现有品系杂交或通过同一目标的进一步选择可以不断培育出新的品系。
- 最终产品是两个或两个以上纯系之间的杂交种。

由于经济原因，每个育种公司将以各种商标售出其产品（通过获取和融合），但是，事实上只有有限数量的差异化产品。实际上，猪或家禽育种公司以开发自己的品系来满足少数（2～3）育种目标，这取决于它们的全球市场份额和顾客所操纵生产环境的差异程度而有所不同。例如，一个育种者可以培育一个用于高投入条件下的高产、生长速度快的动物，在这个高投入条件下优质饲料允许动物完全显示其遗传潜力，还可以培育一个在更具挑战性环境下更为“强壮”但是生产性状的生产性能相对较低的品系。

5 低投入系统的育种计划

5.1 低投入系统的描述

就全世界范围而言，许多畜禽将继续由小农和草原生产者饲养。这些生产者通常很少能获得外部投入，对商品市场的了解也很有限。即便是由外部投入进入到本地，他们也只能得到很少的现金。正如LPPS和Köhler-Rollefson（2005）所述：“现金产品常常是次重要的，特别在边缘和偏僻地区。传统品种的生产过程难以控制，而且很难达到肉品、奶品、蛋品或羊

插文84

秘鲁安第斯山脉地区的基于社区的绵羊管理

秘鲁安第斯山脉中部地区的农业受到低温和干旱的严重限制，大多数农户依赖畜禽作为他们的收入来源。草原绵羊在经济上是最重要的物种，被用作食物的来源，作为通过交换获得货物的方式，作为通过出售活畜或羊毛可以获得现金的方式。在较小程度上，它们也用于文化、娱乐和旅游活动。Criollo绵羊占秘鲁绵羊总数的60%。它们主要由给予本地品种高度评价的家庭农场和个体农户饲养。也可以买到由Criollo绵羊和在1935—1954年期间从阿根廷、澳大利亚、智利、新西兰和乌拉圭进口的考力代（Corriedale）绵羊培育的杂交兼用型品种。农民既饲养Criollo绵羊又饲养杂交复合品种。

在秘鲁的这个地区，农民社区将自己组织了起来，改善绵羊的管理，并由政府给予少量的资助。跨公社和公社企业、合作社以及家庭和个体农场是常见的事情。农民们交换遗传材料、经验和技术。跨公社和公社企业的生产率远远高于个体农民。他们成功地组织了基于公开核心群方案的参与式品种改良计划，在技术上实力雄厚，使他们的草场保持在良好的状态，使用他们的一些利润改善其成员的社会福利，例如，通过购买学习用品，以低价销售牛奶和肉品，并为老年人提供帮助。

由Kim-Ahn Tempelman提供。
欲知更详细信息，请参阅FAO（2006）。

毛质量标准，但能够产生一系列益处。例如，传统产品对社会凝聚力和社会认同感的贡献，传统品种能满足宗教仪式的需求，传统品种对营养循环和能源的提供者的作用，以及作为“储蓄银行”和抗拒干旱和其他自然灾害的保险能力。

小规模农户和牧区牧民畜主可能是本地居民或来自原籍为外来品种早期引入的地区。传统畜禽饲养者在遗传学方面没有经过技术培训，许多是文盲。但是，他们拥有有价值的本地品种及其管理的知识。尽管他们没有“正常化”或不能读写，他们却拥有育种目标和策略。例如，他们可以与邻里或整个社区分享育种公畜（在一个物种中，他们很少超过一头牲畜）。

总之，在这些条件下要使遗传改良定型仍是一种挑战，但是，肯定不是一种不可能或不适宜的任务。

5.2 育种策略

选择育种策略一定要考虑当地的实际情况。畜禽的所有者应该尽量参与计划，最好从一开始就参与。应该仔细地考虑该地区的社会结构和生产者的目标。需要考虑整个系统，而不是该系统的一部分。例如，当在一个边远地区考虑一个杂交育种计划时，需要保证杂交动物的后裔能够在这些条件下生存下来。

这个育种计划应该尽量地简洁明了。在一些情况下，育种计划对于从邻近地区的其他品种公牛与本地母牛杂交是可行的，但是，需要连续不断地使用外来品种公牛的计划，在低投入系统就不可行了。

插文85

一个本地畜禽品种的遗传改良——肯尼亚Boran牛

Boran牛来源自东非地区的一个中等体型牛品种，是肯尼亚半干旱地区分布最广、主要用途为牛肉生产的黄牛品种。商业牧民喜爱Boran牛而不喜爱瘤牛，因为它们对当地条件的相对适应性，这种适应性是通过对高环境温度、低饲料质量和高疾病和寄生虫挑战的当地条件进行世世代代自然和人工选择的结果。推荐Boran牛作为遗传材料在热带地区改善其他本地牛和外来牛品种肉牛生产的途径。在20世纪70年代～90年代期间，遗传出口到赞比亚、坦桑尼亚、乌干达、澳大利亚和美国。在1994—2000年期间，Boran牛胚胎出口到津巴布韦和南非。

市场潜力一直激励农民改善其品种。截至20世纪70年代，Boran牛经历了与瘤牛的杂交育种，回交以及品种内选择（主要以经验指导的肉眼评估为基础）。在20世纪70年代，发起了登记计划。这个计划将动物生产性能记录送至畜禽记录中心（LRC）用于遗传评估。但是，由于评估结果的不一致性和发布的推延和与记录相关的昂贵费用，大多数生产者都退出了该计划。在1998年，国家肉牛研究中心实施了公牛生产性能测试项目，旨在评估各种牛群中的公牛。但是，由于缺乏资金，生产性能测试不能持续下去。

近年来，实施了Boran牛生产系统的育种目标。根据动物的上市销售年龄（24或36月龄）、投入水平（低等、中等和高等）和最终目标（牛肉型或兼用型）对生产系统进行了分类。鉴别出了具有经济重要性的性状，并预测计了一些牛的遗传参数。这些性状包括阉牛和处女牛的出售体重、屠宰率、可消费肉品比率、兼用型生产系统的牛奶产量、母牛体重、母牛断奶率、母牛成活率、断奶后成活率以及阉牛、处女牛和母牛的饲料采食量。

在肯尼亚，Boran牛的遗传改良是由Boran牛品种协会（BCBS）实施。该协会的会员限制农民饲养Boran牛，还限制其他感兴趣的利益相关者饲养Boran牛。目前，该协会的活动主要集中到管理、维护品种标准和寻求肉牛和遗传材料的新市场。在选择和遗传改良方面，农民仍然可以自由选择。作为防止近亲繁殖的手段，畜群之间的偶然遗传材料交换恐怕是唯一的农场之间的互作。在大多数农场，选择在很大程度上集中到断奶体重和产犊间隔。为了评估他们的动物，一些农民购买了各种计算机程序，这样他们可以重新调整农场生产性能记录，以适应他们的管理目标。

Boran牛品种协会（BCBS）是肯尼亚活动积极的大多数品种协会之一。目前没有接受财力支持，但是，参与了与LRC的战略合作，为仍然参与记录计划的生产者储存和评估生产性能记录。Boran牛品种协会（BCBS）在信息交换上也与全国农业研究系统合作，特别在营养和育种方面。目前，仍在进行开发改良Boran牛的适宜遗传改良计划和更新目前的改良计划。

由Alexander Kahi提供。

欲知Boran牛和Boran牛品种协会的更详细信息，请参阅www.borankenya.org。

插文 86

玻利维亚 Ayopaya 地区的驼羊育种计划

在玻利维亚高海拔安第斯山脉地区，驼羊是农户实施混合农作重要的和不可或缺的部分。驼羊可以向农户提供粪便、肉品和纤维；它们被用作驮畜，还起到重要的社会作用。作为一个固有的物种，驼羊在维护脆弱本地生态系统方面做出了贡献。有两个主要类型的驼羊——“Kh' ara”类型和羊毛类型，和众所周知的“Th' ampulli”类型。

在育种计划实施的 Ayopaya 地区（department of Cochabamba）位于安第斯山脉 Cordillera 地区东部海拔 4000～5000 米的高海拔地区。由于地理条件和非常基本的基础设施，该地区很难到达。

1988年，驼羊的育种计划由120个成员的本地生产者协会 ORPACA、非政府组织 ASAR）和两所大学（University Mayor de San Simon, Cochabamba and University of Hohenheim, Germany）联合发起。启动资金由上述机构保证。该计划的继续仍然关键取决于外部资金的保证。

Ayopaya 地区的驼羊

（照片由 Michaela Nürnberg 提供）

运输前将驼羊拴在一起

（照片由 Michaela Nürnberg 提供）

作为第一步，由参与性观察和使用问卷调查的方法对驼羊生产系统进行了研究，也对 Th' ampulli 类型的 2 183 只驼羊的表型特征进行了定性。整个过程显示，驼羊拥有特别高的质量——91.7% 细纤维和 21.08μm 平均纤维直径。这种纤维质量是玻利维亚其他驼羊群体不能比拟的。因此，驼羊组成了唯一的遗传资源。对纺织业和贸易商代表的采访，提供了有关驼羊毛经济潜在价值的信息。对经过鉴别的驼羊生产性能进行了记录，并对育种参数进行了估计。在 1999 年，在 Calientes 地区建立了由 ASAR 经营一个配种中心，由农民将母驼羊牵来配种。在配种季节，经过选择的公驼羊在该中心饲养。公驼羊的表型评估目的是鉴别符合以下条件的驼羊：拥有一致的羊毛颜色，挺直背部、挺直腿部和挺直颈部、两个睾丸相同大小但又不是太小和无先天性缺陷。一个配种中心为方圆大约 15 千米范围内的6个社区的农民提供配种服务。从后裔那里获得的生产性能数据由经过培训的农民进行记录。

第四部分

插文 86（续）

玻利维亚 Ayopaya 地区的驼羊育种计划

与驼羊饲养者一道，记录、排序和评估了驼羊的功能和育种目标。在一步一步的程序里，育种计划逐渐适应和满足了育种者的喜爱、市场条件和生物限制因素。由于驼羊有较长的世代间隔时间，目前尚未评估驼羊的遗传进展。

由下列人员提供: Angelika Stemmer，André Markemann，Marianna Siegmund-Schultze，Anne Valle Zárate。

从下列文献可获得更详细的信息：Alandia（2003）；Delgado Santivañez（2003）；Markeman（forthcoming）：Nürnberg，M.（2005）；Wurzinger（2005）, or from: Prof. Dr Anne ValleZárate, Institute of Animal Production in the Tropics and Subtropics, University of Hohenheim, 70593 Stuttgart, Germany. E-mail: inst480a@uni-hohenheim.de。

驼羊的线性测量

（照片由 Javier Delgado 提供）

Ayopaya 地区的驼羊羊群（Emeterio Campos）

（照片由 André Markemann 提供）

Milluni 地区的公驼羊选种中的驱虫作业

（照片由 André Markemann 提供）

插文 87

牧民的育种标准——社区成员的洞察力

Karamoja cluster[2]的东非牧民保留了一个畜禽牧场，包括瘤牛、小东非山羊、波斯黑头绵羊、灰色驴和淡棕色骆驼。有些牧民也饲养本地鸡。饲养畜禽的用途格式各样，包括用作食品；财富的储备和可以按价值与其他商品进行比较的货币；一种支付债务、罚款和补助的方式；一种运输和农业役用的方式；一种皮革和纤维的来源和一种作为燃料、肥料和建筑用的牛粪来源。家畜还起到许多文化作用，例如在新婚是用作给新娘家庭的礼物。它们还可以在与下列宗教仪式活动时进行屠宰：出生、葬礼、畜禽季节性迁移、求雨、避免不良预兆、疾病流行或敌人入侵、洗礼、或按照农村草药配方治疗疾病。

育种决策的标准多种多样，反映了社会、经济和生态因素的互作。它们不仅包括生产力，而且包括肉品、血和牛奶的味道；惬意的气质；被毛颜色；宗教要求；抗病、抗寄生虫；母爱天性；行走能力；抗旱；贫乏饲料的生存力；在极端温度和降水量条件下的生存力。

育种决策的标准（按重要性顺序排序）

种公牛应该：

- 生性活跃和动作敏捷－这样可以在一个配种季节为整个群体内的所有母牛配种（它可以被认为是，这样的公牛能够抗病、抗寄生虫，而且如果有病也很容易监测到）；
- 生产出能够维持它们体重的后裔（在母牛的情况下是奶产量），甚至在饲料短缺期间也能够生产出能够维持它们体重的后裔；
- 有大的体型和体重——对于可销售性和状态十分重要，但是，不能太重，能够行使其配种的功能就行；
- 身型高大，拥有宽的胸部和笔直的背部——同样要满足育种功能；
- 有符合畜主[3]或社区要求的被毛颜色或角的形状构造；
- 有适宜于销售或其他用途的被毛颜色和被毛质量；
- 性情温顺——对捕食天敌具有攻击性[4]，但是对人或其他畜禽没有这种攻击性；
- 用于育种的役用公牛应该拥有大的体重，体格强壮和驯服；
- 育种公牛应该保留在畜主的畜群中，放牧性能良好，不喜欢四处游走并与其他公牛打架斗殴。

---

[2] “Karamoja Cluster”：在乌干达、肯尼亚、埃塞俄比亚和苏丹的整个Ateker人总体上分享共同的生计。“Ateker”人：（又叫“Ngitunga/Itunga”＝人）. 这些人拥有居住在乌干达的共同祖籍（NgiKarimojong包括Pokot，Iteso），肯尼亚（NgiTurukana；Itesio，Pokot）；埃塞俄比亚（NgiNyangatom/NgiDongiro）和苏丹（NgiToposa）以及与他们一样将相同的语言喜欢他们的Ateker宗族（pl. Ngatekerin /Atekerin）的邻里。Ateker人的有些宗族遍及整个Karamoja cluster团簇。

[3] 牧民也将他们自己的姓名与他们最喜欢的公牛的被毛颜色和角的构造联系起来。这在Karamoja Cluster部落尤其如此。这样的姓名拥有Apa-作为前缀，意思是“公牛的畜主拥有一个 [...] 被毛颜色/角构造”。例如，姓名“ApaLongor”意思是“这个人男人拥有一头棕色被毛颜色的公牛”。这头喜爱的育种公牛可以从它的畜主那里获得许多特权，例如戴上铃铛或在生病是可以接受及时的呵护。

[4] 不加选择的攻击性在畜禽中是不能接受的，甚至如果其他性状都好的情况下也如此。

插文 87（续）

牧民的育种标准——社区成员的洞察力

育种母畜应该：

- 拥有稳定的奶产量，不仅牛奶可口且乳脂率也高，而且也能维持健康体况且后裔的生长速度也快速；
- 能够定期产犊并生产出生长速度快的后裔；
- 抗病、耐热、耐寒、抗久旱；
- 在饲料短缺情况下仍能存活且维持高产奶量，特别在旱季当饲料数量和质量均低时；
- 乳房宽、乳头完整；
- 母牛对人或其他畜禽应该性情温顺，但是对捕食性天敌应该具有攻击性；
- 小家畜（山羊、绵羊）应该定期产出双胞胎[5]。

世界应该感谢牧民们在持续利用他们的独特适应品种中起到了关键的作用。不仅这些动物为饲养者提供了食物和收入保证，而且，他们也为维护遗传多样性做出了贡献，因此，为将来的遗传改良计划提供了一种资源。从这方面看，需要国家政府、民间社会组织和国际社区在畜牧业服务方面向牧民们提供适宜支持。

由 Thomas Loquang（Karimojong 牧民社区成员）提供。

欲知更详细的信息，请参阅：Loquang（2003）；Loquang（2006a）；Loquang（2006b）；Loquang and Köhler-Rollefson（2005）。

育种策略

确定育种目标在任何遗传改良计划中都是最重要的，也是最困难的任务，在低投入系统中，需要考虑的问题包括：（如果有的话）应该改变什么？什么能够实际上改善这些条件？

一个低投入系统也是一个低产出系统，但是，这并不意味着低生产力。对于低投入系统来说，还不足以认为遗传改良只是增加产出性状，例如，体重、牛奶或鸡蛋生产、或羊毛重量。效率也是一个关键标准。遗憾的是，在内在效率的遗传改良方面的知识还知之甚少。提高效率通常是按所增加的总体效率进行测量的。在高生产力动物所观察到的总体效率的提高是动物营养采食量的较低部分用于维持量而获得的，而相应较高的部分用于生产。这并不意味着，动物只需要较少的饲料来实现一定水平的生产性能。

建议了以剩余饲料采食量为基础的选择方案（RFI）作为提高内在效率的方法。这对于所有的物种和所有的生产系统是一个重要的标准。减少RFI的遗传选择能够获得采食量少的动物，但是并不牺牲生长和生产性能（Herd 等，1997；

[5] 请注意，要让小反刍动物的第一胎就产双胎是一种禁忌。只允许在其后的胎次产双胎。类似地，要让牛在无论在第一胎或其后的胎次产双胎是一种禁忌。任何这种情况（产双胎）将导致相关动物被石头或乱棍打死。在这种情况下的动物已经变成女巫，因此，必须立即消灭。

插文 88

尼日利亚 WoDaaBe 地区的 Bororo 瘤牛——在极端环境下的可靠性选择

这个例子系指尼日利亚特殊草原系统的黄牛育种。WoDaaBe 人是全职黄牛饲养者。贩卖家畜是他们生计策略的里程碑。他们的畜群在国家肉牛出口中占很大比例，特别在奖励 Bororo 瘤牛出售的尼日利亚大型市场尤其如此。

“极端环境”在这里系指带有随机性质特点的粗放生态系统和难以获得原始资源及外部投入物的结合。WoDaaBe牧民开发半干旱国土的特点是不稳定和不可预期的降水。在正常年份，无论任何地方，新鲜牧草只有2～3个月时间的供应期。要获得牧草、水和服务需要有一定水平的购买力，还需要与邻里的经济人为竞争这些资源而进行谈判。在这种交易过程中，WoDaaBe人通常都是弱者。

有人认为，“可靠性”概念是在这种条件下牧民懂得管理策略的关键(Roe 等，1998)。要使“较高可靠性”的草原系统转向有害物质的积极管理，而不是逃避这些有害物质，其目的是保证畜牧生产的稳定流动。在这些系统中，育种不得不与环境和生产策略密切地结合起来。WoDaaBe 牧民的主要目标是使全年畜群的健康和繁殖能力最大化。他们管理系统的目标是，保证动物全年都能够采食到最大的、尽量丰富的日粮（参阅 Schareika，2003）。这涉及到特殊化劳力，对放牧资源和家畜能力的多样性和变异性实施重点管理。

插文88（续）

尼日利亚 WoDaaBe 地区的 Bororo 瘤牛——在极端环境下的可靠性选择

草原的营养价值可以通过畜群在饲草的空间和暂时异类分布区域之间的移动而实现最大化。此外，动物的饲养能力超越了自然水平。一方面，饲养能力在某种程度上是以遗传为基础的（例如酶系统或嘴的大小和构成），它可以在很大程度上受知识的影响，这些知识是以个人经验和社会合作者之间的限制为基础的（例如有效跋涉、放牧行为和日粮的偏好程度）。动物的饲养动力可以通过消化反馈使它们理想化，保证饲草质量和理想的饲草状态来加以控制。最好使用一种精心制备的由牧草和灌木组成的多样化日粮，这样可以纠正营养的失衡，特别在旱季，可以通过激化负消化反馈来保持饲养动力处在较低水平。旱季灌溉方式也可以进行调整，以激化牛的消化性能来满足牧民们的使繁殖最大化的长期策略目标。

人和畜群对生产策略有很高的要求。随着旱季的到来，一方面其他牧民小组在分享相同的生态系统，搬迁到离水源较近且可以容易获得水的地区，但是这个地区牧草质量较差，而 WoDaaBe 人则采取相反方向的移动，尽力使他们的帐篷离主要饲草较近。长距离搬迁和炎热季节灌溉方式的结果常常涉及 25～30 千米的路程才可到达水井，然后让畜群每三天饮水一次。

因此，WoDaaBe 人的基本生产策略是。维持畜群内功能型行为方式。其结果是，他们将育种计划的重点放在弘扬社会组织和畜群内部的互作上。它鼓励在整个育种网络中共享动物的饲养能力，并尽力保证网络内成功牛谱系的遗传和“文化”的延续。这些谱系已经被证明在WoDaaBe人的畜群管理系统情况下能够继续繁荣下去，在一个较长时期里将包括严重应激的事件。该育种策略把重点放在保证畜群繁殖性能的可靠性，而不是放在使特殊性状的个别生产性能最大化。

育种涉及有选择地让母牛与相配的公牛交配，还涉及以销售无生产力母牛为目标的政策。不足 2% 的公牛用于繁殖用途。密切监测畜群允许我们早期检测到排卵并保证有 95% 以上的分娩是按所选择公牛进行配种的结果。特殊母牛的每次发情几乎都使用不同的公牛，整体的比率是大约一头公牛/四次出生。纯系种公牛在较大育种者网络之间借来借去（常常是相关的育种者）。种公牛租借非常常见（影响了大约一半的出生），甚至在育种者已经有自己的纯系公牛的情况下也如此。与非纯系种公牛配对，无论是自己的或租借的，影响了大约 12% 的出生。这两种做法都明显地维持着，目的是保持多样性。母系追溯和畜群中每头动物的父系种公牛通常都要进行记录，一起记住的还有特殊种公牛的谱系，所有租借种公牛的鉴别和畜主。

一头母牛的生产力在很大程度上取决于这头动物对管理系统的回应。通过实施能够控制动物对生态系统体验的生产策略，牧民们将他们的动物暴露在各种自然环境下，包括有利的和不利的牧草和饮水条件。多年来，有些母牛繁荣了下来并生出了许多后裔，而其他母牛则死亡了或在生死线上挣扎，并且出售了。这样，为了他们的育种目标，WoDaaBe人能够驾驭天然选择的压力。

由 Saverio Krätl 提供。

欲知更详细的信息，请参阅:Krätli（2007）。

插文89

越南北部地方猪种的社区育种计划

在越南西北山区，符合地区资源－小农农牧兼营体系生产的目标、集约度和有效性的畜禽育种和管理计划有利于改善农村生活水平。本地区的Ban猪具有很好的耐寒性，但是其繁殖和生长性能很低，因此，逐渐被来自于红河三角洲的具有高产性能的越南Mong Cai母猪所代替。

由河内国家畜牧业研究所（NIAH）和德国Hohenheim大学[6]联合开展的基于社区的猪育种计划项目，已经在不同的偏远地理位置和市场通路的7个村庄中得以实施。

目前，参与这个育种计划的家庭共有176户，并且已经开发出了现场生产性能测试方案，并且给每个参与家庭都发放了记录猪生产性能数据表（主要记录产仔日期和产仔数量），然后，在越南和德国研究人员视察进行育种计划的村庄时，再对这些数据进行复核、并补充他们视察中对试验猪进行称重和鉴定得到的数据，最后对养殖者进行培训，利用PigChamp软件，让他们把所有数据录入到这个方案的数据库中。

参与到这个育种计划中的养殖者通常会得到相应的报酬，但是，这种补偿会逐渐减少。实行这种补偿模式的最终结果，可以使养殖者更进一步追求最优化育种（小母猪选择、最优化交配计划）。为了确保育种计划的长期可持续发展，地方合伙人，如Son L省的农业和农村发展部与动物卫生局都积极地参与进来，并接受培训。在当前项目开发阶段，要加强与省推广服务部门的合作，在初期，推广服务要朝着集约化经营的方向发展。这个项目今后的财政支持可以正式委托国家畜牧业研究所关于动物遗传资源保存项目来执行，另外，目前项目的商业要素是要确保其长期的经济可行性。

初期的性能测试结果表明Mong Cai猪和其杂种后代（与外来公猪交配所产）更加适宜于具有更高水平需求的高生产率的半集约化和面向市场的生产条件，但是，在恶劣山地气候、较低和不同投入强度条件下会影响其健康状况。Ban猪适宜于资源匮乏的养殖条件。如果这个项目要继续进行下去，就必须制定进一步改进的育种目标、最为优化的育种计划以及执行市场销售计划。在城镇附近，要用Mong Cai猪的杂种后代生产瘦肉，在边远地区的纯种或杂种市场，把Ban猪的生产作为“通过利用保存”的地方品种继续养殖。

[6] 由泰国—越南—德国合作研究计划SFB564框架下的德国研究协会（DFG）和越南科学技术部提供资金。

第四部分

插文 89（续）

越南北部地方猪种的社区育种计划

研究区域示意图

Mong Cai sow　　Ban fatteners

照片由 Ute Lemke 提供。

现场生产测试方案中的数据和资源流向

插文89（续）

越南北部地方猪种的社区育种计划

在Pa Dong和Mai Son地区给猪称体重

照片由Pham Thi Thanh Hoa提供

在Song Ma地区的猪

照片由Regina Rößler提供

由Ute Lemke和Anne Valle Zárate提供。

可以从以下出处得到更多详细信息：Huyen等（2005），Lemke（2006），Rößler（2005），或者Hohenheim大学热带和亚热带畜牧生产学会Anne Valle Zárate教授，70593 斯图加特，德国。E-mail: inst480a@uni-hohenheim.de。

Richardson等，1998）。例如，与增重率/饲料采食量形成鲜明对照，剩余饲料消费与生长相对无关。因此，RFI对于饲料利用更为敏感和准确（Sainz和Paulino，2004）。

低投入系统的数据记录

无有可信度记录方案和缺乏充分数据储存和管理的资源是妨碍低投入系统持续育种计划发展的因素之一。要运行一个计算机化的数据库费用可能非常昂贵，可能还需要特殊的技能。缺乏技术技能和财力资源被鉴定为，在许多非洲国家建立持续动物育种系统的主要障碍（Djemali，2005）。信息技术的不断进步意味着数据记录设备变得越来越价廉，为低投入系统的数据记录提供更大的发展潜力。便携式设备、笔记本电脑和互联网的使用可以使少量人从边远地区采集和传输数据到一个中心数据库，变得更加容易。这样的数据库可以在一个大学或一个政府部门中建设。这种类型设施的提供是政府或赞助机构可以在发展中国家筹建低投入系统育种计划的一种方法。

育种方案

如果遗传改变被证明是正确的，那么怎么才能得以实现？要在纯种繁育和杂交育种之间进行选择，但是要选择适当的选择方案并不简单。

在低投入体系中，适应外界生存环境是提高效率的先决条件，这个条件是十分重要的，因为通常情况下，没有办法降低环境应力（补饲、寄生虫治疗或其他管理投入）的干扰。在这种情况下，纯种繁育是改良本地品种适应性的一种选择。实施纯种繁育计划要求具有重要的资源、良好的组织和（尤其是）所有利益相关者要承担义务的一项长期工作。在发展中社会的低投入体系下，往往缺乏这些必要条件，因此，纯种繁育计划只能在十分有限的范围内开展。例如，大多数西非矮山羊育种只在研究机构进行（特别是在尼日利亚）（Odubote，1992）。

与外来品种进行杂交育种是更为快速改进品种性能、且增加的投入最小的一种方式，但是，杂交品种的优良性能往往需要更高的营养和管理要求（疾病控制、畜舍等）。

任何育种体系培育而成的具有更高性能的杂种动物都需要有更多的饲料资源，因此，在多数情况下，只能饲养少量杂种动物。

如果，在经过慎重的分析之后，认为杂交育种比地方品种的纯种繁育是一种更好的选择，那么，在得到地方有效投入的支持下，这个育种计划就可以开展。提出与外来（非适应）品种的杂交育种是相当困难的。虽然杂交一代动物具有很强的适应性，但是，对外来的雄性纯种来说却处在环境应力之下，因此通常会减少其繁殖寿命。即使在这个地区，可以成功饲养外来雄性种，但是，由其与杂交一代雌性动物之间进行回交生产的后代通常会缺乏对这个地区的足够适应性，所以，杂交一代雌性动物最好与适应本地区的雄性品种进行交配。

在这种条件下，可以选择杂交一代雄性动物用于累世交配。在这种育种体系下，原始的地方雌性动物与杂交一代雄性动物交配，得到的后代具有1/4的外来种的遗传资源。以次类推，将这些具有1/4外来种的遗传资源的雌性动物与杂交一代雄性动物交配可以得到具有3/8外来种的遗传资源的后代，像这样经过几个世代后得到的后代就具有十分接近1/2的外来种的遗传资源。这个体系介绍的是外来种对整个种群的影响，但是从来不会运用或者生产超过1/2外来种的遗传资源的动物。

另一个在低投入体系下的杂交育种选择是能够很好适应生产条件的不同品种间的杂交，这种育种计划的显著优势是在没有额外投入的地区可以保持和生产良种种畜。这种杂交育种将生产出有更少生产价值的动物，生产的地方品种与外来品种间的杂交种的杂种优势也更少。Gregory等（1985）报道了关于Boran牛与Ankole牛的杂交后代中的24%、和Boran牛与小东非瘤牛的杂交后代中的25%的断奶母牛的重量评估。

对任何一个杂交育种方案，考虑整个体系和所有产品产量都是非常重要的。在热带，可以明确表现欧洲奶用瘤牛的杂交一代母牛的牛奶生产价值，LPPS和Köhler-Rollefson（2005）报道："在印度，许多杂种母牛的所有者由于看不到雄性小牛的价值，而把这些小牛处死"。

插文90

杂种优势的成本

杂种优势有时被认为是提高收益的免费机会，虽然，也许杂种优势的价值超过了其成本，但是却不是免费的，至少包括两类成本。

第一是满足其他性能的营养需要成本。高性能的杂种动物可以降低每一单位产品的成本，尽管保持成本只占总需要量的一小部分，但是，有额外生产的成本。

第二是与种群结构的潜在变化有关的成本。包括：（1）由于要适应杂种种群的需要而减少了原始纯种种群的规模；（2）一些雌性杂种不被当作候选交配种畜（如在任一一个最后杂交公畜体系）的种群中，降低了雌性生产力选择的机会。

插文91

尼日利亚的乡村家禽改良方案

乡村家禽改良方案是1950年前后在尼日利亚开始进行的，其目标是用改良的外来品种（洛岛红鸡、浅花苏赛克斯鸡与澳洲黑鸡）来改良本地鸡种（Anwo，1989）。其策略是，在"小公鸡交换计划"中，用改良的进口品种替换所有本地公鸡（Bessei，1987）。这个方案因为杂种鸡虽然具有更好的性能，但是不能在饲养本地鸡的半野生的广阔的场院生产体系下生存而失败。其另一个主要缺点是，品种替换导致了遗传变异和可利用的有限的动物遗传资源的快速损失。

6 资源保存角度的育种

在本报告的其他章节，详细论述了动物资源保护的保存方案。在以下论述中，将从繁殖角度讨论执行保存的方法。资源保护规划，可以通过控制和维护完整性，以提高种群存活率为目的；也可以以提高种群的生产性能为目的。

6.1　小群体控制方法

粮农组织已经出版了一些关于濒危小群体动物管理方面的出版物。这些资料对保护方案提供了更加全面的评估。其主要目的只是确保种群的存活率，维护种群的完整性（纯种），保护策略限于控制种群、并保证以下标准在可接受限值范围之内。

近亲交配：是畜禽交配的结果。在小

插文92

肯尼亚东部丘陵地带的低投入小农体系的基于社区和参与式的奶山羊杂交育种计划

在肯尼亚，FARM非洲的Meru项目提供了一个全面的和灵活的杂交育种计划例子，在改善山羊饲养方法的同时改善其基因型，这种实践已经得到了每人每天低于1美元收入的非常贫困的饲养者采用。实践证明，地方山羊（盖拉族和东非）难以饲养在小型的和正在减小的饲养场中（0.25～1.5英亩）饲养，因此，饲养者已经放弃了山羊生产。因此，杂交育种计划的目的是提供更为温顺的和有生产价值的山羊。从英国进口了68只雌性和62只雄性英国吐根伯格山羊，并用来与本地山羊进行杂交，从而充分利用吐根伯格山羊的产奶性能和地方山羊的适应性。先前的引进和试验表明，吐根伯格山羊比其他外来乳用山羊，如萨能奶山羊或英国奴宾山羊更加适合与本地山羊杂交。

本项目采用的是基于小组和社区的方法，由饲养者制定项目规则、附则和机制，由政府、NARS和国际研究机构提供管理（畜舍、营养、饲料生产、记录和卫生健康）、分级动态、销售和参与者地位等培训。

饲养者小组最初由20～25人组成，但是，在运行中，会有组员流失，同时也会有其他人加入进来。再由4个小组组合为一个团体（主要是出于管理和监测目的），并选出代表组成更大Meru山羊育种协会机构。小的（一头公羊和4头母羊）种畜单位组成一个生产吐根伯格山羊（T）所需要的良种种畜小组。给每位饲养者小组提供一头纯种吐根伯格公山羊，这头纯种吐根伯格公山羊由另外一个小组饲养在公羊站里，把地方母羊带到公羊站进行交配，杂交一代雌性山羊与不相关的吐根伯格公山羊进行回交生产具有3/4吐根伯格山羊遗传资源和具有1/4地方山羊遗传资源（L）的山羊。从新的公羊站中选择优良公羊与具有相同遗传组成（3/4T和1/4L）的不相关的母羊交配，初期试验表明，这种交配所生产的母羊可以用于乳用和肉用生产，并且十分适应当地生产条件。肯尼亚良种登记册中注册的杂交品种，其公羊每1～1.5年要避免近亲交配。饲养者希望通过3/4T的母羊与不相关的纯种吐根伯格公山羊的进一步回交来改良吐根伯格山羊。

1996—2004年项目统计

	1996	1997	1998	1999	2000	2001	2002	2003	2004
新饲养者小组	10	34	20	6	12	10	7	18	8
新公羊站	10	34	10	11	6	16	14	3	22
新种畜单位	5	20	25	10	12	6	2	4	7
公羊交配		809	1994	3376	3936	3892	3253	5660	6500
参与家庭	250	1100	1125	1400	1550	1700	2050	2050	2650
杂交育种产品		990	2894	3241	3817	3736	4187	5865	7200

资料来源：FARM－非洲奶山羊与动物民事行政保健项目，1996年1月－2004年6月报告

非洲FARM项目执行2年以后，经营管理小组在继续增加。在2006年，MGBA已经有3 450名成员，他们在不断地改良山羊品种，山羊每天的产奶量在1.5～3.5升之间。小组的奶产量一般在3 500升左右，其中一些经过加工和包装用于销售。家族成员已经拥有超过35 000头的改良山羊，其中30%的山羊有可靠的系谱性能记录。通过系谱性能记录，可以估

插文 92（续）

肯尼亚东部丘陵地带的低投入小农体系的基于社区和参与式的奶山羊杂交育种计划

算生长率和产奶量。这些资料以前由非洲FARM进行加工和保存。项目停止以后，MGBA鼓励与大学和研究机构协作，支持他们继续进行相关数据的加工。大多数改良山羊畜主不再"贫困"，一些获利的成员甚至已经购买了一或二头奶牛，建了漂亮的房子，子女及时得到很好的教育。为了更长远的发展，他们已经开始生产酸奶和新鲜消毒牛奶（包含了附加价值）。

方案能够成功实施的特点如下：

- 项目从一开始就使用了充分依靠养殖者的方法；
- 特别强调了能力建设的作用，这样，养殖者自己就可以很好地对项目进行管理；
- 对当地育种材料进行了合理的利用；
- 养殖者被分成小组形式，这样组员之间可以相互学习、交流经验；
- 建立公羊站，并且建立以社区为基础的育种单位。

通过计划，有力地保证了在方案执行结束后，养殖者可以不必依靠政府业务部门。种畜由养殖者自己供给，通过社区畜禽保健员培训，建立同样的畜禽保健服务，而且可联系到更多合格的兽医科技人员。同时也制定了综合的饲料计划。

由 Okeyo Mwai 和 Camillus O.Ahuya 提供。
欲知更多信息，请参见：Ahuya 等（2004），Ahuya 等（2005），Okeyo（1997）。

种群中，将来世代的所有畜禽，互相都将有一定的亲缘关系，而且，在这个小群体中的交配，最终将导致近亲交配。近亲交配的遗传效应是增加了纯合性，即家畜从它的双亲那里得到相同的等位基因。由群体大小可以预测将来世代的近交程度和纯合性。

有效群体大小：在畜禽繁育中，通常情况下，公畜的数量要远远少于母畜，这样，公畜是决定近亲交配大小的重要因素。有效群体大小（N_e）是公畜数量和母畜数量的函数，如果用N_m表示参加繁育的公畜数量，用N_f表示参加繁育的母畜的数量，有效群体大小的计算方法如下：

$$N_e=(4N_mN_f)/(N_m+N_f)$$

如果参加繁育的公畜数量与参加繁育的母畜数量相同，则有效群体大小与实际群体相同。如果公畜数量与母畜数量不同，则有效群体大小将小于实际群体。如果参加繁育的母畜数量远远大于参加繁育的公畜数量，则有效群体大小将稍微少于4倍的公畜数量。

有两种情况可以减少畜禽有效群体大小数量。第一种情况，也是最明显的情况，即实际群体大小减少时，畜禽有效群体大小数量就减少。一个繁育品种的主要遗传资源被另一个品种代替时，可以发生这种情况，品种的杂交育种也占重要份额。

第二种情况发生在特别通用品种的公畜，以及公畜的后代被过度使用的时候。从第一个育种协会的建立开始，到20世纪90年代中期，许多特定种公畜的流行，源于牲畜展览会的成功展示。近几年来，特别性状育种值的预测已经成为决定性的因子。在奶牛选择育种中，多年来几乎完全集中在产奶量这一性状上。2001 年，Hansen 报道，虽然美国黑白花牛协会在2000年有超过30万头注册奶牛，但是，有效群体大小却只有 37 头。Cleveland 等使用2001年出生牛的系谱记录，推算出美国海福特牛的有效群体大小只有85头，美国海福特牛协会 2001 年注册的头数是 75 000 头。

近交率 (-F) 和有效群体大小 (N_e) 两者之间的关系：在一个给定的种群中，有效群体大小直接决定近亲交配的水平，而与实际群体大小关系不大。每个世代近亲交配的增加预计是 1/2Ne，这个公式的前提条件是每个母畜生产相同数量的后代，而且家畜原始群体中个体间不应有任何血缘关系，如果不能满足这个假设，那近交程度可能会更高一些。基于这种关系，Gregory等在1999年建议，在品种保护中，每个世代使用 20～25 头种公畜是一种比较合理的数量。如果每个世代使用25头种公畜，则每代可导致大约 0.5% 的近亲交配增长率。

在动物遗传资源保护中，有效群体大小的损失是一个重要的议题，有趣的是成功的育种者，在他们的育种方案中，他们总是接受一定程度的近亲交配。这些育种者根据他们的标准确立畜群的大小，在这个封闭的畜群中，家畜不可避免地带有相同的血缘关系，从而导致了近亲交配（Hazelton，1939）。

6.2　通过育种保护动物遗传资源

资源保护规划的宗旨不仅包括确保群体的存活率和完整性指标，而且，在保持它特定的、适应性的特征的同时，还应该提高它的繁殖率和生产性能。许多的以上所述论述的育种策略，低投入系统很可能适合这些情况。在本节中，将集中讨论在品种保护时与杂交育种相关的潜在风险。

也可以通过使用杂交育种方案，作为保护品种的一种方式。然而，除非有多余的母畜，否则，任何使用纯种母畜进行杂交育种，都将导致群体的减少。在很多情况下，由于环境和管理条件制约，不可能有多余的母畜，特别是牛更不可能，牛的繁殖率是很低的。喂养的大多数母畜，必须保留作为繁殖畜禽，以便维持群体规模数量。事实上，最大的效果来自对少量本地公畜品种的需求，少数本地母畜品种，习惯用于生产纯种后代。杂交育种方案的起点首先是估计多余的母畜数量，这可以通过对区域内青年母牛的屠宰和出售来计算。例如，在一定的面积上，一个很好管理的牛群，大约需要更新40%的青年母牛以便维持畜群大小。

使用剩余母畜的知识，杂交育种中总

体种群组分知识，以及用于生产F1代的纯种组分知识，没有进一步缩减的纯种群体大小是可以计算的。例如，如果有20%的剩余母畜，现有种群由50%的纯种和50%杂交品种组成（包括现在用于杂交育种的任何纯种母畜），种群将变成纯种比50%稍高一些，F1代纯种比20%稍高一些，F1代母畜比30%稍低一些，纯种种群大小没有更进一步的减少。这些数值的前提假定是没有任何F1代母畜保留作为繁殖母畜，事实上，这或许将绝不可能发生。

7　结论

在工业化商品性生产体系和定位为低的外来资金投入两者之间，育种的组织和方法发生了巨大变化。当前品种部分的组织是长期发展过程的结果，最新的发展是向工业化育种模式的延伸，向家禽以及其他品种的扩展。

工业化育种模式运用先进的技术进行遗传改良。育种计划主要是基于纯种繁育和根据品种特征进行变化。育种公司将畜禽在世界范围内进行市场化。这种趋势，已在商品猪和家禽育种方面很好地建立起来了，现在正在扩展到肉牛和奶牛方面。为选择强壮的家畜，也就是说能对付不同的生活环境，育种者运行选择计划，通过不同的生活环境和经营系统。然而，它不可能使畜禽适应所有的环境、所有地方都能很好地生存。同样地，不同的品种或品系也可能被培育为适应高投入的育种系统。到目前为止，对环境敏感性和遗传适应方向几乎一无所知，科学家和育种公司预计在未来的年代里，去探查这些原因。

在低外部投入的生产系统中，农民饲养家畜，是乡村社会团体结构和家庭食物安全的重要成分。在很大程度上，是小农和畜牧场主保存着本地品种。在这种条件下，畜禽遗传改良是一种挑战，当然，也不是不能实现的任务。可持续利用品种的详细设计和方法，以及针对低外部投入体系的改进规划，正在得到发展和确认。通过纯种繁育去调整本地品种，从而适应生产者的需求，是最好的保存方法，不仅直接将遗传资源保存在饲养的家畜中，而且达到了增加食物安全、减轻贫困的目的。另一个选择就是使用它作为一个详尽规划的杂交育种方案。同时，应该注意改进管理条件和管理方法。

所有品种育种计划的相关研究，目前趋向于研究他们的实用特性，多数与生长相关，例如动物福利、环境保护、特殊产品质量和人类健康。实用特性的例子还包括：健壮性、抗病性、行为特性、繁殖力、饲料利用率、产犊容易和产奶量等。在高投入系统中，实用特性通常被认为是次要特性，但在低投入系统中，实用特性是非常重要的。实用性状的数据记录是一个巨大的难关，很难包含到育种方案中。在抗病性、福利事业、健壮性、适应不同外界环境等方面，缺乏重要的遗传信息。

在发达国家，有减少使用化学药物的趋势，要求畜禽具有最好的抵抗力，或者至少对一些特殊的疾病和寄生虫具有一定的耐受性。然而，由于经济和动物福利的原因，使用传统数量遗传方法进行选择是非常困难的。所以，人们对基因组给予很高的期望。基于孟德尔遗传原理，一些方法已经用于去除遗传性紊乱。对于更加复杂的抵抗力性状，已经进行了遗传标记，例如鸡马立克病、猪大肠杆菌感染等，少数几个育种公司已经进行基于DNA的选择育种。

消费者已经把动物福利作为一个重要考虑因数，特别是在欧洲更是如此。对于育种者的主要挑战是选择性情温和、减小脚和腿问题、减小心血管发病问题（家禽产肉量）。这些问题产生的原因是多方面的。

随着实用性状重要性的增加，要求育种方案中包含大范围的标准规则。一些地方品种或许正好符合一些标准。这些品种实用形状的表型性状（表型的和分子的）和性能鉴定可能正好允许对一些独特性状的检定。更远的发展，它们将通过育种计划，将特定性状保留到将来的世代。令人遗憾的是现实的品种和品系正在不断损失。发达国家正在通过专心于非常少的品种直接地或者间接地减少这种损失。世界范围内的遗传公司通过买卖品种资源减小损失也已经成为了一个重要的角色。

参考文献

Ahuya, C.O., Okeyo, A.M., Mosi, R.O. & Murithi, F.M. 2004. Growth, survival and milk breeds in the eastern slopes of Mount Kenya. *In* T. Smith, S.H. Godfrey, P.J. Buttery, & E. Owen, eds. *The contribution of small ruminants in alleviating poverty: communicating messages from research.* Proceedings of the third DFID Livestock Production Programme Link Project (R7798) workshop for small livestock keepers. Izaak Walton Inn, Embu, Kenya, 4–7 February 2003, pp. 40–47. Aylesford, Kent, UK. Natural Resources International Ltd.

Ahuya, C.O., Okeyo, A.M., Mwangi, N. & Peacock, C. 2005. Developmental challenges and opportunities in the goat industry: the Kenyan experience. *Small Ruminant Research*, 60: 197–206.

Alandia, E.R. 2003. *Animal health management in a llama breeding project in Ayopaya, Bolivia: parasitological survey.* Institute of Animal Production in the Tropics and Subtropics, University of Hohenheim, Stuttgart, Germany. (MSc thesis)

Amer, P.R. 2006. Approaches to formulating breeding objectives. *In* Proceedings of the 8th World Congress on Genetics Applied to Livestock Production, August 13–18. 2006. Belo Horizonte, MG, Brazil.

Andersson, L., Haley, C.S., Ellegren, H., Knott, S.A., Johansson, M., Andersson, K., Andersson-Eklund, L., Edfors-Lilja, I., Fredholm, M., Hansson, I., Hakansson, J. & Lundstrom, K. 1994. Genetic mapping of quantitative trait loci for growth and fatness in pigs. *Science*, 263: 1771–1774.

Anwo, A. 1989. Ministerial speech. *In* E.B. Sonaiya, ed. Rural *Poultry in Africa: proceedings of an international workshop*, pp 8–9. Ile-Ife, Nigeria. Thelia House Ltd.

Bessei, W. 1987. International poultry development. *In* Proceedings, 3rd International DLG symposium on poultry production in hot climates, June 20–24 1987. Hamelin, Germany

Bichard, M. 2002. Genetic improvement in dairy cattle – an outsider's perspective. *Livestock Production Science*, 75: 1–10.

Bijma, P., Van Arendonk, J.A. & Woolliams, J.A. 2001. Predicting rates of inbreeding for livestock improvement schemes. *Journal of Animal Science*, 79: 840–853.

Cleveland, M.A., Blackburn, H.D., Enns, R.M. & Garrick, D.J. 2005. Changes in inbreeding of U.S. Herefords during the twentieth century. *Journal of Animal Science*, 83: 992–1001.

Cunningham, E.P., Dooley, J.J., Splan, R.K. & Bradley, D.G. 2001. Microsatellite diversity, pedigree relatedness and the contribution of founder lineages to thoroughbred horses. *Animal Genetics*, 32: 360–364.

Dawson, M., Hoinville, L., Hosie, B.D. & Hunter, N. 1998. Guidance on the use of PrP genotyping as an aid to the control of clinical scrapie. Scrapie Information Group. *Veterinary Record*, 142: 623–625.

Dekkers, J.C.M. & Hospital, F. 2002. The use of molecular genetics in the improvement of agricultural populations. *Nature*, 3: 22–32.

Delgado Santivañez, J. 2003. *Perspectivas de la producción de fibra de llama en Bolivia. Potencial y desarrollo de estrategias para mejorar la calidad de la fibra y su aptitud para la comercialización.* Institute of Animal Production in the Tropics and Subtropics, University of Hohenheim, Cuvillier, Göttingen, Germany. (PhD thesis)

Dickerson, G.E. 1969. Experimental approaches in utilizing breed resources. *Animal Breeding Abstracts*, 37: 191–202.

Dickerson, G.E. 1972. Inbreeding and heterosis in animals. In *Proceedings of Animal Breeding and Genetics Symposium in honor of Dr. J.L. Lush*, pp. 54–77. Blacksburg, Virginia. ASAS, ADSA.

Djemali, M. 2005. Animal recording for low to medium input production systems. *In* M. Guellouz, A. Dimitriadou & C. Mosconi, eds. *Performance recording of animals, state of the art*, 2004. EAAP Publication No. 113, pp. 41–47. Wageningen, the Netherlands. Wageningen Academic Publishers.

Ducrocq, V. & Quaas, R.L. 1988. Prediction of genetic response to truncation selection across generations. *Journal of Dairy Science*, 71: 2543–2553.

Falconer, D.S. & Mackay, T.F.C. 1996. *Introduction to quantitative genetics*. 4th Edition. London. Longman.

FAO. 1998. *Secondary guidelines for the development of national farm animal genetic resources management plans: management of small populations at risk*. Rome.

FAO. 2003. *Know to move, move to know. Ecological knowledge among the WoDaaBe of south eastern Niger*, by N. Schareika. Rome.

FAO. 2007. Management of sheep genetic resources in the central Andes of Peru, by E.R. Flores, J.A. Cruz & M. López. *In* K-A. Tempelman & R.A. Cardellino eds. *People and animals. Traditional livestock keepers: guardians of domestic animal diversity*, pp. 47–57. FAO Interdepartmental Working Group on Biological Diversity for Food and Agriculture. Rome.

Fernando, R.L. & Grossman, M. 1989. Marker-assisted selection using best linear unbiased prediction. *Genetics Selection and Evolution*, 21: 467–477.

Fuji, J., Otsu, K. & De Zozzato, F. 1991. Identification of a mutation in porcine syanodine receptor associated with malignant hyperthermia. *Science*, 253: 448–451.

Gregory, K.E & Cundiff, L.V. 1980 Cross-breeding in beef cattle: evaluation of systems. *Journal of Animal Science*, 51: 1224–1242

Gregory, K.E., Trail, J.C.M., Marples, H.J.S. & Kakonge, J. 1985. Heterosis and breed effects on maternal and individual traits of Bos indicus breeds of cattle. *Journal of Animal Science*, 60: 1175–1180.

Gregory, K.E., Cundiff, L.V. & Koch, R.M. 1999. *Composite breeds to use heterosis and breed differences to improve efficiency of beef production.* Technical Bulletin. No. 1875. Springfield, Virginia. USDA Agricultural Research Service, National Technical Information Service.

Groen, A.F. 2000. Breeding goal definition. *In* S. Galal, J. Boyazoglu & K. Hammond, eds. *Developing breeding strategies for lower input animal production environments.* Rome. ICAR.

Grogan, A. 2005. Implementing a PDA based field recording system for beef cattle in Ireland. *In* M. Guellouz, A. Dimitriadou & C. Mosconi, eds. *Performance recording of animals, state of the art, 2004*. EAAP Publication No. 113, pp. 133–140. Wageningen, the Netherlands. Wageningen Academic Publishers.

Hanotte, O., Ronin, Y., Agaba, M., Nilsson, P., Gelhaus, A., Horstmann, R., Sugimoto, Y., Kemp, S., Gibson, J., Korol, A., Soller, M. & Teale, A. 2003. Mapping of quantitative trait loci controlling trypanotolerance in a cross of tolerant West African N'Dama and susceptible East African Boran cattle. *Proceedings of the National Academy of Science USA*, 100(13): 7443–7448.

Hansen, L.B. 2001. Dairy cattle contributions to the National Animal Germplasm Program. *Journal of Dairy Science*, 84(Suppl. 1): 13.

Hansen, L.B. 2006. Monitoring the worldwide genetic supply for cattle with emphasis on managing crossbreeding and inbreeding. *In* Proceedings of the 8th World Congress on Genetics Applied to Livestock Production, August 13–18. 2006. Belo Horizonte, MG, Brazil.

Hazelton, J. 1939. *A history of linebred Anxiety 4th Herefords of straight Gudgell & Simpson breeding.* Kansas City, MO. George W. Gates Printing Co.

Herd, R.M., Arthur, P.F., Archer, J.A., Richardson, E.C., Wright, J.H., Dibley, K.C.P. & Burton, D.A. 1997. Performance of progeny of high vs. low net feed conversion efficiency cattle. *In* Proceedings of the 12th Conference of the Assocation for the Advancement of Animal Breeding and Genetics, Dubbo, Australia, pp. 742–745.

Hill, W.G. 2000. Maintenance of quantitative genetic variation in animal breeding programmes. *Livestock Production Science*, 63: 99–109.

Hunter, N. 1997. Molecular biology and genetics of scrapie in sheep. *In* L. Piper & A. Ruvinsky, eds. *The genetics of sheep*, pp. 225–240. Oxon, UK. CAB International,

Huyen, L.T.T., Rößler, R., Lemke, U. & Valle Zárate, A. 2005. *Impact of the use of exotic compared to local pig breeds on socio-economic development and biodiversity in Vietnam.* Stuttgart, Beuren, Germany.

James, J.W. 1972. Optimum selection intensity in breeding programmes. *Animal Production*, 14: 1–9.

James, J.W. 1977. Open nucleus breeding systems. *Animal Production*, 24: 287–305.

Jiang, X, Groen, A.F. & Brascamp, E.W. 1999. Discounted expressions of traits in broiler breeding programs. *Poultry Science*, 78: 307–316.

Kennedy, B.W., Quinton, M. & van Arendonk, J.A. 1992. Estimation of effects of single genes on quantitative traits. *Journal of Animal Science*, 70: 2000–2012.

Krätli, S. 2007. *Cows who choose domestication. Cattle breeding amongst the WoDaaBe of central Niger.* Institute of Development Studies, University of Sussex, Brighton, UK. (PhD thesis)

Lamb, C. 2001. Understanding the consumer. *In* Proceedings of the British Society of Animal Science, 2001, pp. 237–238.

Lande, R. & Thompson, R. 1990 Efficiency of marker-assisted selection in the improvement of quantitative traits. *Genetics*, 124: 743–756.

Larzul, C., Manfkedi, E. & Elsen, J.M. 1997. Potential gain from including major gene information in breeding value estimation. *Genetics Selection Evolution*, 29: 161–184.

Lemke, U. 2006. *Characterisation of smallholder pig production systems in mountainous areas of North Vietnam.* Institute of Animal Production in the Tropics and Subtropics, University of Hohenheim, Germany. (PhD thesis)

Le Roy, P., Naveau, J., Elsen, J.M. & Sellier, P. 1990. Evidence for a new major gene influencing meat quality in pigs. Genetical Research, 55: 33–40.

Lewis, R.M. & Simm, G. 2002. Small ruminant breeding programmes for meat: progress and prospects. *In* Proceedings of the Seventh World Congress on Genetics Applied to Livestock Production, held August 19–23, 2002, Montpellier, France.

Lips, D., De Tavernier, J., Decuypere, E. & van Outryve, J. 2001. Ethical objections to caesareans: implications on the future of the Belgian White Blue. *In* Proceedings of the Third Congress of the European Society for Agricultural and Food Ethics, Florence, Italy, October 3–5 2001, pp. 291–294.

Loquang, T.M. 2003. The Karamojong. *In* I. Köhler-Rollefson & J. Wanyama, eds. *The Karen Commitment: Part 2. The role of livestock and breeding; community presentations.* Proceedings of a Conference of Indigenous Communities on Animal Genetic Resources. League for Pastoral Peoples and Endogenous Development and Intermediate Technology Development Group Eastern-Africa, Karen, Nairobi, Kenya, 27–30 October 2003. Bonn, Germany. German Non-Governmental Organisations Forum on Environment and Development.

Loquang, T.M. 2006a. *Livestock Keepers' Rights.* Paper presented at the side event during the Fourth Ad Hoc Open-Ended Intercessional Working Group on Article 8(j) and Related Provisions of the Convention on Biological Diversity, COP 8, Granada, Spain, 23–27 January 2006.

Loquang, T.M. 2006b. *The role of pastoralists in the conservation and sustainable use of animal genetic resources.* Paper presented at the International Conference on Livestock Biodiversity, Indigenous Knowledge and Intellectual Property Rights; League for Pastoral Peoples and Endogenous Development, Rockefeller Study and Conference Centre, Bellagio, Italy, 27 March–2 April 2006.

Loquang, T.M. & Köhler-Rollefson, I. 2005. *The potential benefits and challenges of agricultural animal biotechnology to pastoralists.* Paper presented at the Fourth All Africa Conference on Animal Agriculture, Arusha, Tanzania, 19–26 September 2005.

LPPS (Lokhit Pashu-Palak Sanstham) & Koehler-Rollefson, I. 2005. *Indigenous breeds, local communities: documenting animal breeds and breeding from a community perspective.* Sadri, Rajasthan, India. Lokhit Pashu-Palak Sanstham.

Markemann, A. (forthcoming). *Development of a selection programme in a llama population of Ayopaya region.* Department Cochabamba, Bolivia, Institute of Animal Production in the Tropics and Subtropics, University of Hohenheim, Germany. (PhD thesis)

Mavrogenis, A.P. 2000. Analysis of genetic improvement objectives for sheep in Cyprus. *In* D. Gabiña, ed. *Analysis and definition of the objectives in genetic improvement programmes in sheep and goats. An economic approach to increase their profitability,* pp. 33–36. Zaragoza, Spain. CIHEAM–IAMZ.

Meuwissen, T.H.E. 1997. Maximizing response to selection with a predefined rate of inbreeding. *Journal of Animal Science*, 75: 934–940.

Nürnberg, M. 2005. *Evaluierung von produktionssystemen der Lamahaltung in bäuerlichen gemeinden der Hochanden Boliviens.* Institute of Animal Production in the Tropics and Subtropics, University of Hohenheim, Cuvillier, Göttingen, Germany. (PhD thesis)

Odubote, I.K. 1992. *Genetic and non-genetic sources of variation in litter size, kidding interval and body weight at various ages in West African Dwarf Goats.* Obafemi Awolowo University, Ile-Ife, Nigeria. (PhD thesis)

Okeyo, A.M. l997. Challenges in goat improvement in developing rural economies of Eastern Africa, with special reference to Kenya. *In* C.O. Ahuya & H. van Houton, eds. *Goat development in East Africa.* Proceedings of a workshop held at Izaak Walton Inn, Embu, Kenya, 8–11 December l997, pp. 55–66. Nairobi. FARM-Africa.

Olori, V.E., Cromie, A.R., Grogan, A. & Wickham, B. 2005. *Practical aspects in setting up a National cattle breeding program for Ireland.* Invited paper presented at the 2005 EAAP meeting in Uppsala, Sweden.

Pharo, K. & Pharo, D. 2005. *Direction vs. destination.* Pharo Cattle Co. Spring 2005 Sale Catalog, pp. 72–73.Cheyenne Wells, Colorado, USA. Pharo Cattle Co.

Rauw, W.M., Kanis, E., Noordhuizen-Stassen, E.N. & Grommers, F.J. 1998. Undesirable side effects of selection for high production efficiency in farm animals: a review. *Livestock Production Science*, 56: 15–33.

Richardson, E.C., Herd, R.M., Archer, J.A., Woodgate, R.T. & Arthur, P.F. 1998. Steers bred for improved net feed efficiency eat less for the same feedlot performance. *Animal Production Australia*, 22: 213–216.

Rößler, R. 2005. *Determining selection traits for local pig breeds in Northern Vietnam: smallholders' breeding practices and trait preferences.* Institute of Animal Production in the Tropics and Subtropics, University of Hohenheim, Germany. (MSc thesis)

Rocha, J.L., Sanders, J.O., Cherbonnier, D.M., Lawlor, T.J. & Taylor, J.F. 1998. Blood groups and milk and type traits in dairy cattle: After forty years of research. *Journal of Dairy Science*, 81: 1663.

Roe E., Huntsinger, L. & Labnow, K. 1998. High reliability pastoralism. *Journal of Arid Environments*, 39(1): 39–55.

Sainz, R.D. & Paulino, P.V. 2004. *Residual feed intake.* Agriculture & Natural Resources Research & Extension Centers Papers, University of California.

Simianer, H. 1994. Current and future developments in applications of animal models. *In* Proceedings of the 5th World Congress on Genetics Applied to Livestock Production. Guelph. Canada. Vol. 18, pp. 435–442.

Simm, G. 1998. *Genetic improvement of cattle and sheep.* Tonbridge, UK. Farming Press, Miller Freeman UK Limited.

Smits, M.A., Barillet, F., Harders, F., Boscher, M.Y., Vellema, P., Aguerre, X., Hellinga, M., McLean, A.R., Baylis, M. & Elsen, J.M. 2000. Genetics of scrapie susceptibility and selection for resistance. *In* Proceedings of the 51st Meeting of the European Association for Animal Production (EAAP). 21–24 August, The Hague, Paper S.4.4. EAAP. Rome

van Arendonk, J.A.M. & Bijma, P. 2003. Factors affecting commercial application of embryo technologies in dairy cattle in Europe – a modelling approach. *Theriogenology*, 59: 635–649.

Wickham, B.W. 2005. Establishing a shared cattle breeding database: Recent experience from Ireland. *In* M. Guellouz, A. Dimitriadou & C. Mosconi, eds. *Performance recording of animals, State of the art,* 2004. EAAP Publication No. 113, pp. 339–342. Wageningen, the Netherlands. Wageningen Academic Publishers.

Willis, M.B. 1991. *Dalton's introduction to practical animal breeding.* 3rd ed. Oxford, UK. Blackwell Science Ltd.

Woolliams, J.W. & Bijma, P. 2000. Predicting rates of inbreeding in populations undergoing selection. *Genetics*, 154: 1851–1864.

Woolliams, J.W., Bijma, P. & Villanueva, B. 1999. Expected genetic contributions and their impact on gene flow and genetic gain. *Genetics*, 153: 1009–1020.

Wurzinger, M. 2005. *Populationsgenetische analysen in Lamapopulationen zur implementierung von leistungsprüfung und selektion.* University of Natural Resources and Applied Life Sciences (BOKU), Vienna. (PhD thesis)

第五章
经济评估方法

1 导言

发展中国家大量的动物遗传资源面临危险。而用于保护与可持续利用的资金来源又非常有限，这就意味着经济分析能够在确定保护与遗传改良的优先发展重点方面发挥重要作用。在这方面，重要的任务特别包括：确定动物遗传资源在社会各行业中的经济贡献；通过可以使保护畜禽多样性的成本效益的鉴别资助重点项目的评估；以及为促进个体农民或社区的动物遗传资源保护帮助经济激励和制度安排的设计。

Swanson（1997）指出，人类社会一直在通过涉及生物多样性耗损过程不断扩展和发展。这个过程可以在维持畜禽多样性生物资源和人类社会从这个畜禽的耗尽而获得的益处的利弊来理解。因此，动物遗传资源侵蚀可以被看成用较少范围的特殊“改良”品种替换畜禽现有的名单。这种替换不仅通过替换而发生，而且通过因生产系统改变而使用杂交育种和淘汰畜禽而发生。因此，动物遗传资源侵蚀需要在生产系统演变的情况下理解（包括生物物理的、社会经济的和市场的改变）以懂得基因型选择和对动物遗传多样性的威胁。参见第二部分以了解畜牧生产系统发展趋势的进一步讨论。

从经济的观点出发，动物遗传资源侵蚀可以视为驱动力对特殊基因型投资所产生的一种偏见的结果，这又造成对更具多样性集品种的投资不足的结果。经济合理性建议，投资决策将由两个选择项的相对盈利能力来决定（假设风险中等市场运作完美）。但是，从农民的观点，相关的汇报率指为他（她）们所增加的回报率而不是作为社会或整个世界所增加的回报率。对于农民来说，在导致损失的活动的回报率比动物遗传资源保护活动的回报率高时，损失一个品种将在经济上是合算的，特别在后者的回报可能由增加人们而不是农民的非市场利益时尤其如此。这种歧异由于存在着投入和产出价值的不同而变得更加复杂，他们不会反映它们的经济缺失。

插文93

经济价值

家畜饲养者可以从畜禽多样性保护获得利益，因为他们对动物的需求能够产生各种各样的农业生态系统并完成一系列功能。除为销售和供家庭消费供应产品外，家畜还可以提供与其他农场／农户活动相关的投入物功能。家畜能够提供肥料提高作物产量，运输投入物和产品，以及还可以用作畜力。在农村财政和金融市场发展尚不完善的地区，它们能够使农户长期理顺收入和消费水平之间的差距。家畜由储蓄和保险组成，可以平息作物歉收和与作物相关收入的轮转形式。它们能够使农户积累资金和多样性，还起到与其畜主的现状和责任相关的一系列社会文化作用（Jahnke，1982；Anderson，2003）。在生态系统的维持方面畜禽还起到重要的作用，例如放牧管理日益被认为是生物多样性保护的一个重要工具。

以上段落所提到的价值是直接或间接使用价值的组成部分。其他价值与使用无关，但是简单地说与品种生存相关（生存价值和遗产价值）。另一种类型的价值是从将来的不确定性概念而产生的。将来的不确定性是避免风险（可选择值）驱动力所致，也是一个品种损失的不可逆性和相关信息损失所致。

“总体经济价值”（TEV）在正常情况下等于所有直接和间接利用价值的总和再加上非利用价值和可选择价值：TEV = DUV + IUV + OV + BV + XV。式中：

直接利用价值（DUV）是从特别包括实际利用所获利益，例如粮食、肥料和皮革以及文化／宗教仪式的使用。

间接利用价值（IUV）是从生态系统功能演变的利益。例如一些动物在某些植物物种的传播中起到关键作用。

选择价值（OV）是从为将来的利用选择而保护一种资产所给予的价值而获得的价值。它是一种发生新动物疾病或干旱／气候变化的保险价值（假设将来和风险规避的不确定性）。巧妙地不同但是与选择价值和准选择价值相关。准选择价值与通过一种资源的保护而产生的将来信息的附加额外价值相关。准选择价值因品种损失的不可逆转性质而产生（产生后无进一步知识），准选择价值甚至可以在没有将来和风险规避的不确定性的情况下发生。

遗产价值（BV）测量任何个体从其他人可能在将来从一种资源获利的知识自然获利。以及生存价值（XV）是简单地从了解现有的一种特殊资产存在的满足而获得的价值（例如蓝鲸、水豚或N’Dama黄牛）。

有些资产价值可以在这些种类之间重复，要避免重复计算。孤立选择、遗产和生存的企图是有问题的。这种评估方法的基本原则和程序仍有争论。

资料来源：摘自Arrow和Fisher（1974）；Jahnke，（1982）；Pearce和Moran，（1994）；Anderson，（2003）；Roosen等，（2005）。

以上个体和公共回报率之间的歧异是十分重要的。正如Pearce和Moran（1994）所述，对国家资产的更广泛的总体经济价值（TEV－参见插文93）的承认可以在改变它们使用的决定而变得有利，特别在投资决定能够提出侵蚀／毁灭或保护之间的明显选择时尤其如此。当生物多样性（和遗传资源）保护活动产生了市场不能获取的经济价值时，这种“失败”的结果是一种激励反对遗传资源保护且有利于侵蚀这样资源的经济活动的畸变。

从经济观点来看，这样的结果与市场失败相关（即在由生物多样性保护而产生的外部效益的“迷失市场”而引发的畸变）；干预失败（即由政府干预市场工作的行动而产生的畸变，甚至在有些看来提供社会目的服务的市场）；和／或全球适宜拨款失败（即没有市场／机制捕获全球重要的外部价值）。值得注意的是全球迷失市场能够与当地市场失败和干预失败共存。生物多样性和遗传资源的丧失就是这种情况。

从以上价值的类型可以明显地看出，当今的经济决定在很大程度上依赖于第一种类和直接利用价值，尽管其他种类可能有相等或更大重要性。例如，据估计，约80%的低投入发展中国家的畜牧生产系统属于非市场作用，而只有20%属于直接生产产出。与此形成鲜明对照，90%以上的高投入发达国家的畜牧生产系统属于直接生产产出（Gibson和Pullin，2005）。通过专门集中到直接利用价值，生物多样性和遗产资源保护看来一直被低估，导致造成对与动物遗产资源保护不匹配活动的偏见。

2 经济分析方法的发展

尽管在集约化（大多为发达国家）商品农业中改良品种的经济效益有大量文献报道，在发展中国家的现有的典型生产系统中本地品种和品种特性价值的重要性却研究甚少。有浩瀚的关于一般遗传资源和生物多样性价值的概念和理论文献（通常为有关植物和野生动物）。但是，只是在FAO/ILRI培训班（ILRI，1999）之后鉴别出的潜在动物遗产资源评估方法和其后ILRI发起的项目（动物遗产资源保护和持续利用经济性项目），以及其伙伴测试这些方法并开展了有关这些方法的有意义的研究。

这些工具和它们的发现很少在影响政策制定和农民生计的情况下使用。迫切需要进一步的研究，以更好理解在日益动态情况下的基因型偏好的含义。这些情况特别包括：

- 市场全球化；
- 气候变化和环境退化；
- 新流行性动物疾病的发生；
- 生物技术领域的发展；以及与《生物多样性公约》相关的发展。

千年发展目标包括的全球消灭贫困的努力也需要改善额外基因型对扶贫的潜在贡献的理解，以改善动物遗产资源计划的有利于贫困的目标。在这种情况下，支持机构创新和技术应用的研究也起到重要的作用。这些领域对于动物遗产资源管理是十分重要的且有重要的社会经济范围。

动物遗产资源经济的发展相对缓慢有许多原因，包括以下事实：测量种质多样性对畜禽发展的益处不同；需要

第四部分

表 102
评估方法综述

评估方法	目的	对动物遗传资源保护和持续利用的贡献
第一组：确定品种实际经济重要性的方法（政策制定者和育种者以及一些农民最感兴趣的问题）		
积累需求和供给	鉴别品种对社会的价值。	评估与动物遗传资源损失相关的潜在损失。
农场和农户剖面	鉴别品种对社会的价值。	评估与动物遗传资源损失相关的潜在损失。
积累的生产力模型	按品种确定农民的净回报率。	在多项有限投入物条件下，证明某个品种的经济重要性。
知识产权和合同	为动物遗传资源收益率创造共享的“公平和平等”市场和支持。	为动物遗传资源保护筹集资金和激励政策。
应急评估方法 I（例如：二分式选择、紧急排序、选择试验）	按品种确定农民的特性价值偏好和净回报率。	证明某一品种的经济重要性。
市场份额 I	给出某一品种的当前市场价值。	证明某一品种的经济重要性。
第二组：确定动物遗传资源保护计划的成本和收益率和为农民的参与制定目标的方法（政策制定者和农民最感兴趣的问题）		
应急评估方法 II (例如：二分式选择、紧急排序、选择试验)	鉴别社会是否愿意为动物遗传资源保护支付资金（WTP）。鉴别农民是否愿意接受（WTA）因饲养本地动物遗传资源而不是外来品种的补偿金。	定义经证明的最大经济保护成本。
避免生产损失	给出没有动物遗传资源保护条件下的潜在生产损失的量值范围。	至少在这个级别证明保护计划成本。
机遇成本	鉴别维护动物遗传资源多样性的成本。	定义动物遗传资源保护计划的机遇成本。
市场份额 II	展示某一品种的当前市场价值。	证明保护计划的成本。
最低成本	鉴别动物遗传资源保护的高效计划。	定义保护计划的最低成本。
安全最低标准	评价涉及维护最低可行畜群的利弊。	定义动物遗传资源保护计划的机遇成本。
第三组：设置动物遗传资源育种计划的重点方法（农民和育种者最感兴趣的问题）		
育种计划的评估	鉴别种畜改良的净经济利益。	使保护的动物遗传资源的经济利益最大化。
遗传生产功能	鉴别种畜改良的净经济利益..	使保护的动物遗传资源的预期经济利益最大化。
特征方法（Hedonic）	鉴别特性价值。	评估与动物遗传资源损失相关的潜在损失。理解品种偏好。
农场模拟模型	模型改善了农场经济的动物特性。	使保护的动物遗传资源的经济利益最大化。

资料来源：引自 Drucker 等（2001）

进行经济分析的数据可用性十分有限；以及家畜的非市场价值是重要的考虑因素__要获得这样的数据常常需要对所使用的经济技术进行改良，这可以在参加和快速农村评估方法相结合中使用。

除了这些困难以外，有一整套其他经济领域的分析技术可以适用与实施这样的分析。Drucker等（2001）综述了这些方法。在它们可能使用的实践目的的基础上，Drucker 等将这些方法大体分类成3组（非相互排斥）。

- 第一组）确定濒危品种的实际经济重要性；
- 第二组）确定动物遗传资源保护计划的成本和效益以及为参与农民制定目标；
- 第三组）动物遗传资源计划中重点的设置。

许多这些方法有明显的概念缺点和集约数据要求（预知详细描述请参见Drucker等，2001）。但是，人们可以看到它们产生放在市场、非市场有用的估计价值，以及对设计育种和保护策略有用的潜在品种属性类型有用的估计价值。以下一章将概述这些方法。目标既是展示这些方法的潜在用途，又是提供本地动物遗传资源经济重要性方面的信息（不可避免地具有地区特异性）。为了实现这一目标，展示了一系列特殊的研究，并举例说明了各种工具的应用。许多发现给出了在研的生产系统内特别本地畜禽品种的内在有用价值。在每一个章节的开始重点地突出了结论。更详细的综述可以在Drucker等（2005）的文献中找到；Zambrano等（2005）提供了这个领域的解释性参考文献。

3 经济方法在动物遗传资源管理中的应用

以下案例是在表102所列分类标准的情况下向大家展示的。

3.1　畜禽遗传资源对农民的价值[7]

- 适应性特性和非收入功能形成了本地品种动物对畜禽饲养者的总价值的重要组成部分。
- 常规生产力评估标准对评估生存畜禽生产是不够的，趋向于高估了品种替换的益处。

Tano等（2003）和Scarpa等（2003a；2003b）使用了所叙述的选择试验（CE）来评估畜禽本地品种所表达的基因型特性。据报道，对于畜禽饲养者来说，适应性特征和非收入功能形成了该动物的总体价值。例如，在西非由Tano等（2003）所进行一项研究中，人们发现与品种改良计划的目标相一致的最重要的特性是抗病性、适宜役用和繁殖性能。牛肉和牛奶生产的重要性次之。这些研究的结果也表明，可以调查目前畜禽群体尚未广泛承认的遗传确定特性的价值，但是遗

7　使用第一组评估方法。

传确定特性是育种和保护计划的理想候选项（例如抗病性）。

Karugia 等（2001）使用了一个涉及全国和农场水平的累计需求和供应方法。他们争论称，由于忽略了补贴的好处，忽略了管理所增加的成本，例如兽医支持服务，以及与本地基因型损失相关的较高风险和社会环境成本，杂交育种计划的常规经济评估方法过高地估计了它们的益处。在肯尼亚乳牛场的应用中，试验结果建议，在国家水平，杂交育种对社会福利起到了全面积极的影响（以消费者／生产者剩余测量为基础），尽管考虑的重要社会成本组成部分大大地降低了净利润率。但是，农场水平的生产性能在使用外国品种替换本地瘤牛的"传统的"生产系统的情况下得到了一些提高。

比较不同基因型（本地山羊与国外杂交山羊品种）的生产性能，Ayalew 等（2003）获得了类似的结论。在许多生产系统中的产肉和产奶特性的第二重要性使这些作者争论不休，评估生产力的常规标准对于生存型畜禽生产系统是不足够的，因为：

- 他们不能捕捉畜禽的非营销利益；
- 单一限制性投入物的核心概念对于生存型畜禽生产是不适宜的，因为多种限制性投入物（畜禽、劳力、土地）涉及到生产过程中。

在埃塞俄比亚东部高原，该研究涉及到评估生存型山羊生产的累计生产力模型的使用。结果表明，与传统管理方法相比较，使用改良管理方法的本地山羊羊群产生了明显较高的净经济利益，这就对本地畜禽不能充分地对管理水平的改善作出回应的流行说法提出了挑战。进而表明，在考虑的生产系统的生存模式下，杂交品种山羊比本地山羊品种更有生产力和更有利可图前提是错误的。因此，这个模型不仅强调了本地动物遗传资源对农民的价值，而且也为建议健康改良干预提供了更实际的平台。

3.2　保护的成本和利益[8]

- 当与当前向商业家畜界提供的补贴额和保护利益相比较时，原位品种保护计划的实施成本可以相对较少。但是，存在少数这样的保护项目，甚至当本地品种的价值被认识和实施支持机制的地方，也可鉴别出许多缺点。
- 有关畜禽异地（冷冻）保存的成本和利益方面，类似工作仍然非常有限。但是，在技术可行能够将畜禽物种的冷冻保存和再生的成本降到与植物物种的冷冻保存和再生的成本相同水平的情况下，将证实广泛保护的努力的经济基础。

原地保存（*in situ* conservation）

Cicia 等（2003）的文献表明，可以使用一个说明偏好探索的二分式选择来估计建立受威胁的意大利 Pentro 马的保护计

[8] 使用第二组的评估方法。

表 103

在一系列评估方法条件下的保护利益和成本——Box Keken 猪案例（墨西哥 Yucatan 地区）

评估方法	保护措施和持续利用利益	保护成本措施
	US$／年.	US$／年.
市场份额	US$490 000	
避免生产损失（仅 Yucatan 州）	US$1.1 百万	
应急评估（消费者品味试验）	US$1.3 百万	
应急评估（生产商选择试验）		
和最小成本/机遇成本方法		US$2 500～3 500

资料来源: Drucker and Anderson（2004）。

划利益。可以使用一个生物经济模型来估计与保护相关的成本，然后再实现一个成本－效益分析。效益估计是以社会是否愿意为保护支付费用为基础的，因此，可能与这种特殊情况的生存价值相关。结果不仅表明了与建议的保护活动（效益/成本比大于2.9）相关的大量正面净现实价值，而且表明，这种方法对参与增加动物濒危品种的稀少资金分配政策制定者是一个有用的决策支持工具。

Drucker 和 Anderson（2004）也发现了与保护相关的大量净现有价值。作为墨西哥 Yucatan 地区濒危的 Box Keken 猪案例研究的一部分，使用了一系列评估方法且进行了关键性评估（表103）。该表中的两种技术的缺点是，它们不是以消费者剩余测量方法为基础，即在品种损失的情况下，没有计算价格变化和替换可能性。尽管鉴别的缺点和价值只能进行大约估计的事实，这项研究表明，保护的利益明显超过这种情况的成本。

甚至在本地品种的价值已经被认可和实施支持机制的地区，也可以鉴别明显的失败。在畜禽生物多样性保护措施及其它们在欧盟的潜在成本的检查中，Signorello Pappalardo（2003）报道称，根据《FAO世界红色警告名单》许多濒危品种不在支持支付之列，因为它们没有出现在国家的农村发展计划中。进而。该结果表明，在支付支持款项的地方，他们没有考虑不同品种所面临的不同濒危危险等级。进而，不充分的支付水平意味着稀有本地品种的支付仍然无利可图。理想地说，支持支付应该设置成能够反映社会愿意为保护措施支付费用，但是，这不是通常的情况，也不总是需要保证利润率。

在一些 Drucker（2006）描述的案例研究中，尽管保护成本已经显示属实，缺乏足够的激励，本地品种保护还相对较少。根据安全最低标准（SMS）文献，这个试验所使用的框架假设只需要维持品种的最低生存群体，就能够维护本地畜禽品种保护的利益。一般来说，实施安全最低标准（SMS）的成本由维护本地品种而不是外来和杂交品种的机遇成本（如果存在的话）组成。此外，保护计划的行政和技术支持成本也需要计算在内。基于安全最低标准（SMS）等于“不濒危”的FAO测量值，即大约1000头繁殖动物，使用经济案例研究的数据（意大利和墨西哥）获得了经验成本估计值。当这两个数值与畜牧界当前提供的补贴额（低于补贴总额的1%）和保护利益（利益/成本比大于2.9）进行比较时，结果支持了实施安全最低标准（SMS）的成本较低的假设（取决于物种/品种和地点，这些数值界于每年3000～425000欧元之间）。在发展中国家，成本被证明是最低的，在估计的当今存在的70%的畜禽品种在丧失的危险也最高的发展中国家的条件下，这就非常振奋人心，（Rege和Gibson，2003）。

然而，需要确定安全最低标准（SMS）成本所需组成部分的更粗略数量估计，需要在应用实践之前实施。这样的经济评估值需要既包括所考虑的整个品种/物种的数量，又要包括保证尽可能多地考虑组成它们总体经济价值的各项因素。

移地保护

有关畜禽的异地（冷冻）保护的成本和利益的类似工作十分有限，没有畜禽冷冻保护技术那么多，虽然进步的步伐非常迅猛，仍然在少数物种中发展十分完善。然而，Gollin和Evenson（2003）争论称，假设技术可行性使畜禽物种的冷冻保护和再生成本降到与植物物种的冷冻保护和再生成本相同的水平，“无疑经济性将证明可以实施广泛的保护努力”（看来概率选择价值要比保护成本高得多）。

3.3　制定农民参与就地品种保护的目标[9]

- 原地保护计划在动物遗传资源保护中起到关键的作用。
- 农业特性在确定农民品种偏好差异中起到重要的作用。这种额外信息对设计成本效益保护计划有用。

Wollny（2003）争论称，需要采取以社区为基础的管理方法，这样可以在通过动物遗传资源保护实现改善粮食安全和扶贫的策略中起到越来越重要的作用。这是因为，本地畜禽群体的利用在很大程度上取决于社区决策和实施适宜的育种策略的能力。以社区为基础的动物遗传资源的管理对扶贫也起到了关键的作用（FAO，2003）。

在作物的情况下，Meng（1997）建议，保护计划应该制定目标让那些最可能继续保存本地品种的农户参加。因为这些农户将不用费很大力气就能参与保护计划，可以鉴别一个“最低成本”计划。因此，一个原地保护计划的成本可表达成，需要将这些品种的相对优点提高到高于竞争性品种、竞争性物种或非农场活动的优点的成本。一个相对较少的投资就足以维持它们特殊农作系统中的优点。

[9] 使用第二组的评估方法。

最近，将这种鉴别低成本保护策略的概念性方法应用到估计墨西哥creole猪保护成本（Scarpa 等，2003b；Drucker 和Anderson，2004）和埃塞俄比亚Boran牛的保护成本中（Zander等，即将发表）。

Scarpa等（2003b）表明，对于墨西哥creole猪，农户的相应年龄、教育年份、农户大小和有经济活动农户成员数量在解释品种特性偏好方面是重要的因素。与外国品种和它们的杂交品种相比，年纪较轻、受教育较少和收入较低的农户对于本地仔猪的属性给予相对较高的价值（Drucker和Anderson，2004）。Pattison's（2002）的发现进一步证实了这些研究结果。在将creole猪的群体扩大到FAO分类系统认为"不濒危"的可持续群体大小的实施十年保护计划的情况下，该发现表明，不太富裕的小农户将需要低水平补贴或甚至（占案例的65%）根本不需要补贴。这一系列研究的前提是，农场遗传资源多样性的继续保护可在社会和农民都维护遗传资源多样性为大多数人服务的地区获得了最大的经济效益。

Mendelsohn（2003）争论称，私人（农民）与公众价值之间存在着歧异，保护必须首先证明为什么社会愿意支付明显"无利润"的动物遗传资源的理由，然后必须设计能有效保护社会财富的保护计划。

3.4　畜禽保护计划的重点设置[10]

- 保护政策需要促进高效率的策略，并能通过开发"Weitzman-类型"的支持决策工具实现这种高效率的策略。这样的工具允许在许多品种中拨发费用预算，这样可以使保护品种之间的所期待的多样性最大化。

Simianer等（2003）和Reist-Marti等（2003）（插文104）提供了有关动物遗传资源领域的支持决策工具的概念开发的少数案例之一。承认目前濒危的本地畜禽品种的数量巨大，也承认在有限保护预算的前提下，并非所有的品种都能够保存下来这个事实，研制了在品种集中的费用预算拨发框架，这样可使保护品种之间的所期待的多样性最大化。借鉴Weitzman（1993）的方法，有争论称，保护方案的理想标准是将所期待的品种集的总体利用效率最大化，它是多样性、灭绝概率和品种保护成本的一个加权总和值。借鉴第二组，目前要求评估方法用作估计保护成本的一种方法。但是，在在采用一种生计而不是一种保护成本方法的情况下，可以使用第一组的方法。这种方法和原来Weitzman的研究都使用了以遗传距离为基础的多样性测量方法。但是，值得注意的是，也可以使用多样性的替换选择措施，例如，既包括品种间多样性又包括品种内多样性的测量方法（Ollivier和Foully，2005），或利用以某些品种独特特性存在为基础的利用功能

[10] 使用第二组的评估方法。

多样性的测量方法（欲知植物遗传资源的解释请参见Brock和Xepapadeas（2003））。品种应该保护的各种含义可能又很大差异，取决于多样性指数的构成以及保护计划的总体目标（遗传资源本身的保护、使保护的独特特性的数量最大化，或使保护的畜禽多样性对生计的贡献最大化）。在这样的模型得到充分说明和拥有关键参数的基础数据的地区（目前缺乏保护成本和对生计的利益或贡献），可以在全球范围内将该框架应用于合理决策。

3.5　畜禽育种策略的重点设置[11]

- 经济分析显示了使用遗传选择的贡献量级来提高生产，例如使用选择指数。
- 不仅需要经济目标的，而且需要包括可预见的甚至不可预见的将来需要的各种方法。
- 特征方法对于评估某些属性或特性与动物或畜产品价值的重要性是有用的，包括它们对选择策略的影响。

育种计划长期用选择指数作为畜禽多特性选择的工具。例如，Mitchell等，（1982）通过确定遗传力重要特性和分离遗传贡献对改良的生产性能的影响在英国测量了猪改良的遗传贡献值。通过用线性回归技术长期比较控制和改良小组，发现收益率很高，该地区的年成本为2百万英镑而年收益为1亿英镑。据估计，商品生产中杂交育种的使用贡献了大约每年1600英镑。在高投入管理条件下，建立了几个物种的农场水平模拟模型，同时也注重了对遗传性状增益的测定。

在遗传生产功能模型的可选择价值重要性的情况下，Smith（1985）争论称，基于经济目标的当前集的遗传选择在跨时的情况下是次优的。相反，在对将来需求不确定性情况下，选择应该“迎合可预见的甚至不可预见的将来需要”（Smith，1985，p.411）。特别是，由于暂时市场的需求和/或生产条件的原因（例如，市场或分级要求、胴体或产品组成、对当前饲养条件的特殊行为适应），Smith（1984）主张贮存目前尚无经济理想特性的畜禽，

通过使用特征方法，Jabbar等，（1998）表明，在尼日利亚，虽然仅仅因为品种而存在的一些价格差异，大多数价格差异是因为这些变量在一个品种动物之间存在着体高和胸围的差异。由于动物的类型或交易月份而形成的差异也比由于品种而产生的差异要大。Jabbar和Diedhiou（2003）表明，用来确定畜禽饲养者的育种实践和尼日利亚西南地区的品种偏好程度的特征方法证实了有一种强烈的避开抗锥虫品种的趋向。在加拿大阿尔伯达省，Richards和Jeffrey（1995）鉴别了乳用公牛的相应生产和类型特性的价值。预测了特征评估模型，该模型可以预测精液价格，作为一

[11] 使用第三组的评估方法。

头黑白花公牛的个体生产和长寿特性的函数。

3.6 总体政策分析方法的开发[12]

当前动物遗传资源多样性损失的快迅猛速度是许多潜在因素的结果。在一些情况下，生产系统和消费者偏好的变化反映了发展中经济和市场的自然演变；而在另一些情况下，由于本地、国家和国际政策的影响，生产系统、品种选择和消费者偏好受到了歪曲。宏观经济干预导致了这种歪曲的形成（例如，汇率和利润率）；法规性和定价政策（例如，税收、价格控制、市场和贸易法规）导致了这种歪曲的形成；投资政策（例如，基础设施开发）导致了这种歪曲的形成；以及体制政策（例如，土地所有权、遗传资源产权）导致了这种歪曲的形成。在政策因素对动物遗传资源的影响在广义上容易分辨的同时，我们却对它们的相对重要性知之甚少。

4 政策含义和将来的研究

以上研究显示，不仅有一系列可以使用的方法来评估畜禽饲养者品种/特性偏好，而且实际上可以使用这些方法来设计解决目前本地品种边缘化的趋势的政策。(Drucker 和 Anderson，2004)：

- 承认畜禽饲养者将重点放在适应特性和非收入功能，以及在育种计划中需要考虑这些因素；
- 鉴别那些重点参与成本效益多样性最大化保护计划的品种；
- 对比大效益非畜禽饲养者列入品种保护计划所涉及的成本。

但是，正如近期在畜禽遗传资源经济评估所获得的进展已经理顺了一些（不是所有的方法）方法/分析限制因素那样，数据可用性问题已经变得比较关键。数据要求意味着特别需要做到以下方面：

- 测量品种的生产性能参数；
- 给实际和潜在育种系统定性；
- 在不同生产系统条件下，鉴别本地品种的使用和农民对本地品种特性的偏好（包括农民给特异市场/非市场特性和他们愿意给特性之间的利弊所给出的价值），以及影响这些因素和使用替代品种的动力；
- 鉴别影响畜禽需求和价格的因素，包括政策—诱导的变化对农业商品（例如牧草/作物）价格的影响，以及在使用不同品种的情况下，外部（例如兽医服务）投入物的成本；
- 使用一种事前分析(exante analysis)方法，测量使用替代品种对生计的影响，同时测量实施的限制因素以及潜在获取/推广机制；
- 考虑以下因素的作用，例如土地所有权、农业潜在因素、人口密度、市场准入和一体化、执照申请要

[12] 潜在地使用第二组以及第一组的评估方法。

求、税收体制、贷款和推广计划和教育等；

- 改善对以研究和开发为目的的畜禽种质资源继续获取和贸易的重要性的理解，同时改善对动物遗传资源研究而引发的成本和利益问题的性质的理解。

除国家水平的畜禽生产数据极度丰富外，这样的信息都局限在主要品种，且大多忽略了对重要非市场的贡献。发展中国家的本地品种信息极度稀少。有一些性项目，例如FAO的畜禽多样性信息系统(DAD-IS)和国际家畜研究中心（ILRI）最近建立的畜禽遗传资源信息系统（DAGRIS）都正在支持国家水平的计划。

目前的挑战是在改良农场动物遗传资源保护和持续利用中提高经济分析重要作用的意识。必须增强国家的能力，以使各国能够应用相关的方法/决策工具，并将它们并入更宽的国家畜牧发展过程。这样，可以将动物遗传资源的经济性的进一步工作（包括动态系统演变情况和与其他农业生物多样性组分的一体化），这样在适宜激励机制的后来设计中，才能使科研成果能够使农民积极获益并支持国家研究人员和政策制定者工作的地区。

参考文献

Anderson, S. 2003. Animal genetic resources and sustainable livelihoods. *Ecological Economics*, 45(3): 331–339.

Arrow, K.J. & Fisher, A.C. 1974. Environmental preservation, uncertainty, and irreversibility. *Quarterly Journal of Economics*, 88(2): 312–319.

Ayalew, W., King, J.M., Bruns, E. & Rischkowsky, B. 2003. Economic evaluation of smallholder subsistence livestock production: lessons from an Ethiopian goat development program. *Ecological Economics*, 45(3): 473–485.

Brock, W. & Xepapadeas, A. 2003. Valuing biodiversity from an economic perspective: a unified economic, ecological and genetic approach. *American Economic Review*, 93(5): 1597–1614.

Cicia, G., D'Ercole, E. & Marino, D. 2003. Costs and benefits of preserving farm animal genetic resources from extinction: CVM and bio-economic model for valuing a conservation program for the Italian Pentro horse. *Ecological Economics*, 45(3): 445–459.

Drucker, A.G. 2006. An application of the use of safe minimum standards in the conservation of livestock biodiversity. *Environment and Development Economics*, 11(1): 77–94.

Drucker A.G. & Anderson, S. 2004. Economic analysis of animal genetic resources and the use of rural appraisal methods: Lessons from South-East Mexico. *International Journal of Sustainable Agriculture*, 2(2): 77–97.

Drucker, A.G., Gómez, V. & Anderson, S. 2001. The economic valuation of farm animal genetic resources: a survey of available methods. *Ecological Economics*, 36(1): 1–18.

Drucker, A.G., Smale, M. & Zambrano, P. 2005. *Valuation and sustainable management of crop and livestock biodiversity: a review of applied economics literature.* SGRP/IFPRI/ILRI. (available at www.ilri.org).

[16] See www.ilri.org for full text versions of a number of these papers.

FAO. 2003. *Community-based management of animal genetic resources.* Proceedings of the workshop held in Mbabane, Swaziland, 7–11 May 2001. FAO/SADC/UNDP/GTZ/CTA. Rome.

Gibson, J.P. & Pullin, R.S.V. 2005. *Conservation of livestock and fish genetic resources.* Rome. CGIAR Science Council Secretariat.

Gollin, D & Evenson, R. 2003. Valuing animal genetic resources: lessons from plant genetic resources. *Ecological Economics*, 45(3): 353–363.

ILRI. 1999. *Economic valuation of animal genetic resources.* Proceedings of an FAO/ILRI workshop held at FAO Headquarters, Rome, Italy, 15–17 March 1999. Nairobi. International Livestock Research Institute.

Jabbar, M.A. & Diedhiou, M.L. 2003. Does breed matter to cattle farmers and buyers? Evidence from West Africa. *Ecological Economics*, 45(3): 461–472.

Jabbar, M.A., Swallow, B.M., d'Ieteren, G.D.M. & Busari, A.A. 1998. Farmer preferences and market values of cattle breeds of west and central Africa. *Journal of Sustainable Agriculture*, 12: 21–47.

Jahnke, H.E. 1982. *Livestock production systems and livestock development in Tropical Africa.* Kiel, Germany. Kieler Wissenschaftsverlag Vauk.

Karugia, J., Mwai, O., Kaitho, R., Drucker, A., Wollny, C. & Rege, J.E.O. 2001. Economic analysis of cross-breeding programmes in sub-Saharan Africa: a conceptual framework and Kenyan case study. *Animal Genetic Resources Research* 2. Nairobi. International Livestock Research Institute.

Mendelsohn, R. 2003. The challenge of conserving indigenous domesticated animals. *Ecological Economics*, 45(3): 501–510.

Meng, E.C.H. 1997. *Land allocation decisions and* in situ *conservation of crop genetic resources: The case of wheat landraces in Turkey.* University of California, Davis, California, USA. (PhD thesis)

Mitchell, G., Smith, C., Makower, M. & Bird, P.J.W.N. 1982. An economic appraisal of pig improvement in Great Britain. 1. Genetic and production aspects. *Animal Production*, 35(2): 215–224.

Ollivier, L. & Foulley, J. 2005. Aggregate diversity: new approach combining within- and between-breed diversity. *Livestock Production Science*, 95(3): 247-254.

Pattison, J. 2002. *Characterising backyard pig keeping households of rural Mexico and their willingness to accept compensation for maintaining the indigenous Creole breed: A Study of Incentive Measures and Conservation Options.* University of London. (MSc thesis).

Pearce, D. & Moran, D. 1994. *The economic value of biodiversity.* London. Earthscan.

Rege, J.E.O. & Gibson, J.P. 2003. Animal genetic resources and economic development: issues in relation to economic valuation. *Ecological Economics*, 45(3): 319-330.

Reist-Marti, S., Simianer, H., Gibson, G., Hanotte, O. & Rege, J.E.O. 2003. Weitzman's approach and breed diversity conservation: an application to African cattle breeds. *Conservation Biology*, 17(5): 1299–1311.

Richards, T. & Jeffrey, S. 1995. *Hedonic pricing of dairy bulls – an alternative index of genetic merit.* Department of Rural Economy. Project Report 95–04. Faculty of Agriculture, Forestry, and Home Economics. Edmonton, Canada. University of Alberta Edmonton.

Roosen, J., Fadlaoui, A. & Bertaglia. M. 2005. Economic evaluation for conservation of farm animal genetic resources. *Journal of Animal Breeding and Genetics*, 122(4): 217–228.

Scarpa, R., Drucker, A.G., Anderson, S., Ferraes-Ehuan, N., Gómez, V., Risopatrón, C.R. & Rubio-Leonel, O. 2003a. Valuing genetic resources in peasant economies: the case of 'hairless' Creole pigs in Yucatan. *Ecological Economics*, 45(3): 427-443.

Scarpa, R., Ruto, E.S.K., Kristjanson, P., Radeny, M., Drucker, A.G. & Rege, J.E.O. 2003b. Valuing indigenous cattle breeds in Kenya: an empirical comparison of stated and revealed preference value estimates. *Ecological Economics*, 45(3): 409–426.

第四部分

Signorello, G. & Pappalardo, G. 2003. Domestic animal biodiversity conservation: a case study of rural development plans in the European Union. *Ecological Economics*, 45(3): 487–499.

Simianer, H., Marti, S.B., Gibson, J., Hanotte, O. & Rege, J.E.O. 2003. An approach to the optimal allocation of conservation funds to minimise loss of genetic diversity between livestock breeds. *Ecological Economics*, 45(3): 377–392.

Smith, C. 1984. Genetic aspects of conservation in farm livestock. *Livestock Production Science*, 11(1): 37–48.

Smith, C. 1985. Scope for selecting many breeding stocks of possible economic value in the future. *Animal Production*, 41: 403–412.

Swanson, T. 1997. *Global action for biodiversity.* London. Earthscan.

Tano, K., Kamuanga, M., Faminow, M.D. & Swallow, B. 2003. Using conjoint analysis to estimate farmer's preferences for cattle traits in West Africa. *Ecological Economics*, 45(3): 393–407.

Weitzman, M.L. 1993. What to preserve? An application of diversity theory to crane conservation. *The Quarterly Journal of Economics*, 108(1): 157–183.

Wollny, C. 2003. The need to conserve farm animal genetic resources through community based management in Africa: should policy-makers be concerned? *Ecological Economics*, 45(3): 341–351.

Zander, K., Drucker, A.G., Holm-Muller, K. & Mburu, J. (forthcoming). Costs and constraints of conserving animal genetic resources: the case of Borana cattle in Ethiopia.

Zambrano, P., Smale, M. & Drucker, A.G. 2005. *A selected bibliography of economics literature about valuing crop and livestock components of agricultural biodiversity.* SGRP/IFPRI/ILRI.

第六章
保护的方法

1 导言

品种进化是由环境条件和人类选择所造成的遗传变化的一个动态过程，人类选择是由文化与经济状况所形成的。生态系统是动态的和复杂的，加之人类嗜好的改变，最终导致了品种的演化，直到最近，物种的多样性才开始慢慢净增加。但是，在过去的100多年中，由于品种的灭绝率增加而导致了生物多样性一直处在净丧失的过程。单就欧洲和高加索地区而言，有481种哺乳动物和39种家禽品种已经灭绝，另有624种哺乳动物和481种家禽品种处在濒危的边缘。畜牧业生产的快速集约化，没有能够对当地品种进行正确的评估、利用高性能品种和繁殖生物技术对品种进行不适当的替换或进行杂交，加速了物种的丧失（插文94）。

为了本报告的目的，将使用的下列的定义：

虽然最近几十年中，畜禽遗传多样性的丧失在极大地增加，但仍然对问题的程度没有进行充分评估。公众可以从DAD-IS数据库中获得FAO成员国提供

> 插文94
>
> **术语表：保护**
>
> 保护动物遗传资源（Conservation of animal genetic resources）：指的是，为了保证保护动物遗传资源的多样性，促进食品和农业生产，提高生产率和保护这些资源（生态学的和文化方面的）现在与将来的其他价值所采取的所有人类的活动，包括策略、计划、政策和采取的措施。
>
> 原地保护（*In situ* conservation）：意思是在畜禽进化生产系统内由养畜人继续使用和进行正常的培育和育种所进行的保护。
>
> 移地活体保护（*Ex situ in vivo* conservation）：意思是将活动物群体保存在正常管理条件下（如动物园和某些情况下的政府农场），和/或将它们保存在进化的地区之外，或保存在现在正常见到的本地区之外。
>
> 在原地保护活体保护和异地活体保护之间常常没有一个明确的界线，必须要小心描述保护的目的和在每种情况下的保护性质。
>
> 移地体外保护（*Ex situ in vitro* conservation）：意思是在人工环境下和在低温条件下在活动物体外进行的保护措施，包括：有关胚胎、精液、卵细胞、体细胞或后来具有重新组成活动物能力的组织的低温保存（包括用于基因渗入和合成品种的动物）。

插文95

红色马塞绵羊（Maasai Red Maasai sheep）——加速的濒危品种

红色马塞绵羊，主要是由肯尼亚和坦桑尼亚半干旱地区的马塞族游牧民及邻近部落的居民所饲养，以其耐受力和抗病力，尤其是对胃肠道寄生虫的抵抗力而闻名。许多研究项目已经证实，在极端恶劣的环境中，其他的品种，如杜泊羊（Dorper）性能表现极差时，该品种仍能抗病，并有很高的生产率。直到20世纪70年代中期，肯尼亚的牧草地还普遍存在有红色马塞绵羊的纯种，数目大概在几百万只。在20世纪70年代中期，肯尼亚建立了对杜泊公羊传播的补贴计划。随后，不加选择地进行广泛的杂交。没有对农民进行如何来保持连续的杂交计划的指导，许多农民继续用他们的羊群与杜泊公羊进行杂交，随后，在许多地区证明，这种做法是不适当的。1992年，尤其是在最近，国际家畜研究所在肯尼亚和坦桑尼来北部进行了广泛的研究，但只发现了很少数量的纯种红色马塞绵羊。该研究所建立了一个小的“纯种”群，但后来，这个群也显示出某种程度的遗传污染。红色马塞绵羊显然受到了威胁，但畜禽数据库DAD-IS和DAGRIS却没有发现该品种受到了威胁，该品种没有出现在世界品种的监视清单中（FAO/UNEP 2000）。这与这个系统目前没有能力来记录品种的稀释有关。

信息由John Gibson提供。

的关于动物遗传资源管理（AnGR）方面的信息。虽然在编写世界监视清单第三版之前，1999年对灭绝品种的信息做了具体的要求（FAO/UNEP，2000），灭绝品种的清单可能不完整——对世界上快速发展的地区已经消失的尚未鉴定的当地群体没有进行记录。品种灭绝的原因或是没有进行记录，或是不容易获得信息，因此，也没有进行完整的分析。许多品种的危险状况只能进行估计，因为品种群体的统计数据常常缺失或不可靠。缺乏了解阻碍了某些措施的实施，并阻碍了确定保护的重点。

2 对保护动物遗传资源的争议

188个成员国批准召开了生物多样性大会(CBD)，表明了国际上越来越重视保持和保护生物多样性。生物多样性大会号召保护和可持续性地利用生物多样性的各种物种，包括用于农业和林业的那些成分。认识遗传水平上多样性的重要性，它能为保护食品和农业遗传资源提供法令。第二款特别认识到了“驯化种和栽培种是全球生物多样性的重要成分”。

但是，已经发现，“虽然国际上已经出现了明显的一致性政策，但这种政策在价值理论上没有共同认可的基础来解释为什么要保护生物多样性的理由，但是，强大的支撑点应当是环境政策中的重中之重”(Norton，2000 in Jenkins和Williamson，2003，p.105)。例如，保护生物多样性本身的论点，与品种缺乏用途，丧失了不值得关心的论点形成了鲜明的对照。本章对赞成保护生物多样性的不同论点进行了综合性评述。采取保护项目的基本理由可以包括下面的综合性论点：

2.1　关于过去的论点

畜禽品种反映出社区文化和历史发展的特点，是许多社会生活和传统的整体组成部分。因此，丧失典型的品种意味着丧失了有关社区的文化特点和丧失了人类遗产的组成部分。

就品种培育、尤其是具有较长遗传间隔的品种培育而言，在耗费的时间，资金和/或社会资源方面涉及到相当大的投资。而且，历史进化过程所产生的独特产品是不容易再创造的。根据这一观点，因此，不应当轻率地放弃这些品种。适应性性状的发育也要有一个历史过程——动物群体接受环境挑战的时间越长，产生特异性适应性状的可能性就越大。具有恶劣气候条件或者特殊疾病的地区，已经产生出了遗传上适应的和独特的当地畜禽，以及有关的畜牧生产活动及当地的知识。

2.2　为将来的需要进行保护

"预测未来在很大程度上是一种危险性的职业，尤其是涉及到人类的活动"（Clark，1995 in Tisdell，2003，p.369）。预测将来是极度困难的，人类的期望也是高度不同的。无确实证据的担心常常比合理的论点会产生更大的负面期望值。但是，能够提出的强有力的论点是："从长远的观点看，重点放在高产的环境敏感性品种有可能导致畜禽可持续生产的严重问题……农民有可能会丧失驾驭自然环境条件的能力。如果所有耐受环境的品种都在过渡期丧失了，畜禽生产水平就会滑坡"（Tisdell，2003，p.373）。通过生态环境的变化、市场需要和相关的法规、或者在获得外部投入方面，或新出现的疾病的挑战、或通过这些因素的综合作用所造成的状况将无法预料。全球气候的变化、病原和寄生虫对化学防治产生的抗性作用都肯定会影响到将来畜禽的生产系统，尽管变化的性质尚不清楚（FAO，1992）。由大流行性疾病、战争、生物恐怖活动或民间动荡所导致的动物遗传资源灾难性的丧失，表明需要有安全的保护措施，如建立目前具有重要经济意义的品种的基因库。对将来的需要是不肯定的，再加上发生的事件如品种灭绝具有不可逆的性质，都强调了保护生物多样性选择价值[14]的需要。

以前没有料到需要的例子包括，发达国家的畜禽育种者没有把遗传改良的重点放在适应性、抗病力和饲料效率方面，而过多地偏向了高产。在某些发达国家，保护性放牧的重要性现在已经达到了40年前少数人预测到的程度，当时，只对稀有品种才开始使用保护性放牧。在英国，保护性放牧的位点已经达到了600多处（尽管不是所有的稀有品种或传统品种），有多达1 000多个位点受益于保护性放牧（Small，2004）。曾经一度受到威胁并且现在证明具有经济重要性的特殊品种，包括皮特兰（Pietrain）猪，在第二次世界大战后几乎灭绝，但现在却用在大量的杂交育种方案中。另一个例子是威尔士的Lleyn

[14] 生物多样性的选择价值是保护财产以备将来利用所产生的价值。

第四部分

插文96

威尔士雷尼绵羊——因适应需求转变而复兴

在20世纪后半期，原产于威尔士西北部地区的雷尼绵羊经历了从濒临灭绝到发展成为英国绵羊产业支柱的过程。实际上，20世纪前半期，雷尼绵羊曾是一个重要的地方品种，但二战后，其重要性逐渐衰退。到20世纪60年代，只剩下7个血统，不到500只母羊。自那时起，经过半个世纪的发展，到2006年，雷尼绵羊的纯种种群超过了1000个，遍布英国各地，仅威尔士地区育种协会每年出售的雷尼种羊就有好几千只。

雷尼绵羊的复兴源于起初一小部分地方品种育种者和技术推广人员的巨大热情和不懈努力。1970年，12个地方品种育种者和技术推广人员建立了雷尼绵羊育种协会，通过协会协调育种政策，登记纯种种群和提高杂交种群等级（通过使用雷尼公羊重复反交）。主要的育种贡献是体态中等，母性强（处于盛年的母羊在羔羊断奶期后仍具有泌乳能力），多产，肉、毛质量好。因为雷尼绵羊都是选用本品种顶级公羊进行“闭锁育种”，雷尼绵羊在生物安全方面具备种群可持续性的优势。

雷尼绵羊成功的经验在于高强度的有组织育种。育种过程中，部分种群参加了一个称作“新西兰类型”原子能小组育种计划，包括目标记录（肉类和牲畜分类）和缩短世代间隔、加速周转。这样做的结果是，凡参加育种协会的种群，其母羊容易饲养，种群管理方便，土地使用效率高。不仅如此，育种计划还包括了精明的营销策略、有组织的种畜销售和向潜在的会员、买家提供信息等内容。

当种群迅速扩展到原产地以外时，另一个要做的重要工作就是防止品种退化。为此，在全国范围内建立了7个育种小组或俱乐部。设在威尔士西北部的育种协会总部负责与上述育种小组或俱乐部的联络，并协调其活动。

文字由 J B Owen 提供；
进一步的育种信息请参阅：http：//www.lleynsheep.com。

照片由 David Cragg 提供

绵羊品种，在20世纪60年代期间，该群体只剩下了500只纯种母羊。最近几年，英国养羊的农民越来越喜欢饲养该品种，它的群体量已经增长到23万多只。The Wilshire Horn，另一种曾一度减少的英国品种，由于市场条件的变化，也正在吸引人们的兴趣。该品种自行脱毛——当剪毛的成本超过获得的羊毛的价格时——这就是一个理想的性状。

将来生物技术发展提供的机遇也需要考虑。新出现的繁殖和遗传技术也大大增加了鉴别和利用动物遗传资源遗传多样性的机会，预计这种技术在将来会有更大的进展。如果仍然能够利用各种遗传资源，这样的技术就有可能让发展中国家通过合并选择不同品种的最好性状，来缩小生产率的差距。

普遍认为，动物遗传资源将来的选择价值为保护动物遗传资源提供了充分的理由。有理由假设环境的变化和技术的迅猛发展要求将来选择性利用被保护的动物遗传资源。

2.3　有关现状的争议

保护多样性，包括保护品种内的多样性，对生产系统起着稳定性的作用。在饲料资源和供水不稳定的条件下，不利的气温、湿度和其他气候因素和较低管理水平的条件下，各种各样的群体显示出了有较大生存、生产和繁殖的能力（FAO，1992）。也有证据表明，它们也比较易感大流行性病（Springbett等，2003）。一般说来，遗传均一的群体不能够承受由环境变化产生的强大选择压力。保持品种的多样性能够让人探索各种生态学或经济的利基。在边远地区或环境脆弱的地区，如干旱地区，尤其如此，在这些地区，畜禽是由贫穷农民饲养，其特点是多样性大，风险性高。

受到威胁的动物遗传资源的重要性不只仅与它们将来在变化了的环境中的用途有关。有诸多理由说明，目前利用这些资源可能还不十分理想。这些理由可归纳成3大类：信息缺乏、市场失败和政策的扭曲（Mendelsohn，2003）。对于有关当地品种及它们在生产中有重要作用的性状或基因的特点、研究的目的或满足其他人类的需要方面的知识尚有很大的差距（Oldenbroek，1999）。信息不完整会导致过高地估计某个品种在被引入的特定的生产环境中的生产性能，和随后做出采用它的不适当的决定。当然，信息欠缺也能够导致不必要地保留它们的本地种和不采用能够提高他们生存能力的可选择的品种。

政策扭曲会让非集约化的生产系统处于劣势，并阻碍资源的有效配置。只把重点放在繁殖力较高的品种有可能得到政策的支持，如粮食进口补贴、对支持性服务（如人工授精）进行补贴或免费，或对畜产品采用支持性价格，这些促进了集约化生产过程。例如，在有些快速工业化的亚洲国家，进口资金补贴显然有利于工业化的发展模式；廉价的资本导致了对使用高投入和生产均一产品有关的大商业单位的投入。因此，开发项目或者突击性的项目有时就促进了从外国引进外来品种。最后，政策的不稳定性和政策对脆弱养畜群体不利会抑制动物遗传资源使用的效率（Tisdell，2003）。市场不能够正确地表现出外部的成本和利益。外部成本的例子包括对环境的负面影响，对收入分配和资产净值产生不理想的作用。与某些品种有关的外部收益，例如，可能包括他们对风景管理的贡献。Mendelsohn（2003，p.10）提议："保护主义者必须把重点放在与市场无关的物种资源方面。他们必须识别被市场放弃的动物遗传资源的潜在社会效益，并进行数量评估”。

对动物遗传资源现有价值和遗产价值的论点，不强调把识别切实的或不切实的利益作为保护正当理由的需要。“生物多样性具有内在的价值，就其本身而言，应当在最大程度上得到保护，不管某一种成分是否能够产生切实的经济利益（Jenkins和Williamson，2003，p.104）。但是，在家养的品种中进行品种繁育主要是为了满足人的目标和价值进行人为干预的产物。因此，除了在自然生态系统中的生物多样性之外，当前，很难对生物多样性保护应当放在现存价值的论点进行驳斥。

有关保护的论点和保护的能力，地区与地区之间存在着差异。在西方社会，传统和文化价值是重要的驱动力，它保证了对稀有品种保护措施的制定，促进了畜产品利基市场的出现。与此相对照，在发展中国家，直接考虑的是粮食安全和经济发展。但是，大多数发展中国家已经处在经济发展的过程中，预料他们的经济实力足以能够开始根据文化遗产和在将来某个时点的其他这种驱动因素制定出支持性的保护措施。在达到这个自我支持的阶段之前，当前考虑的是保证动物遗传资源不再丧失。

[15] 现存价值来源于对现有特殊财产的心理满足感；遗产价值来自于其他人在将来可能会从现在的资源获益而产生的对任何个人利益价值的增长。

3　保护的单位

设计动物遗传资源保护项目的关键第一步是决定要保护什么。在分子遗传水平，畜禽品种内的遗传多样性反映在影响动物发育和性能的25 000个以上基因（也就是功能DNA区间）之间等位基因的多样性上（即DNA序列上的差异）。从理论上讲，通过扩增不同等位基因的数量和发生的频率，能够确定等位基因的数量，但是，目前这还是不可能的。然而，从概念上说，保护的最基本单位是等位基因。目的可能是设计的保护项目，既能够保存目前存在于品种中的优势等位基因，也能够对动物继续进化和改良新产生的变异等位基因提供正常积累和强有力的保持。在定义保护的单位时，必须进一步认识到，等位基因在分离中不起作用，在大多数情况下，把动物的生产性能适当看成是整个基因组中存在的等位基因相互作用的结果。因此，遗传资源产生的过程，涉及到等位基因的组合来支持动物生产性能和适应性的特异性优良性状的水平。因此，有效的遗传资源保护，涉及到重组的结构能够保持已知的适应性和生产价值的现有的遗传组合，并容易获得这些组合来支持动物将来的生产需要。

现有的畜禽品种，都比大多数作物品种的遗传均一度差,但是，虽然如此，却反映出经过了各种各样的适应过程。直到20世纪中叶，主要畜禽品种的群体结构基本符合所预测的最大进化潜力的群体结构。有许多部分分离出的亚群（品种），被保存在各种条件下，但是，随着群体之间动物周期性地交换和品种周期性地重组，产生了新的遗传组合。因此，把品种作为保护单位，预计能够最大保护畜禽品种内的进化潜力，同样，能够最大获得广泛的等位基因的组合。

4 保护植物遗传资源与保护动物遗传资源

根据从对植物遗传资源全球评估得到的教训和全球植物遗传资源（PGR）状况的报告结果（FAO，1998a），组织实施了对动物遗传资源状况的评估。因此，世界动物遗传资源状况评估过程重点放在起草第一份报告和起草报告的国家在国家一级开始实施评估过程上。然而，保护植物遗传资源的方法不能够直接运用于动物的遗传资源。

在传统的生产方式中，植物遗传资源和动物遗传资源的使用方式是可比拟的。适应当地的品种占据主导地位，种植的种子和种畜均来自于农民的田间和畜群，在本地种中的遗传多样性是很大的。大多数的育种和良种培育活动都是“共同参与和共同分享的”（FAO，1998a），由农民而不是专业的动植物使育种家所做的共同决定就是为了种植而贮藏种子，为了繁育而保留动物。但是，集约化的农业使遗传资源的利用和培育的类型发生了重要改变。在植物方面，集约化的作物生产品一般都伴随出现由公共资金资助的国家和国际中心，及私营农场控制的强大的专门化的中心种子生产部门。与之不同的是，集约化的畜禽生产部门目前进展还不那么大，集约化畜禽生产向来是经济发展的结果，而不是经济发展的先决条件。畜禽育种部门远不如植物种子部门那样集中和专业化，虽然在家禽、猪，或在更有限的程度上，奶牛部门在朝着集中的方向发展。在其他畜禽部门，农民直接参与畜禽育种仍是很大的，动物遗传资源的利用和将来的发展在某些生产环境中仍然保持着很强的“共同参与，共同分享”习惯。动物的种子和种原部门的不同结构对于保护全球的遗传资源具有重要的意义。

表104比较了影响动植物保护活动的许多生物学、操作和体制上的因素。生物学方面的差异明显需要有不同的保护方法，但是，作物和畜牧部门之间最明显的不同大概涉及到遗传资源管理的体制能力。许多种子部门的机构已经保留了广泛采集的植物品种遗传资源，并积极致力于植物品种的培育和释放。世界信息数据库和早期的植物遗传资源的预警系统（WIEWS）记录了在全世界大约1 410个异地采取地点采集的550万植物遗传资源的登记材料（FAO，2004）。

要建立动物基因库涉及到在液氮中长期贮藏配子、胚胎或体细胞。下面详细讨论了这种体外保存动物的技术，但是就每个保存的基因组而言，动物遗传资源种质的采集、低温保存和以后重组的成本要比种子的采集、贮存和随后利用的成本大许多倍。而且，支持动物遗传资源种质的资金是不足的。因此，动物遗传资源的保护更强调放在原地保护。然而，除了少数发达国家外，其他国家几乎没有制定原地保护计划，坚持长期可持续性的保护仍是一个问号。

DAD-IS 表列出了还存在的 4 956 个哺乳动物品种和 1 970 个家禽品种。其中很少是体外采取的样品。和几乎没有一个样品符合FAO（1998b）体外采样的指南。甚至对近 7 000 种临近濒危边缘的畜禽品种进行体外采样也需要非常大的资源。例如，FAO（1998b）对少数濒危动物群进行管理的指南建议，对每个品种至少要收集25个雄性畜禽的冷冻精液、运用这些雄性畜禽的精液与每个品种再加 25 头雄性货畜禽产生冷冻胚胎。就牛而言，就有300个濒危品种，需要低温保存 7 500 头雄性畜禽的精液和大约1万个胚胎。也将制定物主身份、体外采集的使用和管理的政策指南。

对动物遗传资源保护的体制能力是有限的，只有少数几个国家现有异体采集样本，主要是在发达国家。在国际农业研究磋商小组（CGIAR）的机构中，只有国际家畜研究所（ILRI）和干旱地区的国际农业研究中心（ICARDA）主动解决了较好地管理动物遗传资源的问题，这两个机构都没有长期贮存种质的积极项目。动物遗传资源的所有权几乎都在私营部门手中。全球对保护和较好利用动物遗传资源的能力有了实质性地提高，因此，如果实施动物遗传资源状况过程提出的建议，可能需要在公共机构之间和公共机构与私有农民之间建立起强有力的新的体制模式和协作方式。

5　保护决策的信息

确定动物遗传资源保护的重点，需要一个能够鉴别最能对全球动物遗传多样性做出贡献和对将来多样性的有效利用和培育具有最大潜力品种的过程。附带的标准，如品种的文化和遗产价值也会影响保护的重点。对一组动物中存在的可能的遗传多样性的评估可能要基于各种各样的标准，包括：

- 性状的多样性，它是确定品种身份表型特征的能够识别的组合的多样性；
- 分子遗传多样性，根据品种之间在DNA水平上的遗传关系的客观测值；
- 过去遗传隔离的证据，或是地理隔离的结果，或是在品种进化的社区中育种政策及文化信仰造成的结果。

性状多样性是基于品种之间遗传表型的差异。当把品种放在可比较的环境中进行比较时，性状的多样性必然是功能遗传多样性的指针。为此，保护的重中之重应当放在具有独特的或与众不同的性状组合的品种上，因为它们独特的表型特征必然表现出遗传组合的独特性。由综合的数量性状表达的性状多样性如抗病力、产奶量和生长率，比与单一的遗传性状如表皮、羽毛的颜色、角的形状或体型有关的性状多样性，在保护决策中给予较高的位置。这些单一的性状可随着畜主的嗜好迅速改变，而综合数量性状的差异通常涉及到大量的基因，需要较长的时间才能改变，因此，有较大的潜力来反映遗传的多样性。

直接测量品种之间分子的遗传关系，正在越来越受到人们的接受，也提供了遗传多样性的一个指标。这些测值基于DNA序列上的差异，通常在DNA的中性区，认为它们不会影响到动物的生产性能或表型。为此，遗传多样性的分子学测量反映出历史进化上的差异，但只在DNA的功能区和潜在的功能区提供遗传多样性的间接指标。在中性位点上，根据等位基因出现的频率，显现在外表上相近的品种，是由于不同选择历史产生的结果，虽然如此，但它们在功能位点上具有重要的差异。例如，遗传距离的信息，来源于使用少数随机选择的遗传标记不能够提供特定遗传差异的信息，如比利时蓝白花牛的双肌等位基因，或德克斯特牛矮型基因（Williams，2004）。由于这个原因，性状多样性在选择保护的候选物种时，通常保证是首选考虑的对象。但是，表型相似的品种是由不同遗传机制进化的结果，测量分子的遗传多样性可以帮助鉴别表面上相似，但遗传上截然不同的品种。同样，保护遗传独特的品种也具有正当的理由，因为这些品种以前未测量的或未表达的性状更有可能表现出功能上的遗传差异，而且，在将来的新市场中，如暴露于新的疾病或在不同的生产条件下，可能更具有重要性。

测定分子学遗传多样性对人们的吸引力如同保护决策一样，因为它们能够定量测定品种间的亲缘关系，反过来，使用亲缘关系的测定能够评估一组品种中的遗传多样性。相反，客观定量测定性状的多样性是比较难的，尤其是对数量性状和小群体的品种。过去量化表型差异的努力主要集中在自然群体中的种或者亚种的形态学测量。在不能够广泛获得分子遗传信息的时候，结果以进化的距离作为指标，但在采用人工选择能够使形态迅速改变的畜禽中用途很小，如在家养的犬和观赏家禽中的那样。因此，在功能位点或潜在的功能位点上客观地评价遗传多样性，需要进一步开发出性状和分子遗传多样性合并的客观方法。

在没有性状或分子遗传多样性信息的情况下，可以使用长期遗传隔离的历史信息或证据，但这也会产生误导。群体遗传学的理论表明，表面上隔离的群体之间，动物迁移的水平非常低，可以有效地预防实际上的遗传差异。因此，具有遗传隔离历史的品种，对于性状鉴定和分子遗传鉴定是重要的候选者，但只有使用比较客观的工具才能较好地最终决定遗传的独特性。然而，应当认识到，在隔离的农村社区中，畜禽品种的进化是文化习俗的结

第四部分

表 104

影响动植物遗传资源保护的生物学、操作和体制因素的比较

因素	植物	动物
每个个体生产的经济价值	低到非常低	中等到高
繁殖率（每个个体每个世代后裔的数量）	高到非常高（1000 个）	非常低（<10）到中等（<200）除了品种的雄性外（主要是牛），牛是能够广泛使用人工授精的（10 000 个）
世代间隔	0.25～1 年	1～8 年
品系内的遗传多样性	在大多数的植物品种中非常有限	在大多数的动物品种中非常大
记录个体和家系性能的成本	非常低到低	高到非常高
评价个体或家系适应力或抗病力的成本	非常低到中等	非常高
在自然条件下，保护野生相关品种多样性的能力	对植物常见	在动物品种中稀有
自体受精和产生纯种系的能力	在许多品种中的都有可能性和途径	自体受精是不可能的；由于抑制作用，必须避免高度近亲交配；在特殊情况下，使用纯种系进行杂交
无性繁殖	对许多品种的都有可能性和途径	技术上是可行的，甚至用于大多数的研究效率也太低
采集种质的能力	在多数情况下简单	技术上是可行的，但需要设施和培训人员
在体外贮存种质的能力	对于大多数品种，将种子贮存在凉爽的条件下是可行的；少数种需要组织培养；在某些情况下，也把培养物贮存在液氮中	对大数品种的雄配子和某些品种的雌配子是可能的；贮存大多数哺乳动物的胚胎是可能的，但与贮存精子相比，成本较大；所有品种的材料必须贮存在液氮中
需要对贮存的物质进行更新	大多数需要定期更新补充的贮存物质和保持存活力	本质上可永久性贮存
从基因库中提取、更新和检测物质的成本	相当容易和成本相当低；每年提取和测试数万份的登记材料	更新和检测都难，耗时，提取和利用贮存的物质很少有经验
基因库的状况和范围	在全球的几个位点进行广泛采集，包括几百个物种的几百万的登记材料，主要涉及到用相当低的采集和贮存成本进行种子的贮存	限于少数发达国家，主要涉及到冷冻精液
继续采集野生的和本地的种质	比在过去几年水平降低，但仍在做大量的工作，特别是对被忽视的物种	活动非常少，尤其是在发展中国家
对保护体制的支持	坚实、组织很好和稳定	有限、常常组织很差，在发达国家有些例外

在表中，“植物”一词具体指在食品和农业生产中占主导地位的一年生植物，但是，发现长期存活的多年生植物如树，具有大量的动物所具有的共同成分。同样，“动物”一词包括生殖力相当旺盛的物种如鸡，它具有植物的某些共同成分（如商业鸡群每个换羽）和管理非常粗放的生命周期长的物种如单峰驼。

插文 97

保护和利用的决策——利用遗传多样性数据

只到最近才认识到遗传多样性数据在保护和利用动物遗传资源方面的价值，并开始使用它。全球环境基金（GEF）对 4 个西非国家 2005 年开始的保护抗锥虫病牛、绵羊和山羊的项目给予了支持。在大多数地区，由于将抗锥虫病的品种与非抗锥虫病的品种进行杂交，稀释了抗锥虫病品种的纯度。但是，纯度的这种缺失没有明显立即显现在动物的体表上。正在使用分子遗传标记绘制这些品种的多样性的基因图，鉴别出最纯的群体，然后，进行重点保护和进一步培育。同时，国际原子能机构正在绘制亚洲绵羊和山羊品种的分子学遗传多样性。然后，把遗传多样性的数据与表型数据结合起来鉴别对同一种疾病具有不同抗病机制的品种。然后，利用这些品种进行杂交，和使用分子遗传标记绘制控制抗性的基因，以证实不同的品种具有不同的抗病性机制。如果这得到了证实，在将来遗传改良的项目中可以使用这些不同的机制。

资料是由 John Gibson 提供的。

果，这可能是社区特征和传统遗产的重要组成部分。作为广泛社区发展工作的组成部分，保护这样的品种是有益的，无论它们的预测价值是否成为全球独特的遗传资源。

6 活体保护

"活体保护"一词描述了保护活动物，包括原地和异地的活体保护方法。

6.1 背　景

保护动物遗传资源出现在广泛的各种领域，按照物种、品种、地理区域、养殖、社会与经济系统各有不同。保护也有广泛的目标。把重点放在遗传资源的保护或多样性本身的保护；或放在环境服务，通过保护畜禽而有助于保护广泛的生态系统；或放在社会—经济效果；或放在保护特殊畜禽品种的文化意义上。保护动物遗传资源的方法按照达到各种保护目标的能力和按照他们在不同领域中的适用性具有明显的不同。

可以把活体保护方法看作是包括一系列的不同方法：在原地保护方法中，最极端的方法是把品种保持在它们原有的生产系统中；而在异地活体保护方法中，最极端的方法是把品种保持在动物园中。两种极端方法的范围是：把物种保持在农场条件下，但在它们进化的环境的外部；把有限数量的动物保持在有特定目标的保护农场中，保持在实验的畜群中或教育用的畜群中；把品种保持在保护区内的牧场或风景管理地。面临可能保护措施的多样性，要把原地活体保护与异地活体保护方法截然分开总是很困难的。例如，可以认为，政府的地位是根据位置和养殖方法采用原地保护还是异体保护。

对于一个成功的保护计划没有单一的规定。已经对许多品种采取了保护活动，特别是从 20 世纪 80 年代以来。但是，几乎没有对活体保护计划成功与失败的影响因素进行过充分分析。由于可利用的数据

插文 98

对遗传多样性的空间分析

用地理信息系统（GIS）的方法绘制分子遗传信息图能够对遗传信息进行空间分析。可以使用地理信息系统研究遗传数据的空间结构、分布和距离；促进动物群体在地形中的迁移，显现和分析地理群体的结构；确定多样性的区域；检测遗传差异的区域；和检测环境与遗传变异之间的交互作用。

设计的生态学基因（Econogene）项目（http://lasig.epfl.ch/projets/econogene/）是把分子遗传学与空间分析结合起来记录欧洲小反刍动物之间遗传多样性的空间分布与环境的关系。从分布于葡萄牙到土耳其南部的 3 000 多只动物采集了DNA样本。对这些动物的30个微卫星、100 个 AFLPs 片段和 30 个单核苷酸多态（SNPs）进行了分析，记录到了100多个环境变异。然后，使用地理空间数据的可视化（Geovisualization，GVIS）工具观察各种遗传变异成分之间自然相关的类型和空间环境因素的变化。这样的可视化工具，导致产生了环境和人类有关的因素以及遗传变异之间因果关系的假设。例如，检测出了几种分子标记的等位基因与选择的环境变化之间的关系。检测的结果包括，一组 AFLP 分子标记，它们与任何特定的性状和各种环境变异（即温度、日温差范围、相对湿度、阳光、地面霜冻次数、下雨天的次数、风速成和降雨量）都没有关系。发现了3 种 AFLP 标记明显与 1 种变量或多种变量有关，大概是对环境湿度的适应能力（如降雨量差异系数、下雨的天数、相对湿度、阳光和平均日温差范围）。

将这些结果与用完全独立的群体遗传学方法获得的结果进行了比较。两种方法都表明有2种遗传标记是受选择的控制，空间分析发现有31%的明显关系。这些结果特别鼓舞人心，因为它们似乎证实一种方法是独立的群体遗传学模型（欲获得更详细的信息，参见 Joost，2005）。

资料是由 Paolo Ajmone Marsan 和生态基因协会提供的。

有限，也限制了这样的分析。

6.2　群体的遗传管理

在Oldenbroek（1999）的报道中可以找到对群体遗传管理许多要求的详细讨论。小群体和遗传差异，无论何时进行品种的保护，是原地保护，还是移地保护，对它们的管理方式都应当是长期保持它们的遗传差异。众所周知，小群体会导致等位基因多样性的丧失和近亲繁殖的增加。保持群体足够有效的数量，以保持遗传差异，是长期品种管理的宗旨。除了增加群体中动物的数量之外，保持遗传多样性的管理技术，包括保持窄小的性比率。这是因为，即使群体中雌性动物的数量很大，高度强化的选择计划，能够大大减少种公畜的数量，导致有效群体的数量少，和随后近亲繁殖的高度增加。另一种方法是减少个体育种动物后裔的数量，它能够减少下一个世代可利用的育种动物之间的平均亲缘关系。

这个群体也应当足够大，以便让中性选择清除掉有害的突变，否则，它将在群体中积累起遗传漂变。显然，对小种群的管理，应当有一个有效群体的阈值数量，在这个数量以下，群体的适应能力将稳定降低。基于最近对突变率的估计，认为有效群体大小的这个阈值是在50～100之间。因此，要求群体的最小数量是在50以上。

另一种可能的管理技术是，在活体保护计划中，为了增加有效群体的数量，使用低温保存的遗传物质。也已经提出了将分子遗传与系谱信息合并使用。但是，这种技术需要很高的专门技术和资金的花费，对许多国家来说，成本都太高。已经开发出来的大多数的理论和实施技术模型涉及到畜群和动物管理程度高的家系群体。这样的模型在有限的少数国家中很可能只与有限的物种数量相关。用已经开发的有限的系谱信息能够在群体中实施管理计划（Raoul等，2004）。但是，对于有限的机构能力和资助有限的情况，需要在田间进行检测和有待于技术的开发。

在当地品种中进行选择

品种是对环境因素和畜禽饲养者的主动选择产生应答而得到的动态的、不断连续的遗传改变。发展中国家的本地种很少经历过现代育种技术的选择。但是，选择计划能够提高当地品种的生产率和利润率有效基因的频率。如果当地品种对养畜的农民是维持生计的选择，毫无疑问，就需要这样的措施。选择计划需要考虑到保持品种内的遗传变异，和与近亲繁殖率高的危险性。需要正确记录选择后的性状和运用遗传统计对育种价值进行估测，得到对选择的最大反应能力。根据对遗传价值的估测进行控制育种，导致近亲繁殖率比双亲的随机选择得到的高2～4倍。但是，已经开发出了最佳选择技术，因此，能够适当平衡近亲繁殖和遗传改良。这种方法在小群体中特别具有优势，但是，如何能够在发展中国家很好地利用，几乎没做什么工作。作为普遍的现象，当地品种的遗传改良常常把较大的重点放在生产成本低和有益于他们养殖系统的环境价值和文化价值的性状方面[16]。对拟定的选择性状需要对它们的遗传亲缘关系进行正确地评估，以确定品种的保护价值，避免对重要的适应性状可能产生的负面影响。

6.3　当地品种的自我保存策略

文化、社会和食品需求的变化，食品生产链的转换，进口种质和畜产品的政策，经济发展、国家和国际法规的变化以及技术的改变，这些都会影响到某个品种的可持续发展性。在多数情况下，生产方式的改变与缺少当前经济利润的合并作用在品种数量的减少中起着重要的作用。问题是：利用什么样的选择方式可终止或逆转品种减少的过程？下面描述了获得自我保存力的可能的选择方式：

鉴别和推广优质产品

许多当地的品种能够提供独特的产品，可能比从高产的商业品种获得的产品的质量高。也可以把当地品种及它们的产品看作是传统养殖方式的特点的组成部分。因此，许多当地的品种在农村人口的社会文化生活中长期起着核心的作用-包括宗教和民俗、民间传说、美食法、专门化的产品和手工艺品（Gandini和Villa，2003）。

这些特点很可能是多样化畜禽生产的基础，并且提高了当地品种的利润率。通过直接补贴（参见下面）和通过推广高价值的专门产品，提高了保护的目标。后面一种方法在地中海地区特别成功，在地中海地区，品种的多样性和生产方式仍然与各种畜产品、食品嗜好和文化传统有关。遗憾的是，即使在这个地区，大多数在19世纪中期尚存的关系现在大概已经丧失了。这种策略得到了目前欧洲对农产品认证体系的支持，如PDO（受保护的原产地名称）和PGI（受保护的地理标志），并受到开发特殊商品品牌的支持。

在欧洲，在高度发展的经济内部，它可以支持各种各样高价值的产品，和支持保护文化和环境目标的行动，因此，能够实施这些保护工作。在经济不发达的国家中，采用这种保护方法的机遇很可能非常有限。但也却有实例存在，如在尤卡坦半岛和墨西哥，来自本地的Creole猪的猪肉，和在几个亚洲国家和非洲国家，来自本地鸡的鸡肉都获得了较高的价格。随着经济的发展，品种的文化特性很可能在销售和政策目标方面变得更为重要，因此，为获得品种的自身保存力提供了更大的机会。

生态服务

适应当地生产条件的品种常常最适合提供环境服务，如风景管理，包括积累期望的植被生长类型，防火或防止雪崩。即使在经济不发达的地区，保持各种文化上重要的品种，通过生态观光业和文化观光业，以及其他新颖的方法，让养畜者产生收入。另一个例子可能是在大的野生动物公园使用本地牛维持兴旺的生态系统，促进了动物密度和多样性的增加。挑战面是怎样将这种品种服务转换成对养畜人的经济回报。

激励措施

另一些品种缺少利润，因此，也就缺少了农民的普遍接受性，常常是品种群体数量减少的原因。一种可能的保护方法是对农民提供经济激励措施，对他们养殖没有利润的品种造成的收入损失进行补偿。这种方法只有在资源充足、政治上愿意花费公共资金来满足保护目标、品种的特点足以根据它们的濒危状况来对种群进行鉴别和分类；体制能力到位，能够确定合格的农民，并能够监测他们的活动及管理支付的能力的情况下才可行。毫不奇怪，对品种保护的激励计划在很大程度上只限于欧洲在执行。从1992年以来，欧共体一直在制定计划（对欧共体涉及激励支付立法的进一步讨论参见第3部分第五章3）。这

[16] 由于法律限制和减少了抗生素的使用，因此，担心现有的疾病控制措施有可能导致失败，担心外部的投入成本、尤其是使用矿化燃料有关的成本的增加，对于更具有商业导向品种的遗传改良，也正在把重点更多地放在抗病力、饲料效率和一般适应力方面。

插文 99

挪威野绵羊的原地保护

挪威野绵羊是北欧海盗时期在挪威遗留下来的绵羊。1995年,证实了该品种受到灭绝的威胁。据估计，该国大约有2 000只这种绵羊，主要保存在挪威西部。

少数几个忠实于该品种的个人，主要集中在霍达兰郡Austevoll的主动长期建立的绵羊育种社团，决定努力拯救野绵羊品种，并开发基于该品种的利基产业。1995年6月，成立了挪威野绵羊协会。该协会是全国性的，大约有300个成员的合作管理学会。协会的目标是，采用适合的生产方法和生产市场需要的产品，提高公众的认识来保护该品种和提高它的利润率。

协会很快制定了一系列产品必须符合“野绵羊”标签认证的生产标准。这些标准包括品种描述，关于生产方法的某些要求。协会制定的生产者标准的重要性也是为了保证传统的养殖方法，它是几个世纪以来挪威养殖野绵羊方法的延续。要求明确规定，绵羊要全年户外养殖，如果没有可利用的自然庇护场所，它们必须能够进入保护性的棚舍。作为法规，也禁止使用浓缩饲料。野绵羊肉一直受到消费者的欢迎。公认该肉的风味独特，是时尚的利基产品。育种协会的另一个重要目的是保持沿海土地的卫生和其他的文化风景。有野绵羊放牧的这些风景区越来越吸引游客。

2003年，在首次采用保护措施后仅8年的时间，野绵羊的群体超过了2万只。大多数的野绵羊仍然见于挪威的西部，但是，在挪威中部和北部的沿海地区也开始采用这种特殊形式的养羊方式，作为这些地区农村产业发展的组成部分。

资料由Erling Fimland提供。

样的激励政策已经阻止了有些当地品种的减少，但并非全部。也已经制定出了许多国家级的计划，主要还是在欧洲（见插文100中的例子）。虽然取得了成功，但是，长期采用这种激励方式的可持续性值得怀疑。似乎对使用更具体的激励措施值得进行调查研究；例如，在欧洲，对濒危的品种取消了奶产量配额的限制，可能会促进它们更广泛的使用。总之，应当制定经济激励措施，促进品种的自我保持，而不是仅仅提供暂时的经济支持。

在生产系统中的用途

对当地品种的遗传改良获得了较高的生产率，意味着需要较高的管理强度，需要有基础设施的支持。反过来，生产方式和基础设施的改进可以促进当地品种的改良和/或新品种的引进。这样的发展对保存当地品种既是机会，也是威胁。例如，不加选择的杂交对当地品种是一个大的威胁。但是，如果结构和杂交适当，可以保存当地的品种，例如，在循环杂交计划中的高适应力和高效率的母畜品种。

遗憾的是，对如何改进生产方式和基础设施，这样，可以提高当地人的生计、获得食物安全保障，同时又能保护当地的动物遗传资源了解甚少。

6.4　原地与异地活体保护法

由于本地社区、环境与畜禽之间存在着密切而又复杂的关系，而且普遍缺乏育种服务与基础设施，基于社区对动物遗传资源进行管理可视为一种解决方法(Köhler-Rollefson，2004)，非政府组织广泛推广这种方法。当然，这种基于社区的保护方法，如果它们支持将来的品种培育和提高生存的能力，似乎就是最适合的选择方法。上述讨论的高价值产品或生产服务的许多保护策略，围绕着基于社区的现场保护已经制定出来了。必须要保证，保持当地的品种将会提高养殖它们社区的短期和长期的生存能力。如果不是这种情况，这种策略就是不可持续的，因为社区最终会转向提供较好生计的另外可供选择的品种。

> 插文 100
>
> **国家级激励支付计划的实例**
>
> 在英国，由英格兰自然署（政府的一个自然保护机构）操作的传统品种激励计划包括养在具有特殊科学意义的位置，或邻近于这个位置的畜禽（英格兰自然署,2004）。前提是，这些传统的品种在许多情况下能够较好的适应摄食这些位置中具有的草本植物，因此，如果需用放牧进行保护能够较好的适应。这里，目标比单纯保护品种本身宽，对农民的激励支付可以看作是对提供的广泛的环境服务的组成部分。
>
> 在克罗地亚注册的适应当地的濒危品种的育种者每年收到的国家补贴总数大约为65万美元（克罗地亚共和国，2003）。该计划覆盖包括Istrian牛、Slavonian-Podolian牛、Posavina马、Murinsulaner马、Turopolje猪、Black Slavonian猪、Istrian绵羊、Ruda绵羊、Zagorje火鸡和一些驴的品种在内的14个品种。同样，在塞尔维亚和蒙特内格罗，农业部的动植物遗传资源局执行了一项支付计划，对农场保护当地适应的马、牛、猪和绵羊品种给予支付（Marczin，2005）。
>
> 在缅甸，通过对注册纯种动物的畜主提供精液补贴和小额支付（相当于1美元），增加了Shwe Ni Gyi牛的群体数（Steane等，2002）。

基于社区的管理方法在发展中国家的确存在。插文102描述的实例表明，即使传统的生产系统受到威胁，在达到目标方面仍然会有进展，如管理公共牧区，改良遗传资源和加强社会发展。但是，尼泊尔的实例（插文103）表明，如果生产条件发生变化，引进进口的遗传资源有时对小规模的畜禽养殖者可能是一种可行的选择。在这种情况下，虽然农民的生存能力已经得到了提高，但是没有再利用当地水牛的动物遗传资源。该实例表明，同时提高生存能力并达到保护目标的策略常常是一种挑战。

虽然原地保护是欧洲最常采用的保护方法，也有几个在农场公园和少数在动物园中进行异地活体保护方案的例子。在英国，目前有17个稀有品种生存信托认可中心（http://www.rbst.org.uk/html/approved_centres.html）。一个这样的农场，科茨沃尔德丘陵农场公园，每年吸引10万游客（http://www.cotswoldfarmpark.co.uk）。在德国，Falge（1996）报道，有124个机构保存了187个动物品种和9个农场动物品种。在欧洲的许多其他地区也有相似的机构，例如，在意大利、法国和西班牙，也见于北美。农场公园的特殊价值是他们有助于对保护动物遗传资源的认识。对于某些品种，如家禽，热心的业余爱好育种者机构在保护当地品种方面起着重要的作用。重点放在稀有家养品种保护区的第一个例子是在匈牙利，在Puszta（该国东北部的象草湿地和平原）保存着当地的品种。现在，在欧洲的其他地区和别的地方也发现有这样的计划。

在发展中国家，最常见的异地活体保护活动是保存在国有机构的畜群和禽群中。国家报道提供的证据提示，缺乏确定这种保护计划如何才能够持续进行下去的信息。好像是，实际上发展中国家使用的异地活体保护都是支持农民继续使用动物遗传资源——产生的问题很可能是，移地活体保护是否是一种保护农民当前不再使用的动物遗传资源的可行方法。显然，非常需要更加深入地了解怎样设计和实施可持续性的活体保护措施，尤其是在发展中国家。

插文 101

针对原地保护进行投入，可能导致的经济发展指标

为了解决保护绵羊和山羊遗传资源和整个欧洲边远的农业生态系统中的农村发展问题，Econogene项目把对生物多样性的分子学分析与社会-经济学和地理统计学结合起来。在欧洲的17个国家及近东和中东采集了遗传物质的样本（http://lasig.epfl.ch/projets/econogene/）。

其中一个目标是有助于更有效地花费资金。项目确定的一个发展指标是，提供一个简单的工具，用于确定把公共的资金投向何处才能得到最大的回报。在不同的级别：从单个农场到一个地区，使用该项目是可行的。该指标有3个亚指标，即评价：（1）公司/农场的经济特点（一个农场或一个地区的平均值）；（2）公司/农场的社会特点；（3）销售策略的加权总和。每一项亚指标都基于各种投入。在对欧共体绵羊和山羊品种进行Econogene研究的情况下，经济发展指标的相对权重对经济指标是50%，对社会指标是30%，对销售策略是20%。该指标不包括环境因素，如气候条件、农用土地或牧场的可获得性，或者公共管理因素。这些因素会影响到实施政策工具时的结果，但是，该指标只评价由私营部门特点和行为导致的经济潜力。

该资料由Paolo Ajmone Marsan和the ECONOGENE协会提供。

第四部分

插文 102
基于社区的原地保护计划——巴塔哥尼亚的实例

Neuquén criollo 山羊是阿根廷巴塔哥尼亚 Neuquén 省北部许多家庭收入和动物蛋白质的主要来源。山羊完全适合于游牧，它在传统上形成了养羊人的生活方式。但是，这种方式的可持续性受到了限制畜禽迁移变化的威胁，特别是在传统的放牧区建立围栏。较为都市化的生活提供的教育、就业和较好居住条件也促进了定居。在20世纪80年代期间，采用安哥拉和安哥拉—努比亚山羊进行纤维和奶的生产，由于恶劣的环境，没有获得成功。但是，不加选择的杂交对当地的遗传资源构成了威胁。

2001 年，在阿根廷国立农业技术研究院（INTA）和省农业局的赞助下，制定了Neuquén criollo山羊的保护和改良计划。机构与技术的改革在一直变化的环境下促进了传统方式的继续。自从在新技术的开发和传播方面起主要作用的生产者协会成立并接受该计划以来，养羊人都参与了这个计划。

遗传改良工作在传统生产方式的框架内，朝向保护品种的遗传变异、耐受力和生产效率。根据养羊人自己提出的选择标准，该计划正在开发一种方式来提供当地生态型的改良品系。选择的参数很大，而且是能够提供高产肉和能够耐受极端环境的小型动物。养羊人也注意用适当的方式育种和培育小羊。对白山羊的偏爱与羊毛的销售有关。相反，认为花色山羊在雪覆盖的牧场中容易进行管理。这种偏爱在积雪时间长的地区最强。进一步的发展包括提高山羊产品价值的措施。现在，小羊肉按照清楚的“地理标志”进行销售。这种商业—法律上的改革提高了该生产方式传统产品的利润。养羊人较新的事业是采收山羊绒。最近对品种纤维的研究，表明了这种产品的潜能。一直在给养羊人提供梳子，教给他们如何收获纤维并进行分级。

因此，目的是，预防品种的遗传稀释，作为保护这种生产方式的整体组成部分。认为山羊品种、当地的环境、养羊人的文化和传统生产方式是促进农村地区发展能够使用的珍贵的财产。

资料由 María Rosa Lanari 提供。
欲需更多的信息，参见 FAO（2006）。

7 低温保护的目前状况和将来的前景

从20世纪40年代中期开展人工授精技术的早期开始到最近开发的DNA贮存和转移技术、繁殖生物技术已经成为体内和体外转移遗传物质的工具。当前能够使用的、经济上可行的体外保存动物遗传资源的技术是那些低温保存生殖细

插文 103

生产方式的改变导致当地水牛被更替——尼泊尔的实例

划分可利用的放牧地是人口增长的结果，对尼泊尔中部山区传统的畜禽养殖方式产生了巨大的影响。农村家庭进入增长的城市市场，已经导致了用印度低地的能够厩养的高产奶水牛取代了低产的当地牛和水牛。在不到30年中，在本研究地区内的95%以上的农场家庭已经用1～3头来自于印度低地的高产的Murah奶水牛更换掉了自己当地的牛和水牛。每年大约有65%的家庭购买新的产奶牛，出售干奶牛用于再繁殖和产肉。进口的水牛是在印度低地繁殖的，是由印度商人选择的，他们把这些牛运到尼泊尔的高地，并收购干奶牛。这些私有商人比政府在推广当地的杂交牛方面所起的作用更大。当地的水牛和牛在比较边远的农村地区仍然起着重要作用，它们继续为家庭的生存提供畜力和足够的奶。

农民已经克服了管理新引进品种的最初障碍，不再希望返回使用当地的品种。农民在延长使用期的基础上不断地成功改良水牛，并以生活标准的提高得到了回报。他们现在的重点是进一步制定Murah水牛的品种策略，以获得更高的生产率。这需要尼泊尔和印度的育种者进行协作。

社会——经济的变化导致农民放弃传统的养殖方式，并寻找替代的方式。新的管理策略已经提供了更高的经济回报，农民开始宠爱高产品种超过了自己当地的品种。这一实例研究表明，随着生产条件的变化，具有不同特点的新品种比当地的品种有时会给农民提供更好的生存选择。

资料由Kim-Anh Tempelman提供。
欲需更多的信息，请参见FAO（2006）。

胞、胚胎和组织的技术。用这些技术保存的物质能够保存它们的存活率和功能状态达几十年甚至几百年。但是，由于这些技术出现的时期相对短，仍然需要确定精确评价这种技术保存材料的寿命。最新的生物技术，包括克隆技术、转基因技术和体细胞物质转移技术为将来保护动物遗传资源提高了很大的潜力，但在目前，只有少数实验室可利用它们，且成本昂贵。这些技术的可靠性低和成本极高很可能是限制将来在保护动物遗传资源中使用的2个因素。因此，这一章的重点主要放在大多数地理区域技术上和经济上都可行的目前最先进的繁殖生物技术上。以前发表的文件如“制定国有农场动物遗传资源管理计划指南”（FAO，1998c）和“制定国家低温保护农场动物计划章程指南”（ERFP，2003）提供了更详细地运用信息。

7.1　配子

精液

在过去几年中，像冷冻某些家禽（鸡、鹅）的精液一样，已经成功冷冻了所有哺乳畜禽品种的精液。精液低温冷冻的计划具有种的牧异性，但一般的程序如下：

精液在采集之后，用调节到接近生理同渗容摩的离子水（盐水）或非离子水（糖水）进行稀释；

适当加入低温保护剂（甘油是最常使用的，但是，根据品种，二甲基亚砜（DMSO），二甲基乙酰胺（DMA）或二甲基甲酰胺（DMF）实际中使用也很高；

将稀释的精液冷藏、采样，然后，在液氮（−196℃）中冷冻。

每份精液量一般冻成麦草状而不是球块状，以保证最佳的卫生状况和对每份剂量的永久性识别。

在用冻融的精液进行人工授精之后，在1.1亿头以上的一年龄头次交配的授精牛，全球的平均受胎率为50%～65%，在4 000万头以上的授精猪，平均受胎率为70%～80%，在12万只以上的授精山羊，平均受胎率为50%～80%（子宫内）或55%～65%（子宫颈），在5万只授精的绵羊，平均受胎率为50%～80%（子宫内）或55%～60%（子宫颈）和在5 000多匹授精的马，平均受胎率为35%～40%（Ericksson等,2002；Thibier，2005；G. Decuadro，个人通讯，2005）。鸡的结果显示，品种内和品种间的差异很大，范围在10%～90%（Brillard和Blesbois，2003）。

需要贮存的精液剂量的数量是每次分娩或孵化、有繁殖力的母畜预计的生产寿命、在重组的群体中的所期望的公母畜的数量所需要的剂量数的函数。如果精液用于回交的重组品种，回交时使用的母畜群基因的某些百分比仍然留在重组的品种中。例如，需要5个世代的回交，使产生的动物携带冷冻精液贮存的品种的95%以上的基因型。必须贮存足够的精液来产生所需要的回交世代。在家禽品种，雌禽携带ZW性染色体（公禽携带ZZ性染色体），W染色体携带的基因不能够通过标准的精液低温冷冻保护进行转移。因此，在所有的品种，都有可能丧失或改变供体品种的有些细胞质的作用。虽然有这些限制，但是，还应当把这种技术看作是在体外和移地保护动物遗传资源中起重要作用的技术，因为它是可利用的先进的可靠技术，并且容易使用。但是，如果每头公畜利用的剂量数少，或者从每头母畜获得的数量少，那么，如果可能，通过胚胎移植，作为保证全部收集最初基因的一种手段，重新建立品种就比较合乎理想。

卵母细胞

在鸡，尽管人们对开发这个技术感兴趣，从冻融的鸡蛋孵出鸡尚未获得成功。这部分是由于蛋黄中存在着大量的液体。相反，在屠宰场或通过采集母畜活体内的成熟的卵母细胞，在体外可以生产某些哺乳畜禽的胚胎。这种卵母细胞可以冷冻，以延长体外受精（IVF）到产生胚胎之前的时间。按照冷冻程序的速度，2种冷冻方法都是明显的。慢冻程序目前对牛最可行，对绵羊和山羊的运用潜力很大，但获得后裔的成功率仍然极低（不到10%）。部分原因是由于胚胎移植的成功率有限，受精后的胚胎死亡率高。而且，这样的技术，在体外受精之前，需要有高级技师进行操作，让卵母细胞发生变异。超速冷冻程序，也称为玻璃化，目前正在进行实验性开发，以限制由冷却损伤造成的对卵母细胞的损害，或低温保护剂的毒性。大多数的方案都使用高浓度的低温保护剂和糖以清除细胞中的水。这可以限制细胞内形成冰，因此，防止冰对卵母细胞的伤害。在牛获得了非常好的结果。但是，成功低温保存卵母细胞的工作程序，它能够使保护动物遗传资源的计划更有用，仍然需要进行大规模的验证。

7.2　胚胎

与禽类物种相反，实际上，所有哺乳动物的胚胎都可以成功地冷冻，融解，然后，移植到受体母畜体内产生后裔。但是，目前，仅对牛、绵羊和山羊广泛采用胚胎的冷冻保存技术。猪的胚胎采集需要宰杀母猪，在马属物种，该计划仍为试验性质的。许多因素，包括胚胎采集方法（进行活体检查、在体外生产或进行克隆）和成熟阶段极大地影响获得活后裔的可能性。已经提出了冻融家畜胚胎的各种方案，如在卵母细胞的情况下，根据冷冻程序的速度，可将它们分成两大类型。

用慢冻方法，胚胎周围的培养基及其细胞腔室内之间的低温保护剂和溶质达到平衡的速度很慢，因此，要限制由于细胞内形成冰造成细胞膜破裂的危险。根据融解的方法，将胚胎转移到受体母畜内要不要清除掉低温保护剂。国际上，这样的技术在牛、绵羊和山羊用得最普遍。根据物种、遗传起源、来源（体内或者体外）及胚胎的发育阶段，分娩的成功率具有差异。在发育早期阶段的低温冷藏的胚胎比发育阶段较长的低温保存的胚胎产犊的成功率低（Massip，2001）。

快速冷冻（玻璃化）技术涉及到将胚胎放在低温保护剂及其他溶质（糖）通常浓度很高的少量悬浮培养基中进行超速冷却和冷冻。已经对几种哺乳动物（牛、绵羊和山羊）的胚胎成功地进行了玻璃化和移植。在绵羊和山羊中，使用开放式麦管系统玻璃化冷冻保存技术，观察到的存活率分别为59%和64%（Cogniė等,2003）。

胚胎保存技术对于低温保存动物遗传资源特别有益，因为它们能让最初的基因组完全恢复。慢速冷冻需要昂贵的可编程的冷冻箱，但是，对于未受过培训的技术员具有更大的灵活性，因为在两步程序之间的间隔期相对长。与之相反，玻璃化只需要有限的设备，而且需要受过高等培训的技术员。

7.3　体细胞的低温保存与体细胞的克隆

自从产生了绵羊多利以来，这个由体细胞克隆产生的第一个动物，已经证实该技术是对大多数哺乳动物都有用的技术，但是，它尚未成功地用于禽类。该技术的目前状况是成本大，成功率极低。如果从体细胞重组活动物的技术发展到既可靠又价廉的阶段，保存体细胞就成为低温保存动物遗传资源最有吸引力的一种选择方法。它的主要优点在于能够具体选择要保存的动物，后来重组这些动物的克隆群体。不像保存的胚胎，用体细胞得到的动物没有保存下来细胞质的DNA。但是，采集体细胞比采集胚胎简单得多，能够从野外的群体广泛采集样品。进行体细胞培养的当前成本，以及从保存的细胞产生出活动物的未来前景不能肯定，意味着在低温保存配子和胚胎非常成功的畜种，这种技术不可能成为重点。但是，如果低温保存配子和胚胎是不可行的，或者成功率很低，低温保存体细胞可以得到慎重地支持。

表105提供了对主要畜种中使用的上述讨论过的技术的总看法。

7.4 选择遗传材料

商业上，在大多数的家养哺乳动物中广泛使用低温保存配子和胚胎的技术；也有少数例外，如马和猪的冷冻胚胎的移植（Thibier，2004）。在有助于动物遗传资源管理的低温保存项目中，一个主要的问题是，贮存足够的生物材料，以便能够重组带有理想性状的个体动物和畜群。因此，如果投资是带有长期利益的话，选择有待于低温保存的供体的来源、供体个体的数量和材料的类型是非常关键的。从下面的资料来源：Blackburn（2004），ERFP（2003）和 Danchin-Burge 等（2002），可获得关于这些问题的有用的建议。

7.5 基因库的安全性

动物遗传资源种质基因库，在技术上要能够保证提供安全贮存的条件和满足严格的动物卫生要求。

技术安全

任何时间液氮的丧失（文献上按分钟计），都会导致低温保护材料的全部丧失。将低温保存的材料存放在2个分开的容器中，更适宜地是，存放在2个分开的地点，以防保存液氮供给的中断或偶然事故造成损失的危险。

生物安全性

动物来源的材料，包括液体、配子和胚胎，都带有在低温保存中能够存活的病原。虽然需要另外的研究来进一步评估通过基因库传染的危险，但是，世界动物卫生组织（OIE）的陆地动物卫生法典提供的生物安全性建议是普遍可以使用的。满足法典的需要意味着对许多国家有严重的困难。它也使患病区的种质运向无病区极端困难。它也意味着不能满足法典要求的样品，与满足法典要求的样品不能存放在同一设施中。这样的问题对国家、地区和国际建立低温保存库造成了很大的障碍，需要特殊的结构和对现有的法典制定一些可行的特殊的豁免条款。

8 保护中的资源分配策略

8.1 确定重点的方法

对保护活动清楚地确定目标是关键因素。常常认为很重要的一个标准是保存遗传多样性。但是，尽可能多的保护多样性不是唯一的目标。也必须要考虑其他因素，如保护某种特殊的性状（如抗病性），及品种的生态学价值和文化价值。因此，目标是最大利用多

表 105

各畜种低温保存技术的目前状况

物种	精液	卵子	胚胎	体细胞
牛	+	+	+	+
绵羊	+	0 （1）	+	0
山羊	+	0	+	0
马	+	0	0	0
猪	+	0	0	0
兔	+	0	+	0
鸡	+	-	-	-

+ 可利用的常规技术；0 有肯定的研究结果；- 当前的技术状况不可行；（1） 低温保存整个卵巢。

插文 104

荷兰红白花弗里斯兰奶牛的复兴

在 1800 年，弗里斯兰省的牛群主要是由红色弗里斯兰牛构成。在牛瘟造成普遍损失之后，许多红色牛的祖先是从丹麦和德国引进的。自从1879年以来，弗里斯兰牛群的登记册已经登记了红白花表型牛，但受出口市场的推动，黑白花牛比原有的红白花牛日渐增多。在1970年，参加红白花弗里斯兰牛育种协会的只有50个农民，总共拥有2 500 头牛。在一个短时期内，从美国和加拿大持续进口荷斯坦-弗里斯兰牛，导致该牛群进一步减少，以致于在1993年，只剩下了21头红白花个体（4头公牛和17头母牛）。一群牛主开始建立本地红白花弗里斯兰牛的基金。与新成立的动物基因库进行协作，制定了育种计划。在20 世纪 70 年代和 80 年代期间，使用基因库中保存的公牛的精液按照合同繁育出了母牛。得到基因库补贴的育种家养殖公牛的后裔。从这些公牛采集精液，后来按照新合同使用。该品种的数量增加了，在2004 年，注册的活母牛为256头，活公牛为 12 头。目前，基因库中总共贮存了 43 头公牛的11 780份精液剂量，并不断用于人工授精。大多数的这种母牛是由奶业生产的嗜好家养殖的。

资料由 Kor Oldenbroek 提供。

样性与其他性状/价值加权合并测值效用大的一组品种。加权的定义是要求考虑与其他标准有关的多样性的价值。

另一个重要的考虑是有问题品种的濒危程度。这能够依据灭绝的概率进行量化。参数主要是由有效群体的数量和人口统计学的趋势进行确定的（即群体的数量是增加还是减少），但也应当考虑其他因素，如地理学的分布、实施的育种计划、特殊的生态学功能、文化或宗教信仰的作用及外部威胁造成的危险（Reist-Marti等，2003）。

对保护计划涉及到的重点品种已经提出了各种不同合并标准的方法。例如，

插文 105

新西兰恩德比（Enderby）牛的复兴

恩德比岛牛的情况表明能够用极其有限的遗传物质来恢复品种。但是也表明过程是复杂的，需要许多时间和资源。

恩德比是位于新西兰南部320千米的一个小岛。1894年，牛第一次引入到该岛，当时，Invercargill城的一位W.J. Moffett先生租用牧场，在岛上放养了9头短角牛。到20世纪30年代，岛上已经放弃了养牛，但牛作为野生群体遗留下来。100年之后，恩德比牛在恶劣的气候条件下，以灌木和海草为食生存下来，牛勇敢、体小和健壮，并有很强的适应力。1991年，为了保护当地的野生动物，对恩德比牛采取了猎杀。从死亡牛体内采集精子和卵子进行低温保存，但对卵子进行受精失败了，看起来好像是恩德比牛永远灭绝了。

第二年，新西兰稀有品种保护学会（NZRBCS）的成员在岛上发现了一头母牛和一头犊牛。通过直升飞机将这2头牛捕获，并运往新西兰。后来，犊牛死亡，意味着母牛是最后一头恩德比牛。使用在岛上射猎的公牛的低温保存精液通过人工授精和超排技术（MOET）试图生产犊牛，但没有获得成功。该品种再次显现出面临灭绝的危险。但是，在1997年，新西兰稀有品种保护学会与农业研究站（AgResearch）合作，成功地生产出了一头犊牛，Elsie，它是用猎获的母牛的体细胞样品克隆出来的。次年，又生产出了4头克隆的小母牛。同时，使用低温保存的精液和从母牛获取的卵子在体外受精也成功地生产出了一头恩德比公牛，“Derby”。2头克隆牛后来死亡，但在2002年，通过克隆的母牛与Derby进行自然交配，又生产出了2头以上的恩德比犊牛。

欲需更详细的信息，请参见Historical Timeline of the Auckland Islands；NZRBCS，(2002)；Wells，(2004)。

Ruane（2000），提出了一组专家在国家级鉴别重点品种采用的方法：

- 畜种（即：来自于重点确定的项目中包括的物种中的品种?）；
- 濒危程度；
- 当前的经济价值性状；
- 特殊的风景价值；
- 当前科学价值性状；
- 文化和历史价值；
- 遗传独特性。

建议对高度濒危的品种应当给予重点保护。如果必须在高度濒危的品种中再挑出重中之重，那么，建议应当根据品种满足其他列出的标准的程度加以考虑。为了能够进一步区分重点顺序的大小，必须对各种标准分配权重。专家组应当决定每一个标准的相对重要性。

Hall（2004）使用英国和爱尔兰绵羊和牛的品种作为例子，根据遗传和功能的多样性提出了一个框架。根据功能和遗传的独特性，对每一个被考虑在列的品种分别与其他品种进行的比较。按照品种的历史和在近200年中基因的明显流向的可能性对遗传成分进行了评估。功能成分与品种的经济、社会和文化功能有关。在牛，主观评估了它的独特性，但对绵羊的评估是比较难的。正因为如此，平均纤维细度，几乎是在这个研究中，在全部品种中采用比较方法测量出的唯一的一个参数，被用作为绵羊品种功能独特性的指标。把功能和遗传的独特性积分高的品种适当包括在重点保护的名单中。

英国稀有品种存活信托也制定了一套按照保护措施，识别需要给予高度重视的“稀有品种”的标准（Mansbridge，2004）。考虑的因素是品种已经生存的时间跨度、雌畜的数量和品种的地理分布。

8.2 制定保护计划的最佳策略

有效的保护计划应当使用现有的资金和非资金资源，以获得最大的保护目标。需要回答的问题是：

- 应当对被保护的畜种中的哪个品种实施保护计划？
- 对每个被选择的品种分配的资金份额应当占总保护预算的多大比例？
- 应对被选择的品种实施哪种保护方案？

如果假设正在考虑的保护措施的目标是尽可能多的保护品种之间的遗传多样性，那么，可以使用下面的方法识别重点保护品种（Simianer，2002）。

可以计算现有品种系列中总的多样性，因为每个品种都对总的多样性有贡献。使用品种不同亚系灭绝的概率和多样性计算“预计的多样性”指的是什么（插文 106）。这就是假设不采取任何保护活动，在计划时期末尾预料的多样性。在计划时期结束时，可能会发生有些濒危的品种出现灭绝。但是，如果采取了保护措施，品种灭绝的可能性会减少，预计的多样性会增加。预料多样性变化的数量是特定品种灭绝概率的函数，可定义为品种的“边际多样性”。这种边际多样性反映了品种系统发育史的地位。它也表明，亲缘相近的品种，是否不会发生灭绝，而不受品种自身灭绝概率的约束。

已经表明，对某个品种的保护重点是按比例分配它的“多样性保护潜能”（插文 106）——一种措施如果能够使一个品种完全摆脱灭绝，它就反映了多样性的数量会被保存下来。很高的保护潜能可能是从高度危及产生的结果，或是从高度边际的多样性得到的结果。

这里讨论的参数（边际多样性、保护潜能等）是由 Weitzman（1992；1993）提出的总体多样性理论要素，它作为畜禽保护决策的框架吸引了众多人的兴趣。这种方法不需要Weitzman的多样性指标，多样性指标是品种间的多样性，必须使它最大量化。从多样性成分或其他价值加权总和的意义上说，对任何客观函数都可以使用这种方法学，包括更全面的多样性指标或效用。

插文107描述了与使用最简单的方法获得的结果相比，最佳分配保护资金能够提高成本效益几乎 60% 的一个实例。

根据保护的价值通过将品种排序来确

定保护的重点，假设保护成本在品种间大体相同。更精确地说，假设是灭绝概率减少1个单位的机遇成本在各个品种间是一致的。当然，这不是真实的：通过相当简单的方式，可以使灭绝概率从0.8减少到0.7（即减少12.5%），这比将灭绝概率从0.2减少到0.1（即50%）要便宜得多。

对于更加详细的和更为现实的分析，必须确定特殊保护活动的成本（例如，建立低温保护，和对农民给予补贴，以在原地保护濒危品种的群体数量），并按照各个品种灭绝概率减少的比例对这样的保护活动进行评估。如果在国际范围内，按照不同的成本水平，技术标准和货币汇率来考虑资源的分配：低温保存就能很好地在一个国家中作为常规技术使用，而在另一个国家，必须首先建立所需要的基础设施。另一个要考虑的问题是活体保护计划中的劳动力成本国家之间有很大的不同。

保护计划总是有许多成本，它在物种和国家之间有明显的不同。固定成本是那些制定和实施计划所需要的成本，如建立低温保护中心，而不同的成本取决于计划中所要保护的动物数量和遗传材料的类型（精液、卵子和胚胎）。不同的保护计划根据每个被保护的遗传单位的固定成本和可变成本而有差异。如果用足够的正确性能够将这个成本结构模型化，最佳分配计划不仅对某个品种分派保护预算的份额，而且，也表明可利用的保护技术（如低温保存与活体保护计划）中的补贴对这个品种成本是最有效的。

插文106

术语表：客观决策帮助

多样性（diversity）：对一个品种系中遗传变异数量的量化，理想上包括品种内和品种间的多样性。

效用（Utility）：对一个品种系的总价值的量化，如多样性与各种经济价值成分的加权总和。

多样性的贡献（diversity contribution）：一个品种存在的数量对整个品种系多样性的贡献。

灭绝概率（Extinction probability）：在一个明确的计划期内（常常为50～100年），品种开始灭绝的概率。灭绝概率值可在0（品种全部安全）和1（灭绝是肯定的）之间。

预期的多样性（Expected diversity）：对一个计划期结束时的实际多样性的预测，它是实际多样性与灭绝概率的合并值。预期的多样性反映了如果不采取保护措施，预计的多样性的数量。

边际多样性（Marginal diversity）：反映了如果一个品种的灭绝概率发生改变（如通过保护措施），总的品种系中预期多样性的变化。

多样性保护潜能（Diversity conservation potential）：边际多样性和灭绝概率产品的数量比例。这个参数大约反映了如果一个品种完全是安全的，预期的多样性能够增加多少。Weitzman（1993）提示，这个估值是“单个的最有用的品种的改变指标”。

如果效用而不是多样性得到最大化，效用的贡献、预期的效用、边际效用和效用保护潜能都是相关的词汇，在上述定义中，“多样性”一词可用“效用”来替换。

资料来源：摘自Simianer（2005）。

插文 107

最佳分配保护资金——确定非洲牛特点的例子

Simianer（2002）阐述了运用最佳分配方案计算26头非洲公牛和sanga牛品种遗传距离（根据15个微卫星）和灭绝概率的估值。使用灭绝概率，在假设的50年计划期间，预计不采取保护措施造成的多样性损失达到目前多样性损失的43.6%。假设可以获得保护预算，如果在所有的品种之间平均分配，它能预防多样性预计损失的10%。如果把这笔相同的总预算分配给只保护3个最濒危的品种，保护的多样性就稍稍降至预计丧失的9%，因此，比在整个品种中均等分配资金的效率低10%。根据Weitzman的多样性概念，采用最佳分配计划，26个品种中有10个接受资金，34%的资金用于Muturu，只有2%的资金用于Kuri（参见下图）。

采用最佳分配策略，预计的多样性损失减少了15.7%。这比在所有的品种中平均分配资金效率高57%。均一分配策略对多样性产生的影响，能够与只最佳分配52%的可利用资金产生的影响相同。这个例子说明，最佳分配方案可大大提高保护资金的使用效率。

资料由Henner Simianer提供。

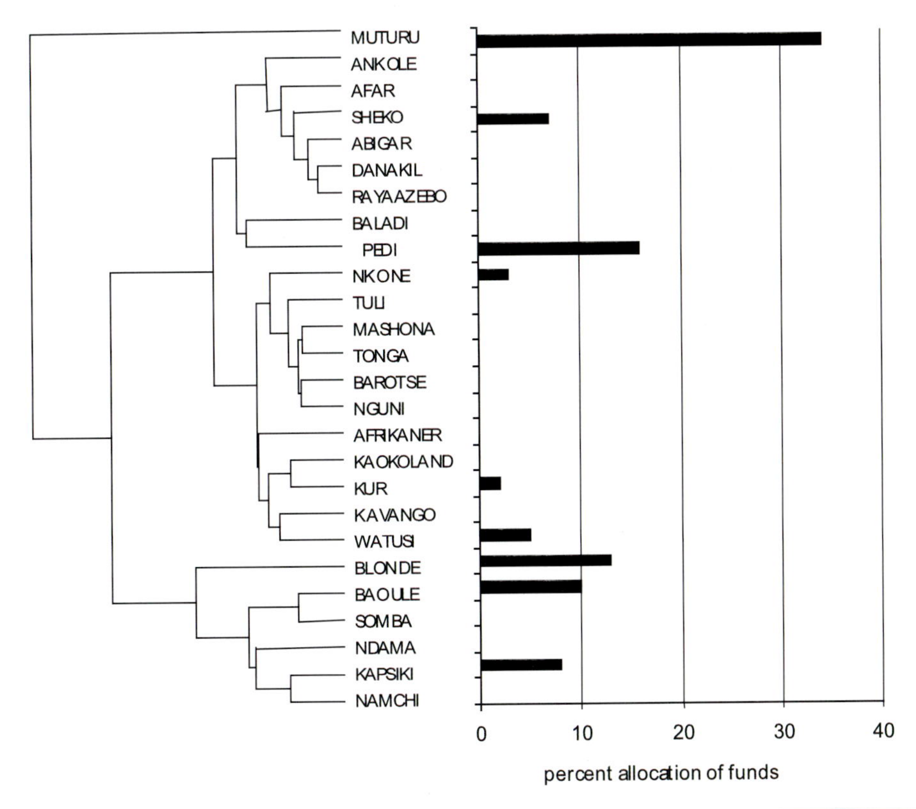

因为最佳分配程序是基于数学的最佳化，因此，要包括某些限制因素或附带条件相当简单。这与地理平衡有关，即要求在目标区的各个部分实施保护活动。它也能够制定最佳强制性的解决方案，采用严厉的惩罚措施以避免某个品种性状的丧失，如所有抗锥虫病牛的灭绝。

发现最佳资源分配类型的其他策略是限制在更具体的决策问题。Eding 等(2002) 提出，根据标记估计的血缘关系，选择所谓的核心品种系。可以把核心系看作是由不同比例的品种构成的活动物或低温保存混合的群体。品种对核心系的贡献来源于这种方式，使预计的总的核心系的多样性达到最大化。这种方法的优势是它合并了品种之间和品种之中的多样性。但是，它没有考虑特殊品种所面临的濒危程度，限制了它对特殊决策情况的用途，如发现对贮存能力有限的低温保存项目的最佳设计。

对于有效保护动物遗传资源多样性资源的分配，需要物种系统发生亚结构方面的良好信息；所考虑的品种面临危险程度的影响因素；品种具有的任何特殊价值。也需要对可能的保护计划进行深入地了解，包括成本。这种信息越完全可靠，设计最佳保护计划的成本效率也越大。需要进一步做工作来解决在保护工作中哪些是最适当的因素的问题，因为使用的因素不同会导致保护决策的不同。需要进一步做更多的工作来开发有助于使多样性和用途各种系列的测值最大化的工具。

对保护投资的最后决定将受到许多经济、社会和政治因素的驱动。因此，上面描述的决策帮助将视为让决策者更好地了解在保护方面的可选择的投资策略的工具。

9 结论

传统价值观和文化观是西方社会保护的重要驱动力量，这在有些发展中国家也开始越来越重要。许多利益持有者另一个很强的动机是为不可预测的将来尽可能多的保护多样性。

概念上，多样性最基本的单位是等位基因，因此，从科学的观点出发，可以认为，保护遗传多样性的一个定义是保护等位基因的高度多样性。这将会避免与对品种的科学定义有关的问题。但是，在目前，遗传多样性的分子学方法只能间接地表明DNA的功能区和潜在的功能区的遗传多样性。因此，对功能区多样性的最好了解仍然是品种或独特群体的多样性，它们是在不同的环境中发育起来的，并具有不同的生产和功能性状。

而且，对保护的文化争论是与品种有关，而不是与基因有关。然而，需要制定一个客观标准以确定某个品种是否具有独特的科学价值，例如，它是否会被邻近的群体所取代。这需要将可获得的品种特征和物种起源的信息与地理分布的信息合并起来考虑。如果有可能，还要考虑另外的信息，包括分子学的鉴定结果。

活体保护与体外的保护方法，按照它们能够获得的结果，显然是不同的。保护活体动物，是让该品种与环境相互作用而得到进一步的进化，而在体外保护方法，保护的是当前的遗传状况。是在不能够建立活体保护方法，或者，活体保护方法不能够保护必要的群体数量时，体外保护方法可提供一种重要的支持性策略。在出现紧急情况时，如暴发疫病或战争的情况下，体外保护也可能是唯一的一种选择方法。过去，把低温保存作为育种计划的重点支持工具，对主要畜禽品种，在技术上已经达到了成熟。但是，还迫切需要开发出对所有畜种的标准程序，以在它们需要保护的情况下采取保护措施。冷冻组织样品似乎是一种有吸引力的方法，因为这种方法可以容易采取遗传材料。但是，从这些样品繁殖活体动物的难度提示应当把它看作成"最后的一遭"措施。

有趣的是值得注意，长期以来，大家公认，国际社团资助的国际基因库应当保存植物的遗传多样性。全球信托基金项目，目的是为这些基因库得到长期的资金支持创建一个框架，使它们不受短期资金资助重点的主体机构的制约。而且，挪威政府已经提出，为植物遗传资源提供最后一笔资助，它将在2007年到位（插文108）。

总之，产生一个动物品种比产生一个植物品种花的时间更长——有些品种需要花几个世纪。但是，在投入必要的时间、能源和金钱来保护这种遗产方面，全球似乎没有做太多的准备。但是，保存有价值的资源是全球的责任——包括对所有粮食和农业遗传资源的责任。

对活体保护方法的分析表明，在原地和异地活体保护方法之间没有明确的界线。因此，把活体保护方法看成一个统一的方法是适当的：范畴从把动物保存在它们原产地的环境中（如上面活体保护定义），到把畜禽品种保存在动物园这种极端的异常环境中。虽然显然偏向把畜禽品种保存在培育它们的生产环境中，但是，重要的是要仔细评估在异地的情况下是否也能够达到保护的目标。这显然取决于畜种和异地特定的条件。在发展中国家，大多数报道的移地保护的例子都与原地的种群有关，似乎值得怀疑，它们是否是独立存活的。

虽然已经开发出了在小群体中保存最大多样性的方法学，但把濒危的品种保存在传统的生产系统中的策略是少见的。发达国家和有些发展中国家报道了各种成功的实例。在发达国家中，有几种可能性，如利基市场、保护性放牧或补贴，使得保护濒危品种在经济上能够具有可行性。相反，在发展中国家，报道的成功例子，只是与消费者或市场对特定或传统产品的需要有关。但是，这些已经取得成功的实例尚没有产生实施策略的（科学）概念或模型。而且，也没有对保护策略成本和效益的可靠的估计。最佳分配保护资金的工作是基于对成本和使用相当简单的目标功能

第四部分

插文 108

北极地区的国际种子库

挪威政府最近起动了构建北极地区国际种子库的计划，它作为基因库最后的"自我保护"支持设施。该设施可能建在北纬78度，斯瓦尔巴群岛 Longyearbyen 镇附近，将于 2007 年秋开放。

作为目前的看法，这个种子库将大得足以能够保存世界上基因库所拥有的全部不同材料（accessions）的副本，还有另外的空间来存放新收集的材料。它位于一座大山里面，是用一块固体岩石雕刻成的"拱形"，内面衬有钢筋混凝土。它装有防空气的门，用以防潮和许多结实的安全装置。它离挪威权力机构所在地很远，偶尔会出现漫游的北极熊，这两者使得这个设施在世界上最安全、最可靠。在正常的情况下，采集标本将放在室内大约 -18℃。但是，由于拱形屋位于永久冻结带，即使长期没有电力供应，温度也只能逐渐上升到 -3.5℃。

Longyearbyen 镇,是到北极探险队的落脚点，每天都有航班抵达，基础设施极好，电力供应是由当地采集的煤生产的。

种子库不是正常含义上的基因库。相反，它的目的是存放已经保存的，在 2 个传统的基因库中进行复制的独特的材料，它将用于植物育种家和研究人员的种子来源。种子库中的材料，都贮存在"黑色的盒子"中，只有其他所有的副本都丧失之后才可以利用，其目的是为在出现大规模的灾害如战争或重大恐怖主义活动的情况下为粮食和农业的植物遗传资源提供安全可靠的保护设施。

参与该计划纯属自愿。管理是被动的，种子库不从事鉴定、评价、再生繁殖或其他类似的活动。北欧的基因库将负责把材料放进种子库，或必要时重新取回。在斯瓦尔巴群岛的另一个设施也用于对种子库样本的支持，SADC 复制的采集样本目前也贮存在那儿。出于将管理成本保持在最低的需要，及建筑的设施不需要天天有人参与管理，种子库仅处于接受适当包装的传统种子的地位。由于该设施是为国际社会而设计建造的，挪威对贮存那里的种子不要求任何的所有权。

FAO的遗传资源委员会热烈欢迎挪威的举措，许多国家，以及国际农业研究磋商小组的中心都已经表达了他们使用种子库的愿望。

的大致估算。

制定比较复杂的目标功能受到对所包括的理想功能性状定量难度的限制。

对某些保护方面，主要在育种的计划内，已经发展了可利用的科学概念。在畜禽遗传多样性保护领域的真实研究（大概除了分子学的方法外）仍然是在它的早期阶段。

参考文献

Blackburn, H.D. 2004. Development of national genetic resource programs. *Reproduction, Fertility and Development*, 16(1): 27–32.

Brillard, J.P. & Blesbois, E. 2003. Biotechnologies of reproduction in poultry: hopes and limits. In *Proceedings of the 26th Turkey conference*, held Manchester, UK, 23–25 April, 2003.

Clark, C.W. 1995. Scale and feedback mechanism in market economics. *In* T.M. Swanson, ed. *The economics and ecology of biodiversity decline: the forces driving global change*, pp. 143–148. Cambridge, UK. Cambridge University Press.

Cognié, Y., Baril, G., Poulin, N. & Mermillod, P. 2003. Current status of embryo technologies in sheep and goat. *Theriogenology*, 59(1): 171–188.

CR Croatia, 2003. *Country report on the state of animal genetic resources*. (available in DAD-IS library at www.fao.org/dad-is/).

Danchin-Burge, C., Bibe, B. & Planchenault, D. 2002. The French National Cryobank: creation of a cryogenic collection for domestic animal species. *In* D. Planchenault, ed. *Workshop on Cryopreservation of Animal Genetic Resources in Europe*, Paris, 23rd February 2003, pp. 1–4. Salon International de l'Agriculture.

Eding, H., Crooijmans, R.P.M.A., Groenen, M.A.M. & Meuwissen, T.H.E. 2002. Assessing the contribution of breeds to genetic diversity in conservation schemes. *Genetics Selection Evolution*, 34(5): 613–633.

English Nature. 2004. *Traditional breeds incentive for sites of special scientific interest*. Taunton, UK, English Nature. (also available at www.english-nature.org.uk/pubs/publication/PDF/TradbreedsIn04.pdf).

ERFP. 2003. *Guidelines for the constitution of national cryopreservation programmes for farm animals*, by S.J. Hiemstra, ed. Publication No. 1 of the European Regional Focal Point on Animal Genetic Resources.

Ericksson, B.M., Petersson, H. & Rodriguez-Martinez, H. 2002. Field fertility with exported boar semen frozen in the new Flatpack container. *Theriogenology*, 58(6): 1065–1079.

Falge, R. 1996. Haltung und Erhaltung tiergenetischer Ressourcen in *Ex-situ*-Haltung in Zoos und Tierparks. (Maintenance and conservation of domestic animal resources, *ex situ*, in zoos and domestic animal parks.) *In* F. Begemann, C. Ehling & R. Falge, eds. *Schriften zu genetischen Ressourcen*, 5 (Vergleichende Aspekte der Nutzung und Erhaltung pflanzen – und tiergenetischer Ressourcen), pp. 60–77. Bonn, Germany. ZADI.

FAO. 1992. In situ *conservation of livestock and poultry,* by E.L. Henson. Animal Production and Health Paper No. 99. Rome.

FAO. 1998a. *The state of the world's plant genetic resources for food and agriculture*. Rome.

FAO. 1998b. *Primary guidelines for development of national farm animal genetic resources management plans*. Rome.

FAO. 1998c. *Secondary guidelines for the development of national farm animal genetic resources management plans: management of small populations at risk*. Rome.

FAO. 2003. Effectiveness of biodiversity conservation, by M. Jenkins & D. Williamson. In *Biodiversity and the ecosystem approach in agriculture, forestry and fisheries*. Proceedings of the Satellite Event on the occasion of the Ninth Regular Session of the Commission on Genetic Resources for Food and Agriculture, Rome, 12–13 October 2002, pp. 100–116. Rome.

FAO. 2004. *Overview of the FAO global system for the conservation and sustainable utilization of plant genetic resources for food and agriculture and its potential contribution to the implementation of the international treaty on plant genetic resources for food and agriculture*. Item 3.1 of the draft provisional agenda, Commission on Genetic Resources for Food and Agriculture, Tenth Regular Session, Rome, 8–12 November, 2004. Rome.

FAO. 2007a. The Neuquén criollo goat and its production system in Patagonia, Argentina, by M.R. Lanari, M.J. Pérez Centeno & E. Domingo. *In* K-A. Tempelman & R.A. Cardellino, eds. *People and animals. Traditional livestock keepers: guardians of domestic animal diversity*, pp. 7–15. FAO Interdepartmental Working Group on Biological Diversity for Food and Agriculture. Rome.

FAO. 2007b. Managing lowland buffaloes in the hills of Nepal, by K. Gurung & P. Tulachan. *In* K-A. Tempelman & R.A. Cardellino eds. *People and animals. Traditional livestock keepers: guardians of domestic animal diversity*, pp. 27–29. FAO Interdepartmental Working Group on Biological Diversity for Food and Agriculture. Rome.

FAO/UNEP. 2000. *World watch list for domestic animal diversity*, 3rd Edition, edited by B. Scherf. Rome.

Gandini, G.C. & Villa, E. 2003. Analysis of the cultural value of local livestock breeds: a methodology. *Journal of Animal Breeding and Genetics*, 120(1): 1–11.

Hall, S.J.G. 2004. Conserving animal genetic resources: making priority lists of British and Irish livestock breeds. *In* G. Simm, B. Villanueva, K.D. Sinclair & S. Townsend, eds. *Farm animal genetic resources*, pp. 311–320. Nottingham, UK. Nottingham University Press.

Historical Timeline of the Auckland Islands (available at www.murihiku.com/TimeLine.htm).

Joost, S. 2005. Econogene Consortium. *In* F. Toppen & M. Painho, eds. *Proceedings of the 8th 328 AGILE Conference on GIScience*, held May 26–28, 2005, Estoril Portugal, pp. 231–239. Association of Geographic Information Laboratories for Europe (AGILE).

Köhler-Rollefson, I. 2004. *Farm animal genetic resources. Safeguarding national assets for food security and trade.* Summary Publication about four workshops on animal genetic resources held in the SADC Region. FAO/GTZ/CTA.

Mansbridge, R.J. 2004. Conservation of farm animal genetic resources – a UK view. *In* G. Simm, B. Villanueva, K.D. Sinclair & S. Townsend, eds. *Farm animal genetic resources*, pp. 37–43. Nottingham, UK. Nottingham University Press.

Marczin, O. 2005. *Environmental integration in agriculture in south eastern Europe.* Background document to the SEE Senior Officials meeting on agriculture and environment policy integration, Durres, Albania, April 15-16, 2005. Szentendre, Hungary. The Regional Environmental Center for Central and Eastern Europe.

Massip, A. 2001. Cryopreservation of embryos of farm animals. *Reproduction in Domestic Animals,* 36(2): 49–55.

Mendelsohn, R. 2003. The challenge of conserving indigenous domesticated animals. *Ecological Economics*, 45(3): 501–510.

Norton, B.G. 2000. Biodiversity and environmental values in search of a universal ethic. *Biodiversity and Conservation*, 9(8): 1029–1044.

NZRBCS. 2002. *Enderby Island cattle: a New Zealand Rare Breed Society rescue project.* (available at www.rarebreeds.co.nz/endcattlepro.html).

Oldenbroek, J.K. 1999. *Genebanks and the conservation of farm animal genetic resources.* Lelystad, the Netherlands. DLO Institute for Animal Science and Health.

Raoul, J., Danchin-Burge, C., de Rochambeau, H. & Verrier, E. 2004. SAUVAGE, a software to manage a population with few pedigrees. *In* Y. van der Honing, ed. *Book of Abstracts of the 55th Annual Meeting of the European Association for Animal Production*, Bled, Slovenia, 5–9 September 2004. Wageningen, the Netherlands. Wageningen Academic Publishers.

Reist-Marti, S.B., Simianer, H., Gibson, J., Hanotte, O. & Rege, J.E.O. 2003. Analysis of the actual and expected future diversity of African cattle breeds using the Weitzman approach. *Conservation Biology*, 17(5): 1299-1311.

Ruane, J. 2000. A framework for prioritizing domestic animal breeds for conservation purposes at the national level: a Norwegian case study. *Conservation Biology*, 14(5): 1385–1393.

Simianer, H. 2002. Noah's dilemma: which breeds to take aboard the ark? *Proc. 7th World Congress on Genetics Applied to Livestock Production (WCGALP)*. CD-Rom Communication No. 26–02.

Simianer, H. 2005. Decision making in livestock conservation. *Ecological Economics*, 53(4): 559–572.

Small, R. 2004. The role of rare and traditional breeds in conservation: the Grazing Animals Project. *In* G. Simm, B. Villanueva, K.D. Sinclair & S. Townsend, eds. *Farm animal genetic resources*, pp. 263–280. Nottingham, UK. British Society of Animal Science.

Springbett, A.J., MacKenzie, K., Woolliams J.A. & Bishop, S.C. 2003 The contribution of genetic diversity to the spread of infectious diseases in livestock populations. *Genetics*,165(3): 1465–1474.

Steane, D.E., Wagner, H. & Khumnirdpetch V. 2002. Sustainable management of beef cattle and buffalo genetic resources in Asia, *In* J. Allen & A. Na-Chiangmai, eds. *Developing strategies for genetic evaluation for beef production in developing countries.* Proceedings of an International Workshop held in Khon Kaen Province, Thailand, July 23–28 200, pp. 139–147. Canberra. Australian Centre for International Agricultural Research.

Thibier, M. 2004. Stabilization of numbers of in vivo collected embryos in cattle but significant increases of in vivo bovine produced embryos produced in some parts of the world. *Embryo Transfer Newsletter*, 22: 12–19.

Thibier, M. 2005. The zootechnical applications of biotechnology in animal reproduction: current methods and perspectives. *Reproduction, Nutrition and Development*, 45(3): 235–242.

Tisdell, C. 2003. Socioeconomic causes of loss of animal genetic diversity: analysis and assessment. *Ecological Economics,* 45(3): 365–376.

Vergotte de Lantsheere, W., Lejeune, A. & Van Snick, G. 1974. L'élevage du porc en Belgique: amelioration et sélection. *Revue de l'Agriculture*, 5: 980–1007.

Weitzman, M.L. 1992. On diversity. *Quarterly Journal of Economics*, 107: 363–405.

Weitzman, M.L. 1993. What to preserve? An application of diversity theory to crane conservation. *Quarterly Journal of Economics*, 108: 157–183.

Wells, D.N. 2004 The integration of cloning by nuclear transfer in the conservation of animal genetic resources. *In* G. Simm, B. Villanueva, K.D. Sinclair & S. Townsend, eds. *Farm animal genetic resources,* pp. 223–241. Nottingham, UK. Nottingham University Press.

Williams, J.L. 2004. The value of genome mapping for genetic conservation of cattle. Conservation of farm animal genetic resources – a UK view. *In* G. Simm, B. Villanueva, K.D. Sinclair & S. Townsend, eds. *Farm Animal Genetic Resources*, pp. 133–149. Nottingham, UK. Nottingham University Press.

第四部分

第七章
研究的重点

在这一部分，根据对动物遗传资源管理学科领域状况的专家分析来确定研究和开发的重点领域。为了填补知识的空白，确定了重点领域，为开发和实施所需要的更加卓有成效、更加有效率和更加可持续的管理计划提供工具。在前面几章已经确定了研究和开发的基本原理，这里只做最简要的描述。

1 信息的有效利用与保护

利用和保护动物遗传资源决策的最大障碍是缺乏有关当地或者本土动物遗传资源重要性状和功能的信息或缺乏群体数量和结构的数据。必须完成下面的研究任务，以便使研究人员、政策制定者、决策者和顾问人员到养殖社区都能获得他们对保护和利用动物遗传资源做出适当建议和采取适当决策所需要的信息。

- 为了给适当的品种分派畜禽的群体数量，为了克服关于本地种动物遗传资源重要适应性性状信息缺乏的问题，需要提高方法和更多地利用表型特征。
- 生产环境的描述：在现有的动物遗传资源信息系统中需要进行更精确的描述，以表明适合特殊品种的环境和适应性性状的任何要求。
- 提高对濒危定义和监测的方法：估测灭绝定义的方法很差，需要进一步的研究。提高监测的方法必须要经常把群体数量和结构数据的信息录入信息系统，以保证这些数据的更新及其相关性。

2 信息系统

现有的信息系统按国家或按品种进行单一检索的功能相当差。需要扩大这个功能，以便以更为集中和用户友好的方式，为利益持有人提供他们所需要的信息。

- 定期更新和修正现有的数据，补充丢失的数据：这些应当由系统例行完成。
- 信息系统的功能性：需要改进和扩大，以便能够在数据源内部或数据源之间对表型遗传数据和分子遗传数据进行检索和定制分析。为了提供这种功能性，需要研制出分析和解释不同类型的遗传多样性数据（分子和表型）的改进方法。

- 动物遗传资源信息系统的地理参考数据：为了能够获得与动物遗传资源品质特征（种的适应性）有关的多层面的地球物理信息，为了提供更精确的动物遗传资源当前和过去地理位置和分布的信息。
- 信息源/数据库之间的相互连接和协同性：选项和形式都需要进一步开发。

3 分子学方法

不久的将来，在动物遗传资源管理中使用分子技术的机遇正在增加。但是，利用这些技术的成本和效益，以及利用它们的适当策略会因当地的条件而异。

- 提高对主要畜禽品种遗传多样性的了解：需要使用分子遗传标记对遗传多样性进行综合性评估。这需要将现有大量的，而且是以分散形式的数据的价值实现最大化的方式来达到。这需要提高采样的方法，加之国际参照样品的开发和提供。结果需要录入公共检索信息系统。
- 在全世界的范围内确定重要性状基因的变异。
- 提高对适应性状遗传基础的了解：探索新的和浮现技术的潜力，以揭示抗病性、对恶劣环境的适应性和生产效率的遗传基础。这种了解可以为传统的和变形的遗传改良提供新的途径。
- 研制出将分子学信息纳入保护和育种计划中的方法：这些方法必须适合不同的环境、农业和社会—经济的境况。

4 特点

提高动物福利，有特色的产品品质，人类保健的重要性，提高资源利用效率和减少环境的影响，要求在将来的育种计划中采用广泛的选择标准。迄今，对环境的敏感性和遗传适应性方面的知识甚少。

- 开发和利用分子和表型特征鉴定的方法，捕捉与品种及其管理有关的知识。此外，需要建立评价品种遗传稀释程度的方法。把这样的研究结果与常规调查结合起来，可以告知决策者濒危的状况，以及阻止遗传多样性下降所要采取的措施。
- 了解健壮性：需要确定有关品种健壮性的价值，它是按照基因型—环境相互作用的减少进行估测的；需要确定解释健壮性差异的基因和在一定的管理方式或者管理方法中，导致群体自我稳定性不平衡的基因。

- 提高对抗病性的了解：需要研究感染的机制及宿主—病原的相互作用。

5 用于低外部投入系统中的遗传改良方法

对于很少有或者没有机构基础设施的低外部投入环境，如何采用育种策略的信息知之甚少。在这种情况下，选择功能性状，如健壮性，抗病性、行为性状和饲料利用效率特别有关。也需要对起初的决策，如是否实施遗传改良计划进行指导。

- 对设计低外部投入系统中的遗传改良计划进行详细指导：需要制定和验证。这些包括制定与国家目标和政策，以及适应性状的作用有关的育种和生产目标。
- 对本地种建立稳定的杂交育种制度。
- 应当开发预测将外来品种引入本地群体所造成后果（部分遗传影响评估）的模拟工具。
- 对已经确定了抗病性基因的物种进行选择：应当制定在不危及生产性状的情况下，如何根据DNA进行选择的策略。
- 选择福利性状：对每个品种，需要有福利性状的明确定义；需要改进测定应激和心理状态（攻击性、不适和受挫）的方法；需要建立选择比较温顺的和减少腿脚病和心血管病(饲养的肉鸡)的方法。
- 对提高饲料利用效率的选择：需要较好地了解在不同的条件下的营养（如氨基酸）需要和对消化特定的氨基酸和磷具有遗传差异的品种的营养需要。

6 保护方法

不发达的国家，在制定可持续性的保护计划方面，或在许多国家或地区，而不是在一个国家如何实施保护计划，经验甚少。需要研究，以更好地了解社会经济、基础设施、技术和政策对制定和维持保护计划的限制。

- 原地活体保护方法: 需要研究和开发,以了解如何实施原地活体保护方法才能获得可持续性、使养畜人的生存能力最大和支持发展的目标。
- 异地活体保护方法：在发展中国家，需要确定异地活体保护方法，这些方法比极大地依赖国家支持的方法，更能够自我生存，不易导致失败。
- 为育种计划有关的支撑系统采集和贮存遗传材料。
- 在最初的目标是为遗传改良计划

提供支持的系统中，需要有最佳的采样和贮存方法。

- 低温保存和繁殖技术：对技术已经成熟的物种，需要提高配子和胚胎低温保存和繁殖技术的效果和扩大它的利用。对其他物种也需要扩大这些技术。廉价的和有效的体细胞克隆大大提高了体外保存的安全性和成本效用。
- 体外保护的政策、立法和卫生：需要研究和开发，以确定政策、立法和卫生框架，以允许在国家和多国的基因库中贮存和扩大使用动物遗传资源。

7 保护的决策支持工具

需要有分析复杂数据、最佳利用资源的工具，需要有帮助研究人员、政策制定者和顾问人员设计计划以便更好地了解决策的结果，以及使这样的决策达到最佳的工具。因为保护常常涉及到遗传资源的利用和改良，这样的决策帮助工具需要包括设计和实施育种计划的工具。下面是研究和开发的重点领域：

- 资源最佳化的方法：需要进行研究，如何把不同程度的不肯定性与最佳选择动物遗传资源的保护方法结合起来，和最佳分配保护资源。
- 最佳化工具：需要建立最佳分配保护资源的用户友好的工具，这些工具需要包括在下一代的信息系统中。
- 早期预警和反应机制：需要建立国家一级使用的预警机制和措施。

8 经济分析

关于个体保护和利用的决策，需要可以用在广泛情况下的改进措施，以正确地估测被保护的或被改良的个体动物遗传资源的价值和各种特点。重要的是，要继续对有前景的估测方法进行野外测试，并对不同生产系统中的不同性状、品种和物种系统地使用已经证明的方法。此外，必须促进地区和国家对方法和结果的使用，从而，为影响与保护和可持续利用有关的决策提供机遇。需要有广泛情况下替选的保护方法的详细成本，以帮助国家和其他机构对成本效益保护计划做出决策。需要分析方法来确定全球动物遗传资源保护的利益。这将需要：

- 确定当地品种在不同生产方式下的用途和农民嗜爱的性状：这种分析包括系统进化前景，以及影响这样因素的力量和可选择品种的用途。除了对实际的和可能的育种方式的特点进行鉴定之外，这将必须包括品种性能参数的测定。
- 对畜禽品种及畜产品进行市场分析，并对育种计划进行成本效益分析。这将指导是否用当地品种进行结构性育种计划的决策。

- 对使用可选择的替代品种对生计的作用进行有意识地分析：这将支持针对干预、加上限制采用、潜在的获取和传播机制的扶贫目标。
- 对可选替的保护策略的成本进行估算：选择适当平衡的保护策略取决于可选替的保护方法的成本。在国家和地区之间，某种保护方法的成本具有明显的不同，不仅只取决于各种投入物的当地成本，而且，也取决于现有基础设施和可利用的专门技术的水平。
- 对重点保护的品种开发和运用决策支持工具：这些工具应当确定成本效益—多样性最大的保护计划。

9 获得与利益分享

从交换和利用动物遗传资源中共同获得和利益分享，是国际争议越来越多的一个领域，它的结果将对国家、代理机构、公共机构和公司投资动物遗传资源和保护动物遗传资源将产生重大的影响。必须要保护在这个领域参与国际争论的人是见多识广的，能够做出有效的决策。需要详细分析来提高对畜禽种质资源获得与贸易之间关系的理解、研究与开发关系的理解，及从这一研究领域产生的成本和效益关系的评估。需要对保护的动物遗传资源获得和利益分享的需要、潜在的影响及框架进行评估。过去动物遗传资源运动的成本和效益的较好信息为这样的分析提供了有价值的背景。这要求：

- 对如何提高公共和社区利用生物多样性进行评估（如提高基于社区的动物遗传资源的管理），包括提高当地一级对现有利益的分享。
- 提高对国家法规干预的理解（即：宏观经济干预、法规与政策定价、投资政策、体制政策和动物病防治法案）。
- 保证当前和将来畜禽种质资源全球流动的利益：制定国家和国际上保护和提高现有利益分享形式的机制，对可能会影响或改变种质资源的流动和利益分享的将来情况的有关需要进行评估。
- 探索建立动物遗传资源基因库，包括用于研究目的的野生亲缘种的，法律和技术的框架。

第五部分

动物遗传资源管理的需求和挑战

导　言

本报告的最后部分汇总本报告其他地方提出的证据，从而对动物遗传资源管理的需要和挑战进行评估。该分析将遗传侵蚀和对动物遗传资源威胁的现状与目前遗传资源管理的能力和有关方法及其应用状况联系起来。

第五部分

第一章

动物遗传多样性的知识：概念、方法和技术

只有少数哺乳动物和鸟类物种被人类驯化。一些其他物种，例如水豚和非洲大蜗牛被人们在食品和农业中应用，但是，它们不像其他40余种被驯化的家畜那样经历了长时间的发展过程。因此，食品和农业用动物遗传资源的大多数遗传多样性是畜牧饲养者长期发展的各种群体所固有的，这些遗传多样性满足了全世界不同地域生态系统的不同需要。这些亚群体（品种）被部分地孤立，但是定期的动物交换可产生新的遗传组合。这种情况对维持物种的衍变潜力是理想的。

当今有关遗传资源交换方式的信息是概略的。但是，品种的分布方式和有关遗传材料贸易的信息证实了发达国家之间的频繁交换，和遗传资源从发达国家向发展中国家的稳步流动。也曾有过发展中国家之间遗传材料的交换和遗传资源从发展中国家向发达国家的极少流动。

引起家畜物种内的遗传差异的部分原因是品种之间的差异，部分原因是品种内个体之间的差异。品种内和品种间的选择均有促进物种发展的潜力。如果食品和农业用遗传资源是人类所致，一个品种群体通常是选择单元，也是与发展有关的知识单元。当地品种和商业品种也是如此，与传统和科学知识相关的也是如此。

原来，品种的概念与育种组织的存在密切相关。在还没有建立完善的育种组织的地方，如许多发展中国家，要鉴别一个品种十分困难。品种的广义定义，例如FAO使用的品种定义，说明了社会、文化和经济的差异，因此全球都适用。这也意味着只要品种符合饲养者要求的各种生计功能，该品种及其内在的遗传多样性将被保持。但是，也有社会、文化定义的品种概念和作为遗传多样性单元的品种脱节的情况。例如，当无选择的杂交导致地方品种遗传组成被稀释时，这在国家名录中并不被反映出来。在另一些情况下，因为各种原因饲养者的生计策略改变，当地品种被威胁，在这种情况下，该品种的遗传和文化方面都处于危险状态。

在大多数生产系统中，育种工作是在

牲畜所有者的控制下进行的。但是，控制的程度存在巨大的差异。在过去几十年里，繁殖技术和标准化的生产条件的使用导致了少数特殊品种在世界各地的蔓延，特别是家禽、猪和奶牛生产，而不是发展广泛的遗传材料。这种高产品种（国际跨国界品种）遗传材料的交换在大幅提高产量的同时，许多国家将此作为与本国地方品种的杂交育种材料，从而威胁了一些地方品种群体的存在。

如果某个品种或群体濒临灭绝，这意味着其独特的适应性属性的损失，这种适应性属性常常受许多相互作用基因的控制，也是基因型和环境复杂的相互作用的结果。人们越来越认识到，遗传多样性不仅能够满足饲养者的生计，更是一种公共利益。

全球数据库中的品种多样性的覆盖率在世界进程状态的过程中得到了大大地改善。20%的品种被分级为“濒危中”，据报道，共计690个品种已经灭绝。但是，与品种有关的信息离完善还差得很远，特别是发展中国家。基本问题是缺乏有关动物遗传资源特性、其地理分布和根据生产体系分布的知识；缺乏其特殊的品种特性对满足饲养者生计需要所起的作用的知识；缺乏管理实践改变和畜牧业更广泛的发展趋势影响其利用的方式的信息。品种特性及其价值评估的方法尚需进一步发展，从而包括畜牧业供应的动物遗传资源的各种产品和服务。

畜禽多样性的描述需要进一步精炼。为了加深品种对多样性贡献的理解和进一步发掘其交换形式，需要科学的目标来定义标准，以决定是否在不同国家的品种群体是否属于一个共同的基因库，是否有联系。需要改进特性鉴定的方法，以寻找到动物遗传资源发展和保护的重点。在某些紧急情况下，需要立即做出决定，因而需要招到有效利用不完整信息的方法，并考虑不同来源获取的信息材料，例如分子特性、表现型描述、特殊品种特性和利用，以及品种来源。此外，FAO成员国长期要求FAO建立和发展发展早期预警系统和回应机制。这样的系统需要与品种的优先次序和品种分布的地理参考资料相结合，但是目前缺乏实现这些步骤的信息。

因为缺乏群体数据，濒危状态不清楚的品种站到了所有报告品种的1/3以上。除了缺乏群体数据外，目前品种丢失监测的主要缺点是不能捕捉到由于滥用杂交对地方品种的遗传稀释信息。许多专家认为，这种遗传稀释是动物遗传资源多样性的主要威胁。同时，有许多未经描述的地方品种，人们也不知道它们是否能够形成与附近群体不同的（相对）同源的种群。分子特性研究可以帮助揭示现有的关系，但是需要进行更好的协调和对结果进行综合对比。

对品种灭绝的原因尚未进行详细的研究。在许多情况下，一个品种的濒危不能与一个具体的原因联系起来。案例研究提示了所涉及的机制，但不是全球状况。绝大多数被报道的品种灭绝发生在欧洲、高加索以及北美洲。在这些地区，可以假设由小规模农民饲养的兼用品种被大规模农场企业饲养的高产品种所取代，该地方品种现在大都存活在边远区域或在低外部投入系统中，例如有机农场。传统畜牧生产系统的减少和由外国进口的高产品种取代地方品种也是发展中国家动物遗传资源濒危和灭绝的一个原因。许多发展中国家报道了非计划性杂交和地方品种的逐渐被取代。一些地方品种可能没有濒危的危险，如果其状态是按照群体的大小来衡量，但是它们正逐渐损失它们的特异性。要找到一个评估和对这类危险作出反应的方法是一个主要的挑战。

对动物遗传资源侵蚀的理解需要在全球、全国和地方性变化的环境的、社会—经济的和文化的驱动力的背景中。关于自然资源的获取、环境、经济发展、动物卫生问题、基础设施和服务、市场和研究的政策和立法措施，影响了畜牧业畜禽饲养者和其他利益相关者维持和发展动物遗传资源的能力。今天，全球、地区、国家和地方水平的发展将比以往更显著地相互影响。需要更好地理解促使动物遗传资源侵蚀的各种因素，以发展动物遗传资源保护和可持续利用的策略和有效措施。

已证明与“地方品种”相区别的“跨国界品种”种类（将国家品种群体与共有基因库联系起来）的产生对鉴别动物遗传资源交换形式有用，并改善了品种风险评估。但是，这些种类需要进一步的精简。它们可能对鉴别案例有用，鉴别案例需要品种管理的地区性合作。真正拥有国际性分布和交换形式的品种在群体大小方面并没有受到威胁。但是，在一些国际跨国界品种的情况下，有效育种计划所需的品种内多样性的降低可能成为一个问题。

地方品种的可持续利用是保护动物遗传多样性的有效途径。虽然各界对此已达成共识，但构建动物遗传资源可持续利用的原则才刚刚提出。通过制定亚的斯亚贝巴原则和生物多样性持续利用指南，对定义“可持续利用”的概念有了一些进展。这些指南注重一般意义的生物多样性和一般性原则及政策。因此，这些原则需要在农业生物多样性的前提下，在使用中加以解释和指定，需要为动物遗传资源制定基于原则的具体管理策略。对持续利用与保护之间关系的解释因动物遗传资源管理领域和一般生物多样性领域的不同而存在差异。在一般生物多样性领域中，保护趋向于被解释为保证生物多样性的长期维护。而持续利用被认为是实现保护的一种选择。但是，在动物遗传资源管理领域，保护这个术语被用于一个较狭义的范畴，用以描述当继续利用特殊品种不再能得到保证的情况下需要实施的活动。从这种意义上理解，动物遗传资源的持续利用会使保护措施显得多余。

遗传改良是动物遗传资源持续利用的一个重要因素，因为它允许畜禽饲养者将动物置于变化的条件下让其适应。遗传改良的科学原则和方法已被周密的制定，但是还没有适应较低外部投入环境的要求，例如为兼用品种指定育种目标或在不利基础设施和机构条件下实施计划。在这种情况下，仍需精心设计有活力的育种组织结构以及原地活体保护计划。与其他畜牧业发展政策的影响相比，发展遗传改良计划对人们生计影响的评估的经济学方法是十分有用的。

濒危状态分析显示了信息的缺乏。大多数已知种群数量的品种都受到不同程度的威胁。只有对于少数受威胁的品种，采取了保护措施。但这些保护计划能否有效地“维护”濒危品种，还不得而知。因为甚至当计划被报告，由于没有相关计划质量的数据，人们也无法做出正确的判断。国家动物遗传资源保护能力的分析表明，目前除西欧和北美洲外，只有非常少的濒危地方品种被涉及。考虑到品种间和品种内遗传多样性的继续损失，多样性又可以被认为是一种公共利益，所以需要采取更强的行动以保护这些资源。因此问题就变成了：怎样才能以最有效地方式实现这一目标？

从概念上讲，多样性的最基本单元和保护的最基本单元是等位基因，人们承认等位基因并不单独起作用，动物的生产性能受到出现在基因组中的等位基因相互作用的影响。品种发展的过程涉及了与动物生产性能和适应性的特殊水平相关的等位基因的组合。朝着保护单个等位基因的保护发展方向将保证多样性的单独建设模块的维护，但是由于对复制特异特性的组合还知之甚少，看来这是一项有风险的方法。

目前，采纳品种作为保护单元，以期加大对畜禽物种内演变潜力的保护力度，进而加大等位基因组合的广泛性，这些组合代表不同系列适应过程的结果。FAO 使用的品种的广泛定义包括品种的社会意义，但是这个定义使品种作为评估等位基因多样性的单元而使用复杂化。这是因为品种对遗传多样性的贡献可能有很大差异。与大多数作物品种相比，现有的家畜品种在遗传一致性方面较差。在育种者协会的长期存在导致一些密切相关品种灭绝的地区，以品种的数量衡量多样性趋向于高估一个地区的遗传多样性。相反的是，结构化育种不发达地区的品种（例如阿华西羊）拥有广泛的分布和很高的品种内多样性，且包括需要鉴别的独特亚型。

除了品种概念的缺陷外，基于品种数量的多样性图表也不完整。尽管如此，当与其他信息，例如驯化史结合起来时，可显示各种家畜物种的生物多样性进化点，有助于直接的进一步研究。至今，研究的重点主要比较地区之间的遗传多样性，但如果将多样性与生产系统联系起来将是非常有用的。而且，等位基因多样性的贡献不应该只局限在中性基因位点遗传距离的测量上，还需要与功能特性信息相结合。

濒危状态分析以及案例研究证据表

明，在开始实施保护措施之前要得到完整的信息既是不可能的也是不适宜的，因为独特的资源可能在此过程中损失。在这种情况下，需要将所有信息结合起来，为做出保护计划中稀有资源分配的决定提供信息。如果动物遗传资源可以制成地理图，有关品种和潜在威胁的信息可以在空间上被联系起来，那么稀有资源的分配将非常便利。动物遗传资源便可以更容易地与生产系统或特定农业生态条件（例如旱地）联系起来，有利于实施紧急干预（例如遗传材料的预先冷冻保存或在疾病暴发区域划分）措施。对动物遗传资源多样性和状态的了解为提高认识和管理行动提供了基础。但是，没有实际行动能力保证的认识的提高并不会改善情况。

与植物遗传资源和作物生产相比，在动物遗传资源管理领域的令人吃惊的巨大知识差距和基础研究及应用研究的需求预示了这个领域（和一般畜牧业）内少得多的人力资源库。由于动物遗传资源管理比植物遗传资源管理所涉及的方面更加复杂，这个问题就更加严重。因此，重要的是去逆转农业研究公共投资的下滑，解决动物遗传资源研究投资的低水平。私人投资的研究不可避免地集中在工厂化畜牧业生产的需要。恢复研究的公共投资和参加推广服务对于向小生产者提供他们需要的技术和知识是至关重要的。这包括使新技术对小规模利用的适应性，以使这些技术容易被应用。

第二章 动物遗传资源管理的能力

1 动物遗传资源特性、持续利用和保护的能力

由于缺乏动物遗传资源的特性鉴定、编目和监测能力，许多国家之间存在巨大的知识差距。这意味着不能充分鉴别国家水平的动物群体状态的变化。动物遗传资源的特性鉴定和编目是规划家畜发展计划的基础，至今，只实施了为数不多的地方品种的国家育种和保护计划。

虽然在大多数生产系统中是由畜禽所有者实施育种计划，但国别报告所反映的情况看，在选育过程的控制程度和遗传改良计划性的程度方面存在着巨大的差异。在正式育种活动和对该活动的公共投资支持方面，地区之间和物种之间有巨大的差异。在发达国家，通常是通过农民组织实施正式育种计划，这是发达国家长期以来形成的公共支持体制和研究支持体制的结果。由于许多发展中国家没有这种体制，因而正面临实施正式育种计划的困难。对低—中外部投入生产系统尤其如此，在这些系统中饲养着许多适应当地条件的品种，生产者分布也十分分散，缺乏建立品种发展方案所需的知识、资金、推广服务和市场准入。在这种情况下，问题在于是否有技术解决方案和商业模式，从而能够使这些边缘人群参与。

猪和禽的繁殖能力相对较高，因而使少数育种者在短期内实施有计划的育种方案成为可能。因此，鸡的育种越来越被商业育种公司所掌握。猪的育种亦是如此，只是程度较轻。但是，牛和小反刍动物的特点使得这种方法很难实现。在生产增加的潜力有限时，发展中国家的民营企业大量投资新的国家反刍动物育种计划看来是不太可能的。因此，这个费用不得不由国家机构承担。

育种活动和市场竞争的成本和适宜育种材料的国际可获得性在公共投资国家育种计划的决定中是十分重要的考虑因素。目前，许多国家政府选择依赖国际遗传材料来改良他们国家的畜群，特别是家禽和猪。在类似生产条件下，国家之间的育种活动合作（已在欧洲发生）是共享成本和使育种计划更为持续的一个机遇。

当变化的经济、生态和政治条件威胁生产系统（例如草原系统）的活力和相关品种时，要创造原地活体保存的持续机遇是比较困难的。常常需要财政刺激，至少可以覆盖从积极保存到新形式的持续利用的过渡时期。只要实现了这个过渡期，从长远来看，品种原地保存将变得可持续。在一些欧洲国家，一些特定地方品种主要由年长的农民保存的趋势就是这种过渡时期问题的一个案例，因为根据这些农民工作以维持生活下结论，保存这些地方品种也将结束，除非采取措施以促进继续利用。

原地活体保存的成功案例主要在发达国家曾有报道。但是，这些案例很少从理论或概念观点进行过验证，以评估它们成功或失败的原因。对哪种模型能在发展中国家奏效也知之甚少。

对于将来不会被广泛应用的地方品种和特别培养的品种或品系，应探索活体保存的机会，包括原地和异地活体保存，包括的领域有：自然管理、有机农业、参与性育种、利基市场（niche market）和休闲农业生产。环境服务主要为反刍动物提供作用，而对于猪和鸡来说利基市场提供继续利用的主要机会。从现有的证据来判断，活体保存的成功看来在很大程度上要取决于有足够的购买力愿意为利基市场产品付高价的顾客，或社会愿意为环境服务出资。

体外保存对于活体保存是一个重要的补充，在一些情况下，可能是保存一个品种的唯一选择。至今，育种组织和育种企业主要采用冷冻保存，以保存品种内的遗传多样性，作为他们育种材料的备份。大多数国家缺乏冷冻保存设施，且没有国际援助冷冻保存设施无法建立。但是，为了保护遗传多样性不受意外的威胁，国家需要拥有他们自己的或共享的含有本地发展的品种和品系的遗传材料的基因库。需要国家之间合作来组织跨国界品种的保存。

现有的冷冻保存方法不涵盖所有的家畜物种。除与冷冻家禽卵子相关的技术问题以外，冷冻保存方法的开发重点在于规划的育种计划内的物种。对于基因库而言，生物安全的问题是地方品种遗传材料的包括问题。需要鉴别出并行储存符合不同生物安全标准的材料的最低要求和安全选择。为了允许非正式决策、需要为不同的保存策略开发出成本估计和优化方法。

2　机构和决策能力

在世界的大多数地区，需要公共政策来改善机构和组织的结构，以便在所有水平上实现动物遗传资源的持续利用和保护。对动物遗传资源相关事宜认识有限反映在许多国家在政府级别上对该主题的知识知之甚少，且参与国际议程和国际组织的工作也十分有限。其结果是在国家水平上常常缺乏以动物遗传资源为主的立法结构、政策和发展计划，同样也缺乏资源特性鉴定、编目和监测的机构来进行国家间、地区间和国际的合作。即使是在有合作网络存在的地方，也需要进一步努力增强这些网络或创建新结构。在许多国家，看来只有极少数的全国性非政府组织对动物遗传资源管理感兴趣并积极参与。全国农业研究系统，国家水平上的研究和知识传播骨干，常常没有将动物遗传资源管理作为优先考虑的活动。国际研究和资助社区的情况也是如此。但是，在最近15年里，实施了更多的活动，动物遗传资源管理的能力已经在欧洲和高加索、北美洲，南美洲、加勒比和东亚发展起来。目前，国际农业研究磋商小组(CGIAR)已经将地方畜禽品种保护列为其2005—2015年期间的20个科研重点之一。有些国别报告显示，世界动物遗传资源状况（SoW-AnGR）的准备过程进一步促进了动物遗传资源管理领域的发展。培训动物遗传资源利用或保护的机遇必须建立和增强。大学和研究中心的课程日益突出了这个课题，这是实现目标的一步，但是进展只是逐步的。作为所报告的进程的一部分，建立的国家和地区结构应该继续得到支持。认识、政策和机构变化的关键在大多数国家正在发展，正在创建新的网络。需要在国家水平和国际社区水平进一步努力，以促进所有利益相关者参与动物遗传资源管理。

制定和实施有效的家畜发展政策是非常复杂的，这是由于该行业受到国家和国际水平的许多行业政策发展的影响（例如环境、经济发展、自然资源获得、性别发展和社会发展）。需要审视这些广泛领域的政策对动物遗传资源管理的影响。而且，畜牧业发展的各方面可以是许多不同的政府部门的职责，包括主管农业、经济发展、国际贸易、环境、公共卫生、土地利用规划和研究等部门。很明显，要考虑不同政策目标之间的平衡。公共政策的有效性在很大程度上由这些政策的制定和实施过程所决定，同样也由这些手段本身的特性所决定。制定过程不仅需要许多政府部门的参与，而且需要整个生产链的所有利益相关者和他们的组织的代表参与。如果所有的主要利益相关者有机会参与政策的修订，政策更有可能代表当地条件，被接受并获得广泛的认可。需要改进机制以保证动物遗传资源政策的制定中利益相关者的参与。

国别报告清楚地记载了管理能力的缺乏，以及需要在政策制定的许多领域进行能力建设。但是许多国别报告也指出迫切需要实现短期目标，例如增加整体食品生产，特别要增加动物源食品供应和扶贫等目标。在许多国家，畜牧业发展不按计划增长，因为缺乏一揽子发展计划，或只制定了主要家畜物种的发展计划。为了实现畜牧业生产的理想增长，本地品种与进口品种杂交或用进口品种替换本地品种常被认为是一种更容易和更快的方法。

能力缺乏的另一个原因可能是，还没有完全认识动物遗传资源多样性与粮食安全的相关性，这表明缺少有说服力的案例。用来自家庭的实例来证实畜牧养殖与粮食安全的直接联系比较容易，显示畜禽能够扶贫的作用也比较容易。要说服政策制定者在将来需要更广泛的动物遗传资源多样性，则比较困难。要进行较好的案例分析，以更清楚地描述当前品种多样性可为将来提供更多的选择、可为更多生态地区提供所需的畜禽品种。为应对长期可供资源的变化，政策应确保储备遗传资源以供未来品种发展所需。它们应该为农民组织和非政府组织提供有保障的环境，以促进品种在低外部投入环境下的发展。在这样组织结构的基础上，资源利用效率的进展可能会通过适应边缘地区物种和品种的发展而增强。此外，还需要发展支持合理决策和平衡政策目标的工具。

畜牧业的迅速增长和转变能够提供巨大的经济效益。在品种能够适应工业化生产系统的情况下，不需要支持发展的公共政策（包括研究）。对于这些系统，需要法规框架解决公共卫生、伦理、平等和长期环境可持续性含义。有利于向城市人口供应廉价畜产品的政策和市场机制可能对小生产者不利，并会导致相关动物遗传资源的下降。畜牧业政策对饲养地方品种的小生产者的影响需要进一步重视。例如，需要澄清食品安全法规对小生产者市场准入的影响。进而，关于利用适应本地动物遗传资源的这些政策的含义需要被详细说明。无论出于什么动力，寻求支持小农户生产的立法和政策措施对于保护动物遗传资源多样性有着潜在的十分重要的作用。需要进一步调查的题目是政策的发展和评价，这些政策使本地品种的饲养者能够获得贷款、畜牧服务和改良的遗传材料，从而使他们能够增加和改良他们的畜群和鸡群，以获得产品需求增加带来的好处。在动物遗传资源管理的特殊领域，有利于不加选择的杂交育种的政策对一些本地品种尤其是一种威胁。

本报告提供的对立法框架的分析在很大程度上局限于在国家、地区和国际水平建立的立法工具的目录。这个分析提供了关于现有法规促进动物遗传资源改良和保护的有效性方面的有限信息。对于潜在影响动物遗传资源管理的法规的许多其他方面的含义只是在广义上进行了分析。很明显，动物卫生法规应该在国家和国际水平进行密切的检查，这是因为它们对活畜和遗传材料的移动和贸易具有巨大的影响，还可能成为交换的障碍。此外很明显的是，需要设计特殊的立法法规以解决所有权、基因库的准入、信息和文件方面的问题。已经有了这样法规的一些案例，它们可以作为新的基因库法规的模板。知识产权问题在畜牧业可能会变得更加明显，近期的专利申请使知识产权对动物遗传资源管理的作用也变得更加明显。

国际上有关准入和利益共享的辩论需要结合这个领域潜在的法规工具分析。这个分析必须考虑粮食和农业用动物遗传资源交换与植物遗传资源交换之间的不同和相似性。需要改进对家畜种质的准入和贸易之间关系的理解、需要改进研究与发展的需要。动物遗传资源，特别是来自基因库的动物遗传资源的准入与利益共享的需求和框架的潜在影响需要进行评估。对过去动物遗传资源移动的成本和利益的分析可为这样的分析提供有价值的背景。有关这些问题的争论结果将对愿意在动物遗传资源保存和进一步发展方面投资的各个政府、机构、研究所和公司产生巨大的影响。

对于保证遗传多样性保护和动物遗传资源交换不受阻碍的立法框架还知之甚少，这个领域将需要更广泛的研究和进一步的分析。对许多当地品种的饲养者，例如，建立安全的土地使用权和调整商品化放牧地的准入也是必要的。

第三章

畜牧业发展和动物遗传资源管理的主要挑战

在过去的10年,畜牧业结构和世界对动物遗传资源的需求发生了快速的变化。畜牧业满足人类需要的作用经常演变。特别是日益增长的购买力和城市化促进了畜牧业生产的工业化。消费者喜爱的变化、贸易流通、市场链的组织和新生产技术的发展也促进了工厂化生产系统的推广。由民营企业引导的食物链的演变为食物安全和价格下滑提供了有益的保障。分析明显地显示,日益变化的驱动力和因此产生的对动物遗传资源多样性的威胁因生产系统的不同而异。但是，由于缺乏数据，最终不能建立驱动力、威胁和特殊品种风险状态之间的因果关系。因此，假设生产系统和品种种类(例如在集约化生产系统中的国际品种)之间存在密切联系，威胁分析只局限在生产系统级别。

工业化生产系统和相关的民营育种公司已经有效地培育了高效的专用品种,这些品种不仅要满足现有消费者的需求和资源成本，而且要实现最大生产力。这些发展不仅在家禽和猪的生产中获得了明显的业绩，也出现在奶牛养殖中。这促使在靠近市场、环境优越的地方大量使用国际跨国界品种进行生产。但是，从中、长期来看,工厂化生产系统中的品种选择标准值得修改,需要更多的包括功能性特性的研究。

与工业化生产系统的发展并行的是,低—中等外部投入生产系统的延续,特别是在经济增长缓慢或工业化所需资源和支持服务缺乏的边缘地区。这样的生产系统对动物遗传资源有特殊的要求。它们依赖于广泛特性选择的地方品种,或在某些情况下依赖于含有本地品种遗传材料的杂交品种或混合品种。自然资源的缺乏日益受到关注,应该将其纳入地方品种的选种过程中。

对畜牧业最大的挑战是平衡各种政策目标，例如保持动物遗传资源多样性和环境完整性、满足日益增长的畜产品需求、回应消费者日益变化的需求、保障食物安全和为农村发展和扶贫做出贡献。这将要求在各种政策目标中做出选择，并仔细考虑不可预计的副作用。许多国家缺乏做出这样的决策所需的复杂数据。

有许多降低畜牧业生产对环境的负面影响的政策选择。可以使用包括税收的价格政策，来确保集约化畜牧生产的成本包含用水、服务和废物处置的费。可以使用由价格和市场准入激励以及技术支持服务支持的税收和征收或畜牧生产作业法典来支持土地使用规划和分区法规，使其对作业位置处于不适宜位置的生产者更昂贵。这样，土地使用规划和地理空间信息将使有价值遗传种畜的应急管理变得可能，例如疾病暴发时。需要开发与动物遗传资源管理相关数据在内的新工具。

集中在城市和城市周边地区的集约化畜牧生产增大了来自污染食物、污染和疾病的公共卫生风险。在传统畜牧系统下发生的人畜共患病对人类健康也是一种威胁，例如布氏杆菌病、结核病和各种寄生虫病。需要采取措施建立和增强既不排除小型生产者又不危及消费者安全或疾病控制的食品安全标准和兽医公共卫生法规。由于地方品种的饲养日益私有化，需要采取措施使地方品种的饲养者能够防止产品质量下降，并且能够获得兽医保健服务。疾病控制策略应该基于既考虑到临床有效性又考虑到生物多样性以及以经济和社会影响的分析。有关传染性疾病暴发的监测和回应管理仍然是公共部门的职责，需要改进地方、国家和国际水平上机构的合作。

要尽量减少畜牧业生产对环境的负面影响。要减少动物的甲烷排放量和将饲料投入有效地转化成肉品、奶品和蛋品的愿望，促使人们使用少数几个高产出品种。但是，鸡和猪的有效饲料转化是以蛋白质丰富能量密集日粮为基础的，这部分日粮至少部分地与直接用于人类消费产生竞争。价格比率的变化，或经营差的工业化畜牧生产单元对环境的影响可能导致政策反应，这种政策反应将减少对使用高外部投入的生产方法的刺激，因此，需要使用多样性的动物遗传资源。可以使用生态服务的支出来鼓励畜牧生产者采用对环境更加友好的生产方法，这样也有利于地方品种。

另一个将来的挑战是气候变化。对气候变化的预测各异，但是，可以预计到温度和降水量的变化、海平面上升和极端恶劣气候发生频率的提高。预计一些干旱地区将经历更少和更无规律的降水。近期地区温度的上升已经对旱地环境的生物多样性和生态系统产生了巨大的影响，例如非洲的撒哈拉地区。

气候变化对环境的影响看来将影响畜牧业的发展，包括疾病挑战的变化、饲料和饮水可获得性的变化以及土地退化的变化。今后是对适应粗放经营的动物遗传资源需求更多，还是对适应集约化品种的需求更多，这些变化的方向都难以预测。如果农业系统的混乱导致粮食价格上涨，集约化管理的畜牧生产系统生产的畜产品的价格必将变得更昂贵。但是，与作物系统相比，集约化管理的畜牧系统可能更容易适应气候的变化。对于草原和农牧系统则不是这样，在草原和农牧系统中，畜禽依赖本地饲料资源的生产力和质量。粗放系统对畜禽疾病和寄生虫的严重性和分布的变化更为敏感。因此在旱地，气候变化对粗放系统的负面影响将非常大。气候变化可能在资源丰富程度最差的地区和农民的回应和适应能力最有限的地区产生最大的负面影响。

预测气候变化的作用需要农作系统相对快的适应能力。气候变化的速度将比畜禽和牧草演变适应的速度要快，这意味着在一些地区需要进行农作系统的综合性再评估。适应气候变化影响的有效性将主要取决于适应新条件的植物和动物遗传资源的可获得性。

如果病原菌对药物的抗性继续增加，那么将来适应性强的品种，特别是在耐病和抗病方面适应性强的品种将变得更为重要。动物福利也要求不把不适应的动物引进到不利的生产环境中。例如，暴露于热应激就是一个更好的管理也难以缓解的问题。同样，需要改进品种的特性，这是用于特殊生产环境品种选择的决策的先决条件。

面临这些挑战的可持续的家畜发展将涉及物种混合、优质品种和个体动物足以满足特定生产环境的特殊要求。因此，需要定义家畜发展目标和动物遗传资源的特性以实现上述目标。持续发展也有重要的社会文化内涵。确定如何使农民最大程度地参与和保证活动，例如育种计划的持续性是十分重要的。强有力的统计分析工具和新兴的生物技术方法将提高进一步开发动物遗传资源的速度和容易程度。很难预测新的生物技术如克隆和特殊转基因技术对动物遗传资源发展的影响程度。人们已经发现了主基因，未来将发现更多的基因。但是，抗热性或对体内寄生虫的耐受性的遗传控制似乎是控制动物代谢的基因之间复杂相互作用的结果。这些特性与生产力之间也可能存在平衡。重组基因以提高生产性能和畜禽体质恐怕并不容易。

另一种挑战是动物保健领域，在全球范围内，动物保健是家畜管理中法规最多的领域。在动物遗传资源的利用和发展中，有效的疾病控制是十分重要的，同时对动物移动和贸易的限制为动物遗传资源管理提出了潜在的问题。在发生疫情时实施的扑杀政策可以对稀有品种群体产生威胁。在全世界大部分地区，很少在疾病控制方面的立法框架和政策的开发上注意这种威胁，这是值得注意的问题。

第四章
接受全球责任

畜牧发展和动物遗传资源的发展需要顺应生产系统的动态性质和回应变化的条件。地方品种的进一步损失可能是不可避免的。但是，一些地方品种拥有独特的特性，并且特别适应各种环境因素的特定组合。要替代它们不那么容易。因此，品种灭绝不应该在未察觉的情况下发生，当然要避免独特资源或未来粮食安全和文化遗产重要组成部分的损失。

如果把保持畜禽多样性作为一个重要的政策目标，并充分认识生产系统的复杂性，其结果是更加特异化的畜牧业政策。它们的最终目标应该是以最佳的可能方式利用世界动物遗传资源的宝库，以满足人类当前和未来的需求。工业化过程使畜牧业有效地回应日益上升的人类需求，其过程将继续。但是，也应认识到边际和利基(niche)生产系统也将继续，并且要使能够解决它们需要的政策到位。总体来说，使小规模低外部投入生产系统继续的大多数政策将有利于动物遗传资源维持更大的多样性。

《生物多样性公约》(CBD)解释了国家对遗传资源的主权，它既包括权利又包括义务。权利和义务只能在充分的人力和技术能力都到位的情况下才能实现。在国家水平以上，人们日益意识到粮食和农业用遗传资源是所有国家共同关注的问题，因为所有国家在很大程度上依赖源于异地的粮食和农业遗传资源。这种意识导致了《国际粮食和农业用植物遗传资源条约》的采用。需要考虑的另一点是，可能需要增强发展中国家和经济转型国家对它们的动物遗传资源定性和实施可持续利用和保护动物遗传资源的措施的能力。

本报告的主要目标是评估动物遗传资源的全球状况，使广义上的差距分析得以实施，但这只是报告过程的一部分。第二个重要的因素一直是行动策略重点的发展，一个全球综合动物遗传资源状况，在这个状况下，国家鉴别出动物遗传资源管理领域的策略重点，作为具体行动的基础。在政府间审查这些行动策略重点，以保证它们反映对将来行动的全球一致意见。还要注意解决全球责任和制定全球计划，为其在国家和地区的实施提供所需的机构、能力和资源。

缩写和同义词

A	Adenine 腺碱
ABCZ	Associacão Brasileira dos Criadores de Zebu (Brazilian Association of Zebu Breeders) (http://www.abcz.org.br) 巴西瘤牛育种者协会
ABS	Access and Benefit Sharing 获取和惠益分享
ACP	Asia-Caribbean-Pacific 亚洲－加勒比－太平洋
ACSAD	Arab Center for Studies of Arid Zones and Dry Lands (http://www.acsad.org) 阿拉伯干旱地带及旱地研究中心
AD	Anno Domini 公元
ADB	Asian Development Bank (http://www.adb.org) 亚洲开发银行
AFLP	Amplified Frequency Length Polymorphism 扩增片段长度多态性
AGAL	Livestock Information, Sector Analysis and Policy Branch 畜牧信息部门分析和政策科
AGB	Animal Germplasm Bank 动物种质资源库
AI	Artificial Insemination 人工授精
AIA	Advanced Informed Agreement 事前非正式协议
AIDS	Acquired Immune Deficiency Syndrome 艾滋病
AIPL	Animal Improvement Programs Laboratory (http://www.aipl.arsusda.gov) 家畜改良计划实验室（美）
ALPA	Asociaci ó n Latinoamericana de Produci ó n Animale (http://www.alpa.org.ve) 拉丁美家畜繁殖协会
AMOVA	Analysis of Molecular Variance 分子变异分析
AnGR	Animal Genetic Resources 动物基因资源库
ANTHRA	a trust of women veterinary scientists (http://www.anthra.org) 女兽医科学家托拉斯
AOAD	Arab Organization for Agricultural Development (http://www.aoad.org) 阿拉伯农业发展组织
APEC	Asia Pacific Economic Cooperation (http://www.apec.org) 亚太经济合作组织

ARCBC	Association of South East Asian Nations Regional Center for Biodiversity Conservation (http://www.arcbc.org) 东盟生物多样性保护区域中心
ARR	Alanine-Arginine-Argenine amino acids - one of five variant alleles affecting susceptibility to scrapie 丙氨酸-精氨酸-精胺酸－－影响羊瘙痒病(scrapie)易感性的 5 个变异等位基因之一
ASAR	Asociaci ó n de Servicios Rurales y Artesanales 农村和技工服务协会
ASARECA	Association for Strengthening Agricultural Research in Eastern and Central Africa (http://www.asareca.org) 中东非加强农业研究协会
ASEAN	Association of South East Asian Nations (http://www.aseansec.org) 东南亚国家联盟(东盟)
ASF	African Swine Fever 非洲猪瘟
ATCWG	Agricultural Technical Cooperation Working Group 农业技术合作工作组
BC	Before Christ 公元前
BCBS	Boran Cattle Breeders’Society (http://www.borankenya.org) Boran 牛育种者协会
BLAD	Bovine Leukocyte Adhesion Deficiency 牛白细胞粘附缺陷病
BLUP	Best Linear Unbiased Prediction 最优线性无偏预测
BLUP-AM	Best Linear Unbiased Prediction - Animal Model 最优线性无偏预测－动物模型
BLV	Bovine Leukosis Virus 牛白血病病毒
bp	base pair 碱基
B.P.	Before Present 距今
BSE	Bovine Spongiform Encephalopathy 牛海绵状脑病
BV	Bequest Values 遗产价值
C	Cytosine 胞嘧啶
CAP	Common Agricultural Policy of the EU 欧盟共同农业政策
CARDI	Caribbean Agricultural Research and Development Institute (http://www.cardi.org) 加勒比农业研究和发展研究所
CARICOM	Caribbean Community and Common Market (http://www.caricom.org) 加勒比共同体和共同市场
CBD	Convention on Biological Diversity)《生物多样性公约》
CBPP	Contagious Bovine Pleuropneumonia 牛传染性胸膜肺炎（牛肺疫）

第五部分

CDN　Canadian Dairy Network (http://www.cdn.ca) 加拿大乳业网

cDNA　Complementary Deoxyribonucleic Acid 互补脱氧核糖核酸

CE　Choice Experiment 选择试验模型法

CEIP　Special Certificate of Identification and Production 认定

CEMAC　Communaute Economique et Monetaire de l'Afrique Centrale (http://www.cemac.cf) 中部非洲经济货币同盟

CENARGEN　National Research Centre for Genetic Resources and Biotechnology (http://www.cenargen.embrapa.br) 国立遗传资源和生物技术研究中心

CGIAR　Consultative Group on International Agricultural Research (http://www.cgiar.org) 国际农业研究磋商小组

CGRFA　Commission on Genetic Resources for Food and Agriculture 粮食和农业遗传资源委员会

CIAT　International Center for Tropical Agriculture (http://www.ciat.cgiar.org) 国际热带农业中心

CIC　International Council for Game and Wildlife Conservation (http://www.cic-wildlife.org) 国际狩猎和野生动物养护理事会

CIHEAM　Centre International de Hautes Etudes Agronomiques Méditerranéennes (http://www.ciheam.org) 地中海高级农业国际研究中心

CIRAD　Centre de Coopération Internationale en Recherche Agronomique pour le Développement (http://www.cirad.fr/fr/index.php) 法国国际农业发展研究合作中心

CIRDES　Centre International de Recherche-Développement sur l'Élevage en Zone Subhumide (http：//www.cidres.org) 法国国际半湿润地区畜牧业研究 - 开发中心

COP　Conference of the Parties 缔约方会议

CORAF　Conseil Ouest et Centre Africain pour la Recherche et le Développement Agricole (http://www.coraf.org) 西非和中部非洲农业研究发展委员会

CR　Country Report 国别报告

CRED　Centre for Research on the Epidemiology of Disasters (http://www.cred.be) 灾难传染病学研究中心

CSF　Classical Swine Fever 猪瘟

CTSB　cathepsin B 组织蛋白酶 B

CVM	Complex Vertebral Malformation 脊椎畸形复合症
CYTED	Ciencia y Tecnolog í a para el Desarrollo (http://www.cyted.org) 美洲西班牙语区发展科学技术部
D8	Developing Eight - Consists of Bangladesh, Egypt, Indonesia, Iran, Malaysia, Nigeria, Pakistan and Turkey 穆斯林发展中八国集团
DA	Cavalli-Sforza distance Cavalli-Sforza 距离（一种估测方法）
DAD-IS	Domestic Animal Diversity Information System (http://www.fao.org/dad-is) 家畜多样性信息系统
DAHP	Department of Animal Health and Production 动物保健和生产司
DAGENE	Danubian Alliance for Gene Conservation in Animal Species 多瑙河动物物种基因保护联盟
DAGRIS	Domestic Animal Genetic Resources Information System (http://dagris.ilri.cgiar.org) 家畜遗传资源信息系统
DARD	Department of Agriculture and Rural Development 农业及农村发展司
DD	Daughter Design 女儿设计
DD	Differential Display 差异显示
DDBJ	DNA Data Bank of Japan (http://www.cib.nig.ac.jp) 日本 DNA 数据库
DHPLC	Denaturing High-performance Liquid Chromatography 变性高效液相色谱
DMA	Dimethylacetamide 乙酰二甲胺
DMF	Dimethylformamide 二甲基甲酰胺
DMS	Dimethyl Sulfoxide 二甲基亚砜
DNA	Deoxyribonucleic acid 脱氧核糖核酸
DS	Nei' s Standard Genetic Distance 内氏标准遗传距离
DUMPS	Deficiency of Uridine Monophosphate Synthase 单谱症,直译为尿核 - 单磷酸盐合成酵素缺失症
DUV	Direct Use Values 直接利用价值
EAAP	European Association for Animal Production (http://www.eaap.org) 欧洲畜牧生产协会
EAAP-AGDB	European Association for Animal Production - Animal Genetic Data Bank (now EFABIS) 欧洲畜牧生产协会－动物遗传数据库
EAFRD	European Agricultural Fund for Rural Development 欧盟农村发展农业基金
EAGGF	European Agricultural Guidance and Guarantee Fund 欧盟农业指导和保证

	基金
EBV	Estimated Breeding Value 推定种畜价值
ECOWAS	Economic Community of West African States (http://www.ecowas.int) 西非国家经济共同体
EFABIS	European Farm Animal Breed Information System (http://efabis.tzv.fal.de) 欧盟农畜品种信息系统
EFSA	European Food Safety Authority (http://www.efsa.europa.eu) 欧洲食品安全局
EMBL	European Molecular Biology Lab (http://www.embl.org) 欧洲分子生物实验室
EMBRAPA	Brazilian Agricultural Research Corporation (http://www.embrapa.br) 巴西农业研究公司
EM-DAT	Emergency Disasters Data Base (http://www.em-dat.net) 应急灾难数据库
EPC	European Patent Convention 欧洲专利公约
EPD	Expected Progeny Difference 期望后代差异
eQTL	Expression Quantitative Trait Locus 表达数量性状基因座
EST	Expressed Sequence Tag 表达序列标签
ET	Embryo Transfer 胚胎移植
EU	European Union (http://europa.eu) 欧盟
EU-15	15 countries that were then members of the European Union 欧盟 15 成员国
FAO	Food and Agriculture Organization of the United Nations (http://www.fao.org) 联合国粮农组织
FAOSTAT	Food and Agriculture Organization of the United Nations Statisitcal Databases (http://faostat.fao.org) 联合国粮农组织统计数据库
FARA	Forum for Agricultural Research in Africa (http://www.fara-africa.org) 非洲农业研究论坛
FEC	Faecal egg count Egg Count 便虫卵计数
FIRC	Federacion Iberoamericana de Razas Criollas (http://www.feagas.es/firc/firc.htm) 拉丁美洲 Criollas 种族联盟
FMD	Foot-and-Mouth Disease 口蹄疫
G	Guanine 鸟嘌呤
GATS	General Agreement on Trade in Services 服务贸易总协定
GATT	General Agreement on Tariffs and Trade 关税及贸易总协定
GDD	Grand Daughter Design 孙女设计

GDP Gross Domestic Product 国内生产总值

GEF Global Environment Facility (http://www.gefweb.org) 全球环境基金会

GIS Geographic Information System 地理信息系统

GM Genetically Modified 遗传修饰

GMO Genetically Modified Organism 转基因生物

GVIS Geographic Visualization 地理可视化

He Expected Homozygosity 期待纯合度

HEIA High External Input Agriculture 高外部投入农业

HIV Human Immunodeficiency Virus 艾滋病病毒

Ho Observed Homozygosity 观测纯合度

HPAI Highly Pathogenic Avian Influenza 高致病性禽流感

IAEA International Atomic Energy Agency (http://www.iaea.org) 国际原子能机构

IAMZ Mediterranean Agronomic Institute of Zaragoza (http://www.iamz.ciheam.org) 西班牙 Zaragoza 地中海农艺研究所

ICAR International Committee for Animal Recording (http://www.icar.org) 动物记录国际委员会

ICARDA International Center for Agricultural Research in the Dry Areas (http://www.icarda.org) 国际旱地农业研究中心

IE Institut de l'Élevage (http://www.inst-elevage.asso.fr) 育种研究所

IES Institute for Environment and Sustainability (http://ies.jrc.cec.eu.int) 环境与发展研究所

IFAD International Fund for Agricultural Development (http://www.ifad.org) 国际农业发展基金会

IGAD Intergovernmental Authority on Development (http://www.igad.org) 政府间发展管理局

IGADD Intergovernmental Authority on Drought and Development 政府间干旱和发展管理局

IGC Intergovernmental Committee 政府间委员会

IICA Inter-American Institute for Cooperation on Agriculture (http://www.iica.int) 美洲农业合作研究所(美洲农合所)

ILRI International Livestock Research Institute (http://www.ilri.org) 国际家畜研究中心

INTA	Instituto Nacional de Tecnología Agropecuaria (http://www.inta.gov.ar) 全国农牧业技术协会（阿根廷、乌拉圭）
INTERBULL	International Bull Evaluation Service (http://www-interbull.slu.se) 国际公牛组织
IPGRI	International Plant Genetic Resources Institute (http://www.ipgri.cgiar.org) 国际植物遗传资源研究所
IPM	Integrated Parasite Management 寄生虫综合治理
IPR	Intellectual Property Rights 知识产权
IRD	Institute de Recherche pour le Développement (http://www.ird.fr) 发展研究所
ISAG	International Society of Animal Genetics (http://www.isag.org.uk) 国际动物遗传学会
IT-PGRFA	International Treaty on Plant Genetic Resources for Food and Agriculture 国际粮农植物遗传资源条约
ITWG-AnGR	Intergovernmental Technical Working Group on Animal Genetic Resources 动物遗传资源政府间技术工作组
IUV	Indirect Use Values 间接利用价值
IVF	*In Vitro* Fertilization 体外受精
LAC	Latin America and the Caribbean 拉丁美洲和加勒比
LD	Linkage Disequilibrium 连锁不平衡
LEIA	Low External Input Agriculture 低外部投入农业
LMO	Living Modified Organism 经过遗传修饰的活生物体
LPP	League for Pastoral Peoples (http://www.pastoralpeoples.org) 畜牧人民联盟
LPPS	Lokhit Pashu Palak Sansthan (http://www.lpps.org)
LRC	Livestock Recording Centre 家畜记录中心
LU	Livestock Units 家畜单位
MARD	Ministry of Agriculture and Rural Development 农业与农村发展部
MEG3	Callypige
MERCOSUR	Mercado Común del Sur
MFN	Most Favoured Nation 最惠国
MGBA	Meru Goat Breeders' Association Meru 山羊育种者协会
MHC	Major Histocompatability Complex 主要组织相容性复合物

MNA　Mean Number of Alleles 平均对偶基因数
MOA　Ministry of Agriculture 农业部
MoDAD　Measurement of Domestic Animal Diversity 家畜多样性测量
MODE　Market Oriented Dairy Enterprise 面向市场的乳品企业
MOET　Multiple Ovulation and Embryo Transfer 超数排卵和胚胎移植
mRNA　Messenger Ribonucleic Acid 信使核糖核酸
Mt　Metric Tonne 吨
mtDNA　Mitochondrial Deoxyribonucleic Acid 人类线粒体 DNA
MYH1　Myosin 1 肌球蛋白 1
NACI　National Agricultural Classification Institute 国家农业分类研究所
NAGP　National Animal Germplasm Program 国家动物种质计划
NARS　National Agricultural Research Systems 国家农业研究系统
NC　National Coordinator for the Management of Animal Genetic Resources 国家动物遗传资源管理协调员
NCC　National Consultative Committee for the Management of Animal Genetic Resources 国家动物遗传资源管理协调委员会
NDA　National Dairy Authority 国家乳品管理局
Ne　Effective Population Size 有效群体大小
NIAH　National Institute of Animal Husbandry 国立畜牧研究所
NGO　Non-Governmental Organization 非政府组织
N-J　Neighbour-Joining 相邻合并
NRF　Norsk Rødt Fe (Norwegian Red) 西伯利亚马鹿
NZRBCS　New Zealand Rare Breeds Conservation Society (http://www.rarebreeds.co.nz) 新西兰稀有品种保护协会
OECD　Organisation for Economic Co-operation and Development (http://www.oecd.org) 经济合作与发展组织
OIE　Office International des Epizooties (World Organization for Animal Health) (http://www.oie.int) 世界动物卫生组织
ORPACA　Organizaci ó n de Productores Agropecuarios de Calientes
OSS　Obervatoire du Sahara et du Sahel (http://www.unesco.org/oss)
OSTROM　Office de la Recherche Scientifique et Technique Outre-Mer (now IRD)
OV　Option Values 选择赋值

p.a.	per annum 每年
PBR	Plant Breeders' Rights 植物育种者权利
PC	Personal Computer 个人电脑
PCR	Polymerase Chain Reaction 聚合酶链式反应
PCV	Packed Cell Volume 血细胞比容
PDB	Protein Data Bank 蛋白质数据库
PDO	Protected Designation of Origin 受保护的原产地名称
PED	Production Environment Descriptor 生产环境描述符
PGC	Primordial Germ Cell 原始生殖细胞
PGI	Protected Geographical Indication 地理标志
PGR	Plant Genetic Resources 植物遗传资源
PIR	Protein Information Resource 蛋白质信息资源
PMGZ	Breeding Programme for Zebu Cattle 瘤牛育种计划
PPLPI	Pro-Poor Livestock Policy Initiative 有利贫穷人的畜牧政策提议 (http://www.fao.org/ag/againfo/projects/en/pplpi/home.html)
PPP	Purchasing Power Parity 购买力平价
PROMEBO	Breeding Programme for Meat Cattle 肉牛育种计划
PSE	Pale Soft Exudative 肉色苍白、质地松软、切面渗出的劣质肉
QTG	Quantitative Trait Gene 数量性状基因
QTL	Quantitative Trait Locus 数量性状位点
QTN	Quantitative Trait Nucleotide 数量性状核苷酸
RBI	Rare Breeds International (http://www.rbi.it) 稀有品种国际
Red XIIH	Red Iberoamericana sobre la consevación de la biodiversidad de animales domésticos locales para le desarollo rural sostenible (http://www.cyted.org)
REML	Restricted Maximum Likelihood 有限极大似然估计
RFI	Residual Feed Intake 饲料采食残留
RFLP	Restriction Fragment Length Polymorphism 限制性片段长度多态性
RFP	Regional Focal Point 区域联络点
RNA	Ribonucleic Acid 核糖核酸
rRNA	Ribosomal Ribonucleic Acid 核糖体核糖核酸
SAARC	South Asian Association for Regional Cooperation（http://www.saarc-sec.org）南亚区域合作联盟

SACCAR	Southern African Center for Cooperation in Agricultural Research and Training (http://www.info.bw/saccar/sacca.htm)南部非洲农业研究及培训合作中心
SADC	Southern African Development Community（http://www.sadc.int）南部非洲发展共同体（南共体）
SAGE	Serial Analysis of Gene Expression 基因表达系列分析
SAM	Spatial Analysis Method 空间分析方法
SAVE	Safeguard for Agricultural Varieties in Europe（http://www.save-foundation.net）欧洲保护农业品种基金会
SEVA	Sustainable-Agriculture and Environmental Voluntary Action 可持续农业和环境志愿行动
SGRP	System-wide Genetic Resources Programme（http://www.sgrp.cgiar.org）全系统遗传资源计划
SINGER	System-wide Information Network for Genetic Resources（http://www.singer.cgiar.org）全系统遗传资源信息网
SMS	Safe Minimum Standard 最低安全标准
SNP	Single Nucleotide Polymorphism 单核苷酸多态性
SODEPA	Société de Développement et d'Exploitation des Productions Animales 畜产开发和经营公司（喀麦隆）
SoW-AnGR	State of the World's Animal Genetic Resources 世界动物遗传资源状况
SPC	Secretariat of the Pacific Community (http://www.spc.int) 太平洋共同体秘书处
SPLT	Substantive Patent Law Treaty 实体专利法条约
SPS	Sanitary and Phytosanitary 卫生与植物卫生检疫措施
SRS	Sire Referencing Scheme 种公畜参考计划
SSCP	Sequencing Single-stranded Conformational Polymorphism 测序单链构象多态性
SSR	Simple Sequence Repeats 简单序列重复
STR	Simple Tandem Repeats 简单串联重复
STS	Sequence Tagged Site 序列位置标签
T	Thymine 胸腺嘧啶
Taq	Thermus aquaticus 水生嗜热杆菌
TEV	Total Economic Value 总经济价值
TLU	Tropical Livestock Units 热带畜牧单位
TRIPS	Trade-Related Intellectual Property Rights 与贸易有关的知识产权

tRNA	Transfer Ribonucleic Acid 信使核糖核酸
TSE	Transmissible Spongiform Encephalopathies 传染性海绵状脑病；疯牛病
U	Uracil 尿嘧啶
UHT	Ultra High Temperature 超高温
UNDP	United Nations Development Programme (http://www.undp.org) 联合国开发计划署
UNESCO	United Nations Educational, Scientific and Cultural Organization (www.unesco.org) 联合国教科文组织
UPOV	International Union for the Protection of New Varieties of Plants (http://www.upov.int) 国际植物新品种保护联盟
USDA	United States Department of Agriculture (http://www.usda.gov) 美国农业部
VND	Viet Nam Dong 越南盾
VNTR	Variable Number of Tandem Repeats 可变性串联重复序列
VRQ	Valine-Arginine-Glutamine amino acids - one of five variant alleles affecting susceptibility to scrapie 缬氨酸 - 精氨酸 - 谷氨酰胺 − − 影响羊瘙痒病(scrapie)易感性的 5 个变异等位基因之一
WAAP	World Association for Animal Production (http://www.waap.it) 世界畜产协会
WECARD	West and Central African Council for Agricultural Research and Development (http://www.coraf.org) 西非及中非农业研究和发展委员会
WHFF	World Holstein-Friesian Federation (http://www.whff.info) 世界荷斯坦联盟
WHO	World Health Organization (http://www.who.int) 世界卫生组织
WIEWS	World Information and Early Warning System on Plant Genetic Resources (http://apps3.fao.org/wiews/wiews.jsp) 世界植物遗传资源信息及早期预警系统
WIPO	World Intellectual Property Organization (http://www.wipo.int) 世界知识产权组织
WTA	Willingness to Accept 接受意愿
WTO	World Trade Organization (http://www.wto.org) 世界贸易组织
WTP	Willingness to Pay 支付意愿
WWL-DAD:3	World Watch List for Domestic Animal Diversity, 3rd edition 世界家畜多样性监测清单——第三版
XV	Existence Values 存在价值

图书在版编目（CIP）数据

世界粮食与农业动物遗传资源状况／联合国粮食与农业组织编．—北京：中国农业出版社，2007.8
ISBN 978-7-109-11810-2

Ⅰ.世… Ⅱ.联… Ⅲ.①粮食作物－遗传－生物资源－概况－世界②畜禽－遗传－生物资源－概况－世界
Ⅳ.S510.24 S813.9

中国版本图书馆CIP数据核字（2007）第120412号

中国农业出版社出版
（北京市朝阳区农展馆北路2号）
（邮政编码 100026）
责任编辑 赵 刚

中国农业出版社印刷厂印刷 新华书店北京发行所发行
2007年8月第1版 2007年8月北京第1次印刷

开本：787mm × 1092mm 1/16 印张：34
字数：500千字 印数：1～2 000册
定价：160.00元